Konrad Küster • W. A. Mozart

Die großen Komponisten

Jubiläumsausgabe in 10 Bänden
Zum 25-jährigen Bestehen des Laaber-Verlages 2002

Konrad Küster

W. A. MOZART
UND SEINE ZEIT

LAABER

Umschlagbild: Mozart am Klavier,
Ölgemälde von Josef Lange, um 1782/1783, Ausschnitt
(Internationale Stiftung Mozarteum, Salzburg)

© 2002 by Laaber-Verlag, Laaber
© der Originalausgabe 2001 by Laaber-Verlag, Laaber
Nachdruck, auch auszugsweise,
nur mit Genehmigung des Verlages.
Printed in Germany/Imprimé en Allemagne
Umschlaggestaltung: Wolfram Schmidt Fotografie, Regensburg
Gesamtherstellung: Konkordia Druck GmbH, Bühl
ISBN 3–89007–530–4 (Jubiläumsausgabe)
ISBN 3–89007–536–3

www.laaber-verlag.de

INHALT

Abkürzungen

In Anmerkungen finden folgende Standardabkürzungen der Mozart-Forschung Verwendung:

Deutsch Dok.	Otto Erich Deutsch (Hg.), *Mozart: Die Dokumente seines Lebens*, Kassel etc. 1961 (NMA X/34)
KV	Köchel-Verzeichnis: Ludwig Ritter von Köchel, *Chronologisch-thematisches Verzeichnis sämtlicher Tonwerke W. A. Mozarts*, Leipzig 1862, Wiesbaden 61964 Angegeben werden in der Regel die Nummern der ursprünglichen Zählung; lediglich die Nummern, die einen Buchstabenzusatz enthalten, werden nach der 6. Auflage zitiert
MBA	*Mozart. Briefe und Aufzeichnungen.* Gesamtausgabe, gesammelt (und erläutert) von Wilhelm A. Bauer und Otto Erich Deutsch (4 Textbände, Kassel etc. 1962/63), auf Grund deren Vorarbeiten erläutert von Joseph Heinz Eibl (Kassel etc. 1971), Register, zusammengestellt von Joseph Heinz Eibl (Kassel etc. 1975)
MittISM	Mitteilungen der Internationalen Stiftung Mozarteum Salzburg
MJb	*Mozart-Jahrbuch*, 1950ff.
NMA	*Neue Mozart-Ausgabe*, Kassel etc. 1955ff.

Briefe Mozarts werden grundsätzlich nach MBA zitiert. Sie werden nur dann in den Anmerkungen nachgewiesen, wenn im Text kein Briefdatum genannt ist.

MOZART UND SEINE ZEIT:
EINE VORBEMERKUNG

Das Konzept, mit dem die Buchreihe »Große Komponisten und ihre Zeit« um 1980 eröffnet wurde, war von der Überzeugung getragen, daß jene »großen Komponisten« nicht nur als absolute Persönlichkeiten gesehen werden könnten, sondern in ihren musik- und allgemeingeschichtlichen Kontext gestellt werden müßten. Zwei Jahrzehnte danach haben sich die Bedingungen gewandelt, und wenn nun in der Endphase der Reihenentstehung ein Buch erscheinen soll, das Mozart gilt, ist danach zu fragen, welcher Ansatz hinter einer Studie stehen kann, die diesen Reihentitel ernst nimmt. Für Mozart ergibt sich dies mehr als für viele andere Musiker, weil Vorstellungen von »großen Komponisten« in ihren Anfängen letztlich im Hinblick auf ihn formuliert worden sind.

Mit jenen auch programmatisch geäußerten Vorstellungen bezog sich die Reihe auf einen Trend, der in den ersten Jahrzehnten nach dem Zweiten Weltkrieg die allgemeine Geschichtsauffassung veränderte und sich knapp als Abkehr von Prinzipien der Heroenverehrung umschreiben läßt. Die charakteristischen Alternativen wurden im Bereich der Strukturgeschichte gesucht: in Fragen nach den Hintergründen des historischen Geschehens, wie sie etwa von der Wirtschafts- und Sozialgeschichte oder bei der Erforschung einer jeweils zeittypischen Mentalität gestellt werden. Dies lenkte den Blick von den Herrschenden und den unterschiedlichen Manifestationen ihrer Macht weg und öffnete ihn für das Leben einer breiteren Bevölkerung in den jeweiligen Staatsgebieten.

Das Geniedenken in der Kulturgeschichte scheint dem Heroenprinzip in der Geschichtsbetrachtung eng benachbart zu sein. Doch wenn man an einem der beiden Denkmuster Kritik übt und diese daraufhin auch am Nachbargebiet ansetzen läßt, zeigt sich, daß beide Felder nicht deckungsgleich sind. Politische Entwicklungen der Vergangenheit lassen sich in der Gegenwart nicht neu erleben, sondern nur im Rückblick beschreiben; damit unterscheiden sie sich von Kunstwerken. Und zeichnet man nach geniebezogenen Prinzipien das Bild der Kulturgeschichte, widmet man sich bereits Repräsentanten unterschiedlichster Schichten des historischen Bevölkerungsgefüges; der Blick auf das Heroische in der Geschichte wendet sich hingegen vor allem der Schicht zu, in der die politische Macht gebündelt ist. Oder: Ein »verkanntes Genie« ist in der Heroengeschichte undenkbar, weil eine Person erst aufgrund ihrer Leistungen (»ein großer Feldherr«, auch »ein weitblickender Revolutionär«) Platz in einem nationalen Geschichtsbild erhalten konnte.

Insofern verwundert es nicht, daß es Methoden gibt, die in kulturgeschichtlicher Forschung längst etabliert waren, ehe sie in der zweiten Hälfte des 20. Jahrhunderts auch in das allgemeine Geschichtsbild eindrangen. Zunächst mag jenes kulturhistorische Anliegen zwar noch darauf beschränkt gewesen sein, für eine Person näher zu umschreiben, wie sie in ihrem historischen Umfeld zu Genialität gelangen konnte. Doch schon in der ersten Hälfte des 20. Jahrhunderts entstand an jenem Kontext »großer« Komponisten bereits ein eigenständiges Interesse, und es äußerte sich auf so vielfältige Weise, wie es sich etwa in Arnold Scherings Darstellung der Musikgeschichte Leipzigs oder in Ernst Fritz Schmids Forschungen zu Mozarts süddeutschem Traditionsraum äußert[1]. Es handelt sich um Studien, die weder als heimatgeschichtlich noch als von bloßem Geniedenken getragen abqualifiziert werden könnten. Vielmehr werden in ihnen Strukturen offengelegt, von denen die Musikentwicklung im Detail getragen war; sie differenzieren regional Denkbares im europäischen Gesamtkonzept, machen über weite Strecken vergessen, daß die Darstellung dem Traditionsraum Mozarts oder der Stadt Bachs gelte, und erschließen zugleich auch Material, das sich in eine allgemeine Mentalitätsgeschichte überführen läßt. Mit Studien wie diesen war im Bereich der Musikgeschichte die Abkehr vom rein genialischen Denken längst konkretisiert, als für das allgemeine Geschichtsbild jene eingangs erwähnte Kritik am Heroischen geäußert wurde.

Daß das Geniedenken in der Musikrezeption dennoch Bestand hat, liegt zweifellos auch im System des Musikhörens begründet. Man hört nicht ›historisch‹; zwar mag man sich beim Hören an Informationen erinnern, die sich auf den Komponisten oder die historische Stellung eines Werkes beziehen, und klangliche Querverbindungen zu anderen Kompositionen schlagen, die man kennt, aber man erlebt Musik als Teil der eigenen Gegenwart. Dabei ist man dem Einzelwerk so weit ausgeliefert, daß dieses für den Zeitraum des Hörens völlig aus seinem Kontext herausgelöst wird. Gewissermaßen erscheint das Werk in einer die Zeiten überspannenden Verklärung; an ihr hat mittelbar auch sein Komponist Anteil – unabhängig davon, ob er zu den »großen« gezählt wird oder nicht (oder ob sein Name überhaupt überliefert ist). Versuche, dieses Phänomen mit Techniken der Struktur- oder Mentalitätsgeschichte zu überwinden, sind zum Scheitern verurteilt, weil diese Isolierung eines Werkes nicht im historischen Denken verwurzelt ist.

Einseitiges Geniedenken tritt nur dann wirklich als weitere Komponente hinzu, wenn es immer die gleichen Komponisten sind, deren Werke die Chance erhalten, so direkt auf ein Publikum einzuwirken. Gerade auf diesem Feld jedoch haben sich die Verhältnisse im ausgehenden 20. Jahrhundert gewandelt – nicht aber weil es zu grundlegend neuen Denkmustern in der musikgeschichtlichen Arbeit gekommen wäre (diese bestanden, wie gezeigt, prinzipiell schon vor 1950) oder weil die Abkehr vom Heroischen den unmittelbaren Eindruck, den ein Musikwerk im Konzertbetrieb hinterläßt, verändert hätte. Diese Wandlung war vielmehr unabhängig von den Änderungen im allgemeinen Geschichtsbild, weil sie sich in spezifisch musikalischen Gebiet des Kulturlebens ergab, vorrangig in der Alte-Musik-Bewegung. Mut und Entdeckerlust der Ensembles trafen mit einer prinzipiellen Offenheit des Publikums zusammen, sich mit Musik zu befassen, die zuvor selbst im akademischen Diskurs allenfalls gestreift worden wäre. Diese Entwicklungen haben die traditionellen Begriffe »Großmeister« und »Kleinmeister« aus dem Sprachgebrauch weitgehend verdrängt; Versuche, mit Gewalt neue »Großmeister« schaffen zu wollen, haben sich als ebenso sinnlos wie unnötig erwiesen. Auch findet sich nur noch selten der Hinweis, ein Werk oder ihr Schöpfer seien zu Unrecht vergessen; das Bewußtsein, daß im historischen Prozeß kein Vergessen auf (ungerechtem) Zufall beruht, aber prinzipiell alles Vergessene mit Recht wiederentdeckt werden könne, ist auf vielfältige Weise ins Musikleben eingedrungen.

Wenn es eine neue Offenheit für das Werk von Komponisten gibt, die, einst mit dem Etikett »Kleinmeister« versehen, in den Hintergrund gerückt wurden, können Folgen für die Einschätzung der einstigen Großmeister nicht ausbleiben. Einem älteren Geschichtsbild zufolge repräsentierten die »Großen Komponisten« ihre Zeit – so, wie es sich noch immer in Formulierungen wie »die Musik der Bach-Zeit« äußert. Die Vorstellung einer Wiener Klassik ist letztlich ähnlich problematisch: Als ausdrücklich lokal definierte Musik-Erscheinung (»Wiener« Klassik) ist das, was der Begriff eigentlich umschreibt, kaum hinreichend, um das europäische Musikleben der Zeit etwa Haydns, Mozarts und Beethovens zu charakterisieren. Die Sicht, daß deren Musik repräsentativ für eine ganze historische Epoche sei, so daß in ihr der Schlüssel zum Verständnis sämtlicher anderer Musikschätze der Zeit liege, ist folglich überwunden worden; ohne diesen Prozeß wäre das neue Erleben ›unbekannter‹ Musik nicht möglich. Ihr gilt mittlerweile ein eigenständiges Interesse, und zwar neben den Traditionen des Musiklebens, die auf die einst unumschränkt als groß titulierten Komponisten ausgerichtet waren; eine Beschäftigung etwa mit Zeitgenossen Mozarts ist somit nicht mehr von dem Gedanken getragen, die wahre Größe Mozarts ermitteln zu wollen, sondern verspricht Überraschungen eigenen Charakters.

Ein Buch »Mozart und seine Zeit« müßte also die im Titel formulierte Verknüpfung mit »und« ernst nehmen und letztlich ebenso für die Musik seiner Zeitgenossen eintreten wie für das Werk Mozarts. Doch dabei erwiese sich der Name Mozarts im Titel als hinderlich: Wäre es nicht sinnvoller, eine Musikgeschichte des ausgehenden 18. Jahrhunderts zu schreiben, als das Werk eines einzelnen als Bezugspunkt für eine entsprechend weit ausgreifende Darstellung zu wählen? Denn durch die Fokussierung des Blicks auf einen einzelnen würde die stilistische Vielfalt in dessen näherer und fernerer Umgebung gefiltert; ein Geniedenken, das in der Musikliteratur partiell schon vor 1950 als überwunden gelten konnte, wäre revitalisiert, und die neuen, tatsächlich pluralistischen Ansätze unseres historisch orientierten Musiklebens würden ignoriert. Bereits eine Zeittafel, in der das Leben eines einzelnen in den Vordergrund gestellt wird, verdeckt den Blick auf die Eigengesetzlichkeit der Umwelt.

Bessere Perspektiven verspricht ein individualgeschichtlicher Ansatz, der allerdings den gewandelten Bedingungen angepaßt sein muß. Zudem ist er im Falle Mozarts so sachgerecht wie bei kaum einem anderen Musiker, der traditionell als »großer Komponist« tituliert worden ist. Monteverdi und Schütz, Bach und Vivaldi, Haydn und Weber, Mendelssohn und Liszt, Mahler und Strauss: Sie alle hatten jeweils Positionen oder Funktionen inne, die in ihrer Zeit das Musikleben typischerweise ausprägte, und selbst Beethoven ist in ihnen groß geworden. Doch für Mozart liegen die Dinge anders.

Mozart hat bereits als Kind – mit den ›Wunderkind-Reisen‹ – die Grenzen gesprengt, in denen sich seine Zeitgenossen bewegten, und zwar nicht nur die musikalischen. Leopold Mozart war sich für seine Person dieses Besonderen durchaus bewußt; als er auf der großen Westeuropareise mit seiner Familie nach London gelangt war und die ersten fünf Monate dort zugebracht hatte, stellte er fest[2]: »Ich bin nun da, wohin sich keiner von Salzburger Hof noch zu wagen getraut hat, und wohin vielleicht keiner in Zukunft gehen wird.« Daß diese Erfahrungen, die ihn fortan aus seinem normalen Umfeld heraushoben, ebenso für seine Kinder gelten würde, spricht er nicht an; in der Rückschau ist dies jedoch entscheidend, wenn es um die Stellung Mozarts in seiner Zeit geht. Doch zunächst läßt sich das Ergebnis noch klarer für dessen Schwester Nannerl (Maria Anna) erkennen, weil sie – ohne eine künstlerische Laufbahn einschlagen zu können – fortan tatsächlich neben der ›normalen‹ Gesellschaft ihrer Zeit stand: Mit ihrer Familie war sie auf Stationen herumgereicht worden, die der adelstypischen Grand Tour entsprachen; deshalb waren für sie in jener Zeit typische Lebensperspektiven eingeschränkt, die sich für eine junge Frau ihrer Standeszugehörigkeit ergeben konnten. Sie kam weder als Ehefrau eines Bürgerlichen in Frage (weil ihre Erfahrungen sie in diesem Rahmen zu einer restlos überlegenen Person machten) noch als Ehefrau eines Adligen (für den sie trotz dieser Erfahrungen eine ›Partie unter dem Stand‹ war); da ihr Vater die Möglichkeit nicht weiter verfolgt hat, ihre künstlerischen Fähigkeiten auszubauen, blieb ihr neben diesen rein sozialen Perspektiven keine Alternative[3]. Vor diesem Hintergrund – in den Dimensionen der Zeit gedacht – muß es als eine einzigartige Chance bewertet werden, daß sie die Frau eines adligen Witwers werden konnte (die dritte; beide ›Vorgängerinnen‹ waren adlig gewesen).

Selbst wenn für ihren Bruder die Konsequenzen sich nicht ähnlich kraß formulieren lassen, muß auch seine Stellung unter diesem Blickwinkel gesehen werden. In den Zeiten, in denen er über mehr als ein Jahr hinweg im Alltag der Salzburger Dienstgeschäfte mitwirkte (1773/1774, 1775–1777, 1779/1780), lag Zündstoff gerade darin, daß er eine zeittypische Position ausfüllte: Ein Kapellgeiger oder Hoforganist, zu dessen Erfahrungen ein durchaus vertraulicher Umgang mit mehreren Monarchen gehört und der drei Opern im italienischen Sprachraum komponiert hatte, entsprach keineswegs dem Zeitüblichen. Ähnlich ist schließlich auch Mozarts Stellung als freier Künstler in Wien zu umschreiben; die Freiheit, in der er lebte, bedeutete nicht, daß er sich als führender Musiker seiner Epoche profilierte, sondern zunächst viel eher, daß das Musikleben, das ihn umgab, durchaus auch ohne ihn funktionierte: Es war in keiner Hinsicht auf ihn angewiesen, er aber in extremer Weise darauf, an ihm teilzunehmen und die Möglichkeiten zu nutzen, die er sich in ihm erschließen konnte.

Somit widmet sich dieses Buch tatsächlich Mozart und nur am Rande seinen Zeitgenossen, sehr wohl aber den zeitgeschichtlichen Bezügen des Mozartschen Schaffens; daß diese nicht über die Hilfskonstruktion der Genialität begriffen werden können, liegt auf der Hand. Zu zeigen ist vielmehr an einzelnen Details, wie Mozart mit der keinesfalls einfachen Sonderstellung, die ihm in früher Kindheit zugewachsen war, fertig wurde. Der Blick hat also nicht von innen – über eine idealisierte Vorstellung Mozarts

– auf seine Zeit zu erfolgen, sondern von außen auf ihn: Die geschichtlichen Bezüge ermöglichen die Annäherung an das Individuum. Dieser Ansatz prägt die Ausrichtung und Gewichtung der vier Kapitel des Buches.

Mozart hat eine musikalische Ausbildung erhalten, die ihn von vornherein von seinen Zeitgenossen abgrenzte; nicht erst die Wunderkindreisen, sondern schon die Art und Weise, mit der er die Grundlagen der Musik erschlossen bekam, rückte ihn von Zeitgenossen ab. Das Profil, das für Mozart damit entstand, wurde zunächst auf einer schmalen Basis formuliert; zwar sammelte er in späteren Lebensabschnitten weitere Erfahrungen, die das in den Anfangsjahren Erlernte relativieren konnten, doch jene Basis bestimmte – wie nicht anders vorstellbar – lebenslang seinen Zugang zu dem jeweils Neuen, wenn er es in seinen Stilbegriff integrieren wollte. Diese überaus individuelle Ausbildung läßt sich vor allem bis 1766 in Einzeletappen darstellen: nicht nur als eigenständiges Forschungsthema, nicht auch nur im Sinne dessen, das Fundament für die lebenslang wirksamen Stilbegriffe Mozarts zu umreißen. Vielmehr konkretisiert sich schon in diesen Grundlagen der Unterschied zwischen Mozart und seiner Zeit. Und dennoch spiegelt sich – in einem einzigartigen Werkfundus, der zur Untersuchung bereitsteht – ein Zugang jener Zeit zu Musik und deren Funktionen, die ansonsten nur durch die Äußerungen der zeitgenössischen Musiktheorie (in ihrem Zugang aber stets literarisch überhöht) und durch die erst später entwickelten Techniken der musikalischen Analyse (in ihren Konzepten dem Denken des 19. Jahrhunderts verpflichtet) faßbar sind.

Auf dieser Basis soll Mozarts Vordringen in zwei Kernbereiche des Musizierens seiner Zeit geschildert werden. Im Bereich der liturgischen Musik, für deren Komposition Mozart aufgrund seiner frühen Ausbildung letztlich noch nicht eigens qualifiziert war, geht es zugleich um das jahrhundertealte Problem, welche Stellung Musik im Gottesdienst der katholischen Kirche innehaben könne. Auf dem Sektor der Oper, die schon in Mozarts früher Ausbildung zu einem Fluchtpunkt musikalischer Konzepte wurde, ist zunächst nach der Tragfähigkeit des Erlernten zu fragen; die weitere Betrachtung ist musikdramaturgischen Konzepten gewidmet, die traditionell als typisch für Mozart gelten, und fragt nach deren Wurzeln. Das Schlußkapitel befaßt sich mit den Schaffenskonzeptionen seiner Wiener Zeit – dahingehend, wie Mozart sich in unter wechselnden Bedingungen im örtlichen Musikleben zu behaupten vermochte. Die drei Detailabhandlungen der zweiten Buchhälfte sind damit (ähnlich wie das große erste Kapitel in seiner Strukturierung) dem Gedanken verpflichtet, einen Blick auf Mozart »in seiner Zeit« zu ermöglichen.

14

Mit diesem Ansatz ist dieses Buch über Mozart – ebenso viele andere Bände der Reihe – nicht als Erstinformation über den Komponisten gedacht. Es setzt Reflexionsbereitschaft in musikalischen, musiktheoretischen und historischen Fragen voraus. Nur in diesem Sinne (der es zugleich erlaubt, auch die eigenen Forschungserfahrungen zu bündeln) erschien es mir möglich, meiner Mozart-Monographie von 1990 bereits nach elf Jahren – auf Einladung des Verlegers Henning Müller-Buscher – eine weitere folgen zu lassen.

Freiburg, im Juli 2001   Konrad Küster

Anmerkungen

1 Arnold Schering, *Johann Sebastian Bach und das Musikleben Leipzigs im 18. Jahrhundert*, Leipzig 1941 (= Musikgeschichte Leipzigs 3); Ernst Fritz Schmid, *Ein schwäbisches Mozart-Buch*, Lorch und Stuttgart 1948.
2 MBA I/92, S. 169.
3 Details siehe: Konrad Küster, »*Ich ... kann alle 2 Jahre eine Reise machen – was will ich mehr?« Mozarts Reisen im musikhistorischen Kontext,* in: Neue Impulse der Reiseforschung (Symposium Essen 1993), hrsg. von Michael Maurer, Berlin 1999, S. 211–226.

CHRONIK

1756 – 27. Januar: Mozart wird als 7. Kind von Leopold Mozart und Maria Anna geb. Pertl geboren. Von den Geschwistern lebt nur noch die 1751 geborene Schwester Maria Anna (»Nannerl«). Am 28. Januar Taufe im Salzburger Dom auf den Namen Joannes Chrysostomus Wolfgangus Theophilus. Die von Mozart gebrauchte Namensschreibweise »Wolfgang Amadé« leitet sich von den beiden letzten Namensbestandteilen ab,
    – Juli: Leopold Mozarts *Gründliche Violinschule* erscheint im Druck.
    – Siebenjähriger Krieg zwischen Österreich und Preußen.
1757 – Johann Stamitz stirbt.
    – Ignaz Pleyel geboren.
    – Christian Fürchtegott Gellert, *Geistliche Oden und Lieder.*
    – Moses Mendelssohn, *Über die Hauptgrundsätze der schönen Künste und Wissenschaften.*
1758 – Carl Friedrich Zelter geboren.
1759 – Leopold Mozart legt für Nannerls Klavierunterricht das Nannerl-Notenbuch an, in das später die ersten Kompositionen Mozarts eingetragen werden.
    – Georg Friedrich Händel stirbt.
    – Friedrich Schiller geboren.
    – Voltaire, *Candide.*
1760 – Erste Dokumente für den Musikunterricht Mozarts: Leopold vermerkt zu Einzelstücken des Nannerl-Notenbuches, daß sein Sohn sie zu spielen gelernt habe.
    – Luigi Cherubini geboren.
    – Lawrence Sterne, *The Life and Opinions of Tristram Shandy, Gentleman* beginnt zu erscheinen (bis 1767).
1761 – Februar/April: Die ersten beiden Kompositionen Mozarts (KV 1a, 1b) werden in das Nannerl-Notenbuch eingetragen. Im Dezember folgt ein zwei weitere.
    – 1./3. September: Mozart wirkt als Tänzer in der Schulkomödie *Sigismundus, Hungariae Rex* mit, deren Musik vom Hofkapellmeister Johann Ernst Eberlin stammt.

– Joseph Haydn schreibt seine Sinfonien Nr. 6–8 (*Le Matin, Le Midi, Le Soir*) für die Hofkapelle des Fürsten Esterházy.

1762 – 12. Januar: Leopold reist mit Nannerl und Wolfgang für drei Wochen nach München. Der Auftritt mit Kurfürst Maximilian III. Joseph erscheint im Nachhinein als Test für weitere Reisen.

– 18. September: Die ganze Familie Mozart reist über Passau (20. bis 26. September), wo Wolfgang vor Fürstbischof Joseph Maria Graf Thun-Hohenstein musiziert, und Ybbs (5. Oktober: Mozart spielt Orgel) nach Wien (Ankunft am 6. Oktober). Am 13. Oktober kommt es zu einer ersten Begegnung mit Kaiserin Maria Theresia; diese schenkt den Mozart-Kindern Galakleider. Die Serie von deren Konzertauftritten (erstmals am 20. Oktober) wird durch eine Krankheit Mozarts am Monatswechsel Oktober/November nur kurzzeitig unterbrochen. Vom 11. bis 24. Dezember halten sich die Mozarts in Preßburg auf. Die Rückreise aus Wien wird am 31. Dezember angetreten.

– Gluck, *Orfeo ed Euridice*.

– Johann Gottlieb Fichte geboren.

1763 – 5. Januar: Rückkehr nach Salzburg.

– 28. Februar: Leopold Mozart wird zum Vizekapellmeister ernannt

– 9. Juni: Aufbruch der Familie Mozart zur großen Westeuropareise. Die künstlerisch wichtigen oder besonders markanten Stationen in der ersten Reiseetappe sind Wasserburg (11. Juni: Mozart lernt den Umgang mit der Pedalklaviatur einer Orgel), München (12. bis 22. Juni, mehrfache Auftritte vor dem bayerischen Kurfürsten), Augsburg (22. Juni bis 6. Juli: Begegnungen mit Leopolds Familie, mit dem Verleger Johann Jakob Lotter und dem Klavierbauer Johann Andreas Stein). Weiterreise über Ulm, Ludwigsburg und Schwetzingen nach Mainz (Anfang August, Anfang September) und Frankfurt (Mitte bis Ende August) sowie über Koblenz, Köln und Aachen nach Brüssel (5. Oktober bis 15. November). In Brüssel entsteht die Klavierfassung zum ersten Satz der späteren Violinsonate KV 6, die erste nachweisbare Komposition Mozarts, deren Umfang die Ausmaße eines Tanzsatzes übersteigt.

– 18. November: Die Mozarts erreichen Paris; dort (und in Versailles) halten sie sich ungefähr fünf Monate auf. Erst nach dem Bericht Friedrich Melchior von Grimms in der *Correspondance littéraire* (1. Dezember) über die Mozarts beginnt die Aufmerksamkeit für die beiden Wunderkinder langsam zu wachsen.

– Ende des Siebenjährigen Krieges mit dem Frieden von Hubertusburg (15. Februar). Österreich und Preußen treten in einen »kalten Krieg« ein, der erst 1791 mit der »Erklärung von Pillnitz« – nach der Französischen Revolution – überwunden wird.

– Jean Paul geboren.

1764 – 1. Januar: Begegnung der Mozarts mit Louis XV. von Frankreich und dessen engster Familie in Versailles.

– Februar/April: Die Sonaten KV 6–9 erscheinen im Druck; das frühere Paar wird Madame Victoire de France, der zweiten Tochter des Königs, gewidmet, das spätere der Gönnerin Madame de Tessé.

– 10. März: Erstmals findet in Paris ein Konzert der Mozart-Kinder statt; ein zweites folgt am 9. April.

– 10. April: Abreise aus Paris; Weiterreise nach Calais, wo Leopold ein Schiff für die Überfahrt nach Dover mietet.

– 23. April: Ankunft in London. Mit einer kurzen Unterbrechung im Spätsommer (Chelsea, nach einer Erkrankung Leopolds) wohnen die Mozarts hier für eineinviertel Jahre.

– 27. April: Erster Auftritt vor George III. und Sophie Charlotte; am 19. Mai folgt ein zweites Hofkonzert in noch privaterer Atmosphäre. Unklar ist, wann die Mozarts den »Music Master« der Königin, Johann Christian Bach, und dessen Partner in der Veranstaltung von Konzerten, Carl Friedrich Abel, erstmals trafen, deren Londoner Einfluß Mozart wesentliche Anregungen verdankt haben dürfte.

– 5. Juni: Die Reihe der Konzerte, an denen die Mozart-Kinder mitwirken, setzt ein; sie haben dabei Kontakt zu einem Künstlerkreis, an dem die beiden zuvor genannten Musiker keinen direkten Anteil haben (u.a. zu dem Sänger Mazziotti).

– Juli: Während der Krankheit des Vaters komponiert Mozart möglicherweise eine erste Sinfonie; ob es sich um die Es-Dur-Sinfonie KV 16 handelt, ist nicht eindeutig zu bestimmen.

– November/Dezember: Mozart erhält »Gesangsunterricht« bei dem Kastraten Giovanni Manzuoli; Inhalt des Unterrichts müssen aber ebenso auch Details des Arienaffekts gewesen sein, so daß auch eine Einführung in Grundlagen der Opernkomposition denkbar ist. Zumindest die Arie »Va, dal furor portata« KV 21 entsteht noch während des Londoner Aufenthalts.

– Jean-Philippe Rameau stirbt.

– Johann Joachim Winckelmann, *Geschichte der Kunst des Altertums*.

1765 – Februar/März: Mehrere Konzerte der Mozart-Kinder in London.

– Juni (?): Begegnung mit dem Naturforscher Daines Barrington, der 1769 seine Eindrücke von Mozarts Umsetzung opernnaher Techniken am Klavier schriftlich niederlegt.

– 24. Juli: Abreise aus London über Canterbury; am 1. September setzen die Mozarts wieder von Dover nach Calais über und reisen über Dünkirchen, Lille, Gent, Antwerpen in die Niederlande.

– 10. September: Ankunft in Den Haag; schon nach wenigen Tagen spielt Mozart vor Willem V. von Oranien. Der Aufenthalt (bis Ende März) wird unterbrochen von einem etwa sechswöchigen Aufenthalt in Amsterdam (Ende Januar–Anfang März 1766) und in seiner Frühzeit von schweren Krankheiten Nannerls und Wolfgangs (Oktober/November). Über den künstlerischen Ertrag ist weitaus weniger zu erfahren als über die vorausgegangene Londoner Zeit; dennoch muss Mozart nach dieser noch wesentlich neue Anregungen in der Arienkomposition erhalten haben, die sich in der Umarbeitung der Arie »Conservati fedele« KV 23 niederschlagen.

1766 – 11. März: Nach einem neuerlichen Konzert vor Willem V. reisen die Mozarts wieder aus Den Haag ab; über Haarlem, Amsterdam, Utrecht, Mecheln und Brüssel nähern sie sich neuerlich Paris.

– 10. Mai bis 9. Juli: Der neuerliche Parisaufenthalt, über dessen Verlauf nur wenig bekannt ist, wird von einem mehrtägigen Abstecher nach Versailles (28. Mai bis 1. Juni) unterbrochen. Die Weiterreise führt über Dijon nach Lyon (26. Juli bis Mitte August), wo Leopold den Entschluß faßt, nicht nach Italien weiterzureisen, sondern wieder Salzburg anzusteuern.

– 29. November: Nach zum Teil längeren Aufenthalten in Genf (Ende August/Anfang September), Zürich (Ende September/Anfang Oktober), Donaueschingen (Ende Oktober/Anfang November) und München (bis Ende November) erreichen die Mozarts wieder Salzburg.

– 21. Dezember: Als Schlußsatz zu *Il cavaliere di spirito*, aufgeführt aus Anlaß der Konsekration des Erzbischofs Sigismund von Schrattenbach, wird – durchaus wirkungsvoll plaziert – Mozarts Licenza KV 36 aufgeführt. Schon am 8. Dezember war im Dom eine »Symphonie« Mozarts im Hochamt aufgeführt worden.

– Johann Christoph Gottsched stirbt.

– Leonhard Euler, *Algebra.*

1767 – 12. März: Von dem dreiaktigen Oratoriums *Die Schuldigkeit des ersten Gebots*, einer im zeitüblichen Sinne opernnahen Gemeinschaftsproduktion, wird der von Mozart komponierte 1. Akt aufgeführt; vermutlich im Wochenabstand folgen die Beiträge von Michael Haydn (2. Akt) und Anton Cajetan Adlgasser (3. Akt).

– 13. Mai: Aufführung von Mozarts *Apollo et Hyacinthus* als Intermedien zur Tragödie *Clementia Croesi* in der Universität Salzburg; am Rande der Feier tritt Mozart als Pianist auf.

– 11. September: Abreise der Mozarts über Lambach, Linz und St. Pölten nach Wien; äußerer Anlaß sind die geplanten Festlichkeiten zur Hochzeit zwischen Ferdinand IV. von Neapel und Erzherzogin Josepha. Diese wird am 15. Oktober Opfer einer Blatternepidemie; die Mozarts ziehen sich am 23. Oktober über Brünn nach Olmütz zurück – zu spät: Beide Kinder erkranken; erst Ende November sind sie gerettet.

– Georg Philipp Telemann stirbt.

– Wilhelm von Humboldt geboren.

– August Wilhelm Schlegel geboren.

– Lessing, *Minna von Barnhelm.*

– Moses Mendelssohn, *Über die Unsterblichkeit der Seele.*

1768 – 10. Januar: Die Mozarts erreichen wieder Wien. Joseph II. regt am 19. Januar bei einer Audienz, die er gemeinsam mit seiner Mutter Maria Theresia den Mozarts gibt, die Komposition der Oper *La finta semplice* KV 51 an; zu einer Wiener Aufführung kommt es nicht.

– 21. September: Nach Problemen, die die Mozarts mit dem Wiener Musikbetrieb haben (»Intrigen«), wendet sich Leopold an Joseph II. mit der Bitte um Hilfe; die Angelegenheit bleibt unerledigt. Zur Unterstützung seiner Argumentationen entwirft Leopold ein Werkverzeichnis seines Sohnes.

– Herbst: Mozarts Singspiel *Bastien und Bastienne* KV 50 wird vor Franz Anton Mesmer erstmals aufgeführt.

– 7. Dezember: Einweihung der Kirche Mariä Geburt des Waisenhauses am Rennweg; als Vertonung der Ordinariumstexte erklingt eine Messe Mozarts.

1769 – 5. Januar: Rückkehr nach Salzburg.

– 1. Mai: Vermutlich erste Aufführung von *La finta semplice* in Salzburg.

- 15. Oktober: Für die Primiz von P. Dominicus Hagenauer, Sohn des Hausherrn der Mozarts, hat Wolfgang die *Dominikus-Messe* KV 66 geschrieben; sie wird aus diesem Anlaß in der Stiftskirche St. Peter aufgeführt.
- 14. November: Mozart wird zum 3. Konzertmeister der Salzburger Hofkapelle ernannt. Von einer Besoldung wird abgesehen, doch Erzbischof Sigismund weist zugleich eine neuerliche Summe an, die zur Unterstützung der Reisetätigkeit gedacht ist.
- 13. Dezember: Leopold und Wolfgang treten die »1. Italienreise« an, die sie bis zum 27. Dezember über Innsbruck, Bozen und Trient nach Verona geführt hat.
- Christian Fürchtegott Gellert stirbt.
- Napoleon Bonaparte geboren.

1770
- 5. Januar: Konzert Mozarts in Verona. Am 10. Januar reisen Vater und Sohn über Mantua (10. bis 19. Januar) und Cremona weiter.
- 23. Januar bis 15. März: In Mailand. Ergebnis des Aufenthalts ist die Vereinbarung eines Opernkontrakts für die Karnevalssaison 1770/1771, der durch den lombardischen Generalgouverneur Karl Joseph von Firmian vermittelt wird. Vorstufen sind Probekompositionen von Arien.
- 24. bis 29. März: In Bologna. Erste Begegnungen u.a. mit Padre Giambattista Martini und Feldmarschall Giovanni Luca Graf Pallavicini-Centurioni, an den die Mozarts in Rovereto eine Empfehlung erhalten hatten und dessen Einfluß die äußerst positive Aufnahme in Rom zu verdanken ist.
- 30. März bis 6. April: In Florenz. Am 1. April kommt es zu Begegnungen mit Großherzog Leopold (ab 1790 als Leopold II. römisch-deutscher Kaiser) und Franx Xaver Wolfgang Orsini-Rosenberg, dem späteren Wiener General-Spektakeldirektor, zwei Personen also, denen Mozart lange Zeit danach neuerlich begegnet.
- 11. April bis 8. Mai: In Rom. Am Tag der Ankunft schreibt Mozart aus dem Gedächtnis das in der Mette gesungene »Miserere« von Gregorio Allegri nieder; am 15. April nehmen Vater und Sohn Mozart an der Ostermesse Papst Clemens' XIV. teil. Während des Aufenthaltes kommt es zu Begegnungen mit führenden Persönlichkeiten der europäischen Politik.
- 14. Mai bis 25. Juni: In Neapel. Von dort unternehmen die beiden Reisenden zahlreiche touristische Ausflüge (u.a. Baia, Vesuv,

Pompeji) und treffen am Ort u.a. Giovanni Paisiello und Frances-co de Majo.

– 26. Juni bis 10. Juli: Erneuter Aufenthalt in Rom. Am 5. Juli wird Mozart durch Clemens XIV. in den Orden vom Goldenen Sporn aufgenommen; am 8. Juli empfängt dieser die Mozarts zu einer Audienz. Weiterreise an der Ostküste des Apennin.

– 20. Juli–Mitte Oktober: Wieder in Bologna bzw. auf dem Landgut Pallavicinis. Am 27. Juli erhält Mozart das Libretto zu *Mitridate, Re di Ponto*; die Mozarts begegnen u.a. Joseph Mysliveček und Charles Burney. Am. 9. Oktober wird Mozart durch Vermittlung von Padre Martini in die Accademia filarmonica aufgenommen.

– 18. Oktober: Ankunft in Mailand; Schlußphase der Arbeit an *Mitridate*.

– 26. Dezember: Uraufführung von *Mitridate, Re di Ponto* KV 87 im Teatro Regio Ducal, Mailand.

– Giuseppe Tartini stirbt.

– Ludwig van Beethoven geboren.

– Friedrich Hölderlin geboren.

– Georg Wilhelm Friedrich Hegel geboren.

1771 – 4./5. Januar: Nach dem Erfolg des *Mitridate* zweimal zu Besuch bei Karl Joseph Firmian. Der Aufenthalt in Mailand (bis 4. Februar) wird vom 14. bis 30. Januar für einen Abstecher nach Turin unter-brochen.

– 11. Februar bis 12. März: In Venedig; am 5. März Mozarts »Aka-demie«.

– 28. März: Rückkehr nach Salzburg nach kurzen Aufenthalten in Padua, Vicenza, Verona. Bei der Ankunft findet Mozart die »scrittura« für den Mailänder Karneval 1772/73 vor (*Lucio Silla*); Ende März erreicht ihn der Kompositionsauftrag für die Serenata teatrale *Ascanio in Alba*, die aus Anlaß der kaiserlichen Hochzeit im Oktober in Mailand neben Hasses *Ruggiero* aufgeführt werden soll.

– 13. August: Abreise von Leopold und Wolfgang nach Mailand über Innsbruck, Rovereto, Verona und Brescia.

– 21. August: Ankunft in Mailand. Am 29. August erhält Mozart das Libretto des *Ascanio*.

– 16. Oktober: Festaufführung von Hasses *Ruggiero* anläßlich der Hochzeit von Erzherzog Ferdinand mit Maria Beatrice Ricciarda d'Este.

- 17. Oktober: Festaufführung von Mozarts *Ascanio in Alba* KV 111. In den folgenden Wochen Begegnungen mit Hasse und Mysliveček sowie Erzherzog Ferdinand; der Aufenthalt in Mailand dauert bis zum 5. Dezember
- 15. Dezember: Ankunft in Salzburg. Am Tag darauf stirbt Erzbischof Sigismund von Schrattenbach.

1772 – 14. März: Hieronymus Graf Colloredo wird zum neuen Fürsterzbischof von Salzburg gewählt. Am 29. April zieht er in Salzburg ein, wenig später wird zu seinen Ehren Mozarts Serenata *Il sogno di Scipione* aufgeführt, die noch im Hinblick auf Schrattenbach komponiert worden war.
- 21. August: Mozart erhält eine eigene Besoldung (150 Gulden jährlich). Damit wird er nicht nur stärker an Salzburg gebunden; fortan zahlt der Hof – nun unter dem neuen Regiment – keine Unterstützungsleistungen für Reisen mehr.
- 24. Oktober: Aufbruch Mozarts mit seinem Vater zur letzten Italienreise; am 4. November erreichen sie Mailand, wo am 26. Dezember *Lucio Silla* KV 135 uraufgeführt wird. Im Dezember wirkt Mozart bei mehreren Konzerten im Haus des Generalgouverneurs Karl Joseph Graf Firmian mit.
- Joseph Haydn: Sinfonie Nr. 45 fis-Moll (*Abschiedssinfonie*)
- Friedrich von Hardenberg (Novalis) geboren.
- Friedrich Schlegel geboren.
- Lessing, *Emilia Galotti*.
- Erste polnische Teilung (zwischen Rußland, Österreich und Preußen).

1773 – 17. Januar: Der Sopranist Venanzio Rauzzini führt in der Mailänder Theatinerkirche die Motette »Exsultate, jubilate« KV 165 erstmals auf.
- 13. März: Nachdem Leopolds wochenlange Bemühungen, bei Großherzog Leopold von der Toskana eine Anstellung für Wolfgang zu erreichen, gescheitert sind, erreichen die Mozarts wieder Salzburg.
- 14. Juli: Vater und Sohn Mozart reisen nach Wien. Die Reise, die bis zum 26. September dauert, wird geprägt von einem Wienaufenthalt Colloredos (31. Juli bis 17. August). Nach der Rückkehr ziehen die Mozarts aus der Getreidegasse in das »Tanzmeisterhaus« auf das rechte Salzachufer um.
- 5. Oktober: Mozart vollendet die »kleine« g-Moll-Sinfonie KV 183.

- Dezember: Mozart komponiert sein erstes Klavierkonzert (D-Dur KV 175); etwa gleichzeitig entsteht das erste Streichquintett (B-Dur KV 174).
- Nicolò Jommelli stirbt.
- Gasparo Spontini geboren.
- Ludwig Tieck geboren.
- Goethe, *Götz von Berlichingen*.
- Gottfried August Bürger, *Lenore*.
- Anton Schweitzer, *Alkeste* (Text: Wieland).
- Verbot des Jesuitenordens.

1774 – 6. April: Vollendung der A-Dur-Sinfonie KV 201.
- 6. Dezember: Zur Vorbereitung der Aufführung von *La finta giardiniera* KV 196 reist Mozart mit seinem Vater nach München. Die Uraufführung verschiebt sich bis Januar.
- Antonio Salieri wird zum Wiener Hofkomponisten ernannt. Zuvor war er in Wien bereits mit zahlreichen Opern hervorgetreten.
- Goethe, *Die Leiden des jungen Werthers*.
- Nach dem Tod Louis' XV. wird Louis XVI. König von Frankreich.

1775 – 13. Januar: Uraufführung von *La finta giardiniera* in München; anwesend ist neben Vater und Sohn Mozart auch Nannerl. Am 7. März sind sie alle wieder in Salzburg.
- 23. April: Aus Anlaß des Besuches von Erzherzog Maximilian Franz in Salzburg wird Mozarts Serenata *Il Re pastore* KV 208 uraufgeführt.
- Juni–Dezember: Mozart komponiert seine Violinkonzerte KV 211, 216, 218 und 219.
- Jane Austen geboren.

1776 – 31. März: Aufführung der *Litaniae de venerabili altaris sacramento* KV 243 im Salzburger Dom.
- 21. Juli: Auf dem Hochzeitsfest von Franz Xaver Anton Späth und Elisabeth Haffner in Salzburg wird die *Haffner-Serenade* KV 250 musiziert.
- November/Dezember: Vollendung der *Credo-Messe* C-Dur KV 257 sowie zweier Missae breves C-Dur (KV 258 und KV 259, *Orgelsolomesse*).
- Ernst Theodor Amadeus (eigentlich: Wilhelm) Hoffmann geboren.
- Unabhängigkeitserklärung der Vereinigten Staaten von Amerika.

1777 – Komposition des Es-Dur-Klavierkonzerts KV 271.

24

– 28. August: Nachdem Mozart beim Erzbischof um Dienstentlassung nachgesucht hatte, wird diese ihm und seinem Vater gewährt; für Leopold wird sie Ende September zurückgenommen.

– 23. September: Mozart reist in Begleitung seiner Mutter aus Salzburg ab. In München, wo sie am folgenden Tag ankommen, bemüht er sich vergeblich um eine Anstellung. Am 11. Oktober reisen beide weiter nach Augsburg (11. Oktober bis 26. Oktober); dort begegnen sie der Verwandtschaft Leopolds (u.a. das »Bäsle«, Maria Anna Thekla Mozart, mit der Mozart im weiteren Verlauf der Reise in Briefwechsel steht) und dem Klavierbauer Johann Andreas Stein; Mozart gibt einige Konzerte. Die Weiterreise in Richtung Mannheim wird nur in Hohenaltheim, der Residenz des Fürsten Kraft Ernst zu Oettingen-Wallerstein, unterbrochen.

– 30. Oktober: Ankunft in Mannheim. Während des dortigen Aufenthalts hat Mozart intensiven Kontakt zu den Musikerkollegen Ignaz Holzbauer (Kapellmeister), Christian Cannabich (Konzertmeister), Johann Friedrich Wendling (Flötist) und Friedrich Ramm (Oboist) und begegnet dem Flötenamateur Ferdinand Dejean, der Mozart einen umfangreichen Kompositionsauftrag erteilt (daraufhin entsteht u.a. das Flötenkonzert KV 313); außerdem gibt er Unterricht (Rose Cannabich, Therese Pierron). Die letzten Hoffnungen auf eine Anstellung zerschlagen sich, nachdem am 30. Dezember der bayerische Kurfürst Maximilian III. Joseph gestorben ist: Der pfälzische Kurfürst Karl Theodor wird zu dessen Nachfolger ausgerufen. Die Folgezeit ist beherrscht von den Planungen territorialer Neuordnung; am Ende werden Bayern und die Pfalz als Staatsgebiet vereinigt; zugleich werden die beiden Hofhaltungen und folglich auch die beiden Hofkapellen zusammengelegt. Daß in dieser Zeit keine Neuanstellungen von Musikern vorgenommen werden, ist verständlich.

– Georg Christoph Wagenseil gestorben.

– Heinrich von Kleist geboren.

1778 – 17. Januar: In den Briefen Wolfgangs an seinen Vater ist erstmals von den musikalischen Fähigkeiten der 16jährigen Aloysia Weber die Rede. Das Musizieren Mozarts mit ihr und dessen Pläne, sie zur Sängerin auszubilden, stoßen auf heftige Mißbilligung Leopold Mozarts.

– 14. März: Rund ein Monat ist verstrichen, seit Leopold seinen Sohn aufforderte: »Fort mit Dir nach Paris!« Erst jetzt reist dieser mit seiner Mutter dorthin ab. Nach der Ankunft (23. März) sucht Mozart, dem Rat des Vaters folgend, die Bekannten von 1764/66 auf. Doch offenkundig hat Leopold aus der Ferne die Pariser Musiksituation nicht richtig beobachten und seinem Sohn in der Kontaktfrage helfen können. Einblicke in die kompositorischen Aktivitäten Mozarts sind nur in Umrissen zu erhalten; über die *Pariser Sinfonie* KV 297 (aufgeführt am 18. Juni und 15. August) sowie das Konzert für Flöte und Harfe KV 299 gehen sie nicht hinaus. Jedoch gehen sechs Violinsonaten in den Stich, die der pfalzbayerischen Kurfürstin gewidmet werden (KV 301–306).

– 3. Juli: Tod Maria Anna Mozarts in Paris.

– August: Mozart trifft in St. Germain Johann Christian Bach und Giustino Ferdinando Tenducci.

– 31. August: Leopold Mozart berichtet seinem Sohn vom Erfolg der Bemühungen, für diesen am Salzburger Hof eine erneute Anstellung zu erwirken. Erst am 26. September verläßt Mozart Paris, hält sich nochmals längere Zeit in Mannheim auf (die Familie Weber ist inzwischen nach München übergesiedelt) und erreicht am 25. Dezember München.

– Johann Nepomuk Hummel geboren.

– Clemens Brentano geboren.

– Voltaire stirbt.

– Jean-Jacques Rousseau stirbt.

– Johann Gottfried Herder, *Volkslieder* (seit 1807: *Stimmen der Völker in Liedern*).

1779 – 17. Januar: Als Reaktion auf ein Gesuch Mozarts, das dieser unmittelbar nach der Ankunft in Salzburg Mitte Januar an den Erzbischof richtet, wird jener zum Hoforganisten ernannt (als Nachfolger von Anton Cajetan Adlgasser, † 22. Dezember 1777).

– 23. März: Vollendung der *Krönungsmesse*, vermutlich für das bevorstehende Osterfest.

– Sommer: Komposition der *Sinfonia concertante* für Violine und Viola KV 364.

– 3. August: Vollendung der *Posthornserenade* KV 320.

– Lessing, *Nathan der Weise*.

1780 – März: Komposition der *Missa solemnis* KV 337.

– 5. November: Mozart verläßt Salzburg; nur besuchsweise kehrt er 1783 nochmals dorthin zurück. Ziel ist zunächst lediglich München, wo Mozart die Aufführung von *Idomeneo* vorbereitet.

- 29. November: Tod der Kaiserin Maria Theresia in Wien. Ihr Sohn, Joseph II., der die Regierungsgeschäfte zuvor gemeinsam mit seiner Mutter ausführte, übernimmt die Alleinregierung.
- Wieland, *Oberon.*

1781 – 29. Januar: Uraufführung von *Idomeneo* KV 366 im Münchner Residenztheater.
- 12. März: Auf Weisung des Erzbischofs Hieronymus Colloredo, der sich bei seinem kranken Vater in Wien aufhält, reist auch Mozart dorthin ab und erreicht die Kaiserstadt am 16. März. In den folgenden Wochen der Fastenzeit erhält Mozart lebendige Eindrücke von den Möglichkeiten des Wiener Konzertlebens, kann in diesem aber – als Mitglied der Salzburger Hofkapelle – kaum auftreten.
- Mitte April: Zwischen Mozart und Gottlieb Stephanie d. J. werden erste Absprachen über die *Entführung aus dem Serail* getroffen; das Libretto hat Mozart am 30. Juli in Händen.
- 9. Mai bis 8. Juni: Bruch mit dem Erzbischof in mehreren Etappen. Mozart bezieht eine Wohnung bei Familie Weber, die seit 1779 in Wien lebt, und verliebt sich in Constanze.
- 16. November: Nachdem Mozart dem württembergischen Herzogspaar vorgestellt worden ist, macht er sich Hoffnungen darauf, Musiklehrer der Prinzessin Elisabeth von Württemberg werden zu können.
- 23. November: Im Elternhaus von Mozarts Schülerin Josepha Auernhammer findet eine Akademie Mozarts statt; zu den Gästen gehören Gräfin Maria Wilhelmine Thun, Gottfried van Swieten und Karl Abraham Wetzlar von Plankenstern, Gönner Mozarts in dessen früher Wiener Zeit.
- 15. Dezember: Mozart teilt seinem Vater mit, er wolle Constanze Weber heiraten.
- 24. Dezember: Wettspiel Mozarts mit Muzio Clementi in der Hofburg; Kaiser Joseph II. ist anwesend.
- Joseph Mysliveček stirbt.
- Achim von Arnim geboren.
- Gotthold Ephraim Lessing stirbt.
- Johann Heinrich Voß, Übersetzung von Homers *Odyssee.*
- Schiller, *Die Räuber.*
- Kant, *Die Kritik der reinen Vernunft.*
- Gründung der Gewandhauskonzerte in Leipzig.

1782 – 23. Januar: Mozart hofft auf ein Engagement bei Erzherzog Maximilian Franz, sobald dieser zum Erzbischof von Köln gewählt wäre; die Hoffnungen erfüllten sich nicht, als es 1784 zu der Wahl kam (Maximilian Franz wurde damit Landesherr des jungen Beethoven).

– 3. März: Mozart veranstaltet eine Akademie im Burgtheater, u.a. mit Teilen aus *Idomeneo* und dem Klavierkonzert KV 175, das um das neue Rondo-Finale KV 382 verändert war.

– April: Gottfried van Swieten verschafft Mozart intensive Einblicke in die Musik Georg Friedrich Händels und Johann Sebastian Bachs; Mozart reagiert darauf in eigenen Fugenkompositionen und in Bearbeitungen von Fugen des *Wohltemperierten Klaviers* für Streichtrio bzw. -quartett.

– 16. Juli: Mit großem Erfolg wird im Burgtheater *Die Entführung aus dem Serail* KV 384 uraufgeführt.

– 29. Juli: Für die Feier zur Nobilitierung des Salzburger Kaufmanns Siegmund Haffner d.J. schreibt Mozart die D-Dur Sinfonie KV 385 (*Haffner*).

– 4. August: Mozart und Constanze geb. Weber heiraten im Stephansdom. Am Vortag war der Heiratskontrakt ausgefertigt worden; Leopold Mozarts Zustimmung zur Heirat, die dieser nur zögernd gibt, liegt erst später vor.

– 4. Dezember: Am Rande einer Akademie spricht der »General-Spektakel-Direktor« Franz Xaver Wolfgang Graf Orsini-Rosenberg Mozart an, ob er eine italienische Oper zu schreiben bereit sei. Bemerkenswert ist dies deshalb, weil erst im April des Folgejahres die Grundlagen für deren Aufführung – mit der Einrichtung eines neuen Buffa-Theaters – gegeben waren. Mozart beginnt daraufhin mit der Durchsicht zahlloser Libretti, um eine geeignete Textgrundlage zu finden.

– 31. Dezember: Vollendung des G-Dur-Streichquartetts KV 387, des ersten der Sechsergruppe, deren Druckausgabe Mozart 1785 Haydn widmet.

– Johann Christian Bach stirbt.

– Druck der Streichquartette op. 33 von Joseph Haydn, die Mozart zur Komposition der sechs *Haydn-Quartette* inspirieren.

– Pietro Metastasio stirbt.

1783 – 15. Januar: Beginn der Subskription auf Mozarts Klavierkonzerte KV 413–415.

- 23. März: Akademie Mozarts im Burgtheater; Kaiser Joseph II. ist anwesend. Es erklingt u.a. die *Haffner-Sinfonie* KV 385.
- 17. Juni: Geburt des Sohnes Raimund Leopold; während der Reise seiner Eltern nach Salzburg in Wien bei einer Amme untergebracht, stirbt er am 19. August
- Juni: Komposition von Einlagearien in die Wiener Aufführung von Pasquale Anfossis Oper *Il curioso indiscreto* (KV 418–420), in der Mozarts Freunde Aloysia Lange und Valentin Adamberger im neu gegründeten Wiener italienischen Opernbetrieb debütierten.
- Juli–November: Wolfgang und Constanze reisen nach Salzburg; die Reise, mit der ein besonderes Anliegen Mozarts erfüllt wird, führt zur Aussöhnung des Vaters mit der Schwiegertochter. Im Rahmen des Aufenthalts werden am 26. Oktober die fertiggestellten Teile der c-Moll-Messe in der Meßfeier der Stiftskirche St. Peter aufgeführt. Die Rückreise nach Wien wird vom 30. Oktober an für etwa einen Monat in Linz unterbrochen; am 4. November wird dort die *Linzer Sinfonie* KV 425, eilends komponiert, uraufgeführt.
- Ignaz Holzbauer stirbt.
- Johann Adolf Hasse stirbt.
- Schiller, *Die Verschwörung des Fiesko zu Genua*.

1784 – 9. Februar: Mozart eröffnet das *Verzeichnüß aller meiner Werke ...*, in das er fortan – fast regelmäßig – über seine fertiggestellten Kompositionen Rechenschaft ablegt, mit der Eintragung des Es-Dur-Klavierkonzerts KV 449.
- 26. Februar: Mit Mozarts Auftritt beim russischen Botschafter Dimitri Michailowitsch Galitzin beginnt eine besonders detailliert dokumentierte Folge von Konzertterminen in der Fastenzeit. In ihr werden die Klavierkonzerte KV 449–451 und 453 erstmals gespielt worden sein.
- 29. April: In einem Konzert Mozarts mit der Geigerin Regina Strinasacchi wird die Violinsonate KV 454 aufgeführt.
- 23. August: Mozarts Schwester Nannerl heiratet in St. Gilgen den dortigen Pfleger Johann Baptist von Berchtold zu Sonnenburg (seine 3. Ehe).
- 21. September: Geburt des Sohnes Carl Thomas († 31. Oktober 1858 in Mailand).
- 14. Dezember: Mozart tritt einer Wiener Freimaurerloge (»Zur Wohltätigkeit«) als Lehrling bei.

- Louis Spohr geboren.
- Wilhelm Friedemann Bach stirbt.
- Padre Giambattista Martini stirbt.
- Schiller, *Kabale und Liebe*.

1785 – 14. Januar: Mozart vollendet das *Dissonanzenquartett* KV 465, das sechste der sogenannten *Haydn-Quartette*; deren Druckausgabe (erschienen am 1. September) widmet er Joseph Haydn.
- 11. Februar: Leopold Mozart kommt nach Wien und hält sich dort bis zum 25. April auf. Am Tag der Ankunft spielt Mozart in einem Subskriptionskonzert sein eben vollendetes Klavierkonzert d-Moll KV 466; am Folgetag musiziert Mozart u.a. mit seinem Vater zu Hause drei seiner sechs *Haydn-Quartette* (in Anwesenheit Haydns). In den folgenden Wochen kommt es in Konzerten und auf privater Ebene zu zahlreichen Besuchen, über die Leopold in den Briefen nach St. Gilgen an seine Tochter ausführlich berichtet. Am Ende seines Aufenthalts tritt auch er der Freimaurerloge »Zur Wohltätigkeit« bei (4. April).
- 13./15. März: Aufführungen des Oratoriums *Davide penitente* KV 469 in der Tonkünstlersozietät; in dem Werk sind die fertiggestellten Sätze der c-Moll-Messe aufgegangen (mit neuem, italienischem Text).
- 2. November: Mozart berichtet seinem Vater davon, daß er mit der Fertigstellung von *Le nozze di Figaro* beschäftigt sei. Die Komposition der Oper, die am 1. Mai 1786 uraufgeführt wird, muß schon Monate zuvor Mozarts Arbeitskraft weitgehend in Anspruch genommen haben.
- 16. Oktober: Vollendung des Klavierquartetts g-Moll KV 478.
- Dezember: Wieder veranstaltet Mozart Konzerte auf Subskription.
- Haydn, *Londoner Sinfonien* (bis 1786).
- Bettina von Arnim geboren.
- Jacob Grimm geboren.

1786 – 18. Januar: Mozart beginnt mit den Kompositionsarbeiten an *Der Schauspieldirektor* KV 486, der Oper, die am 7. Februar neben Salieris *Prima la musica, poi le parole* in Schloß Schönbrunn aufgeführt wird.
- 13. Februar: Im Palais Auersperg wird die umgearbeitete Fassung von *Idomeneo* aufgeführt.
- 24. März: Vollendung des c-Moll-Klavierkonzerts KV 491, eines der populärsten Instrumentalwerke Mozarts im 19. Jahrhundert.

– 1. Mai: Uraufführung von *Le nozze di Figaro* KV 492 im Burgtheater. Die Vorarbeiten (gemeinsam mit dem Librettisten Lorenzo Da Ponte) standen offenkundig maßgeblich unter der Protektion Josephs II.

– 4./6. Dezember: Vollendung des C-Dur-Klavierkonzerts KV 503 und der *Prager Sinfonie* D-Dur KV 504, zweifellos für Konzerte der Adventszeit.

– Carl Maria von Weber geboren.

– Wilhelm Grimm geboren.

– Gottfried August Bürger, *Münchhausen*.

– Friedrich II. »der Große« von Preußen stirbt.

1787 – 8. Januar: Mozart reist mit Constanze nach Prag, wo seit November 1786 *Figaro* aufgeführt wird; die Produktion ist außerordentlich erfolgreich, und Mozart möchte an dem Erfolg direkt Anteil nehmen. Ein Resultat der Reise ist der Opernkontrakt zwischen Mozart und dem Theaterunternehmer Pasquale Bondini über die Komposition und Aufführung von *Don Giovanni* KV 527. Im Rahmen der Reise gibt Mozart in Prag ein Konzert, von dem sich der Beiname *Prager Sinfonie* der im Dezember des Vorjahrs komponierten D-Dur-Sinfonie KV 504 herleitet. Etwa am 12. Februar ist das Ehepaar Mozart wieder in Wien.

– 7. April: Der 16jährige Beethoven, Mitglied der Bonner Hofkapelle des Fürsterzbischofs von Köln, des österreichischen Erzherzogs Maximilian Franz, erreicht Wien. Weil Beethoven wegen des Todes seiner Mutter schon nach zwei Wochen wieder zurückreist, ist zweifelhaft, wie weit der Reisezweck, der Unterricht bei Mozart, überhaupt erreicht werden konnte.

– 28. Mai: In Salzburg stirbt Leopold Mozart.

– 14. Juni: Mozart trägt die Vollendung von *Ein musikalischer Spaß* KV 522 in das *Verzeichnüß* ein; am 10. August ist *Eine kleine NachtMusick* KV 525 vollendet.

– 1. Oktober: Abreise des Ehepaars Mozart nach Prag zur Uraufführung von *Don Giovanni*. Ursprünglich war das Werk als böhmische Festoper im Hinblick auf die Vermählung zwischen Prinz Anton Clemens von Sachsen und Erzherzogin Maria Theresia (18. Oktober in Dresden) gedacht und sollte anläßlich von deren Durchreise durch Prag aufgeführt werden; anstelle des noch nicht zur Uraufführung fertigen Werkes wurde *Figaro* gespielt. *Don Giovanni* (Libretto: Lorenzo Da Ponte) kam erstmals am 29. Oktober auf die

Bühne des Prager Ständetheaters. Mitte November reisen die Mozarts aus Prag nach Wien zurück.

– 7. Dezember: Mozart wird von Kaiser Joseph II. zum k. k. Kammer-Kompositeur ernannt. In dieser Funktion wird er Nachfolger von Christoph Willibald Gluck, der am 15. November in Wien gestorben ist. Allerdings erhält Mozart ein sehr viel geringeres Jahresgehalt als sein Vorgänger. Mit der neuen Funktion verbunden ist die Verpflichtung zur Komposition von Tanzserien für die Redouten in der Hofburg; außerdem kann Mozart für Opernkompositionen nun doppelt so viel Honorar erhalten wie zuvor (900 statt 450 Gulden; für Übernahmen von auswärts uraufgeführten Werken gilt der halbe Betrag).

– 27. Dezember: Geburt der Tochter Theresia († 29. Juni 1788).

– Haydns *Pariser Sinfonien* (Nr. 82–87) erscheinen in Wien bei Artaria in Druck.

– Goethe, *Iphigenie auf Tauris*.

– Wilhelm Heinse, *Ardinghello und die glückseligen Inseln*.

– Schiller, *Don Karlos, Infant von Spanien*.

1788 – 24. Februar: Mozart trägt das D-Dur-Klavierkonzert KV 537 in das *Verzeichnüß* ein, obgleich der Solopart nur skizziert ist; daß das Werk erst anläßlich der Krönung Leopolds II. (Herbst 1789) uraufgeführt wurde, ist daher äußerst unwahrscheinlich; dieses *Krönungskonzert* muß folglich schon wenig später in Wien erstmals erklungen sein.

– 7. Mai: Erste Aufführung des *Don Giovanni* in Wien.

– 17. Juni: Mozart bittet seinen Logenbruder, den Kaufmann Michael Puchberg, um ein Darlehen in Höhe von 1.000–2.000 Gulden: Am Anfang der Folge dokumentierter »Bettelbriefe« Mozarts steht hier die Bitte um eine Art Stipendium. Ein Zusammenhang mit der Komposition der drei Sinfonien Es-Dur KV 543, g-Moll KV 550 und C-Dur KV 551 (*Jupiter*), die zwischen dem 29. Juni und 10. August abgeschlossen werden, ist nicht auszuschließen.

– 30. Dezember: Aufführung von Händels *Acis und Galathea* in Mozarts Bearbeitung (KV 566) unter der Leitung von Gottfried van Swieten. Es handelt sich um die erste der vier Händel-Bearbeitungen Mozarts; bereits am 6. März 1789 folgt *Der Messias* KV 572.

– Carl Philipp Emanuel Bach stirbt.

– Goethe, *Egmont*.

1789 – 8. April: Mozart reist in Begleitung Karl von Lichnowskys nach Preußen. Über die Reise sind auffällig wenige Informationen erhalten (möglicherweise weil die Briefe von der Zensur abgefangen wurden), und den überlieferten Daten zufolge standen sich die beiden Reisenden in der Verwirklichung ihrer Ziele auch im Wege. Nachdem Mozart in Prag (Aufenthalt für ein paar Stunden am 10. April) seine Kontakte auffrischen konnte, und in Dresden (12. bis 18. April) konzertiert bzw. in Leipzig (20. bis 23. April) musiziert hat (u.a. auf der Orgel der Leipziger Thomaskirche), gelangt er etwa am 25. April nach Potsdam, trifft dort aber auf Schwierigkeiten, zum preußischen König Friedrich Wilhelm II. vorgelassen zu werden. Mit Lichnowsky reist er nach Leipzig zurück, um dort im Gewandhaus ein Konzert zu veranstalten (12. Mai), und wendet sich daraufhin allein nochmals nach Berlin (19. bis 28. Mai). Diesmal trifft er auch den König, der ihm den Auftrag zur Komposition von Streichquartetten und Klaviersonaten erteilt. Noch auf der Rückreise beginnt Mozart mit den Komposition (Quartett D-Dur KV 575); am 4. Juni erreicht er Wien.

– Sommer: Constanze Mozart ist über längere Zeit krank und unternimmt auf ärztliche Empfehlung einen Kuraufenthalt in Baden bei Wien. Ihr am 16. November geborenes Kind Anna Maria stirbt noch am gleichen Tag.

– 29. August: Erste Aufführung des neueinstudierten *Figaro* im Burgtheater. In der folgenden Zeit steht Mozart in intensivem Kontakt zur Hoftheaterdirektion; er komponiert die neuen Sätze, die bei der Vorbereitung von Opernproduktionen erforderlich werden.

– Joseph von Eichendorff geboren.

– Revolution in Frankreich.

– Im aufreibenden Krieg Österreichs gegen die Türken (seit 1788) kommt es zur Eroberung Belgrads (8. Oktober) und Bukarests (10. November) durch österreichische Truppen; im Frieden von Sistowa (1791) muß Belgrad wieder an die Türken zurückgegeben werden.

1790 – 26. Januar: Uraufführung von *Così fan tutte* KV 588 (Libretto: Lorenzo Da Ponte) im Burgtheater.

– 20. Februar: Tod Kaiser Josephs II.; seine Nachfolge tritt sein Bruder Leopold an, zuvor Großherzog von der Toskana, dem Mozart bereits 1770 in Florenz begegnet war.

– 23. September: Mozart reist zu den Krönungsfeierlichkeiten des neuen Kaisers nach Frankfurt am Main (9. Oktober). Während des dortigen Aufenthaltes gibt Mozart ein Konzert, ebenso in Mainz (16.–21. Oktober); in Frankfurt und Mannheim (23.–25. Oktober) erlebt er Aufführungen seiner Opern mit.

– 14. Dezember: Haydn verabschiedet sich bei einem Essen von seinen Freunden, um nach London zu gehen (nach dem Tod Nikolaus' I. von Esterházy am 28. September ist die Hofkapelle aufgelöst worden); auch für Mozart werden in dieser Zeit Planungen eines Englandaufenthaltes getroffen.

– Goethe, *Torquato Tasso* und *Faust. Ein Fragment.*

– Karl Philipp Moritz, *Anton Reiser.*

– Kant, *Kritik der Urteilskraft.*

– »Haager Konvention« zur Wiederherstellung kaiserlicher Macht in den Niederlanden; mit ihr wird der Umsturz in Brabant (Unruhen seit 1787) beendet.

1791 – 5. Januar: Vollendung des B-Dur-Klavierkonzerts KV 595 auf der Grundlage eines älteren Entwurfes für den ersten Satz.

– 12. April: Vollendung des Es-Dur-Streichquintetts KV 614.

– 25. April: Mozart stellt beim Wiener Magistrat den Antrag, ihn zum Adjunkten des Domkapellmeisters an St. Stephan, Johann Leopold Hofmann († 1793), zu ernennen und ihm die Aussicht auf die Nachfolge zuzuerkennen. Der Antrag wird am 9. Mai bewilligt.

– 4. Juni: Constanze Mozart reist mit dem fast siebenjährigen Sohn Carl Thomas zur Kur nach Baden, sie bleibt dort bis Mitte Juli. Wie 1789 handelt es sich um einen Kuraufenthalt während einer Schwangerschaft: Am 26. Juli kommt in Wien der Sohn Franz Xaver Wolfgang zur Welt († 29. Juli 1844).

– 28. August: Das Ehepaar Mozart trifft in Prag ein. Aus Anlaß der Krönung Leopolds II. zum böhmischen König wird am 6. September im Nationaltheater die Oper *La clemenza di Tito* KV 621 (Libretto: Caterino Mazzolà nach Pietro Metastasio) uraufgeführt. Den Auftrag dazu hatte der Theaterimpresario Domenico Guardasoni im Juli Mozart überbracht, nachdem Salieri die Komposition der Festoper abgelehnt hatte. Der Aufenthalt der Mozarts in Prag dauert bis Mitte September.

– 30. September: Erste Aufführung von *Die Zauberflöte* KV 620 im Freihaustheater auf der Wieden, Wien. Vermutlich seit dem Frühjahr 1791 war Mozart mit dieser Arbeit beschäftigt; Librettist war der Theaterunternehmer selbst, Emanuel Schikaneder.

– Anfang Oktober: Constanze zur Kur in Baden.

– 7. Oktober: Mozart ist mit der Fertigstellung des Klarinettenkonzerts KV 622 beschäftigt, das er für den mit ihm befreundeten Virtuosen Anton Stadler schrieb. Wohl erst danach begann er mit der Arbeit am Requiem, das Franz Graf Wallsegg-Stuppach vermutlich im Sommer 1791 bei ihm in Auftrag gegeben hatte, um es zum Gedenken seiner am 14. Januar 1791 verstorbenen Frau aufführen zu können.

– 18. November: Einweihung des »Tempels« der Wiener Loge »Zur neugekrönten Hoffnung« mit einer Komposition Mozarts (*Eine kleine Freimaurer-Kantate* KV 623); es handelt sich um Mozarts letztes vollendetes Werk.

– 5. Dezember: Kurz nach Mitternacht stirbt Mozart an einer akuten Krankheit, die ihn seit dem 20. November ans Bett gefesselt und von der Weiterarbeit am Requiem abgehalten hatte.

– 6. Dezember: Einsegnung vor der Kruzifixkapelle des Stephansdoms und Beisetzung im Sinne der »josephinischen Begräbnisordnung« (in einem Reihengrab vor den Toren der Stadt ohne Anwesenheit der Trauergäste).

– 10. Dezember: Exequien für Mozart in der Wiener Michaelerkirche. Als liturgische Musik kommen – zeitgenössischen Presseberichten zufolge – Introitus und Kyrie des Requiem (KV 626) zur Aufführung. Die unvollendeten Teile des Requiem werden im Frühjahr 1792 von Franz Xaver Süßmayr fertiggestellt und ergänzt.

– Carl Czerny geboren.

– Giacomo Meyerbeer geboren.

– Franz Grillparzer geboren.

– Eugène Scribe geboren.

– Gründung der Berliner Singakademie.

– Erklärung von Pillnitz: Annäherung zwischen Österreich und Preußen in der Abwehr der Französischen Revolution.

ASPEKTE

MOZARTS MUSIKALISCHES DENKEN:
VON DEN GRUNDLAGEN
BIS ZUR KÜNSTLERISCHEN SELBSTÄNDIGKEIT

Voraussetzungen und methodischer Ansatz

Mozart starb mit nicht einmal 36 Jahren. Kompositionen, die er in seinem letzten Lebensjahr vollendete (vom B-Dur-Klavierkonzert KV 595 bis zum Requiem KV 626) gelten daher als Repräsentanten seines Spätwerks. Doch allgemein werden mit diesem Begriff nicht nur Werke belegt, die einfach aus der letzten Schaffenszeit eines Künstlers stammen; vielmehr umschreibt er auch den Charakter der entsprechenden Kunstprodukte – etwa dahingehend, daß sich in ihnen Todesahnungen ihres Schöpfers äußerten. Für Mozart wird zwar berichtet, daß er entsprechende Gedanken bei der Komposition des Requiem gehabt habe; es wird aber wohl nie eindeutig zu bestimmen sein, ob er sie wirklich hatte oder ob der Hinweis auf sie nur der nachträglichen Mystifizierung Mozarts diente (weil er eben über der Komposition einer Totenmesse starb). Auf diese Weise ist ›Spätwerk‹ im Hinblick auf Mozart nichts anderes als ein emotional aufgeladener oder lediglich statistisch relevanter Begriff.

Nicht einmal hohes Alter eines Komponisten garantiert, daß er im engeren Sinne ein typisches Spätwerk ausprägt. Joseph Haydn etwa, der 1809 im Alter von 77 Jahren starb, war in seinen letzten fünf Jahren kaum mehr kompositorisch aktiv; die Werke der Zeit unmittelbar vorher (*Die Jahreszeiten* und die *Harmoniemesse*) lassen nicht erkennen, daß hier ein Meister Abschied von der Welt nehme. Anders steht es um die Werke des über 80jährigen Richard Strauss – Werke aus der Zeit zwischen etwa 1944 und 1949. Und ein ausgesprochenes Spätwerk läßt sich auch für Gustav Mahler konstatieren; nach der Diagnose seiner schweren und todbringenden Herzkrankheit veränderte sich unverkennbar sein Arbeiten. In vergleichbarem Sinne läßt sich ein Spätwerk Mozarts nicht konstatieren; allenfalls die vergleichsweise banale Feststellung, daß seinen Kompositionen des Jahres 1791 keine weiteren folgen konnten, rechtfertigte ein solches, rein äußerliches Etikett.

Im Hinblick auf den Begriff ›Frühwerk‹ ist Mozart jedoch eine einzigartige Erscheinung in der Musikgeschichte. Auch dieser Begriff wird inflationär gebraucht, und auch hier geht es zumeist um rein statistische Feststellungen, denen zufolge bestimmte Werke der Jugendzeit eines Künstlers zugeordnet werden. Prinzipiell ermöglicht auch Mozarts Werk einen solchen Zugang; allenfalls müßte man bestimmen, wann für Mozart die Jugend endete: als er mit 14 Jahren zum ersten Mal nach Italien reiste, als er mit 17 Jahren dauerhaft in Salzburg Fuß zu fassen hatte oder gar noch später? In diesen Überlegungen spiegelt sich, daß Mozart in seinem kurzen Leben schon früh eine bemerkenswerte Professionalität zeigte. Doch darin liegt nicht das wirklich Einzigartige seines Frühwerks.

Die Besonderheiten lassen sich deutlich machen, wenn man das Mozart- und das Beethoven-Bild miteinander vergleicht. Für Beethoven erscheint all das als ›Frühwerk‹, was dieser in der Zeit ungefähr bis 1800, bis zu seinem 30. Lebensjahr, komponiert hat: nicht nur die Kompositionen aus seinen Bonner Jahren, sondern auch noch die Früchte fast des ganzen ersten Wiener Lebensjahrzehnts. Der direkte Vergleich mit Mozart, der im Alter von 30 Jahren *Le nozze di Figaro* komponierte, mag als wenig aussagekräftig erscheinen; doch die Probleme des Begriffs ›Frühwerk‹ werden offenkundig, wenn man sich vergegenwärtigt, wie selbständig Beethoven schon in den Kompositionen seiner letzten Bonner Jahre arbeitete. Auch ›Frühwerk‹ ist somit nur eine blasse Kategorisierung: Für Beethoven grenzt sie die souveränen Kompositionen, die vor einem Ideenschub der Zeit kurz nach 1800 entstanden, als bloße Vorbereitungen von den nun nachfolgenden ab – mehr nicht.

›Frühwerk‹ ist nicht aber nur eine Kategorie, mit der sich im Schaffen eines Künstlers ein erster Bereich von zwei weiteren absetzen ließe. Vielmehr gilt ›früh‹ auch als eine Art Gegenteil zu ›reif‹: Frühe Werke können wie Jugendsünden wirken und ›noch Mängel in der Ausarbeitung‹ zeigen, auch wenn sie schon auf die künftige Souveränität eines Genies zu verweisen scheinen, die dann die Reifezeit des ›Meisters‹ kennzeichnet. Gerade dies ist im Hinblick auf Beethoven nicht der Fall. Denn wenn der erste Satz seiner Klaviersonate op. 2 Nr. 1 als ein zukunftsträchtiges Paradigma der musikalischen Formenlehre erscheinen kann, gibt es kaum eine Möglichkeit mehr, die Komposition in jenem emphatischen Sinne dem ›Frühwerk‹ zuzuordnen.

Nimmt man den Begriff ›Frühwerk‹ für einen Künstler hingegen wörtlich, bezeichnet er dessen älteste überlieferte Kunstprodukte als Gruppe. Doch was ›Frühwerk‹ sei, stellt sich dann unter stark unterschiedlichen Gesichtspunkten dar. Beethovens erste erhaltenen Werke sind die Variationen über einen Marsch von Ernst Christoph Dressler und die drei *Kur-*

fürstensonaten, die dem Kölner Erzbischof Maximilian Friedrich gewidmet wurden; für beide Werke ist die früheste Quelle der erste Druck, erschienen 1782 bzw. 1783 (Beethoven war 11 bzw. 12 Jahre alt). Manuskripte für diese Werke sind nicht überliefert, und der genaue Zeitpunkt der Komposition ist nicht zu bestimmen. Allein die Tatsache der Drucklegung zeigt aber unmißverständlich, daß vor diesen Quellen irgendwelches andere Material gelegen haben muß, das nicht erhalten geblieben ist: Zumindest hat es Kompositionsmanuskripte der vier Stücke gegeben, vielleicht zusätzlich eine Reinschrift, vielleicht aber auch weitere Werke – solche, die den gedruckten noch vorausgegangen waren, vielleicht auch konkret weitere Sonaten, denen gegenüber die drei gedruckten in eine bevorzugte Position gerieten. Daß Beethoven hingegen diese vier Stücke geschrieben hätte, »ohne noch Unterricht in der Composition erhalten zu haben«[1], ist sachlich undenkbar; jeder Komponist benötigt Einarbeitung in das Regelwerk der Musik, und sei er auch ein noch so genialer Autodidakt.

Dies gilt entsprechend auch für die anderen Musiker, für die sich Einblicke nicht nur in ein angebliches ›Frühwerk‹, sondern in wirklich frühe Werke erschließen lassen. Die *Schneiderpolka,* die als frühestes erhaltenes Werk Richard Strauss' gilt und entstanden sein soll, als dieser sechs Jahre alt war, muß Vorstufen gehabt haben[2]. Auch die Einblicke in die ersten Schaffensphasen Felix Mendelssohn Bartholdys, der als jugendliches Genie gilt, liefern kein klares Bild: Seine erste erhaltene Komposition trägt das Datum 7. März 1820, ist also das Werk eines Elfjährigen[3]. Als Vorstufen wären nicht nur noch ältere, nicht überlieferte Kompositionen anzusehen, sondern etwa auch Dokumente eines Kompositionsunterrichts; ähnlich wichtig mögen für diese jungen Musiker auch Erfahrungen im Umgang mit konkreten Vorbildkompositionen gewesen sein, denen sie in ihren ersten erhaltenen eigenschöpferischen Versuchen so eng zu folgen versuchten, wie es etwa für den Umgang des 14jährigen Franz Schubert mit Balladen Johann Rudolf Zumsteegs dokumentiert ist (die ältesten überlieferten Kompositionen Schuberts sind Instrumentalwerke des 13jährigen). Selbst also für Persönlichkeiten, in deren musikalischem Schaffen traditionell ein ausgesprochenes Frühwerk konstatiert wird, liegt im Dunkeln, wie sich dieses bis etwa zum Beginn des zweiten Lebensjahrzehnts entwickelte. Die ersten dann erhaltenen Kompositionen werden bewundert – nicht deshalb, weil sie, für sich genommen, bereits als geniale Schöpfungen gelten könnten, sondern weil sie als ›Frühwerk im Frühwerk‹ Aufmerksamkeit auf sich ziehen, als Werke eines noch sehr jungen Komponisten. Die Bewunderung erscheint hier aber als undifferenziert; sie gilt einer Anfangssituation, die in

Wirklichkeit keine mehr war, und benennt als Anfang lediglich das Einsetzen des in Quellen Dokumentierten. All das aber, was die musikalische Ausgewogenheit und innere Stringenz dieser Werke charakterisiert, ist zuvor erlernt worden, und Einblicke in diese eigentliche Formationsphase der jeweiligen Komponisten sind mit den betreffenden ›frühesten Werken‹ nicht möglich.

Genau dies ermöglicht hingegen die Werküberlieferung für Mozart. Seine frühesten erhaltenen Werke stammen tatsächlich aus dieser Formationsphase; sie entstanden, als er fünf Jahre alt war, und von dort an sind seine Schaffensvorstellungen nahezu lückenlos dokumentiert. Eigentlich gibt es also nur von Mozart ›früheste Werke‹. Sogar gegenüber dem ›Frühwerk im Frühwerk‹, das sich in Manuskripten Mendelssohns und Strauss' äußert, gibt es hier eine ›noch frühere‹ Abteilung, und weil zudem Etappen seiner musikalischen Entwicklung nachgezeichnet werden können, die den frühesten kompositorischen Versuchen vorausgegangen sind (Musik, die er zu spielen lernte), läßt sich auch der Kontext dieses Frühwerks in die Überlegungen einbeziehen. Daß diesen musikalischen Aktivitäten eines Vierjährigen sehr vieles und grundsätzlich anderes vorausgegangen wäre, von dem man nichts wüßte, ist unwahrscheinlich.

Die ersten Kompositionen Mozarts sind weit davon entfernt, große Musik zu sein; es wäre nicht angemessen, aus ihnen auf ›spätere Genialität‹ schließen zu wollen. Andererseits wäre es auch verfehlt, diese Kompositionen nur als statistische Masse wahrzunehmen: als Belege dafür, daß Mozart eben schon in so jungen Jahren komponierte. Da aber von anderen Musikern gar keine Kompositionen überliefert sind, die einer so frühen Phase des musikalischen Empfindens angehören, ermöglicht dieser Werkbestand einen einzigartigen Zugang: Er dokumentiert, wie sich ein Komponist die Grundformen der musikalischen Sprache erschloß. Dabei muß offenbleiben, wie weit sein Zugang repräsentativ ist; von keinen anderen Komponisten gibt es Werke, die sich als Vergleichsmaterial betrachten ließen. Für Mozart läßt sich damit nachzeichnen, was genau er als Komponist lernen mußte, ehe er komponieren konnte, noch ehe also Werke entstanden, in denen (in der Sprache des Geniezeitalters ausgedrückt) die Begabung des Komponisten faßbar wird.

Dieser Zugang zu Mozart ist erst möglich, seitdem sein Bild von einer Verzerrung befreit worden ist: ausgehend vom Mozart-Jahr 1956, als vier unmißverständlich ›früheste Werke‹ Mozarts der Öffentlichkeit vorgestellt werden konnten. Bis dahin war das Mozart-Bild von dem Gedanken aus entwickelt worden, daß sein Schaffen von den beiden Menuetten KV 1 ausgegangen sei, die manchem aus dem Klavierunterricht bekannt sind – Stücke, die, wenn sie kompositorische Erstlinge wären, durchaus als genial erschienen.

Ursache für die Einschätzung dieser Werke war ein Testat von Mozarts Schwester, das den beiden Manuskripten beigefügt ist. Nannerl benennt hier als Zeitpunkt der Komposition »in seinem 5te Jahr«; dies wurde im Köchel-Verzeichnis – bereits mit einiger Vorsicht – in die Jahresangabe »vermutlich 1761 oder 1762« umgesetzt[4]. Der Schwachpunkt des Testats ist die große zeitliche Distanz, über die hinweg Nannerl ihre Mitteilung macht: 1815 äußert sie sich zu einem Ereignis, das mehr als ein halbes Jahrhundert zurücklag; es bezieht sich nicht etwa auf ein isoliertes Dokument, das dauerhaft als Ergebnis einer herausgehobenen, erinnerbaren Situation gelten konnte, sondern auf ein Einzelblatt des Notenbuches (aus diesem herausgelöst), aus dem sie ihren frühesten Klavierunterricht erhalten hatte. Abgesehen von der Unschärfe einer solchen, rein auf Erinnerung gegründeten Datierung bleibt unklar, was sie mit dieser Angabe meinte, ob also den Start der kompositorischen Tätigkeit, die Entstehung der Menuette oder beides zusammen. Nur das Vertrauen in diese letzte Variante ermöglicht die symbolhafte Einschätzung, die mit dem Begriff »KV 1« verbunden ist.

Doch es müssen auch methodische Vorentscheidungen Ludwig Ritter von Köchels eine Rolle gespielt haben, als er das 1864 erstmals gedruckte *Chronologisch-thematische Verzeichnis sämtlicher Tonwerke Wolfgang Amadé Mozarts* anlegte, denn er hält eine Entstehung der beiden Menuette auch noch im Jahr 1762 für möglich – nicht zuletzt weil Mozart erst Ende Januar sechs Jahre alt wurde und erst damit das von Nannerl angesprochene »5te Jahr« hinter sich ließ. Doch Köchel wußte von einer weiteren Komposition Mozarts, die aus dem Januar 1762 stammt: vom Menuett KV 2, das zwar mit dieser genauen Monatsangabe überliefert ist, aber nicht im Autograph, sondern wie eine Reihe weitere frühester Werke Mozarts nur im Druck: in der Mozart-Biographie von Georg Nikolaus Nissen (1828). Folglich stellte Köchel durchaus mit Bedacht die ersten im Autograph überlieferten Kompositionen an den Beginn seines Verzeichnisses, obgleich die Manuskripte keine zuverlässigen Kompositionsdaten tragen; die Tatsache, das erste eigenschriftliche Dokument benennen zu können, hatte für ihn Priorität. Mit den nächsten Nummern belegte er Werke, die zwar mit Kompositionsdaten, aber nur in jener sekundären Quelle überliefert sind. Aufgrund dieser Vorentscheidung konnten die Menuette KV 1 das typische Bild bestätigen, das die sonstigen ›frühesten erhaltenen Werke‹ junger

Komponisten vermitteln: Beethoven, Mendelssohn und Strauss, deren musikalische Begabung jeweils mit ausgereift wirkenden, wenngleich knappen Kompositionen erstmals zutage tritt.

Vermutlich liegen zwischen jenen 1956 entdeckten Werken und den Menuetten KV 1 jedoch zweieinhalb bis drei Jahre. Das sind Welten in der Persönlichkeitsentwicklung eines Kindes. In jenen vier Kompositionen, die 1964 als »KV 1a–1d« in das Köchel-Verzeichnis eingegangen sind, nähert man sich jedoch dem absoluten Ausgangspunkt der musikalischen Entwicklung Mozarts. Prinzipiell ließe sich auch hier nicht ausschließen, daß es weitere Werke Mozarts aus noch früherer Zeit gegeben hat. Doch angesichts der musikalischen Substanz der überlieferten Kompositionen wird zweifelhaft, ob aus ihnen ein wesentlicher weiterer Erkenntnisgewinn zu erwarten wäre.

Vor allem die erste jener vier Kompositionen ist alles andere als glänzend, und mit Blick auf den Geniekult, der seit dem ausgehenden 18. Jahrhundert Künstlern gegenüber betrieben wird, ist sie ein ernüchterndes Dokument: Auch ein Meister fällt nicht vom Himmel; die musikalische Profession war nicht einmal Mozart, »den die Götter lieben«, angeboren. Das ist allerdings leicht zu verstehen: Musik in der Art, wie das Abendland sie praktiziert, ist seit der Erfindung einer notierbaren Mehrstimmigkeit weder einfach noch natürlich; sie funktioniert vielmehr nach komplexen Gesetzen (vgl. Notenbeispiel 1, S. 433).

Anfangsschwierigkeiten zeigt diese Komposition nur allzu deutlich. Der kleine Mozart benutzt ein paar musikalische Floskeln, die – gemessen an der Kompositionslehre seiner Zeit – ohne Sinn und Verstand miteinander verknüpft werden. Die Taktart wechselt nach kürzester Zeit unvermittelt von Drei- zu Zweizeitigkeit, und die Motivbildung wirkt unbeholfen; die Stimmführung erweist sich durchweg als bedenklich. Die Probleme beginnen im 1. Takt: Zwischen Ober- und Unterstimme ergeben sich verdeckte Quintparallelen (c^2–g^1 gegen e^1–c^1), die Quarte d–g auf dem 2. Viertel ist satztechnisch mindestens fragwürdig, und die Septime f^1 auf dem 3. Viertel wird inkorrekt fortgeführt – ihr müßte ein e^1 folgen, kein g^1. Jeder Zweifel an Mozarts Begabung ist unangebracht; denn es hat nicht mit Begabung zu tun, ob die Kunstformen der musikalischen Sprache auf Anhieb beherrscht werden. Man muß folglich zu verstehen versuchen, warum Mozart diese Musik so komponierte.

Zwar ist die Komposition handschriftlich überliefert; anders als für die Menuette KV 1 handelt es sich jedoch nicht um ein Autograph Mozarts, sondern um ein Manuskript seines Vaters. Theoretisch kann damit die

Authentizität des Überlieferten ein Stück weit in Frage gestellt sein; doch dazu besteht kein Anlaß. Denn wenn Leopold Mozart bei der Niederschrift eigenen musikalischen Vorstellungen gefolgt wäre, fiele dies direkt auf ihn zurück; das, was hier dokumentiert ist, beherrschte Leopold Mozart durchaus. Daher kann man als Entstehungsanlaß annehmen, daß er etwas Gehörtes aufzeichnete; die Manuskripte sind also das Ergebnis einer Art Notendiktat, bei dem Mozart Klavier spielte und der Vater das Gehörte protokollierte.

Zunächst reagierte die Forschung noch halbherzig auf die Entdeckung jener vier Werke. In der 1964 präsentierten Ausgabe des Köchel-Verzeichnisses folgen die beiden einst so symbolhaft als KV 1 etikettierten Werke direkt dieser Vierergruppe (als »KV[6] 1e–f«). Ob es wahrscheinlich ist, daß dem vierten der 1956 bekannt gewordenen Stücke gleich das erste jener beiden Menuette gefolgt ist, wurde nicht geprüft. Die Frage gilt nicht nur Mozarts kompositorischer Entwicklung im engeren Sinne, sondern betrifft auch die Typologie der Quellen, denn ebenso wie KV 1a–1d sind noch zahlreiche weitere Kompositionen des jungen Mozart in Manuskripten seines Vaters überliefert[5].

Selbstverständlich läßt sich keine scharfe Trennlinie ziehen: Vor ihr wären die Kompositionen Mozarts nur in Manuskripten seines Vaters, nach ihr nur noch in Mozarts eigener Handschrift überliefert. Ein Kind, das Musik spielerisch am Instrument entwickelt, muß sich aber nicht von vornherein auch dafür interessieren, Ergebnisse dieses Spiels schriftlich zu fassen. Vielmehr werden noch weitere Werke entstanden sein, ehe Mozart Noten zu schreiben lernte – Werke also, die nur in der Mitschrift Leopold Mozarts erhalten geblieben sind (wobei offen bleibt, ob er das Gehörte getreu oder geschönt wiedergab). Die ältesten datierten Autographe Mozarts stammen dann aus der Zeit, die die Familie 1764 in London zubrachte – als Mozart acht Jahre alt war; ihnen sind vor allem Kompositionen vorausgegangen, die zwar datiert sind, aber entweder nur in der Handschrift Leopold Mozarts oder nur im Druck überliefert sind. Will man die beiden autograph überlieferten, aber undatierten Menuette KV 1 in diese Werkfolge einordnen (d.h. ihre Entstehungszeit vor 1764 ansetzen), hilft nur der stilgeschichtliche Vergleich weiter: die Prüfung, wann sich kompositorische Praktiken, von denen die beiden Menuette getragen sind, auch in den datierten Kompositionen Mozarts spiegeln. Spart man daher die Werke KV 1 zunächst aus, läßt sich überraschend deutlich erkennen, wie sich Mozart als Komponist entwickelte, zudem auch in Details, die in zeitgenössischen Kompositionslehren nicht eigens erwähnt werden.

In ihrer Entstehungszeit liegen diese weiteren Werke bald um einige Wochen, bald um Monate auseinander; es ist durchaus vorstellbar, daß damit der historische Bestand dieser ›Notendiktate‹ komplett wiedergegeben wird. Das läßt sich nicht zwingend so verstehen, daß Mozart in der Zwischenzeit jeweils keine neuen Werke geschaffen habe, sondern eher so, daß sein Vater nichts davon, was sein Sohn auf dem Klavier vor sich hin spielte, zu Papier brachte. Hier hat man also noch nicht den Leopold Mozart vor sich, der aus lauter Bewunderung für die geniale Begabung seines Kindes das eigene Wirken in den Hintergrund treten läßt, sondern einen Vater, in dem allmählich das Interesse erwacht, Entwicklungsschritte seines Sohnes zu erleben und dann auch mitzubestimmen. In diesen Etappen erschließen Mozarts frühe Kompositionen nicht nur einfach das Vorhandensein einer exzeptionellen Begabung; es läßt sich an ihnen auch beobachten, wie überhaupt sich die musikalische Sprache eines Komponisten in der Zeit der Wiener Klassik entwickeln konnte. Praktisch jedes dieser halbwegs sicher datierbaren Stücke erweist sich als Repräsentant einer eigenen, klar definierbaren Stufe in Mozarts kompositorischem Werdegang.

Mozarts Musik – ebenso die seiner näheren Umgebung – betrachtet und beurteilt man in der Regel mit Maßstäben, die im Laufe des 19. Jahrhunderts entwickelt wurden: mit Modellen einer musikalischen Formenlehre (dem 18. Jahrhundert war sie noch gänzlich unbekannt), im Hinblick auf die Gestaltung des Sonatensatzes mit Begriffen wie Zweithemigkeit und Durchführung (dieses Denken machte sich erst um die Mitte des 19. Jahrhunderts breit) oder mit der Frage danach, wie weit Mozart inhaltlich-deskriptive Ansätze in seine Kompositionen einbrachte (im weiteren Sinn der Programmusik zuzuordnen – ein Aspekt, dessen erste Formulierung auf diesem Sektor jedoch für romantisches Bewußtsein charakteristisch ist). Daß zwischen jenen Techniken der Musikbetrachtung und der Musik selbst eine nicht zu unterschätzende Diskrepanz besteht, ist seit langem bekannt. Doch es gibt keine Alternative; nicht einmal die zeitgenössische Musiktheorie kann helfen, weil ihre Interessen auf anderen Gebieten lagen als auf dem der ›modernen‹ Analyse. Und so ist jedes neuere Denkmodell, so sehr es aus Ergebnissen der Forschung abgeleitet ist, mindestens ebenso weit von der Welt entfernt, in der diese Musik entstand, wie das Modell der Zweithemigkeit, der Sonatenhauptsatzform und des romantischen Ausdrucks in der Musik; gegenüber dem traditionellen, weltweit verständlichen Ansatz bietet also nichts Neueres eindeutige Vorteile. Und so ist es unvermeidlich, daß der alte perpetuiert wird, so untauglich er anerkanntermaßen ist; gelockert worden ist nur die einst starre, zu weit reichende Konnotierung der Begriffe – dahingehend etwa, daß mittlerweile nicht mehr jeder in einer ›Durchführung‹ auch wirklich eine ›Durchführung der Themen‹ erwartet, sondern vielleicht nur einen offener gehaltenen Abschnitt ohne die formale Stabilität, die eher für Expositionen und Reprisen typisch erscheint. Man steht also einigermaßen ratlos vor Musik des ausgehenden 18. Jahrhunderts: Einerseits glaubt man, sie beschreiben zu können, weiß aber andererseits, daß der Zugang zu den Kompositionen nur mit Augen und Ohren des 19. Jahrhunderts möglich ist. Nur ein grundsätzlich anderes Denkmodell könnte uns dieser Musik näherbringen.

Daß an dieser Stelle der entscheidende Durchbruch erreicht werden könnte, ist nicht zu erwarten. Dennoch bietet Mozart mit seinem einzigartigen ›Frühwerk‹ eine Alternative zu den Modellen, die auf eine letztlich beliebige Auswahl von Schlüsselwerken oder auf die musiktheoretische Prosa angewiesen sind – für die Betrachtung jener Kompositionen Mozarts ist diese, wie zu zeigen sein wird, nur wenig geeignet. Mit jenem frühesten Anteil seines Frühwerks öffnet sich also der Blick auf die musikalische Grammatik, der er folgte und die er erlernte, so einfach wie für keinen anderen Komponisten, und nur mit diesem Zugang lassen sich die Grundlagen seiner Musikauffassung beschreiben.

Wenn sich in diesen Werken Mozarts die Etappen seiner kompositorischen Entwicklung voneinander abgrenzen lassen, kann aus ihnen auch abgeleitet werden, welche Elemente es waren, die sein Lehrer Leopold Mozart in jener Startphase der musikalischen Ausbildung für grundlegend hielt – Elemente, die Mozarts musikalisches Denken und seine Standard-Praktiken formten. Eine Annäherung an sein Werk, die von den frühesten kompositorischen Versuchen ausgeht, erschlösse letztlich auch, welche Konzepte den Zugang Mozarts zu ausgedehnteren musikalischen Formen prägten, etwa zu Sonatensatz und Arie; zumindest partiell müssen diese in Beziehung zu jenen Grundlagen gesehen werden.

Dieser Blickwinkel mag im Umgang mit Musik ungewöhnlich wirken: Wenn wir uns Musik widmen, erwarten wir, daß sie herausragend ist. Doch im ungeschützten Vergleich mit Musik zeitgenössischer, erwachsener Komponisten erfüllt Mozarts Frühwerk (in dessen eigentlicher Wortbedeutung) diese Norm nicht. Dies darf nicht Anlaß sein, diese frühesten Werke als bloße Nummern des Köchel-Verzeichnisses und attraktive Objekte des Klavierunterrichts zu betrachten oder gleichsam im Vertrauen auf Mozart und sein Œuvre in den Notenausgaben so lange weiterzublättern, bis eine Komposition in gewohnter Weise den Erwartungen entspricht. Für das Verständnis förderlicher ist, jeder dieser Kompositionen (auch denen, die minderwertig erscheinen könnten) ihren unverkennbaren Wert zuzubilligen. In den Etappen des Lernens, von denen sie geprägt sind, bildete Mozart eine Art musikalischen Grundwortschatz aus – für Musik als ein Gebilde, das auf unerbittliche Weise nie als ›naive Kunst‹ gelten kann (sondern entweder als ›Kunst‹ oder als ›naiv‹ etikettiert wird), für eine ›Kunst‹ also, deren Ausübung die souveräne Beherrschung eines differenzierten Regelwerkes voraussetzt.

Fragt man aber nach angemessenen Beschreibungsmustern für Musik, ist es erforderlich, ihren Grundwortschatz und ihre elementare Grammatik zu erfassen. Da der Nachwelt aufgrund der Quellenlage Einblicke in die früheste Schaffensphase der meisten Komponisten verstellt sind, ist man auf Mutmaßungen angewiesen, welche Bestandteile ihrer Musiksprache elementar waren und welche nicht; so klare Informationen wie für Mozart sind nicht zu erhalten. Grundwortschatz und Elementargrammatik kennen den Geniebegriff nicht; folglich gibt es auf ihren Feldern auch in der Musik nicht etwa gute und schlechte Kompositionen, sondern nur die Kategorien ›richtig‹ und ›falsch‹. Es ist Leopold Mozart zu danken, daß er aus der Ideenwelt seines Sohnes nicht nur ›richtige‹ Konstellationen protokollierte, sondern anfänglich auch noch ein paar ›falsche‹, denn sie können zeigen, welche Fehler Mozart schnellstmöglich ablegen sollte. Daraufhin ergibt sich ein neuer Ansatz: Erkennbar wird die Richtung, in der daraufhin Grundwortschatz und Elementargrammatik perfektioniert und erweitert wurden.

Dieser Ansatz ist in der Betrachtung von Mozarts frühem Komponieren entscheidend: Es geht darum, den Übergang zwischen den Techniken der ersten Salzburger Klavierstücken und den ersten Werken zu beschreiben, die den Gattungen des seit dem 19. Jahrhundert etablierten Musiklebens angehören. Die Abfolge kompositorischer Schritte in jenen Klavierstücken läßt sich vergleichsweise leicht beschreiben; eine Verbindung zwischen ihnen und den Modellen, die zur Betrachtung von Mozarts frühesten Sonaten- und Sinfoniekompositionen angewandt worden sind[6], ist jedoch nur zu erkennen, wenn auch in ihnen die Sprachformen berücksichtigt werden, die Mozart in seinen Salzburger Klavierstücken ausprägte. Weil sein Unterricht auch die allmähliche Begegnung mit unterschiedlichen musikalischen Gattungen einschloß, erscheint es als hilfreicher, nach übergeordneten musikalischen Kriterien zu fragen, als die Prozesse jeweils nur gattungsintern zu bestimmen.

Offen bleibt bei alledem, wie weit die Verhältnisse auch für andere Komponisten der Mozart-Zeit gelten können. Mozart arbeitete sich vor allem vom Klavier aus (daneben auch von der Violine) in die grundlegenden musikalischen Sprachformen seiner Zeit ein, und er befaßte sich am Klavier zunächst vor allem mit Tanzsätzen. Doch viele seiner Zeitgenossen orientierten sich zunächst am Idiom des Vokalsatzes und an den Kunstformen der Fuge – dann nämlich, wenn sie ihre Laufbahn als Chorknaben antraten (wie Haydn und – zu anderer Zeit – Bach bzw. Schubert) oder eine Organistenausbildung durchliefen (wie der junge Beethoven in Bonn). Beides spielte für Mozart gar keine Rolle[7]. Die Periodik des kleinen Tanzsatzes, deren Möglichkeiten er in frühester Kindheit kennengelernt hatte, konnte für ihn ein völlig anderes Themenverständnis nach sich ziehen als der elementare Einblick in die Techniken der Fuge; diese prägen das Ideal einer Gleichberechtigung von Stimmen aus, jene betonen eine klangliche Oberfläche. Und so ›vokal gedacht‹ die Linienführung in Mozarts frühesten Klavierwerken auch erscheint, so sehr sie mit einer kindlich spielerischen Melodiebildung zusammenhängen mag, die in enger Nachbarschaft zum Singen steht, ist doch unvermeidlich, daß die Melodien sich nach den Gegebenheiten des Klaviers richten und in einer – kleinen – Hand ›gut liegen‹ müssen.

Dieser musikalische Ausgangspunkt macht Mozart also zu einem völlig anderen ›Wiener Klassiker‹, als Haydn, Beethoven und Schubert es waren – wiederum auf jeweils individuelle Weise. Ihnen gemeinsam ist, daß sie im zeittypischen Musikstil ihren ›Grundwortschatz‹ auf andere Weise ausbildeten als Mozart.

Und für diesen setzte sich dies noch fort. Denn als er sich in London intensiv mit Vokalmusik auseinanderzusetzen begann, stand er unter dem Einfluß von Opernsängern, und wenn in jener Zeit der Kastrat Giovanni Manzuoli Mozart nachhaltig prägte, dann zielte diese Schulung erst recht in eine völlig andere Richtung als die, die Haydn als Sängerknabe erhalten hatte. Denn daß für Manzuoli die Virtuosität des Sologesanges weitaus wichtiger war als die Gleichberechtigung von vier Stimmen im Chorsatz, ist kaum verwunderlich; Manzuolis musikalisches Denken muß von diesem Stilideal schon früh bestimmt worden sein, denn er debütierte bereits als Jugendlicher (vielleicht sogar noch als Kind) auf der Opernbühne. Wenn er also Mozart mit seinem eigenen Grund- und Aufbauwortschatz konfrontierte, entstand wiederum etwas Einzigartiges; in das Weltbild eines jungen Klavierspielers trat das des Opernsängers ein. Das, was sich in der daraufhin entstandenen Musik Mozarts beobachten läßt, ist für die Bedeutung seines persönlichen Stilverständnisses von höchster Bedeutung, aber nicht notwendigerweise zeittypisch.

Damit verändert sich der analytische Ansatz grundlegend, mit dem man den frühesten Werken Mozarts entgegentritt. Will man aus diesem Korpus, dessen Einzigartigkeit auch von den objektiv faßbaren Schwächen frühester Kompositionen garantiert wird, den allmählich anwachsenden Grundwortschatz und die Elementargrammatik des Komponisten ableiten, erhält die Analyse Züge eines ergebnisoffenen Experiments. Voraussetzung dafür, daß es gelingt und aussagefähige Resultate zutage fördert, ist strikte Deduktion; die Kompositionen sind möglichst unvoreingenommen zu beschreiben. Auf zu reich konnotierte Begriffe wie Thema, Themenkontrast, Durchführung, Reprise und ähnliches ist also zu verzichten, auch auf Sichtweisen der Funktionsharmonik (die sich erst im 19. Jahrhundert entwickelte). Zunächst genügt sehr wenig: Generalbaßtechnik und Kontrapunkt, die Benennung der jeweils herrschenden Grundtonart, ferner ›Wiederholung‹ und ›Sequenz‹ oder das Begriffspaar ›Öffnen–Schließen‹ (bzw. ›Vordersatz–Nachsatz‹ in rudimentärer Ausprägung); ›Variante‹ und ›Kontrast‹ hingegen können allenfalls in Zusammensetzungen gebraucht werden, weil stets wichtiger sein wird, das Wesen des Variierens und Kontrastierens zu beschreiben, als dieses nur zu benennen und dabei die Hintergründe der jeweiligen Maßnahmen zu nivellieren.

Das Ergebnis soll also idealerweise sein, die kompositorischen Grundlagen eines einzelnen Musikers herauszufiltern. Klar ist, daß Mozarts ›musikalische Sprache‹ sich zeitlebens fortentwickelte; dennoch wird es möglich sein, an die Stelle von Vorstellungen, die ausschließlich von den aus dem 19. Jahrhundert stammenden Sichtweisen und Begriffen bestimmt werden, solche treten zu lassen, die in ihren Intentionen der Musikwelt des 18. Jahrhunderts näher stehen. Dabei müssen primär die erkennbaren Grundstrukturen der Musik herausgearbeitet werden; selbstverständlich hat sich die Analyse jedoch auch moderner Begriffe zu bedienen – es kann nicht erwartet werden, daß in der Beschreibung allgemeiner musikalischer Grundlagen des ausgehenden 18. Jahrhunderts gerade auch die speziellen Techniken einzelner Komponisten (gerade die, mit denen sie in ihren Anfängen arbeiteten) erwähnt werden, so daß bereits ein angemessenes historisches Vokabular vorläge. In diesem Sinne steht die moderne Analyse eigengesetzlich neben der historischen Musiktheorie.

Der Zwang zur strikten Deduktion bringt es mit sich, daß der Notentext weithin die einzige Arbeitsgrundlage ist: zunächst der des 1759 begonnenen sogenannten Nannerl-Notenbuchs, einer von Leopold Mozart angelegten Sammlung kleiner Klavierwerke[8]. In der Anfangsphase ist fast jedes erhaltene Werk Mozarts zu betrachten, weil sie, wie erwähnt, je eine eigene Etappe der musikalischen Entwicklung repräsentieren; zugleich lassen sich mit dieser Betrachtung die Vorstellungen vom Wunderkind Mozart auf eine realistische Grundlage stellen. Noch für die Kompositionen, die 1763 entstanden, kurz vor der großen Westeuropareise, verlegt sich die Darstellung auf das Exemplarische, weil fortan kompositorische Etappen jeweils durch mehrere Werke repräsentiert erscheinen. Eine neuerliche Verbreitung des Werkfundamentes ist im Hinblick auf die Londoner Monate (Frühjahr 1764 bis Sommer 1765) notwendig, weil sich hier Mozarts künstlerisches Profil völlig veränderte: weg vom reinen Klavierkomponisten, in dessen eigenschöpferischem Denken außerdem nur das Instrument des Vaters, die Violine, einen Platz hatte, hin zu Gattungen wie Sinfonie, Arie und schließlich auch Chormusik, die fortan einen wesentlichen Teil in Mozarts Schaffen ausmachen. Als er mit Eltern und Schwester von jener mehrjährigen Reise Ende 1766 nach Salzburg zurückkehrte, hatte er auf nahezu allen Gebieten, die in der nachfolgenden ›Salzburger‹ Zeit sein Schaffen bestimmen, künstlerische Souveränität erlangt; nur noch wenige Vertiefungen elementarer Art waren notwendig. Offen bleibt vor allem noch die Frage, wie Mozart Messensätze und ähnliche liturgische Musik zu schreiben begann. Voranzustellen ist aber ein Blick auf den Kontext dieser frühesten Kompositionen.

Leopold Mozarts Grundlagen als Künstler und Pädagoge

Als hilfreich für den Karrierestart Mozarts wurde stets angesehen, daß er Sohn eines Musikers war. So weit ist das richtig: Als Musiker war Leopold Mozart in der Lage, musikalische Ideen seines Sohnes von ihrer ersten Regung an zu fördern. Wichtig ist aber auch, daß Mozart eine ältere Schwester hatte (Nannerl) und daß es zu Leopolds Erziehungskonzept gehörte, ihr eine Klavierausbildung mitzugeben. Sie war viereinhalb Jahre älter als ihr Bruder; auch das mag für diesen eine glückliche Konstellation gewesen sein, denn vielleicht hätte der Klavierunterricht, den eine nur um zwei Jahre ältere Schwester erhalten hätte, auf ihn weniger anregend gewirkt. Das 1759 angelegte Nannerl-Notenbuch galt also dem Klavierunterricht eines achtjährigen Kindes; wenn ihr jüngerer Bruder »im 4ten Jahr« die ersten acht Stücke des Bandes zu spielen lernte, zeigt dies, wie schnell dieses Notenbuch auch für ihn angewandt wurde – wobei mit dem »4ten Jahr«

wohl nicht der Drei-, sondern der Vierjährige gemeint ist: Wie an anderer Stelle in dem Band deutlich wird, verstand Leopold unter »einen Tag vor seinem 5ten Jahr« den Tag vor Erreichen des 5. Lebensjahrs, 1761 (im gleichen Sinne hat auch schon Köchel die Datierung der Menuette KV 1 durch Nannerl interpretiert). Leopold hatte das Werkrepertoire also für eine Achtjährige zusammengestellt; der Vierjährige zeigte ihm nach kurzer Zeit, daß auch ein sehr viel kleineres Kind mit diesem Repertoire umgehen könne. Leopold hat seine Tochter jedoch wohl nicht unterfordert; sein jüngeres Kind ließ das Repertoire einfach in neuem Licht erscheinen und zog aus diesem unerwartet früh eigene Konsequenzen.

In dieses Notenbuch sind wohl auch alle ersten Kompositionen Mozarts eingetragen worden. Daß der Vater Improvisationen seiner Tochter ebenso dokumentiert hätte wie die seines Sohnes, ist nicht erkennbar. Es wäre wohl nicht angemessen, als Ursache für diese unterschiedliche Behandlung der Kinder ein differenziertes Geschlechterverständnis sehen zu wollen, das die Erziehung eines Mädchens auf andere Ziele ausgerichtet hätte als die eines Jungen. Denkbar ist vielmehr, daß die ältere Schwester ›erwachsener‹ mit Musik umging, indem sie nach Noten spielte und am Klavier ›schon nicht mehr‹ improvisierte. Ebenso mag es der Vorteil des jüngeren Kindes gewesen sein, daß es Anregungen aus der Ausbildung des älteren erhalten konnte, ohne selbst Noten lesen zu können. Daher konnte Wolfgang das, was er nur hörend erlebt hatte, selbständig weiterentwikkeln, noch ehe der Musikunterricht für ihn auf der Tagesordnung stand.

Planvoll scheint Leopold Mozart also nicht vorgegangen zu sein, und so vollzog sich der Übergang Wolfgangs vom zufällig am Klavierunterricht Beteiligten zum komponierenden Wunderkind wohl ebenfalls unvorhergesehen. Denn das, was der kleine Mozart tat, läßt sich tatsächlich nur aus dem Klavierunterricht und dessen spezieller Gestaltung verstehen, nicht aus der gezielten kompositorischen Anleitung eines Pädagogen. Die Musik, die Mozart entwickelte, bezieht sich in ihren Strukturen anfänglich allein auf das Klavierspiel; musikalische Techniken, die sich erst beim Notenlesen oder -schreiben erschließen, lassen sich erst in sehr viel späteren Werken erkennen (sie werden erst dort genauer charakterisiert). Folglich hat Leopold Mozart sie zunächst aus dem Unterricht ausgespart.

Klavierstücke, die Mozart spielte, muß er also nach dem Gehör gelernt haben. Doch da es zu spät ist, einen Ton zu korrigieren, wenn er erklungen ist, und er sein Spiel nicht anhand von Noten vorausplanen konnte, müssen ihm vor allem die Motorik der Hände entscheidende Informationen geboten haben, ebenso der visuelle Eindruck, was geschieht, wenn sich die

Finger über die Klaviatur bewegen. Der kleine Wolfgang muß ferner eine Vorstellung davon gehabt haben, wie sich bestimmte wiederkehrende Griffkonstellationen anfühlen, und erlebte vielleicht auch dies visuell – so, daß er verstand, nach welchen wiederkehrenden Mustern des Tastenanschlags gleiche Tonfolgen entstehen. Jedes ›Voraushören‹ ist von diesen Zugängen direkt abhängig. Daß Mozart Floskeln, die er kennengelernt hatte, isolierte und spielerisch neu zusammensetzte, ließ sich aus Sicht eines Pädagogen nicht planen, sondern es ergab sich aus einem nur halbwegs bewußten Umgang allein mit dem Instrument. Wenn Leopold Mozart diese elementaren Erfahrungen seines Sohnes fortentwickeln wollte, mußte er dem Wildwuchs zwar Einhalt gebieten, die konkreten Ergebnisse aber aufgreifen und so die freie Phantasie in geregelte Bahnen lenken.

Dabei kamen ihm zweifellos auch die Erfahrungen als Musikpädagoge zu Hilfe, die er in Salzburg als Musiklehrer gesammelt hatte. Doch völlig klar wird nicht, was darunter zu verstehen ist. In Briefen spricht er davon, »Scolaren« zu haben; er war Geiger in der erzbischöflichen Hofkapelle, und daß ein Musiker Schüler unterrichtete, ist keineswegs außergewöhnlich, so daß aus dieser Unterrichtstätigkeit auch nicht auf ein herausragendes pädagogisches Interesse geschlossen werden kann. Doch für ihn entwickelte sich aus diesen Aktivitäten eine offizielle Funktion: Seit 1744 oblag ihm der Violinunterricht der Kapellknaben. Daß hingegen Klavierunterricht zu seinen Amtspflichten gehörte, ergab sich erst 1777 – also fast 20 Jahre nach der entsprechenden Unterweisung seiner Kinder. Schon 1756 (also im Geburtsjahr seines Sohnes) gab er seine *Gründliche Violinschule* in Druck, doch seine pädagogische Funktion am Salzburger Hof allein kann nicht Ursache dafür gewesen sein, daß er sich mit deren Themen auch theoretisch befaßte; jeder andere Instrumentalpädagoge der Zeit wäre ähnlich prädestiniert gewesen, eine Violinschule zu verfassen. Die Konturen seines Wirkens – gerade auf dem pädagogischen Sektor – erscheinen als unscharf; wie läßt sich die Situation aufhellen?

Leopold Mozart war 1719 in der Freien Reichsstadt Augsburg geboren und nach dem Gymnasialbesuch 1737 auf die Universität gezogen, die für Studierwillige aus den katholischen Streugebieten in Süddeutschland stets Anlaufstelle war: die Benediktineruniversität Salzburg. Seine Studien absolvierte er anfänglich mit Auszeichnung, doch nach zwei Jahren wurde er wegen mangelhaften Kollegienbesuches exmatrikuliert. Auf der Suche nach einer Stellung wurde er bald fündig: Von 1740 an arbeitete er als Kammerdiener beim Grafen Thurn-Valsassina und Taxis, dem Präsidenten des Salzburger Domkapitels; zu solchen Dienerfunktionen gehörten in jener Zeit nicht selten auch musikalische Aufgaben – so auch hier. Die Bedeutung, die Leopold Mozart in seiner Stellung mit diesen verbunden sah, unterstrich er 1740 mit dem Druck seiner *Sonate sei per Chiesa e da camera a tre*, für die er selbst die Notenseiten stach. In den folgenden drei Jahren schrieb er jährlich ein Geistliches Singspiel (die Musik zu ihnen ist nicht erhalten geblieben).

Aus dieser Stellung wuchs er 1743 in die Hofkapelle des Erzbischofs hinein, zunächst auf dem Rang des vierten Geigers. Wie erwähnt, erhielt er dann 1744 die Aufgabe des Violinunterrichts für Kapellknaben zugesprochen; offenbar war dies zunächst die einzige Chance für ihn, seine musikalischen Aktivitäten auszubauen. Erst 1757 stieg er zum 2. Geiger auf und erhielt den Titel eines Hof- und Kammerkomponisten, von 1763 konnte er den Titel Vizekapellmeister führen. Stets blieb er aber im übertragenen Sinne ein zweiter Geiger. Und angesichts dessen, wie viele gute Musiker es während des 18. Jahrhunderts im europäischen Voralpengebiet gab, ist eine weitere Feststellung unausweichlich: Hauptsächlich wegen seines Sohnes wurde sein kompositorisches Œuvre schon erschlossen, als das musikgeschichtliche Bild sich noch in seiner Formationsphase befand, und dies verschaffte Leopold Mozart vor der Nachwelt einen weitaus besseren Stand als vielen seiner Zeitgenossen.

Das Pädagogische bot ihm Freiräume. Nach 12 Jahren Unterrichtstätigkeit für den Salzburger Hof war seine *Gründliche Violinschule* fertig; sie entstand unter dem direkten Einfluß von Johann Joachim Quantz' Flötenschule aus dem Jahr 1752, wie eine Brieferwähnung belegt[9]. Mit ihr und Carl Philipp Emanuel Bachs Klavierschule, deren erster Band 1753 erschien, wird Leopold Mozarts Werk häufig in einem Atemzug genannt – dies sind die drei großen Musikschulen des mittleren 18. Jahrhunderts. Doch daß Leopold Mozart sich dieser Gruppe würde zurechnen lassen, daß zwischen den Werken der beiden Berliner Musiker und demjenigen des Salzburgers, gedruckt bei Lotter in Augsburg, eine Verbindung bestehe, konnte sich erst allmählich abzeichnen.

Tatsächlich handelt es sich um ein elementares Werk. Es bietet zunächst einen (zeittypisch rudimentären) musikhistorischen Abriß, steigt dann mit allen Details der Notenschrift in die eigentliche methodische Darstellung ein und wendet sich erst danach Grundlagen des Violinspiels zu: Bogenhaltung und Fingersetzung werden abstrakt erläutert, dann geht Leopold zunächst zur Tonartlehre über, ehe er die Strichrichtungen erläutert. In vorsichtigen Schritten nähert er sich der Verzierungslehre und öffnet die Darstellung erst im letzten (12.) Hauptstück für einen Ausblick auf den »guten Vortrag«. Das Werk fußt also auf Leopolds Wirken als Violinpädagoge und bezieht ein Interesse an allgemeineren musiktheoretischen Fragen ein, die aber elementar sind; es stammt aus dem konkreten und spezifischen Erfahrungsspektrum seines Autors in den Jahren zwischen 1744 und 1756.

Der Klavierunterricht, den er seinen Kindern erteilte, war dagegen in seinem persönlichen Profil etwas radikal Neues; möglicherweise wurde nicht nur das Notenbuch, sondern das gesamte didaktische Prinzip erst für Nannerl entwickelt, also im Jahr 1759. Daß es im Unterricht der älteren Tochter Vorstufen gegeben hat, die nicht in dem Klavierbuch dokumentiert sind, ist nicht anzunehmen; das Notenmaterial eignete sich durchaus als Einstiegswerk für kindliches Klavierspiel, wie es auch die eingetragenen Hinweise auf die (frühe und kaum vorab geplante) Beteiligung Wolfgangs am Unterricht deutlich machen.

Von den Prinzipien, die die Violinschule prägen, ist diese Sammlung kleiner Klavierstücke relativ weit entfernt. Zwar wettert Leopold auch in jener[10] gegen Musiker, »die, da sie kaum im Tacte ein wenig gut fortkommen, sich gleich an Concerte und Solo machen, um (nach ihrer dummen Meinung) sich nur fein bald in die Zahl der Virtuosen einzudringen… Sollen sie aber nur ein paar Menuete nach der Vorschrift des Componisten singbar vortragen; so sind sie es nicht im Stande.« Es wirkt also konsequent, daß das Notenbuch vor allem Menuette enthält (als Stücke im Dreiertakt) und daneben lediglich geradtaktige Alternativen bietet, die sich im Aufbau nicht von den Menuetten unterscheiden. Doch dies bleibt der einzige Berührungspunkt der beiden pädagogischen Werke; auf der einen Seite steht somit die Violinschule, eine (verbale) Abhandlung mit Notenbeispielen, auf der anderen das Klavierbuch, eine Werksammlung ohne musikpraktischen Kommentar. Es ist also zwar berechtigt, von einem grundsätzlichen pädagogischen Interesse Leopolds zu sprechen, doch es gibt kein System, das seine Aktivitäten verbindet: weder die Musikerkarriere mit dem Wirken als Violinlehrer (das nur rudimentär auch künstlerische Ambitionen erkennen läßt) noch sein violinpädagogisches Wirken mit dem Klavierunterricht seiner Kinder. Der Begriff ›Zufall‹ für das, was sich in seiner Familie in den 1760er Jahren ereignete, erscheint nicht abwegig. Die gleiche Nüchternheit ist angebracht, wenn man sich den ersten Werken seines Sohnes nähert – auch über die Komposition KV 1a hinaus.

Der Ausgangspunkt: KV 1a–d und die vorausgegangenen Klavierübungen

Das erste, womit das Nannerl-Notenbuch zu einem Dokument der Biographie Mozarts wird, sind nicht etwa Kompositionen, sondern die bereits erwähnten Berichte über sein Klavierspiel »im 4ten Jahr« (also im Laufe des Jahres 1760, in dem Wolfgang vier Jahre alt war). Eigenartig ist, was sie berichten: daß der kleine Wolfgang seine pianistischen Glanzleistungen spätabends vollbrachte. In den Tagen, die Mozarts 5. Geburtstag vorausgingen, lernte er demnach mehrere ausgedehnte Kompositionen in einer halben Stunde zu spielen (zwischen 9 und halb 10 Uhr abends). Selbstverständlich ist unter diesen Kompositionen keine, die der einzigartigen Anspruchslosigkeit von KV 1a nahekäme; deshalb läßt sich leicht konstatieren, daß Mozart – wie nicht anders zu erwarten – Anlaufschwierigkeiten hatte, ehe er etwas komponieren konnte wie das, was er im Klavierunterricht kennenlernen konnte. Stets hinkte also das Komponieren hinter den Fortschritten im Klavierspiel her. Die Unterschiede gegenüber dem Andante KV 1a lassen sich am ersten Stück des Bandes verdeutlichen, zugleich dem ersten der acht Menuette, zu denen Leopold »... im 4ten Jahr gelernet« hinzugesetzt hat (Notenbeispiel 2, S. 433). Der Aufbau dieses überaus einfachen Stücks ist bei genauer Betrachtung schon so differenziert, daß er sich ohne konkrete Anleitung kaum mehr reproduzieren ließe; diese Eigenheiten gehören zudem zu den Details, die die schriftliche Seite des Komponierens voraussetzen.

Dieses C-Dur-Menuett wird mit vier Takten eröffnet, die durchweg in der Grundtonart stehen (am Ende mit einer Kadenz bestätigt). Der Abschnitt wird in der Melodie- und der Baßlinie von Skalenbewegungen geprägt, die zueinander im Abstand einer Dezime stehen; auf anderem Fundament stehen nur der unmittelbare Start (ein Oktavgriff) und der Schluß (die schlichte Kadenz). Daraufhin wird ein zweitaktiges Melodiestückchen (wiederum in einer Dezimbindung der Linien) in einer Sequenz aufgegriffen, die so angelegt ist, daß die Tonfolge bei ihrem zweiten Eintreten wieder auf demselben Ton ausläuft, von dem sie ausgegangen ist: Wenn der aufwärts weisende Sekundschritt e–f, der in Takt 5/6 eingeführt wird, in Takt 7/8 um eine Stufe abwärts versetzt wiederholt wird (d–e), ist unvermeidlich, daß die Klangkonstellation zum Zielton (e) die gleiche ist wie die des Starttons in Takt 5. Von dort aus führen zwei weitere Takte zum Halbschluß vor dem Doppelstrich. Die Hände werden also nur an den harmonisch entscheidenden Stellen, für die Kadenz und den Halbschluß, aus ihren parallelen Bewegungen gelöst. Für einen Musiker, der noch nicht weiß, nach welchen Gesetzen diese Einfachheit zu organisieren ist, ist ein Nachkomponieren dieser Konstellationen kaum möglich; die Regeln müßten ihm eigens deutlich gemacht werden.

Nach dem Doppelstrich findet sich dann ein Orgelpunktabschnitt, über dem die Melodie stufenweise aufwärts sequenziert wird; dann werden die sechs Takte, die unmittelbar vor dem Doppelstrich eingetreten sind, so variiert, daß am Ende eine C-Dur-Kadenz stehen kann: Anstelle der Sequenz findet sich daher nun ein wiederholtes Glied, und die ursprüngliche Dezimbindung ist nur noch in Umrissen erkennbar; anders als in der Satzmitte bewirkt der zweimalige Vortrag keine Geschlossenheit, sondern wirkt – mit der Wiederholung – als Spannungsfaktor, der die Schlußkadenz freisetzen kann.

Kaum erkennbar wird angesichts der scheinbaren Anspruchslosigkeit dieser Komposition, welche Entscheidungen in ihr getroffen worden sind. Nach dem eröffnenden Oktavklang muß bestimmt werden, welche Töne Ausgangspunkt der Skalenbewegung sein sollen (daß dies die übrigen Töne des C-Dur-Dreiklangs sind, ist nicht zwingend); die Dezimbindung der beiden Tonleitern muß so eingerichtet sein, daß sie an metrisch sinnvoller Stelle in die Gegenbewegung überführt werden kann, von der die Kadenz getragen ist. Der nächste Teilabschnitt muß die beschriebene Balance (von C-Dur nach C-Dur zurück) und anschließend einen minimalen Spannungsfaktor ermöglichen (den Halbschluß). Für den Fortgang nach dem Doppelstrich muß ein Komponist die Funktionen eines Orgelpunkts beherrschen und für die Variante des Binnenschlusses am Satzende überblicken, nach welchen Gesetzen sich die Sequenz aus Takt 5–8 verändern läßt. Vor allem diese Variante erscheint als Kunstelement, denn die beiden kadenzierenden Schlußtakte könnten problemlos auch der Musik aus Takt 8 folgen. Doch von dem differenzierten Regelwerk dieser Musik, die Wolfgang ohne Notenkenntnis gelernt haben muß (rein haptisch bzw. in visueller Auffassung von Bewegungsabläufen), findet sich nichts in der Komposition KV 1a wieder.

Leopold Mozart mußte also zunächst darauf bedacht sein, den Niveauunterschied zwischen den extrem einfachen musikalischen Konzepten seines noch unerfahrenen Sohnes und den zweifellos avancierten der Stükke, die im Nannerl-Notenbuch enthalten sind, zu verringern. Er mußte versuchen, bereits aus dem Andante KV 1a das Beste zu machen und es als Basis für den Fortgang zu nutzen. Offenbar ahnte er, daß das, was sein Sohn machte, sich in irgendeiner Form fortentwickeln lasse; doch er kann nicht abgesehen haben, zu welchen Zielen dies führen könne. Wie also schaffte er es, den kleinen Wolfgang nicht zu frustrieren, aber dessen Spiel eine Richtung zu geben?

Anhaltspunkte hierfür liefert bereits jenes unscheinbare Andante selbst (Notenbeispiel 1, S. 433). Denn als Wolfgang es improvisierte, wußte er, daß man Teilstücke wiederholen kann – Takt 1 in Takt 2, Takt 3 in Takt 4. Und die Musik in Takt 3 richtete er so ein, daß sie sich von der in Takt 2 erklungenen nicht völlig unterscheidet: Die Eckwerte im Baß sind gleich (Grundton und Quinte), und in der Oberstimme bildet er am Ende jedes der vier Takte die Linie g–f aus. Folglich hatte er eine Vorstellung davon, daß sich eine Motivgestalt variieren läßt, ohne daß sie sich von ihrer Ausgangsform scharf absetzte. Mit dieser Variantenbildung wird zugleich das Kadenzieren aufgeschoben; also wird die Ausdehnung der Komposition größer. Um die Kadenz dann einzuleiten, verändert Mozart die musikalischen Bedingungen in Takt 5 so radikal wie nur irgend möglich.

Ihm war bis dahin schon in zahllosen Klavierstücken begegnet, daß sich Start und Ziel eines Phrasenpaares voneinander unterscheiden können, doch offenbar kannte er das Maß noch nicht, das für diese Unterschiede angebracht ist. Für die Kadenz selbst setzte er eine standardisierte Formel ein; sie liegt einem Pianisten der Zeit (auch nach so kurzem Wirken, wie es für Mozart zu konstatieren ist) zweifellos in der Hand. Danach bringt er die Musik nochmals in Fahrt: mit der Tiefalteration des h zum b, mit der kurzzeitig der F-Dur-Bereich etwas mehr Gewicht erhält, wenn auch nur im Sinne einer Vorbereitung der IV. Stufe für eine neuerliche Kadenz in der Zieltonart. Mozart kannte also die Techniken der Motivwiederholung und der Motiventwicklung, noch ohne die Motive korrekt bilden zu können; ferner beherrschte er im weitesten Sinne die Techniken der Kadenz: ihre Positionierung, ihre formelhafte Ausgestaltung sowie das Verhältnis zweier unmittelbar aufeinander folgender Schlußformeln.

Das Allegro KV 1b (Notenbeispiel 3, S. 433f.) ist daraufhin zwar Mozarts erste Komposition ohne Taktwechsel, doch sie erscheint gerade deshalb in mancher Hinsicht noch weniger profiliert und noch anspruchsloser als die vorige. Ausgangselement ist eine über sechs Stufen ansteigende Tonleiter, die – wie in KV 1a – auf der Quinte einsetzt; in der Begleitung weitet Mozart die anfängliche Terzbindung zunächst zur Sexte und dann zur Dezime. Damit ist wiederum eine Kadenz erreicht; allerdings wird sie zunächst als Trugschluß formuliert – irgendwo muß Mozart also auch einen solchen kennengelernt haben. Ihn jedoch hat man musikalisch auszugleichen (auch dies wußte er schon); er greift dafür auf die Technik der Schlußbildung zurück, die sich auch in KV 1a findet, nämlich die Versetzung der Kadenzlinie um eine Oktave nach unten. Zwischen beiden Eintritten der Formel steht als Vermittlung der Takt 6, und analog zu diesem bestätigt Wolfgang den in Takt 9 erreichten Schluß mit drei weiteren Takten.

Knapp gesagt, beruht der musikalische Verlauf dieses Stücks also nur darauf, daß eine Komposition irgendwie anfangen muß und dann kadenziert; die Kadenz kann breiter angelegt werden als nötig – etwa darin, daß man zunächst einen Trugschluß bildet, diesen ausgleicht und das damit erreichte Ziel schließlich noch eigens bestätigt. Die wichtigste Begleittechnik ergibt sich aus einem Wissen um Terz- und Sextbindung; aus KV 1a scheint sich der Wechsel der Oktavlage als Verfahren, kadenzierende Abschnitte aufeinander zu beziehen, in Mozarts schöpferischem Repertoire festgesetzt zu haben und wird hier um den ›Geist des Trugschlusses‹ ergänzt. Indem Abschnitte, in denen die Stimmen in Terz-Sext-Bindung geführt werden, von den Kadenzen abgesetzt werden, in denen das satztechnische Prinzip die Gegenbewegung der Stimmen ist, wird die Komposition von einem umfassenden ›grammatikalischen‹ Prinzip geprägt – einem ähnlichen wie dem, das Mozart im Menuett Nr. 1 des Notenbuches kennengelernt hatte.

Zwar bleibt die Taktart nun – anders als in KV 1a – durchweg konstant, doch die Phrasenstruktur ist völlig ungeordnet; von einer Gliederung des Verlaufes in viertaktige Perioden, die für Stücke der Wiener Klassik oder der Vorklassik so charakteristisch sind, fehlt jede Spur – und dies, obgleich Mozart zuvor wohl ausschließlich Musik gespielt hatte, in denen dieses Prinzip in seiner klarsten Form erkennbar wird: Tänze, deren periodischer Bau sich aus charakteristischen Bewegungsmustern des Tanzens herleitet. Der Grund dafür, daß diese Elemente zunächst noch völlig fehlen, ist aber bei genauerer Betrachtung leicht zu verstehen: In den Werken, mit denen Mozart in seinem frühesten Klavierunterricht konfrontiert war und die seine Vorbilder gewesen sein müssen, wenn er am Klavier nach freier Phantasie weiterspielte, wird nicht das Elementare der Periodik ausgebreitet, sondern es wird so farbig umgesetzt wie etwa im Menuett Nr. 1, in dem sowohl vor dem Binnenschluß als auch am Satzende jeweils nur zweitaktige Einheiten gebildet werden. Von einem Anfänger ist nicht zu erwarten, daß er aus der künstlerischen Freiheit, die diese Vorbilder zeigen, für sein eigenes Schaffen das System hätte herausfiltern können, das hinter den Überformungen steht.

Mozarts Komposition wirkt jedoch nur ungeordnet und unprofiliert. Das Ergebnis läßt sich ausgehend von der Stellung charakterisieren, die die

Takte 4 und 5 bzw. 7 und 8 einnehmen: Sie bilden jeweils ein Paar, und das erste von ihnen tritt nach drei Eröffnungstakten ein; damit ist die Phrasenstruktur bereits nicht mehr zu retten, und daß jene beiden Taktpaare durch einen Einzeltakt voneinander getrennt werden, setzt dies nur noch fort. Folglich gliedert sich die Musik in 3+2+1+2+4 Takte. Dreitaktige Abschnitte, Einzeltakte und andere Freiheiten der Phrasengestaltung sind auch in ausgereifter Kunstmusik der Zeit denkbar, aber stets so, daß das Regelmaß als eine im Hintergrund stehende Orientierungsgröße erkennbar bleibt; dies konnte Wolfgang noch nicht beherrschen. Auch diese Unebenheit im musikalischen Verlauf hat Leopold Mozart also zunächst in Kauf genommen; Vorschriften, die er seinem Sohn machte, hat er zumindest behutsam ausgewählt.

Im zwölftaktigen Allegro KV 1c vom 11. Dezember 1761 (Notenbeispiel 4, S. 434) ist das Problem der Phrasenstruktur dann plötzlich gelöst. Das markante Detail, mit dem sich diese Komposition von den beiden vorausgegangenen abhebt, ist der Doppelstrich: Er macht in einem so kurzen Stück die Arbeit mit periodischen Strukturen fast unausweichlich. Ob Mozart selbst auf die Idee kam oder ob sein Vater diese Landmarke setzte, ist gleichgültig, die Wirkungen sind gewaltig: Wenn das Ergebnis anmutet wie eine ›typische‹ Komposition des jungen Mozart, dann liegt dies allein am Doppelstrich und den regulierenden Kräften, die von ihm auf die nur 12 Takte ausgehen. Nachdem im Andante KV 1b Verfahren der Stimmführung in ihren Grundlagen definiert worden waren, steuerten Vater und Sohn Mozart nun ein erstes grundlegendes Ziel in der Phrasen- und Formbildung an. Weitere kompositorische Details ergeben sich entweder direkt aus den Verhältnissen der beiden Vorgängerwerke oder sind – wenn auch neu – noch immer als nicht ausgereift zu bezeichnen.

Die Erwartungen, die sich mit dem Begriff ›das Typische‹ umschreiben lassen, machen zunächst einmal deutlich, wieviel Wolfgang mit dieser neuen Etappe erreicht hatte. Das musiksprachliche Repertoire, das sich in seinen ersten beiden erhaltenen Kompositionen zeigt, bot ihm noch keine vernünftige Grundlage für weitere kompositorische Entwicklungen; in den Stücken aber, die in den folgenden Jahren entstanden, läßt sich praktisch jedes Detail darauf zurückführen, was in dieser dritten überlieferten Komposition geschehen ist. In ihr selbst liegt nur das Rudimentäre vor, und vom Doppelstrich abgesehen findet sich nichts umwälzend Neues. Folglich muß diese Komposition in möglichst vielen Details beschrieben werden, und zu fragen ist zunächst danach, auf welche Weise sich der Periodenbau garantieren läßt.

Die Folgen, die sich für ihn aus der Existenz des Doppelstrichs ergeben, erscheinen zunächst fast als banal. Vier Takte stehen vor dem Doppelstrich; wenn diese in Takt 9–12 wiederholt werden, ist es nicht mehr schwierig, den Abschnitt, der zwischen ihnen zu stehen kommt, ebenfalls viertaktig anzulegen. Die Bildung einer ersten Zäsur nach nur vier Takten zwingt außerdem dazu, den damit entstehenden Rahmenteil in sich selbst abzurunden, ihm also Anfang und Schluß zu geben; alles Erforderliche wird damit erreicht, daß Wolfgang ihn in Vorder- und Nachsatz mit je zwei Takten Länge gliedert. Folglich gelangt der Viertakter zu einem Abschluß: zu einer Kadenz, nach der eine Zäsur entsteht. Und: Der komplette Anfangsteil soll am Schluß der Komposition wiederholt werden; jede Variantenbildung könnte die periodische Konstruktion nur stören. Daraus folgt, daß in der gesamten Komposition keine Modulation stattfinden kann; die Kadenzen in Takt 4 und 12 müssen gleichermaßen in der Grundtonart stehen und lassen keinen weiteren harmonischen Bewegungsraum.

Weil der eröffnende Viertakter in zwei gleich lange Einheiten mit unterschiedlichen Funktionen gegliedert ist, ist Mozart in diesem kompositorischen Stadium gezwungen, auch die Satzgestaltung der beiden Hälften unterschiedlich zu fassen. Hierfür greift er auf die Technik zurück, von der in Ansätzen schon das Andante KV 1b geprägt ist: In den ersten zwei Takten steht in der Oberstimme eine Skalenbewegung; dieser schließt sich die Unterstimme parallel dazu in Dezimen an. Anders in den folgenden beiden Takten: Sie werden vom Kadenzieren bestimmt, und für dieses führt Mozart die Stimmen in Gegenbewegung. Noch deutlicher als im Allegro KV 1b läßt er also erkennen, daß die künstlerische Gestaltung eines Abschnitts von den musikalischen Funktionen abhängig ist, die in diesem realisiert werden sollen. Wenn die Eröffnungslinie (Takt 1–2) in Takt 3 andersartig fortgeführt wird, hängt dies folglich nicht nur damit zusammen, daß das Schließen anders gestaltet werden solle als das Öffnen und daher eine andere Begleitung ermögliche, sondern ganz konkret damit, daß zwischen dem statisch Öffnenden der ersten beiden Takte und dem viel dynamischeren Kadenzieren ein funktionaler Unterschied besteht.

Diese Vorentscheidungen für die Gestaltung des Satzverlaufs bestimmen zugleich das motivische Material der Komposition, das aufs äußerste beschränkt erscheint; neben dem zweimaligen Eintreten einer Viertaktperiode, in der Öffnen und Schließen auf spezifische Weise umgesetzt sind, gibt es nur vier weitere Takte (T. 5–8), deren Funktion darauf beschränkt sein kann, die beiden identisch gestalteten Rahmenteile voneinander abzusetzen. Ein Trennglied ist erforderlich, das den Schluß (T. 9–12) klar als solchen profiliert und dem Eindruck entgegenwirkt, es handele sich um ewigen Anfang – um ein fortgesetztes (mehr als nur zweimaliges) Eintreten der Takte 1–4. Dies ist wichtiger als die Tatsache, daß eine ›Form‹ im Sinne von A/B–A entsteht. Als Trennglied wird etwas ebenfalls extrem Begrenztes eingeführt: ein zweitaktiges Element, dessen Wiederholung die Viertaktigkeit des geforderten Abschnitts entstehen läßt. Konkret handelt es sich um ein einfaches Pendeln zwischen Grundtonart und V. Stufe, und zwar im Sinne eines Halbschlusses. Strenggenommen liegt darin keine Farbveränderung, sondern ein retardierendes Moment: Der Wiedereinsatz der Anfangsmusik wird mit jenem Zwischenglied um eine Viertaktperiode hinausgezögert.

Ein weiteres Element, das sich ebenfalls aus der Periodenstruktur des Anfangsteils ableitet, überspannt die gesamte Komposition. Alle zwei Takte wird ein Betonungselement geschaffen: Der 2. Takt erhält mit der Dehnung der ersten Note einen herausragenden Schwerpunkt; im 4. Takt wirkt das Gewicht der Kadenz noch stärker. Analog zu Takt 2 wird die Fortführung nach dem Doppelstrich gestaltet, indem Mozart jeweils auf der Eins in Takt 6 und 8 punktierte Noten vorsieht – ehe mit der Wiederholung des Anfangsteils auch dessen metrische Verhältnisse wiederkehren. Damit ergibt sich ein durchgehender Wechsel von unbetonten und betonten Takten; ohne Punktierung erschlössen sich die vereinheitlichenden Grundprinzipien viel schwerer.

Ihr Profil verdankt die Komposition also nicht allein der Tatsache des Doppelstrichs; wichtig sind zugleich die knappe Disposition der Einzelteile, die Rahmenbildung und die metrische Durchformung. Aufbau und Gliederung des Rahmenteils sowie die Anlage des Binnenteils erscheinen als Folgen aus dieser Disposition, ebenso die harmonische Geschlossenheit; mehr als einen Dominant-Halbschluß in Takt 6 bzw. 8, der sich aus dem Tonika-Dominante-Pendeln in jenem ›Mittelteil‹ herleitet, kann man in dieser Komposition nicht erwarten.

Daß Mozart all dieses aus eigenem Antrieb so anlegte, ist kaum glaublich; Leopold Mozart muß hier bestimmend eingegriffen haben – stärker, als es in der primitiven satztechnischen Differenzierung zwischen Stabilität und Kadenz im Allegro KV 1b zu erkennen ist. Doch wie weitgehend er die Vorgaben formulierte, ist nicht zu erkennen; vielleicht hat er ein viel lockerer gefügtes Stück seines Sohnes in Überarbeitung aufgezeichnet, vielleicht aber auch nur aus einem zweitaktigen Motiv, das Wolfgang improvisatorisch gefunden hatte (T. 1–2), ihn die entsprechenden Konsequenzen ziehen lassen und den Weg nur durch minimale Anweisungen bestimmt. Dieses zweite Modell ist keineswegs unvorstellbar; denn für viele Details konnte Wolfgang auch auf bereits Gelerntes zurückgreifen.

Dies gilt, wie bereits angedeutet, vor allem für den satztechnischen Unterschied zwischen Eröffnung (Parallelführung) und Kadenz (Gegenbewegung). Daß außerdem Motivgruppen unmittelbar nach ihrem Erklingen wiederholt werden können (Takt 5/6 in Takt 7/8), prägt bereits die ersten beiden Takte des Andante KV 1a. Ebenso können motivische Komplexe im Laufe eines Stücks nochmals aufgegriffen werden; hierfür mußte sich Mozart an etwas früher Entwickeltes erinnern, nachdem er Andersartiges musiziert hatte. In dieser Hinsicht ähnelt die Wiederholung der Takte 1–4 in den Takten 9–12 der Situation im Allegro KV 1b, Takt 4/5 und 7/8. Und schließlich gibt es auch weiterhin die Technik der Motivabwandlung: Die Figur, die den Binnenteil beherrscht, ist aus der Kadenzeinleitung vor dem Doppelstrich gewonnen und wirkt – neben dem metrischen Prinzip, von dem das Stück überspannt wird – einheitstiftend.

Mit seiner Anlage entspricht das Allegro KV 1c dem Mozart-Lied »Oragnia figata fa«, von dem es 1828 in Nissens Mozart-Biographie heißt[11]: »Mozart hatte eine so zärtliche Liebe zu seinen Eltern, besonders zu seinem Vater, daß er eine Melodie componirte, die er täglich vor dem Schlafengehen sang, wozu ihn sein Vater auf einen Sessel stellen und immer die Secunde dazu singen mußte.« Zweifellos handelt es sich um ein ziemlich verrücktes musikalisches Experiment, doch interessant ist es auch als kompositorisches Zeugnis. Das Lied, dessen Melodie Nissen wiedergibt (im Köchel-Verzeichnis bis heute nicht enthalten) und das auch in der Korrespondenz Mozarts mit seinem Vater erwähnt wird[12], hat einen freieren Mittelteil als jenes Allegro, aber es entspricht diesem in der Anlage vollkommen. Wesentlich älter als das Allegro KV 1c dürfte diese Lied-›Composition‹ daher kaum sein. Vielleicht entstand auch sie Ende 1761; in jedem Fall spiegelt sie, daß es keine Trennlinie zwischen dem Klavierunterricht und dem individuellen musikalischen Vorstellungsvermögen Mozarts gab, daß er also das am Klavier Erlernte auch fern der Tasten in Einstimmigkeit umsetzte oder umgekehrt.

Der Weg, der zwischen den Kompositionen KV 1a und 1c lag, läßt sich also zunächst so charakterisieren, daß Mozart die ›Technik‹ des unmotivierten Taktwechsels ablegte, die Stimmführung ansatzweise regelte und die disziplinierende Wirkung des Doppelstrichs kennenlernte. Insofern erscheint der Prozeß als Übergang vom extremen Wildwuchs zu einer ersten Zähmung. Doch korrekt ist dieses Bild nicht, denn unter dieser Oberfläche wußte Mozart bereits erstaunlich viel davon, was musikalisch machbar ist. Wichtig ist dabei zunächst die Wiederholung eintaktiger Einheiten, noch bemerkenswerter, daß er in einer Komposition eine spätere Einheit aus einer früheren entwickelte – dies kennzeichnet schon in KV 1a das Verhältnis der ersten beiden Taktpaare zueinander. Und schließlich ist seine Beherrschung des Kadenzierens stupend: Er arbeitet von vornherein mit den einschlägigen Floskeln, kann eine erreichte Kadenz in tieferer Oktavlage bestätigen und beginnt, mit Trugschlüssen zu experimentieren.

Schließlich ist aber noch ein auffälliges Detail des Allegros zu beleuchten: der Baßeinsatz. Irgendwo muß Mozart gehört haben, daß eine zweite Stimme zeitversetzt in den musikalischen Satz eintreten kann, und so scheint es am Beginn des Stücks zu einer Anspielung auf Fugentechniken zu kommen. Doch schon mit dem zweiten Ton der Baßlinie ist die Dezimbindung der beiden Linien erreicht – die Parallelführung, die keine Selbständigkeit gegenüber der Melodiestimme mehr zuläßt. Mozart weiß also noch nicht, was sich aus einem sukzessiven Einsatz entwickeln kann, sondern fügt diesen als freies Element in seine Komposition ein. Daher ist dieses Detail nicht an sich kompositorisch bemerkenswert, sondern erlaubt vor allem einen Einblick in Mozarts Gedankenwelt: Wenn ein Komponist unreflektiert arbeitet (also gewissermaßen nur auf Eingebung reagiert), entsteht noch keine Kunst. Und selbst wenn Mozart bis zu jener Zeit schon irgendwann eine fugische Komposition gespielt hätte, wäre er allein aufgrund dieser Begegnung noch nicht in der Lage gewesen, eine Fuge zu schreiben.

Die fugische Einführung des Basses fällt in der Wiederaufnahme des Anfangs weg: In Takt 8/9 finden sich keine Pausen, die der Einsatzsituation entsprächen. Statt dessen entsteht an dieser Stelle ein satztechnischer Fehler: Die beiden Stimmen werden in parallelen Oktaven geführt. Makellos ist die Komposition folglich nicht, und Leopold Mozart wird das zweifellos bemerkt haben..

Fünf Tage später gelangte Mozart dann mit dem Menuett KV 1d (Notenbeispiel 5, S. 434) zu neuen Ufern. Ein erstes Mal überschrieb Leopold die Musik nicht mit einer reinen Tempoangabe, sondern qualifizierte sie mit dem Terminus »Menuetto« klar als Tanzsatz. Die Periodik in ihm ist ebenso sicher wie im Stück zuvor, obgleich es sich nun über 20 Takte erstreckt und nicht mehr nur vier, sondern acht Takte vor dem Doppelstrich stehen. Ferner ist es Wolfgangs erste modulierende Komposition, und erstmals in einem eigenen Werk greift er mit jeder Hand auch mehr als jeweils nur einen Ton. In den Stücken, die er nachts kurz vor seinem Geburtstag 1761 gelernt hatte (also elf Monate zuvor), waren die Hände bereits in dieser Weise gefordert; Wolfgangs Komponieren hinkte also nach wie vor hinter dem Klavierspiel her.

Wie kann man modulieren? Die Grundbedingungen zeigt das Menuett Nr. 1 aus dem Notenbuch (Notenbeispiel 2, S. 433), wenngleich ohne wirkliche Modulation: In einem ersten Abschnitt wird die Grundtonart vorgestellt und in ihr kadenziert; dann wird die Bindung an das tonartliche Zentrum gelockert – hier nur so weit, daß ein Halbschluß entsteht, der eigentlich den Kontext der Grundtonart noch nicht verläßt. Um ihn nach dieser Öffnung der Tonarträume zu formulieren, verändert der (anonyme) Komponist sogar die Motivik; in ihr wird also der Kontrast zwischen den musikalischen Funktionen fortgeführt – zwischen der Stabilität des Anfangsteils und der Vorbereitung der Halbschlußwendung. Wenn Mozart nun also, um eine veritable Modulation zu schreiben, diese grundlegend anders gestaltet als die tonartlich stabile Anfangsphase seiner Komposition, verwundert dies nicht; allerdings werden die Unterschiede viel weniger auf dem Gebiet der Motivik realisiert als auf dem der Satztechnik und in der Ausbildung musikalischer Schwerpunkte.

Wieder geht Mozart von einer Tonleiter aus. Die Abwärtsbewegung wird dabei so auf den Dreiertakt verteilt, daß sie mit dem Oktavton, auf den vollen Takt gesetzt, beginnt und die Quinte auf den Schwerpunkt des 2. Taktes rückt; diese Linie setzt Mozart daraufhin fort und hat zu Beginn von Takt 3 folgerichtig erst die Sekund erreicht, nicht bereits wieder den Grundton. Daraus resultiert die motivische Gestaltung des folgenden Takts: Die Achtel-Folge g–f zu Beginn von Takt 3 ist viel weniger aus künstlerischer Freiheit entstanden als aus der Not, nur das g erreichen zu können, eigentlich aber das f erreicht haben zu müssen; und diese Not läßt sich in Tugend umwandeln, denn die Sequenzierung dieser Vorhaltsbildung prägt die Gestaltung des Fortgangs.

Damit wird es möglich, im Auftakt zu Takt 4 als Figurationselement neuerlich die Tonleiter einsetzen zu lassen, mit der das Stück begonnen hat, und so können den vierten Takt neuerlich die Melodietöne c–b–a einnehmen; Takt 2 und 4 werden auf diese Weise miteinander verbunden, und die innere Geschlossenheit des eröffnenden Viertakters ist damit gewährleistet. In Takt 5, zur Eröffnung der Modulation, findet sich die von f absteigende Tonleiter daraufhin schon ein drittes Mal, hier nun in ihrer Startphase so beschleunigt, daß die Quinte c nicht (wie in Takt 2) auf den Taktschwerpunkt zu stehen kommt, sondern noch vor dem Taktstrich eintritt. Das Gewicht des Taktschwerpunkts fällt nun also dem nächsten Ton zu, und dessen Alteration (von b zu h) öffnet den Raum für die Modulation in die neue Tonart C-Dur, in der am Doppelstrich kadenziert wird. Und in der Kadenz selbst erscheint die Tonleiter noch einmal; nun sind die Gewichte so verteilt, daß der neue Ton h selbst in die auftaktige Position gerückt wird und der Zielton der Kadenz (c) betont werden kann. Mit einem einzigen Tonleiter-Element werden also durch Unterschiede in der Schwerpunktsetzung die unterschiedlichen musikalischen Ziele angesteuert; daraus, welcher Ton die signalhaften Positionen von Auftakt und Volltakt einnimmt, erhält die Komposition ihre harmonische Zielrichtung. Mehr ist zunächst nicht mit dem Begriff Modulation verbunden.

In diesem Punkt erscheint dieses Menuett als eine äußerst spezielle Komposition; wiederum ist kaum glaublich, daß der noch fünfjährige Wolfgang selbst auf die Idee kam, die Motivik so zu wählen. Möglicherweise steuerte Leopold also den Fortgang des Unterrichts nun dadurch, daß er für seinen Sohn ganz gezielt eine kompositorische Aufgabe formulierte – fünf Tage nach dem Allegro KV 1c.

Da Wolfgang bislang eher kennengelernt hatte, daß ein Unterschied musikalischer Funktionen auch einen motivischen Kontrast nach sich ziehe, ist danach zu fragen, wie er mit dieser motivischen Geschlossenheit fertig wurde. Denn in den beiden älteren Kompositionen ist nur erkennbar, daß Mozart mit Tonleitern und Kadenzen arbeitete und zwischen diesen beiden Elementen klar unterschied; wenn nun die Tonleiter so viel Gewicht erhält, daß sie auch das Kadenzieren prägt, werden seine Definitionsgrundlagen instabil. Für die ersten vier Takte wird die harmonische Stabilität nicht nur dadurch garantiert, daß die Oberstimme in den Takten 2 und 4 die gleiche Musik spielt, sondern ebenso durch den Orgelpunkt in Takt 1–2. Er bindet die linke Hand; folglich ist sie nicht mehr frei, die Oberstimme dieses harmonisch stabilen Startelements in der herkömmlichen Weise zu begleiten: in Terzen oder Sexten. Die Einführung des Orgelpunkts als eines zusätzlichen Stabilitätsgaranten erscheint also als unmittelbarer Anlaß dafür, daß Mozart den Part der rechten Hand zweistimmig anlegt und dafür die Eröffnung der Komposition auch mit seiner traditionellen Charakterisierung versieht.

Die Musik, die dem Orgelpunkt folgt, wird dann von der klassischen Sextbindung der Hände beherrscht (Takt 3), die Kadenz in Takt 4, wie bislang üblich, mit einer Gegenbewegung der Stimmen formuliert. Diese aber setzt sich fort, und mit ihr ragt die Baß-Tonleiter noch in den zweiten Viertakter hinein. Dieser wird daraufhin fast völlig von Mozarts kadenzierendem Satzprinzip, der Gegenbewegung der Hände, geprägt: nicht nur also die Kadenz, die in Takt 4 die Einleitung abschließt, und die Kadenz, die von Takt 7 an auf den Binnenschluß hinführt, sondern auch die Herleitung des richtungweisenden h in Takt 6.

Die Überlegung, die hinter der Konzeption steht, ist offenkundig: Zwar wird mit Takt 6 G-Dur nicht als neue Grundtonart eingeführt, sondern lediglich als neue Dominante im Rahmen einer anderen Tonart (C-Dur), und der Prozeß, der zu dem G-Dur-Klang in Takt 6 führt, gilt folglich in der Harmonielehre nicht als Kadenz, sondern als Halbschluß (praktisch wird im Baß das essentielle, eine subdominantische Wirkung ausprägende f aus T. 5 kurzzeitig – akzidentiell – zu fis hochalteriert). Das Prinzip, das sich damit zeigt, hatte für Mozart lebenslang Bedeutung: Modulation funktioniert nicht allein über den Leitton der angestrebten Zieltonart (hier: h zu C-Dur), auch nicht nur über den zugehörigen Klang (das h nimmt die Terzposition im dominantischen G-Dur ein); vielmehr ist auch dieser leittönig vorzubereiten, doch der Klang, der damit aus dem Abwärtstrend des c und dem Aufwärtstrend des fis entsteht (D-Dur), wird nicht auch selbst über seine Dominante eingeführt.

Insofern ergeben sich kadenzähnliche Bedingungen auch hier. Der Baß steuert den Akkordgrundton g (für T. 6) über einen eigenen Leitton an; er könnte, wenn das harmonische Bewußtsein nicht so differenziert wäre, auch das für die Gesamtkonstruktion essentielle f aushalten (als Subdominante der Zieltonart, das deren Dominante vorausgeht) oder sogar – in primitiveren Satzstrukturen – die Tonleiter d–c–h der Oberstimme in der Untersext verdoppeln (f–e–d). Doch die Einführung des Leittons bringt das Prinzip der Gegenbewegung gleichsam automatisch mit sich. Damit werden die Umrisse von Mozarts frühkindlicher Musikauffassung deutlicher: Er differenziert nicht abstrakt zwischen Öffnen und Schließen, wenn er eine Begleitstimme konzipieren soll, sondern lernt Kontrapunkt zunächst nur für Zusammenhänge, die im weiteren Sinne kadenzierend sind; ansonsten ist er frei für eine Terz- oder Sextverdoppelung der Oberstimme, mit der die Unterstimme eigentlich nicht selbständig geführt ist. Als ›im weiteren Sinne kadenzierend‹ haben dabei prinzipiell alle Formulierungen zu gelten, in denen die schematisierten Klauseln der Kadenzlehre in beherrschender Stellung vorkommen (besonders Leitton und Quintfall). Es ist folglich irrelevant, ob Wolfgang bzw. sein Vater die Konstellation in Takt 5/6 als Kadenz auffaßten oder nicht; wichtiger ist, daß der Leitton zu einer klassischen kontrapunktischen Konstruktion Anlaß gibt und daß Mozart sie einsetzt.

Auch in diesem Stück setzt Mozart also tonartlich Stabiles (in den ersten drei Takten) klar von Abschnitten ab, in denen das harmonische Element in den Vordergrund tritt (Kadenz, Modulation); nur für die letzteren ist das Prinzip der Gegenbewegung essentiell, ansonsten ist eine Parallelführung der Stimmen in Terzverhältnissen (einschließlich Sexten und Dezimen) das tragende Satzverfahren. Daß Eröffnung und Modulationsabschnitt einen jeweils eigenen Charakter ausprägen können, wird weitaus weniger deutlich als etwa im anonymen, einleitenden Menuett des Notenbuches; dominant ist für Mozart noch das Prinzip, die Stimmen nur für jene ›harmonischen‹ Abschnitte aus ihrer Parallelführung zu lösen und gegenläufig anzulegen. Insofern reichen seine Gestaltungskräfte noch nicht sehr weit.

Die Musik vor dem Doppelstrich – mit den Variierungen der Tonleitermotivik – mag als diffizil erscheinen; im zweiten Teil ist sie weitaus weniger komplex. Sofort ist das b^1 wieder da, das die Grundtonart F-Dur wiederherstellt; der Orgelpunkt erinnert an die Eröffnung des Stücks, die chromatische Baßlinie in Takt 11 an Takt 5/6. Doch ob dies als offene Beziehungen intendiert ist, ist fraglich, denn Mozart muß der harmonische Verlauf des Stückes wichtiger gewesen sein, also die völlige Wiederherstellung von F-Dur – die wiederum danach geregelt wird, daß ihre Dominante (C-Dur in T. 12) im Auftakt mit der zugehörigen leittönigen Konstellation vorbereitet wird. Dann begegnet man einem aus KV 1c bekannten Element, dem motivischen Pendeln (T. 13–16). Hier wird es in einer Konstellation fortgesetzt, die auf KV 1b zurückverweist: in einem Trugschluß mit anschließender, berichtigender Kadenz, einer Konstellation, auf die Mozart in kaum einem weiteren jener frühen Klavierwerke verzichtet hat.

In dem Gegensatz, der die musikalische Ausarbeitung vor und nach dem Doppelstrich prägt, ergibt sich nur wenig Raum für Elemente, die das Werk innerlich zusammenhalten könnten; die Gestaltung der Komposition ist insofern nicht zwingend, die Abfolge der Elemente hat etwas Beliebiges an sich. Denn entweder könnte man auf den modulierenden Abschnitt (T. 5–8) verzichten; dann ginge die F-Dur-Eröffnung sofort in den Orgelpunkt-Abschnitt über, und der Doppelstrich stünde nach Takt 12. Oder man könnte die Takte 9–12 überspringen – denn es hat die gleiche Wirkung, ob man nun nach dem Doppelstrich mit dem b^1 aus Takt 9 oder mit dem aus Takt 13 fortfährt. Ebenso könnte man auch auf die Takte 5–12 völlig verzichten (dann natürlich auch auf den Doppelstrich) und hätte eine zwölftaktige, durchgehende Komposition geschaffen. Deutlich wird damit, daß Mozart im Inneren der Komposition Bausteine aneinanderreiht, deren Abfolge zwar sinnvoll erscheint, weil mit ihnen ganz gezielt standardisierte und voneinander abgesetzte musikalische Funktionen ausgefüllt werden, doch diese Elemente könnten auch zu anderen, nicht minder sinnvollen Konzeptionen zusammengefügt werden. Diese Gestaltung ist äußerst informativ: Auch in der Folgezeit reihte Mozart in seinen Kompositionen kontrastierende Glieder – allerdings ohne daß deren Kombination so beliebig erschiene wie hier. Auch alle schlüssigeren Konzepte aus späterer Zeit verweisen somit auf das Reihungsprinzip zurück, dessen Grundlagen sich hier zeigen.

Ein Resümee für den Fortgang

Jene vier frühen Kompositionen Mozarts, die 1956 der Öffentlichkeit bekannt wurden, spiegeln die kompositorische Entwicklung des eben Fünfjährigen. Am Beginn stand eine regellos gestaltete Komposition, gebildet aus Wiederholung bzw. Variierung eines Motivs sowie einer Kadenz und deren Wiederholung in tieferer Lage; in einem zweiten Stück wird dieses Fundament noch kaum verlassen. Ein veritabler Kompositionsunterricht spiegelt sich in den beiden anderen Werken, in denen der Phrasenbau (mitsamt seiner inneren Gewichtung) und die Modulation als neue Elemente eingeführt werden. Konstitutiv ist daneben nicht etwa die Thematik, sondern die Stimmführung – oder eher: die Führung der Hände. Skalenbewegungen und Kadenzen sind der Grundbestand des motivischen Materials in der Oberstimme, und die Baßlinie ist davon direkt abhängig: Für Kadenzen tritt sie vorzugsweise in Gegenbewegung hinzu, ansonsten in Terzen, Sexten oder Dezimen; damit sind Mozarts kontrapunktische Kenntnisse zunächst ausschließlich an die Formeln der Klausellehre gebunden. Unabhängig von dieser Differenzierung können die Parts beider Hände in jedem Fall um typische Spielfiguren bereichert werden.

Mit diesen Kenntnissen war Wolfgang, als er sechs Jahre alt wurde, noch nicht im eigentlichen Sinne Komponist; er konnte lediglich Stücke improvisieren, in denen er im Rahmen viertaktiger Perioden halbwegs vertretbare Tongebilde entstehen ließ. Wie rudimentär diese Kenntnisse noch waren (angesichts des Alters aber ohne Zweifel bewundernswert), läßt sich mit wenigen Bemerkungen umreißen: Mozart beherrschte noch nicht, den Rahmen, der das Allegro KV 1c prägt, um eine Komposition zu fügen, in deren Verlauf eine Modulation entsteht; statt dessen wirken die viertaktigen Zellen im Menuett KV 1d nur aneinandergereiht. Auch wußte er noch nicht, was alles nach dem Doppelstrich geschehen kann – abgesehen davon, hier ein retardierendes Element (wie in KV 1c) oder die schnellstmögliche Rückmodulation (wie in KV 1d) eintreten zu lassen. Und so bemerkenswert es ist, daß Mozart von Anfang an Motivkomplexe nicht nur wiederholen, sondern deren Einzelelemente auch isolieren konnte und sie zur Grundlage neuer Abschnitte machte, kann noch keine Rede davon sein, daß er ein Bewußtsein für musikalische Thematik hatte – auch nicht für die innere Vereinheitlichung, die aus ihr für eine Komposition entstehen kann. Dies erschloß Mozart sich in den nachfolgenden Kompositionen; erst in ihnen wird der allmählich vorliegende Grundwortschatz mit einer weiter reichenden Grammatik kombiniert, die ein eigenständiges Komponieren ermöglicht.

Dennoch spiegeln sich in jenen vier Werke auch Verfahrensweisen, die Mozart später beim Bau größerer musikalischer Formen als elementare musiksprachliche Komponenten einsetzte. Schon hier seien diese Perspektiven angesprochen, die im Rückblick auf Mozarts Entwicklung der Jahre 1761–66 eingehend zu resümieren sein werden.

In KV 1a ist bereits erkennbar, daß er Kadenzwirkungen zu staffeln versteht. Dies wird zu einem der maßgeblichen Charakteristika Mozartscher Musik; die Schlußgruppe einer Exposition oder Reprise ist von diesem Prinzip geradezu getragen. In vergleichbaren Situationen umgeht Beethoven etwa Kadenzen, so weit es geht; die Staffelungen, mit denen Mozart arbeitet, finden sich bei ihm jeweils erst in Coda oder Epilog. Als Schlüsselbeispiel für diese Auffassung Beethovens kann der berühmte 1. Satz der Sonate op. 2 Nr. 1 gelten, ebenso das Finale der 1. Sinfonie.

In KV 1b hingegen zeigt sich, wie weit Mozart Satzstrukturen an musikalischen Funktionen orientierte. Was hier zunächst als unausgereiftes kontrapunktisches Bewußtsein erscheint, demzufolge die Selbständigkeit der Stimmen strenggenommen nur in der Kadenz gewahrt wird, hatte für Mozart Bestand: Abschnitte, die im Rahmen einer Komposition mit unterschiedlichen Funktionen ausgestattet werden, erhalten parallel dazu auch in satztechnischer, instrumentatorischer oder figurativer Hinsicht ein eigenes Profil. Das kompositorische Prinzip, musikalische Linien allmählich fortzuentwickeln, lag den Vorstellungen Mozarts zunächst einmal grundlegend fern.

Mit dieser Konstruktion ist für Mozart verbunden, daß er vorerst keinerlei Sinn dafür zu entwickeln brauchte, die Musik eines Abschnittes in einem nächsten zu variieren, um damit die Fortentwicklung der Komposition zu ermöglichen. Seine typische Alternative dazu erschließt sich erstmals in KV 1c und 1d, in denen Mozart nicht nur die Periodenstruktur von Musik kennenlernte, sondern, um sie zu erreichen, voneinander abgesetzte musikalische Zellen entwickelte, die folglich auf irgendeine andere Weise aufeinander logisch abgestimmt erscheinen müssen. Gewissermaßen bot die viertaktige Periodik nur einen Einstieg in diese Problematik; weil in KV 1c von vornherein die logische Abstimmung auch für zweitaktige Zellen erforderlich wurde, zeigt sich die Eigenständigkeit dieses Unterrichtsthemas. Damit schließt sich ein Kreis, der von KV 1a ausgeht, denn auch eine Staffelung von Kadenzen mit unterschiedlicher Wirkung ist nur in einem Komponieren möglich, das von klar abgesetzten, aber in ihrer Musik aufeinander aufbauenden Zellen geprägt wird.

Diese Phänomene liegen hier in knappster und rudimentärer Ausprägung vor, spiegeln aber zentrale Rahmenbedingungen für Mozarts weiteres Komponieren. Daß die angesprochenen Details in späteren Werken klarer hervortreten, liegt in den Fortschritten begründet, die Mozart machte; sie hatten ihm offenkundig zu ermöglichen, charakteristische Ausgestaltungen für einzelne Zellen des kompositorischen Ablaufes kennenzulernen und die Techniken zu perfektionieren, nach der sich die Zellen verknüpfen lassen.

Die beiden ältesten erhaltenen Kompositionen Wolfgangs stammen, wie Leopold auf dem Manuskript notierte, aus »den ersten 3 Monaten nach seinem 5ten Jahre«, die beiden nachfolgenden datieren vom 11. und 16. Dezember 1761. Deutlich wird an der Datenfolge und den erkennbaren Inhalten des Kompositionsunterrichts, daß dieser plötzlich eine besondere Dynamik erhielt. Ohne Zweifel steht sie im Zusammenhang mit einer Reise, die Leopold Mozart mit seinen beiden Kindern am 11. Januar 1762 an den Kurfürstenhof nach München antrat. Die Reise mußte ohne Zweifel auf höchster diplomatischer Ebene vorbereitet werden. Es ging aus Sicht des Kurfürsten nicht darum, den jungen Mozart kennen zu lernen, sondern darum, daß ihm ein Geiger der Salzburger Hofkapelle seine 10jährige Tochter und seinen 5–6jährigen Sohn als junge, begabte Musiker vorstellen wollte; er hatte sicherlich auch anderes zu tun, als sich mit dieser Präsentation zu befassen. Daher muß die Reise wohl schon Wochen zuvor geplant worden sein. Also hatte Leopold diese Reise zweifellos schon als Ziel vor Augen, als die beiden Kompositionen KV 1c und 1d entstanden; das erklärt sein offenkundiges, massives Eingreifen in die Vorstellungswelt seines Sohnes.

Nichts ist erhalten, was über den Verlauf der Reise berichten könnte; doch sie muß ein Erfolg gewesen sein, weil sie den Anstoß für die weitere Reisetätigkeit der Familie gab. Dies macht aber zugleich deutlich, welche Bewunderung Wolfgang schon zuvor im Umkreis des Salzburger Erzbischofs erregte hatte: zweifellos auf dem ›kompositorischen‹ Fundament, das er erreicht hatte, noch ehe das Allegro KV 1c überhaupt entstand. Denn allein diese lokale Popularität kann die Reise nach München ermöglicht haben. Dennoch ist unverkennbar, daß das ›Wunderkind‹ noch eine weite Strecke Weges zurücklegen mußte, um wirklich auch als Komponist Bewunderung ernten zu können.

›Frühe Meisterschaft‹: KV 2–3

Der Fortgang des Kompositionsunterrichts läßt sich in zwei Etappen gliedern. Das Menuett KV 2, das Mozart irgendwann im Januar 1762 komponiert haben soll (es ist nur durch den Druck in Nissens Biographie überliefert), und das Allegro KV 3 vom 4. März 1762 setzen die Entwicklungslinie, die in KV 1c und 1d erkennbar geworden ist, auf deutlich höherem Niveau fort. Dann folgen drei Kompositionen, die von einem ähnlichen Baumuster geprägt sind und dennoch als eigenständige Werke erscheinen (KV 4 und 5 sowie ein Menuett, das in der späteren Sonate KV 6 einen Platz fand). Mit den neuen Kenntnissen, die Mozart bis dahin als ›Komponist‹ erworben hatte, und seinen unzweifelhaft noch größeren Fähigkeiten im Klavierspiel, über deren Entwicklung aber nichts mehr berichtet wird[13], begab sich die Familie dann neuerlich auf Reisen: im September 1762 nach Wien.

Das Menuett KV 2, das Wolfgang im Umkreis der Reise nach München geschrieben hat (Notenbeispiel 6, S. 435), entspricht zunächst allen Erwartungen, die sich aus den Dezember-Entwicklungen herleiten. Wie im Menuett KV 1d setzt Mozart nach acht Takten einen Doppelstrich; den Weg, der dorthin führt, gliedert er in zwei jeweils viertaktige Perioden. Von ihnen kadenziert die erste in der Grundtonart (noch deutlicher als im Vorgängerwerk, weil hier nun beide Stimmen den Grundton erreichen), und die zweite führt zwar nicht zu einer Kadenz, aber zu einem Halbschluß (in dieser Hinsicht ähnlich dem anonymen ersten Stück des Notenbuches). Die beiden Abschnitte unterscheiden sich damit in ihren musikalischen Funktionen ähnlich wie die beiden, die in KV 1d dem Doppelstrich vorausgehen. Ein weiteres Detail der Komposition ist gleichfalls schon aus anderen Werken bekannt: der Trugschluß in Takt 20, der (hier mit einer Fermate hervorgehoben) den eigentlichen Schluß der Komposition aufschiebt. Doch diese Wendung wird in eine neue, weiter gespannte Konstruktion eingebaut, denn die Musik, mit der sowohl der Trugschluß als

auch die eigentliche Kadenz formuliert wird, hat zuvor schon als Anfangsabschnitt der Komposition gedient. Wie dies möglich wurde, erschließen
weitere Überlegungen.

Obgleich der Anfangsabschnitt in sich geschlossen ist, käme wohl niemand auf die Idee, in ihm schon eine ganze Komposition sehen zu wollen;
gleichsam wirkt die tonartliche Stabilität, das typische Merkmal dieser Er-
öffnungsteile, sogar selbst als Zusicherung, daß das Stück noch weitergehe.
Dies prägt die Erwartungen des Hörers; begegnet ihm die Musik dieser
viertaktigen Periode ein zweites Mal, rechnet er mit einer entsprechenden
Fortsetzung wie am Werkbeginn. Diese kann aber am Werkende nicht
ebenso gestaltet werden wie vor dem Doppelstrich, also als Vorbereitung
eines Halbschlusses. Folglich müssen aus der Teilung des ersten Achttakters in jene tonartlich stabile Eröffnung und den harmonischen Spannungsfaktor neue Konsequenzen gezogen werden. Die Balance wird mit
Hilfe des Trugschlusses erreicht: Gibt Mozart der F-Dur-Kadenz aus
Takt 4 diese Ausrichtung nach d-Moll, kann er mit der gleichen Musik
(und nun richtiggestelltem Ziel) eine Konstruktion bilden, in der sich die
beiden Durchgänge zueinander wie Vorder- und Nachsatz verhalten. Damit ist trotz des Materialunterschieds eine ähnliche Koppelung aus zwei
viertaktigen Elementen geschaffen wie vor dem Doppelstrich. In früheren
Kompositionen hat Mozart Trugschlüsse lediglich als freies kompositorisches Gestaltungsmittel eingesetzt, nun wird dieses in ein weiter gehendes
Konzept eingebaut; der Trugschluß befindet sich im Vordersatz, als Nachsatz figuriert – mit prinzipiell gleicher Musik – seine musikalisch notwendi-
ge Richtigstellung.

Auf diese Weise erscheint das Konzept, mit dem Mozart im Allegro
KV 1c gearbeitet hat, erweitert: In diesem steht zwischen dem Werkanfang
und dem Doppelstrich ausschließlich das, was auch den Schluß der Komposition ausmachen soll; diese Musik kann daher nicht modulieren. Im
Menuett KV 2 soll vor dem Doppelstrich mehr stehen als nur eine Kadenz
in der Grundtonart, und sie soll auch als Schlußglied tauglich sein; dies ist
Anlaß für eine breitere Anlage des Anfangsteils, hat aber zugleich die Konsequenz, daß auch am Ende ein zusätzliches Glied eintreten muß. Daß zu
Beginn die tonartliche Stabilität und der Halbschluß voneinander getrennt
dargestellt werden, ist also die Grundvoraussetzung der Gestaltung: Wollte
Mozart mit der Anfangsmusik gleich zum Halbschluß übergehen (oder gar
modulieren), wäre ihre exakte, unveränderte Wiederholung am Ende nicht
möglich. Um nicht mißverstanden zu werden, läßt Mozart es auf der viertaktigen Eröffnungsstrecke zu keiner Binnengliederung kommen: Anders

als im Allegro KV 1c gehören hier die vier ersten Takte zusammen – als eine einfache Kadenz.

Kadenz: Das ist ein Reizwort, das den Blick auf die Satztechnik lenkt. Denn damit wird deutlich, daß auf dieser Startfläche das Prinzip des in kontrapunktischer Hinsicht nur locker organisierten Klavierspiels preisgegeben wird, das bis hierhin in der Anfangsphase eines Stückes immer eine Terzbindung der beiden Stimmen zur Folge hat. Tatsächlich werden sie in dieser Eröffnung so unabhängig geführt wie nie zuvor; dieses Bild wird in der Oberstimme noch unterstützt, weil Mozart fast durchweg mit einer konstanten Figur arbeitet: Zwei Achteln auf der Eins eines Taktes, die selbst eine Terz ausprägen, folgen zwei Viertel. Erkennbar wird also, auf welchem Wege er zur selbständigen Führung der Stimmen gelangte.

Anders als viele Musikerkollegen erlebte er deren Individualität nicht zuerst dadurch, daß er selbst an der Darbietung eines weit ausgreifenden Satzes mitwirkte (als Sänger in einem Chor), sondern er, der bereits in seinen kompositorischen Anfängen ein klar auf Zweistimmigkeit ausgerichtetes Bewußtsein zeigt, benötigte hierzu einen andersartigen Impuls. Dieser ging nicht allein von der Oberstimme aus, deren intensivere Figuration nun eine eigenständige Baßführung nach sich gezogen hätte. Wie der Rückblick auf das Menuett KV 1d zeigt, war die Situation komplexer: Irgend etwas mußte gefunden werden, um in Mozarts Denken das Satzprinzip zu aktivieren, das in jenem etwas älteren Stück die Linienführung der Takte 4–8 prägt. In diesen steht das Prinzip des Kadenzierens im Vordergrund; deshalb können die Hände keine parallel geführten Parts vortragen. Folglich mußte das Prinzip der Kadenz, das die Selbständigkeit der Linien garantiert, in den Vordergrund gerückt werden – auch in der tonartlich geschlossenen Anfangsphase einer Komposition.

In KV 1d werden hierfür die ersten drei Takte von jener Parallelführung gekennzeichnet, und die harmonische Stabilität wird mit Hilfe des Orgelpunkts ausdrücklich betont; doch es wäre ebenso möglich, am Ende des zweiten Takts eine Kadenz in F-Dur anzusteuern und damit einen musikalisch andersartigen Aspekt zu betonen, als Mozart es bis hierhin gelernt hat. Folglich ist die konstante Figuration der Oberstimme, die als neues kompositorisches Requisit im Menuett KV 2 eingeführt worden ist, allenfalls ein Mittel zum Zweck, das Mozart zwingt, sich für die Unterstimme ganz auf das Kadenzieren zu konzentrieren – auch in einem kompositorischen Anfangsabschnitt, der damit ebenso wie die Fortführung avancierte Regeln des Kontrapunkts in sich aufnimmt. Obwohl die Figuration nun so einheitlich ist, obwohl die Kontrapunktik nun in ebenso einheitlicher Weise die gesamte Satzorganisation kontrolliert, ist die Eigenständigkeit der Teilabschnitte gewahrt: Beim Übergang von der in sich abgeschlossenen ersten Periode zur harmonisch offeneren zweiten wechselt Mozart die motivische Konkretisierung des Oberstimmenrhythmus und das Begleitmuster. Folglich besteht die Differenzierung der Abschnitte, die bis dahin unmittelbar mit den Funktionen der Abschnitte verknüpft erscheint, nun als eigenständiges Element des Komponierens fort.

Damit sind die ersten und die letzten acht Takte der Komposition charakterisiert. Die mittleren acht der 24 Takte werden von einer Stufensequenz beherrscht – die auf eine typisch improvisatorische Weise zustande kommt: Um sie ›komponieren‹ zu können, muß Mozart, nachdem er die ersten vier Takte gespielt hat, beide Hände lediglich um einen Tastenabstand auf der Klaviatur nach links verschieben; die ›intervallische Motorik‹ bleibt gleich (mit der Einschränkung, die aus der unterschiedlichen Behandlung weißer und schwarzer Tasten resultiert). Jeder Ton, der in den Takten 9–12 erklingt, wird also in den Takten 13–16 eine Sekund tiefer wiederholt. Daß der sechsjährige Wolfgang über ein entsprechendes Vorstellungsvermögen verfügte, verwundert nicht; schon im Vorjahr konnte er Motive unmittelbar nach ihrem Erklingen variieren (Andante KV 1a; Fortführung des Allegro KV 1c nach dem Doppelstrich).

Angesichts des geringen harmonischen Spielraums, den seine Werke bis hierhin zeigen, ist aber der verminderte Septakkord bemerkenswert, von dem die Sequenz ausgeht (T. 9). Mit ihm verläßt Mozart die harmonische Basis seines früheren Komponierens, die ausschließlich auf Tonika und Dominante zentriert ist, und bezieht auch Moll-Stufen ein – in einer Weise, die für spätere Betrachter einen durchführungsartigen Zug anzunehmen scheint. Wie revolutionär ist dieser Schritt für seine Entwicklung?

Weil das gesamte Stück von einem einheitlichen Motiv in vielfach unterschiedlichen Erscheinungsformen geprägt wird, wäre es nicht sachgerecht, nun nur für diesen Abschnitt von einer Durchführung sprechen zu wollen; wichtiger ist die Sequenz, die – zwei Glieder umfassend – in Takt 16 die Grundtonart wieder erreicht. Dieser tonartliche Aspekt steht zweifellos im Vordergrund dessen, was Mozart im Menuett KV 1d in vergleichbarer Situation anstrebte, und so ist auch hier allenfalls mit einer künstlerischen Überformung der Rückmodulation zu rechnen, die Mozart in dem älteren Stück angelegt hat. Folglich wirkt dieser mittlere Achttakter außerordentlich vorausschauend konzipiert bzw. entgegen dem Gang der Komposition entwickelt: Mozart versetzt eine Musik, die in Takt 13–16 ablaufen und in der Grundtonart enden soll, in den vier vorausgehenden

Takten eine Stufe nach oben, auf die II. Stufe der Grundtonart, und der farbige Einsatzklang erscheint erst im Nachhinein als musikalisch stringent. Dennoch kann diese Konstellation für Mozart nicht schwer zu finden gewesen sein – selbstverständlich nicht im Hinblick auf das Regelwerk der Harmonielehre (das noch nicht formuliert war), sondern in der grifftechnischen Hinsicht, die sich noch am ehesten über den Generalbaß verstehen läßt.

Der Startklang nach dem Doppelstrich erscheint demnach als Variante eines F-Dur-Septakkordes: F-Dur wäre der Klang, der den vorausgegangenen Halbschluß auf C organisch fortsetzte, und mit der hinzugefügten Septim zielte er auf einen B-Dur-Klang ab; doch der Grundton wird hochalteriert (f zu fis), erhält damit eine Leittonwirkung aufwärts zum g und gibt dem musikalischen Geschehen damit eine neue Richtung. Der Startklang erscheint also als VII. Stufe von g-Moll, und diese Tonart wird in Takt 12 mit einer Kadenz erreicht. Mit Hilfe der Sequenz wird daraufhin eine Musik, die zunächst auf die II. Stufe von F-Dur abzielt, nun eine Stufe abwärts versetzt, in die Grundtonart selbst. Obgleich diese Lösung in der Musik der Zeit nahelag, wirkt der Einsatz des verminderten Septakkords nach dem Doppelstrich überraschend; nur durch entsprechende Erfahrung und ein weitreichendes Wissen um das Sequenzieren in Stufen kann sich Mozart die erforderliche Souveränität erworben haben.

Drei Details machen also das Neue dieser Komposition aus. Mit der konstanten Motivik und einer beständigen Orientierung am Kadenzprinzip gelingt es Mozart, die Terzbindung der Stimmen zu überwinden; dies ist ein Schritt, der ihn dem souveränen Komponieren entscheidend näher brachte. Die beiden weiteren Aspekte beziehen sich bereits auf fortgeschrittene Grammatik: Die Wiederverwendung des ersten Viertakters am Werkschluß (mit allen Konsequenzen) erfordert ein Kombinationsvermögen, das im Menuett KV 1d noch nicht zu erahnen ist. Als ähnlich herausragend ist die Stufensequenz in der Werkmitte zu bewerten: mit der so weit vorausschauenden harmonischen Konzeption, die aber trotzdem nur auf der stufenweisen Verschiebung der Hände beruht. Während die erste Neuerung Mozart lediglich den Normalfall des Kontrapunkts auch in Bereichen erschloß, in denen er bislang auf primitive Weise zu Zweistimmigkeit gelangt war, drang er mit jener Rahmenbildung in komplexere Techniken der Formbildung ein; die speziellen Techniken, die sich mit der Sequenz in der Werkmitte verbinden, werden hingegen zu einem Grundelement seines Komponierens, die ihn lebenslang begleitete. Damit wird zugleich deutlich, weshalb seine Kompositionen jener Zeit bereits so ›mozartisch‹ klingen, und in jedem Fall sind Werke wie das Menuett KV 2 als Schöpfungen eines Sechsjährigen überragende Leistungen.

Das Allegro KV 3 (Notenbeispiel 7, S. 435f.) repräsentiert ungefähr die gleiche Entwicklungsstufe und geht über das im Partnerwerk Angelegte nur in einigen klar benennbaren Details hinaus. Wie zudem auch schon in KV 1d ist der Anfangsabschnitt in sich gegliedert und läßt zwei unterschiedliche Intentionen erkennen: Die ersten sechs Takte sind tonartlich stabil, die folgenden modulieren, diesmal wieder zu einer Kadenz auf der V. Stufe (F). Auch hier sind die Begleitmuster nicht mehr eng an die jeweils herrschenden musikalischen Funktionen gebunden wie noch in KV 1d; gerade die beiden Anfangstakte wären in ihrer Stellung für eine Terzbindung anfällig – wenn Mozart die Oberstimmenmelodie nicht wiederum von vornherein so konzipiert hätte, daß sie selbst schon auf jedem Viertelschlag ein Terzintervall enthält und eine Terzbindung der beiden Hände unmöglich machte. Nach dem Doppelstrich entstehen auch in dieser Komposition zwei weiter gespannte Abschnitte, von denen der zweite mit der Musik des Werkanfangs eingeleitet wird (im Auftakt zu Takt 21). Und auch hier dient als Eröffnung des 2. Teils eine Stufensequenz, die als erstes Ziel die II. Stufe ansteuert, so daß anschließend – mit der Verschiebung der Hände um einen Ganzton abwärts – die Grundtonart erreicht ist. Allerdings wirkt die Konstruktion nicht ganz so kraß, weil die Phrase mit dem Ton beginnt, mit dem Mozart vor dem Doppelstrich geschlossen hat (beide Male f) und nicht deutlich macht, wie dieser Startton harmonisch aufgefaßt werden soll – die Begleitung schweigt vorläufig noch.

Kurz vor Ende dieses Stücks findet sich zudem der in jenen Werken so charakteristische Trugschluß; er wird nicht völlig frei eingesetzt, sondern geht in einem weiter gespannten musikalischen Konzept auf – mit ihm verbindet sich der eigentlich interessante, neue Aspekt dieses Werks. Denn auffällig ist, daß Mozarts Melodiebögen in den Außenteilen nicht mehr viertaktig, sondern sechstaktig sind. Die Viertaktperiodik wird also überformt, und zwar aktiv – nicht eher versehentlich wie im Allegro KV 1b, so daß der Phrasenbau als ungeordnet zu qualifizieren wäre.

Das Muster hierzu legt Mozart im ersten Abschnitt an, dessen abschließendes Taktpaar zweimal erklingt (T. 3–4 in T. 5–6). Vor dem Doppelstrich kommt es in analoger Phrasensituation dann zu einem ersten Trugschluß, mit dem Mozart das Ziel seiner Modulation hinauszögert. Für die Sequenz nach dem Doppelstrich durchbricht Mozart das Gestaltungsprinzip und setzt nur die typische Viertaktigkeit ein. Dann steigt er – ähnlich wie in KV 2 – wieder in die Anfangsmusik ein; doch weil diese moduliert hat und nun eine Modulation ausgeschlossen ist, muß Mozart die Gestaltung variieren, um die Grundtonart zu wahren. Hierzu läßt er den ersten Sechstakter in originaler Gestalt neuerlich erklingen und verzichtet dann auf die beiden modulierenden Takte des zweiten. Übrig bleibt allein die Trugschluß-Konstellation, die in ihrer Länge somit immer noch die typischen vier Takte einer klassischen Periode ausfüllt. Einerseits brauchte Mozart also die Balance der Phrasenlängen vor dem Doppelstrich, auch wenn diese Phrasen auf sechs Takte gedehnt erscheinen. Andererseits ließ sich aus diesem so günstig gebauten zweiten Sechstakter einen Viertakter für den Schluß herauslösen.

Auch in einem weiteren Punkt der musikalischen Konzeption führt dies zu Neuem: Erstmals greift Mozart auf Musik zurück, die zuvor in einer anderen Quintlage erklungen ist. Bis dahin hat er Phrasen nur im unmittelbaren Nacheinander der Stufensequenz tonal versetzt; wenn er in einem Stück auf etwas schon Dagewesenes zurückgriff, bedeutete dies eine Wiederholung dieser Musik auf der ursprünglichen Tonstufe (wie in den Rahmenkonstruktionen von KV 1c und KV 2). Es setzt zunehmend musikalisches Erinnerungsvermögen und strukturelles Denken voraus, daß Mozart sich bei der Improvisation nun über einen größeren Abschnitt hinweg sogar in Quintversetzung auf bereits Präsentiertes beziehen konnte.

Übungen über gleichem Baß: KV 4, 5 und das Menuett II aus KV 6

Ehe die Familie am 18. September 1762 zu einer ersten Wienreise aufbrach, entstanden noch die drei weiteren Menuette, die einander stärker ähneln als alle vorigen Kompositionen; bis auf kleinere (aber markante) Unterschiede sind die Baßlinien der Kompositionen gleich, alle drei Stücke stehen in F-Dur. Das erste Werk entstand schon kurz nach dem Allegro KV 3 (Menuett KV 4, 11. Mai 1762), die beiden weiteren im Abstand von elf Tagen im Sommer (KV 5 am 5. Juli, das Menuett II der späteren Klaviersonate KV 6 am 16. Juli). Die Techniken, denen Wolfgang hier folgt, lassen sich exemplarisch an einer der drei Kompositionen zeigen; das Menuett KV 5 (Notenbeispiel 8, S. 436f.) eignet sich hierfür am besten, weil es mit seiner musikalischen Anlage zwischen den Erscheinungsformen steht, die von den beiden anderen Menuetten repräsentiert werden.

Alle drei Menuette rücken insofern vom Standard der früheren Werke ab, als nach ihrer Eröffnungsperiode eine Zäsur entsteht; in der Oberstimme steht eine Pause, der Baß füllt diese aus. In KV 5 (ebenso im Vorgängerwerk) wird nach der Kadenz, mit der diese Periode abgeschlossen wird, die Musik unvermittelt um eine Stufe angehoben (von F zu G; im dritten Stück ist der Übergang weniger schroff). Damit nutzt Mozart das Potential aus, das sich auch in der Klangfolge der Kadenz bietet: Bezogen auf C-Dur, die im ersten Teil angestrebte Tonart, stehen in der Kadenz F und G als Subdominante und Dominante in derselben Form direkt nebeneinander wie hier die Konstellationen vor und nach der Kadenzzäsur.

Dennoch hat auch Mozart den Übergang als schroff empfunden, denn er arbeitet für die Fortsetzung mit neuer Motivik; die zweite Periode wird also in jeder Hinsicht unüberhörbar von der ersten abgesetzt, und wenn Mozart seit dem Menuett KV 2 die Grenze zwischen beiden Teilabschnitten in satztechnischer Hinsicht nivelliert hatte, wird hier erkennbar, daß sich dies keineswegs auch in einer Angleichung der Motivik beider Phrasen fortsetzen sollte. Die zweite viertaktige Gruppe ist nun stets so angelegt, daß mit ihr der Doppelstrich noch nicht erreicht wird, denn sie enthält zweimal die gleiche Musik (im dritten Stück variiert), ohne daß diese bereits eine Kadenz einschließt; folglich muß Mozart diese daraufhin noch eigens formulieren. Damit erscheint das Prinzip, mit dem Mozart im Allegro KV 3 arbeitete, fortentwickelt: Will man die Phrasenlänge variieren, braucht vor dem Doppelstrich keine durchgängige Folge gleich gestalteter Perioden zu entstehen; auch die Folge aus einem Vier- und einem Sechstakter erscheint ausbalanciert, und Sechstaktigkeit entsteht nicht nur daraus, daß die beiden letzten Takte einer Periode wiederholt würden, sondern es können auch die beiden ersten sein. Vor dem Doppelstrich stehen damit in allen drei Menuetten jeweils zehn Takte. Diese Binnengestaltung kannte Mozart schon seit langem: Das fünfte Stück des Nannerl-Notenbuches, das er als Vierjähriger zu spielen gelernt hatte, folgt diesem Prinzip, allerdings ohne schroffe tonartliche Versetzung nach der ersten Periode; erst jetzt, zweieinhalb Jahre später, konnte er eine vergleichbare zehntaktige Komposition entwickeln.

Neu wirkt hingegen die Fortsetzung nach dem Doppelstrich. Die Motivik, die Mozart wählt, lehnt sich – ebenso wie in den vorausgegangenen Kompositionen des Jahres – an die der Eröffnung an; doch die Nachfolger des Menuetts KV 2 werden nicht mehr von konstanter Motivik beherrscht. Diese einheitliche Gestaltung in KV 2 läßt es nicht als etwas Besonderes erscheinen, wenn auch die Musik nach dem Doppelstrich in dieser Art eingerichtet ist, und das Allegro KV 3 ist von diesem Prinzip nur einen Schritt entfernt, weil auch hier die Anfänge aller Perioden motivisch noch miteinander verwandt sind. In Stücken jedoch, in denen die Anfangsmotivik erst unmittelbar nach dem Doppelstrich wieder erklingt, kann dies zu einem auffälligeren Ereignis werden. So zeigt sich, daß die zunächst geschaffene motivische Einheitlichkeit (aus KV 2) schrittweise wieder reduziert worden und erst in den Menuetten des Frühsommers 1762 das Typische solcher Tanzsätze erreicht ist: ein Anfangsreim zwischen der ersten und der zweiten ›Hälfte‹ der Komposition. Das kontrastierende Zwischenglied, das beide Teile trennt, ist folglich unverzichtbar; damit wird verständlich, weshalb die individuelle Profilierung der Abschnitte notwendig blieb, auch nachdem diese nicht mehr mit Hilfe der Kontrapunktik geregelt wurde.

Daß die beiden Hälften eines Tanzsatzes in ihren Anfängen auf diese Weise in Beziehung zueinander stehen, kommt hier also nicht dadurch zustande, daß Leopold Mozart seinem Sohn ein Bewußtsein für musikalische Thematik vermittelt hätte; das Bemerkenswerte liegt allein darin, daß zwischen der Eröffnung und dem Neueinsatz nach dem Doppelstrich eine weitere, ganz anders gestaltete Periode steht. Auch ihre Eigenständigkeit ist aber nicht Ergebnis thematischen Denkens, sondern resultiert aus jenem für Mozart schon ›uralten‹ Zusammenhang zwischen musikalischer Funktion und Motivik. Dieses Denken war mittlerweile verfeinert worden: Die motivische Vereinheitlichung, von der KV 2 und 3 geprägt sind, erscheint nicht nur in der Abschnittsbildung, sondern auch in dieser Detailfrage der Thematik als eine Zwischenstufe; nachdem dieses didaktische Ziel erreicht war, wurde ein neues angesteuert und dafür Details des Erlernten auch wieder relativiert.

Die Grundprinzipien zweiteiliger Anlage sind von Leopold Mozart also nicht frei eingesetzt, sondern über mehrere Einzelschritte, die auf andere Aspekte abzielten, scheinbar zufällig erreicht worden. In jedem Fall ist der Vorgang, der sich in diesem Unterrichtsablauf spiegelt, dem sonatenhaften Denken diametral entgegengesetzt: Es geht nicht darum, in einer Durchführung ein Thema wieder aufzugreifen und zu verarbeiten, sondern darum, in einer Gestaltung, die zu motivischer Einheitlichkeit neigt, ein Kontrastglied einzubauen, um den Anfangsreim zweier Teile überhaupt als solchen erscheinen lassen zu können. Wenn Mozart je zu einer Denkweise gelangte, die sich mit den Begriffen der Sonatenhauptsatzform umschreiben läßt, dann mußte er sich von diesen kompositorischen Grundlagen restlos lösen.

Die Motivik, die nach dem Doppelstrich als Abwandlung des Werkbeginns erklingt, wird – wie mittlerweile gewohnt – in einer Stufensequenz verarbeitet, die nun aber nicht mehr abwärts führt, sondern aufwärts. Sequenztechnik ist aber in elementarer Weise von der Richtungsfrage abhängig. Um dies zu verstehen, ist nochmals ein Blick auf das Allegro KV 3 hilfreich.

Die harmonische Fortschreitung, die dort die abwärts führende Stufensequenz trägt, beruht auf fallenden Quinten, wie sie praktisch hinter jeder fallenden Stufensequenz steht (jeweils zwei fallende Quintschritte entsprechen einem fallenden Sekundschritt). Als sinntragend erscheinen der Baßeinsatz in Takt 14 und das Baßziel in Takt 16, dazu die analogen Situationen in Takt 18 und 20: Sie bilden die Klangfolge G–c–F–B aus und haben damit am Ende die Grundtonart reetabliert. Demgegenüber berührt die Stufensequenz, die in den drei jüngeren Menuetten dem Doppelstrich folgt, auf jeder Takt-Eins die Klänge F–B/G–C: Nur als Paare stehen sie in dem gewohnten Quintverhältnis, doch zwischen beiden Paaren findet sich eine Terz (B–G). Folglich mußte Mozart nicht nur lernen, seine Hände auf der Klaviatur in anderer Richtung zu verschieben, sondern um dies zu stützen, mußte er sich auch auf andere Modulationsverfahren einstellen. Denn auch diese gründeten sich für Mozart bislang ausschließlich auf die Quintverhältnisse der Kadenz, allenfalls auf Alterationen von Einzeltönen dieser Klänge, die aber dennoch in die Kadenzharmonik eingebunden bleiben (wie im ›überraschenden‹ Beginn des 2. Teils von KV 2).

Nach dem Doppelstrich setzt die Musik unvermittelt wieder in der Grundtonart des Stückes ein. Doch Mozart führt die Musik nochmals von F-Dur weg und erreicht als Ziel wiederum C-Dur (T. 14) – ebenso wie unmittelbar vor dem Doppelstrich. Folglich ist die Sequenz an dieser Stelle zum eigenständigen Requisit seines Komponierens geworden; sie hat keine allein auf die Harmonik ausgerichtete Funktion – denn eine ›Modulation‹, die in der angestrebten Zieltonart (F-Dur) bereits beginnen kann und lediglich zu der ›entfernten‹ Tonart zurückführt, die unmittelbar zuvor erreicht worden ist, wäre überflüssig.

Dennoch: Aus der ›entfernten‹ Situation dieses C-Dur muß nun der Rückweg nach F-Dur noch beschritten werden. Damit stellen sich die gleichen Bedingungen, die auch zu Beginn der zweiten Periode des Stückes herrschen. Sie setzt schroff auf der Stufe G ein, um die Kadenz in C-Dur vorzubereiten; nun kann diese Musik das eben erreichte C aufgreifen und in die Grundtonart F-Dur zurückführen. Insofern hängen die Maßnahmen, die Mozart in diesem Stück trifft, wiederum aufs engste miteinander zusammen. Mit einer abwärts gerichteten Stufensequenz ist also eine Rückmodulation verbunden, nach der ein tonartlich stabiler Schluß folgen kann; die aufwärts gerichtete, die bereits wieder in der Grundtonart einsetzt, erreicht zunächst nur die Tonstufe, nach der ein ›Modulationsabschnitt‹ aus der ersten Werkhälfte, um eine Quinte abwärts versetzt, neuerlich eintreten kann, und erst ganz am Schluß ist die Zieltonart wieder formuliert. Die Sequenzrichtung läßt sich nach dem Doppelstrich also nur dann umkehren, wenn es einen Abschnitt gibt, mit dem sich ihr eigentümliches Ergebnis auffangen läßt; das Startmotiv des ganzen Stückes muß so abgewandelt werden können, daß es in dieser Form sequenziert werden kann. Diese dichte Konstruktion hat Mozart in allen drei Menuetten geübt. Erst im Schlußabschnitt beginnen sie sich markanter voneinander zu unterscheiden: Nachdem das erwünschte kompositorische Pensum erfüllt ist, bleibt Raum für eine eher spielerische Ausgestaltung des Schlusses. Mozart kann ihn hinauszögern, indem er einzelne Motivkonstellationen mehrfach in unterschiedlicher Oktavlage eintreten läßt oder aber die Standardtechnik des Trugschlusses einsetzt.

Vielleicht war es Leopold Mozarts Idee, im Sommer 1762 seinen Sohn mehrere Kompositionen über einer weitgehend konstanten Baßlinie entwickeln zu lassen. Ebenso ist aber möglich, daß die Aufgaben, die der Vater formulierte, es Wolfgang nahelegten, immer wieder das gleiche Grundmaterial zu wählen. Dann wäre die Beibehaltung der Baßlinie (die ja in den Kompositionen nur ähnlich, nicht aber wirklich gleich ist) die erste Konsequenz, die Mozart aus den didaktischen Zielen seines Vaters zog, und er hätte ihn schon darin überflügelt (oder gar ausgetrickst), daß er sich die Arbeit nicht unnötig schwer machte. In jedem Fall konnte Mozart in der Kompositionsarbeit Elemente miteinander mischen, die er im Notenbuch kennen gelernt hatte. Als Nr. 11 findet sich in diesem ein anonymes Menuett in F-Dur, das Mozart am Vorabend seines Geburtstags 1761 zu spielen gelernt hatte und das manche Gestaltungsmittel der anderthalb Jahre später entstandenen Menuette KV 4 und 5 in verblüffender Weise vorwegnimmt: den schroffen Einsatz der Doppeldominante und die Dehnung der nachfolgenden Periode auf sechs Takte. Diese Gestaltung ließ sich kombinieren mit einer steigenden Stufensequenz, wie sie sich nach dem Doppelstrich etwa im Menuett Nr. 14 findet (das hier sequenzierte Motiv ist demjenigen überraschend ähnlich, das Mozart in KV 4 verwendet). Man bräuchte also nur drei Elemente miteinander zu verbinden, den Aufbau des Menuetts Nr. 11 vor dem Doppelstrich, die Stufensequenz, die im Menuett Nr. 14 nach dem Doppelstrich eintritt, und das Prinzip der Bogenform, das sich schon in KV 1c zeigt. Das Ergebnis wäre eine weitere Komposition, die sich auf das Baßmodell beziehen ließe, wie es hinter KV 4, 5 und dem Menuett II aus der späteren Sonate KV 6 zu stehen scheint. Die Baßlinie braucht also nicht unbedingt von Leopold Mozart vorgegeben worden zu sein; Wolfgang selbst kann diese Gestaltung gewählt haben.

Doch nachdem eine dritte Komposition über diesem Baßmuster entwickelt worden war, ließ sich aus ihm offenbar nichts Neues mehr machen; entweder hatte Leopold mit seinen Aufgaben oder Wolfgang mit seinen Lösungen den gesteckten Rahmen ausgereizt. Daß diese letzte Komposition tatsächlich ein Ziel war, spiegelt sich in ihrer Wertschätzung: Das Menuett wurde nicht nur in die Sonate KV 6 aufgenommen (und erhielt dabei den Vorzug vor den Menuetts KV 4 und 5), sondern Leopold Mozart hat diesen Satz in orchestrierter Fassung und in Transposition in seine Serenata D-Dur eingegliedert. Es deutet auf die große Bedeutung dieses Stükkes in Mozarts musikalischer Entwicklung hin, daß Leopold es dieser Ehre für würdig befand[14]. Und das Zielhafte wirkt sich auch in den kompositorischen Perspektiven aus, denn als nächstes entwickelt Mozart musikalische Elemente, die einen Umgang mit Notenschrift voraussetzen. Damit ist eine grundlegend neue Etappe in seiner Ausbildung erreicht.

Vier Phasen im Ablauf von Mozarts Salzburger Klavierstücken

Wie muß man sich die Kenntnisse des sechsjährigen Wolfgang vorstellen, als die Familie die erste Reise nach Wien antrat – über welche kompositorischen Mittel verfügte er, und wie ist deren Tragweite einzuschätzen? Noch um das Menuett KV 5 komponieren zu können, brauchte er keine Noten lesen zu können. Im knappen Rahmen von Tanzsätzen hatten sich seine Techniken entwickelt; die Bedingungen, unter denen er komponierte, sind so standardisiert, daß sich ihre Umrisse – für alle jene Werke gültig – in einem Schaubild umschreiben lassen (vgl. Tabelle 1).

Die betrachteten Kompositionen lassen unterschiedliche Phasen erkennen, in denen sich der musikalische Bogen konkretisiert; daß es vier Phasen sind, ist vom Menuett KV 2 an standardisiert – in einem ähnlichen Sinne, in dem auch die zeitgenössische Musiktheorie (etwa Joseph Riepel) von vier Abschnitten spricht. Die erste dieser Phasen wird von der Grundtonart beherrscht, mit der zweiten werden deren Grenzen geöffnet und – als Vorbereitung des Doppelstrichs – eigenes motivisches Profil entfaltet. Nach dem Doppelstrich wird das Musizieren mit einer Sequenz wieder aufgenommen; in ihr prägt sich umrißhaft ein Anfangsreim beider Werkteile aus. Ob hier eine Rückmodulation erfolgt, so daß am Ende eine stabilisierende vierte Phase (analog zur zweiten) erkennbar wird, oder die Rückmodulation selbst erst in dieser Schlußphase erfolgt, ist zunächst von der Sequenzrichtung abhängig. In jedem Fall kann die Schlußwirkung in

Tabelle 1: Musterablauf einer Komposition
des jungen Mozart (vor Juli 1762)

Phase 1 Eröffnungsperiode: Vorstellung von Tempo, Tonart, Taktart, Thematik; kadenzierend

Phase 2 harmonisch entwickelnde Periode (auch: Halbschluß; nicht in KV 1c)
zusätzliche Schlußwendung in der Zieltonart (ausgehend von KV 3)

Doppelstrich

Phase 3 Binnenglied
zunächst nur mit retardierender Wirkung (KV 1c, 1d),
später in fallender (KV 2, 3),
schließlich auch in steigender Stufensequenz (KV 4, 5, Menuett II in KV 6)
▸▸ *Das Sequenzmotiv bezieht sich in KV 2–5*
durch Anfangsreim auf Phase 1 ◂◂

Phase 4 Schluß
komplette Wiederholung von Phase 1 (KV 1c)
ohne Beziehung zum Anfangsteil (KV 1d)
Verdopplung der Musik aus Phase 1, mit Trugschluß (KV 2)
Wiederholung von Phase 1, tonartliche Variation von Phase 2 (KV 3)
variierte Wiederholung von Phase 1, tonartliche Variation von Phase 2 (KV 4)
tonartliche Variation nur von Phase 2, mit Trugschluß (KV 5, Menuett II in KV 6)

Phase 4 gestaffelt werden (etwa durch Trugschlußtechniken); dies ist für den Fortgang von Mozarts kompositorischer Ausbildung von Bedeutung.

Gegenüber den Vorstellungen der Musiktheorie erweist sich der Kompositionsunterricht Leopold Mozarts jedoch als außerordentlich eigenständig[15]. Wie das Allegro KV 1c zeigt, war für ihn auch ein zwölftaktiges Musikstück denkbar; nach Riepel (und später nach Heinrich Christoph Koch) ist die kürzeste sinnvolle Komposition sechzehn Takte lang. Doch auch in

84

der nächsten Phase, im Menuett KV 1d, entstand nicht dieses kompositorische Muster, sondern – aus klar erkennbaren pädagogischen Überlegungen – eine 20taktige Komposition. Und dieses Verfahren kennzeichnet auch den Fortgang, so daß die 16taktigen Grundformen, die sich erstmals in den Menuetten KV 1 feststellen lassen, wie künstlerische Überhöhungen eines Prozesses erscheinen, der gegenüber dem, was Riepel als Normalfall vermuten läßt, umgekehrt ablief.

Daß die entstehenden Werke sich dennoch auf dessen Grundprinzipien zurückführen lassen, steht auf einem anderen Blatt; diese erscheinen folglich zwar als taugliche Darstellungshilfen, können aber das Zustandekommen von Mozarts Kompositionen nicht erklären. Das aber ist das im gegebenen Zusammenhang entscheidende Kriterium: Wenn Mozarts Komponieren gerade nicht von den Grundsätzen ausgegangen ist, die Riepel formuliert, wird es zweifelhaft, ob die Konsequenzen, die Mozart in unmittelbarer Folge zieht, sich sinnvollerweise auf Riepels Beschreibungen beziehen lassen.

Auch die Beispiele, die Riepel für die normale Viergliedrigkeit gibt, lassen erkennen, daß anderes für Mozart wichtiger war: Die für ihn so essentiellen Verfahren, nach dem Doppelstrich eine Stufensequenz zu bilden, deren Motivik mit derjenigen des Werkbeginns verwandt ist, und den Werkschluß nicht frei zu gestalten, sondern in Anlehnung an die Vorbereitung des Doppelstrichs, spielen in Riepels Darlegungen eine allenfalls untergeordnete Rolle[16].

Im Hinblick auf das so einzigartige Korpus der frühesten Kompositionen Mozarts entsteht folglich der Eindruck, daß die musiktheoretischen Systeme der Zeit abstrakt formuliert worden waren und keine pauschale Gültigkeit für ›musikalische Grammatik‹ im Bewußtsein der Komponisten beanspruchen können. Damit läßt sich auch die Musik Mozarts mit den zeitgenössischen Denkmodellen nur in begrenzten Ausschnitten beschreiben; wesentliche Aspekte ihrer ›Grammatik‹ bleiben ausgespart. Diese Bedenken verstärken sich noch, weil es zwischen den musiktheoretischen Vorstellungen davon, wie sich das Modell des 16taktigen Musikstücks erweitern lasse, und Mozarts Praktiken fundamentale Unterschiede gibt. Heinrich Christoph Koch zufolge führt der Weg von der traditionellen Vier- zur Fünfgliedrigkeit darüber, vor dem Schlußglied des Werkes dessen Eröffnung zu wiederholen[17]. In den frühesten Kompositionen Mozarts läßt sich am ehesten das Allegro KV 3 mit diesem fünfgliedrigen Konzept in Beziehung setzen; doch von der Wiederaufnahme der Eröffnungsmusik wird bewirkt, daß auch die Formulierung des Binnenschlusses wieder aufgegriffen wird (noch dazu unter ganz besonderen harmonischen Bedingungen). Dies bereits rückt die Komposition von Kochs Modellvorstellung ab und zeigt eher, wie frei Mozart gerade in der Ausgestaltung eines Werkschlusses war: Deutlich wird, daß er jene Viergliedrigkeit für das im engsten Wortsinn Essentielle hielt; die ›vier Glieder‹ konnte er jedoch auch weiter differenzieren oder mit mehreren Abschnitten ausstatten, die sich in ihrer syntaktischen Bedeutung ähneln. Dies konstituiert den Begriff der Phase: Er ermöglicht es, auch mehrere unterschiedliche ›Abschnitte‹ als zusammengehörig (und dennoch von Benachbartem abgesetzt) zu umschreiben.

Die Modellvorstellung der ›vier Phasen‹ zeigt ferner eine Affinität zu den Vorstellungen, von denen die Sonatenhauptsatzform getragen ist: Die erste Phase entspräche einem Hauptsatz, die zweite einem Seitensatz; in der dritten äußerten sich Vorstufen einer Durchführung, in der vierten die einer Reprise. Der Gedanke, daß die vier Phasen etwas mit der Sonatenhauptsatzform zu tun hätten, ist aber alles andere als hilfreich, denn er verstellt den Blick auf die entscheidenden Unterschiede und damit auf die Konstituenten des hier zu diskutierenden Modells. In keinem Moment der Phasen ist hier eine Thematik erkennbar, die für das Sonatenmodell als steuernde Größe erscheint; in der ersten Phase liegt keine Modulation, die dem Sonatenmodell zufolge einem Seitenthemeneintritt vorauszugehen hat, und die Modulation ist erst abgeschlossen, wenn die zweite Phase beendet wird. Der begriffliche Gegensatz zwischen ›Rückmodulation‹ und ›Durchführung‹, der hier für die dritte Phase entsteht, gehört hingegen zu den Grundproblemen, die sich im Umgang mit dem Sonatenmodell stellen; ähnlich ist aber für die vierte Phase nicht essentiell, Reprise einer Exposition zu sein, sondern ihr liegt der Gedanke einer Analogiebildung zur Phase 2 zugrunde. Dies alles ist allerdings nicht als gattungsspezifische Grundlage Mozarts für den Umgang mit knappen Tanzsätzen, sondern als elementare Grundlage für das Komponieren eines siebenjährigen Kindes anzusehen. Insofern läßt sich im Fortgang der Untersuchungen zwar stets danach fragen, wie sich das Beobachtete im Lichte der Sonatentheorie interpretieren lasse; wichtiger ist es aber, nicht das theoretische Modell in den Vordergrund zu rücken, sondern den deduktiven Ansatz beizubehalten.

Motivische Formeln, die Mozart aus der Spielpraxis gleichsam in der Hand lagen, bildeten das musiksprachliche Repertoire, mit dem er diese Phasen in fortschreitender Komplexität ausgestaltet; dies gilt auch für die Sechzehntelbewegung im Menuett KV 5. Besonders deutlich wird dieses

›Klavieristische‹ auch an den klanglich überraschenden Oktavwechseln, die vom Spieler nur ein blitzschnelles Verschieben der Hand in eine höhere, aber baulich gleich gestaltete Position der Klaviatur erfordern. Hätte Mozart von vornherein Noten geschrieben, wäre ihm dies nicht so naheliegend erschienen, noch weniger, wenn er vom Violinspiel ausgehend den Einstieg ins Komponieren gefunden hätte (der Wechsel in eine andere Oktavlage setzt Abstraktionsvermögen voraus, weil die Saiten im Quintabstand gestimmt sind und die Oktavidentität der Griffe, wie sie sich am Klavier ergibt, nie zustande kommt). Auch für einen Zugang, wie ihn der junge Haydn zur Musik erhielt (als Sängerknabe), lagen diese Konzepte nicht nahe, weil ein Oktavlagenwechsel nur in Ausnahmefällen im Rahmen des stimmlich Möglichen liegt. Und schließlich ist die von Mozart praktizierte Form der Stufensequenz (als Parallelverschiebung der Hände) an die Gegebenheiten des Tasteninstruments gebunden. Insofern mag auch sein Erinnerungsvermögen an bereits Gespieltes, das er etwa für Rahmenkonstruktionen benötigte, von seinem Blick auf die Klaviatur geprägt worden sein.

Mit diesen Techniken lernte Mozart, Abschnitte kontrastierend anzulegen, um den Anfangsreim zweier Tanzsatzhälften ausbilden zu können, und er begegnete neben den Modulationsverfahren, die sich mit Hilfe von Leittönen und Klangfolgen der Kadenz ergeben, auch Harmoniefortschreitungen im Terzabstand. Und die Techniken der Sequenz erschlossen ihm ein zielorientiertes Komponieren: Überraschende Phrasenstarts werden aus ihrer Fortführung verständlich.

Soweit es die überlieferten Dokumente berichten, ist damit die kompositorische Vorstellungswelt des mittlerweile sechseinhalb Jahre alten Mozart charakterisiert. Von den Erfahrungen, die sich mit diesem Lernen während des Dreivierteljahres zwischen Dezember 1761 und Juli 1762 verbinden, müssen Mozarts Vorstellungen jedenfalls dauerhaft geprägt worden sein. Doch es sind so viele Varianten auch der zweiteiligen Form denkbar, daß deutlich wird, auf wie engem Terrain der Kompositionsunterricht zunächst ablief – so berechtigt es dennoch ist, Mozarts Leistungen zu bewundern.

Leopold Mozart und die Eigendynamik des Unterrichts (1761–1763)

Leopold Mozart jedoch war als Mensch und Musiker weder auf die große Begabung seines Sohnes noch auf die sich nun anschließende Reisetätigkeit vorbereitet. Den persönlichen Umgang mit Kaiser und Königen sowie mit deren Umgebung war er nicht gewohnt; er konnte obendrein nicht im voraus einschätzen, für welche Fähigkeiten seines Sohnes sich die Öffentlichkeit im jeweiligen Einzelfall interessieren würde, um den Unterricht auf diese Situationen abzustimmen. Die Briefe, die er von den ersten Reisen schreibt, belegen diese Unsicherheit; erst allmählich gewann er die Souveränität auf dem internationalen Parkett, die ihn zum Reisemarschall seiner Familie machte. 1762 berichtete er noch nach den ersten Tagen, die er in Wien zugebracht hatte, seinem Salzburger Hausherrn Lorenz Hagenauer[18]: »Bis itzt sind wir, ohneracht des abscheulichsten Wetters, schon bey einer Accademie des graf Collalto gewesen, dann hat die Gräfin von Sinzendorf uns beim Graf Wilschegg, und den 11ten Bey S:r Excellenz dem Reichs-ViceCanzler graf v Colloredo aufgeführt, wo wir die Ersten Ministers und Dames des Kays: Hofes zu sehen und zu sprechen die gnade hatten: nämlich; den ungarischen Canzler graf Palfi und den böhm: Canzler graf Coteck samt dem Bischoff Esterhazy und einer Menge die ich nicht alle merken konnte.« Auf der Westeuropareise mit seiner Familie, von 1763 an, verzeichnete er in einem Notizbuch die Namen aller nur erdenklichen Personen, mit denen er in Kontakt kam; über den Zustand, »einer Menge die ich nicht alle merken konnte« begegnet zu sein, war er offenkundig hinausgewachsen. Somit tritt Leopold Mozart erst im Verlauf dieser großen, 1763 angetretenen Reise als souveräne Persönlichkeit auf, vielleicht sogar erst nach dem Englandaufenthalt 1764/1765.

Mindestens bis 1763 wurde seine dementsprechende Laufbahn (nicht nur die seines Sohnes) von der Protektion durch den Salzburger Erzbischof Sigismund von Schrattenbach getragen. Dieser hat seinem Kapellmitglied alle erdenklichen Freiheiten gelassen, außerhalb Salzburgs zu wirken; ein rein absolutistischer und protektionistisch denkender Landesherr hätte auf die Arbeitskraft dieses Musikers nicht verzichten wollen (wie weit eine Lücke in die Kapelle gerissen wurde, ist eine andere Frage). Für die Nachwelt, die Mozarts Musik schätzt, sind die Reisen des Wunderkindes ein zentrales Stück kulturhistorischer Normalität, weil an ihrem Ziel das Wirken eines ›großen‹ Komponisten stand; Personen in Mozarts Zeit und Umwelt konnten weder die Begabung noch die Reisen selbst als Grundlage einer großen Laufbahn sehen. Schrattenbach und sein Umkreis müssen es gewesen sein, die auf diplomatischem Wege der Familie zunächst nur den Zugang zu den höchsten Herrschaftszirkeln Europas öffneten, ohne daß individuelle Konsequenzen für Mozart abzusehen waren. Und der Hochadel stand den Mozarts anfänglich durchaus nicht nur aufgeschlossen gegenüber; in Passau hatte Wolfgang »die Gnade, sich bei S^r. Fürstl: Gnaden [dem Bischof] zu producieren, das Mädl aber nicht«[19]. Dies mag mit Geschlechterproblematik zusammenhängen, ebenso mit Altersfragen (Nannerl war inzwischen 11 Jahre alt und damit kein Kind in dem Sinne mehr, wie es ihr sechsjähriger Bruder für sich in Anspruch nehmen konnte). Die Basis, von der sich der Ruhm der Wunderkinder verbreitete, war also zunächst außerordentlich begrenzt und auf eine Stütze von außen angewiesen. Auch Leopold wußte, daß es an den Reisen noch mehr außergewöhnliche Dinge gab als nur das Talent seines Sohnes, vor allem gerade die Art der fürstlichen Protektion; auf der Weiterreise nach Wien schrieb er aus Linz an Hagenauer lapidar[20]: »Entzwischen bethen wir nur, daß unser Erzbischof lang lebt, das Mehrere mündlich.« Dies alles verdeutlicht auch, daß Mozarts Leistungen allein in dem Rahmen, der für die Nachwelt mit den ersten neun Klavierstücken abschätzbar wird (KV 1a–1d und KV 2–5 zuzüglich des Menuetts II aus KV 6), in Salzburg Aufsehen erregt haben muß.

Wie unvorbereitet Leopold Mozart diese Abenteuer antrat, spiegeln auch die Dokumente, mit denen er über die Ausbildung seines Sohnes berichtet. In einer ersten Etappe referiert er bewundernd die Fortschritte, die dieser im Klavierspiel macht. Die Mitteilungen hierzu enden jedoch Anfang 1761, als Wolfgang zu komponieren begonnen hat. Zunächst noch ist er nur voller Bewunderung dafür, was sein Sohn, ohne Kompositionsunterricht erhalten zu haben, im Umgang mit dem Instrument entwickelt; dies charakterisiert Leopolds Einstellung gegenüber Wolfgangs »Compositiones in den ersten 3 Monaten nach seinem 5ten Jahre« (KV 1a und 1b). Im Laufe des Sommers 1761 muß Leopold Mozart dann die Gewißheit erlangt haben, daß er das Talent seines Sohnes ausbauen wolle. Zweifellos schon in diesem Umfeld wurde die Reise nach München organisiert, auf der selbstverständlich noch beide Kinder als ›Wunder‹ auftraten; nicht nur die Entwicklungssprünge, die sich in Wolfgangs Kenntnissen um den Jahreswechsel 1761/1762 feststellen lassen, sondern auch die nunmehr penibel und tagesgenau formulierten Kompositionsdaten (KV 1c: »Sgr: Wolfgango Mozart 11ten Decembris 1761«) zeigen, daß das Lernen des Sohnes auch für Leopold eine neue Etappe erreicht hatte. Welche Rolle dann die ersten Reiseeindrücke spielten, ist schwer abzuschätzen; der Kompositionsunterricht entwickelte sich so organisch und mit ungebrochener Dynamik weiter, daß nicht einmal Rückschlüsse auf konkrete Anregungen möglich sind.

Irgendwann in diesem Zusammenhang wird es nötig gewesen sein, daß Mozart Noten zumindest lesen konnte; dem Vorwurf, er spiele vielleicht eher auswendig, als daß er improvisiere, mußte wohl von vornherein entgegengewirkt werden. Daß Wolfgang zur Zeit jener Wienreise das Notenlesen beherrschte, ist gleich doppelt belegt. Der eine Hinweis ergibt sich aus dem Notenbuch (mit Kompositionen anderer), das Leopold Wolfgang am 31. Oktober 1762 zum Namenstag schenkte; spätestens an ihm müßte das Spiel nach Noten geübt worden sein. Der andere ist Kern einer Anekdote, die Nannerl 1792 aufzeichnete[21]:

> *»Da er sich 1762 in seinem 6ten Jahr beim Kaisser Franz hören liesse, und sich zum Klavier setzte, sagte er zum Kaisser der neben ihm stand, ist Hr. Wagenseil nicht hier? der soll herkommen der verstehts. der Kaisser ließ also den Wagenseil an seine Stelle an daß Klavier stehen. dann sagte der Knab zum Wagenseil ich spiele ein concert von ihnen, sie müssen mir umwenden.«*

Wenn das Umwenden einen Sinn haben sollte und nicht als Übertreibung des knapp Siebenjährigen anzusehen ist, der mehr zu können vorspiegelte, als der Wirklichkeit entsprach, dann muß dies als einigermaßen zuverlässiges Zeugnis für die Beherrschung des Notenlesens angesehen werden. Bemerkenswert ist dabei nicht nur, daß Mozart ein Gefühl für das Musikpersonal am Kaiserhof hatte (immerhin war ihm der Name Johann Georg Wagenseil wohl schon im Januar 1761 vertraut, als er eine Komposition des kaiserlichen Kapellmeisters lernte), sondern auch, daß er ein »concert« von ihm spielte. Den Rahmen, den Mozart in seinen überlieferten Kompositionen ausfüllte, übersteigt dies bei weitem; doch es ist nicht erkennbar, daß ein sinntragendes Detail des Berichts auf Irrtum, Fehleinschätzung oder Erfindung beruhe.

Zweifel daran, daß die überlieferten Kompositionen Mozarts wirklich all das wiedergeben, was er damals beherrschte, werden aus anderer Richtung unterstützt. Noch eine weitere Anekdote bringt den kleinen Mozart und die Gattung Konzert miteinander in Verbindung; Gewährsmann ist Johann Andreas Schachtner, der Salzburger Hoftrompeter[22]:

> *»Einsmals gieng ich mit Hrn. Papa nach dem Donnerstagamte zu ihnen nach Hause, wir traffen den vierjährigen Wolfgängerl in der Beschäftigung mit der Feder an.*
> *Papa: was machst du?*

Wolfg: ein Concert fürs Calwier [sic], der erste theil ist bald fertig.
Papa: laß sehen.
Wolfg: ist noch nicht fertig.
Papa: laß sehen, das muß was saubers seyn.
Der Papa nahm ihms weg, und zeigte mir ein Geschmire von Noten, die meistentheils über ausgewischte dintendolken [Tintenkleckse] geschrieben waren /:NB. der kleine Wolfgangerl tauchte die Feder, aus Unverstand, allemal bis auf den Grund des Dintenfasses ein, daher mußte ihm, so bald er damit aufs Papier kamm, ein dintendolken entfallen, aber er war gleich entschlossen, fuhr mit der flachen Hand drüberhin, und wischte es auseinander, und schrieb wieder drauf fort:/ wir lachten anfänglich über dieses scheinbare galimathias, aber der Papa fieng hernach seine Betrachtungen über die Hauptsache, über die Noten, über die Composition an, er hieng lange Zeit steif mit seiner Betrachtung an dem Blate, endlich fielen zwei Thränen, Thränen der Bewunderung und Freude aus seinen Augen. sehen sie, H:. Schachtner, sagte, wie alles richtig und regelmässig gesetzt ist, nur ists nicht zu brauchen, weil es so ausserordentlich schwer ist, daß es kein Mensch zu spielen im Stande ware. der Wolfgangerl fiel ein: drum ists ein Concert, man muß so lang exercieren, bis man es treffen kann, sehen Sie, so muß es gehn. er spielte, konnte aber auch just so viel herauswirgen, daß wir kennen konnten, wo er aus wollte. Er hatte damals den Begrief, das, Concert spielen und Mirakel wirken einerley seyn müsse.«

Wiederum hat die Frage zu sein, welche Angaben glaubwürdig sind (also mit dokumentarisch Belegbarem zur Deckung zu bringen sind) und welche als individuelle Zutat des Berichtenden erscheinen müssen, so daß sie nur in Umbewertung plausibel erscheinen könnten und dennoch auch die Essenz des Berichteten nicht völlig in Frage stellten. Manuskripte des vierjährigen Mozart (also aus dem Jahr 1760) gibt es nicht, und die musikalische Substanz der bis 1762 entstandenen Stücke ist so direkt auf die Praxis des Klavierspiels ausgerichtet, daß es auch keine gegeben zu haben braucht. Daß sich Schachtner in der Altersangabe irrte, wäre hingegen das geringste Problem. Doch Mozart müßte demnach ein »Concert« auch schon vor der Abreise nach Paris zu komponieren versucht haben – denn nach der Westeuropareise kann sich die Begebenheit nicht mehr zugetragen haben, weil Mozart bei der Rückkehr bereits elf Jahre alt war und souverän mit Feder und Tinte umzugehen vermochte. Somit erhält man aus dieser etwas konfusen Geschichte nicht nur einen Hinweis darauf, daß Mozart spätestens 1763 Noten schreiben konnte, sondern auch darauf, daß er sich auch mit ganz anderen Dingen befaßte als nur mit Menuetten, die zwischen Dezember 1761 und Juli 1762 sein gesamtes dokumentiertes kompositorisches Schaffen ausmachen. Übrigens gibt Leopold Mozart selbst einen weiteren Beleg dafür, daß die Fähigkeiten seines Sohnes entsprechend größer waren, und zwar in einem Brief, den er auf der Hinreise nach Wien schrieb; in der Abteikirche Ybbs spielte Wolfgang demnach auf der Orgel – »so gut …, daß die P: P: Franciscaner, die eben mit einigen Gästen bey der Mittagstafl sassen, samt ihren Gästen das Essen verliessen, dem Chor zulieffen, und sich fast zu Todt wunderten«. Wolfgang hatte lediglich manualiter gespielt (das Pedalspiel hat Leopold ihm erst 1763 in der Pfarrkirche Wasserburg erläutert[23]); doch bei der Musik, die der kleine Mozart in der Abteikirche spielte, kann es sich kaum um Menuette gehandelt haben.

Diese Feststellungen haben Folgen für die hier zugrunde gelegte Methodik. Denn irgendwann muß es in Mozarts Schaffen einen Punkt gegeben haben, von dem an die Musikmitschriften des Vaters für eine gewisse Zeit nur noch den Unterricht selbst spiegeln, nicht mehr aber auch umfassend den Stand der eigenschöpferisch-musikalischen Fähigkeiten seines Sohnes. Daß dieser Punkt noch vor der Wienreise lag, ist nicht nur angesichts des anekdotisch Überlieferten, sondern auch wegen der Briefberichte Leopold Mozarts (etwa aus Ybbs) zwingend anzunehmen, und dies klärt auch die Hintergründe der über Monate hinweg reichenden Arbeit mit dem konstanten Baßmodell auf: Denn neben dieser gleichbleibenden Herausforderung können die kompositorischen Aktivitäten durchaus auch andere Richtungen eingeschlagen haben.

Doch die Kenntnislücke ist noch viel größer; es lassen sich für die Zeit zwischen dem Sommer 1762 und dem Herbst 1763 keinerlei Daten gewinnen, die abschätzbar machten, wie Wolfgangs kompositorische Entwicklung voranschritt. Sein Kenntnisstand in der Zeit, als die Familie, aus Wien zurückgekehrt, am 9. Juni 1763 westwärts reiste, läßt sich nicht genauer umschreiben. Die Probleme kristallisieren an der Entstehungsgeschichte eines einzigen Werkes aus, an der Sonate KV 6: Zwischen der Vollendung ihres Menuetts II (16. Juli 1762) und der Entstehung ihrer weiteren Sätze (seit Oktober 1763) lagen fünfzehn zweifellos ereignisreiche Monate im Leben des sechseinhalb- bis knapp achtjährigen Mozart. Die Entstehungsumstände der Sätze, aus denen dieses Werk gebildet wird, sind also radikal unterschiedlich gewesen. Für den Gesamteindruck der Sonate ist dies kein Problem, weil die geforderten Satztypen so unterschiedlich sind, daß die Vorgeschichte ihrer Teile ästhetisch irrelevant bleiben kann. Doch es läßt sich nicht an konkreten Werkstationen nachvollziehen, wie sich Mozart

Techniken aneignete, mit denen er den begrenzten musikalischen Rahmen jener Tanzsätze überschreiten konnte. Insofern scheinen Ideen wie die, mit denen Mozart den Einleitungssatz der Sonate KV 6 gestaltete, aus heiterem Himmel zustande gekommen zu sein; am 14. Oktober 1763 in Brüssel vollendet, umfaßt er stolze 56 Takte.

Im Hinblick auf diese Kenntnislücke ist die Schachtner-Anekdote trotz aller ihrer Unzulänglichkeiten ein unvergleichlich wertvolles Dokument. Denn tatsächlich muß Mozart in der Zeit zwischen Sommer 1762 und Herbst 1763 begonnen haben, Musik in der ›Dimension Papier‹ zu entwikkeln. Daß eigenschriftliche Quellen fehlen, mit denen die Änderung des kompositorischen Bewußtseins belegt werden könnte, ist nicht prinzipiell von Bedeutung, denn angesichts des geringen Komforts der zeitgenössischen Schreibmittel ist die Attraktivität des Notenschreibens selbst für einen jungen Musiker, der leidenschaftlich gerne Komponist werden wollte, wohl nicht allzu groß gewesen. So mögen Vater und Sohn Mozart vielleicht sogar noch an der Technik des Notendiktats festgehalten haben, als Wolfgang Noten schon nicht nur lesen, sondern auch schreiben konnte; noch aus viel späterer Zeit sind zudem Reinschriften Leopolds von Werken Wolfgangs überliefert. Antworten darauf, seit wann dieser Noten schreiben konnte, dürfen also nicht nur anhand konkreter Quellenbelege gesucht werden; da Mozart zuvor Musik entwarf, die so klar allein auf den Techniken des Klavierspiels beruht, muß sich jener Übergang vielmehr auch in der musikalischen Substanz ausgewirkt haben. Wie also spiegelt sich die Beherrschung des Lesens und Schreibens von Noten im musikalischen Stil?

Zumindest partiell können diese Fragen anhand der beiden Menuette KV 1 beantwortet werden, die Mozart tatsächlich selbst niedergeschrieben hat, denn sie zeigen, welche Folgen das Schreibenkönnen für ihn auch in der musikalischen Ausarbeitung hatte. Im Menuett I aus KV 1 (G-Dur; Notenbeispiel 9, S. 437) gestaltet Mozart die erste ›Phase‹ ebenso stabil wie in allen anderen frühen Kompositionen, und ihr liegt eine kadenzierende Bewegung zugrunde; neu ist aber, daß ihr eine Stufensequenz übergestülpt wird. Diese läßt sich – wie gewohnt – aus einer Parallelverschiebung der Hände herleiten und entspricht damit einer Konstellation aus dem ersten Menuett des Notenbuches, die Mozart folglich seit 1760 kannte (vgl. Notenbeispiel 1, T. 5–8). Angesichts der klaren Ordnung musikalischer Elemente (vgl. Tabelle 1) ist zunächst nur erstaunlich, daß Mozart etwas als Werkeröffnung einsetzt, das ansonsten stets nur im Werkinneren eintritt.

Auch die zweite Phase ist äußerlich nicht anders eingerichtet als gewohnt; Besonderes liegt jedoch in der Motivbildung. Denn Mozart verkürzt die Auftaktfigur schrittweise, zunächst für eine hemiolisch erscheinende Zweizeitigkeit im Dreiertakt, dann zu der Achtelbewegung des Taktes 6, die ihrerseits schließlich noch triolisch beschleunigt wird. Daß nach dem Doppelstrich eine weitere Sequenz steht und ihr eine Wiederaufnahme der Musik aus Phase 2 folgt, ist hingegen nicht verwunderlich. Damit verweist die Schlußbildung in Phase 4 auf einen kompositorischen Stand, den Mozart erstmals im Menuett KV 5 gezeigt hat: mit der transponierten Wiederholung der Musik aus Phase 2.

Mit diesem Verlauf wirkt die Komposition erstaunlich schlicht; auf Mittel wie Oktavversetzungen einzelner Abschnitte oder Verzögerungen des Werkendes mit einem Trugschluß verzichtet Mozart. Zudem läßt sich das Verhältnis von Melodie und Baß wieder auffallend weitgehend über Terz- und Sextbindung verstehen. Weil diese nun aber auch in kadenzierende Abschnitte hineinreicht (z.B. in die Eröffnung des Stücks) und das Menuett mit der Hemiole in Takt 5/6 auch eine komplexere rhythmische Konstruktionen enthält, wird deutlich, daß der junge Komponist das Einfache bereits als Kunst beherrschte; keineswegs rollt er hier das Maximum des musikalisch Möglichen auf.

Im Menuett II aus KV 1 (C-Dur; Notenbeispiel 10, S. 437f.) läuft dies nach so ähnlichen Prinzipien ab, daß das Stück traditionell als Partner des zuvor beschriebenen Stücks gilt – obwohl in den Quellen nichts auf einen so engen Zusammenhang hindeutet. Die Musik aus Phase 2 und Phase 4 ist wie im Partnerwerk lediglich tonartlich versetzt; in Phase 3 steht eine Stufensequenz abwärts, deren Oberstimmenmotiv anfänglich sogar dem entsprechenden Teilstück aus dem Menuett I ähnelt.

Völlig anders ist aber das, was in Phase 1 steht. Die neue Ausrichtung des Beginns, die sich im Partnerwerk nur in Umrissen abzeichnet, gewinnt hier an Konturen, weil nicht alle Parameter des Stückes denen des ›vorausgegangenen‹ gleichen. Wie in diesem verhalten sich die Phrasen zueinander wie Vorder- und Nachsatz, enthalten also am Schluß eine Kadenz in der Grundtonart; die Motivik ist in beiden Teilabläufen die gleiche (T. 3–4 entsprechen T. 1–2). Aus diesen Bedingungen resultierte in allen älteren Kompositionen Mozarts zwingend, daß das beherrschende Gestaltungsprinzip dieser Abläufe das der Stufensequenz sei. Dies aber ist hier nicht der Fall. Denn der Nachsatz ist nicht wörtlich auf den Vordersatz bezogen, sondern variiert diesen: Das G in der Mittelstimme wird nicht mit der übrigen Musik versetzt, sondern zieht sich – trotz versetzter Au-

94

ßenstimmen – durch den gesamten viertaktigen Abschnitt hindurch; auf dem letzten Viertel von Takt 3 führt die Achtelbewegung der Oberstimme abwärts statt aufwärts, und der Baß begleitet sie mit einer Viertelnote, nicht mehr also selbst mit Achteln wie in Takt 1. Besonders auffällig ist schließlich, daß die Außenstimmen voneinander weg zu streben scheinen: Für den Auftakt zu Takt 3 wird die Oberstimme nach oben versetzt, die Unterstimme hingegen nach unten. Die Musik ist folglich keinesfalls mehr als Parallelverschiebung der Hände zu erklären, sondern nach Kadenzmustern überformt, die aus einer am Schriftlichen orientierten Kompositionspraxis stammen. Es ist zwar möglich, daß Mozart ein solches Modell aus seiner Spielpraxis in eine eigene Improvisation importiert hätte; wenn er sie aber ›frei‹ komponiert hat, dann hat er dieses Element nicht mehr ausschließlich von der Klaviatur her entwickelt, sondern auf dem Papier. Und tatsächlich sind die beiden Kompositionen ja in Mozarts Handschrift überliefert. Zunehmend treten in den Werken der Folgezeit Konstellationen, denen er in der Notenschrift begegnet sein muß, an die Stelle bloßer Griffkombinationen, die ihm aus dem Klavierspiel vertraut waren.

Als Mozart die beiden Stücke komponierte, hatte er also die Entwicklungsphase längst hinter sich gelassen, die von den über gleichem Baß entwickelten Kompositionen des Sommers 1762 repräsentiert wird. Nur wenig freier, aber auf gleicher Grundlage wie die Menuette KV 1 gestaltete Mozart wohl im Oktober 1763 das Menuett I der allmählich entstehenden Sonate KV 6: Hier nun gibt er sogar zu Beginn von Phase 3 das Prinzip der Sequenz preis und unterfüttert die lockere Motivbeziehung der Linien mit einer Kadenz wie auch am Satzanfang; wenn er Motive neuerlich aufgreift, variiert er die Figuration. Zwar ist dieses Menuett wieder nur in Leopold Mozarts Handschrift überliefert; doch der gedankliche Horizont, in dem diese Komposition steht, ist weiter als der, in dem die bis Sommer 1762 entstandenen Werke – als Klavierimprovisationen – zu sehen sind. Damit steht dieses Menuett exakt in dem umrissenen Spannungsfeld: Zwar aufgezeichnet durch Leopold, läßt die Musik dennoch erkennen, daß ihr Erfinder sie nicht mehr nur aus dem Umgang mit der Klaviatur entwickelt haben kann, sondern die Abstraktionen der Notenschrift kennengelernt hatte.

Damit ist das Umfeld auch für die Menuette KV 1 abgesteckt; mit ihrer musikalischen Substanz können sie durchaus schon im Sommer 1763 entstanden sein, vielleicht aber auch erst nach dem Aufbruch der Familie nach Westen. Daß der Hoftrompeter Schachtner frühe Übungen Mozarts im Notenschreiben miterlebt haben will, wirkt in jedem Fall glaubhaft; und ebenso lassen diese drei ›späten‹ der frühen Menuette abschätzbar werden, daß Mozarts Kunst mittlerweile über das bloße Improvisieren im Rahmen des auf vier musikalische Phasen angelegten Tanzsatzes hinaus reichte. Auf diese Weise wird verständlich, daß es für Mozart Mitte Oktober 1763 keine unlösbare Aufgabe mehr war, ausgedehnte Satzkomplexe zu komponieren, wie sie für eine Sonateneinleitung erforderlich sind.

Vom Nannerl-Notenbuch zu den Pariser Sonaten KV 6–9

Mehrere Aspekte, die eng miteinander zusammenhängen, charakterisieren in Mozarts musikalischer Entwicklung die nächste Etappe, deren Schwerpunkt in den Monaten des Pariser Aufenthalts liegt (November 1763–April 1764). Eines der auffälligen Details ist, daß Wolfgang mit seinem Komponieren vom Nannerl-Notenbuch abrückt, und zwar in mehrfacher Hinsicht. Sein letztes Werk, das in den Band in dessen überlieferter Gestalt eingetragen wurde (von seinem Vater), ist das Menuett I der späteren Sonate KV 7; es ist mit der Kompositionsangabe »di Wolfgango Mozart d. 30ten Novbr: 1763 à Paris« versehen. Doch mit dieser Feststellung sind auch schon die weiteren Fragenkomplexe berührt, die diese Entwicklungsphase Mozarts charakterisieren. Denn um das einzelne Klaviermenuett in jenen Sonatensatz fortentwickeln zu können, mußte zu ihm noch eine Violinstimme hinzukomponiert werden; die Sonaten sind Werke für Klavierpart und Violine (diese allerdings nicht obligat geführt). Die Erweiterung erweist sich im Falle dieses Satzes eindeutig als nachträgliche Zutat. Ebenso ist klar, daß eine Sonate nicht nur aus Menuetten und verwandten knappen Satzkonzeptionen bestehen kann; dies wirft erneut die Frage auf, wie Mozart die übrigen Sätze einer »Sonate« gestaltete: Seit wann war er in der Lage, jene größeren Satzkomplexe zu entwickeln? Auch einige von diesen entstanden zunächst noch als reine Klavierwerke im Rahmen des Nannerl-Notenbuches, also außerhalb des Sonatenkonzepts; wie kam es dazu, daß Einzelstücke nachträglich zu Teilen eines größeren, mehrsätzigen Ganzen werden konnten? Zudem wurden die Werke gedruckt und hochgestellten Persönlichkeiten gewidmet; damit erhält das Komponieren Mozarts eine neue Zielrichtung.

Die Betrachtung dieser Teilaspekte kann von der Situation des Nannerl-Notenbuches ausgehen: Daß es in ihm noch weitere Eintragungen nach der jenes Menuetts gegeben habe, läßt sich allenfalls hypothetisch bestimmen – so, wie es für die undatierten, von Wolfgang selbst aufgezeichneten Menuette KV 1 geschehen ist, als sie aus schriftchronologischen Überlegungen erst ins Jahr 1764 datiert wurden[24]. Zwar läßt sich nicht völlig ausschließen, daß Mozart noch im Folgejahr einzelne leer gebliebene Seiten des Bandes füllte; aber für einen Kompositionsunterricht (zumal dann, wenn er sich nicht mehr ausschließlich mit dem Klavier verband) kann das Notenbuch nun nicht mehr zur Verfügung gestanden haben. In dieser Hinsicht wurde in dem Moment, in dem die Pariser Sonaten konzipiert wurden (als zusammenhängende Gebilde aus mehreren Sätzen für Klavier und Violine), der Rahmen dieses auf Klaviermusik ausgerichteten Notenbuches gesprengt.

Wenn einzelne der Sonatensätze trotzdem noch im Nannerl-Notenbuch entwickelt wurden, bestätigt dies zunächst, daß sie zum Zeitpunkt der Komposition tatsächlich als Werke nur für Klavier entstanden, also ohne die Perspektive, daß zu ihnen eine Violinstimme hinzugefügt werden könne. Dies gilt zuallererst für das Menuett II der Sonate KV 6, das sogar noch vor der Wienreise komponiert worden war und als Repräsentant der ›Menuette über gleichem Baß‹ ursprünglich zweifellos ein Klavierstück war. Nach dem Aufenthalt in Brüssel im Oktober 1763 existierte aber von den Stücken, die in der Sonate KV 6 aufgingen, nur das Finale noch nicht, und in Paris waren bis Ende November auch für die Sonaten KV 7 und 8 einige Sätze in Klavierversionen entstanden und im Nannerl-Notenbuch aufgezeichnet worden.

Folglich gibt es unter den insgesamt 17 Sätzen der vier Pariser Sonaten Stücke von zweierlei Art. Eine erste Gruppe entstand bis Ende November 1763 als Klavierkompositionen, die im Nannerl-Notenbuch aufgezeichnet wurden. Die Sätze der anderen Gruppe müssen zwar ebenfalls noch als Klavierstücke komponiert worden sein, da die Violinstimme nicht obligat ist und der Klavierpart auch allein einen vollgültigen musikalischen Eindruck ermöglichen mußte. Prinzipiell konnte die musikalische Substanz dieser Sätze jedoch auf die Violinbeteiligung ausgerichtet werden. Manche von ihnen müssen sogar von vornherein dem Zweck gedient haben, daß aus ihnen gemeinsam mit den Stücken der ersten Gruppe Sonaten gebildet würden. Mindestens einige dieser elf Sätze, zu denen keine Vorausversionen für Klavier allein überliefert sind, sind also nicht mehr im Rahmen des Übungsprogramms entwickelt worden, dem jene sechs Stücke des Nannerl-Notenbuches ursprünglich noch angehören.

Auch im Entstehungsprozeß der Manuskripte unterscheiden sich die Stücke. Ausgangspunkt dieser Feststellung haben Überlegungen dazu zu sein, was überhaupt im Nannerl-Notenbuch zu finden ist. Die Modellvorstellung, derzufolge Leopold Mozart seinem Sohn Konstellationen ablauschte, die dieser auf dem Klavier entwickelte, und schriftlich fixierte, mag tauglich sein für die knappen Salzburger Klavierstücke; dieses Verfahren erreicht jedoch seine Grenzen, sobald Kompositionen eine größere Ausdehnung annehmen und ihre Satzstrukturen komplexer werden (etwa darin, daß die Begleitung in kleineren Notenwerten erfolgt als die Melodiestimme und diese mit Verzierungen angereichert ist). Dann ist ausgeschlossen, daß der Protokollant eine Komposition in seiner Gesamtheit überblikken und im Nachhinein aufzeichnen könnte; diese Musik läßt sich aber mit keinem Notationsverfahren während des Spiels mitschreiben. Insofern müssen die schriftlichen Versionen aller größeren Satzkonzeptionen – etwa solcher, die in einer Sonate die Position des schnellen Anfangs- oder des langsamen Mittelsatzes einnehmen konnten – auf andere Weise entstanden sein. Da jene Stücke im Nannerl-Notenbuch zudem als Reinschriften des Vaters erscheinen, müssen diesen Versionen andere, verschollene Manuskripte vorausgegangen sein – gleichviel, ob vom Sohn, vom Vater oder von beiden in wechselnden Anteilen geschrieben. Erst dann, wenn die Werkgestalten als ausgereift galten, fanden sie demnach – reinschriftlich – Eingang in das Notenbuch und nahmen dort dieselbe Funktion an wie die übrigen, älteren Kompositionen: Mit ihnen dokumentierte der Vater die Fortschritte, die sein Sohn in der kompositorischen Ausbildung machte.

Diesen Zustand erreichten also noch die Stücke jener älteren Gruppe; um zu Sätzen der Pariser Sonaten werden zu können, mußten sie überarbeitet werden (vor allem indem die zusätzliche Violinstimme entwickelt wurde). Wenn die Sätze der jüngeren Gruppe nicht auch in das Nannerl-Notenbuch eingetragen wurden, zeigt dies, daß in ihnen Versionen für Klavier von vornherein nicht mehr auf den gewohnten Zweck ausgerichtet waren, dem der Band diente. Zwar ist für die Sätze jener jüngeren Gruppe prinzipiell der gleiche Kompositionsprozeß anzunehmen wie für die der älteren; daß diese Sätze von vornherein für die Druckpublikation komponiert wurden, spiegelt sich also nur darin, daß ihre Endversionen nicht mehr im Nannerl-Notenbuch konserviert werden mußten.

Vermutlich ist keine der Sonaten ausschließlich aus Einzelsätzen geformt worden, die entstanden waren, noch ehe von den Sonatendrucken die Rede war; in jedem Werk ist für mindestens einen Satz keine Vorausversion für Klavier aus dem Nannerl-Notenbuch bekannt. Auf diese Weise wurde die Sonate KV 6 zum einzigen Werk dieser Gruppe, das vier Sätze umfaßt: neben drei älteren, die noch als Klavierstücke ›für das Nannerl-Notenbuch‹ entstanden waren, auch ein vermutlich erst kurz vor der

Drucklegung der Sonate komponiertes Finale. Von den drei älteren Sätzen wurde der erste als ein einzelnes Allegro im Oktober 1763 in Brüssel komponiert, der zweite vermutlich etwa zur gleichen Zeit als ebenso separates Andante; als Menuett II figuriert das jüngste der ›Menuette über gleichem Baß‹, fast anderthalb Jahre vor seinen Partnersätzen aufgezeichnet, und die Rahmenfunktion in diesem Satzblock übernimmt ein weiteres, wohl ebenfalls aus Brüssel stammendes Menuett.

Die drei übrigen Werke (KV 7–9) sind dreisätzig angelegt und bestehen lediglich aus einem anspruchsvolleren Allegro am Beginn, das von einem langsamen Satz und einem Menuettpaar gefolgt wird. Für die Sonate KV 9 ist kein Satz aus den Beständen des Nannerl-Notenbuches entnommen worden, für die beiden anderen Sonaten hingegen je ein Satz, so daß deren (bereits durch diese abgeschlossenen Klavierversionen definierte) Tonart den Ausgangspunkt für die weitere Gestaltung geboten haben kann. Demnach wurde die Sonate KV 8 ausgehend von einem B-Dur-Allegro (als Einleitungssatz) entwickelt, die Sonate KV 7 von einem D-Dur-Menuett. Auffallend einheitlich gestaltete Mozart in allen drei Werken das Menuettpaar: Das Binnenglied steht jeweils in der Mollvariante der Grundtonart (in der D-Dur-Sonate KV 7 also in d-Moll etc.). Damit begegnet man hier Mozarts ersten nachweisbaren Kompositionen, die nicht in Dur komponiert sind.

Wie die in Brüssel entstandenen Teile der Sonate KV 6 zeigen, brachte Mozart Kenntnisse im Umgang mit größeren Satztypen, die er für schnelle Eröffnungs- und langsame Mittelsätze benötigte, bereits nach Paris mit. Die Frage nach dem Aufbau dieser Sätze ist in jeder Hinsicht entscheidend; Leopold Mozart muß gewußt haben, daß ein komponierendes Wunderkind nicht mit 12–20taktigen Stücken durchs Leben kommen kann. Wenn also sein Sohn irgendwann zu größeren kompositorischen Konzepten überging, muß er dies als normal und sachgerecht angesehen haben, und zwar nicht nur als allgemeine Tatsache, sondern auch im kompositorischen Detail: Es muß seinen Vorstellungen entsprochen haben, wenn sein Sohn genau so, wie es die Sätze der Sonaten zeigen, die Konzepte erweiterte, die sich in den Salzburger Klavierstücken allmählich herausgebildet hatten. Hier mußte sich zeigen, ob der Kompositionsunterricht ausreichend war – ob nämlich auf der Basis, die Wolfgang unter der Anleitung seines Vaters gebildet hatte, mehr entstehen konnte als nur Tanzsätze oder ob es zusätzlicher Impulse bedurfte, um auch zu ausgedehnteren Konzepten zu gelangen. Die Frage ist aber auch darin entscheidend, ob die hier zugrunde gelegten Techniken, Mozarts Musik zu beschreiben, tragfähig sind – ob sie auch auf Sätze angewandt werden können, in denen sich Mozarts Verständnis der Sonatenform erkennen läßt[25].

Zunächst läßt sich nur konstatieren, daß Mozart im Oktober/November 1763 Sätze von mittlerweile dreierlei Art komponieren konnte: Tanzsätze traditionellen Musters, denen nun aber sämtlich die Prinzipien des (ungeradtaktigen) Menuetts zugrunde liegen, sowie ausgedehntere Konstruktionen, die entweder in schnellem oder in langsamem Tempo zu spielen sind. Sie alle fanden Eingang ins Nannerl-Notenbuch, für das sich damit ein weiteres Mal die Dokumentationsansätze veränderten: Es referierte zur Zeit des Brüsseler Aufenthalts nicht mehr nur eine bestimmte Ausrichtung des Kompositionsunterrichts, wie es im Umfeld der ›Menuette über gleichem Baß‹ zu konstatieren ist; das, was Leopold nun eintrug, entsprach wieder dem aktuellen Stand dessen, was Wolfgang kompositorisch zu entwickeln vermochte. Und zweifellos sind hier Keime dafür erkennbar, wie nach der Ansicht beider die entsprechenden Satztypen aussähen, die ein Komponist in der Arbeit mit Mehrsätzigkeit benötigt. Doch da weiterhin nur Einzelsätzen ins Nannerl-Notenbuch eingetragen wurden, hat Leopold Mozart zunächst die Verbindung von Sätzen zu einem mehrsätzigen Werk noch nicht erwogen (wie es für den Grundbestand der Sonate KV 6 durchaus denkbar gewesen wäre). Dies wirft Licht auch auf sein Musikverständnis: Denn so logisch die Satzfolge einer mehrsätzigen Komposition in sich wirken kann, ist hier unverkennbar, daß die Sätze, die nebeneinander in der Sonate KV 6 aufgingen, nicht in charakterlicher Abstimmung auf ihre jeweiligen Nachbarn entwickelt, sondern als Einzelposten komponiert wurden. Dennoch hielten die Mozarts deren Verbindung für möglich.

Damit schließt sich ein erster Kreis: Denn es wird verständlich, weshalb im Umfeld der Pariser Sonaten das Nannerl-Notenbuch aus Mozarts schöpferischem Gesichtskreis herausgerückt wurde. Selbstverständlich war das Nannerl-Notenbuch im Sommer 1763 bei der Abreise der Familie aus Salzburg mit ins Reisegepäck genommen worden, möglicherweise als Notenmaterial, aus dem der Siebenjährige noch immer spielen sollte, daneben im Hinblick auf die Dokumentationsabsichten, die Leopold mit dem Buch verband. Wie die Vorgeschichte der Sonatensätze zeigt, reichte diese Intention noch bis in die ersten Wochen des Pariser Aufenthalts. Wäre es jedoch allein um das Notenpapier gegangen, hätte man Transportgewicht sparen können. Es ist also wichtig, daß das Notenbuch zunächst noch die seit Anfang 1761 bestehende Doppelfunktion erfüllte, Dokumentationsraum und Spielrepertoire zu sein, daß es ferner – wenn auch nur für kurze

Zeit – wieder abschätzbar macht, welchen kompositorischen Stand Mozart erreicht hatte, und daß es wenig später für die Mozarts in beiden Funktionen nur noch als historisches Dokument brauchbar war. Die Reise hatte also hinsichtlich der kompositorischen Kenntnisse Mozarts eine Eigendynamik entwickelt, deren konkrete Konturen Leopold Mozart bei der Abreise noch nicht absehen konnte.

Damit ist die Frage nach Leopolds Position in diesen Vorgängen berührt. Wie erwähnt, hatte er zweifellos daran Anteil, daß Wolfgang nun auch größere Satzkomplexe entwickelte, als in den Grenzen des Menuetts denkbar ist, und ebenso mag er einen Weg vor Augen gehabt haben, der irgendwann zu mehrsätzigen Kompositionen führen könne. Doch die Initiative zur Drucklegung von Musik seines Sohnes lag nicht bei ihm, und somit hatte er auch den Perspektivwechsel in dessen Schaffen (das bislang nur privat dokumentiert worden war) nicht geplant. Damit wurde Wolfgangs kompositorische Entwicklung, in der Leopold bislang die Leitlinien bestimmen konnte, erstmals maßgeblich von einem Dritten in die Hand genommen: Leopold vertraute sich anderen an. Eine zentrale Stellung in diesem Zusammenhang übernahm zweifellos Friedrich Melchior von Grimm. Auf ihn waren die Mozarts schon im August 1763 in Frankfurt hingewiesen worden, und der persönliche Kontakt zu ihm kam schon bald nach der Ankunft in Paris zustande; für die Mozarts knüpfte er zahllose Verbindungen. Am 1. Dezember 1763 berichtete er in der *Correspondance littéraire* von den Mozart-Kindern; wenig später dürfte er die Widmungen der beiden Pariser Sonatendrucke vermittelt haben: Die der beiden ersten Werke ist an eine der französischen Prinzessinnen gerichtet, die der beiden anderen an Madame de Tessé, eine weitere wichtige Pariser Gönnerin der Mozarts. Nach dem gleichen Muster erschienen dann in London die Sonaten KV 10–15 im Druck; Leopold Mozart hatte demnach eine neue Technik zur Präsentation seines Sohnes hinzugewonnen.

Diese Beobachtungen fügen sich zusammen mit den Beobachtungen an den Klavierversionen und deren Kompositionsdaten: Noch bis Ende November 1763 waren weder die Sonaten als Zusammenhang mehrerer Sätze noch die Violinbeteiligung oder die Drucke geplant. Sogar die Vorstellung, daß Leopold seinen Sohn zunächst noch in den Dimensionen des Bisherigen weiterkomponieren ließ, obgleich er schon wußte, daß etwas anderes am Ziel stünde, wirkt wenig plausibel; er selbst war es, der in Brüssel und bereits in Paris die älteren Stücke in das Notenbuch eintrug, und mit Ende November 1763 setzte diese Praxis völlig aus. Die Planung der Drucke führte daraufhin also nicht zu einem plötzlichen Wandel in Mozarts Komponieren; dieses hatte vielmehr einen Stand erreicht, auf dem auch jene neuen Perspektiven möglich waren. Für die entsprechende Idee waren die Mozarts jedoch auf die Einschätzung eines Außenstehenden angewiesen.

Ähnlich läßt sich auch keineswegs als ein herausragendes Ereignis in Mozarts Leben bewerten, daß nun die Violine in sein Schaffensspektrum eintritt, obgleich dieses bis dahin wohl ausnahmslos von Klavierwerken beherrscht war. Denn als Sonaten für Klavier, zu dem die Violine lediglich als ad-libitum-Instrument hinzutritt, entsprechen sie einem zeitgenössisch beliebten Typus. Die Violinstimme zu entwickeln bedeutete für Mozart also, daß er seine Kenntnisse als Geiger mit denen als Klavierkomponist zu verbinden hatte, und zwar auf einem geigerisch nicht besonders anspruchsvollen Niveau. Im Grunde genommen blieb also Mozart Klavierkomponist; eine Neuorientierung war für die Entwicklung der Violinanteile nicht erforderlich. Näher zu betrachten sind daher vor allem zwei Aspekte, die von diesen vergrößerten satztechnischen Möglichkeiten unabhängig sind: wie Mozart größer dimensionierte Sätze entwickelte und wie er sich in das ›Komponieren in Moll‹ einarbeitete.

Komponieren größerer Sätze: Der Mittelsatz von KV 7

Insgesamt vermittelt die Pariser Entwicklungsphase Mozarts – im Vergleich zu den vorigen und folgenden – den Eindruck, daß der Übergang zu größeren Satzkonzepten, wie sie im Rahmen mehrsätziger Werke typisch sind, für ihn nicht geradlinig verlief; der Gesamtbestand der Pariser Sonatensätze erscheint in mancher Hinsicht als zu diffus, um aus ihm ableiten zu können, in welcher Form die Satzkonzepte Mozarts als Repräsentanten grundlegender Vorstellungen zu verstehen sind. Dies betrifft demnach auch Leopold Mozart; die Vermittlung zwischen dem kompositorischen Start, den er seinem Sohn geboten hatte, und den in der ›richtigen Welt‹ üblichen avancierten Formen war nicht ohne Probleme möglich. Wolfgang wird diese allerdings kaum empfunden haben; erst allmählich jedoch zeichnet sich ab, daß er wußte, worauf er im kompositorischen Detail hinauswollte: während des Londoner Aufenthaltes der Familie.

Weil diese Sonatensätze stets als eigene Konkretisierung konstanter Fragestellungen erscheinen, eignet sich ein strikt chronologisches Vorgehen nur wenig dazu, die Pariser Situation Mozarts verständlich zu machen. Das Korpus der Sätze läßt sich übersichtlicher strukturieren, wenn als Einstieg ein relativ unproblematischer Satz gewählt wird; dann lassen sich weitere, möglicherweise komplexere Kompositionen auf das Betrachtete beziehen. Als Ausgangspunkt bietet sich einer der langsamen Sätze an, die mit vergleichsweise knapper Architektonik dennoch einen beträchtlichen Aufführungsraum einnehmen; besonders geeignet ist der langsame Satz aus der Sonate KV 7, dem Partnerwerk von KV 6 in Mozarts gedrucktem Opus I, weil sich an ihm auch die Beziehung zum zuvor Gelernten gut darstellen läßt und er zugleich Wege zeigt, die Mozart zu größeren Konzepten führten (Notenbeispiel 11, S. 438ff.). Der Satz besticht durch seinen melodischen Schmelz; in diesem werden allerdings manche Konstruktionselemente des Satzes verwischt. So erkennt man das, was dem Satz zugrunde liegt, prinzipiell kaum an der Motivbildung der Oberstimme, sondern viel besser an der Baßlinie; analysiert man ihren Bau und bezieht die Ergebnisse auf den in Tabelle 1 dargestellten Musterablauf eines frühen Mozart-Werks, gelangt man zu klaren Ergebnissen.

Mozart beginnt mit einer schematischen Formulierung, die im 17. Jahrhundert Tanzmodell war (als Stütze für improvisiertes Musizieren): die Baßlinie g–fis–e, die dann zur Dreiklangsterz h abspringt und von dort über c und d wieder nach G führen müßte, den Stufen der Kadenz folgend, hier aber zuvor noch die VI. Stufe (e) ansteuert. Diese ersten sechs Takte des Satzes erscheinen damit als typische Eröffnungsphase: Sie etablieren Tonart, Taktart, Thematik und Tempo, sind ein in sich abgeschlossener (kadenzierender) Abschnitt und werden von der normalen Viertaktigkeit zur sechstaktigen Periode gedehnt, indem anstelle der erwarteten Kadenz zunächst der Trugschluß eintritt (T. 4), der anschließend ›richtiggestellt‹ werden muß. Diese Interpretation gründet sich auf die Erfahrungen, die sich in der analytischen Arbeit mit den früheren Kompositionen Mozarts gewinnen lassen; zu anderen Ergebnissen führt ein Ansatz, der von der melodischen Substanz ausgeht und zugleich nach der konkreten Realisierung der Periodik fragt.

Die Musik, die in Takt 2 erklingt, wird in Takt 4 wieder aufgegriffen, aber dabei intensiv verziert, und ebenso erweist sich die Musik in Takt 5 als eine Weiterentwicklung derjenigen aus Takt 3. Für die Konstruktion ist zwar wichtig, daß die Musik in den Takten 4 und 6 jeweils denselben Ton erreicht; doch der Gesamteindruck wird viel eher davon beherrscht, daß die Melodik angereichert ist. Der Sechstakter kann also nicht nur mit der Formel abb erklärt werden, derzufolge nach der zweitaktigen Eröffnung die beiden weiterführenden Takte zunächst in den Trugschluß und dann in die Kadenz mündeten; vielmehr können die Takte 1 und 6 auch als Einzeltakte gesehen werden, der eine als melodischer Start, der andere als kadenzierendes Ziel, und zwischen ihnen erschienen die Takte 2 und 4 sowie 3 und 5 paarweise aufeinander bezogen. Das, was Mozart in einer typischen ›ersten Phase‹ seiner Salzburger Klavierstücke angelegt hat, wird damit nicht prinzipiell in Frage gestellt.

Die Fortsetzung übernimmt ein normal strukturierter Sechstakter (4+2 Takte): in Takt 7–12. Wiederum kann die Baßlinie die Beobachtungen leiten: Nach zwei Takten über den Baßtönen g und fis folgt die Bewegung e–a–d, über der in D-Dur als neuer Grundtonart die Kadenzstufen II–V–I gebildet werden. Vom fis-Auftakt ausgehend, wird diese Kadenz daraufhin wiederholt. Folglich hat Mozart mit dieser zweiten Periode die übliche 2. Phase der Komposition eröffnet, die Modulation, die außerordentlich einfach formuliert wird: Nachdem er die alte Tonika und deren Dominante jeweils einen Takt lang ausgebreitet hat, kann er bereits in der neuen Tonart kadenzieren – mehr ist nicht nötig.

Die beiden Perioden werden nicht scharf voneinander abgesetzt. Denn einerseits ist es durchaus berechtigt, die Motivik, mit der in Takt 7 die Musik nach der Zäsur fortgesetzt wird, als etwas Neues zu bezeichnen – so, wie es für die Gestaltung einer ›Phase 2‹ charakteristisch erscheint. Andererseits wirkt sie als Verwandte des aus Takt 1 Bekannten. Doch über die gröbsten Umrisse des Gestischen hinaus läßt sich kaum definieren, worin die Verwandtschaft wirklich bestehe.

In den verbleibenden Teilen einer typischen ›zweiten Phase‹ ist nur eine neuerliche Kadenz in D-Dur erforderlich. Denn daß sie mit Takt 12 noch nicht ausreichend formuliert ist, zeigt die Melodik: Die Oberstimme läuft auf einem a aus; die neue Grundtonart D-Dur wird mit einem Akkord in Quintlage präsentiert. Eine Kadenz hingegen, die schlußkräftig sein sollte, müßte in Oktavlage ausgeführt werden, also mit der typischen Sopran- oder Tenorklausel, die von unten oder von oben auf den Grundton abzielt. Allenfalls wäre möglich, daß von dieser Normalgestalt abgewichen und von der II. Tonleiterstufe auch zur Dreiklangsterz anstatt zum Grundton fortgefahren würde. Die Quinte setzt also ein eindeutiges Signal: So kann der Satzteil nicht schließen.

Der Fortgang zeigt, daß Mozart mittlerweile Souveränität im Umgang mit Modulationsverfahren gewonnen hatte, und erkennbar wird auch, worin sie liegt: darin, den Bewegungsraum einer gegebenen Tonart auszuschöpfen. Die chromatische Linie, die im Baß im Auftakt zu Takt 13 einsetzt, führt Mozart somit zunächst wieder nach G-Dur zurück (T. 13), dann aber weiter nach A-Dur (T. 14) und von dort wiederum nach D-Dur (T. 15). Er weiß also, daß er eine nochmalige Berührung mit der alten

Grundtonart durchaus riskieren kann, ohne daß ihn dies vom Ziel abbringen könnte; Mozart bezieht hierfür die Satzentwicklung auf die Stufen einer D-Dur-Kadenz (G–A–D). In der Melodik der Oberstimme verbindet er dies mit seinen Erfahrungen, durch bloße Verschiebung der Hände auf der Klaviatur Musik sequenzieren zu können – um eine Sekund (T. 12/13 nach T. 13/14) oder um eine Quint bzw. Quart (T. 13/14 nach T. 14/15).

Diese Entwicklung wird weitergedacht; Hintergrund ist, viertaktige Strukturen entstehen zu lassen. Die stufenweise Versetzung der Melodik, die mit Takt 15 abgeschlossen ist, läßt die erste Hälfte eines Viertakters entstehen; mit der Fortführung nach D-Dur setzt Mozart lediglich einen einzigen (dritten) Takt hinzu. Aus harmonischen Gründen bestünde kein Bedarf, diese Periode zur Viertaktigkeit zu erweitern, doch die melodische Balance erfordert ein weiteres Element. Gleichviel, ob Mozart die Konsequenzen theoretisch durchdacht hat oder sie intuitiv im Griff hatte: Die Motivgestaltung ist perfekt auf alle Erfordernisse abgestimmt, sowohl auf die der Periodengestaltung und der Harmonik als auch auf die des Satzfortgangs; diese drei Felder werden hier zusammengeführt.

Ziel des gesamten Abschnittes muß sein, die neue Tonart D-Dur zu wahren; die Bedingungen für seine Gestaltung lassen sich folglich nicht nur auf dem Gebiet der Harmonik formulieren (so daß nicht mehr in eine andere Tonart moduliert werden dürfe), sondern sie erfordern auch Erfindungsreichtum darin, musikalischen Phrasen trotz dieser harmonischen Beschränkung eine angemessene und logisch vertretbare Ausdehnung zu geben. Das Kriterium, nach dem Mozart hierbei vorgeht, ergibt sich nicht aus den Techniken der Motivverarbeitung, von denen die Musiktheorie des späteren 18. Jahrhunderts spricht[26], sondern neuerlich vor allem aus dem Akkordaufbau in der Kadenz: daraus, welches Ziel die Melodiestimme in ihr erreicht.

Da der Akkordaufbau vom Verlauf der musikalischen Linien bestimmt wird, spielt allerdings auch für Mozart die Motivik eine Rolle. Die Motivik, die Mozart seit dem Ende von Takt 12 über der kadenzierenden Harmoniefortschreitung sequenziert hat, enthält als charakteristisches Merkmal jeweils auf der Eins eines Taktes einen Quartvorhalt, der den aktuell gemeinten Klang jeweils erst auf dem zweiten Sechzehntel eines Taktes etabliert – wenn die Quarte zur Dreiklangsterz aufgelöst wird. Mit dieser Motivik ist daher ein Erreichen der schlußkräftigen Kadenz praktisch ausgeschlossen; denkbar wäre allenfalls, als Schluß des Abschnitts den Quartvorhalt zu dehnen und damit die Gewichte so zu verschieben, daß die Auflösung erst auf der Takt-Eins erfolgte. Kehrt man die Argumentation um, kommt man Mozarts Überlegungen noch näher: Der Quartvorhalt gab Mozart in jedem Fall den Anlaß, die Musik fortzuführen und einen Akkord als ›nicht schlußkräftig‹ zu qualifizieren. Dies erweist sich somit als das übergeordnete Gestaltungsprinzip, das zudem Freiraum auch für die Schaffung einer viertaktigen Periode ließ. Denn wenn Mozart den kadenzierenden dritten Takt jenes Abschnitts wiederholte, wurde das Gewicht der Kadenz nicht erhöht; eher unterstrich der nunmehr wiederholte Abschluß in Quintlage die Notwendigkeit, eine Fortführung zu schreiben. Somit füllte Mozart die Phrase zwar mit einer weiteren Kadenzfigur auf, doch mit ihrer Wiederholung (angereichert um eine auskomponierte Verzierung) gab er nichts von den Perspektiven preis, den Faden noch weiter auszuspinnen.

Das Baumuster des Fortgangs erschließt sich wiederum aus einer Betrachtung der Baßlinie: Zweimal läßt Mozart eine Tonleiter von fis nach h ansteigen, und er interpretiert das Ziel dieser Bewegung jeweils als Trugschluß der VI. Stufe. Erst daraufhin erreicht er mit einer dazu analog gestalteten Zwei-Takt-Linie den erwarteten Zielton D. Mit der Baßlinie, nach dem Muster ›aab‹ gebaut, koppelt Mozart eine Melodie der Bauform »abb«: Zunächst werden zwei Melodielinien, die in unterschiedlicher Dreiklangslage angesiedelt sind, mit einem gleichbleibenden Baß kombiniert – ein Verfahren, mit dem er schon anderthalb Jahre zuvor, für das spätere Menuett II die Sonate KV 6, den Doppelstrich vorbereitet hat. Schließlich wird zur Trugschluß-Auflösung in Takt 21/22 die Melodielinie wiederholt, die in den beiden vorausgegangenen Takten erklungen ist.

Mit diesem Aufbau knüpft Mozart an die Prinzipien an, die seine Werke im Nannerl-Klavierbuch kennzeichnen; auch dieser musikalische Bau läßt sich in die typischen zwei ›Phasen‹ gliedern. Relativ kurz fällt die Eröffnung aus – mit sechs Takten, in denen die Musik nur mit Hilfe des Trugschlusses weiter ausgebreitet werden kann. Daß die zweite Phase sich über 16 Takte ausdehnt, spiegelt das Ordnungsprinzip einer regelmäßigen Gliederung in viertaktige Perioden vor, das in ihm gar nicht realisiert ist; nicht einmal die Phrasenbildung, die sich als Summe aus sechs, vier und nochmals sechs Takten verstehen läßt, erklärt den musikalischen Fortgang, denn mit diesem Modell würden nur Zellen gebildet, die locker gereiht erschienen, ohne daß ihre logische Abhängigkeit erkennbar würde. Eher hat also im Vordergrund zu stehen, wie Mozart die ›Verpflichtung zur Kadenz‹ erst umgeht und dann einlöst. Wiederum sind es auch veritable Trugschlüsse, die ihm ein weiteres Ausspinnen des musikalischen Fadens ermöglichen (T. 18/20); noch wichtiger aber ist, daß Mozart gelernt hat, für seine Musik Schwungkraft daraus abzuleiten, in welcher Lage Melodielinien in Kadenzen auslaufen.

Ohne Mühe hätte Mozart den Abschluß seines ersten Teils schon von Takt 12 aus formulieren können; mit nur geringfügigen Abwandlungen könnte die hier vorliegende Gestaltung in den Schluß von Takt 21 münden. Doch die figurative Überformung des melodischen Ziels in Takt 10/12 (die Terzlage wird zur Quintlage fortentwickelt) sichert den Fortgang. Nur blaß erschiene die Beschreibung, die folgenden Takte wirkten zu der vorausgegangenen Eröffnung wie ein Nachsatz; denn dessen charakteristische Eigenschaft (ein Phrasenpaar abzurunden) wird in ihm nicht erfüllt. Auch er erfordert eine Fortführung, weil Mozart die Melodie auf der Dreiklangsterz auslaufen läßt und dies nicht als Schluß akzeptieren will. Damit hat er dann der Teilabschnitt erreicht, indem er mit den Techniken des Trugschlusses die Unvollkommenheit der Kadenz noch besonders artikuliert.

Deutlich wird also, daß für die Satzentwicklung gerade nicht das essentiell war, was in der musikalischen Analyse betont wird: ein Thema als motivische Konstellation, mit der ein Abschnitt eröffnet wird. Es sind vielmehr nur minimale Aspekte im Schluß eines Abschnittes, die den musikalischen Fortgang garantieren können, und nur darüber, daß Mozart im Rahmen dessen, was mit dem Phasenmodell beschrieben werden kann, vorausschauend komponiert, wirken sich die Zielanforderungen auch auf die Gestaltung einer gesamten Periode aus. Bemerkenswert ist ferner, welches scheinbare Ungleichgewicht sich zwischen den beiden Phasen ergibt: Offenkundig gibt es nur wenige Techniken, mit denen eine Anfang erweitert werden könnte; sie setzen hingegen in der konstruktiven zweiten ›Hälfte‹ eines Abschnitts an, weil sie vorrangig mit der Kadenzgestaltung spielen.

Damit wird die Binnengestaltung der Abschnitte entscheidend verfeinert. In Tanzsätzen mag dies verzichtbar sein, weil ihre Ausdehnung ohnehin knapper und stärker schematisiert ist als in ›freien‹ Sätzen; Mozart benötigte also ein Repertoire technischer Möglichkeiten, um aus der Welt des Tanzes in die abstraktere Instrumentalmusik vordringen zu können. Die Satzgestaltung wird ferner von der neuen Souveränität darin geprägt, das Verhältnis von Ober- und Unterstimme zueinander zu bestimmen: Zu zwei gleichen Baßlinien gehört nicht prinzipiell auch zweimal die gleiche Sopranlinie. Dies gilt nicht nur in dem Sinn, daß die Melodie verziert würde wie im Verhältnis der Takte 2/3 und 4/5 zueinander, sondern auch so, daß die Melodie an einem anderen Ton des herrschenden Dreiklangs ansetzt (wie es zwischen Takt 17 und 19 noch durch Verzierungstechniken überhöht ist). Damit werden die beiden Flächen der Komposition, die harmonische Basis und die melodische Schauseite, einander gegenüber flexibel – auf eine Weise, für die ein Wissen um die Möglichkeiten musikalischer Notation essentiell erscheint. Diese Flexibilität führt schließlich auch dazu, daß im Anfangsbereich der erste Takt melodisch allein steht, obgleich er zunächst so eng mit dem Takt 2 zusammen zu gehören scheint.

Auch nach dem Doppelstrich findet sich Gewohntes, allerdings in neuer Einkleidung. Wie in den Salzburger Tanzsätzen ermöglicht eine abwärtsgerichtete Stufensequenz den Fortgang, und zwar in der typischen, vorausschauend angelegten Weise. Die erreichte Tonart D-Dur wird nach Moll gewendet; dieser Klang setzt eine Kadenz frei, die in Takt 26 nach a-Moll führt; mit einer Transposition um eine Stufe abwärts ist also in Takt 30 wieder die Ausgangstonart G-Dur erreicht. Allerdings ist auch dies nur das Bezugssystem, mit dem Mozart arbeitet, nicht schon die Konstruktion, die er schafft. Denn der Start des zweiten Sequenzdurchgangs entspricht nicht dem des ersten: Das d, der melodische Ausgangspunkt nach dem Doppelstrich, ist Grundton eines d-Moll-Sextakkords; das c, mit dem – melodisch ›korrekt‹ – der zweite Durchgang einsetzt, wird aber als Quinte im D-Dur-Quintsextakkord behandelt. Und nachdem die 32tel-Linie am Übergang von Takt 23 nach Takt 24 bruchlos abwärts verlaufen ist, ergibt sich an der entsprechenden, späteren Stelle eine Tonwiederholung (T. 27/28: h). Daher ist erst in Takt 29 mit der zweiten Triolen-Note das Sekundverhältnis wiederhergestellt.

Doch dies alles wirkt keineswegs erstaunlich. Denn das typische Requisit der ›Phase 3‹, die Stufensequenz, wird nicht anders variiert als in den Menuetten KV 1: mit einer Konstruktion, die die musikalische Gestaltung nicht mehr als Ergebnis einer Verschiebung der Hände auf der Klaviatur erklärbar macht, sondern nur als schriftliche Abstraktion dieses ursprünglichen Prinzips.

In Takt 31 ist dann die Musik des Anfangs wieder erreicht, und selbstverständlich kann ihr nun nicht mehr dasselbe folgen wie zu Satzbeginn – weil dieser moduliert. Dennoch wäre es Täuschung, von einer Reprise zu sprechen, denn Mozarts Komposition ist gegenüber seiner traditionellen Menuettpraxis nur geringfügig ausgeweitet und im Tempo abgebremst. Wie in den Menuetten folgt nun als ›Phase 4‹ der Schluß so, daß Material der Satzeröffnung aufgegriffen wird – unter Aussparung bzw. Abwandlung der modulierenden Teile. Problemlos wieder verwendbar ist der eröffnende Sechstakter (in Takt 31–36); außerdem versetzt Mozart die vier Schlußtakte des ersten Teils aus der Dominante in die Grundtonart (T. 43–46 entsprechen T. 19–22). Die verbliebenen sechs Takte (T. 37–42) haben zwischen diesen beiden Polen zu vermitteln, allerdings ohne Modulation.

Dies beschreibt bereits, welches Material des ersten Teils hierfür in Frage kommt: solches, das auch in diesem die Aufgabe übernimmt, die Tonart zu wahren. Zunächst entwickelt Mozart daher aus der Motivik der Takte 17/18 eine – harmonisch wiederum unproblematische – Stufensequenz, deren Ausgangspunkt die Grundtonart und deren Ziel die Dominante ist; weil diese als Sextakkord erreicht wird, ist sie damit noch nicht schlußkräftig formuliert. Mit einer nun abwärts sequenzierten Variante des Übergangs von Takt 12 auf 13 (oder T. 14 auf 15) bereitet er die vertraute Schlußwendung vor.

Bemerkenswert gegenüber dem ›Salzburger Phasenmodell‹ ist in diesem zweiten Teil also, daß das Binnenstück der Phase 4 so auffällig variiert wird; Anfangs- und Schlußglied hingegen werden wiederholt wie in älteren Kompositionen Mozarts aus dem Nannerl-Notenbuch. Wiederum ist die Neuerung nicht fundamental: Wenn Material bei seiner Zweitverwendung nicht mehr exakt nach dem Muster des ersten Mals eingerichtet ist, ergibt sich dies aus dem Umgang mit dem ›Medium Papier‹. Im rein improvisatorischen Komponieren war Mozart auf seine Erinnerung angewiesen und entwickelte deshalb eine Wiederholung (auch: als Variante) nach den gleichen logischen Gesetzen wie die Erstversion; für eine freie Auswahl aus bereits Präsentiertem, mit der auch bereits Dagewesenes in Überformung präsentiert werden soll, ist ein Komponist auf den Umgang mit schriftlicher Fixierung des Notentexts angewiesen.

Die Gestaltung dieses Adagios hilft zum Verständnis anderer Sätze. Denn eine Musik wie die, mit der die Sonate KV 8 eingeleitet wird, läßt sich trotz freierer Anlage problemlos auf dieses Muster beziehen. Die Grobgliederung des Satzverlaufes wird weiterhin von dem Denken geprägt, das hier mit den vier Phasen umschrieben wird; deren charakteristische musikalische Funktionen bestehen fort. Doch das Modell reguliert nur noch den groben Bauplan der Werke und ist nicht mehr allein die Richtschnur des musikalischen Detailablaufs; dieser wird vielmehr von einer souveränen Staffelung von Kadenzwirkungen reguliert, mit der sich die entsprechenden Konstellationen weit ausspinnen lassen. Mozart entwickelt damit ein Prinzip fort, das sich seit seinem allerersten überlieferten Klavierstück (KV 1a) durch sein Schaffen zieht und dessen charakteristische Wirkung in Mozarts Stil sich nun immer deutlicher abzeichnet. Auf diese Weise erscheint das Adagio der Sonate KV 7 als Bindeglied zwischen den Salzburger Klavierstücken und den übrigen Sätzen, die neben den Menuetten die Pariser Sonaten prägen.

Wann ist dieser Satz entstanden? Leopold Mozart berichtet am 1. Februar 1764, daß die ersten beiden Sonaten im Stich seien. Ob für diesen Satz zuvor eine Version für Klavier entstand, weiß man nicht; grundsätzlich ist dies nicht auszuschließen. Erstens gibt es keinerlei obligate Anteile der Violine am Satz; durchweg bietet das Klavier die thematische Substanz, und die Violine unterstützt mit einer wiederkehrenden Sechzehntelfigur die Harmonik. Nur in Phase 3, nach dem Doppelstrich, erhält sie an zwei Stellen kurzzeitig weiter reichende Aufgaben – gleichfalls aber in Abhängigkeit vom Klavierpart. Und zweitens ähnelt die gesamte Satzgestaltung den Kompositionen Mozarts im Nannerl-Notenbuch. Daher ist die Frage nach der exakten chronologischen Stellung dieses Satzes zweitrangig. Wichtiger für die Frage der kompositorischen Entwicklung ist, wie es um die anderen, schnelleren Sätze steht.

Techniken des Sonatenhauptsatzes: KV 8/1

Einen ähnlich einfachen Zugang zu Mozarts Denken bietet der Anfangssatz der Sonate KV 8. Er gehört zu dem Satzbestand, der bereits für Klavier komponiert war, als die Planung der Sonatendrucke begann: Seine erste Version steht – in der Handschrift Leopolds – im Nannerl-Notenbuch, selbstverständlich ohne Violinanteile. Der Satz ist besonders interessant, weil Mozart seine musikalische Substanz geringfügig umgestaltet hat, als die Violinstimme hinzugefügt wurde; die Unterschiede können darüber berichten, wie er die Funktion der einzelnen Satzelemente auffaßte. Der Betrachtung zugrunde gelegt wird eine Version ohne Violine. Daß sie eine Etappe in der Entstehungsgeschichte des Satzes repräsentiert, ist nicht nachzuweisen; doch es handelt sich um eine der beiden Gestalten, die im Notendruck für die Aufführung vorgesehen ist (weil die Violinstimme nur ad libitum eingesetzt wird; vgl. Notenbeispiel 12, S. 441f.).

Für die Eröffnung des Satzes entwickelt Mozart zwei Komponenten. In der Unterstimme liegen Dreiklangsfiguren; jeweils genau ein Takt erscheint als eine musikalische Einheit. In der Oberstimme ist hingegen die auftaktige Figur wichtig, die sich im Übergang von Takt 2 auf Takt 3 feststellen läßt und jeweils auf der Quinte f einsetzt. Einen Takt zuvor ist sie in einen größeren musikalischen Komplex eingebettet: Mozart füllt mit ihm den Raum zwischen dem Grundton b und dem Einsatzton der eigentlichen

Figur; zugleich vermittelt er zwischen dem abtaktigen Satzbeginn und der auftaktigen Melodiefigur. Folglich wirkt die motivische Konstellation in der ersten Takthälfte lediglich als Impuls, der das Stück in Gang setzt, doch er kehrt vorerst nicht wieder; die Motivik, die anfänglich von ihm abhängig erscheint, kann auch ohne diesen Impuls eintreten. Klar wird damit, daß Mozart den Satz nicht etwa mit einem Thema beginnt, sondern mit einer traditionellen ›ersten Phase‹, die lediglich eröffnende Funktionen hat und den Hörer in seine musikalische Welt einführt.

Am Schluß dieser ersten viertaktigen Periode steht eine Kadenz, mit der aber keine Zäsur gebildet werden kann; die Gegenläufigkeit von Melodie- und Baßlinie sichert den Fortgang. Die auftaktig organisierte Oberstimme reicht in den fünften Takt hinein; dort hat für die abtaktig organisierte Baßbewegung schon der nächste Abschnitt begonnen. Auch die Melodielinie drängt vorwärts, denn sie springt vom Grundton B abwärts zur Quinte F. Anders als in anderen frühen Werken erreicht Mozart mit dieser ersten ›Phase‹ hier also noch keinen Schluß, und im folgenden behält er diese Komponenten bei, ohne den Gegensatz zu entschärfen. Deshalb ergibt sich in Takt 7 noch einmal dasselbe Spiel wie in Takt 5; die damit gewonnene Schwungkraft reißt die Musik fort. Es kann also keine Rede davon sein, daß diese Musik ein sonatenhaftes Hauptthema sei oder auch nur die Keime zu einem solchen zeigte; hierfür müßte es einen klaren Abschluß erhalten, doch ein solcher ist gerade nicht intendiert – er ließe die Musik nur wieder stocken.

Mozarts Intentionen lassen sich damit unmißverständlich erkennen: Auch auf der Startfläche einer Komposition kann er die Schlußwirkung hinausschieben, nicht also nur gegen Ende einer Satzhälfte oder gar nur am Satzschluß – an der Stelle, an der ihm mit Techniken des Oktavwechsels (KV 1a) bzw. des Trugschlusses (KV 1d) erstmals entsprechende Erweiterungen gelangen. Die Gestaltung wird mit der gegensätzlichen Phrasenstruktur von Ober- und Unterstimme geregelt; Mozart verbindet dies jedoch wieder mit Überlegungen zum Akkordaufbau, denn das Auslaufen der Melodielinie jeweils auf der Dreiklangsquinte (f) läßt die Musik nach dem gleichen Verfahren als ›nicht schlußkräftig‹ erscheinen wie im langsamen Satz der Sonate KV 7 (T. 10).

Bis wohin kann Mozart also seine ›Phase 1‹ fortführen? Eine Antwort, die sich aus früheren Kompositionen Mozarts herleitet, fiele eindeutig aus: Wenn eine erste Periode auf der Grundtonart ausgesponnen und bis zu einer Kadenz ausgeführt worden ist, bleibt nur die Möglichkeit, die Modulation zu eröffnen. Soll diese noch weiter aufgeschoben werden, muß der

Komponist dies also eigens begründen, und Mozart tut dies in aller Deutlichkeit. Scheinbar fahrlässig hat er die Schlußformel am Ende von Takt 5 ein zweites Mal einsetzen lassen; diese Wiederholung erhöht die Erwartung, daß sich an ihrem Ende in Takt 7 die Musik definitiv ändert. Doch auch in dieser Situation kann Mozart noch ein paar Takte länger an der Grundtonart festhalten. Hierzu wird die Baßbewegung im wesentlichen beibehalten, in der Oberstimme die Schlußfigur der Kadenz sequenziert. Aus Sicht der Sonatentheorie handelt es sich um motivische Arbeit, mit der die Überleitung ausgestaltet würde, aber für Mozart steht im Zentrum, was er mit dieser Figur erreicht: Er umspielt mit ihr die Töne des B-Dur-Dreiklangs, erst in aufsteigender, dann in absteigender Folge. Äußerlich kann dies nur wie Leerlauf wirken; doch Mozart bringt damit den Phrasenverlauf von Ober- und Unterstimme so zusammen, daß nun beide abtaktig geführt erscheinen. Nur in dieser Koordination ist es möglich, die Musik beim Übergang zu Takt 11 mit einem einzigen Schritt von B-Dur nach F-Dur zu versetzen. Damit ist der Sinn dieses zweiten Abschnitts der Komposition klar: In ihm findet eine Vermittlung zwischen der Takt-Eins von Takt 7 und der von Takt 11 statt; Mozart muß einen Abschnitt wie diesen einsetzen, weil auf andere Weise eine Modulation in den gegeneinander verschobenen Strukturen von Melodie und Baß kaum möglich ist. Ein Zwischenglied ist also objektiv notwendig – sofern der Tonartwechsel, wie in älteren Kompositionen Mozarts nie feststellbar, bruchlos aus der Startfläche herauswächst. Mit diesem scheinbar fließenden, im Detail aber schroffen Übergang ist zwar die Zieltonart erreicht; dennoch läßt sich der musikalische Faden noch viel weiter ausspinnen – über den Halbschluß in Takt 14 hinaus. Die typische Zäsur erscheint also verschoben, die in Mozarts früheren Kompositionen stets zwischen einer in der Grundtonart formulierten Startfläche und dem Aufbruch in neue Tonartregionen steht; hier gehen ihr die richtungweisenden Schritte der Modulation noch voraus.

Damit ergibt sich eine zeittypische Konstellation, die in der gängigen Formenanalyse als Eröffnung und modulierende Überleitung zu beschreiben wäre; der geringe ›thematische‹ Charakter der ersten Takte gäbe dem Satzverlauf einen in typischer Weise noch vorklassisch anmutenden Grundzug, der durch die Beschränkung des Modulationsverfahrens, das nur bis zu einem Halbschluß auf der Dominante reicht, noch verstärkt würde. Doch daran, daß die Grammatik dieses Abschnittes mit ›Eröffnung‹ und ›modulierende Überleitung‹ korrekt beschrieben wäre, bestünde kein Zweifel. Mozart ist hingegen der vermutlich einzige Komponist, in dessen Werken eine zeitgenössische kompositorische (nicht: musiktheoretische) Einschätzung dieser Phänomene erkennbar wird, weil für ihn nicht nur die formalen Details nachzuweisen sind, sondern diese sich auch aus einem begrenzten Zeitraum frühester kompositorischer Entwicklung und dessen Ergebnissen herleiten läßt. Bei der Suche nach historischen Grundlagen des Sonatenmodells bieten sich hier also einzigartige Chancen – vorausgesetzt, man interpretiert die Gegebenheiten von vornherein im Bewußtsein dieser exzeptionellen Situation und legt nicht die Maßstäbe der Sonatentheorie an die Kompositionen an, sondern arbeitet weiter strikt deduktiv mit den Erkenntnissen, zu denen Mozarts Kompositionen aus den vorausgegangenen zweieinhalb Jahre führen können.

Da Mozart mit einem so dezidierten Bewußtsein für die funktionale Ausrichtung musikalischer Abschnitte aufgewachsen war, bliebe ihm kein Raum mehr zur Fortsetzung des Satzes, wenn vor der Zäsur die Modulation ihr Ziel schon erreicht hätte. Der Doppelstrich, der nach Takt 29 steht, müßte praktisch bereits in der Mitte dieser Satzhälfte gesetzt werden. Doch Mozart erreicht die neue Tonartregion nur mit einem Halbschluß, nicht schon mit einer Kadenz, und der Halbschluß steht lediglich auf der Dominante, nicht noch einen Quintschritt weiter entfernt auf der Doppeldominante. Diese harmonische Funktion prägt die Gestaltung des musikalischen Fortgangs nach der Generalpause; die Musik ist der Grundtonart noch extrem nahe, hat sie aber dennoch verlassen.

Die Konstellation, die an dieser Stelle entsteht, wird in der Musiktheorie des mittleren und späteren 18. Jahrhunderts immer wieder beschrieben. Im Zentrum steht der Begriff »Quintabsatz«: Er gehört zu den musikalischen »Absätzen«; diese gliedern große, abgerundete »Perioden« und werden ihrerseits wieder durch »Einschnitte« gegliedert[27]. Dieses Begriffsfeld ist somit in Teilen ambivalent gefaßt; seine Bestandteile werden nicht auf einheitlicher Ebene gewählt. Prinzipiell ist »Periode« zweifellos eine längere Strecke, »Einschnitt« hingegen ein Gliederungspunkt; »Absatz« kann beides sein: ein längerer Textabschnitt oder auch nur dessen Ende, nach dem für den gedanklichen Fortgang ein neuer Abschnitt erforderlich ist (»Abschnitt« ist für Heinrich Christoph Koch der neutrale Begriff). Vor allem die beiden letzten Begriffe werden nach dem Prinzip ›pars pro toto‹ verwendet; beschrieben wird nicht nur das gliedernde Verfahren, sondern in der Darstellung wird auch auf die Ausgestaltung des jeweiligen Abschnitts Gewicht gelegt.

Bei dieser steht die Taktordnung im Vordergrund: die Frage, aus wie vielen viertaktigen Zellen sinnvollerweise ein entsprechender Abschnitt zu formen sei. Im Hinblick auf das Gliederungsverfahren wird die harmonische Formel ausführlich beschrieben. Ein Grundabsatz ist demnach das Mittel, einen entsprechend größeren Abschnitt mit einer Kadenz zu endigen, ohne daß diese so viel Schlußkraft entfaltete wie am Ende einer Periode; ein Quintabsatz dagegen ist ein gliedernder Halbschluß. Und in beiden Fällen strahlt die Benennung rückwirkend auf den Abschnitt aus, der dem entsprechend ausgestalteten Gliederungspunkt vorausgegangen ist[28]. Doch über die Funktion der Absätze ist damit noch außerordentlich wenig ausgesagt: Wann, warum und mit welcher ›überregionalen‹ syntaktischen Wirkung sie in einem größeren Satz gebildet werden, wird nicht beantwortet, sondern nur, daß es sie gibt, daß sie eine Periode gliedern können und wie man die entsprechenden Schlußwendungen setzt. Letztlich wird also nur auf die gliedernde Wirkung verwiesen, die mit dieser harmonischen Konstellation erreicht ist. Anhand der »Absätze« läßt sich ein musikalischer Verlauf folglich beschreiben; die Konstruktionsprinzipien, nach denen die musikalische Entwicklung gesteuert wird und die die Absätze bedingen, bleiben aber verborgen.

In der musikalischen Analyse hingegen interessiert traditionell vor allem, wie Komponisten die Musik nach den Zäsuren, denen ein dominantischer Halbschluß vorausgegangen ist, fortsetzen; dem Sonatenmodell zufolge kann hier das Seitenthema eintreten. Robert S. Winter charakterisierte die Wirkung, die sich mit diesem Halbschluß verbindet, treffend mit dem Schlagwort ›bifocal close‹[29]: Er geht aus vom Prinzip der Brille mit Zwei-Stärken-Gläsern, deren Nutzer allein durch die Blickrichtung bestimmt, ob seine Sehschärfe für Nah- oder für Fernsicht korrigiert werden solle; in diesem Sinne sei es noch offengelassen, ob nach einem solchen Halbschluß die Musik in der Dominante oder in der Tonika fortfahre. Die Wahl der Tonart ist daher allein vom Ambiente abhängig, denn eine Fortsetzung in der Dominante qualifiziert die Musik als Exposition, ein Musizieren in der Tonika hingegen kann im Sinne einer Reprise den Satzschluß vorbereiten. Daß Mozart den Satz anschließend auf der Dominante fortsetzt, entspricht allen Erwartungen; doch diese Sicht ist zur sehr darauf ausgerichtet, Charakteristika von Seitenthemen zu beschreiben. Die Gesetzmäßigkeiten, die sich mit dem Halbschluß verbinden, sind also auch damit noch unzureichend beschrieben, denn bei jenen Überlegungen bleiben alle Fragen offen, die sich auf die Vorbereitung des Halbschlusses und auf dessen Stellung im Satzverlauf beziehen.

Mit der Antwort, die Mozart hier formuliert, ergibt sich zugleich eine Kette von Konsequenzen. Weil er musikalische Abschnitte mit klaren Funktionen belegt, läßt sich folgern, daß nach der Zäsur noch wesentliche

Anforderungen an die neue Tonart unerfüllt sind. Die Zäsur entsteht also, unmittelbar nachdem die Musik auf die nächstverwandte Quintstufe angehoben erscheint; diese ist noch nicht gefestigt. Der Halbschluß muß also so früh wie möglich eingeführt werden; denn wäre die neue Tonart damit schon gefestigt, wäre der Raum, den Satz noch weiter auszuspinnen, bereits erschöpft. Da lediglich ein Halbschluß eintritt, ist das Potential der neuen Tonartebene nur eben angerissen; wenn er obendrein als ›bifocal close‹ interpretierbar ist, ist die Fortsetzung noch nicht eindeutig vorhersehbar, und damit liegt in dieser musikalischen Situation genügend Spannung, die nach der Zäsur einen Fortgang der Musik zwingend notwendig macht. Andererseits ist selbstverständlich, daß einem solchen Gliederungspunkt eine musikalische Entwicklung vorausgegangen sein muß. Entscheidend ist also, daß mit dem Halbschluß die Modulation – entgegen den Vorstellungen der Sonatentheorie – ihr Ziel noch nicht erreicht hat; dies ergibt sich erst auf dem noch verbleibenden Weg bis zum Doppelstrich. Vielmehr ist nur ein erster Pfad gelegt, der von der Grundtonart wegführen kann. Nur darin liegt die Legitimation des Komponisten, die Musik überhaupt noch weiter fortzusetzen; die Sicht der Sonatentheorie, daß der Eintritt eines Seitenthemas die Fortsetzung rechtfertige, gilt gerade für das mittlere 18. Jahrhundert noch nicht.

Die Konsequenz ist, daß die neue Tonart anschließend gefestigt werden muß, um die Modulation abzuschließen, und hier wie in den zuvor betrachteten Sätzen gilt es, den Eintritt einer schlußkräftigen Kadenz hinauszuzögern – buchstäblich ›nach allen Regeln der Kunst‹: Die von der Harmonik diktierte Definition der Satzausdehnung darf in der motivischen Substanz nicht als unlogisch erscheinen. Das Grundgerüst dieser musikalischen Entwicklung läßt sich daher anhand der Kadenzen beschreiben: daran, wie es Mozart gelingt, ihre Schlußkraft in Frage zu stellen.

Nach dem Halbschluß auf F wird die erreichte Tonart in Takt 16 mit einer Kadenz bestätigt; der Gesamtkomplex wird wiederholt. Doch die Kadenzen in Takt 16 und 18 sind keinesfalls schlußkräftig: Ihr Ziel ist jeweils nur ein Akkord in Terzlage. Einem Schluß kommt Mozart in Takt 20 schon näher; doch statt einer Kadenz in F-Dur schreibt er zunächst einen Trugschluß auf der VI. Stufe (d-Moll), den er regelgemäß korrigiert, und zwar mit einer variierten Wiederholung dieser Wendung (T. 21–22). Folglich ist in Takt 22 erstmals eine Situation erreicht, die als Ziel des Abschnitts figurieren könnte. Doch auch mit dieser Kadenz ist kein Abschluß möglich; der Grund dafür liegt im Tempo der Akkordfortschreitungen. Zunächst, in Takt 21, wechseln die Klänge mit jedem halben

Takt; doch der wirklich wichtige Klang, die Dominante, wird in Takt 22 nur auf dem vierten Achtelwert gestreift und bis dahin durch einen Quartsextvorhalt aufgeschoben. Dies nimmt der Kadenz ihr Gewicht.

Auf den fortbestehenden Schwung gründet Mozart das folgende Element. Er entwickelt eine – wiederum doppelt eintretende – Kadenz über einem Orgelpunkt auf F (T. 23/24 und T. 25/26); doch auch eine Kadenz, die von einem Orgelpunkt festgehalten wird, kann, weil in diesem die Wirkung einer Dominante untergeht, nicht zum Schluß führen. So wird die Harmonik nochmals gelockert: Ein weiterer kadenzierender Abschnitt folgt, aber wiederum zögert ein Trugschluß (in T. 27) das Ziel hinaus. In Takt 28 wird F-Dur dann erreicht und danach mit Akkordbrechungen bestätigt. Nachdem Mozart also erstmals eine Kadenz mit einem schlußkräftigen Akkordaufbau erreicht hat, gelingt es ihm, die Musik trotzdem noch sieben Takte weiter laufen zu lassen.

Das Verfahren, mit dem Mozart die zweite Hälfte dieses Abschnitts gestaltet, ermöglicht zwar im Detail neue Einblicke; das Prinzip, dem er folgt, ist jedoch das gleiche wie zuvor, und die Erklärung leitet sich direkt aus den Erkenntnissen her, zu denen die Betrachtung des langsamen Satzes der Sonate KV 7 geführt hat. Die neue Tonartebene, die nun schon zu Beginn der ›2. Phase‹ formuliert ist, bietet nicht die Basis für Entwicklungen einer thematisch vorgegebenen Motivik; vielmehr sind Räume zu erschließen, mit denen im Endeffekt die schlußkräftige Kadenz hinausgezögert wird.

Bis dahin war dies für Mozart mit den Techniken des Trugschlusses oder über den Akkordaufbau möglich; differenzierte Techniken ergeben sich nun auch mit dem Tempo der Akkordfortschreitungen und damit, kadenzierende Prozesse durch einen Orgelpunkt zu binden. In jedem Fall müssen die entsprechenden Maßnahmen durch die Motivik, die für den betreffenden Abschnitt gewählt wird, ermöglicht werden; nicht jede Motivik läßt sich über einem Orgelpunkt ausbreiten, und noch deutlicher wird in den Takten 19/20, wie organisch sich jener verzögerte, nur ganz knappe Eintritt der so bedeutungsvollen Dominante aus der Motivik des gesamten Abschnitts herleitet.

Entscheidend neu ist hingegen die Gestaltung der Takte 15–18, in denen Mozart nicht allein die Labilität der Kadenz über den Akkordaufbau sicherstellt (diese endet jeweils mit einem Dreiklang in Terzlage, in dem dieser Zielton zudem mit einem Quartvorhalt hinausgeschoben wird), sondern diese Konstellation doppelt eintreten läßt. Dies scheint auf den Charakter des Thematischen vorauszuweisen, den diese Stelle im Sinne der Sonatentheorie erhalten kann: als Seitenthema. Vermutlich jedoch hatte

Mozart noch überhaupt kein Gefühl dafür, daß sich in dieser musikalischen Situation etwas ›Thematisches‹ ergeben könne. Hintergrund der Gestaltung ist nur, daß er einen Motivkomplex zweimal eintreten läßt; praktisch bildet er ein Motiv, das sich auf diese ›pendelnde‹ Weise präsentieren läßt, und dieses ›Zweimal-Sagen‹ ergibt sich nicht nur hier, sondern außerdem an zahlreichen weiteren Stellen des Satzes. Dies öffnet zugleich den Blick für die Entstehungsgeschichte dieser Musik; denn in der Erstfassung für Klavier allein war eine Wiederholung dieses Taktpaars noch nicht intendiert.

Die ursprüngliche Klavierversion hat Mozart nicht mit jenem charakteristisch gebauten Sechstakter eröffnet, sondern die ersten vier Takte komplett ein weiteres Mal eintreten lassen (mit einer Relativierung der allerersten Takthälfte), so daß ein Achttakter entstehen konnte. Als er diese Gestaltung variierte, führte er gleichsam im Gegenzug eine Wiederholung der beiden Takte ein, mit denen nach dem gliedernden Halbschluß die Musik wieder in Fluß kommt, so daß sich beide Versionen gleichermaßen über 29 Takte erstrecken und der Halbschluß fast genau in der Mitte des Abschnitts zu stehen kommt (14 Takte gehen ihm voraus, 15 folgen noch; zuvor war das Verhältnis 16:13). Somit gab er der Eröffnung ein klareres Profil, verzichtete dabei aber auf eine regelmäßige periodische Gestaltung (4+2 Takte statt 4+4 Takte).

Daß das Element doppelt eintritt, mit dem der Faden nach dem Halbschluß wieder aufgegriffen wird, dient nicht nur dem abstrakten Zweck, die erste und die zweite Satzhälfte gleich lang zu gestalten. Vielmehr wird damit auch bewirkt, daß in der Endfassung nun alle musikalischen Elemente dieser zweiten Hälfte doppelt eintreten. Diese Beobachtung sagt zugleich etwas über die Tradition des Seitenthemas aus. Denn die ›thematische‹ Abrundung, die von dem Zweimal-Sagen der Startkonstellation auszugehen scheint, erweist sich als Fehlinterpretation, wenn auch alle folgenden Elemente zweimal eintreten. Ferner: Nach dem durch den Trugschluß bedingten zweimaligen Eintreten des Folgeabschnitts wechselt in Takt 22 die Motivik der Oberstimme, und die Baßbewegung wird sogar unterbrochen; nach der Startkonstellation hingegen findet sich keinerlei gliederndes Element, sondern der Schluß in Terzlage hat eine öffnende Wirkung, die folgende Pause ist gleichsam Bestandteil der Motivik (als solches aus Takt 15 vertraut), und die Baßbewegung strebt bruchlos fort. Deutlich wird also, daß allein von einer ›Rundung durch Wiederholung‹ noch keine thematische Wirkung ausgeht. Viel eher haftet der Startkonstellation der Charakter eines retardierenden Elements an: Sie wirkt wie ein erstes Auspendeln der neuen harmonischen Situation, und so sehr das Profil der neu erreichten Tonart von ihr geschärft wird, leistet sie nur indirekt einen Beitrag dazu, die Musik der Kadenz näherzubringen – damit, daß sie das vorbereitet, was traditionell als kadenzierende Schlußgruppe begriffen wird. Wenn dieses offene Element aber auch noch wörtlich wiederholt wird, zeigt sich desto deutlicher, wie wenig zielgerichtet es ist. Damit wiederum ist die typische Eigenschaft jenes Pendelns umschrieben; wichtiger als jede steuernde thematische Kraft ist, daß das zu erreichende musikalische Ziel nicht außer Reichweite gerät.

Die Sicht, daß Seitenthemen ein retardierendes Moment sein könnten, findet sich an verdeckter Stelle auch in gängigen Interpretationen der Sonatenform. Denn wenn die Analyse dem Begriff ›Seitenthema‹ das Adjektiv ›lyrisch‹ beifügt, wirkt diese Konstellation, nach einer viel spannungsreicheren Vorbereitung eintretend, wie ein Versprechen darauf, daß die Intensität der Bewegung und Lautstärke wieder zunimmt. Der Eindruck des Thematischen liegt in solchen Fällen also vor allem darin, daß mit dem Pendeln eine Art Ruhezone entsteht; sie verlangt danach, überwunden zu werden.

Im Hinblick auf diese erste Satzhälfte bleibt also als grundsätzlicher Unterschied gegenüber früheren Kompositionen Mozarts nur ein Element wirklich auffällig: die Verschiebung der Zäsur, die sich für ihn zuvor nach einer durchweg in der Tonika stehenden ›Phase 1‹ ergeben hatte und nun noch die Öffnung des tonartlichen Rahmens einschließt: bis hin zum Halbschluß auf der Dominante. Mozart arbeitet hier zwar mit einem in seiner Zeit weit verbreiteten Kompositionsprinzip; doch wie jeder andere Komponist, der etwas Neues kennenlernt, muß auch er dieses zunächst auf Vertrautes bezogen haben. Insofern ist Mozarts ›Vorgeschichte‹ zugleich hilfreich bei dem Versuch, diese musikalische Erscheinung des mittleren 18. Jahrhunderts nicht gleich aus der Sonatenhauptsatzform herleiten zu müssen. In großen Linien formuliert, entwickelt er mit den ersten 16 Takten eine Art Vordersatz, eine Konstellation, deren Spannungspotential eine Art ›großen Nachsatz‹ erwarten läßt. Damit aber stellt er klar, daß sich für ihn die Zäsur tatsächlich verschoben hat: Sie schließt nicht mehr die harmonisch stabile Eröffnungszone ab, sondern tritt erst ein, nachdem die harmonische Grundlage gelockert worden ist. Davon, daß sie verlassen worden wäre, kann keine Rede sein.

Mozart war also einem neuen kompositorischen Modell begegnet, das mit seinen bisherigen, fest gefügten Denkweisen konkurrierte; beide Modelle ließen sich nicht miteinander mischen, denn entweder entsteht die eine oder die andere Zäsur. Der Grund ist leicht zu erkennen: Sein Unterricht war auf Tanztypen ausgerichtet; in ihnen ist viel eher die Bildung einer tonartlich abgerundeten Startkonstellation essentiell als jener andersartige Gliederungsansatz.

Das Bild, das die erste Satzhälfte vermittelt, wird durch die Musik, die nach dem Doppelstrich erklingt, nicht wesentlich verändert. Der Faden wird aufgegriffen, indem neuerlich die Musik des Werkanfangs einsetzt, nun nach F-Dur transponiert; in gewohnter Weise bildet Mozart also einen Anfangsreim in der Eröffnung beider Teile. Diese Analogie entsteht allerdings ebenfalls erst in der Endversion; denn erst in dieser finden sich sowohl zu Satzbeginn als auch beim Wiedereinsatz nach dem Doppelstrich die sechstaktige Startkonstellation.

Danach löst sich Mozart von den Vorgaben des ersten Teils. Anstatt die Zielfigur einmal aufwärts und dann wieder abwärts zu sequenzieren, wiederholt er die beiden ersten Takte, verändert aber den Baß-Grundton, so daß statt des F die Septim Es eintritt. Die Linie wird korrekt fortgeführt (zu D), und parallel dazu tritt in der Oberstimme immer dort, wo der Grundton f stehen müßte, ein fis ein: Damit ist klargestellt, daß die Musik als nächstes in g-Moll kadenziert.

Was wie motivische Arbeit wirkt, hat seine Ursache allein in der Harmonik. Daß Mozart F-Dur irgendwann aufgeben hat, um den Weg zurück in die Grundtonart einzuschlagen, ist selbstverständlich. Sein Standardverfahren kann er diesmal nicht anwenden, also die Sequenzierung des variierten Anfangsthemas; er wählt daher den Weg, dieses auf der erreichten Tonstufe nochmals auszubreiten und dann die Modulation mit anderem Material zu bestreiten. Die Ursache für diese Gestaltung liegt in den neuen Anforderungen eines größeren Allegro-Satzes, dessen Abläufe nicht durch die Tanzkultur geprägt sind: Die Salzburger Tanzsätze ermöglichten mit ihrer klaren typologischen Definition jeweils nur knappere Gestaltungen; dem trägt die Neueröffnung nach dem Doppelstrich Rechnung, indem der Wiedereintritt des Startmotivs unmittelbar mit der Modulation verbunden ist. Diese Koppelung kann Mozart in den Pariser Sonaten auflösen; er bildet mit der harmonisch stabilen Eröffnung der zweiten Satzhälfte eine Analogie zur Startfläche des Satzanfangs und verlagert die Modulation in einen eigenen Abschnitt. Auch dies ist ein Detail, mit dem der Sonatensatz gegenüber Mozarts früheren Werke an Breite gewinnt, und in der Abgrenzung von Start und Modulation zeigt sich eine Technik, die er in ›Durchführungsabschnitten‹ lebenslang beibehielt.

Es erscheint also berechtigt, auch in dieser Gestaltung eine Fortentwicklung der Formensprache zu sehen, mit der Mozart zuvor gearbeitet hatte. Demzufolge stand aber auch hier der Gedanke klar im Vordergrund, irgendwann einen geeigneten Übergang zurück zur Grundtonart B-Dur bilden zu können. Das kadenziell erreichte Ziel in g-Moll genügte ihm hierfür; den Phrasenschluß (zu Taktbeginn) und der Neustart in B-Dur (zu Beginn des nächsten Taktes) werden lediglich über eine Baßlinie vermittelt.

Für diesen Neustart in B-Dur wählt Mozart wiederum das Anfangsmotiv, so daß es schon zum dritten Mal erklingt – nicht zwangsläufig als thematische Reprise, sondern an dieser Stelle als eine der Komponenten, die schon in der ersten Satzhälfte keine Modulation bewirkt haben und deshalb auch hier, in der klassischen, tonartlich stabilen Phase 4 wieder eintreten können. Doch wieder ereignet sich Neues: Mozart verläßt die erreichte Tonart noch einmal, um auch die Technik zu verwenden, die er in diesem Satz bislang ausgespart hat: die Stufensequenz. Im vierten Thementakt wird das b zu h hochalteriert (T. 50); damit ist ein Leitton formuliert, der die Musik nach c-Moll führt, und die Transposition dieses Gangs um eine Sekund abwärts kann daher auf die B-Dur-Stufe zurückführen. Damit bildet er die Grundlage dafür, die zweite Hälfte der Musik des ersten Teils nochmals ablaufen zu lassen (T. 15–29 in T. 55–69).

Überblickt man den Gesamtsatz, erscheint Mozarts bisheriges Kompositionsverfahren nur punktuell in Frage gestellt; sein typisches Bezugssystem schimmert fast in jeder Beziehung auch aus dieser Komposition hervor. Grundsätzlich beibehalten wird der Gedanke, beide Teile durch Anfangs- und Endreim aufeinander zu beziehen; zur Schaffung des Endreims wird aus dem 1. Teil die Musik komplett wieder aufgegriffen, die der Zäsur folgt – die also zur allmählichen Befestigung der Tonart geführt und dabei dem vorzeitigen Eintritt einer schlußkräftigen Formulierung entgegengewirkt hat.

Damit läßt sich pauschal feststellen, daß das zweite und vierte Viertel der Satzkonstruktion von Mozarts elementaren Kompositionspraktiken getragen wird; daß die Musik der Takte 1–6 gleich nach dem Doppelstrich wörtlich wieder aufgegriffen wird, ist eine zunächst minimale Variante des bislang Beobachteten (der Endreim zwischen Takt 15–29 und Takt 55–69 wirkt hingegen in keiner Hinsicht erstaunlich). Daß ferner in den Takten 47–49 das Anfangsthema neuerlich zitiert wird, ist – in einer typischen ›Phase 4‹ – nicht ungewöhnlich.

Theoretisch verbleiben somit als anders gestaltete Abschnitte nur solche, deren Funktion in einer Musterkomposition Mozarts ebenfalls nicht verwunderlich wären, hier aber in anderem Kontext stehen:

– Die Vertauschung von Zäsur und harmonischer Öffnung in Phase 1 erweitert deren Horizont. Wenn Mozart in seinen älteren Satzkonzepten die Anlage eines Stückes weiter ausbreiten wollte, stand ihm hierfür viel eher die zweite Phase offen. Darin, daß das Verhältnis der beiden Teile vor dem Doppelstrich zunächst 16:13 betrug, zeigt sich, daß Mozart hier zunächst sogar mit einem umgekehrten Verhältnis experimentiert hat.

– In Phase 3 wird die Musik mit Hilfe einer Motivvariante in eine neue Tonart versetzt; eine wirkliche Rückmodulation findet nicht statt. Ursache hierfür ist, daß Mozart die Anfangsmusik, die den musikalischen Fluß nach dem Doppelstrich wieder eröffnet, prinzipiell ebenso fortsetzen mußte wie zu Satzbeginn. Diese Fortführung war für ihn offenkundig zweckgebunden: Bei jedem Eintreten öffnet sie die Tonarträume.

– Schließlich verlagerte er die Sequenz, normalerweise typisches Element einer dritten Phase, in die vierte und gab ihr dort die Funktion eines harmonischen Stabilisators – im gleichen harmonischen Rahmen, in dem die Eröffnung des ersten Menuetts aus KV 1 (vgl. Notenbeispiel 9, S. 437) zwar eine Sequenz enthält, aber die Grundtonart insgesamt nicht verläßt.

Dieses letzte Detail ermöglicht eine Beurteilung dessen, wie weit Mozart wußte, was er tat: Er hätte die Musik aus Takt 9–16 im zweiten Teil unverändert aufgreifen können. Es ist, wie geschildert, das Wesen eines ›bifocal close‹, daß ein Halbschluß in der ersten Hälfte eines Satzes mit der Dominante, in der zweiten mit der Tonika fortgesetzt wird, ohne daß an der Vorbereitung irgend etwas geändert werden müsse. Mozart kannte also die Wirkungen noch nicht, die sich mit diesem so typischen Halbschlußverfahren verbinden könnten.

Die ausgedehnteren Sätze in Mozarts Pariser Sonaten bewegen sich also in ihrer Gestaltung auf unterschiedliche Weise von den Grundlagen des Salzburger Unterrichts weg; weniger als in dessen direkten Ergebnissen ist erkennbar, daß Mozarts Denken sich kontinuierlich fortentwickelte und daß jene größeren Konzepte nun ebenfalls auf einer klar umrissenen Basis entstanden. An die Stelle einheitlicher formaler Rahmenbedingungen war – gerade in den Grundkonstituenten – eine methodische Vielfalt getreten. Zu fragen ist folglich, wie weit diese den musikalischen Vorstellungen Leopold Mozarts entsprach (und: entsprang) und ob Wolfgang sie im Lauf der Zeit für sich vereinheitlichte. Während der Pariser Zeit ist dieses Letztere nicht zu erkennen.

Die Beobachtungen, die anhand der beiden Sätze aus KV 7 und 8 möglich
geworden sind, bieten eine ausreichende Basis dafür, die Gestaltung der
Allegro-Sätze in den vier Pariser Sonaten insgesamt zu resümieren. In Tabelle 2 werden vier dieser Sätze synoptisch dargestellt. Die Koordination
der in ihnen feststellbaren Details erfolgt über den harmonischen Verlauf:
In der Senkrechten finden sich die Abläufe der einzelnen Sätze, in den
Waagrechten werden Vorgänge präsentiert, mit denen die Sätze einander
gleichen. Horizontale Linien bezeichnen Zäsuren im Satzablauf. Nur eine
von diesen findet sich in allen Sätzen: der Doppelstrich in der Satzmitte.
Als ältester Satz wird die Eröffnung der Sonate KV 6 links außen dargestellt, als mutmaßlich jüngster das Finale desselben Werks rechts außen; in
der zweiten Spalte werden die Verhältnisse von KV 8/1 dargestellt, des
Satzes, der schon im November 1763 – wohl noch ohne konkrete Aussicht
auf die Drucklegung – entstand. Zwar ist nicht völlig auszuschließen, daß
der Kopfsatz für die Sonate KV 7 (oder sogar das Finale der Sonate KV 6)
ähnlich früh entstand, doch spielt die Entstehungsfolge als solche keine
allzu große Rolle bei der Tabellenanlage; wichtig erscheint nur, daß der
unbestreitbar vorhandene Abstand zwischen den beiden Außensätzen der
Sonate KV 6 auch visuell faßbar wird.

Ausgehend von dem ausführlich beschriebenen Anfangssatz der Sonate
KV 8 läßt sich der Tabellenaufbau erläutern: Nach der Satzeröffnung (mit
dem motivischen Aufbau »abb«) und der Sequenz der Schlußfigur (erst
aufwärts, dann abwärts) wird das Folgende mit dem Begriff ›harmonische
Öffnung‹ umschrieben, weil in Mozarts Sicht der Begriff Modulation offenkundig zu weit ginge; sie erreicht ihr Ziel erst am Doppelstrich in der
Satzmitte. Ebenso wie für alle weiteren Abschnitte, in denen die harmonische Entwicklung im Vordergrund steht, erscheint dieser Begriff kursiv
gedruckt. Nach dem ›bifocal close‹ ergibt sich das ›retardierende‹ motivische Pendeln; mit dem nächsten Abschnitt wird der Trugschluß zunächst
formuliert und dann richtiggestellt, und damit ist zugleich die erste Kadenz
in der neuen Zieltonart erreicht. Aus Gründen des harmonischen Tempos
erscheint sie dennoch als nicht schlußkräftig; damit hat Mozart sich noch
Freiraum geschaffen, die Musik weiterlaufen zu lassen. Über dem Orgelpunkt ergibt sich ein weiteres ›motivisches Pendeln‹, schließlich ein kadenzierender Epilog.

Manche dieser Elemente lassen sich auch in den verwandten Sätzen
feststellen. Mozart eröffnet die Sätze jeweils mit einem – vergleichsweise

Tabelle 2: Ablauf der Pariser »Sonatensätze« (ohne KV 9/1)

KV 6/1	KV 8/1	KV 7/1	KV 6/4
Start abb	Start abb auf/ab	Start abab Pendel 1 (I)	Start aa Pendel 1 (I) *Stufensequenz I–V*
harmon. Öffnung	*harmon. Öffnung*		
	Halbschluß V	*Halbschluß 1 (V)*	
Tonleiter (von II# aus) Pendel (frei; V = I)	Pendel 1 (V = I)	Pendel 2 (V)	Pendel 2 (V = I)
		»Stufensequenz« *Modulation* *Halbschluß 2 (II#)*	
		Pendel 3 (V = I) V: I–VI–I₃	
IV-V-I-Sequenz *Trugschluß, Kadenz I*	*Trugschluß, Kadenz I*	*Kadenz I*	*Kadenz 1/Kadenz 2 (I/I)*
	Pendel 2 (Orgel-punkt) kadenzierender Epilog	Kad. über Orgelpunkt 2 T. Bestätigung	Pendel 3, 2x Kadenz Epilog
Start abb (I = V)	Start abb (I = V) 2x aufwärts	Start abab (I = V) Pendel 1 (→ V)	Start aa (I = V) Pendel 1: seq. V–VI
		freie Sequenz mit Halbschluß (V)	Pendel 2 (VI)
	Kadenz VI		*Kadenz VI*
	Start abb *(I)*	Start abab *(I)*	Start aa *(I)*
IV-V-Sequenz aus a	II-I-Sequenz aus b	I-IV-V-Sequenz	II-I-Sequenz aus Pendel 1
Tonleiter *(von V aus)*			Stufensequenz IV–I
Pendel	Pendel 1	Pendel 2 (I) *Halbschluß 2 (V)*	Pendel 2 (I)
		Pendel 3 (I) I–VI–I₃	
IV-V-I-Sequenz *Trugschluß, Kadenz*	*Trugschluß, Kadenz*	*Kadenz*	*Kadenz 1, Kadenz 2*
	Pendel 2 (Orgel-punkt) kadenzierender Epilog	Kad. über Orgelpunkt 2 T. Bestätigung	Pendel 3, 2x Kadenz Epilog

knappen – Motivkomplex; im Brüsseler Satz KV 6/1 handelt es sich sogar um eine Konstellation gleichen Aufbaus wie in KV 8/1. Deutlich erkennbar ist, daß Mozart die in KV 8 erkennbare Technik, die Startfläche auszudehnen, in Brüssel noch kaum beherrscht haben kann: Er schließt nur im Kopfsatz der Sonate KV 6 die harmonische Öffnung unmittelbar an die Startformel an. In den beiden weiteren Sätzen kommt es bereits hier zu einem motivischen Pendeln; mit ihm bildet Mozart eine Art Nachsatz für die Einleitung. Da die Eröffnung in beiden Sätzen melodisch auf der Dreiklangsquinte ausläuft, wird gleichsam das Tor zu dem Satz nur aufgestoßen. Dies liegt im Allegro KV 8/1 in der Verschiebung von Melodie- und Baßphrasen begründet; daß dieses Element auch in den beiden verwandten Sätzen vorkommt, spiegelt die Bedeutung, die es für Mozart hatte. Wie im Kopfsatz von KV 8 folgt auch in KV 7/1 der typische ›bifocal close‹ mit zugehörigem Halbschluß; in den anderen Sätzen wird die Grundtonart auf andere Weise verlassen.

Im Finale der Sonate KV 6 findet sich die traditionellste Modulation dieser Werke: eine Stufensequenz, die von der Grundtonstufe zur Dominante abwärts führt. Im Anfangssatz hingegen hat Mozart ein neues Motiv eingeführt, mit dem er die C-Dur-Fläche des Beginns als Subdominante erscheinen lassen und von dort aus die neue Tonart (G-Dur) ansteuern kann. Auch dies erscheint als konventionelles Modulationsverfahren; die Zieltonart wird noch mit einer Sequenz bestätigt, die sich melodisch als eine Tonleiter, die über eine Oktave aufwärts führt, darstellen läßt. Doch unabhängig davon, welche modulatorischen Bedingungen in diesen vier Sätzen herrschen, ist die Konsequenz stets die gleiche: Es ergibt sich jeweils als nächstes musikalisches Glied ein motivisches Pendeln in der neuen Tonart (V. Stufe der Grundtonart, nun neue I. Stufe). Dies verdeutlicht den rein harmonischen Charakter der jeweils gegebenen Musik, die somit keineswegs als ›Seitenthema‹ zu qualifizieren ist; mit ihr wird lediglich das neu erreichte tonartliche Terrain ›ausgependelt‹, so daß sich derjenige, der mit der Musik konfrontiert ist (als Spieler, Hörer oder Betrachter), in die neue Klangwelt eingewöhnen kann. Nichts könnte die Offenheit dieser Konstellation noch klarer machen als der Kopfsatz der Sonate KV 6, in dem das Pendeln relativiert erscheint: Das vierte Glied ist keine Wiederholung des zweiten, sondern es erklingt neuerlich das dritte – als Überleitung zum folgenden Teilabschnitt, der eine Sequenz dieser Motivik enthält. Mozart verzichtet also darauf, die Pendelbewegung zu Ende zu führen, und nivelliert dafür die Abgrenzung zwischen den motivischen Zellen, kann damit aber die Ausrichtung des ›Pendelns‹ auf die Schlußvorbereitung stärker herausstellen. Dies ist ihm demnach wichtiger als jeglicher Hauch des Thematischen, der mit dem Pendeln verbunden sein könnte, und damit wird zugleich die Interpretation der entsprechenden Situation weiterer Sätze bestätigt: Die Gestaltung des Gesamtabschnitts, der ›Phase 2‹ früherer Kompositionen vergleichbar, richtet sich danach, wie am Doppelstrich die Kadenz in der Zieltonart formuliert werden kann. In keinem der vier Sätze ist hingegen die Kadenz, die der Pendelbewegung notwendigerweise untergeblendet ist, schlußkräftig; der Akkordaufbau regelt dies in aller Klarheit, bald über die Stellung der Melodiestimme im Satz (Dreiklangsquinte oder -terz), bald damit, daß im Baß nicht der Grundton liegt.

Wie es die betrachteten Verhältnisse im ersten Satz der Sonate KV 8 zeigen, kann als nächstes die tatsächliche Schlußkadenz des Abschnitts angesteuert werden, und der Finalsatz der Sonate KV 6 bestätigt dieses Bild (hier handelt es sich nicht um einen Trugschluß und dessen Ausgleich, sondern um ein offeneres zweimaliges Kadenzieren). Im ersten Satz dieser Sonate wird der Schluß allerdings noch mit einem eigenen Abschnitt vorbereitet: mit einer Sequenz, die den Kadenzstufen der nunmehr erreichten Tonart folgt. Doch dann ist auch hier die gleiche Situation erreicht wie im Eingangssatz der Sonate KV 8.

In jenem ältesten Kopfsatz der Sonaten ist damit Mozarts Potential erschöpft, die Satzausdehnung noch weiter zu führen; mit der Kadenz auf der ›neuen‹ I. Stufe ist der Doppelstrich bereits erreicht, ebenso wie in den Salzburger Tanzsätzen. Erst mit den Allegro-Konzepten, die die folgenden Sonaten eröffnen, erschloß sich Mozart Techniken zu weitergehender Gestaltung. Möglicherweise hielt Mozart zunächst die Tatsache des Orgelpunkts für essentiell (KV 7, KV 8), konnte aber offenlassen, ob er darüber die Melodiestimme zweimal exakt die gleiche Musik spielen lassen wollte (›Pendel‹, KV 8) oder eine Variante, in der das kadenzierende Prinzip stärker in den Vordergrund tritt (KV 7); im Finale der Sonate KV 6 erscheint dies letztere dann von der Orgelpunkttechnik abgelöst. In allen drei Fällen stand danach der Bildung eines Epilogs nichts mehr im Wege.

Das bis hierhin dargestellte Konzept, das die Sätze auf ähnliche (aber keineswegs einheitliche) Weise prägt, läßt sich durchaus als tragfähig bezeichnen, war aber nicht die einzige Konstellation, die Mozart in jener Situation bildete. Wichtig sind vielmehr – schon in dieser Situation – die Relativierungen, die er im ersten Satz der Sonate KV 7 eher nur ausprobierte, als daß sie sein musikalisches Denken vollständig prägten. Auch diese Sonate folgt dem dargelegten Prinzip bis zum ersten Auspendeln der neuen dominantischen Tonart; doch offenkundig ist Mozart das Fundament, das er damit – in aller nur zu wünschenden Eindeutigkeit – bereits gelegt hat, noch nicht stabil genug, um die Zieltonart zu etablieren. Diese Feststellung läßt sich auch umkehren: Mozart kann plausibel machen, daß eine weitere Ausdehnung des Satzes notwendig und möglich ist. Denn nachdem er, von D-Dur ausgehend, auf diese Weise A-Dur eigentlich schon erreicht hat (T. 13–16), stellt er dies Ergebnis nochmals in Frage (im Rahmen der Stufensequenz, T. 18–20), um diese Zieltonart daraufhin neuerlich einzuführen, nun mit einem Halbschluß auf der Stufe E (T. 21–23). Also interpretiert er den ›bifocal close‹ auf der einfachen Dominante (T. 12) als bloßen Halbschluß, dem lediglich der letzte Schritt, die Auflösung zurück in die Tonika, noch fehlt, und etabliert einen weiteren Halbschluß auf der ›Dominante der Dominante‹, der dann mit einem ebenso klar ausgerichteten, kadenzierenden Quintfall in die neue Tonart führt. Es folgt ein Pendelabschnitt, der selbstverständlich wie der erste in A-Dur steht; und erst aus dieser Situation ergibt sich eine Überleitung hin zur ersten markanten Kadenz in dieser Zieltonart des Abschnitts.

Folglich war Mozart bis zur Jahreswende 1763/1764 zwei unterschiedlichen Modulationsverfahren begegnet, die ihm gleichermaßen neu waren: einem, das sich auf die Möglichkeiten eines ›bifocal close‹ bezieht, und einem alternativen, in dem ein Halbschluß bleibt, was er ist: nämlich eine Formation, die noch nicht (oder: nicht eindeutig) über das Spektrum der Grundtonart hinausragt. Über die Technik hinausgehend, die in der zweiten Hälfte des 18. Jahrhunderts von der Musiktheorie als Quintabsätze bezeichnet werden, stellt sich also auch die Frage, welche Wirkungen diese haben: ob sie die harmonische Entwicklung vorantreiben oder nicht. Der Aspekt, daß für den Fortgang ein ›bifocal close‹ das einfachste Mittel ist, um aus den Abläufen einer Exposition eine Reprise zu gewinnen (an der Zäsur nach dem Quintabsatz entscheidet der Komponist, ob die Dominante oder die Tonika angesteuert werden soll), bleibt hier noch unberührt.

Nach dem Doppelstrich setzt Mozart in allen vier Sätzen den Rückweg in die Grundtonart mit der gleichen Motivik in Gang, die auch den Satz eröffnet hat. Wie für die Sonate KV 8 beschrieben, entwickelt er hier zunächst eine harmonisch ebenso abgeschlossene Zone, wie sie als Einleitung des ganzen Satzes dient. Wenn sich zu Satzbeginn nicht sofort die Modulation angeschlossen hat (so nur in KV 6/1), wird auch die Motivik des folgenden Teilabschnitts noch aufgegriffen; dies zeigt, wie eng für Mozart der Zusammenhang zwischen der Eröffnungsmotivik und dem jeweils nächsten Element war, soweit dieses in der gleichen Tonart wie jenes eingeführt worden ist, und daß zwischen einem ›Thema‹ und seiner ›Fortführung‹ keine Zäsur steht.

Im folgenden läßt sich wieder eine Entwicklung von KV 6/1 zu KV 6/4 beobachten. In jenem ältesten Satz läßt sich der Abschnitt nach dem Doppelstrich damit charakterisieren, daß so schnell wie möglich eine Analogie zu den Abläufen der ersten Satzhälfte erreicht werden solle; mit der Tonleiter, die nun nicht von der Doppeldominante ausgeht wie in der ersten Satzhälfte, sondern von der Dominante, ist dies erreicht, und der Fortgang des Satzes richtet sich nur noch nach den Vorgaben der ersten Hälfte. Unmißverständlich handelt es sich nicht um eine Reprise im Sinne der Sonatentheorie, sondern um Entwicklungen, die mit den geringsten denkbaren Retuschen aus der ersten Satzhälfte abgeleitet sind und daher keine Differenzierung ermöglichen, wie sie zwischen einer Reprise und der vorausgegangenen Durchführung erforderlich wäre. Diese Beobachtung prägt den Zugang zur Interpretation der folgenden Sätze.

In KV 7/1 läßt die Wiederherstellung der Grundtonart (D-Dur) auf sich warten; die zuvor erreichte Tonart A-Dur wird nicht in Frage gestellt. Kurzzeitig wendet Mozart die Musik nach Moll und erreicht damit, daß die Rückkehr zu diesem A-Dur als dominantische Stufe erscheint, die nicht mehr Kadenzziel sein, sondern lediglich zu einem Halbschluß führen kann. Es wäre zweifellos verfehlt, allein aus der Einfärbung der A-Stufe nach Moll auf irgendwelche Durchführungsideen schließen zu wollen; gegenüber den Verhältnissen in KV 6/1 wird lediglich die Fläche geweitet, auf der die vor dem Doppelstrich etablierte Tonart noch weiter wirkt.

Gleichviel, ob dieser Satz vor oder nach dem Kopfsatz der Sonate KV 8 entstand (der in den ersten Pariser Wochen entwickelt wurde): Wenn in diesem Satz, wie eingehend dargestellt, die Musik von der seit dem Doppelstrich vorherrschenden V. zur VI. Stufe angehoben wird und damit ebenfalls kurzzeitig eine Mollfarbe ins Spiel kommt, ist damit eine außerordentlich ähnliche Konstruktion geschaffen wie die in der Sonate KV 7. Beide Entwicklungen erscheinen folglich als eng miteinander verwandt. Und da in KV 6/4 die Konstellation aus KV 8/1 in Erweiterung eintrat, werden die Konturen noch klarer: Das Prinzip, das diese Techniken miteinander verbindet, entspricht dem der ›Phase 3‹ in Mozarts Salzburger Kompositionen; sobald der ›Anfangsreim‹ beider Satzhälften garantiert ist, wird die Grundtonart reetabliert.

In den drei jüngeren Sätzen ergibt sich eine klare Zäsur, ehe Mozart die Anfangsmotivik ein drittes Mal aufgreift – wie zu Satzbeginn in der Grundtonart. Diese Situation hat im Hinblick auf das Sonatenmodell Signalcharakter; sie gilt als Start einer Reprise. Hier aber ist nicht erkennbar, welche der beiden Stellen, an denen die Musik neuerlich eintritt, die wichtigere ist: die Wiedereröffnung nach dem Doppelstrich, mit der der Anfangsreim für beide Satzhälften garantiert ist, oder der Wiedereintritt der Grundtonart, der aus dem Konzeptionen der Salzburger ›Phase 4‹ erklärt werden muß, ehe ein Rekurs auf das Sonatenmodell erfolgt. Zunächst ist unstrittig, daß für Mozart die Technik des Anfangsreims die ältere ist; folglich wird der für ihn jüngere Reprisen-Ansatz nun in die traditionelle Konstellation integriert. Sinn des Verfahrens kann aber nur sein, daß in Mozarts ›Phase 4‹ grundsätzlich solche Musik der ersten Satzhälfte wieder aufgegriffen wird, die nicht moduliert. Dies gilt seit dem Allegro KV 3 für den Schluß der zweiten Phase, mit dem die Kadenz am Doppelstrich vorbereitet wird; mit dieser Musik kann, wenn sie um eine Quinte versetzt wird, auch die Kadenz am Werkende formuliert werden, und damit ist der Endreim beider Teile geschaffen. Wenn nun aber, wie in allen anderen Satzkonstellationen der Pariser Sonatensätze erkennbar, angestrebt wird, die logische Folge der Satzbestandteile möglichst reich (und über möglichst weit ausgedehnte Satzflächen hinweg) anzulegen, dann stand prinzipiell auch die Musik der Werkeröffnung als Material zur Verfügung: In Mozarts Salzburger Klavierstücken läßt sich die ›Phase 1‹ als ein tonartlich geschlossenes Element beschreiben – und genau auf diese Eigenschaft kam es auch hier an, in der erweiterten vierten Phase.

Wie weit von einer Integration der Eröffnungsmusik in ein älteres Konzept gesprochen werden kann, zeigt der Vergleich mit KV 6/1. Um dies in der Tabelle deutlich zu machen, werden – anders als das Sonatenmodell es nahelegte – die Satzeinheiten so koordiniert, daß in Anlehnung an Mozarts ›Vorgeschichte‹ das Prinzip des Endreims beider Teile in den Vordergrund tritt, nicht also die Abgrenzung einer Durchführung von einer Reprise. Dann wird erkennbar, daß in allen vier Sätzen die Musik, die den Endreim der beiden Satzhälften garantiert, mit einer Stufensequenz vorbereitet wird; ihr Ziel ist also jeweils der typische, nun in die Grundtonart versetzte Pendelabschnitt. Im ersten Satz der späteren Sonate KV 6 arbeitet Mozart hingegen noch mit einer Konstruktion, die auf die für das Reprisenmodell so bedeutsame Übernahme des Anfangsmotivs verzichtet. Damit wird offensichtlich, daß dieses in den drei jüngeren Sätzen dem traditionellen Schlußabschnitt lediglich vorgeschaltet wird.

Vielleicht noch in Brüssel, vielleicht kurz darauf in Paris begegnete Mozart also erstmals den Techniken des ›bifocal close‹; zugleich erfuhr er, daß in der zweiten Hälfte eines Allegro-Satzes die Startmotivik nicht nur zu

Beginn, sondern im weiteren Verlauf nochmals vorkommen könne. Der Platz hierfür ergibt sich nach Erreichen der Grundtonart: zu Beginn einer ›Phase 4‹. Beide Aspekte gehören zusammen; die zeittypische Satzanlage, die die erste Hälfte eines Satzes mit einem dominantischen Halbschluß gliedert, mußte für Mozart willkommen erscheinen, wenn er die Startflächen seiner Kompositionen ausweiten wollte. Das Ziel, größere Dimensionen zu schaffen, wird ebenso erkennbar, wenn er unmittelbar nach dem Doppelstrich die Techniken des Anfangsreims und der Rückmodulation voneinander trennt; dem gleichen Zweck dient somit auch die Übernahme der tonartlich stabilen Motivik des Satzbeginns in die traditionelle Phase 4. Diese Maßnahmen, in denen also nur die erste der traditionellen Phasen relativiert erscheint, kommen insgesamt der architektonischen Balance zugute. Denn eine Anlage, die eine auf die Grundtonart bezogene Startfläche klar von allem trennt, was auf die Zieltonart hindeutet, hat zur Folge, daß in dieser zweiten Phase mit einer Staffelung der Kadenzgesten die Musik so weit ausgebreitet werden kann wie im langsamen Satz der Sonate KV 7, in der ersten aber auf wenige Takte beschränkt bleiben muß.

Vor diesem Hintergrund wird die äußerlich so unübersichtlich wirkende Gestaltung in KV 6/1 verständlich, in der Mozart weder in der ersten noch in der zweiten Satzhälfte eine Zäsur setzt: Schon hier mag das Ausbalancieren der ›Phasenpaare‹ sich als das entscheidende Problem dargestellt haben, und Mozart umging es, indem er auf klare Abgrenzungen verzichtete. Dies zeigt sich auch in einem neuen Grundkonzept der Satzgestaltung. Noch in den letzten Salzburger Menuetten ist das motivische Profil jedes Abschnitts unverwechselbar (auch wenn mit Motivableitungen Brücken geschlagen werden). Zwar gibt es diese Art der motivischen Entwicklung auch hier, aber ihr ist die konstante Bewegung des Alberti-Basses untergeblendet; ein so gleichbleibendes Begleitmoment kommt in Mozarts älteren Kompositionen nicht vor. Dieses Neue unterstützt den Eindruck einer ›Konzeption ohne Zäsur‹, hat aber keine weiteren Auswirkungen auf die kompositorische Faktur: Auch in den Salzburger Tanzsätzen setzt Motivableitung stets nur an der Melodiestimme an, und die Unterstimme fügt sich in das Gesamtbild ein; das ist hier nicht anders.

Die Vielfalt der Kompositionsideen, die in den Pariser Sätzen nebeneinander stehen, zeigt zwar prinzipiell einheitliche Ziele, in deren Ausführung aber auch grundlegende Unterschiede. Offenkundig war der Unterricht Mozarts an einen Punkt gelangt, an der sich die Grundlagen, die vom Vater bestimmt worden waren, von dessen normalen kompositorischen Praktiken weg bewegten. Denn die Vielfalt, die Mozart entwickelt, läßt zugleich Unsicherheiten erkennen; zumindest ihm stand kein klares Ziel vor Augen. Dies prägt die Anlage von KV 6/1 ohne Zäsur, ebenso KV 7/1 mit seinem ›zu weit‹ ausgreifenden Modulationsverfahren oder KV 8/1, in dem die Kraft des gliedernden Halbschlusses in der zweiten Satzhälfte ungenutzt bleibt (im Sinne eines ›bifocal close‹ – wie allerdings in KV 7/1), ebenso schließlich KV 6/4, in dem wieder auf die typische Zäsurwirkung verzichtet wird. Insofern berichten die Sätze nicht nur etwas über Wolfgangs aktuellen kompositorischen Stand, sondern ebenso über Leopolds Lehrtätigkeit. Damit läßt sich erneut ein Resümee versuchen, das zunächst nur Wolfgangs Fortschritte berücksichtigt, daraufhin aber auch Leopolds Konzepte bewertet.

Die Eröffnungsphase einer Komposition dient den Mozarts zunächst lediglich als Einstieg: Daß in ihm Tonart, Taktart, Tempo und Thematik eingeführt werden, ist systembedingt: Dies sind Aspekte, die sich mit dem ›Anfang‹ einer Komposition nahezu von selbst einstellen. In der freien Entscheidung des Komponisten liegt nur, die erste Phase kadenzierend abzuschließen und dort eine markante Zäsur vorzusehen – es sei denn, er etabliert den musikalischen Ablauf über einem Element wie dem durchgehenden Alberti-Baß, der Zäsurbildungen nicht zuläßt. Eine zweite Phase gilt daraufhin dem Weg in die neue Tonart; in ihr wird nicht etwa ein zweites Thema gebildet (weder überhaupt ein Thema noch erst recht ein zweites, denn ihm ist nicht einmal ein erstes vorausgegangen), sondern der Doppelstrich vorbereitet, dem in der Regel die Kadenz in der vorläufigen Zieltonart vorausgeht. Damit ergibt sich eine klare Information darüber, wie es um ›Dehnungsmöglichkeiten‹ dieser Kompositionen bestellt ist: Sie ergeben sich nur zwischen Modulation und Kadenz und erfordern vom Komponisten Geschick in der Motivbildung, so daß nicht etwa schon vorzeitig ein Ende formuliert werden muß; sein Hauptaugenmerk hat er auf die Gestik von Kadenzwendungen zu lenken.

Eine Exposition in diesem Sinne ist demnach nichts Sonatenhaftes, sondern etwas, das sich aus Mechanismen des tonartlichen Ablaufs ergibt. Anfang in der Grundtonart sowie Modulation und Kadenz in der Zieltonart prägen in jeder Phase ein klares System von Bedingungen aus, das sich immer wieder neu motivisch konkretisieren läßt. Die Motivik ist eng mit der jeweils gestellten Aufgabe verknüpft; denn selbstverständlich muß in ihrem aktuellen Zuschnitt dafür gesorgt sein, daß das gesteckte Ziel erreicht wird, sei es die tonartliche Stabilität oder die Offenheit eines Abschnitts. Modulation wird durch schlichte Alteration herbeigeführt (dies kennzeichnet die Situation zu Beginn der typischen Phase 2); außerdem ergibt sich Modulation (nach dem Doppelstrich in Phase 3) typischerweise durch Sequenzen – in Stufen oder in Quinten. Sequenzen können aber auch stabilisierend wirken, und zwar dann, wenn sie sich auf die Stufen IV und V einer Kadenz beziehen lassen. Im Übrigen wirken natürlich Wiederholungen stabilisierend, aber auch Bewegungen, die den gesamten Tonvorrat der Tonleiter ausschöpfen.

Charakteristisch für die Bildung des zweiten Teils – nach dem Doppelstrich – ist damit zunächst all das, was eine typische Phase 3 konstituieren kann: der Anfangsreim (denn die Motivik, die nach dem Doppelstrich einsetzt, bezieht sich auf den Beginn der Komposition), außerdem die modulierende Sequenz (mit ihrer Funktion, in die Ausgangstonart zurückzuführen). In der abschließenden vierten Phase baut sich die musikalische Konstruktion gewissermaßen von hinten her auf: Essentiell ist der Endreim, also die Beziehung des Schlusses auf die Formulierung vor dem Doppelstrich – natürlich in Quintversetzung. Maßstab dafür, was erklingen kann, ist, daß hier nicht mehr moduliert werden darf; deshalb entfällt gegenüber der Musik des ersten Teils all das, was dort den Gang in eine neue Richtung bewirkt hat. Diese Bedingung des tonartlich Stabilen läßt sich außerordentlich weit fassen. Denn nicht nur das Zwischenstück, das vor dem Doppelstrich zwischen Modulation und Kadenz steht, ist tonartlich stabil, sondern auch die Musik der Phase 1. Deshalb braucht gegenüber dem ersten Durchgang nur die Modulation variiert zu werden: dadurch, daß sie entfällt, oder dadurch, daß sie durch etwas Andersartiges ersetzt wird. Jede solche Ersatzkonstellation muß zwischen dem Schluß von Phase 1 und dem Einsatz der tonartlich stabilen Elemente von Phase 2 vermitteln; die beiden Teilstücke passen in der Regel nicht bruchlos aneinander. Was sich aber wie eine Beschreibung elementarer Represtechniken liest, hat mit deren Grundideen nichts zu tun, denn offensichtlich ist nicht das Thema essentiell, sondern der Endreim, und erst mit der nachgeordneten Möglichkeit, die Anfangskonstellation neuerlich zu zitieren, stellt sich die Frage, wie am Satzende eine Vermittlung zwischen den Elementen, die aus der zweiten Phase stammen und in der Bildung eines Satzschlusses normal sind, mit denen erreicht werden könne, die als tonartlich stabile Anteile der ersten Phase wieder aufgegriffen werden könnten.

Wenn Mozart hingegen in Phase 4 nochmals Musik verwenden möchte, die er ursprünglich zum Zweck der Modulation entwickelt hat, muß er sie variieren. Dies ist die einzige Stelle, an der die Motivik zu einer eigenen, ›autonomen‹ Bedeutung gelangt: Nur hier wird erkennbar, daß Mozart auf etwas, das in Teil I vorhanden ist, in Teil II nicht verzichten möchte. Alle übrigen Beziehungen, die sich in der Motivik erschließen, haben hingegen mit der auf einer viel weiter gefaßten Ebene formulierten Bedingungen von Anfangsreim und Endreim zu tun.

Sonatenkonzepte, die Leopold Mozart seinem Sohn vermittelte, sind demnach von einem Bewußtsein für zweiteilige Anlage mit Anfangs- und Endreim und klarem, ganz einfachem Modulationsgang getragen. Jede Änderung, die sein Sohn daraufhin vornahm, hat diese Grundlage relativiert, in Frage gestellt oder gar zu beseitigen gedroht. Änderungen werden – in der gesamten Entwicklung Mozarts, also auch noch später – nur selten als schroffe Brüche erkennbar, denn wenn sich dies ergäbe, wäre zunächst Zeit für eine grundlegende Neuorientierung nötig gewesen: für eine neue Absicherung des eigenen Standes[30]. Auch dann aber, wenn Mozart in der Folgezeit Neues in diese Stilgrundlage integrierte, ist er somit Techniken begegnet, die nicht im Horizont seines Vaters lagen – zumindest nicht in dessen kompositionspädagogischen Zielen.

Klaviersonaten: Konzepte Leopolds und Wolfgangs im Vergleich

Dies wirft die Frage nach der kompositorischen Position Leopold Mozarts auf – speziell im Umgang mit den Gliederungstechniken, in deren Rahmen auch ein ›bifocal close‹ möglich wird. Hierfür bieten sich als ideales Korpus von Vergleichswerken die drei Klaviersonaten an, die in den Jahren, in denen Wolfgangs erste kompositorische Anfänge lagen, bei Johann Ulrich Haffner in Nürnberg gedruckt wurden – die dritte im Jahr 1763, die beiden anderen kurz zuvor[31]. Die Werke sind dreisätzig; anders als die Sonaten, die sein Sohn in Paris in Druck gab, enden die beiden ersten mit einem freien Allegro, nicht also mit einem Menuett, und der Vertreter dieses Satztyps, der die dritte Sonate beschließt, geht bereits in seiner äußeren Disposition weit über die Standards hinaus, mit denen Wolfgang arbeitete (Das Menuett 1 enthält 16+20 Takte, das Menuett 2 wird aus 10+22 Takten gebildet.

Unzweifelhaft läßt sich auch sein Komponieren auf die Überlegungen beziehen, die von Riepel und Koch zur Gliederung von Musikstücken erwähnt werden[32]. Doch gerade in der Frage, wie die eröffnenden musikalische Prozesse gestaltet werden, die von der Grundtonart weg zum Doppelstrich im Satzinneren führen (›Expositionen‹), zeigen sich völlig andere gedankliche Grundlagen als die, mit denen nun sein Sohn arbeitet. Einmal mehr erweist sich, daß die Musiktheorie des 18. Jahrhunderts zwar charakteristische Stationen musikalischer Entwicklungen benennt (und darin dem Denken der Komponisten inhaltlich näher steht als die Sonatentheorie mit ihrer Betonung des Thematischen), daß sie aber im Hinblick auf das Geschehen zwischen jenen Stationen und über deren Funktion im Satzablauf vage bleibt – fundamental Verschiedenes kann auf diese Weise mit den »Kadenzkriterien« Riepels und der »Sprachanalogie« Kochs[33] beschrieben werden, als handele es sich um Gleichartiges.

Im Kopfsatz der ersten Sonate moduliert Leopold Mozart in einem kontinuierlichen, nicht mit Zäsuren gegliederten Prozeß von der Grundtonart zur Dominante; daß er diese erreicht hat, wird mit einem neuerlichen Eintritt der Anfangsmotivik (T. 23) betont – also auf eine Weise, der die Techniken seines Sohnes, eigenständig profilierte Blöcke zu entwickeln, entgegenstehen. Doch die Kontinuität der Entwicklung kennzeichnet auch das Brüsseler Allegro, das zum Kopfsatz der Sonate KV 6 wurde, und deren Finale. Hintergrund dieses Gestaltungsprinzips ist das bereits in der barocken Musik feststellbare Konzept, daß tatsächlich erst mit dem Doppelstrich die harmonische Entwicklung ihr Ziel erreicht habe; dieses Denken muß also auch für Mozart grundlegend gewesen sein – und es mag diese fundamentale Bedeutung auch noch behalten haben, als er das von seinem Vater praktizierte Modell relativierte.

Dieses Denken prägt ebenso den zweiten Satz der Sonate; das Finale, das sich aus einem doppelt eintretenden Paar von Satzteilen (Presto–Andante grazioso) zusammensetzt, steht formal auf einer anderen Grundlage als die übrigen Sätze, die für einen Vergleich zur Verfügung stehen – im Schaffen sowohl des Vaters als auch des Sohnes Mozart.

Eine ausgeprägte Arbeit mit Dominanthalbschlüssen, deren Stellung durch Zäsuren hervorgehoben werden (›Quintabsätze‹ auf unterschiedlichen Stufen) findet sich in der Eröffnung der zweiten Sonate. Für die Konstruktion des gesamten Satzes von Bedeutung ist derjenige in Takt 27, weil in der zweiten Satzhälfte im Umfeld einer analogen Formulierung die harmonische Zielrichtung wechselt (auf die Tonika ausgerichtet, nicht auf die Dominante wie in der ersten Satzhälfte). Angesichts der zuvor geschilderten Grundvorstellungen zu Fragen der Harmonik verwundert nicht, daß Leopold dem Halbschluß nicht auch die Funktion gibt, ein ›bifocal close‹ sein zu können, sondern die Modulation schon zuvor so weit gebracht hat, daß die Zielrichtung auf die Tonika klargestellt ist – gegenüber der Satzeröffnung steht der Halbschluß eine Quinte tiefer. Dies erweist sich in Leopolds kompositorischen Vorstellungen somit als grundsätzliche Alternative; in diesem Sinne hat sein Sohn die Anfangssätze der Sonaten

KV 7 und 8 eingerichtet. Daß Leopold nach jenem Halbschluß aber eine Moll-Motivik eintreten läßt, findet bei seinem Sohn kein Äquivalent.

Nur rudimentär rückt der zweite Satz der Sonate von diesem Prinzip ab. Tatsächlich setzt Leopold Mozart hier den musikalischen Fluß in den zwei Satzhälften nach einer identisch eintretenden Konstellation einmal in der Dominante (T. 13), einmal in der Tonika fort (T. 58). Allerdings handelt es sich um eine Maßnahme, die bereits im Eröffnungsbereich beider Satzabschnitte wirksam wird (im 13. Takt nach Satzbeginn bzw. im 15. Takt nach dem Binnen-Doppelstrich – in einer 55 Takte umfassenden zweiten Satzhälfte); das Denken Leopold Mozarts ist viel stärker dem Prinzip der Zweiteilung, das seines Sohnes stärker dem Denken in ›vier Phasen‹ verpflichtet, und dem Halbschluß, den Leopold hier bildet, entspricht in Werken seines Sohnes die typische Vermittlung zwischen den Phasen 3 und 4.

Im Finale der Sonate wird eine eigene Konstruktion gebildet, die in der Harmonik eine klare Gliederung aufweist, ohne daß deren Schlüsselstellen in motivischer Hinsicht auf identische Weise ausgestaltet wären – wie es für Wolfgangs Komponieren konstitutiv ist. Die beiden ersten Sätzen der dritten Sonate schließlich zeigen ähnliche Verfahrensweisen wie der erste Satz der zweiten Sonate.

Zwischen Wolfgangs Sonaten und denen, die Leopold kurz vor deren Entstehung selbst in Druck gegeben hatte, lassen sich somit im Detail massive stilistische Unterschiede feststellen. Sie liegen nicht nur in der Motivik (diejenige Mozarts erscheint schlichter als die zerklüftete, an den Fantasiestil Carl Philipp Emanuel Bachs erinnernde Linienführung seines Vaters), sondern auch in der Satzarchitektonik. Leopold entwickelt die ›Hälften‹ eines Satzes viel eher als einheitliche Prozesse, die auf ein harmonisches Ziel ausgerichtet sind; auf diesem Weg erscheinen sie durch ›Quintabsätze‹ gegliedert. Einheit stiftet dabei auch die Motivik; denn daß Leopold noch kurz vor dem Ende einer Satzhälfte auf die Musik zurückgreift, mit der er den Beginn gestaltet hat, ist nicht selten.

Diese ›barocke‹ thematische Vereinheitlichung ist seinem Sohn fremd. Er hat gelernt, auch innerhalb der beiden ›Hälften‹ Abschnitte zu bilden, die jeweils ihre eigene Motivik haben. Und wegen dieser Unterschiede, die zwischen den Teilabschnitten bestehen, entfalten sie auch als harmonische Konstruktionen ein selbständigeres Profil. Folgerichtig wird also in dem Augenblick, in dem Mozart größere Satzkomplexe zu entwickeln beginnt, erkennbar, daß seine Vorstellungswelt mit der kompositorischen seines Vaters nicht mehr deckungsgleich ist.

Leopold Mozart hatte in Augsburg seine grundlegenden musikalischen Erfahrungen als Chorknabe gemacht; das Musikkonzept, das er seinem Sohn vermittelte, war davon radikal unterschieden. Wie erwähnt, ist dieses in Teilen den Vorstellungen verwandt, die Joseph Riepel in seinen 1755 erschienenen *Grundregeln zur Tonordnung* ausgebreitet hat: darin, daß Musik prinzipiell auf den Kern einer 16taktigen Einheit mit viermal vier Takten reduzierbar sei. Dies mag Leopold fortgeführt haben, als er für den Unterricht seiner Tochter ein Notenbuch anlegte: Gerade für den fundamentalen Unterricht, der einem Mädchen der Zeit (dem die Choristenlaufbahn des Vaters verschlossen war) erteilt werden sollte, muß die Idee, die Riepel in seinem Gesamttitel formuliert (*Anfangsgründe der musikalischen Setzkunst*), attraktiv gewesen sein. Doch die Werke im Nannerl-Notenbuch zeigen jenes Konzept nur in Überformung; sowohl Nannerl als auch Wolfgang können beim Umgang mit diesem Repertoire dem musiktheoretischen Grundmodell nicht schon begegnet sein, ehe ihnen dessen weiträumigere Fortentwicklungen in Fleisch und Blut übergegangen waren. Strenggenommen war damit das theoretische Konzept Riepels (dessen erste musikalische Erfahrungen ebenfalls im Chorleben von Schulen lagen) im pädagogischen Praxistest gescheitert, weil Leopold Mozart sich nicht an die Grundlagen gehalten, sondern von vornherein ein differenzierteres Repertoire zusammengetragen hatte, mit dem das Denkmodell im Unterricht verwässert wurde. Riepels System ist ein theoretisches Postulat; im Musikunterricht seiner Zeit spielte es keine Rolle, ehe er es formuliert hatte. Insofern hat Mozart weder das Riepelsche System gelernt noch die traditionellen Modelle des Komponierens, die sowohl für seinen Vater als auch für Riepel einst der elementare Lernstoff der Musik gewesen waren. Daß Mozarts Musik sich von den Grundlagen seines Vaters wegbewegte, war also vorauszusehen, seitdem dieser das Denkmodell Riepels zum Ausgangspunkt eines klavierpädagogischen Konzepts gemacht hatte; er hatte jenes lediglich von vornherein frei überformt. Dennoch war unvermeidlich, daß Mozart schon in seiner frühen Laufbahn eine Etappe erreichte, in der ihm der Musikbegriff seines Vaters nicht mehr weiterhelfen konnte. Der Umbruch zeichnet sich folgerichtig in dem Moment ab, in dem auf der Grundlage des – in Teilen allein in der Theorie fundierten – Unterrichtskonzepts die Stufe des musikalischen Normalfalls, die Ausbreitung größerer Satzkomplexe, erreicht war. Dieser Wandel in Mozarts Stil setzt sich während des Londoner Aufenthaltes fort.

Moll-Elemente und ihre Konsequenzen:
Das Allegro KV 9/1 und die Pariser Menuette

Nur am Rande ist nach dem Betrachteten noch der Anfangssatz der Sonate KV 9 zu streifen. Wie die beiden Außensätze der Sonate KV 6 wird er in seiner ersten Hälfte nicht gegliedert; ausgehend von einer Startfläche in der Grundtonart G-Dur (mit der motivischen Gestaltung »abb'«) wird die Zieltonart zweimal angesteuert, und daraufhin ergeben sich zwei große Kadenzstrecken mit abschließendem Epilog; die Anlage könnte folglich kaum knapper sein. Nach dem Doppelstrich greift Mozart auch hier zunächst für einen längeren Abschnitt auf Musik der Satzeröffnung zurück, womit ein ähnlicher tonartlich stabiler Abschnitt entsteht wie in den Partnerwerken; nach einer gewohnt knappen Rückleitung zur Dominante der Grundtonart G-Dur ist zwar die Anfangsmotivik erreicht, doch sie setzt in g-Moll ein, und der Satz nimmt damit nochmals eine andere Richtung. Mozart wandelt die Motivik ab und bettet sie in eine chromatisch ansteigende Satzlinie ein; deren Ziel ist e-Moll, und mit einer Kadenz in dieser Tonart schließt Mozart den Abschnitt ab. Auf dieselbe Weise wie im Anfangssatz der Sonate KV 8 und im Finale der Sonate KV 6 stehen damit ein Schluß auf der VI. Stufe und ein Neuansatz in der Grundtonart nebeneinander. Damit gelangt Mozart unzweifelhaft zu einem wesentlich größeren Ausdruckspotential als in den anderen Allegro-Sätzen der Pariser Sonaten, und der Raum, in dem sich dieses öffnet, läßt sich im Schema der Tabelle 2 klar bestimmen: Es hat den Anschein, als ob Mozart nun zweimal verschiedene Stationen ansteuert, nach denen ein Neueinsatz in der Grundtonart möglich wäre; zunächst erreicht er nach dem Muster von KV 7/1 den dominantischen Halbschluß, dann nach dem Muster von KV 8/1 und 6/4 die Mollkadenz auf der VI. Stufe.

Dies deutet zunächst nochmals an, daß Mozart keineswegs über klare Vorstellungen verfügte, welche Elemente für ihn fortan im Komponieren größerer Satzkomplexe elementar seien; die Pariser Allegro-Sätze sind auf im Detail stark divergente kompositorische Modelle bezogen. Bemerkenswert ist in diesem Satz aber, daß die Mollfarbe eine bislang nicht dagewesene Bedeutung erlangt. Mozart hatte bis dahin Moll-Elemente allenfalls im Zuge von Sequenzen eingesetzt, und ihnen haftete darin der Charakter des Zwangsläufigen an, nicht der einer Farbe, die frei ins Spiel gebracht wird: Sie haben sich ergeben, weil die typische abwärtsgerichtete Stufensequenz, deren Ziel die Grundtonstufe einer Durtonart sein soll, auf einer Mollstufe einsetzen muß (II. Stufe); entsprechend läßt sich auch die

V. Stufe erreichen, wenn die Sequenz von der VI. Stufe ausgeht. Die sequenzierende Vorbereitung eines Modulationsziels ist also in den beiden elementaren Fällen zwangsläufig mit einem Wechsel in das andere Tongeschlecht verbunden. Damit lassen sich die Moll-Elemente, zu denen Mozart in diesen frühesten Werken gelangt, nur als transitorisch qualifizieren; ihre Bedeutung weist noch nicht über das normale Spektrum der Grundtonart hinaus.

Ob Mozart die eigenständige Farbwirkung der Molltonarten schon beherrschte, als er die ›Phase 3‹ im Anfangssatz der Sonate KV 8 komponierte, erscheint unklar. Zwar beendet er den gesamten Abschnitt in Moll; doch die Schritte, mit denen er von den bisherigen Techniken abrückt, sind minimal. Daß sich schon in diesem Satz für ihn Konzepte verschoben hatten, wird eher im Rückblick deutlich, weil sich in ihm die Keime für die weiträumigere Gestaltung erkennen lassen, die er dem Finale der Sonate KV 6 zugrunde legt.

Am deutlichsten wird dieses Neue in den Menuett-Trios, die Mozart für drei der vier Sonaten in Paris zu komponieren hatte (KV 7–9); die Sätze zusammen belegen, welche neuen Ausdrucksqualitäten sich Mozart hier erschloß. Die Dichte der Moll-Elemente erscheint zunächst erstaunlich, denn sie liegt im Musizieren der Zeit keineswegs nahe – und erst recht nicht für Mozart. Das, was er im Bereich der Molltonarten zuvor erfahren hatte, ist durch das Nannerl-Notenbuch wohl annähernd repräsentativ wiedergegeben: Es umfaßt in seinem heutigen Zustand 52 Kompositionen, und neben acht Werken Mozarts, die sich unter ihnen befinden, haben diesem Band einst wohl zwölf weitere ebenfalls zugehört; von diesen 64 Kompositionen stehen nur zwei in einer Moll-Tonart. In einem normalen gesellschaftlichen Musizieren der Zeit um 1760 (besonders in einem von Tanzsätzen geprägten Repertoire) waren Molltonarten tatsächlich eher ungewöhnlich – und sie sind in Mozarts Werk Ausnahmen geblieben, wenn man bedenkt, daß von allen seinen Sinfonien (rund 50) und Konzerten (rund 40) nur jeweils zwei Werke in Moll stehen. Dur formte damit für Mozart sozusagen den normalen Bewegungsraum des Komponisten; Moll blieb etwas Exklusives.

Die Tonarten, denen Mozart in jenen beiden Stücken des Nannerl-Notenbuches begegnete, waren zudem relativ häufige Repräsentanten der Mollwelt: g-Moll und e-Moll. Erstaunlicherweise ist dieses Denken noch immer vom Tonsystem des Frühbarock beeinflußt: Um 1600 wurde das Dorische in einer seiner Spielarten (als transponierter 2. Ton) von g ausgehend definiert; e-Moll hingegen ist im 17. Jahrhundert klar gegen das Phrygische entwickelt worden, dessen Leiter mit einem Halbtonschritt (e–f) beginnt und an dessen Stelle der Start einer ›normalen‹ Moll-Skala (mit der Tonfolge e–fis) eintreten kann.

Solange Mozart sich musikalisch auf das Nannerl-Notenbuch stützte, war Moll als Tonwelt, der eine Grundtonart entstammen könne, unerreichbar; er war gewissermaßen ein absoluter ›Komponist in Dur‹. An dieser Feststellung ist zunächst nur unbedeutend, welche Stimmungshorizonte ihm damit verfügbar waren und welche nicht; entscheidender ist die Frage nach den kompositionstechnischen Konsequenzen.

Noch relativ unproblematisch ist, daß die Kadenz in einer Molltonart nicht durchgängig im gleichen Tongeschlecht steht: Stets ist die Dominante ein Dur-Klang. Wenn die Klangfolge der Kadenz kompositorisch größeren Raum einnimmt, weil eine Sequenz den Kadenzstufen folgen soll, dann wird die IV. Stufe entsprechend mit einer Moll-Version des Themas besetzt, die V. Stufe mit einer Dur-Version. Dieses Nebeneinander kannte Mozart schon aus seinen frühesten Stufensequenzen, denn auch in ihnen stehen Moll- und Durversionen von Motiven unmittelbar nebeneinander. Komplexer sind folglich alle Fragen, die die grundsätzliche Syntax einer Komposition in Moll betreffen.

Den Vorstellungen zufolge, die in der zweiten Hälfte des 18. Jahrhunderts vorherrschten, bewegte sich eine Komposition, die in Dur steht, im Rahmen von Tonarten, die sich auch in der zugehörigen Kadenz finden: Ausgehend von der Grundtonart wird ihre V. Stufe bis zur Satzmitte als neue Grundtonart eingeführt, und die zweite Satzhälfte wird von der Rückkehr in die Grundtonart beherrscht; diese beiden Tonstufen stehen in der Kadenz als Dominante und Tonika direkt nebeneinander, und sogar die Stufe, mit der der Eintritt der Dominante vorbereitet wird (Doppeldominante, II. Stufe), kann in der Kadenz einen Platz erhalten (an der Stelle der Subdominante). Die Klangfolge einer Moll-Kadenz funktioniert nach demselben Prinzip; doch im Modulationsgang nach den Tonartvorstellungen des ausgehenden 18. Jahrhunderts gilt nicht die V. Stufe (Dominante) als die der Grundtonart nächstverwandte, sondern die Durparallele (III. Stufe). Weder sie noch deren eigene Dominante (VII. Stufe der Grundtonart) finden in der Kadenz einen Platz. Folglich fächert sich hier das Feld der relevanten Stufen markant auf: Neben der Moll-Grundtonart und ihrer Dominante (also den Stufen I und V) sind die Durparallele (III) und deren Dominante (VII ohne Alteration) wichtig – beispielsweise in a-Moll die Dominante E-Dur, die Durparallele C-Dur und deren Dominante G-Dur (eine Stufe unter der Molltonika des Stückes stehend). Ferner sind auch ›Beziehungen über Kreuz‹ möglich: In der a-Moll-Kadenz kann die Durparallele C-Dur als Trugschluß wirken, also der Dominante folgen; und die Stufe, auf der die Dominante der Moll-Grundtonart gebildet wird (E-Dur), steht in einer Kleinterz-Verwandtschaft zur Dominante der Durparallele (also G-Dur) – ähnlich wie die Tonika und ihre Parallele, aber ohne Dur-Moll-Unterschied. Wer also als Komponist gelernt hatte, in dem überschaubaren Bewegungsraum von Durtonarten zu komponieren, mußte seine Verfahrensweisen grundlegend umstellen, sobald er der Mollsphäre eine eigenständige musikalische Bedeutung geben wollte, und andere Gesetze der Satzarchitektur beachten.

Konkret zu fragen ist also danach, wie zu modulieren ist, wenn man von a-Moll ausgeht. Gelingt es einem Komponisten, organisch nach C-Dur zu wechseln – oder sitzt (wie bei Mozart) die Prägung der Dur-Welt kompositorisch so tief, daß er auf dem Weg von a-Moll nach C-Dur zunächst E-Dur erreicht, weil dies der normale erste Quintschritt weg von der Grundtonart ist? Prinzipiell bringt dies keine Probleme mit sich, denn nach einem E-Dur-Halbschluß (mit der typischen anschließenden Zäsur) kann er bruchlos die Durparallele C-Dur einsetzen lassen und dabei nur die typischen Trugschluß-Konstellationen ausnutzen. Wenn nach dem Halbschluß die Durparallele (C-Dur) einsetzt, muß die Musik allerdings von vornherein so gestaltet sein, daß sie komplett auch nach Moll versetzbar ist, damit sie – im Sinne eines Endreims beider Teile eines Satzes – an dessen Schluß neuerlich aufgegriffen werden kann. Diese Anforderung gilt somit nicht nur für knappe Sequenzmotive, sondern auch für weiträumigere musikalische Abläufe, und sie zeigt, wieviel Kalkül im Spiel zu sein hat.

Mozart legte in den Pariser Menuetten nur erste Grundlagen für jenes Komponieren in Moll; dessen Techniken begann er erst in den folgenden Monaten auszuloten. Besonders deutlich wird dies anhand des 15. Stücks aus dem *Londoner Skizzenbuch*, das ihm wohl im Sommer 1764 für völlig eigenständiges Komponieren zur Verfügung stand: Er entwickelte einen Allegro-Satz (ohne Satzüberschrift) in g-Moll, der zunächst eine ›Phase‹ mit der Entwicklung von der Grundtonart zu einem Halbschluß auf ihrer Dominante ausbildet, dann eine zweite, die von der Durparallele beherrscht wird. Doch daß er in seiner dritten Phase, die erwartungsgemäß in B-Dur beginnt und mit einem Zwischenziel in d-Moll sich der Grundtonart bereits wieder annähert, dennoch einen Schlenker nach e-Moll einbaut, zeigt, wie vieles er in der Moll-Welt noch kompositorisch ergründen wollte, nachdem in Paris die ersten knappen Sätze auf diese Weise entstanden waren.

Für die drei in Moll stehenden Menuett-Trios der Pariser Sonaten wählte Mozart grundsätzlich die Mollvariante. Das war eine erste grundsätzliche Entscheidung, und gemessen an den Erfahrungen, die er im Nannerl-Notenbuch gesammelt hatte, erschloß sie ihm völlig neue Horizonte. Zwar hatte er für die G-Dur-Sonate KV 9 ein g-Moll-Menuett zu schreiben; das d-Moll-Menuett für die Sonate KV 7 ist davon nicht weit entfernt. Doch in der B-Dur-Sonate KV 8 gelangte er so nach b-Moll.

Das schlichteste Moll-Menuett findet sich in KV 7. Die 18 Takte gliedern sich in zwei Teile zu je acht Takten plus Schlußkadenz; die Achttakter sind in sich nochmals als ›zweimal vier‹ angelegt. Der erste Viertakter steht durchgängig in d-Moll, der zweite setzt sofort in F-Dur ein und kadenziert auf dieser Stufe wenig später. Dann wird im Baß der vorherige Zielton f zu fis hochalteriert; er muß nach g-Moll aufgelöst werden. Die Stufensequenz abwärts, die an diesem Material ansetzt, kann die Musik also nur dorthin führen, woher sie kommt: wieder nach F-Dur. Von diesem Zielton aus wird eine Linie abwärts geführt, so daß in der Grundtonart d-Moll der erste Viertakter neuerlich erklingen kann, und ihn rundet Mozart mit einer überraschend knappen, nur zweitaktigen Kadenz ab. Also hat Mozart auch hier mit einem Modell gearbeitet, die sich mit den Charakteristika der vier Phasen umschreiben lassen; jede von ihnen hat ein klares tonartliches Profil. Für die erste Satzhälfte greift er damit auf Techniken zurück, die auch schon seine Salzburger Klaviermusik prägen konnte – auf die schroffe tonartliche Versetzung nach dem Ende von Phase 1. Nach dem Doppelstrich aber fehlt die typische Funktion der 3. Phase, die Rückmodulation: Gerade der Kontrast gegenüber dem Menuett I, in dem dies auf traditionelle Weise gelöst ist, belegt die Andersartigkeit des ›Komponierens in Moll‹. Doch Mozart kannte auch diese Konstellation: aus den ›Menuetten über gleichem Baß‹, in denen die – steigende – Stufensequenz keine Rückmodulation bewirkt. Mit diesem typischen Dur-Detail tritt das Menuett II der Sonate KV 6 also direkt neben die Sätze, die in den drei anderen Sonaten in der gleichen Position stehen, auch wenn sich dies in ihnen unter den völlig anderen Bedingungen der Komposition in Moll entfaltet.

Die Version, die Mozart im Menuett II (b-Moll) der Sonate KV 8 schreibt, bietet zunächst nichts grundlegend Neues: Ein viertaktiger Vordersatz wird mit einem Nachsatz beantwortet, der lediglich zur Dominante der Grundtonart führt; nach dem Doppelstrich setzt die Musik zwar auf der Durparallele ein, doch Mozart gibt diese umgehend preis, und ein eigener Viertakter leitet zu dem Nachsatz über, mit dem auch die erste Hälfte geschlossen hat, der aber nun mit einer Kadenz beendet wird. Eine so schlichte Konstellation wäre durchaus auch in Dur denkbar; es ist folglich nicht zu erkennen, an welcher Stelle Mozart eigene Moll-Verfahrensweisen hätte entwickeln müssen.

Richtungweisend ist jedoch die Situation in KV 9 (vgl. Notenbeispiel 13, S. 442), weil damit die Grundlage erfaßbar wird, auf der sich fortan auch für Dur-Menuette Neues ergibt. Deren Gestaltung gewinnt daraus, daß Mozart typische Moll-Techniken kennenlernt, eine neue Richtung (ebenso erschließt sich hier, daß das Menuett II aus KV 8 nicht nur konventionell ist). Denn die ersten vier Takte dieses Binnenmenuetts wirken als Vordersatz, die folgenden als zugehöriger Nachsatz; die Modulation von g-Moll nach B-Dur geht völlig in dieser Konstruktion auf, und weil der Anfangsbereich nicht mehr kadenziert, kommt eine unauflösliche Verknüpfung zwischen ihm und der einstigen Phase 2 zustande. Nach dem Doppelstrich arbeitet Mozart hingegen mit einer einfachen, sequenzierenden Rückleitung in die Grundtonart; für sie wird zunächst die Musik des eröffnenden Viertakters geschlossen (Kadenz in Takt 16) und daran eine weitere g-Moll-Kadenz angehängt.

Mit der Konstellation der ersten acht Takte entsteht also in Mozarts Kompositionspraxis ein völlig neues Gestaltungselement. Zuvor hatte er in der Regel in vier-, manchmal auch in achttaktigen Zellen komponiert, und nur selten läßt sich definieren, wie sie sich musikalisch zueinander verhalten; sie unterscheiden sich in ihren musikalischen Funktionen, und dennoch entsteht der Eindruck, daß eine später eintretende auf die unmittelbar vorausgegangene ebenso eng Bezug nimmt wie in einer Folge aus Vorder- und Nachsatz, die mit gleichem Material gestaltet werden. Dieses konkrete Abhängigkeitsverhältnis aber gibt es in Mozarts Schaffen erst hier. Und prompt wirkt sich dies auch auf das vorausgegangene Dur-Menuett aus: In ihm steht vor dem Doppelstrich ein großer 16taktiger Komplex, der sich aus zwei achttaktigen, mit gleichem Material gestalteten Gruppen zusammensetzt; die erste führt die Musik lediglich zu einem Halbschluß, die zweite zu einer Kadenz. Weder findet sich also vor dem Doppelstrich die charakteristische Gliederung in zwei Phasen mit unterschiedlicher Funktion, noch schreibt Mozart überhaupt eine Modulation – diese steht erst nach dem Doppelstrich, und so entsteht hier eine völlig neue Binnenzone. Nur die Regel, daß als Abschluß des Satzes all das Material des ersten Teils erklingt, das die Grundtonart wahrt, gilt auch hier; sie bezieht sich hier folglich auf alles, was dem Doppelstrich vorausgegangen ist.

Ein erstes Mal kommt es in Mozarts Kompositionspraxis zu einem markanten Bruch. Ein klar definiertes Modell des Tanzsatzes war Grundlage dafür, daß er elementare musikalische Funktionsweisen kennenlernte; diese mußten verändert werden, als Mozart auch in Moll zu komponieren begann, und damit mußte er zugleich seine ›Grammatik des Tanzsatzes‹ überdenken. Fortan gab es für Mozart zwei unterschiedliche Denkansätze in der Gestaltung musikalischer ›Phasen‹; neben der Reihung kontrastierender Einheiten bietet sich die Möglichkeit, zwischen zwei musikalischen Abschnitten eine liedhafte Beziehung zu bilden. Diese grundsätzliche Alternative in der Musikpraxis seiner Zeit ergab sich für ihn, weil er mit der bisher stets praktizierten Technik an eine Grenze gestoßen war.

Jenes liedhafte Prinzip, das für die Ausbildung musikalischer Themen so essentiell zu sein scheint, lernte Mozart erst jetzt kennen. Bis hierhin war er ohne ›Liedhaftes‹ und ohne ›Themen‹ ausgekommen: Eine Folge aus Vordersatz und Nachsatz konnte für ihn – wie ganz zu Beginn seines Schaffens – auch aus zwei aufeinanderfolgenden, unterschiedlich gestalteten Einheiten bestehen, die nicht wie ein in sich gerundetes Thema wirken. In seinem gesamten weiteren Schaffen blieb der ältere Zugang zur Phrasenbildung stets offen; dies zeigt, wie wesentlich Mozarts kompositorische Vorstellungen von den bis 1764 gelegten Fundamenten bestimmt wurde. Mit dem Neuen erschloß er sich aber auch zwei neue musikalische Gattungen; es bot ihm die Grundlage dafür, Themenkomplexe zu bilden, die sich in Rondos oder Variationenzyklen verarbeiten ließen. Beides findet sich in Mozarts nächstem Sonatendruck, in den Violinsonaten KV 11 und 12, die er in London schrieb.

Komposition jenseits der Klaviermusik: Zu den Londoner Anregungen

Im musikgeschichtlichen Gesamtbild wirkt es traditionell wie ein besonderer Glücksfall, daß Mozart in London dem jüngsten Sohn Bachs begegnete, dem 1735 geborenen Johann Christian Bach; damit entsteht ›emotional‹ eine Kontinuität zwischen der barocken Musik des protestantischen Nord- und Mitteldeutschland und der katholischen Wiener Klassik. Tatsächlich hatte Johann Christian Bach als Künstlerpersönlichkeit für Mozart eine besondere Bedeutung; dies spiegelt sich noch in den Briefbemerkungen, mit denen Mozart 1778 von einem Treffen mit jenem berichtet[34]. Doch die Frage, wem Mozart in den Monaten in England – zwischen April 1764 und Juli 1765 – welche Einflüsse verdankte, ist kaum zu bestimmen; die Zahl derer, denen er begegnete und die als ›potentiell anregend‹ einzustufen sind, ist unverhältnismäßig groß.

Ein erstes Problem ergibt sich daraus, daß sich jener musikgeschichtliche ›Glücksfall‹ anhand der Reisenotizen Leopold Mozarts nicht eindeutig bestätigen läßt; zu fragen ist ferner, ob es nicht wichtiger ist, die Ergebnisse des Londonaufenthalts insgesamt zu bestimmen, als vorrangig danach zu suchen, wer Einfluß auf Mozart ausgeübt haben könne. Denn unbestreitbar war Mozart – als Achtjähriger – ein erfolgreicher Musiker, und Einflüsse, die auf ihn wirkten, setzte er ebenso um wie andere, bereits in höherem Lebensalter stehende Komponisten: darin, daß er Älteres nicht über Bord warf, als er ihnen begegnete, sondern sie auf sein reiches Spektrum bereits erworbener Kenntnisse bezog. Überlegungen hierzu haben eine Grundlage zu bilden, auf der – erst in einer späteren Etappe – die Betrachtung der Werke möglich wird.

Was sich in musikalischer Hinsicht genau ereignete, ist aus den erhaltenen Dokumenten kaum zu ermitteln. Der Informationsgehalt der Briefe Leopold Mozarts nach Salzburg wird geringer; mit Rücksicht auf die hohen Portokosten sind sie einerseits weniger zahlreich als zuvor: Sechs Briefen aus fünf Monaten in Paris stehen 12 Briefe aus 16 Monaten in England gegenüber, und mehrmals liegen zwei bis drei Monate zwischen zwei Sendungen. Andererseits enthalten sie seitenlang Abschriften aus zeitgenössischen Reiseführern; das wenige, was an Individuellem übrig bleibt, läßt sich mit kaum mehr Informationen kombinieren als denen, die aus Konzertankündigungen hervorgehen. Demnach hat Wolfgang – vor allem in den ersten Londoner Monaten – relativ häufig an Konzerten mitgewirkt (gelegentlich auch Nannerl). Und schließlich liegen zwar Leopolds Reisenotizen vor, doch sie erscheinen stets nur als lockere Reihung von Namen (ohne Daten); konkrete Tagesangaben liefert er nicht, sondern das Material wird im wesentlichen nur dadurch gegliedert, daß jede neue Station der Reise genannt wird. Da es hier um den Aufenthalt an einem einzigen Ort geht, wäre eine Gliederung prinzipiell nicht zu erwarten; doch weil sich die Familie im Spätsommer (August/September 1764) für einige Wochen in Chelsea aufhielt, ergibt sich immerhin eine minimale Gliederung.

Der Gang der Ereignisse, der sich aus diesen Dokumenten rekonstruieren läßt, ähnelt zunächst dem bisherigen Reiseverlauf; daß sich in London für Mozart Neues ergebe, ist nicht absehbar. Am 23. April 1764 war die Familie in London eingetroffen; vier Tage später wurde sie von George III. und Sophie Charlotte (einer geborenen Prinzessin von Mecklenburg-Strelitz) empfangen. Daß es schon nach so wenigen Tagen zu einem Auftritt vor dem Königspaar kam, belegt, wie gut die Reise auf diplomatischem Wege vorbereitet worden war; in Paris hatte es die Familie viel schwerer, auf sich aufmerksam zu machen. Bestimmend für diesen warmen Empfang war allerdings die Begegnung der Mozarts mit dem englischen Gesandten am Wiener Kaiserhof um den Jahreswechsel 1762/1763 – also in einer Zeit, in der Mozarts Profil noch mit den ›Menuetten über gleichem Baß‹ zu umschreiben ist. Ein weiterer Besuch beim Königspaar ergab sich am 19. Mai. Diesen Daten zufolge hatte die Reise noch immer das Ziel, den herausragenden Gestalten der europäischen Gesellschaft das Wunder der Mozart-Kinder vorzustellen (deren Alter in Konzertanzeigen nun für Wolfgang um ein Jahr abwärts geschönt wird, für Nannerl um zwei); der Reiseverlauf beschreibt die Bahnen einer adelstypischen Grand Tour, weil über sie alle ›wichtigen‹ Personen Europas von dem Wunder erfahren konnten und weil die Reise nur von Personen geplant wurde, die in den Dimensionen einer Grand Tour dachten – nicht also weil es sich um eine Bildungsreise für die Mozarts handelte. Dies alles wird auch von einem Londoner Empfehlungsschreiben für Mozart bestätigt, das ihn Ende April 1764 noch immer nur als Klavierspieler und -komponist bezeichnet[35]: »Il execute et compose sur le champ les pièces les plus difficiles et les plus agréables sur le clavesin.« Der Aufenthalt in London war also auf Präsentation der klavierspielenden Kinder ausgerichtet; daß Mozart Anregungen für sein eigenes Musizieren erhalten könne, stand nicht im Vordergrund, sondern galt zunächst als unvermeidliche Begleiterscheinung. Daher ist es verständlich, daß jeglicher Kontakt zu herausragenden Musikern des englischen Musiklebens, der zu Inspirationen für Mozart führen konnte, zunächst weit im Hintergrund des Reiseverlaufs stand – und vorerst auch nicht als berichtenswert galt.

Auch deshalb ist also nicht überliefert, wann die erste Begegnung der Mozarts mit Johann Christian Bach stattgefunden hat – und noch weniger, wann der Kontakt für Wolfgang in künstlerischer Hinsicht fruchtbar wurde und mit welchen andersartigen Eindrücken sich dies für Mozart zu einem ›Londoner Gesamtbild‹ zusammenfügen konnte. Zweifellos jedoch gehörte Bach zu den ersten Musikern, denen die Mozarts in London begegneten: Seine Position war die eines »Music Master« der Königin, und er ist nach dem Königspaar der erste, den Leopold in seinen Londoner Reisenotizen erwähnt.

Insofern ist auch die Vermutung nicht zu halten, die erste Begegnung zwischen Bach, seinem Freund, dem Soprankastraten Giustino Ferdinando Tenducci, und den Mozarts habe erst am 19. Mai 1764 stattgefunden. Zunächst widerspricht dies in doppelter Hinsicht den Reisenotizen, denn in diesen wird gemeinsam mit Bach nicht Tenducci vermerkt, sondern Carl

Friedrich Abel. Beide waren Veranstalter der Bach-Abel Concerts; Tenducci hingegen erscheint erst an deutlich späterer Stelle in den Aufzeichnungen, und zwar gemeinsam mit Sängern (unter anderem Giovanni Manzuoli, bei dem Mozart gegen Jahresende Gesangsunterricht erhielt). Außerdem aber schreibt Leopold Mozart ausdrücklich in einem Brief, bei jenem zweiten Besuch seien neben dem Königspaar nur die beiden Brüder des Königs und der Bruder der Königin zugegen gewesen[36]. Folglich ist anzunehmen, daß die als so entscheidend gewertete Begegnung mit Johann Christian Bach schon am 27. April stattfand. Ohnehin wäre es erstaunlich, wenn jener – offenbar von langer Hand vorbereitete – erste Besuch der Mozarts bei Hofe die Musikerschaft ausgeschlossen hätte.

Folgt man den Reisenotizen, so war Regina Mingotti, die Betreiberin des für die Londoner Opernpraxis der Zeit wichtigen Haymarket Theatre, nach Bach und Abel die nächste musikalische Schlüsselperson, der die Mozarts begegneten. Auch sie kann am 27. April 1764 zu Mozarts Publikum gehört haben; ebenso kann Leopold sie erst später aufgesucht haben, und schließlich kann Johann Christian Bach, der aufgrund seiner Erfolge als Opernkomponist nach London berufen worden war, den Kontakt zu ihr vermittelt haben. Dann nennt Leopold eine Gruppe von Personen, die er offenbar einmal im Hause des Kastraten Mazziotti beim Frühstück traf: ein nahezu komplettes Opernteam der Zeit, bestehend aus der Sopranistin Sartori (Primadonna am King's Theatre), dem Opernkomponisten und -dirigenten Mattia Vento, der seit dem Vorjahr in London wirkte, zwei Soprankastraten (neben Mazziotti auch Giustinelli) sowie dem Bassisten Guglietti.

Mazziotti gehörte zu den Musikern, mit denen Wolfgang in den ersten Londoner Wochen mehrfach in Konzertanzeigen genannt wird (die nicht auf mehrere Konzertauftritte verweisen, denn die Planungen wurden mehrfach in letzter Minute verworfen). Aus diesen Anzeigen läßt sich in jedem Fall erschließen, mit wem Leopold die grundlegenden Londoner Aktionen plante: neben Mazziotti und der Sopranistin Sartori auch mit deren Kollegin Cremonini, ferner mit dem Geiger Felice de Giardini, dem Cellisten Carlo Graziani und dem Flötisten Pietro Grassi Florio, ferner dem Sänger Quilici, dem Flötisten François-Hippolyte Barthelemon und dem Cellisten Giovanni Battista Cirri. Die meisten von ihnen werden auch in den Reisenotizen genannt; der Aktionsradius der Mozarts in jener Zeit wird mit diesen Namen zu umschreiben sein. Erstaunlicherweise ist unter ihnen keiner der Musiker, mit deren Wirken die fruchtbaren Anregungen, die Mozart in London empfing, in Verbindung gebracht wird.

Damit wird die Eingangsbeobachtung bestätigt: Die ersten Londoner Monate Mozarts standen unter keinen anderen Vorzeichen als zuvor ein Aufenthalt in Wien oder Paris. In den brieflichen Mitteilungen, die Leopold nach Salzburg sendet, gibt es nur ein Detail, das von diesem älteren Profil abweicht; den Brief vom 28. Mai 1764 schließt er mit der Bemerkung, Wolfgang habe »ietzt immer eine Opera im Kopf, die er mit lauter jungen Leuten in Salzburg aufführen will«. Fragt man nach den Personen, die ihm die Ideen der Opernkomposition vermittelt haben können, kommen zuallererst die erwähnten Sänger in Frage; Abel, Johann Christian Bach, Tenducci oder Manzuoli können zwar ebenfalls eine Rolle gespielt haben, doch eine tiefergehende Beziehung zwischen den Mozarts und ihnen ist noch nicht erkennbar. Ob also wirklich die Opernpraxis Johann Christian Bachs für Mozart entscheidend war oder nicht doch vielleicht eher die von Mattia Vento, der als Teil jener Sängergruppe erscheint, ist eingehender und unbefangen zu prüfen.

Mit der Idee Mozarts, eine Oper zu schreiben, verläßt er in jedem Fall das Terrain seiner bisherigen Berufspraxis. Diese hatte sich daraus ergeben, daß er die beiden Instrumente kompositorisch bedachte, die er selbst beherrschte: vor allem das Klavier, aber auch die Violine. Dies änderte sich nun – nach welchen Richtungen?

1. Die Klavierpraxis tritt in den Hintergrund. Zwar füllt Mozart im Sommer 1764 vermutlich ziemlich rasch das sogenannte *Londoner Skizzenbuch* mit Werken in Klaviernotation, wie weit diese Kompositionen in ihrer Satzgestaltung auf Musik für größeren Besetzungen vorausweisen, die Mozart wenig später zu schreiben begann[37], wird noch zu prüfen sein. Die ›Pariser‹ Praxis der Violinsonate wirkt fort: Mozart widmet Sophie Charlotte die Sonaten op. III, eine Sechsergruppe von Werken. In ihnen ist die Violine nun obligat besetzt; angesichts der größeren Zahl von Flötisten und Cellisten, denen die Mozarts im Umkreis des Königspaars begegneten, ist es nicht erstaunlich, daß die Violinstimme auch von einer Flöte gespielt werden und zu dem Duo ein ad libitum eingesetztes Cello hinzutreten kann.

2. Mozart soll, wie Nannerl sich nach seinem Tod erinnert, während der Krankheit seines Vaters eine Sinfonie komponiert haben. Sie berichtet, er habe ihr aufgetragen, ihn daran zu erinnern, daß er den Hörnern einen angemessenen Part geben wolle; das Werk habe ohne Berührung eines Klaviers entstehen müssen. Nicht eindeutig zu klären ist, ob es sich um die Sinfonie KV 16 handelt. In jedem Fall ist entscheidend,

daß Mozart überhaupt den Sprung von den Pariser Sonaten zur Sinfoniekonzeption getan hat – und auf welche kompositorische Weise er dies gemeistert haben könne. Nach den Beobachtungen, zu denen Wolfgang Gersthofer im Hinblick auf den Traditionskontext der frühen Mozart-Sinfonien gelangt ist[38], läßt sich nicht alles auf Johann Christian Bach zurückführen; mindestens kommt ebenso sehr Carl Friedrich Abel als Kontaktperson in Frage. Erstaunlich ist jedoch, daß die Sinfonik so plötzlich, erst hier und in dieser Form, in Mozarts Horizont eintritt, denn auch Leopold Mozart ist als Sinfoniker in die Geschichte eingegangen. Warum er seinen Sohn nicht schon zuvor entsprechend angeregt hatte, mag rätselhaft erscheinen; da dieser allerdings mit einem offenkundig flexiblen kompositorischen Konzept (dem erweiterten ›Denken in vier Phasen‹) arbeitete, ist verständlich, daß auch seine Sinfonik von ihm geprägt wurde[39].

3. Schon im Winter 1762/1763 in Wien hatte Mozart erstmals eine Opernproduktion miterlebt. Nun begann er, sich dieses Terrain auch als Komponist zu erschließen. Wie weit aber war er dafür qualifiziert? Der Satzstil, der sich aus der Kombination eines obligaten Klaviers und einer Violinstimme ergibt (gerade dann, wenn diese nur ad libitum geführt wird), bietet noch keine Basis für die Komposition virtuoser Vokalmusik. Die Probleme, die für die Betrachtung der Schaffensgeschichte entstehen, erweisen sich als kaum mehr lösbar. Wie erwähnt, ist Johann Christian Bach nicht die einzige Person, von der Mozart Anregungen erhalten haben kann. Noch mehr als auf dem Sektor der Sinfonik ergeben sich jedoch ernste Probleme: Die Manuskripte zu Mozarts ersten Arien (KV 21 und 23) sind erst in Den Haag geschrieben worden; Einblicke in seine Londoner Arienkonzepte sind somit nur schwer zu gewinnen.

Wie also kam Mozart auf die Idee, eine Arie zu schreiben? Man operiert außerordentlich schnell mit biographischen Daten und stellt fest, daß am 24. November 1764 im Haymarket Theatre eine Bearbeitung von Pietro Metastasios *Ezio* als Pasticcio gegeben worden sei; Manzuoli sang die Titelrolle. Aus *Ezio* stammt auch der Text der ersten erhaltenen Arie Mozarts; damit drängt sich vordergründig die Vermutung auf, daß diese Arie etwas mit jenem Pasticcio zu tun habe. Doch erstens ist die Arie nicht für die Rolle Manzuolis entstanden, sondern bezieht sich auf die Rolle des Massimo, einen Tenor – und doch läßt die älteste Quelle, eine Abschrift Leopolds, die Vermutung zu, daß in der verschollenen Vorlage dieser Tenorarie der Vokalpart für einen Sopran bestimmt war. Zweitens stammt das erhaltene Manuskript eben erst von 1765, und drittens gibt es in den zeitgenössischen Quellen keine Erwähnung, daß in diesem Zusammenhang eine Arie Mozarts erklungen wäre[40]. Aus diesem Informationsgeflecht gibt es keinen klaren Ausweg; sicher ist nur, daß Mozart eine Arie zu *Ezio* geschrieben hat, und ebenso hatte er Kontakt zu Manzuoli. Alle weitergehenden Folgerungen, sind zunächst unbegründet. Dies ergibt sich, wenn die zweite erhaltene Arie Mozarts in die Betrachtung einbezogen wird; in ihr geht er grundlegend anderen Stilvorstellungen nach.

Diese, ebenfalls handschriftlich aus dem Jahr 1765 überliefert, basiert auf einem Text zu *Artaserse*, einem weiteren berühmten Libretto von Metastasio. Dies lenkt den Blick auf Johann Christian Bach: Mit einer Komposition dieses Textes war er in Italien unmittelbar vor seiner Ankunft in London erfolgreich gewesen. Doch in den letzten Monaten, in denen sich die Mozarts in London aufhielten, wurde auch die Aufführung eines Pasticcios vorbereitet, dem die *Artaserse*-Vertonung von Johann Adolf Hasse zugrunde liegt. Hasses Stil entsprach den Vorstellungen Manzuolis, der andererseits die stilistischen Konzepte Johann Christian Bachs anfänglich ablehnte (obgleich er in dessen Opernbetrieb mitwirkte)[41]. Insofern läßt gerade Mozarts Arbeit mit *Artaserse* keine klaren Traditionsbezüge erkennen; die Strömungen, die an ihn *Artaserse*-Eindrücke herangetragen haben können, erscheinen als zu vielfältig, um eine von ihnen klar favorisieren zu können. Schließlich aber arbeitete Vento, wie Leopold Mozart zu berichten wußte, an einer Vertonung von Metastasios Drama *Demofoonte*[42]; auch Ventos Vorstellungen von musikdramatischer Musik könnten Mozart beeinflußt haben.

Dennoch wird Mozarts musikdramatisches Komponieren in besondere Nähe zu Johann Christian Bach gerückt: mit dem Text der Arie, die in den *Capricci* enthalten gewesen sein soll, jenem verschollenen zweiten Londoner Skizzenbuch, das Constanze Mozart 1799 in einem Brief näher beschreibt; als Textincipit nennt sie »Quel destrier che all'albergo è vicino«. Die Geschichte des Skizzenbuches ist umstritten – auch, ob die erwähnte Arie in ihm enthalten war[43]. Doch Fakten, die gegen die einstige Existenz dieser Arienkomposition sprächen, sind nicht beizubringen. Der Text zu jener Arie stammt aus Metastasios Drama *L'Olimpiade* (I/3), dem Libretto, dem auch der Text der Arie »Non so d'onde viene« entstammt, jenem von Mozart besonders geschätzten Werk Johann Christian Bachs, das jenem als Inspirationsquelle für eine eigenständige Vertonung des Texts (KV 294) diente[44].

Kompositionen aus *Artaserse* ließen sich also sowohl mit Manzuoli bzw. der Londoner Hasse-Tradition als auch mit Johann Christian Bach in Verbindung bringen (mit diesem ferner eine Vertonung aus *L'Olimpiade*), Kompositionen aus *Ezio* primär mit Manzuoli; auch zu Mattia Vento hatten die Mozarts Kontakt. Jeder von den drei Musikern kommt als Inspirationsquelle in Betracht – und keiner mehr als die beiden jeweils verbleibenden. Und da die zeitgenössische Londoner Opernpraxis in ihren differenzierten Stilschichten auf unterschiedliche Weise von der königlichen Familie protegiert wurde, wäre es auch kaum opportun gewesen, sich klar auf die Seite nur eines Musikers zu schlagen: Während George III. es als Verpflichtung auffaßte, die Händel-Begeisterung seines Vaters weiterzutragen, setzte sich die Königin sich für ihren Music Master Johann Christian Bach ein (und vertrat damit die modernsten Stilkonzepte). Manzuolis und Ventos Position standen zwischen diesen beiden Stilschichten. In jedem Fall ist aber auch der letztere in den Blick zu nehmen, wenn man danach fragt, woher Mozart seine ersten entscheidenden Anregungen als Opernkomponist bezog. Und da sich offenkundig (wie im Detail näher auszuführen) Änderungen der Arienpraxis Mozarts auch noch während der Zeit ergaben, die die Familie in Den Haag zubrachte, ist schließlich danach zu fragen, wie weit die Londoner Eindrücke überhaupt bestimmend für Mozart waren – abgesehen davon, daß sein bisheriger Horizont dort so nachhaltig aufgebrochen wurde.

Auf diesem Fundament ergeben sich die Details in Mozarts kompositorischer Entwicklung, denen das Hauptaugenmerk der folgenden Ausführungen – im Lichte der vorausgegangenen analytischen Beobachtungen – zu gelten hat. Neben den frühesten sinfonischen Konzepten sind in möglichst differenzierter Weise seine Anfänge als Komponist dramatischer Musik zu betrachten. Dabei ist eine Unterscheidung zwischen den Londoner Grundlagen und den niederländischen Konsequenzen nicht immer scharf zu treffen; im wesentlichen handelt es sich bei diesen beiden Bereichen aber um die tatsächlich entscheidenden, in denen Mozart (nach den elementaren Erfahrungen des Salzburger Klavierunterrichts) seine musikalischen Gestaltungsprinzipien entwickelte. Deshalb ist mit diesen beiden Teilbereichen dann auch weitgehend umschrieben, welche Ergebnisse die Westeuropareise für Mozart hatte, indem sie ihn vom jugendlichen Klaviermeister zu einem Allround-Komponisten werden ließ.

Wenn sich Mozart während der Monate in London (und den nachfolgenden in Den Haag) in der damit umrissenen Weise von einem Musiker, der hauptsächlich für Klavier und nur gelegentlich auch für Violine komponierte, zu einem Komponisten entwickelte, der größere Formen und eine Vielzahl musikalischer Gattungen beherrschte, dann verbindet sich für die Nachwelt der entscheidende Schritt mit der Sinfonie KV 16, dem ältesten überlieferten Werk Mozarts, in dem er das Fundament seiner bisherigen Kompositionen verläßt. Anhand dieser Sinfonie läßt sich deutlich machen, welche Tragweite die Veränderungen des kompositorischen Profils hatte und mit welchen Schritten sich Mozart aus dem Horizont seines bisherigen Schaffens hinausbewegte – weg von Situation der Pariser Sonaten. Die Sinfonie ist nicht nur als Eigenschrift Mozarts überliefert, sondern sogar als Kompositionsautograph; damit läßt sie sich in die Nachbarschaft des *Londoner Skizzenbuches* rücken, des anderen, ähnlich frühen Dokuments, dessen Inhalt Mozart komponierte, ohne daß sein Vater ihn in erkennbarer Weise beaufsichtigte.

Wann genau Mozart dieses Skizzenbuch von seinem Vater bekam, ist nicht bekannt; es trägt lediglich die Angabe »à Londra 1764«. Generell geht die Mozart-Forschung davon aus, daß dieses Notenbuch etwas mit der Krankheit Leopolds im Sommer 1764 zu tun habe. Doch dies wirkt zu schematisch: Hatte Leopold denn wirklich irgendwo in seinem Koffer dieses leere Notenbuch, und wartete er nur auf eine Gelegenheit, um es seinem Sohn auszuhändigen – die sich dann mit seiner Erkrankung ergab, weil mit dieser alle weitergehenden musikalischen Aktionen seiner Familie lahmgelegt waren? Dies wirkt nicht plausibel; entweder also hatte Mozart schon vor der Erkrankung des Vaters Zugang zu diesem Buch – und konnte nun darin arbeiten, wie er wollte. Oder es wurde irgendwann sonst im Jahr 1764 beschafft und hatte einen völlig anderen Zweck – vielleicht sogar den, daß Leopold erst nach der Krankheitsphase begriff, wie sehr ein solches Buch die kompositorische Entwicklung seines Sohnes fördern könne.

Nicht völlig in den Wind schlagen darf man jedenfalls die von Nannerl mitgeteilte Episode aus dem Leben ihres Bruders, die sie 1799 für Friedrich Schlichtegroll folgendermaßen zu Papier gebracht hat[45]: »In London, wo unser Vater auf dem Tod krank lag, durften wir kein Clavier berühren, um sich also zu beschäftigen, componirte er seine erste Sinfonie mit allen Instrumenten Trompeten und Pauken, ich mußte sie ihm neben seiner abschreiben, indem er sie componirte und ich sie abschrieb, sagte er zu mir, er mahne [= ermahne] mich, daß ich dem Waldhorn etwas zu thun gebe.«

Es ist nicht auszuschließen, daß genau diese Sinfonie nicht erhalten ist; außerordentlich nahe liegt jedoch die Vermutung, daß Nannerl sich in der Instrumentation geirrt hat. Denn die erste Komposition, in der Mozart überhaupt Trompeten besetzt, ist Rezitativ und Arie *Or che il dover/Tali e cotanti sono* KV 36, entstanden zum 21. Dezember 1766 unmittelbar nach der Rückkehr nach Salzburg, die erste Sinfonie mit Trompeten hingegen die Anfang 1768 in Wien komponierte (KV 45); die Mitwirkung der Trompete ist in der Sinfonik des späteren 18. Jahrhunderts aber ohnehin weitaus weniger häufig als etwa die des Horns. Nannerl könnte also durchaus die erste erhaltene Sinfonie Mozarts gemeint haben (Es-Dur KV 16). Dies legt die Untersuchung des abstrakten Schriftbildes nahe. Im Skizzenbuch wirkt Mozarts Handschrift flüssig und bereits ausgereift: zunächst vor allem deshalb, weil er die ersten 62 Seiten (oder 27 Nummern) mit Bleistift geschrieben hat und dabei keinem der Probleme begegnete, die sich im Umgang mit Tinte ergeben (also mit einem Gänsekiel, der immer wieder neu gespitzt werden muß, und dem unkontrollierten Fließen der aus dem Tintenfaß geschöpften Tinte). Das äußere Erscheinungsbild der späteren, mit Tinte beschriebenen Seiten zeigt zwar eine ungelenke Hand, aber eine souveräne Beherrschung der Schreibtechniken. Anders dagegen im Autograph der Sinfonie KV 16: Die Probleme im Umgang mit Tinte und Feder sind unverkennbar. Das Manuskript enthält zwar nachträgliche Verbesserungen Leopold Mozarts, doch es entstand vermutlich nicht unter dessen Augen, denn nur allzu deutlich ist zu erkennen, wie unordentlich die Feder zugeschnitten war, mit der Mozart arbeitete. Zudem erweisen sich alle Kringel, die er malen mußte (etwa für Halbe oder Ganze), als wesentlich ungelenker als im Skizzenbuch[46]. Die Entstehung der Sinfoniepartitur kann im Prozeß des Schreibenlernens durchaus den Eintragungen des Skizzenbuches vorausgegangen sein – weniger erkennbar an den Schriftformen als an der Frage, wie sich der Umgang mit den Schreibwerkzeugen gestaltete. Damit wird in jedem Fall klargestellt, wie früh die Sinfonie in jener Umbruchphase Mozarts angesiedelt war, in der er sich über den bloßen Klavierkomponisten hinaus entwickelte.

Unmißverständlich beginnt er seinen Sinfoniesatz (Notenbeispiel 14, S. 443–448) mit einem ziemlich umfangreichen, in sich abgeschlossenen Abschnitt; zwischen den Takten 1 und 22 geschieht jedenfalls nichts, das die Grundtonart Es-Dur in Frage stellte. Bemerkenswert ist eher, daß diese

22 Takte nur aus zwei musikalischen Gestalten bestehen, aus einer unisono-Fanfare zu Beginn und einer piano-Fortführung. Die Fanfare umfaßt drei Takte, die Fortführung ist ein regulärer Achttakter, der sich in zwei Viertakter gliedern läßt, und die Baßlinie stellt klar, daß dessen erste vier Takte ebenso wie die zweite Gruppe einen kadenzierenden Bogen von Es nach Es beschreiben. Im Hinblick auf die musikalische Periodik erscheint also der unisono-Impuls als frei gesetzt, die Fortführung ist hingegen klar geordnet; insofern handelt es sich um eine in Mozarts Schaffen bislang nicht dagewesene Konstellation. Die beiden konträren Elemente werden dennoch in der seit Mozarts Salzburger Tänzen bekannten Weise als ein Öffnen und ein Schließen, in diesem erweiterten Sinn also als Vorder- und Nachsatz, aufeinander bezogen.

Nimmt man das motivische Erscheinungsbild in den Blick, kehren sich die Verhältnisse um. Klar profiliert ist die Fanfare des Anfangs; nicht ersichtlich ist, wo die melodischen Komponenten der Fortsetzung liegen: vielleicht in der Oboe I (also in einer Linie, mit der die obere Stimme der Violine II verdoppelt wird), im 1. Horn, einer Bewegung von Es aufwärts zur Terz G mit anschließender Tenorklausel, oder in der Violine I, deren Oberstimme von B (dem Spitzenton der Fanfare) ausgeht und zu Es zurückführt. Das Geschehen ist nicht klar – abgesehen davon, daß es rein harmonisch konzipiert wirkt.

Angekommen in Takt 22, setzt Mozart einen neuen musikalischen Prozeß in Gang. Dieser erinnert zunächst an die ›Mannheimer Walze‹, die crescendo-Technik über einem Orgelpunkt, in der ein Motiv stufenweise angehoben erscheint. Doch Mozarts Wagemut reicht nicht weit. Die Startkonstellation (Takt 23/24) hebt er um eine Stufe an (der Orgelpunkt wird gleichzeitig erstmals als solcher erkennbar) und bestreitet damit die Takte 25 und 26. Damit gelangt er in Takt 27 auf die Dreiklangsterz und könnte von dort aus in sukzessiver Verkürzung der melodischen Impulse weiter bis zur Oktave gehen – damit wäre die Technik der ›Walze‹ vollständig eingesetzt. Doch die Terz ist ihm als Ziel genug; schon mit ihr (T. 28) verläßt er den eingeschlagenen Weg und bereitet einen Halbschluß vor. Dieser ist dann mit Takt 29 formuliert, und sein Ziel wird daraufhin mit einem weiteren Takt bestätigt wird (bis zur Eins von Takt 30).

In dieser Satzeröffnung werden somit unterschiedliche Erfahrungen Mozarts zusammengeblendet. Die eröffnenden 22 Takte erscheinen als typischer, ausgedehnter Abschnitt in der Grundtonart, nicht anders als in der ersten Phase der Salzburger Tanzsätze. Seine großen Dimensionen ergeben sich jedoch vor allem daraus, daß Mozart die Musik – elf Takte lang – doppelt eintreten läßt. Unmißverständlich entsteht nach jeweils elf Takten eine Zäsur; gegenüber den Pariser Sonatensätzen, in denen die Musik aus dem Eröffnungsbereich einfach bruchlos in die Modulation weiterläuft, unterscheidet sich diese Musik also, indem in ihr eine ältere kompositorische Idee reaktiviert wird.

Die Eröffnung wird auf diese Weise abgesetzt von dem Abschnitt, mit dem der Übergang in eine andere Tonart ermöglicht wird: nicht als völlig ausgeführte Modulation (strenggenommen ist die Grundtonart damit noch nicht verlassen, daß eine Kadenz in ihr unvollständig ausgeführt ist), sondern mit dem Hinzugewinn der Perspektiven, die ein ›bifocal close‹ ermöglicht – ähnlich wie in den Pariser Sonatensätzen. Diesen ähnelt auch der Fortgang des Satzes, zunächst (am wenigsten verwunderlich) in harmonischer Hinsicht: damit, daß die Fortführung nach dem Dominanthalbschluß tatsächlich auch in der Dominante steht. Doch Mozart arbeitet mit einem gewissermaßen reduzierten Programm. Denn es entsteht nichts, das sich auch nur entfernt als themenähnlich bezeichnen ließe. In Takt 31 umspielt die Violine I die Dreiklangsquinte F, die Violine II unterterzt die Linie, die Viola repetiert den Grundton B. Dann wird diese letzte Funktion (als Halteton) vom Baß übernommen; die Viola wird frei dafür, einen neuen Impuls zu bilden, nämlich über eine Oktave eine Tonleiter abwärts zu spielen. Diese wandert fortan durch den Satz: In Takt 33 findet sie sich im Baß, in Takt 34 in der Violine I, in den Takten 35 und 36 noch zweimal im Baß. Ein Thema ist weder dies noch der vorausgegangene Schlenker in den Violinen.

Im Eröffnungssatz der Sonate KV 8 hat Mozart den melodischen Impuls, der nach dem Halbschluß eintritt, zum Pendelmotiv ausgebaut, als er den Klaviersatz um eine Violinstimme erweiterte: Im Nachhinein verdoppelte er die bereits geschaffene Konstruktion und bildete damit das Pendeln aus, das an jener Stelle die späteren Gestaltungsmöglichkeiten eines Seitenthemas erahnen läßt. Wie wenig essentiell diese Konstellation für Mozart war, wird nun hier deutlich; auch hier präsentiert er nichts anderes als die typische Einstimmung in das Musizieren auf der Dominante, das nach dem Halbschluß möglich geworden ist.

Auch die Takte 32–36 vermitteln kein völlig geschlossenes Bild. Nach Takt 31, der ohnehin noch von dem folgenden Geschehen abgesetzt ist, stehen Takt 32 und 33 auf gleicher Grundlage. Dann treten zu der abwärts führenden Tonleiter neue Elemente hinzu: In Takt 34 wird die Linie der Violine II farbiger, und die Viola setzt neue rhythmische Impulse; in Takt 35 wird der Satz mit Synkopen der Violine I und mit dem Halteton der Oboe II angereichert, in Takt 36 werden die Elemente noch weiter verdichtet (Violine II, Auffüllung des Bläsersatzes). Insofern handelt es sich zwischen Takt 31 (der Fortführung des Halbschlusses) und dem nächsten klar faßbaren Glied (T. 37) um einen Abschnitt, dessen Übergangswirkung mit jedem zusätzlichen Schritt deutlicher hervortritt.

Daraufhin beginnt Mozart seinen Kadenzprozeß. Ein erster Teilabschnitt reicht von Takt 37 bis Takt 44; diesen Achttakter gliedert er dadurch, daß er zweimal Gleiches ablaufen läßt (Takt 37–40, 41–44). Daß mit Takt 44 noch kein Schluß erreicht ist, ergibt sich daraus, daß der hier ›endende‹ Abschnitt eine Wiederholung enthält: Ein bewegtes, gleichwohl kadenzierendes Element, das zweimal vorgetragen wird, belegt, daß in dem Satz noch Spannungspotential abzubauen ist, ehe der Abschnitt schließen kann. Daher folgt nun eine zweite Kadenz – kompositorisch nach gleichem Muster, aber mit veränderter Wirkung: Die Kadenz, die in den Takten 45–48 vorbereitet wird, wird in den Takten 49–52 wiederholt, und beide liegen über einer ansteigenden Baßlinie, an der die Bratschen als Bassetto-Part beteiligt werden; doch für die Wiederholung werden die Stimmen der beiden Violinen, die im ersten Kadenzdurchgang fast durchgängig im unisono geführt worden sind, voneinander getrennt. Damit erhält das Kadenzieren nun eine gestische Ausrichtung: Wenn Mozart damit ein Ziel erreichen kann, liegt dies nicht daran, daß nach den nunmehr zweimal zwei Kadenzen das denkbare Potential abgebaut erscheint; vielmehr sind die Kadenzen 3 und 4 durch die Intensivierung, die mit der Oktavierung verbunden ist, gegeneinander gewichtet. Deshalb ist mit der Eins von Takt 53 eine Konstellation geschaffen, der nur noch Epilogartiges folgen kann; Mozart gliedert dieses, indem er – nach einem bewährten Muster – es zunächst als einen Trugschluß gestaltet und erst den zweiten Anlauf kadenzieren läßt.

Im Großen handelt es sich also um eine ähnliche Konstruktion wie in einem Sonatensatz (etwa für Klavier und Violine). Auffällig ist nur, daß Mozart einige seiner Pariser Standards aufzugeben scheint: die bruchlose Fortführung der Eröffnung in den Modulationsabschnitt, ebenso die Pendelbewegung, mit der er den Halbschluß fortsetzt. Überhaupt wird kein einziger der Abschnitte von jenem ›Pendeln‹ als Technik, eine Tonart zu halten, charakterisiert.

Im Anschluß an den Doppelstrich bildet Mozart – keineswegs erstaunlich – den Anfangsreim zur Eröffnung. Daher treten die Takte 1–11 nun in den Takten 59–69 neuerlich ein, allerdings ohne Wiederholung. Die Musik benötigt dennoch (dies ergibt sich aus den Gesetzen der Analogie) eine

Fortführung; Mozart läßt die Musik daher einen Ton höher eintreten, in c-Moll. Dann kommt Bewegung in den Satz – auf ähnliche Weise wie in Takt 23. Der Abschnitt wird nun nicht als ›Mannheimer Walze‹ gestaltet, sondern (an dieser Stelle in einer Komposition Mozarts kaum anders zu erwarten) als Sequenz. Ihr liegt ein viertaktiges Modell zugrunde, das allerdings kaum in dieser Form wahrzunehmen ist; eher scheint es sich um Zweitaktpaare mit intern geringfügig unterschiedlicher Gestaltung zu handeln. Jeweils vier Takte stehen jedoch über einem Orgelpunkt, die ersten über c (in c- und f-Moll), die folgenden über B (in B- und Es-Dur), und diese münden in die Schlußformel, die (nach c und B nicht verwunderlich) über A eingeleitet wird: mit einem verminderten Klang, der am einfachsten als VII. Stufe von B-Dur zu bezeichnen ist und in dieser Zieltonart einen Halbschluß vorbereiten kann. Ursprünglich hatte Mozart sogar eine noch einfachere Lösung im Blick: Er wollte in der zweiten Hälfte von Takt 83 das C abwärts zum Ces alterieren und dann sofort einen Halbschluß auf B bilden.

Dieser Halbschluß auf B erweist sich nun als echter ›bifocal close‹: Im ersten Teil des Satzes folgt ihm die Fortführung in B-Dur, hier die identische Motivkonstellation in Es-Dur. Keiner der motivischen Bausteine, die in der ersten Satzhälfte zwischen Halbschluß und Doppelstrich erklungen sind, wird nun gegen einen anderen ausgetauscht, nur punktuell wird das Erscheinungsbild variiert. Die Violinen werden bei der Wiederaufnahme der Musik, die in Takt 37 eingeführt worden ist, zunächst in Oktaven geführt und für die Wiederholung in tieferer Lage zusammengelegt; damit wird die Spannung gesteigert, daß es eine Fortführung zu geben habe. Ähnlich spielen die Violinen in der Musik des folgenden Achttakters grundsätzlich stets das Gleiche; zwar wird auch hier die Oktavlage gewechselt, doch ohne daß dies die unisono-Führung in Frage stellte. Schließlich wird die Instrumentation im Epilog geringfügig variiert.

Daß sich aus einer Gestaltung, die für Mozart eigentlich zunächst nur Tanzsätze trug, so organisch (trotz charakteristischer Brüche) ein Konzept ergibt, das sich für Sonaten- und Sinfoniesätze gleichermaßen eignet, ist für die Sicht späterer Zeiten nicht prinzipiell erstaunlich; üblicherweise ist es die Sonatenhauptsatzform, die als Bindeglied zwischen diesen beiden Feldern angenommen wird. Doch da die Tanzsätze nach Gesetzen gebildet worden sind, die von der Sonatentheorie nicht erfaßt werden, kann mit ihr die Entwicklung Mozarts nicht beschrieben werden; die Konzepte, von denen er in den älteren Einzelsätzen und in der Sinfonie KV 16 ausging, müssen einander grundsätzlich verwandt gewesen sein.

Mozarts Komposition wirkt souverän; daß dies eine der ersten Sinfonien sein könnte, die er geschrieben hat, erscheint aus dieser Perspektive kaum glaublich. Doch so souverän der Satz wirkt, enthält er doch auch Elemente, die zeigen können, daß Mozart noch einen Zuwachs an Erfahrungen benötigte – vor allem auf dem Sektor der Instrumentation. Damit bestätigte sich, daß es sich um eine der frühesten Kompositionen handelt, in denen er mit Orchesterbesetzungen gearbeitet hat.

Der große piano-Achttakter in der Anfangsphase des Satzes scheint, wie erwähnt, alle Parameter der Eröffnungsfanfare in ihr Gegenteil zu verkehren. Aus forte wird piano, aus unisono ein aufgefächerter Satz, aus einem bloßen Impuls eine in sich abgerundete Periode – und vor allem: Etwas melodisch Profiliertem folgt eine rein klangbetonte Fläche, in der die Melodiefunktion nicht geklärt ist. Das ist nach dem Doppelstrich anders: Nur in den beiden Oboen liegen Linien, die mit melodischen Qualitäten ausgestattet sind, und zwar in der ersten diejenige, die zu Anfang in der Violine I erklungen ist. Das also, was an einer kaum wahrnehmbaren Stelle und in direkter Konkurrenz zu vielen anderen Elementen eingeführt worden ist, erweist sich als Kernbaustein. Zu dieser klaren Gestaltung hätte Mozart auch schon in Takt 4 gelangen können; doch dort ist er demnach eher an einem farbigen Satz interessiert, hier an etwas klar Profiliertem. Der Anlaß wird in der Fortsetzung verständlich: Wenn dieser Abschnitt über eine Stufensequenz versetzt werden soll, ist es beim Hören hilfreich, sie anhand einer faßlichen melodischen Linie verfolgen zu können.

Damit zeigen sich wesentliche Grundzüge dessen, wie Mozart nun Musik für diese orchestrale Besetzung komponieren konnte. Essentiell an der Musik der Takte 4–11 ist nicht ihr motivisches Profil, das bereits zu Beginn auf eine spätere Satzkonstellation ausgerichtet ist, sondern erst bei deren Zustandekommen wird die Musik so abgewandelt, daß sie den neu erforderlichen Gegebenheiten angepaßt erscheint. Mozart komponierte in diesem Satz also zunächst nur abstrakte musikalische Funktionen; weder sah er sie in jedem Einzelfall durch Motive repräsentiert, noch hatte er von vornherein auch die Instrumentation im Sinn. Zu beidem zwingt ihn erst die Spezialanforderung der Stufensequenz nach dem Doppelstrich. Daß sich musikalisches Material ›entwickeln‹ könne, ist Mozart noch weitgehend fremd.

Ähnliches gilt auch für den Epilog; auch hier ist die Instrumentation nicht durchgängig als geschickt zu bezeichnen. Zugleich mit der Rücknahme der Dynamik in Takt 53 können die Oboen zwar mit den Violinen gekoppelt werden; doch wenn Mozart den Hörnern, Instrumenten mit völlig anderem Klangspektrum, zwei Takte später eine korrespondierende Aufgabe zuweist, wird fraglich, wie weit er die Techniken des Instrumentierens und die damit verbundene Differenzierung der Dynamik bereits erfaßt hatte. Und daß er am Satzende die erste piano-Formel neben den Violinen auch mit den Hörnern besetzt, die zweite mit dem vollen Bläserkorpus, läßt sich zwar als farbig bewerten, zeigt aber auch nur genau diesen Ansatz (›variatio delectat‹), weniger einen klaren Sinn für die Funktion dieser Elemente.

Diese kleinen Schwachstellen im Instrumentieren, dazu die erst nachträglich erweiterte, zunächst außerordentlich knappe Gestaltung nach Takt 83, lassen die von Nannerl mitgeteilte Anekdote plausibel erscheinen. Denn Leopold Mozart war Orchestergeiger mit kompositorischer Erfahrung; Probleme im Umgang mit den Möglichkeiten des Bläsersatzes (›Harmoniemusik‹) wären ihm nicht unterlaufen. Deshalb kann Wolfgang den Satz nur komponiert haben, ohne daß Leopold ihm über die Schulter schaute. Dies klärt auch manch anderes Detail: Daß Mozart seine alte Zäsur zwischen Phase 1 und 2 wieder aufleben läßt, wirkt wie ein Rückfall, ebenso, daß er kein Pendelmotiv nach dem dominantischen Halbschluß eintreten läßt und in der alten Phase 3 den Weg zwischen Neueröffnung und Schluß der Rückleitung so knapp faßt, daß sie sich wieder mit den Termini ›Anfangsreim‹, ›Sequenz‹ und ›Halbschluß‹ umschreiben läßt. Es ist nicht auszuschließen, daß die jeweils neueren Details für Mozart noch nicht fest in seinem kompositorischen Repertoire verankert waren und daß er beim unbeobachteten Komponieren lieber Zuflucht zu Vertrautem nahm – ein Eindruck, der sich auch am Satzende bestätigt (indem Mozart all das neuerlich erklingen läßt, was die Grundtonart zu bekräftigen hilft) und den auch manche Kompositionen des Londoner Skizzenbuches nahelegen. Daß dies also wirklich »Mozarts erste Sinfonie« war, ist also keineswegs unwahrscheinlich.

Die Strukturierung des sinfonischen Ablaufs: Instrumentation, Dynamik, Gesten

Nach diesem Überblick über den Satz – aufbauend auf deduktiven Techniken der Analyse – ist sein Erscheinungsbild zu bewerten. Beispielhaft kann dies an der Exposition geschehen. Prinzipiell erscheint der Satz problemlos darstellbar als ein Resultat der Phasentechnik, die sich in Mozarts Salzburger Kompositionen erkennen läßt und die in Paris in dem Detail weiterentwickelt wurde, daß die Position der Zäsur zwischen den Phasen 1 und 2 nicht mehr eindeutig festgelegt war. Demnach besteht nun – im Gegensatz zu dem Neuen, in Paris Hinzugewonnenen – die Exposition aus einer traditionellen Phase 1, die dank der Wiederholung ihrer Anfangstakte beachtlich umfangreich disponiert ist und selbstverständlich die Grundtonart wahrt, ebenso einer traditionellen Phase 2, in der die Klangwirkung der Dominante ausgebreitet wird. Weil in diesem Satz sowohl vor dem Verlassen der Grundtonart als auch nach dem charakteristischen dominantischen Halbschluß eine Zäsur entsteht, läßt sich das Zwischenglied nicht eindeutig in das System einordnen. Es scheint also, als strebe Mozart lediglich eine Gestaltung an, die zwischen seinen Salzburger Grundlagen und seinen Pariser Erfahrungen vermittelt.

Doch das Ergebnis ist differenzierter. Um dies deutlich zu machen, stehen neben dem Phasenmodell zwei weitere analytische Zugänge zur Verfügung. Der erste bezieht in das Phasenmodell die Tatsache ein, daß Mozart im Umgang mit einem Orchester neue Möglichkeiten zur dynamischen Differenzierung hinzugewinnt: zur Unterscheidung nicht nur von forte und piano, sondern auch von voller und reduzierter Besetzung. Nur zur groben Orientierung tauglich ist der dritte, aber populärste Ansatz: die Theorie der Sonatenhauptsatzform, die von der Existenz zweiter Themen abhängig ist. Doch es wenig sinnvoll, die Eröffnung (T. 1–22) als Hauptthema zu bezeichnen, weil das Material, das in diesem zweimaligen Durchgang erklingt, so konkret und zugleich so disparat ist, daß es sich nicht als Thema auffassen läßt. Noch weniger ist das, was den Platz des späteren Seitenthemas einnimmt, mit diesem Begriff zu belegen, weil hier überhaupt keine thematischen Eigenschaften auszumachen sind (mit dem Phasenmodell kommt man immerhin weiter: Mozart präsentiert nur die neue Tonart und crescendiert).

Das Modell, das die Dynamik einbezieht, ist im wesentlichen in der Analyse Mozartscher Konzertsätze entwickelt worden. Daß dies nicht an Sinfonien geschah, erklärt sich aus der Eingrenzung des Blickfeldes, derzufolge ein klassischer erster Sinfoniesatz automatisch in Sonatenform stehe; auf dem Sektor des Instrumentalkonzerts bestand größere Freiheit, Abweichendes zu konstatieren – besonders im Hinblick auf die sogenannten Orchesterexpositionen, die nicht modulieren (weil dies erst dem Soloteil vorbehalten ist) und daher als nur bedingt sonatenhaft gesehen werden konnten.

Tabelle 3:
Mozart, KV 16, 1. Satz, »Exposition«: drei Muster der Darstellung

Takt	»Mozarts Tradition« (»Phasen« unterstrichen)	dynamische Impulse (Fettdruck: forte-Elemente)	Sonatenform
1/12	_Phase 1: Grundtonart_ Tonart, Tempo, Takt	**»Vorhang«**	(»Hauptsatz«)*
4/15	Kadenz: Grundtonart wird gehalten, danach _Zäsur_	piano-Kadenz	
23	_zu Phase 1 / Phase 2_** »Wechsel« der Tonart …	**angedeutete Walze, von vornherein im Forte**	Überleitung
28	… mit Halbschluß und _Zäsur_	**Halbschluß und Akkordrepetitionen**	
31	_Phase 2: Zieltonart_ (= neue Tonart wird ge-halten) – nur Tonika-Klang	piano-Element (mit auskomponiertem crescendo; Tonleitern)	(»Seitensatz«)*
35		**Überleitung**	hier oder …
37/41	– 2x Kadenz (gleich)	**Kadenz 1**	… hier: Schluß-gruppe
45/49	– 2x Kadenz (Steigerung)	**Kadenz 2**	
53/55	– Trugschluß/Kadenz	**Kadenz 3** (jeweils piano/**forte**)	Epilog
57–58	– Tonart-Bestätigung	**Tonart-Bestätigung**	

Erläuterungen

* Strenggenommen kann von Haupt- und Seitensatz keine Rede sein, weil an ihrem Beginn je ein Thema stehen müsste; in der Musik zwischen Takt 1 und 11 werden eher die Kontraste als die »thematische« Zusammengehörigkeit betont, die Musik zwischen Takt 31 und 36 weist keinerlei thematische Züge auf.

** Die Zugehörigkeit der Modulation zu Phase 1 oder 2 ist offenzulassen, weil sowohl die »alte« Zäsur der Salzburger Kompositionen (vor dem Verlassen der Grundtonart) als auch die »neue« der Pariser Sonaten (nach dem Quintabsatz) vorhanden ist.

Den Anfang mit dieser Theorie machten 1976 Robert D. Levin und Daniel N. Leeson in einer Abhandlung, in der sie sich ein analytisches Instrumentarium für die Autorschaftsklärung der apokryphen Sinfonia concertante für Bläsersoli und Orchester KV 297b zu schaffen versuchten. Als typisch für Orchestereinleitungen Mozartscher Konzerte sahen sie eine Abfolge von sieben Teilen an: Einem »First theme« folge ein »forte move to V«, anschließend eine »Half-cadence on V«; daraufhin erklingt ein »Second theme«, ferner eine »conclusion I: forte« und eine »conclusion II: piano«, die mit »flourish« bestätigt werden. Dieses System öffnet den starren Horizont des Sonatendenkens. Doch es ist nach wie vor zu intensiv dem Themenbegriff verpflichtet (Mozart konnte auch ohne ›Thema‹ beginnen), und auf dem Weg zu einem Halbschluß ist kein »move« erforderlich – nichts, das auch nur entfernt an Modulation erinnert. Erst später hat sich die Musikwissenschaft ein systematisches Bewußtsein dafür erschlossen, was ein ›bifocal close‹ in Musik der Wiener Klassiker bewirke, der selbst noch nicht automatisch Modulation herbeiführt.

Schließlich ist fraglich, ob jeweils die beiden »conclusions« sich in genau dieser Form einstellen müssen. Hierfür hatte Denis Forman schon 1971 anhand der Klavierkonzerte Mozarts ein anderes Konzept entwickelt, das zwar im wesentlichen ausschließlich aus dem Denken des Sonatenmodells hergeleitet ist, aber gerade für die Schlußphase eine wichtige Beobachtung enthält: Mozart kadenziere typischerweise dreimal; Forman benennt die Abschnitte als »cadentials«. Beide Ansätze lassen sich zusammenführen. Stellt man die Konzerteröffnungen Mozarts einander in einer Synopse gegenüber, lassen sich prinzipiell etwa fünfzehn verschiedene Eigenschaften unterscheiden, die Mozart in Konzerteröffnungen anlegt: nicht als Themen, die verarbeitet werden, nicht als Formelemente, die aneinandergereiht erscheinen, sondern als Zonen, die ein Satz durchlaufen kann, von denen jede mit charakteristischen gestischen Eigenschaften behaftet ist. Diese werden aufeinander abgestimmt; damit ergibt sich, aus welchen Gesten ein musikalischer Zusammenhang gebildet wird. Keine von ihnen ist von vornherein wichtiger als eine andere (wie es im Sonatenmodell Haupt- und Seitenthema gegenüber Zwischen- und Schlußgruppe zwangsläufig sind). Also sind strenggenommen auch nicht die Zonen selbst das Entscheidende, sondern das, was Mozart aus ihnen macht: im Wechselspiel vor allem von Motivik, Dynamik, harmonischer Funktion[47].

In all jenen Konzertmodellen wird lediglich beschrieben, wie Mozart im Orchester ein möglichst vielfarbiges Material entwickelt, das anschließend das gemeinsame Musizieren mit einem Solisten prägt. Nie ging es dagegen darum, die innere Stringenz des musikalischen Verlaufs darzustellen; so plausibel eine orchestrale Konzerteinleitung Mozarts klingt, wird der Gesamteindruck stets auch von der Erwartung bestimmt, daß das reiche motivische Material erst mit dem Einsatz des Solisten sein eigentliches Leben entfalten könne. Doch das gleiche Prinzip, nach dem jene Orchestereinleitungen gestaltet sind, prägte zuvor schon die erste überlieferte Sinfonieexposition Mozarts.

Tatsächlich läßt sich ihre Musik bereits mit den Ansätzen Formans bzw. Leesons und Levins hier ziemlich weit beschreiben. Der Schluß der Exposition (von Takt 37 an) setzt sich aus Formans drei »cadentials« zusammen; die beiden ersten von ihnen stehen im Forte (Leeson und Levin zufolge wären sie daher als ein Abschnitt aufzufassen), der dritte enthält auch piano-Material, und danach folgt noch »flourish«. Auch die anderen Elemente, die Leeson und Levin benennen, lassen sich erkennen: nicht nur die beiden Abschnitte, die in der Position späterer ›Themen‹ stehen, sondern auch der obskure »forte move« und der Halbschluß.

Doch damit ist der Satz noch nicht beschrieben. Wenn Leeson und Levin dynamische Kriterien einbeziehen (»forte move«), ist ebenso wichtig, daß zwischen dem forte-Startimpuls des Satzes und dem »forte move« ein piano-Segment steht. Dieses hat in Leesons und Levins Modell keinen Platz, weil sie ein Hauptthema konstatieren und weil dieses (auf diesen Sinfoniesatz übertragen) bis zur Kadenz in Takt 11 reichen müßte. Aus dem gleichen Grund darf man das forte-Zwischenstück nicht unterschlagen, das den piano-Abschnitt (T. 31 ff., in späterer Seitenthemen-Position) und das erste der »cadentials« voneinander absetzt. Deshalb ist es erforderlich, an die Stelle eines vom Sonatendenken bestimmten Formmodells, für das die Existenz von Themen essentiell ist, jenes andere zu setzen, das die Dynamik einbezieht und in ihr die Techniken der Instrumentation einschließt. Denn dieses Feld bot Mozart, als er kompositorisch von Sonatensätzen für Klavier zu orchestraler Musik überging, die entscheidend neuen Möglichkeiten der musikalischen Differenzierung.

In dieser Hinsicht läßt sich der Eingangssatz folgendermaßen beschreiben:

1. Der forte-Impuls, der diesen Satz eröffnet, hat seit Hugo Riemanns Begriffsprägung eines ›Vorhangs‹, der zu Beginn einer Komposition in einem Unisono symbolisch aufgezogen werde, niemanden verwundert; ›Vorhang‹ könnte allerdings auch ein einzelner Akkord sein. Dies ist somit ein charakteristischer, scheinbar außerhalb der metrischen Ordnungen stehender Startimpuls.

2. Typisch ist daraufhin die piano-Fortführung. Obwohl sie kadenziert, bewirkt sie nicht, daß der Gesamteindruck thematisch zu nennen wäre, sondern sie ermöglicht eine Spannung über die Kadenz hinaus: wesent-

lich wegen der dynamischen Eigenschaften, aber auch wegen des vielfältigen Gegensatzes gegenüber der Eröffnungsfanfare. Auf diese Weise ist anschließend kein weiteres Element erforderlich, um jene innere Spannung des Satzes neu aufzubauen; die Notwendigkeit einer Fortsetzung im Forte ist evident. Das piano-Zwischenglied ist außerdem notwendig, um anschließend den Einsatz der ›Walze‹ zu ermöglichen; dem crescendo-Glied muß eine Art Ruhestufe vorausgehen. Daß diese beiden Elemente – die einleitende forte-Fanfare und die anschließende piano-Periode – zweimal aufeinanderfolgen, mag verwundern, erklärt sich aber bereits aus den Tendenzen der Pariser Kompositionen Mozarts, einer allzu knappen Anlage der Tonika-Startfläche entgegenzuwirken; das Spannungspotential zwischen den beiden Elementen, das sich in der Setzung der dynamischen Vorschriften äußert, tritt in dieser Zweimaligkeit um so deutlicher in Erscheinung.

3. Daß Mozart daraufhin im Forte noch eine Zeitlang an der Grundtonart festhält, ehe er sie in Frage stellt, erweist sich – mit Blick auf seine spätere Konzertpraxis – als charakteristisch, und da die ›Mannheimer Walze‹ auf einem Orgelpunkt aufbaut, ist die Grundton-Beziehung nicht zu vermeiden.

4. Mit Takt 28 kommt es zu der in jedem Modell essentiellen Veränderung: Der Orgelpunkt wird aufgegeben, um den Halbschluß zu ermöglichen; dies geschieht generell im Forte, ebenso die Bestätigung dieses Klangs am Ende.

5. Nach dem Quintabsatz fährt Mozart fort: Wichtiger als alles rudimentär Themenhafte ist, daß hier ein piano-Element erklingt, ehe die Schlußwirkung (im Forte stehend) vorbereitet wird. Es handelt sich nicht um ein ›lyrisches Seitenthema‹; vielmehr ist die Schlußkadenz, die fortan zu erwarten ist, am klarsten aufgeschoben, wenn deren charakteristische Dynamik, die forte-Stufe, noch nicht erreicht ist.

6. Daß Mozart noch vor Beginn der eigentlichen Schlußgruppe ein crescendo-Moment einrichtet, ist zumindest in Konzerten nicht selten. Gegenüber dem Klangspektrum seiner Klaviermusik nutzt er hier die erweiterten Möglichkeiten der orchestralen Besetzung aus: Das Forte, das zwingend zu erreichen ist, wird auf diese Weise – aus der Instrumentation heraus – eigens hergeleitet.

7. Es folgen die Kadenzabschnitte, hier ohne dynamische Differenzierung. Dennoch wird unmißverständlich deutlich, daß zwei unterschiedliche forte-Kadenzen (als Paare, das zweite mit finaler Ausrichtung) direkt aufeinander folgen. Schon in seinen Salzburger Klavierstücken hat

Mozart die Grundlagen dieser Schlußgestaltung formuliert; in seinen Pariser Sonatensätzen wird vollends deutlich, auf welche Weise sich »cadentials« staffeln lassen.

8. Ausgehend vom piano folgt eine epilogartige Bestätigung der Kadenz; doch nicht nur dies ist »flourish«.

9. In den Takten 57 und 58 ergibt sich als eigenständiges gestisches Element eine Reihung des Zielklangs über bewegter Baßlinie, die in ihrer Gestaltung der Halbschlußbestätigung (vgl. Punkt 4) direkt vergleichbar ist.

Die gleiche Technik, mit der Mozart später den musikalischen Verlauf im eröffnenden Tutti-Abschnitt eines Konzertsatzes differenzierte, konnte also auch schon Jahre zuvor eine sinfonische Exposition prägen. Die Vielfalt, die sich in Orchestereinleitungen von Konzertsätzen erkennen läßt, ist also nicht davon abhängig, daß Mozart dieses überreiche motivische Material im weiteren Verlauf des Satzes behandeln möchte, um diesen als eine besonders dicht gestaltete Einheit erscheinen zu lassen. Die Situation ist eher umgekehrt: Weil aus seiner – schon frühen – Sicht das Material in einem normalen musikalischen Prozeß so reich anzulegen ist, läßt es sich unter den besonderen Bedingungen des Konzertsatzes auch als ein entsprechender Materialpool behandeln. Die Wurzeln dieser Materialvielfalt liegt für Mozart in den Techniken seiner Salzburger Klaviermusik, die sich mit dem Phasenmodell umschreiben läßt: Einzelglieder des Satzverlaufes werden nicht auseinander abgeleitet, sondern erscheinen als Reihung abgegrenzter Zellen, die auf eine unauffällige Weise aufeinander abgestimmt werden. Die Tragfähigkeit dieses kompositorischen Verfahrens haben die Pariser Sonaten gezeigt, in denen es Mozart durchaus eine respektable Ausbreitung des musikalischen Satzes ermöglichte; die ›entwickelnde‹ Alternative, die erstmals in der Sonate KV 9 zu erkennen ist, war für Mozart folglich noch Ausnahme, als er seinen sinfonischen Stil formierte.

In den Pariser Sonaten jedoch läßt sich sehen, daß die alte Phase 1 Mozart letztlich nicht genügend Raum bot: In ihr konnte er lediglich die Grundtonart ausbreiten; in Phase 2 ergaben sich viel größere Gestaltungsmöglichkeiten, weil sich der Kadenzprozeß differenzieren läßt. Ein erster Ausweg war, die Musik in Phase 1 noch bis zum Quintabsatz weiterlaufen zu lassen, also die ›neue Tonart‹ nicht unvermittelt nach einer scharfen Zäsur einsetzen zu lassen. Doch die Gewichtung, daß vor dem Halbschluß weniger Möglichkeiten der Gestaltung bestehen als nach ihm, spiegelt sich noch in den Verhältnissen der Konzerte, in denen die musikalische Entwicklung nach fünf eröffnenden Zonen (vor dem Halbschluß) prinzipiell noch zehn weitere durchlaufen kann.

Auf das Modell, das die Sinfonieexposition in KV 16 mit den späteren Konzerteinleitungen verbindet, steuerte Mozart in seinen Pariser Sonaten zielsicher zu: bereits darin, daß er eine eigene Eröffnung formulierte, die neben dem Geschehen zu stehen scheint (z.B. KV 8/1, Beginn von Takt 1; noch deutlicher in KV 6/1) und nicht zwingend in die periodische Konstruktion der Eröffnung einbezogen ist. Nach deren Ende wird bisweilen erkennbar, wie hart Mozart darum kämpft, den Halbschluß noch nicht erreichen zu müssen. Hier entsteht mit den Möglichkeiten des Orchesters der typische forte-Abschnitt, der noch in der Tonika steht, aber idealerweise von der Anfangskonstruktion auch in dynamischer Hinsicht abgegrenzt werden kann. Der Halbschluß, seine Bestätigung und auch die piano-Fortführung sind essentiell; daß dann eine Differenzierung des Kadenzprozesses stattfinden kann, ist eines der ältesten Elemente in Mozarts freierem Komponieren, das er kannte, seitdem gelernt hatte, daß vor einem Doppelstrich mehr als nur acht Takte stehen können. Schon die Arbeit mit einem Trugschluß an dieser Stelle verweist auf das Ziel: auf das, was Denis Forman im Konzertsatz mit den drei »cadentials« umschrieben hat.

Insofern ist der erste Satz der Sinfonie KV 16 eine ungemein wichtige Station in Mozarts kompositorischer Laufbahn. Hier liegen die Folgen seiner kompositorischen Herkunft und die Wurzeln seines späteren Stils so dicht beieinander, daß sich die Musik auf beiderlei Weise analysieren läßt. Die Sonatenform jedoch vermag allzu viele Details im musikalischen Fluß nicht zu erklären.

Die weiteren Sätze der Londoner Sinfonien

Die Anfangssätze der beiden anderen Londoner Sinfonien Mozarts, KV 19 (D-Dur) und KV 19a (F-Dur), runden dieses Bild ab. Die letztgenannte eröffnet Mozart nicht mit einem ›Vorhang‹, sondern mit einer melodischen Linie; die Konsequenz für Mozart ist, daß dies – und nur dies, also ohne Erweiterungen – wieder eine konventionelle ›Phase 1‹ füllt, die von der folgenden ›Modulation‹ mit einer klaren Zäsur abgesetzt ist. Das aber bedeutet keinen Rückgriff auf frühere Techniken, sondern erscheint lediglich als Konsequenz aus der andersartigen Eröffnung; letztlich findet sich am Ende der Exposition eine ganz besonders klare Staffelung von Kadenzen. Ähnlichen Verhältnissen wie denen der Sinfonie KV 16 begegnet man in der Sinfonie KV 19, in der Exposition sogar den gleichen. An deren Ende kommt es zum einzigen markanten Unterschied in der musikalischen Anlage beider Sätze: Mozart verzichtet auf einen Doppelstrich, er läßt die Musik also bruchlos weiterlaufen. Zwar kann er nicht auf eine Schlußkadenz der Exposition verzichten, muß aber plausibel machen, daß sich daraufhin keine Zäsur ergibt. Die Folge ist, daß er zwar auf der Takt-Eins die Kadenz noch zu Ende führt (in A-Dur), dann aber einen überraschenden Klang einführt, der die ›Zäsur-Erwartung‹ plötzlich wegwischt: einen im Unisono (ohne Hörner) einfallenden Ton Ais. Selbstverständlich ergibt sich daraufhin weder eine neuerliche Eröffnung in der eben zuvor erreichten Zieltonart noch ein motivischer Anfangsreim beider Teile des Satzes; Mozart hat mit dem Überraschungsklang die Ebene schon verlassen, auf der diese Elemente eintreten könnten. Die Konsequenzen, die er zieht, sind ebenso klar: Es folgt eine Auflösung des Ais nach h-Moll, dann eine Stufensequenz abwärts, die von h-Moll nach A-Dur führt, schließlich die von hier aus naheliegende Rückleitung in die Grundtonart D-Dur. Damit ist erneut deutlich geworden, wie wenig Mozart ›Form‹ komponiert, sondern daß er eher musikalische Gesten aufeinander abstimmt; nicht einmal das Formelement ›Doppelstrich‹, so elementar es in einem Tanzsatz ist, ist unverzichtbar.

Mozart hatte also in sein Komponieren neue Vorstellungen eingebracht: Zu den Techniken seiner Salzburger Tanzsätze, die er für die Sätze der Pariser Sonaten um eine sorgsame Abstufung der Charaktere erweitert hatte, war eine Durchformung der Dynamik gekommen – möglicherweise auf Anregungen Carl Friedrich Abels hin[48]. Im Grunde genommen wirkt die Dynamik jedoch lediglich wie eine Folge daraus, daß Mozart nun zwangsläufig auch Techniken der Instrumentation anwandte: Denn die dynamische Differenzierung, die in den Sinfoniesätzen vorgesehen ist, läßt sich in dieser Form auf dem nach wie vor führenden besaiteten Tasteninstrument der Zeit, dem Cembalo, nicht erreichen.

Dies informiert über Mozarts Bewußtsein auch im Hinblick auf die Stücke des Londoner Skizzenbuches: Es erscheint kaum denkbar, daß eine Kompositionsweise, die sich so weitgehend auf Orchesterbesetzung gründet, es zugelassen hätte, sinfonische Sätze zunächst am Klavier zu konzipieren. Möglicherweise hat man jene daher ohne Umschweife als Klavierwerke zu qualifizieren und stärker davon auszugehen, daß für Mozart erst die gewählte Besetzung eines Stückes dessen musikalische Gestalt bestimmte (selbst wenn Mozarts Instrumentationskunst noch Schwächen erkennen läßt). Ob es also wirklich Carl Friedrich Abel war, der Mozart beeinflußte, oder ob die dynamische Differenzierung eine logische Folge aus erweiterter Besetzung und klanglich vielfältigerem Musizieren ist, läßt sich kaum abschätzen.

Die weiteren Sätze der Sinfonien tragen zu diesem Bild keine wesentlichen weiteren Details bei. Der ausdrucksvolle Moll-Satz der Es-Dur-Sinfonie KV 16 läßt sich in ähnlicher Variantenbildung auf Mozarts ältere kompositorische Erfahrungen beziehen wie die Moll-Menuette der Pariser Sonaten. Die Dur-Mittelsätze der beiden anderen Werke folgen in ihrer Anlage ebenfalls Techniken, die seit den Pariser Sonaten für diesen Satztyp bereitstanden: Eine so reiche Differenzierung wie die, von der die Anfangssätze geprägt sind, ist in ihnen nicht zu finden; sie war wohl nicht erforderlich, zweifellos wegen des geringeren Tempos, das (bei ähnlich vielfältiger Gestaltung) die Sätze überdimensional ausgedehnt hätte, und wegen des ruhigeren Charakters, der in ihnen auch gemächlichere Farbwechsel ermöglicht. Mehr Vielfalt war auch nicht erwünscht, wie sich in der Instrumentation zeigt: Mozart läßt die Oboen pausieren; an den Sätzen wirken neben den Streichern nur noch die Hörner mit, und zwar nur mit Stütztönen für die Harmonien, so daß das klangliche Erscheinungsbild viel konstanter ist – auch im Mittelsatz der Sinfonie KV 16, in dem jene Stütztöne auf das Fugato-Thema im Finale der *Jupiter-Sinfonie* vorauszuweisen scheint. Damit entstehen Verhältnisse, die einem Klaviersatz insofern ähneln, als durchgehend die gleichen instrumentalen Bedingungen herrschen; eigene ›dynamische Impulse‹, die sich in der musikalischen Sprache auswirken und auch von der Instrumentation ausgehen könnten, werden nicht gebildet.

Für die Finalsätze setzt Mozart das Rondoprinzip ein. Zumindest im Bereich des Kompositorischen war es für ihn noch neu; doch die Bildung kurzer Refrainphrasen und nur wenig weiter ausgedehnter Couplets machte ihm auf der Grundlage des Gelernten keine Mühe. Und wie der letzte Satz der Sinfonie KV 19 erkennen läßt, der als einziger der Finali nicht als Rondo angelegt ist, sah er für den Satztypus der Anfangssätze noch eine Variante, in dem – durchaus angemessen für einen Schlußsatz, der im flotten 3/8-Takt gehalten ist – manche musikalische Prozesse knapper angelegt sind als im gewichtigeren Eröffnungssatz. Dieser Substanzunterschied zwischen beiden Typen läßt sich auf ähnliche Weise erklären wie die Stellung der Mittelsätze; auch in diesem Finale wirken als Folge dieses geringeren Gewichts viel eher die traditionellen Techniken Mozarts fort. Offenbar hatte er sich also für die Anfangssätze Möglichkeiten einer neuen Anlage erschlossen, in der die Technik des ›bifocal close‹

und der dynamischen Differenzierung des allmählich Erworbenen eine Schlüsselrolle spielten; in jeder anderen Gestaltung konnte er mit den Mitteln, die ihm schon seit längerem zur Verfügung standen, knappere Sätze disponieren, und ob es sich um schnelle oder langsame Sätze handelte, wirkte sich neben der Satzüberschrift auch in der Motivik aus.

Zwischen London und Den Haag:
Bedingungen für Mozarts Einarbeitung in die Arientechnik

Der Weg des etwa neunjährigen Mozart zum Opernkomponisten forderte von ihm eine Fortentwicklung dessen, was er sich in den Sinfonien erschlossen hatte. Zu dem neuen Bewußtsein für differenzierte dynamische Vorgänge, die sich auch in der Instrumentation umsetzen lassen, hatte nun ein Bewußtsein für Textvertonung und Virtuosität (diese in bezug auf Gesang) zu treten. Mozart gewann den Einstieg auf eine in mehrfacher Hinsicht charakteristische Weise.

1. Selbstverständlich ist der Text, der zu vertonen war, italienisch. Nationalsprachliche Opernentwicklungen größeren Stils haben sich zwar schon im 17. Jahrhundert und dann verstärkt seit etwa 1730 ergeben, doch sie waren stets bezogen auf das italienische Grundsystem. Auf diese Weise lassen sich englische Opern und Oratorien des Händel-Umkreises problemlos aus Formen erklären, die in der italienischen Oper vorherrschen; dasselbe gilt für das seit der Jahrhundertmitte entwickelte deutsche Singspiel. Wenn Mozart sich also als Komponist der Oper nähern wollte, hatte er sich zwangsläufig in deren italienisches Grundsystem einzuarbeiten – und zuvor Italienisch zu lernen. Jeder Versuch, ihm dies zu ›ersparen‹, wäre sinnlos gewesen.
2. Italienische Opern setzen sich bis ins 19. Jahrhundert aus Rezitativen und Arien zusammen. Sie haben zwei radikal unterschiedliche Funktionen: In Arien steht das sängerische (oder allgemeiner: das musikalische) Element im Vordergrund, in Rezitativen das dramatische. In Rezitativen wird folglich die Handlung vorangetrieben, nicht aber in den Arien, in denen eine charakteristische Affekt- oder Handlungsstation beleuchtet werden kann. Dies bedeutet, daß es zwei radikal unterschiedliche Elemente gab, die ein Komponist beherrschen mußte; um Opern komponieren zu können, benötigte Mozart folglich beides, nicht nur

die Arientechnik, sondern auch Kenntnisse in der charakteristischen Satzart des Rezitativs.

3. Vorstellungen davon, was ein gutes Libretto sei, brauchte Mozart zunächst kaum zu entwickeln, sondern er konnte sich mit bereits Vorhandenem begnügen. Dies war für die meisten seiner erwachsenen Berufskollegen nicht anders. Denn als Bezugssystem für Operntexte der Zeit kann das Œuvre von Pietro Metastasio gelten, dem beherrschenden Dichter der italienischen Oper zwischen etwa 1725 und 1780; wer Libretti Metastasios vertonen konnte, hatte mit denen anderer Dichter kaum Probleme, weil auch diese im Prinzip Metastasios Vorbild folgten. Grundsätzliche varianten waren lediglich für die Opera buffa erforderlich, die aber für Mozart um 1764/1765 – ebenso wie in seinem direkten Umfeld jener Zeit – noch als Nebensache erscheinen konnte.

Mit diesen Vorgaben ist Mozarts Einstieg in die Komposition musikdramatischer Formen umschrieben. Sie machen verständlich, weshalb Mozart zunächst Arientexte Metastasios vertonte. Doch offen bleibt, wie Mozart sich Kenntnisse auf dem Sektor der Rezitativik erwarb. Um dies ebenso zu verstehen wie die Frage, wie dieses Komponieren von Mozart und seiner Umwelt eingeschätzt wurde, sind weitere Überlegungen erforderlich: Handelt es sich bei den Arien nur um Übungskompositionen, oder welchen künstlerischen Wert konnten sie annehmen?

Informationen hierzu erschließen sich über elementare Aspekte der Libretti; sie lassen sich im Hinblick auf die dramatische Form und auf die Handlung betrachten. In den Dramen geht es um die konstanten Themen der Literatur wie Liebe und Tod, daneben um Macht und – dem politischen System der Zeit angepaßt – um das korrekte Funktionieren von Oben und Unten in der Gesellschaft, das normalerweise an der Spitze der Machtpyramide, allenfalls in den bukolischen Verhältnissen Arkadiens, exemplifiziert wird. Dieses Geschehen kann in allen Werken von prinzipiell gleichen Personengruppen getragen werden. Man braucht einen Herrscher, der entweder aus der antiken Mythologie oder der antiken Geschichte bekannt ist: Als Machtinstitution ist er wichtig, weil die zeitgenössischen absolutistischen Gesellschaftsstrukturen im Zentrum des Interesses standen; der Bezug zur Antike war nötig, weil diese der Fluchtpunkt des historisch-literarischen Denkens war und Herrschaft sich aus der Nachfolge des Römischen Reiches legitimierte. In diesem Rahmen vermittelten Latein und Griechisch als Bildungssprachen den unerschöpflichen Schatz der homerischen Mythen, der *Äneis* von Vergil und der *Meta-*

morphosen von Ovid, die in der Regel aber durch die französische Klassik, also die Literatur des mittleren und späteren 17. Jahrhunderts, aufs neue im Bewußtsein verankert waren. Nebenbei garantierte der Bezug zu etwas Fernliegendem, daß Äußerungen, die sich als regimekritisch interpretieren ließen, ausgeschlossen waren.

Jener Herrscher war im Rahmen eines Opernlibrettos oft nur wichtig als gegebene Instanz, als dynastischer Bezugspunkt oder als Schiedsrichter, denn die wahre Handlung ergab sich in der Generation seiner Nachfolger. Der Inhalt läßt sich schematisch formulieren: Die erste Sopranistin und der erste Kastrat sollen als jugendliches Paar erkennbar werden, ebenso die beiden zweiten in jeder Klasse; die Abstufung der Paare kann bereits selbst dramatisches Potential enthalten – bis dahin, daß das Drama dazu dient, die Rangfolge der Personen zu klären: Wer also ist prima donna, wer seconda donna, ebenso primo uomo und secondo uomo?

In der Regel werden diese vier Sänger sämtlich mit Sopranstimmen besetzt: Die Kastration von Jungen und deren anschließende (keineswegs automatisch erfolgversprechende) Ausbildung hatte zum Ziel, daß im Operngesang ein Nebeneinander von hohen Frauenstimmen und ebenso hohen Männerstimmen entstand und sich nur die Timbres voneinander unterschieden. Hohe Altstimmen hatten eine Chance für den jeweils zweiten Rang (seconda donna, secondo uomo). Eine ähnliche stimmliche Gewandtheit, klanglich jedoch eine Oktave tiefer angesiedelt als die Stimmen der Hauptrollen, wurde schließlich von Tenören verlangt, deren Register in der Regel mit der Rolle des Herrschers gleichgesetzt wurde. Damit war das ›eigentlich interessante‹ musikalische Geschehen auf die Soprane konzentriert; der Tenor erhielt ein eigenständiges Profil. Entsprechend mußten auch die wenigen erforderlichen Nebenrollen ein eigenes Stimmprofil haben. Typischerweise wurden diese Parts als Baßrollen ausgewiesen, weil Bassisten die brillierende Flexibilität der Sopran- oder Tenorregister nicht zugetraut wurde; in einem Gesangssystem, das hohen Stimmen einen Vorzug auch in dramatischer Hinsicht einräumte, gab es für sie keinen anderen Platz. Eine Folge aus dieser Disposition ist, daß die gesamte Gesangskultur auf einheitliche virtuose Strukturen ausgerichtet war, und zwar bereits im Gesangsunterricht, der für alle wesentlichen Stimmlagen gleichermaßen auf den Vortrag hoher, flexibler und weitgespannter Linien abzielte. Wenn daraufhin Interpreten maßgeschneiderte Parts erwarteten, in denen sie mit ihren spezifischen virtuosen Möglichkeiten glänzen konnten, ist dies nicht etwa allein der Virtuosenlaune entsprungen, sondern ganz direkt eine Voraussetzung dafür gewesen, daß innerhalb der Soprane-Welt ein Sänger stimmlich Profil entwickeln und sich von den jeweiligen Partnerstimmen absetzen konnte.

Für einen Komponisten war es folglich essentiell, die grundlegenden, aber typisierten Arientechniken zu erlernen, innerhalb derer – in weiteren Stufen – jene individuellen Differenzierungen möglich wurden. Gewissermaßen ging es also darum, Arien zunächst abstrakt komponieren zu können, um die Differenzierungen als etwas Eigenständiges behandeln zu können. Die im Bereich der sängerischen Anforderungen gespiegelten Personalverhältnisse machen deutlich, weshalb ein Komponist mit dem Stoff, der Handlung und dem Libretto eigentlich kaum etwas zu tun zu haben brauchte; dies alles war eben vorgegeben.

Ähnliches gilt für die formalen Elemente. Ein Komponist mußte erkennen können, welche Texte als Rezitativ und welche als Arien zu vertonen sind. Rezitativtexte sind in der Regel als freie Folge von Sieben- und Elfsilblern angelegt. Diese Gestaltung, Grundform der italienischen Dichtung im 16. Jahrhundert (dort als Verstypen des Madrigals), konnte den Eindruck von Prosa vermitteln: Die Betonung im Innern eines Verses ist nicht standardisiert, wenn sieben oder elf Silben als Zusammenhang dargestellt werden; weil Verszusammenhänge gebildet werden, sind die Texte jedoch keine Prosa. Das Zufällige, scheinbar aus dem Moment Geborene eines dennoch artifiziellen Dialogs läßt sich also kaum besser in die Kunstformen der Dichtung fassen als mit dieser ›offenen‹ Lyrik. In Arien hingegen ist die Länge der Verse prinzipiell gleich. Dies ermöglicht die Arbeit mit wiederkehrenden Versstrukturen (im gleichen Sinne, in dem dies Grundlage für die Gestaltung von Strophen ist); wenn aber ein regelmäßigeres Betonungsmuster gefordert ist, werden andere Verstypen bzw. -längen ins Zentrum des Interesses gerückt, etwa Acht- und Sechssilbler, bei denen dieses Regelmaß allein schon deshalb auf der Hand liegt, weil sich eine Gliederung in 2x4 bzw. in 2x3 oder 3x2 Silben anbietet. Die Grundprinzipien von Rezitativ und Arie treffen einander jedoch im Bereich der Siebensilbler; mit ihnen läßt sich nicht nur jene Nähe zum gesprochenen Dialog mit seiner frei anmutenden Vers- und Betonungsfolge bilden, sondern es können auch regelmäßig gestaltete, strophische Einheiten entstehen.

Diese Unterschiede mußte ein Komponist zielsicher erkennen; nur dann konnte er ein Libretto vertonen. Diese Forderung setzt sich auch im Detail fort, denn der strophische Bau der Arientexte ist nicht strophisch im Sinne eines deutschem Volks- oder Kirchenliedes; wichtiger ist, daß eine erste Strophe zum A-Teil einer Arie wird, eine zweite zum B-Teil, nach dem der A-Teil zu wiederholen ist. Die Vielfalt einer charakterlichen Abstimmung beider Teile mußte ein angehender Opernkomponist erfassen.

Libretti sind Dichtung; aber sie sind zugleich Dichtung für Musik, und sie auf ganz spezifische musikalische Techniken hin ausgerichtet. Daher mußte auch ein Operndichter die Regeln der musikalischen Formen kennen; nur dann war garantiert, daß er in seinem Text bereits die Signale setzte, auf die ein Komponist zu reagieren hatte. Auch ohne daß Librettist und Komponist einander jemals begegneten, war damit ein funktionstüchtiges Zusammenwirken garantiert. Dies betrifft kleinste Details der Textgestaltung, die sich erschließen, wenn man Mozarts Einstieg in diese Kunstformen nachzuzeichnen versucht.

Arien aus vorliegenden Operntexten ließen sich auf diese Weise problemlos einzeln vertonen und ebenso einzeln aufführen. Ein dramatisches Gegenüber, an das sie sich in einem Bühnenwerk richten, war bei einer konzertanten Wiedergabe verzichtbar, weil der Arieninhalt so klar standardisiert war, daß die emotionale Komponente eines speziellen Satzes sehr schnell begreiflich zu machen war. Damit dies schon von Anfang an sichergestellt war, konnte – schon ehe das Orchestervorspiel den Stimmungsgehalt antizipiert – mit den Rezitativzeilen, die der Arie im Drama vorausgehen und deren dramatische Stellung ermöglichen, auch das Musizieren des Einzelsatzes vorbereitet werden.

Aufführbar waren einzelne Arien aber auch im Rahmen von Pasticci – wobei es nicht angemessen ist, diesen Begriff als abstrakte Gattungsbezeichnung zu verwenden und mit ihm allein die Technik zu bezeichnen, aus einer Anzahl Arien (auch: von verschiedenen Komponisten) ein beliebiges Werk zu gestalten, dessen innerer Zusammenhang ein neues rezitativisches Grundgerüst garantierte. Denn das Pasticcio-Prinzip kam in zahllosen Aufführungen zustande; sobald ein Sänger forderte, seine Paradearie aus einem bestimmten Werk in ein anderes aufzunehmen, das aktuell musiziert werden sollte, war der Pasticcio-Charakter praktisch schon gegeben. Die Chance dieses musikalischen Transfers bestand grundsätzlich, weil die inhaltlichen Aussage von Arien entsprechend typisiert war: Affekte wie Liebe und Haß, Freude und Zorn, Verzweiflung und Euphorie sind weithin von bestimmten Dramenstoffen unabhängig und folglich auch nicht an bestimmte Bühnenfiguren gebunden.

Mit einem Minimum an Einfühlungsvermögen in die Techniken des Opernbetriebs und einer konkreten Anleitung durch einen erfahrenen Musiker konnte Mozart also von vornherein zu Kompositionen gelangen, die entweder im Konzertleben oder in irgendeiner Opernaufführung einen Platz finden konnten. Wie erwähnt, kommen mehrere Musiker als gleichermaßen kompetente Ratgeber in Frage. Doch in den restlichen Monaten der Reise, bis zur Rückkehr nach Salzburg 1766, hat sich Mozart allerdings immer wieder mit Texten aus *Artaserse* befaßt, vor allem solchen aus dem ersten Akt. Damit wird der Einfluß Johann Christian Bachs in eine herausgehobene Funktion gerückt, und es ist nicht undenkbar, daß Mozart während des Londoner Aufenthalts eine eigene Bearbeitung dieses Librettos plante.

Doch ebenso kommt Manzuoli eine Schlüsselstellung zu. Unklar ist aber, ob der Unterricht, den er gegen Jahresende 1764 Mozart erteilte, wirklich ein Gesangsunterricht war, der auf das Singvermögen ausgerichtet war, oder ob er ihm nicht eher vermittelte, was ein Komponist im Umgang mit den gegebenen Strukturen italienischer Opernkultur zu beachten habe. In jedem Fall ist zweifelhaft, ob Mozart hier auch Antworten auf Fragen erhielt, die sich mit dem Schlagwort ›Form‹ umschreiben lassen. Daß Mozart hingegen tatsächlich vieles von Manzuoli lernte, wird von dem englischen Juristen und Naturforscher Daines Barrington bestätigt; dieser verfaßte 1769 für die Londoner Royal Society einen Bericht über Mozart und bezog hier dessen Fähigkeiten darin, den richtigen Grundaffekt in der Musik zu treffen (Liebesarie, Zornesarie), ausdrücklich auf Manzuoli. Damit aber wird nicht nur die persönliche Beziehung hervorgehoben, sondern auch betont, daß Mozart gerade das Schematische der Arienkomposition von Manzuoli lernte: die universalen Affekttypen, von denen die Arien getragen sein mußten.

Insgesamt kann es jedoch auch Details geben, die Mozart bereits auf der Grundlage der Pariser Sonaten bzw. der Londoner Sinfonien beherrschte; nur das, was darüber hinausgeht, wäre auf konkrete Anregungen der drei Opernmusiker Bach, Vento und Manzuoli zurückzuführen. Doch es kann offenbleiben, wer unter den dreien für ihn die entscheidende Bedeutung hatte; möglicherweise formte sich Mozarts Kenntnisspektrum auch in der Zusammenarbeit mit zweien von ihnen oder gar mit allen dreien. Damit Konkreteres ermittelt werden könnte, müßte die Quellenlage der beiden frühesten Manuskripte mit Mozart-Arien besser sein[49].

Wie Leopold später berichtet, hat Wolfgang während der Westeuropareise in London und Den Haag »15 italienische Arien« geschrieben; Hinweise gibt es lediglich auf fünf – drei aus *Artaserse*, eine aus *Ezio* sowie die verschollene aus *L'Olimpiade*. Die Arien aus *Artaserse* lassen sich grundsätzlich auf ein einheitliches Gestaltungsprinzip zurückführen, von dem die *Ezio*-Arie aber abweicht. Leopold Mozart notiert auf seinen beiden Abschriften der *Ezio*-Arie »à Londra 1765«, fertigte sie aber in den Niederlanden an; da die ältere von ihnen eine streckenweise deutlich abweichende Vorlage gehabt haben muß, ist die Angabe zwar glaubhaft, doch die Vorausstadien sind nicht umfassend zu rekonstruieren. Für die älteste der *Artaserse*-Arien nennt Mozart auf einer autographen Abschrift die Entstehungsangabe »di Wolfgango Mozart à la Haye 1765 nel mese d'ottobre«, sein Vater auf einer weiteren Abschrift »di Wolfgango Mozart compositore di 9 Anni à la Haye 1766 nel janajo«; damit ist zunächst nur klargestellt, daß beide Angaben lediglich den Zeitpunkt des Kopierens bezeichnen, nicht aber den der Komposition. Nicht einmal die Entstehung in Den Haag ist damit eindeutig belegt – auch deshalb nicht, weil neben der erwähnten autographen Kopie sich noch eine weitere Quelle in Mozarts Handschrift erhalten hat, die keinerlei Datum trägt, sich aber in ihrem Notentext von den übrigen Quellen unterscheidet und dabei ein älteres, in Details grundlegend anderes Werkstadium erkennen läßt. Auch diese älteste erhaltene Version könnte in Den Haag entstanden sein – in der zweiten Septemberhälfte oder gar unmittelbar vor der Entstehung des zweiten, in Paris verwahrten Autographs; da sich aber die älteste Version (heute in Chicago) auch hinsichtlich der Formvorstellungen von den Gestaltungsprinzipien der weiteren Mozart-Arien klar unterscheidet, ist anzunehmen, daß sich in ihr viel eher Mozarts Londoner Praktiken spiegeln – die wiederum denen der *Ezio*-Arie ähneln. Und obendrein enthält jenes älteste Manuskript so wenige Korrekturen, daß es sich auch bei diesem um eine Abschrift handeln kann. Daß aber in der kurzen Zeit zwischen dem 10. September 1765 (Ankunft der Mozarts in Den Haag) und Oktober (Datierung von Mozarts zweitem Manuskript) die Arie komponiert, erstmals ins Reine geschrieben und dann aufgrund neuer Anregungen so gründlich überarbeitet worden wäre, wie es die zweite Reinschrift spiegelt, ist eher unwahrscheinlich. Damit spricht vieles dafür, daß in Mozarts frühesten Erfahrungen als Opernkomponist eine Londoner und eine Haager Phase voneinander zu trennen sind.

Folglich ist zu erkunden, zu welchen Ergebnissen seine Einarbeitung führte und worauf diese überhaupt abzielte. Der direkte Weg zu Informationen führt somit wiederum über die Kompositionen. Darstellen läßt sich die Entwicklung am klarsten an jener ersten *Artaserse*-Arie (»Conservati fedele« KV 23), weil sich in ihren Quellen eine Grundstufe der Vorstellungen Mozarts zeigt, ebenso aber die Relativierungen, die er auf dem Wege zu weiterführenden Konzepten vornahm. Dies kann zugleich die Grundlage dafür bieten, die Gestaltung in der Arie aus *Ezio* zu verstehen.

»Conservati fedele« als Komposition des jungen Mozart

Die standardisierte dramatische Situation der Arie ist der Abschied – hier allerdings nicht in der Form, daß eine Figur mit diesen Worten ihren Abgang vorbereitet. Es handelt sich um die umgekehrte Situation: Eine Person (Arbace) geht ab, singt nicht selbst die Arie, sondern überläßt dies der zurückbleibenden Geliebten (Mandane).

Conservati fedele	*Bleibe weiterhin treu*
pensa ch'io resto e peno	*denke daran, daß ich zurückbleibe und mich sorge,*
e qualche volta almeno	*und ein paar Mal wenigstens*
ricordati di me,	*erinnere dich meiner,*
Ch'io per virtù d'amore	*daß ich durch die Kraft der Liebe*
parlando col mio core	*sprechend mit meinem Herzen*
ragionerò con te.	*mich unterhalten werde mit dir.*

Es gibt kein Wort in dieser Arie, das auf einen spezifischen dramatischen Kontext bezogen ist. Bemerkenswert ist ferner die Stellung des Mittelteils: Der Rahmenteil kann auch ohne ihn eintreten (der abschließende Hauptsatz heißt »erinnere dich meiner«), doch eigentlich ist gemeint, daß die Erinnerung nicht der Person, sondern einer bestimmten Situation gelten solle. Selbstverständlich entspricht die Arie in ihren Versformen den Erwartungen: Es handelt sich im Sinne der italienischen Poetik durchweg um Siebensilbler. Dies gilt demnach nicht nur für den ersten Vers, der nach jeder Art der Zählung sieben Silben umfaßt, sondern ebenso für den zweiten (in dem aber »resto e« als nur zwei Silben gelten, weil der unbetonte Auslaut des Verbs und das ebenfalls unbetonte Bindewort »e« als eine Silbe gerechnet werden). Dasselbe gilt im dritten Vers für die Nachbarschaft zwischen »volta« und »almeno« mit ihren jeweils unbetonten »a«. Andererseits gilt der Schlußvers als siebensilbig, obwohl man beim Zählen

174

nur auf sechs kommt; hier jedoch wirkt sich aus, daß die sechste Silbe betont ist und zum Verständnis der metrischen Stellung eine unbetonte Silbe hinzugedacht werden muß (so daß gegenüber den verkürzten ›versi tronchi‹ die Normalgestalt, ein ›verso piano‹, entstünde). In Metastasios Arien kommen ›versi tronchi‹ vor allem jeweils am Strophenende vor, also als Schluß von A- und B-Teil.

In einem ersten Schritt der Betrachtung ist der Text nebensächlich: dann, wenn die kompositorischen Verhältnisse auf ihre Abhängigkeit von Mozarts älteren Kenntnissen untersucht werden. Dennoch übernehmen Textaspekte schon in dieser Etappe eine zentrale Funktion: Als Mozart in London Sinfonien zu schreiben begann, hatte er das Formenrepertoire seiner Pariser Sonatenallegros, in denen er die Ausdehnung der Sätze noch vorrangig aus dem Akkordaufbau bestimmte, nach spezifisch orchestralen Bedingungen erweitert; im gleichen Sinne wird die musikalische Gestaltung nun auch von Überlegungen zur Textgestalt und von der Singstimmenführung bestimmt.

Da das Orchestervorspiel auf die Vokalteile der Arie bezogen ist, seien zunächst diese betrachtet (vgl. Notenbeispiel 15, S. 449–452). Ein erster musikalischer Abschnitt reicht von Takt 14 bis 19 – vom Einsatz der Singstimme bis zu einer Generalpause. Dieser geht eine Kadenz in der Grundtonart A-Dur voraus; damit sind die beiden typischen Elemente einer ›Phase 1‹ im Sinne von Mozarts frühesten Kompositionen gegeben. Textlicher Inhalt sind die Verse 1 und 2; sie werden nach dem Muster »abb« vorgetragen, eine Bauform, die – so abstrakt formuliert – Mozart bereits in Salzburg beherrschte. Allerdings versieht er die beiden Eintritte des 2. Verses mit unterschiedlicher Musik, so daß er in musikalischer Hinsicht eine andere Richtung einschlägt, als die Textgestalt es zeigt.

Nach der A-Dur-Kadenz und der Generalpause fährt Mozart in E-Dur fort. Dem normalen Modulationsplan folgend hat dies die Zieltonart des gesamten Prozesses zu sein, und sie wird ebenso schroff eingeführt wie in den Salzburger Tanzsätzen zu Beginn einer typischen ›Phase 2‹. Doch hier zielt Mozart noch nicht auf den dominantischen Binnenschluß ab (er wird erst 22 Takte später erreicht, in Takt 42); folglich breitet Mozart nun die Dominantfläche aus, und hierfür konnte er auf reiche eigene Erfahrungen zurückgreifen.

Eine erste Maßnahme ist, daß er den ›unvermittelten‹ Beginn auf der neuen Tonstufe nachträglich harmonisch herleiten kann; dies ist schon mit einem Halbschluß auf der Doppeldominante H in Takt 23 gegeben, doch Mozart wendet die Musik daraufhin nach Moll und steuert die gleiche

Tonstufe in Takt 27 neuerlich an. In den ersten vier Takten dieses Abschnitts führt er zugleich mit der neuen Tonart den Text der Verse 3 und 4 erstmals ein.

Eine zweite Maßnahme leitet sich aus diesem Halbschluß her, denn dieser zwingt Mozart dazu, ihn kadenzierend aufzulösen. Doch der verfügbare Text ist bereits komplett vorgetragen; folglich hat sich mit dieser musikalischen Fortführung ein weiterer Durchgang durch den bereits dargebotenen Text zu verbinden, und dies nimmt wiederum acht Takte in Anspruch.

Die harmonische Entwicklung wird mit dem Schluß dieses zweiten Textdurchgangs in Takt 35 koordiniert; an dieser Stelle steht folglich eine Kadenz in E-Dur – nicht die erste, wie ein Blick in den 31. Takt zeigt, doch da Text und Kadenzplan aufeinander abgestimmt werden müssen, ist selbstverständlich, daß die harmonische Abrundung in Takt 31 noch keinen Schluß ermöglicht. Nachdem jene Koordination aber herbeigeführt ist, ist das Ende des Vokalteils nicht mehr fern; Mozart läßt nur noch die Musik der letzten vier Takte ein zweites Mal eintreten und rundet die Wiederholung mit einer eigenen Schlußformel (T. 39–41) ab. Dem ersten großen Vokal-Durchgang folgt eine kurze instrumentale Bestätigung der erreichten Tonstufe (T. 42–44).

Nach dieser aus textlichen und virtuosen Gründen erweiterten Phase 2 muß für den Neueinsatz der Singstimme wiederum der Text des Arienbeginns aufgegriffen werden. Die Technik des Anfangsreims, die sich schon in den Salzburger Klavierstücken zeigt, äußert sich nun zwar nicht in der Motivik, wohl aber in der Abfolge der Textelemente: Wieder erklingen die Verse nach dem Muster »abb«, und die Tonart wird mit der hinzutretenden Musik noch nicht verlassen – ebenso wie beim allerersten Vokaleinsatz und ebenso wie in der betrachteten Exposition der Sinfonie KV 16. Doch daraufhin hat die Rückmodulation zu beginnen, und in gewohnter Weise arbeitet Mozart hierbei mit einer abwärtsgerichteten Stufensequenz. Folglich liegt auch die Einbeziehung der Moll-Ebene nahe: Denn wenn das Ziel die I. Stufe ist, wird auf dem Weg dorthin die II. Stufe berührt (die Musik zielt also von E-Dur aus zunächst nach h-Moll, dann, mit der Versetzung um eine Stufe abwärts, nach A-Dur: T. 59). Und wie in der ersten Hälfte in analoger Situation wird dieser modulatorische Abschnitt von einem doppelten Vortrag der Textzeilen 3 und 4 getragen.

Im Text ist damit eine ähnliche Stelle erreicht, wie es sich für die erste Hälfte in Takt 27 annehmen läßt: Zwar ist hier die Zieltonart A-Dur bereits mit einer Kadenz formuliert; doch um beide Arienteile auszubalancieren, erscheint auch hier ein weiterer Textdurchgang als legitim. Mozart zielt zunächst auf die Subdominante D ab (Kadenz in T. 62), denn daraufhin kann er deren Grundton zu Dis hochalterieren (T. 63), zum Leitton für E, und somit wird wieder mit einer Kadenz die Grundtonart A erreichbar. Wie in der ersten Arienhälfte folgt dann ein verbreiterter Schluß, hier allerdings noch erweitert um die Solokadenz und deren Vorbereitung, die Vorkadenz. Anders als in der Mitte des Teils beschließt die komplette zweite Ritornellhälfte den Vortrag – nicht zuletzt weil die aus Takt 42 bekannte Formel hier schon im Rahmen der Vorkadenz verbraucht worden ist (T. 77).

Der Mittelteil (a-Moll) ist extrem knapp. Er läßt sich tatsächlich bereits allein über den Text beschreiben: Dieser wird in zwei Durchgängen vorgetragen; der erste führt zu einem Halbschluß auf der V. Stufe der Grundtonart (E), der zweite zur Kadenz in a-Moll. Es entsteht also eine Folge aus Vordersatz und Nachsatz. Der Vordersatz wird über eine Sequenz eröffnet (Verse 1 und 2), im Nachsatz der Eintritt der Zieltonart mit einem Trugschluß hinausgezögert.

Mit dieser Gestaltung zeigt die Arie in ihrer ältesten erhaltenen Fassung, wie weitgehend Mozart sich bei seinen ersten Versuchen auf dem Sektor der (dramatischen) Vokalmusik auf Konzepte stützen konnte, die ihm aus älteren, rein auf Instrumentales ausgerichteten Traditionen seines Unterrichts vertraut waren. Ähnlich wie das offenkundig grundlegende Bewußtsein für musikalische ›Phasen‹ auch die Komposition von Sonaten (Paris) und Sinfoniesätzen (London) zuließ, konnten in jenem musiksprachlichen Repertoire, das allmählich weiter differenziert worden war, nun auch die italienischen Arientexte aufgehen; die Grundmodelle wurden nicht in Frage gestellt.

Es wird also noch nicht erkennbar, daß Mozart im Bereich der Arienkomposition andere Voraussetzungen erfüllte als die, die ihn auch zum Schreiben anderer Musikwerke qualifiziert hatten; ein so spezielles kompositionstechnisches Moment jedenfalls, wie es auf dem Sektor der Orchestermusik mit jener gestisch-dynamischen Differenzierung des Satzverlaufes erkennbar geworden ist, hatte er sich – so betrachtet – nicht aneignen müssen. Zu fragen ist folglich, ob Mozart überhaupt einen ›Unterricht‹ in der Arienkomposition nötig hatte – über die Einblicke in die italienische Sprache und in die musikalische Differenzierung typischer Affekte hinaus.

Einzig im Mittelteil der Arie arbeitet er nicht mit ›Phasen‹, sondern mit musikalischen Beziehungen, die ihm vor dem Parisaufenthalts noch nicht zugänglich waren und die sich in der Sonate KV 9 erstmals zeigen. Doch auch mit dieser Feststellung wird deutlich, daß es sich bei diesen Gestaltungselementen um nichts handelte, das Mozart erst in London zu erlernen hatte.

»Conservati fedele« als metastasianische Arie

Wie läßt sich die Arie nun im Hinblick auf die typischen zeitgenössischen Arienkonzepte beschreiben? Manche Details sind bereits genannt: etwa daß die musikalisch-harmonische Entwicklung und der Textvortrag miteinander koordiniert sind, so daß auch der Text die Ausdehnung der musikalischen Prozesse trägt. Doch Mozart ist außerordentlich vorsichtig, und manche Konstellationen brauchen nicht dadurch zustande gekommen sein, daß er sie technisch völlig erfaßt hatte, sondern auch dadurch, daß er sich jegliches Experiment versagte.

Wichtig ist zunächst, daß Mozart in der Gliederung des Textes nicht frei handelte, denn daß die Verse 1/2 und 3/4 der ersten Strophe zusammengehören, liegt in Textsinn und Syntax begründet: Die beiden ersten Verse bieten ein kohärentes Sinn-Paar, die beiden folgenden stehen untereinander in einem Abhängigkeitsverhältnis. Wenn Mozart also von seinem Zwei-Phasen-Prinzip ausgeht, ist es mehr als naheliegend, den Text zu teilen und dabei der von Metastasio vorgezeichneten Konstellation zu folgen.

Auffällig ist ferner, daß Mozart den Text fast durchgängig syllabisch vertont. So brauchte er sich keine Sorgen um die Betonung oder die Bewertung konkurrierender Betonungen zu machen; auf diese Weise konnten jeweils zwei betonte Silben in jedem Takt untergebracht werden, also vier bis fünf Silben in einem Takt aufgehen. Jede Gesangsphrase nimmt zudem zwei Takte in Anspruch: beginnend je nach Betonung mit oder ohne Auftakt (mit Auftakt folgen daraufhin vier Silben im Takt, sonst fünf), endend auf den ersten beiden Achteln des nächsten Taktes mit der Endung des ›verso piano‹.

Fast nie läßt Mozart die Singstimme eigene Wege gehen. Vielmehr ist sie mit dem Part der Violine I gekoppelt. Nur in wenigen (allerdings charakteristischen) Momenten lösen sich beide Stimmen voneinander. In Takt 35 betrifft dies die Vorbereitung des Schlusses, mit der auf diese Weise der Gesangsstimme ein Hauch von virtuoser Eigenständigkeit zukommt. Dieses Minimum an sängerischer Selbständigkeit findet sich auch von Takt 51 an in der Stufensequenz jeweils für den dritten Textvers sowie in den Takten 59-62 zur Eröffnung des abschließenden Textdurchgangs. Das ist nicht viel, vor allem wenn man bedenkt, daß sogar für die figurierte Schlußkadenz beider Hälften (T. 39 bzw. 74) die Singstimme nicht frei agieren kann. Möglicherweise wagte sich Mozart also noch nicht in tatsächlich virtuose Bereiche vor.

Durchaus korrekt verfährt er darin, welches Wort er melismatisch behandelt. In Arientexten der Zeit findet sich im letzten Vers des A-Teils, wenn der Textsinn klargestellt ist, jeweils mindestens ein Wort, auf das sich besonders gut ein Melisma singen läßt. Den Anregungen Metastasios folgend wählt Mozart »ricor-« aus; dort, wo Mozart das Melisma zuläßt, ist die Wortsituation bereits mehrfach berührt worden, so daß jeder wissen kann, wie der Text lautet. In jedem Fall ist diese Textkonstellation für ein Melisma eingerichtet; daß es anschließend noch »-dati di me« heißt, spielt, wenn das Melisma erreicht ist, keine Rolle mehr. Doch ein einfaches Eindringen in die Anfangsgründe des Italienischen kann Mozart nicht genügt haben, wenn er diese charakteristische Stelle ausfindig machen wollte; zwar kann er die vokalen Melismen am Ende größerer Abschnitte von seinen Opernbesuchen gekannt und sie hier instinktiv richtig nachgebildet haben, doch die Tatsache, daß es auf diese Art des Melismas ankomme, muß ihm vertraut gewesen sein.

Nicht völlig erfaßt hatte Mozart hingegen die Möglichkeiten, die Metastasio mit den Strophenendungen in einem tronco-Vers bietet. Der Zweck ist, daß eine Gesangsphrase an ihrem Schluß mit einem abtaktigen Orchesterbeginn überlappen kann[50]. Doch diese Konstellation kommt nicht zustande; sowohl A- als auch B-Teil enden mit einer von Violine I und Singstimme simultan formulierten Kadenz, und wegen der Beteiligung der Violine an ihr ist ein Überlappen der Phrasen ausgeschlossen. Folglich ergibt sich ein Junktim besonderer Art: Erst wenn es Mozart gelänge, den metastasianischen Strophenschluß in zeittypischer Weise auszunutzen, wäre auch die typische Virtuosität unmittelbar vor dieser Konstellation möglich: in einem Part der Singstimme, der nicht mehr von Instrumenten verdoppelt wurde.

Auch eine Betrachtung, die sich auf typische Requisiten des zeitgenössischen Arienstils bezieht, macht also deutlich, daß Mozart primär auf seine erlernten Praktiken baute und erst sekundär auch textliche Belange berücksichtigte; eher setzte er diese nur im Rahmen seiner bisherigen Kompositionsweise ein – um den Weg zur Schlußkadenz eines Teilabschnitts in seiner Ausdehnung plausibel zu machen. Dieses minimale Manko läßt sich allerdings nur dann erkennen, wenn die Musik dieser Arie auf Mozarts

Lernen seit den Anfängen in den Salzburger Klavierstücken bezogen wird. Denn von außen betrachtet handelt es sich durchaus um ein rundes, komplettes Kunstwerk – zweifellos um eine erstaunliche Komposition für einen Musiker, der sich erst eben in die Formensprache der Arie einzuarbeiten begann.

Ritornell, Seitenthema und die späteren Fassungen der Arie

Dem Vokaleinsatz geht das Ritornell voraus. Es ist auf die anschließenden Vokalteile bezogen, enthält aber auch Elemente, die nur in ihm vorkommen; auf diese Weise wird es zu einer eigenständigen musikalischen Einheit, deren Sinn sich nicht nur aus einer vorbereitenden Wirkung erklärt. Der Vokaleinsatz hat ebenso in der Grundtonart zu stehen wie der Beginn des Ritornells; folglich darf dieses nicht modulieren. Diese fast banal wirkenden Bedingungen bestimmen Mozarts Gestaltungsansätze jedoch wesentlich, denn eine motivische Beziehung zwischen Ritornellbeginn und Vokaleinsatz ist um 1760 nicht selbstverständlich, und die Anforderung, ein in sich abgerundetes Musikstück ohne Modulation zu schaffen, könnte Mozart angesichts seiner Kompositionstechniken, die für lange Zeit vorrangig auf das Harmonische ausgerichtet waren, auch Probleme bereitet haben.

Fragt man zunächst nach den Wechselbeziehungen zwischen dem Ritornell und den Vokalteilen, erschließt sich bereits manches davon, was Mozart im Ritornell für essentiell hielt. Die Beziehung zwischen Ritornellbeginn und Vokaleinsatz kommt nicht nur auf abstrakt motivischer Ebene zustande, sondern Mozart bildet damit zugleich einen Anfangsreim – zwischen dem Beginn der Arie und dem Einsatz des Textvortrags. Ebenso legt er auch Wert auf einen Endreim; daß er nach der Solokadenz des Sängers die komplette zweite Hälfte des Ritornells musizieren läßt, ist ohne Mühe aus seiner schon in Salzburg geübten Praxis zu erklären, mit einer möglichst umfangreichen, in sich abgerundeten, bereits an anderer Stelle eingeführten Formulierung den musikalischen Bogen schließen zu lassen. Die gewählte brauchte in ihrer Tonart nicht verändert zu werden, weil sie in beiden Fällen in der Tonika erklingt. Es wäre hingegen kein Problem gewesen, den A-Teil der Arie mit freier Motivik (oder mit einem Abschnitt, der auch neue Elemente enthält) zu beenden; deshalb ist Mozarts Gestaltung nicht primär arienhaft, sondern sie leitet sich wiederum aus seinen bisherigen Kompositionstechniken her.

Das letzte Viertel des Ritornells erklingt außerdem in der Mitte des A-Teils (T. 41ff.), und es tritt dort zweimal ein – auf der Dominante. Mozart begriff – durchaus sachgerecht – die Anlage dieses Hauptteils als einen Parallelismus membrorum. Auch dies aber braucht sich nicht erst aus einer Beschäftigung mit den Textgrundlagen ergeben haben, denn seitdem Mozart beim Klavierspiel Phrasen erfinden und an späterer Stelle in anderer Tonlage reproduzieren konnte (wie im Allegro KV 3), gibt es für ihn auch die Möglichkeit eines Endreims zwischen den Phasen 2 und 4; auf diese Weise war es für ihn zumindest unproblematisch (wenn nicht gar selbstverständlich), als Ritornellzitat in der Mitte des Arienhauptteils das kadenzierende Schlußglied vorzusehen. Es hätte auch ein anderes Element sein können, und Mozart hätte wiederum auch eine freie Formulierung einsetzen können.

Das Ritornell enthält zwar nur wenige weitere Elemente; doch die Funktionen, die Mozart mit ihnen verbindet, erfordern weitere Betrachtungen. In der Mitte, ehe die auch als Satzende figurierende Musik eintritt, steht ein Halbschluß. Ihn steuert Mozart nach der Eröffnung an, indem er ein eigenständiges Zwischenglied bildet (T. 3–4); sogar auf diesem begrenzten Raum entsteht also keine Abfolge, die sich als Vordersatz und (vorläufiger) Nachsatz, der mit einem Halbschluß endet, beschreiben ließe, sondern Mozart gibt dem Bindeglied einen eigenen ›gestischen‹ Charakter. Auch daß der Halbschluß vorkommt, ist keineswegs selbstverständlich; Mozart aber hatte mittlerweile eine klare Vorstellung von dessen Möglichkeiten als ›bifocal close‹, und so mag es ihm willkommen gewesen sein, im Inneren einer musikalischen Einheit, die ihre Grundtonart nicht verlassen darf, jene minimale Abweichung von dieser vornehmen zu können: einen Schlenker zu bilden, der von der Grundtonart weg führen könne, aber diesbezüglich nicht eindeutig ist, so daß sie gewahrt bleibt.

Erkennbar wird also, daß Mozart dieses Ritornell aus ähnlichen Elementen gestaltet wie denen, die in Expositionen der Londoner Sinfonien vorkommen, daß er aber auf die modulatorische Potenz des ›bifocal close‹ verzichtet. Weil sich dies hier nun aber nicht etwa 40–60 Takten, sondern in nur dreizehn abspielt, kann man feststellen, daß Mozart etwas wirklich Neues tut: Zunächst hatte er stets dafür sorgen müssen, die bescheidenen Verhältnisse seiner Salzburger Klaviermusik auszudehnen; nun muß er das Ergebnis wieder verkürzen.

Mozarts aktueller kompositorischer Stand spiegelt sich in diesem knappen Ritornell also besonders klar. Zwar wirkten sich Techniken, die Mozart zur Komposition jener Tanzsätze befähigten, durchaus auf die Gestaltung der Arie aus, und da das Ritornell mit der Musik der Vokalteile verwandt ist, strahlen sie von ihnen auch auf die rein orchestralen Anteile zurück. Doch wenn Mozart das Repertoire seiner Gestaltungsmittel nun auf engstem Raum präsentiert, um ein Arienritornell zu schreiben, kommt kein ›Salzburger Tanzsatz‹ mehr zustande, sondern ein syntaktisch völlig anders gestaltetes Modell. Demnach benötigte Mozart mittlerweile unter allen Umständen eine eigene, öffnende Formulierung als Beginn; ihr ließ er etwas völlig anderes folgen, das aber noch nicht die nächste Etappe, den Halbschluß, vorwegnimmt. Sobald dieser erreicht ist, tritt eine Zäsur ein. Auch nach diesem ergibt sich keine einheitlich gestaltete Linie, sondern eher Vielfalt, und Mozart selbst stellt klar, wie die Musik zu gliedern ist: Wenn er in der Mitte des A-Teils allein die Schlußtakte des Ritornells aufgreift, zeigt er, daß diese sich von der vorausgegangenen Musik, der unmittelbaren Fortsetzung des Halbschlusses, absetzen läßt. Diese wirkt in gestischer Hinsicht ruhiger als der Schluß – im gleichen Sinn, in dem eine forte-Kadenz einem piano-Element folgen kann, und dieser Eindruck ergibt sich hier nur aus dem Tempo der Harmoniefortschreitungen, denn in den Takten 7–10 wird das Geschehen von einem Orgelpunkt gehalten, während die Klanggestaltung in den folgenden Takten sich mit jedem Achtelwert ändert. Unverkennbar ist aber, daß der musikalische Sinn des Abschnitts einzig im Kadenzieren liegt: Der Orgelpunkt entsteht gleichsam durch eine Voraus-Dehnung des Tons, von dem später die Baßlinie im bewegten Schlußteil ausgeht. Daran zeigt sich wieder einmal, wie wenig Mozart zunächst nach jenem gliedernden Halbschluß mit Formulierungen rechnete, die als Seitenthema bezeichnet werden könnten, und daß ihm etwas anderes viel wichtiger war: Das motivische Pendeln, mit dem Mozart über dem Orgelpunkt arbeitet, ist auch in seinen anderen Sätzen jener Zeit nie thematisch zu verstehen, sondern dient dem Zweck, den Eintritt der Schlußkadenz hinauszuschieben – nichts könnte dies deutlicher machen als gerade der Orgelpunkt, mit dem dieses Pendeln kombiniert ist. Insofern informiert die gedrängte Konstruktion, die Mozart hier entwickelt, zugleich nochmals über sein aktuelles Verständnis entsprechender Stellen in ›Sonatensätzen‹.

Mit der Musik, die im Ritornell dem Halbschluß folgt, verbindet sich schließlich das entscheidende Element in der weiteren Geschichte der Arie. Denn seit deren zweiter Fassung (Pariser Autograph) erhält sie eine Funktion im Rahmen der Vokalteile: Anstelle der Wiederholung, mit der Mozart in Takt 35–41 den ersten großen Singstimmenabschnitt beendet, greift er jene vier Orgelpunkttakte auf; die motivische Führungsrolle verbleibt – wie

182

im Ritornell – bei den ersten Violinen, die Singstimme bereitet die virtuosere (aber gleichfalls von der Violine I gestützte) Schlußkadenz mit einem knappen Einwurf vor, der zwischen den beiden Einheiten des motivischen Pendelns steht. Die späte Position, in der Mozart diese Motivik nachträglich in den Werkablauf einbringt, informiert darüber, daß es sich nicht um etwas so Zentrales wie ein Thema (und schon gar nicht in der Konzeption dieser Arie) handelt – wenngleich diese Motivik neben Anfang und Schluß des Ritornells wichtig genug erschien, um im Verlauf der Vokalteile aufgegriffen zu werden.

Ihre besondere Bedeutung ergibt sich daraus, daß ihr im Ritornell der Halbschluß vorausgeht; dies gibt ihr eine ähnliche Signalfunktion wie dem Anfangsmotiv. Doch eine Abstimmung zwischen Vorspiel und Vokalteil mit Hilfe dieses Details hatte Mozart zunächst nicht für nötig gehalten; folglich braucht es nicht zu verwundern, daß die nachträgliche Integration dieses Elements in den Vokalteil auch eher den Charakter einer Arabeske hat. Denn an jener Stelle des Arienhauptteils ist alles Wesentliche gesagt: Der Text ist zweimal komplett vorgetragen und die Schlußkadenz in der Dominante formuliert. Insofern wirkt diese Musik nur als Verzögerung der Kadenz, nicht als essentielles, sinntragendes Element des Satzverlaufs – auch hier, ebenso wie in seiner ursprünglichen Position im Ritornell.

Doch Mozart muß, nachdem er die Arie in ihrer Grundgestalt komponiert hatte, erstmals erfahren haben, daß das motivische Pendeln eine Signalwirkung übernehmen kann, daß sich mit ihm also mehr verbinden läßt als die Funktion, nach einem Halbschluß aus einer dynamisch zurückgenommenen Position heraus eine Kadenzenkette vorzubereiten. Erst in späteren Arien konnte er dieses Detail mit der sonstigen Gestaltung koordinieren – etwa im Frühjahr 1767 in der Arie »Schildre einen Philosophen« aus seinem Geistlichen Singspiel *Die Schuldigkeit des ersten Gebots* KV 35. Denn eine Schlüsselwirkung übernimmt diese Musik in Vokalteilen nur dann, wenn mit ihr der zweite Textdurchgang eröffnet wird[51]; erst mit einer solchen Formulierung ist die Stringenz gegeben, die man vielleicht auch schon in KV 23 erwartete. Damit, daß diese Verhältnisse hier noch ausbleiben (sowohl in der Grundversion als auch in der – daher entsprechend notdürftig – fortentwickelten jüngeren Fassung des ›Pariser‹ Autographs), zeigt sich, daß Mozart auch dieses Detail anfänglich noch nicht beherrschte.

Damit aber erscheint sein aus Londoner Zeit stammendes Wissen um Arienkomposition noch als rudimentär. Wer Mozart danach auf die Möglichkeit einer Verklammerung zwischen zweiter Ritornellhälfte und zweitem Textdurchgang hingewiesen haben könnte, ist unbekannt; möglicherweise ist es ein niederländischer Musiker gewesen, denn dies machte die Entstehung der Haager Manuskripte für jene Arie verständlich. Wichtig ist aber, daß Mozart auch weiterhin kein Bewußtsein für ein Seitenthema hatte, sondern daß sich das Neue auf ein klares Detail der Arienkomposition bezog: auf die Binnenverstrebung zwischen einem Ritornell, das mit einem Halbschluß gegliedert wird, und den nachfolgenden Vokalteilen einer Arie, in denen analog dazu der Textvortrag in zwei Durchgängen angelegt werden kann.

Rezitativik und das Klavierstück KV 15g

Für Mozart, der schon im Mai 1764 geplant haben soll, eine Oper zu schreiben, kann es aber nicht nur wichtig gewesen sein, Einblicke in die Arienkomposition zu gewinnen. Wie Daines Barrington berichtet, leitete Mozart Arien beim Extemporieren jeweils mit einem kurzen Rezitativ ein, das die Länge von fünf bis sechs Versen hatte. Selbstverständlich war der Text fiktiv, nicht real, ebenso wie die ›Arien‹, die er improvisierte, keinen Text hatten, sondern eben nur einen standardisierten Affekt; die Musik wurde dem Bericht zufolge allein am Klavier gespielt. Wie jene ›Rezitative‹ ausgesehen haben mögen, ist daher kaum zu ergründen. Ohnehin stammen Mozarts erste Rezitative erst aus der Zeit unmittelbar nach der Rückkehr nach Salzburg (Winter 1766/1767); doch Erfahrungen mit dieser Gattung muß er, wie jener Bericht zeigt, schon in London gehabt haben, und dies war auch aus dramatischen Gründen notwendig, denn im Sinne der Konzeption Metastasios mußten Arien aus der Handlung heraus legitimiert werden – und diese lag im Rezitativ.

Doch es gibt ein Dokument, das diese Informationslücke im Bild der Entwicklung Mozarts zu schließen hilft: das 7. Stück aus dem *Londoner Skizzenbuch* (Notenbeispiel 16, S. 453) Die Komposition ist in genau der Länge gehalten, wie sie für dieses Improvisieren bei Barrington erforderlich war, aber sie ist ohne Text überliefert und war daher bislang nicht als Rezitativ erkennbar. Ohnehin weiß man mit dem Werk in der Regel nur wenig anzufangen, und es gehört zu den ganz wenigen Takten Mozartscher Musik, die nicht auf Tonträgern erfaßt worden sind. Auf den ersten Blick wirkt es wie die Lösung einer mittelschweren Harmonielehreaufgabe: Modulation von G-Dur nach a-Moll, dann weiter zu einem Halbschluß auf E-Dur, der gleichfalls nach a-Moll zielt; dann ein Doppelstrich mit Fermate, anschließend eine nur rudimentäre imitatorische Entwicklung, die nach G-Dur zurückführt. Doch der Charakter einer Harmonielehreaufgabe wird im vierten Takt relativiert: Es ergibt sich eine Bewegung, wie sie, etwa vom Orchester gespielt, im Rezitativ die Pause zwischen zwei Gesangs- oder Textphrasen überbrückt. Damit erscheint es naheliegend, diese Musik als ältesten erhaltenen Versuch Mozarts zu betrachten, ein Accompagnato-Rezitativ zu schreiben.

Zuvor hätte man es demnach mit vier Takten Rezitativ zu tun, anschließend mit einer rezitativischen Fortführung, die nach der a-Moll-Kadenz in Takt 9 neuerlich gegliedert wird – dadurch, daß die Musik nicht in Ganzen fortschreitet, sondern hier ein einziges Mal in Halben. Das also, was Mozart bis zum Doppelstrich bietet, kann drei Verse eines Rezitativtexts in sich aufnehmen: einen ersten bis zu den Sechzehnteln (die wohl in einer ersten Violine anzusiedeln wären), einen zweiten bis zu den halben Noten, dann einen dritten bis zum Doppelstrich. Die Situation nach dem Doppelstrich läßt sich daraufhin als ein arioser Schluß interpretieren – mit einer begrenzten Zahl weiterer Textverse (zwei bis drei). Wenn diese Musik über weite Strecken als bloße Harmonielehre-Übung wirkt, ist der Eindruck nicht völlig verkehrt, denn eine rezitativische Entwicklung, ohne Gesangspart notiert, ließe sich kaum anders interpretieren. Insofern sind die wenigen Details, die über die bloße ›Harmonielehre‹ hinausgehen, als herausragende Informationsträger zu bewerten, und vermutlich handelt es sich um eines der ganz wenigen Dokumente, die über Mozarts Reaktionen auf etwas ihm zuvor völlig Unbekanntes berichten. Offenkundig versuchte er, in seinem privaten Skizzenbuch Konsequenzen aus der Begegnung mit der Rezitativik zu ziehen; diese war mit seinen aus Tanzsätzen gewonnenen Techniken nicht zu fassen.

Barringtons Bericht zufolge muß Mozart das Rezitativ als zwingende Voraussetzung für den Eintritt einer Arie gehalten haben: Barrington hat ihn nur gebeten, eine Arie zu spielen, Mozart hingegen leitet sie aus einem Rezitativ her. Daß seine frühesten Arien aber sämtlich ohne Rezitativ überliefert sind, gibt daher zu denken. Nun ist zwar durchaus möglich, daß in der Dynamik der Ereignisse eine Idee wie die, die das Musizieren bei Barrington trug, schnell wieder überholt war. Doch die weiteren frühesten Rezitative Mozarts zeigen, daß er mit dieser Gattung Probleme besonderer Art hatte; es war nicht dasselbe, Rezitative als rein musikalische Einheiten aufzufassen (wie die, die bei Barrington am Klavier erklangen) und Rezitative zu schreiben, in denen ein dramatischer Text musikalisch gefaßt wird. Die Probleme reichen in Details noch bis in die Zeit um 1770, als Mozart für Mailand einen ersten Seria-Auftrag erhielt; sie werden in diesem Zusammenhang eigens dargestellt.

Hat Mozart also die Londoner *Ezio*-Arie (ebenso die verschollene aus *L'Olimpiade*) und die Vertonungen aus *Artaserse* für dramatische Zusammenhänge geschrieben? Wenn – wie weiter oben vermutet – die Arienkompositionen aus dem letzteren Werk Metastasios im Hinblick auf ein Opernprojekt entstanden, wäre damit das Fehlen der Rezitative erklärt, denn diese hätten in einem eigenen Schritt noch hinzukomponiert werden müssen.

Dieses Verfahren, Rezitative und Arien in unterschiedlichen Arbeitsphasen zu entwickeln, ist keineswegs ungewöhnlich; Mozarts italienische Opernaufträge sprachen sogar eindeutig von einer solchen Trennung. Und auch Opernpartituren sind so angelegt. Wenn nämlich Rezitative und Arien auf verschiedenen, voneinander getrennten Papierlagen notiert wurden, konnten die Arien bei Bedarf gegen andere Kompositionen ausgetauscht werden; dieses Verfahren war aber nur denkbar, wenn die Unterscheidung strikt getroffen wurde, und möglicherweise prägte dies Mozarts Umgang mit den *Artaserse*-Texten.

Für die *Ezio*-Arie hingegen bleibt als einziger ›Ort‹, an dem auf ein Rezitativ Mozarts verzichtet werden konnte, die Einbettung in den gegebenen dramatischen Kontext eines bereits bestehenden Werkes. Dies braucht nicht das *Ezio*-Pasticcio gewesen zu sein; ebenso kommt jede andere Opernproduktion in Frage, in der eine der Sängerpersönlichkeiten, mit denen die Mozarts in London bekannt wurden, eine Arie mit dem hier ausgebreiteten Affekt zu singen hatte. Eine solche Nutzung setzte allerdings eine wohlwollende Aufgeschlossenheit bei den Musikern voraus, denn Mozarts Arie erscheint eher als die Grundstufe eines Versuchs, sich mit den in Salzburg und Paris erworbenen Kenntnissen auch Techniken der solistischen Vokalmusik zu erschließen, als daß er diese bereits als etwas Eigenständiges begriffen hätte.

Die Ezio-Arie KV 21

Als Mozart »Conservati fedele« komponierte, wußte er, daß der A-Teil einer Arie wesentlich umfangreicher ist als der B-Teil; dieser Unterschied konnte für den B-Teil eine knappe Vordersatz-Nachsatz-Konstellation zur Folge haben, und im A-Teil bildete er vier Textdurchgänge, die als 2+2 in den Modulationsgang eingepaßt werden. Diese Gliederung erlaubte es

Mozart, viele Details seiner kompositorischen Anfänge aufzugreifen: Wichtig ist für den Beginn des dritten Textdurchgangs die Wiederaufnahme der Anfangsthematik, im weiteren Verlauf die Rückmodulation mit Hilfe der Stufensequenz, schließlich im vierten Textdurchgang die Wahrung der Tonika. Die beiden letzten Textdurchgänge entsprechen in ihrem musikalischen Verlauf also den Phasen 3 und 4 der Salzburger Klavierstükke.

Nicht ganz so offensichtlich ist im ersten Hauptteil die Relation zwischen dem ›Salzburger Phasenmodell‹ und den Anforderungen zu bestimmen, die sich mit den Textdurchgängen verbinden: Zwar gibt es ein Äquivalent für die typische Startphase, doch nimmt sie nur eine Hälfte des zu vertonenden Textes auf; und es gibt einen Textdurchgang, der komplett auf der Dominante steht. Zwischen beiden Gliedern schließlich spannt Mozart einen musikalischen Bogen, der ebenso wie in den Salzburger Tänzen frei in der Dominante einsetzt und nun mit einem eigenen Text ausgestattet wird, so daß der Eintritt von neuer Tonart und von neuem Text miteinander koordiniert wirken. Die Dreigliedrigkeit, die Mozart damit entwickelt, ähnelt jedoch der Anlage seiner Londoner Sinfonieexpositionen, in denen ebenfalls ein direkter Nachfahre der rein auf die Tonika bezogenen ›Phase 1‹ und eine rein dominantische Fläche (nach dem Halbschluß) voneinander durch ein drittes Element abgesetzt werden, das dort die Überleitung zum Halbschluß bewirkt, in den Arien aber – aus Textgründen – schon auf der neuen Tonstufe angesiedelt ist. Wie erwähnt, läßt sich diese musikalische Gestaltung nur mit dem Wort ›vorsichtig‹ bewerten. Denn die syllabische Textdeklamation in feststehenden Taktmustern, die Koppelung der Singstimme an den Part der Violine I und die nur zurückhaltende Umsetzung des typischen metastasianischen Strophenschlusses deuten an, daß Mozart noch nicht souverän mit den Techniken der Arienkomposition umgehen konnte. Doch in seiner *Ezio*-Arie KV 21 (»Va, dal furor portata«) hält er sich kompositorisch noch weiter zurück.

Auch diese Arie hat mit Abschied zu tun; hier aber ist es eine Trennung im Zorn: Massimo wendet sich an seine Tochter Fulvia, die ihm gerade Vorhaltungen gemacht hat – er vermutet in ihrem Geliebten Ezio den Drahtzieher eines Mordanschlages, dem er fast zum Opfer gefallen wäre. Wie in »Conservati fedele« handelt es sich um Strophen aus Siebensilbern, deren letzter ein tronco-Vers (mit betontem Schluß) ist:

Va! dal furor portata	*Geh! vom Zorn hingerissen,*
Palesa il tradimento;	*bringe den Verrat ans Licht;*
Ma ti sovvenga, ingrata,	*aber erinnere dich, Undankbare,*
Il traditor qual'è.	*wer [in Wirklichkeit] der Verräter ist!*
Scopri la frode ordita	*Decke die eingefädelte Verschwörung auf,*
Ma pensa in quel momento	*doch bedenke in diesem Moment,*
Ch'io ti donai la vita,	*daß ich dir das Leben gegeben habe,*
Che tu la togli a me.	*daß du es nun mir entreißt.*

Auch hier beginnt Mozart den Vokalteil mit einem Tonika-Abschnitt, der die ersten beiden Verse in sich aufnimmt, und wieder wird der zweite Vers doppelt vorgetragen, hier sogar auch in musikalischer Hinsicht. Doch die Kadenz, die am Phrasenende steht, wirkt nur schwach; sie gibt dem Eröffnungteil nicht den Charakter des Eigenständigen, sondern lenkt die Aufmerksamkeit auf das Folgende – wie eine erste Phase, mit der der musikalische Fortgang freigesetzt wird. Schon damit rückt dieses Stück noch näher an die Techniken der Salzburger Klaviermusik heran.

Daraufhin benutzt Mozart die beiden folgenden Verse zur Modulation: Ihr Ziel ist bereits nach dem 3. Vers erreicht (ein Halbschluß auf der Doppeldominante), und die Fortführung ist für den 4. Vers zunächst eine reine Wiederholung; mit einer Variante derselben Musik wird der 4. Vers noch ein zweites Mal vorgetragen. Auf diese Weise wird ein Halbschluß auf der Doppeldominante erreicht, dessen Wirkung eindeutig ist: Die Arie wird in der Dominante fortgesetzt. In ihr läßt Mozart den bis dahin vorgetragenen Text musikalisch ein weiteres Mal komplett ablaufen; auffällig neu ist einzig und allein, daß nur die Schlußzeile wiederholt wird.

Grundsätzlich wird also der Text auf ähnliche Weise präsentiert wie in der Erstfassung der wohl wenig jüngeren Arie »Conservati fedele«. Und wie in ihr sind die Parts von Singstimme und erster Violine gekoppelt (nur die Takte 29–32 sind davon ausgespart); ebenso wird ein Anfangsbereich von der Fortführung klar abgesetzt. Doch vieles in KV 23 erscheint weitaus souveräner gelöst, nicht nur in der Formulierung jenes Anfangsbereiches, sondern auch in der viel organischeren Entwicklung der musikalischen Verhältnisse, die auf der Dominantebene stehen – hier ergibt sich viel eher noch der Eindruck, der zweite Textdurchgang sei ein Nachsatz zu einem Vordersatz, mit dem der Text erstmals eingeführt worden ist.

Im Binnentutti, das tatsächlich im Sinne der metastasianischen Strophe mit dem Vokalschluß verflochten ist, kommt Mozart nach einer freien

Einleitung auf Musik des Ritornells zurück (in T. 44 auf T. 11); damit ist der gleiche Endreim gegeben wie in »Conservati fedele«. Erstaunlich ist daraufhin jedoch die Fortführung: Motivisch eng angelehnt an die erste Arienhälfte geht Mozart mit dem dritten Textdurchgang nach a-Moll über, formuliert dort in Takt 61 einen ähnlichen Halbschluß wie nach dem ersten Textdurchgang (T. 28) und gelangt dann erst mit dem vierten in die Dominante der Grundtonart zurück (mit einer schwachen Kadenz in T. 69). Eine klare Koordination von vier ›Phasen‹ mit den vier Durchgängen durch den zu vertonenden Text ist also nicht zu erkennen. Der Grund hierfür liegt vermutlich in der unmittelbaren Fortführung: Eine zu klare Orientierung an der Musik aus ›Phase 2‹ hätte es nicht ermöglicht, die Satzstrukturen so weitgehend zu verändern, wie es im folgenden geschieht.

Mit den Worten des 3. Verses wird ein erstklassiges Arienmelisma ausgestaltet, in dem die Singstimme sich so weit wie nie zuvor vom übrigen Satz absetzt. Doch als günstig ist das Ergebnis kaum zu bezeichnen, denn die Dynamik, die die Komposition damit annimmt, wird auf dem Weg zu einem neuerlichen Halbschluß (T. 78) wieder zurückgenommen. Und so wirkt die anschließende Wiederaufnahme des 4. Verses – mit dem Reizwort »traditor« – eher blaß. Mozart hatte also zwar entsprechende Melismen erlebt; er wußte auch, daß sie gegen Ende eines musikalischen Abschnitts eintreten. Doch daß in ihnen auch Schwungkraft liegen kann, mit der – als Höhepunkt der Arienhauptteils oder jedes von dessen beiden Hälften – die Kadenz formuliert wird, beherrschte er noch nicht.

Das Ritornell hingegen ist von dem Bemühen gekennzeichnet, die Tonart zu wahren; die Souveränität, die »Conservati fedele« erkennen läßt, fehlt hier noch. Die ersten sechs Takte des Vorspiels entsprechen dem ersten Arienabschnitt (mit dem Vortrag der ersten beiden Verse, in der Folge »abb«); ihnen folgt lediglich ein fünftaktiger Nachsatz mit anschließender Kadenzbestätigung. Daß diese differenziert ausfällt, verwundert nicht; hier war Mozart tonartlich sicher und konnte auf eigene Erfahrungen zurückgreifen. Die Schlußformel kehrt im Binnentutti wieder.

Damit nimmt das Ritornell einen völlig anderen Verlauf als das in »Conservati fedele«. Ein wenig schimmert die barocke Dreigliedrigkeit durch, die sich aus einem thematisch prägnanten Kopfsatz, dessen Fortspinnung und einer Kadenz ergeben kann, hier allerdings ohne daß das Mittelglied sich als Fortspinnung bezeichnen ließe. Somit handelt es sich um einen nicht genügend abgesicherten Versuch, ein Ritornell zu konzipieren; ohne erfaßt zu haben, wozu dieses dienen könne, ahnte Mozart lediglich, daß er die Eckwerte (Start und Ziel) im weiteren Verlauf der Arie

189

wieder aufgreifen würde, und er verknüpfte sie mit einem knappen Vier-takter.

Eine Gestaltung, in der ein ›bifocal close‹ eine wesentliche Rolle über-nähme, liegen hier also noch in weiter Ferne, und obgleich Mozart in den vokalen Anteilen Melismatik zum Einsatz bringt, ist er von einer überleg-ten musikalischen Konzeption vielleicht noch weiter entfernt als in »Con-servati fedele«. Insgesamt scheint diese Arie ein noch früheres komposito-risches Entwicklungsstadium Mozarts zu repräsentieren, in dem dieser zwar schon Textgestaltung und Affekt beherrschte, nicht aber Detailfragen der Form. Fast ist man versucht, daran zu zweifeln, daß die Grundversion der Arie bereits das Melisma der Takte 70–74 enthielt; denkbar erschiene etwa, daß der gesamte, bis Takt 78 reichende Abschnitt erst nachträglich zum Notentext hinzukam und dieser zunächst nach der Kadenz in Takt 69 sofort in die Formel des Taktes 78 überging. Dann handelte es sich bei diesem Melisma um eine ähnliche Erweiterung wie die, die zur Umgestal-tung von »Conservati fedele« führte.

Wenn Mozart anfänglich Schwierigkeiten in der Arienkomposition hat, charakterisieren diese auch seinen Vater: Weil er Reinschriften von »Va, dal furor portata« anlegte, läßt er erkennen, daß er diese in ihren musikalischen Details zweifellos eindrucksvolle Komposition bereits für ausgereift hielt. Offenkundig war er stolz auf diese beiden ältesten erhaltenen Arien seines Sohnes. Doch dies bedeutet, daß er sie nur im punktuellen Ausdrucksver-mögen der Musik, in der textlichen Beherrschung und ohnehin in der satztechnischen Gestaltung beurteilen konnte. In Details der Gestaltung, etwa auch in der konkreten Koordination von Textgestalt und musikali-schem Ablauf, hatte sein Sohn bereits ein differenziertes Verständnis ent-wickelt, als er es in seinen überlieferten Kompositionen zeigt; auf diesem Sektor konnte er seinem Sohn kaum helfen. Ein weiteres Mal hatte sich Wolfgang also Techniken erschlossen, in die Leopold zuvor nur begrenzt Einblick gehabt hatte.

Auch in anderer Hinsicht läßt sich ausgehend von »Va, dal furor por-tata« die Position bestimmen, die Mozart in seiner Entwicklung erreicht hatte. Barrington hebt in seinem Bericht die Beherrschung von Arienlänge und Affektgestaltung hervor; dies läßt sich durchaus schon auf den Ent-wicklungsstand beziehen, den Mozart in dieser Arie zeigt. Da Barrington jedoch diese Kenntnisse aus Mozarts Kontakten zu Manzuoli herleitet, kann dieser ihm kaum auch jene weitergehenden formalen Praktiken ver-mittelt haben: Die Details der Virtuosität, der Abstimmung zwischen Ri-tornell und Vokalteil bzw. zwischen Textdurchgang und Form, die Mozart in Salzburger Kompositionen des Frühjahrs 1767 klar beherrscht, eroberte sich dieser demnach erst später, wie erwähnt vielleicht in Den Haag. So wird an der Entstehungsgeschichte von »Conservati fedele« deutlich, daß Mozart das zu erreichende Ziel nicht verfehlte; doch »Va, dal furor portata« erscheint – gemessen an ›ernster‹ Arienkunst – einfach nur als ein Experiment. Kaum glaublich ist, daß diese Arie für ein Londoner Pasticcio ausgewählt wurde. In den »favourite arias«, die aus jener *Ezio*-Produktion für den Hausgebrauch der Opernfreunde im Druck erschienen, ist die Arie jedenfalls nicht enthalten, und dies wirkt in jedem Fall plausibel: weil sie durchaus nicht automatisch – als Werk Mozarts – zum Lieblingsbestand des Publikums gehört zu haben braucht (vorausgesetzt, sie wäre doch Teil jenes Werks gewesen, so unwahrscheinlich dies ist).

Es ist vielleicht kein Zufall, daß die beiden weiteren Arien aus *Artaserse*, die sich der Westeuropareise zuordnen lassen, ohne Ritornell komponiert sind: einzuleiten daher mit einem Rezitativ, das direkt in die Arie übergeht (für »Per quel paterno amplesso« KV 79 ist es als Accompagnato gestaltet; in »Per pietà, bell'idol mio« KV 78 hingegen setzen Violine I und Singstimme aus dem Nichts gleichzeitig auf demselben Ton ein). Formale Verkürzungen, wie sie sich in KV 21 zeigen, begegnen in ihnen nicht mehr; die Vokalteile entwickeln die Funktionen fort, die in »Conservati fedele« erkennbar werden, die Singstimme löst sich vom Orchestersatz, und in der Korrelation von Melisma und vokaler Schlußkadenz zeigt Mozart keine Unsicherheiten mehr. Noch im Rahmen der Westeuropareise konnte Mozart somit seine Anfangsschwierigkeiten im Umgang mit solistischer Vokalmusik ablegen; ihm stand fortan für ihre Spielarten – sei es in der Oper, sei es im Bereich der geistlichen Musik – ein universales musikalisches Prinzip zur Verfügung, das sich im Einzelfall auf ähnlich vielfältige Weise konkretisieren ließ wie das der gestisch aufeinander abgestimmten Elemente, in denen sich ein schneller Sinfoniesatz realisieren läßt.

Salzburg und Westeuropa: ein erstes Resümee

Eindrucksvoll zu sehen ist also, daß Mozart mit Hilfe der Erfahrungen, die er als Klavierkomponist gesammelt und im Hinblick auf orchestrale Verhältnisse fortentwickelt hatte, prinzipiell auch dramatische Vokalmusik schreiben konnte. Mit Hilfe eines Arientextes konnte Mozart seine Mittel noch erweitern, weiträumige Tonräume musikalisch plausibel auszugestalten; erkennbar wird dies besonders an den Stellen, an denen eine anzusteuernde Zieltonart bereits erreicht ist. Insofern tritt der Text zunächst in einer rein funktionalen Hinsicht in das Repertoire der musikalischen Möglichkeiten Mozarts ein, ebenso wie dies zuvor schon mit den Techniken des Orchestersatzes geschehen war. Verblüffend einfach trug folglich gerade das Denken in vier klaren Phasen (Tonikastart, Binnentonart, Rückmodulation, Tonikaschluß), das sich aus Mozarts frühestem Klavierschaffen herleitet, auch die Arienkomposition, und zwar bis in die Details derjenigen Gestaltung, die erst zu den späteren Differenzierungen – in der Zeit bis zur Rückkehr nach Salzburg – gehören.

Doch Text hatte für Mozart auch nicht nur diese formale Komponente; auch für die inhaltliche hatte ihn seine vorausgegangene Ausbildung ideal qualifiziert – wenn auch wohl kaum in der zielgerichteten Weise, in der sich dies im Rückblick darstellen läßt. Mozart hatte das Komponieren so gelernt, daß sich in der Musik einzelne Phasen voneinander abgrenzen lassen; in ihnen wird musikalisches ›Material‹ präsentiert (nicht nur Motive, sondern auch satztechnische Funktionen), das sich von dem der benachbarten Phasen klar absetzt. Dem gleichen Prinzip folgen Arientexte in ihrem Versbau: Darin, wie Mozart den Text musikalisch aufbereitet und mit den Prinzipien jener ›Phasen‹ verbindet, folgt er dem lyrischen Grundsatz, demzufolge ein Vers einen in sich abgeschlossenen Gedanken präsentiert und der Zeilensprung, die Führung eines Gedankens über eine Versgrenze hinweg, die Ausnahme bleibt. Ebenso nun, wie sich die unterschiedlichen Gedanken mehrerer Verse zu einem inhaltlich geschlossenen Ganzen runden, entsteht eine einheitliche Aussage auch in der frühesten Kompositionstechnik Mozarts, in der die einzelnen musikalischen Abschnitte eher gereiht als auseinander entwickelt erscheinen. Insofern war für die Arienkomposition in jedem Einzelfall lediglich eine Art Grundeinstellung erforderlich, die den im dramatischen Kontext erforderlichen und in den Worten der Arie selbst ausgebreiteten Affekt traf; er dient als Fluchtpunkt, sowohl für die Verse des Textes (und dessen Gliederung in Rahmen- und Binnenteil) als auch für die unterschiedlichen musikalischen Zellen. So unklar Mozart manches Detail der dramatischen Musik gewesen sein mag, als er die ersten Arientexte vertonte, hatte ihn – wohl durch einen glücklichen Zufall – seine vorausgegangene Ausbildung dazu befähigt, auch zu diesem zunächst ungeahnten Horizont vorzudringen; die Improvisationen vor Daines Barrington belegen genau dies – noch ohne Text. Ein Kompositionsprinzip hingegen, das den Gedanken motivischer Entwicklung stärker betont hätte (vor allem im Sinne des Sonatenmodells), wäre für Mozart eine außerordentlich problematische Basis gewesen; sie hätte ihm, von der Grundlage seines Salzburger Unterrichts ausgehend, die Erschließung neuer musikalischer Gattungen erschwert, wenn nicht gar unmöglich gemacht.

Vielleicht liegt in diesen Entwicklungen der Grund dafür, daß sich Mozart in der Folgezeit im Umgang mit dramatischer Vokalmusik so wohl fühlte und daß diese ins Zentrum seines Schaffens gerückt erscheint: Ihre Formen waren die eindrucksvollsten und größtmöglichen, die sich auf der Grundlage seiner Salzburger Anfänge gewinnen ließen. In der dramatischen Vokalmusik konnte er die kompositorischen Elemente der Pariser Sonaten und der Londoner Sinfonien zusammenführen und mit Hilfe des Textes und der vokalen Virtuosität weiter ausbauen; das Ergebnis erscheint als die höchste Erfüllung des ›Phasenmodells‹. Mozart war mittlerweile gewandt genug, problematische Stellen zu überspielen; in der Ritornellgestaltung und deren Verknüpfung mit den Abläufen der Vokalteile, in der Virtuosität und in einer flexiblen Behandlung der Formgerüste konnte er darauf setzen, daß er die verbliebenen Unsicherheiten beim Weiterarbeiten gleichsam von selbst überwinden werde.

Auf diese Weise hat Mozart etwa in den Jahren 1764/1765 wesentliche Grundlagen für sein künstlerisches Profil gelegt: Die Komposition von opernhafter Vokalmusik und von Sinfonien tritt ins Zentrum. Mit der Oper ist die Basis definiert, auf der sich Mozart in der Zeit nach der Rückkehr nach Salzburg hauptsächlich bewegt: Oper fasziniert ihn, und die Beherrschung ihrer Gesetze konnte ihn obendrein gegenüber den meisten anderen Salzburger Musikern auszeichnen. Die Erfahrungen in der Komposition von Sinfonien kann er immer wieder neu reaktivieren; in der Salzburger Zeit schrieb er eine Vielzahl von Sinfonien und Divertimenti, und nahezu unmerklich bildeten sich dabei die Ansprüche an die Gattung heraus, von denen die ›klassischen‹ Werke seiner Wiener Zeit getragen erscheinen. Insgesamt läßt sich damit Mozarts künstlerische Entwicklung auf Jahre hinaus immer wieder auf die Londoner Zeit zurückführen, in der sein Horizont so maßgeblich erweitert worden war.

Von seiner ursprünglichen Basis, Klavierkomponist zu sein, rückte Mozart zugleich ab. Nach seinen Sonaten für Klavier und Violine, die 1766 in Den Haag als Opus IV veröffentlicht wurden (KV 26–31), folgen als nächste Werke dieses Typs erst die 1778 gedruckten Sonaten KV 301–306. Auf dem Sektor der Klaviersonaten hat als nächstes Werk (abgesehen von zwei in ihrer Besetzung nicht eindeutig bestimmbaren Kompositionen: KV 46d und e) die wohl um 1774/1775 komponierte C-Dur-Sonate KV 279 zu gelten. Und etwa in der gleichen Zeit dürften die nächsten Nachfolger der niederländischen Variationszyklen KV 24 und 25 für Klavier entstanden sein, in denen er auf zeittypische Art Lieder in steigender Komplexität variiert (Grundelemente, mit denen er arbeitet, sind die Verdichtung der zugrunde gelegten Bewegung über mehrere Variationen, Synkopenelemente, die zeitweilige Verlangsamung des Tempos für Adagio-Variation und die Gestaltung eines Schlusses über bewegter Baßlinie). Zwar ist verständlich, daß Mozart sich weiter auf den beiden Feldern engagierte, zu denen er als letztes vorgedrungen war; doch warum kommen seine Aktivitäten als Komponist von Klavier- und Kammermusik nahezu zum Erliegen?

Die Situation läßt sich aus der Rückschau erklären. Denn zwei weitere Gattungen, die im gesamten Künstlerbild Mozarts eine wichtige Bedeutung einnehmen, waren für ihn noch nicht ins Blickfeld getreten. Kammermusik jenseits der Violinsonate, also vor allem das Streichquartett als ihre ›klassischste‹ Gestalt, findet sich mit einem ersten Werkbeitrag erst 1770, dann schreibt Mozart Divertimenti für vier Streicherstimmen in offenkundig nicht-chorischer Besetzung; erst die Haydn gewidmeten Quartette der Wiener Zeit erschließen diesen anderen Gattungshorizont. Die andere zunächst ›fehlende‹ Kunstform ist das Solokonzert; sie berührt Mozart zunächst nur über Umarbeitungen von fremden Sonatensätzen, und erst 1773 setzt sein eigenes Konzertschaffen ein.

Wollte Mozart kammermusikalischen oder allein auf das Klavier bezogenen Gattungen etwas Neues abgewinnen, nachdem ihn die Londoner Erfahrungen von dem Bewegungsraum seiner Vergangenheit getrennt hatten, benötigte er einen Impuls, der sich von den Anforderungen seiner Kindheit unterschied. Klar ist, daß Mozart neue Klaviertechniken entwikkelte, als er das Konzert für sich entdeckte; daß Musik wie die des ersten Satzes der D-Dur-Sonate KV 284 (komponiert Anfang 1775) den sinfonischen und virtuosen Erfahrungen Mozarts aus der Londoner Zeit so nahe zu stehen scheint, ist nicht verwunderlich, wenn – wie geschildert – auf unterschiedliche Weise zwischen jenen frühesten sinfonischen und musikdramatischen Techniken Mozarts einerseits und den Klavierkonzerten andererseits eine so enge Verwandtschaft festzustellen ist: Die Erfahrungen auf dem Konzertsektor führten zu einer neuen Sonatentechnik; entsprechend konnte ihm um 1773/1775 die Komposition von Violinkonzerten ein neues Bewußtsein für die Möglichkeiten der Violinsonate vermitteln und damit Horizonte öffnen, in denen auch andere kammermusikalische Satzstrukturen erkundet werden konnten. Auch die Erfahrungen des Klavier- und des Violinkonzerts gehören damit zu den Ergebnissen, zu denen die in London neu formulierten Grundlagen Mozarts führen konnten; erst daraufhin aber war für ihn auch eine neue Klaviersonate und etwa eine neue Violinsonate denkbar.

»God is our refuge« KV 20 und das Problem der Fuge

Dennoch war auch die in London geschaffene künstlerische Basis noch nicht breit genug für Mozart. Sein Vater war Musiker in der Hofkapelle eines geistlichen Fürsten; Leopold vermochte sein Leben und Arbeiten durchweg religiös zu interpretieren. In unzähligen Briefbemerkungen spiegelt sich dies, etwa wenn er von Paris, London oder Den Haag aus anordnete, an welchen Orten in Salzburg vor oder nach riskanten Unternehmungen Bitt- oder Dankmessen gelesen werden sollten, die er stiftete[52]. Daß er auf Dauer die Techniken und Formen der geistlichen Musik aus der Lehrpraxis ausgespart hätte, ist folglich nicht zu erwarten; vielleicht fühlte er sich vom Gang der Ereignisse zunehmend unter Druck gesetzt, denn das einstige ›Wunderkind am Klavier‹, das inzwischen zum Sinfoniker und zum Arienkomponisten geworden war, mußte, je näher die Rückkehr nach Salzburg bevorstand, auch auf jenem Sektor reüssieren. Doch in einem Konzept, als dessen höchste Ausformung die italienische Arie erscheint, hatte der mehrstimmige Vokalsatz, den Mozart als Grundlage geistlicher Musik zu beherrschen hatte, keinen Platz.

Wenn also das Anliegen Leopold Mozarts hervortritt, daß sein Sohn auch Messen oder Offertorien komponieren solle, mußte Mozart seine bisherige kompositorische Grundlage völlig verlassen. Ein weiteres Mal – wie einst am Klavier, wie im Umgang mit dem ›bifocal close‹, wie beim Hinzutreten der arientypischen Satzrequisiten, wie im Rezitativ – begab sich Mozart an einen Anfang. Und auch auf dem Feld des Vokalsatzes sind der Nachwelt seine Anfangsschwierigkeiten überliefert.

Ein erster Einblick wird möglich anhand der kurzen vierstimmigen Vokalkomposition »God is our refuge« KV 20 (vgl. Notenbeispiel 17, S. 453ff.), die Mozart im Juli 1765 in London komponierte. Es handelt sich nicht um ein im engeren Sinne liturgisches Werk (es gibt keine gottesdienstliche Anforderung, für die es geschaffen sein könnte), sondern um eine außerkirchliche Komposition, der lediglich ein geistlicher Text zugrunde liegt. Entstehungsanlaß war offenbar, daß Mozart dem British Museum ein Muster seiner kompositorischen Kunst übereignen sollte.

Auffällig an dieser Komposition ist bereits der Beginn: in der Einsatzfolge, mit der Sopran, Alt, Tenor und Baß im Abstand von je zwei Takten in den Satz eintreten. Dies impliziert den Gedanken, hier habe eine Fuge entstehen sollen. Ausmaß und Wesen des fugisch erscheinenden Satzes sind aber zu prüfen. Ohnedies können sich die darauf gegründeten Beobachtungen nur auf die ersten neun Takte beziehen, nicht auch auf die vierzehn folgenden: In ihnen erscheinen die Stimmen zwar halbwegs selbständig geführt, aber keineswegs nach fugischen Gesichtspunkten eingerichtet. Somit erschließt vielleicht der Werkschluß noch besser als die Eröffnung, wie Mozart diese Komposition gestaltet hat[53].

Das musikalische Geschehen läßt sich am Textvortrag verfolgen. Nach jener fugenähnlichen Eröffnungsphase, die von g-Moll ausgeht, erreicht Mozart eine Kadenz in B-Dur. Die in der Folge entstehende Zäsur wird vom Tenor überbrückt; er führt die Textzeile, mit der er in den Satz eingetreten ist, so weit fort, daß das »a very present help« der drei übrigen, neu einsetzenden Stimmen mit jenen Worten vorbereitet erscheint; das Musizieren dieser drei Stimmen reguliert Mozart dabei so, daß eine von ihnen auf einem liegenden Ton deklamiert (Alt) und die beiden übrigen in Terzparallelen musizieren. Zwei Takte später wiederholt sich dieses Spiel: In Terzen geführt werden nun Tenor und Baß, die Liegeton-Aufgabe ist an den Sopran gefallen – der dabei als einzige Stimme im Text fortschreitet. Mit den Worten »in trouble« ist das Ziel des Gesamttexts erreicht; der Textvortrag, der über dem Orgelpunkt in der Schwebe geblieben ist, erhält eine Richtung.

Tatsächlich beginnen die beiden Oberstimmen hiermit einen Textdurchgang, der im Schlußtakt endet und das Musizieren der beiden Stimmen auf ein gemeinsames Ziel ausrichtet – auch wenn er zwischen »refuge« in Takt 16 und »present« in Takt 19 als nur locker koordiniert erscheint. Die beiden Unterstimmen hingegen werden freier in den harmonischen Fortgang eingebaut; immer wieder ergibt sich jedoch auch eine enge Abstimmung auf das Musizieren des Oberstimmenpaars. Das Ziel, die Schlußkadenz, gerät dabei nie aus den Augen: Das F des als Ausgangspunkt dienenden F-Dur-Klangs wird zu Fis hochalteriert; eine Zwischenstufe ist mit dem dominantischen D-Dur in Takt 17 erreicht, und von hier aus erscheint die Rückkehr nach g-Moll als reine Formsache.

Folglich entsteht nach der fugenartigen Eröffnung zunächst ein locker gefügtes Zwischenglied, ehe Mozart mit einem zielgerichteten Textdurchgang der Oberstimmen den Schluß vorbereitet. Das Satzbild ist vom Fortschreiten des Soprans geprägt; ihm schließt sich der Alt an. Ohne daß das Geschehen auch von dem die Harmonie steuernden Baß getragen würde, wäre der Satz nicht denkbar. Die Selbständigkeit, die Mozart den Stimmen gibt, ist also von einem klaren Außenstimmensatz getragen, vom Wechselspiel zwischen Melodie und dem Baß, wie im Klaviersatz. Folglich entwikkelt Mozart hier nichts prinzipiell Neues; der mittlerweile felsenfest gefügte Grundstock seiner musikalischen Gedankenwelt ist auch hier wirksam. Nur nebenbei ist zu erwähnen, daß Mozart bei alledem den Text in den vier Singstimmen zweifellos souverän zu führen vermag, auch darin, daß jede von ihm gebildete Sinneinheit im Englischen plausibel ist und daß jedes Wort richtig betont wird, auch »refuge« – auf der ersten Silbe.

Wie steht es vor diesem Hintergrund um die Verhältnisse in der Eröffnung der Komposition? Auch hier erscheint die Koordination von Textablauf und Musik plausibel: Er ist so eingerichtet, daß Sopran und Alt bis zu jener B-Dur-Kadenz in Takt 9 den Text einmal vortragen, Tenor und Baß diese Abrundung noch nicht erreichen können; der Tenor kann damit die ersten beiden Teile miteinander verbinden, im Baß entsteht eine textliche Lücke. Bis in Details läßt die Textkoordination keine Wünsche offen. Doch entgegen allen fugischen Erwartungen, die sich aus dem Unterquintverhältnis von Sopran und Alt bei deren erstem Einsatz ergeben, ist der Eintritt der weiteren Stimmen nicht ebenfalls fugisch organisiert und (wie es in einer Exposition üblich wäre) auf die I. und die V. oder IV. Stufe bezogen, sondern die Wahl der Einsatztöne erscheint als frei geregelt. Nach dem Einsatz des Alts auf der Unterquint c^1 müßte der Tenor eine Oktave tiefer beginnen als der Sopran (also auf g); doch der Einsatz steht lediglich einen Halbton unter dem Sopraneinsatz (auf fis^1) und liegt damit noch höher als zuvor der Einsatz des Alts. Und daß der Baß die eigentlich für den Tenor bestimmte Position (g) übernimmt, damit aber als typische tiefe Stimme auf der gleichen Tonstufe einsetzt wie der Sopran als typische hohe, ist selbstverständlich ebenfalls nicht regelgerecht. Fragt man schließlich danach, welche Elemente eigentlich Fugenthemen seien, so zeigt sich, daß Mozart nicht etwa – wie erwartet – mit einem zweitaktigen Thema arbeitet, sondern allenfalls die ersten drei Töne themenartig behandelt; daß aber zwischen dem allerersten Einsatz und dem nächstfolgenden ein unthematischer Takt vorgesehen werden könne, ist weder in der Fugenlehre vorgesehen noch hörpsychologisch zu begründen: Erst der Einsatz einer zweiten Stimme kann das fugische Prinzip offenlegen, und erst damit klärt sich die Frage der Themenlänge. Also hat Mozart den jeweils zweiten Takt nicht nach vorgegebenen fugischen Satzmustern gestaltet, sondern richtet ihn entsprechend den aktuellen musikalischen Gegebenheiten ein.

Schon der ›zweite Thementakt‹ des Alts (T. 4) wird auf diese Weise in einen prädeterminierten, gerade nicht fugischen Satzrahmen eingepaßt:

Aus seinem Ausgangston c^1 und dem es^2 des Soprans muß sich eine Einsatzposition für den Tenor entwickeln; deshalb wendet Mozart den Alt über c^2 zum a^1 und läßt den Tenor mit seinem Einsatzton (fis^1) das Musizieren der beiden anderen Stimmen zum verminderten Akkord der II. Stufe von g-Moll ergänzen. Daraufhin erscheinen die Klangverhältnisse beim Baßeinsatz (auf g) als Auflösung jenes aufgetürmten Spannungsakkords. Folglich erhalten die vier Stimmen ihre konkreten Einsatztöne nicht, weil die Fugenlehre diese nahelegte, sondern sie werden im Rahmen des Kadenzierens in g-Moll gewählt: Dem g des Sopran folgt ein ›subdominantisches‹ c des Alt, das zum Tenoreinsatz (fis) dominantisch fortgesetzt und mit dem Baßeinsatz zum Ausgangspunkt (g) zurückgeführt wirkt. Ein ›harmonisches‹ Prinzip steht also unangefochten im Vordergrund; und damit wird auch die weitere Satzentwicklung verständlich, die im wesentlichen vom Baß gewährleistet wird: Mit wenigen Schritten wird die nächste Kadenz angesteuert (B-Dur, T. 9), die diesen ersten Teil beschließt.

Folglich gestaltet Mozart den Satz überhaupt nicht nach fugischen Techniken; auf diese bezieht sich nur die Stimmfolge, und sie kann die – zweifellos geschickt angelegte – Textgestalt tragen, die sich vor allem an der Melodik verfolgen läßt: Denn die Komposition verläuft vom Einsatz des Soprans bis zur Binnenzäsur (»strength«) in einer aufsteigenden Linie und von diesem Spitzenton ausgehend praktisch ungebrochen wieder in Stufen abwärts – nicht nur bis zum Ausgangston, sondern noch eine Stufe weiter bis zur B-Dur-Quinte F, also in ein neues Ambiente.

Es ist also zweifelhaft, ob Mozart hier überhaupt eine Fuge schreiben wollte, denn die Komposition läßt seinen musikalischen Ansatz unmißverständlich erkennbar werden. Eine Sopranlinie und ein harmonisches Gerüst werden miteinander verbunden; in diesen Rahmen werden die Einsätze aller Stimmen eingebaut. Ihre Staffelung ermöglicht es Mozart, aus der Dauer des Textvortrags die Länge der Komposition abzuleiten – nach einem uralten, schon im italienischen Madrigal des 16. Jahrhunderts üblichen Muster: Zwei Stimmen durchschreiten das Textprogramm zweimal, zwei weitere währenddessen nur einmal, und auch unter paarweise gleich behandelten Stimmen ist die Koordination des Textvortrags nicht einheitlich[54]. Der kompositorische Rahmen des Geschehens ist also sogar bei dieser Anspielung auf fugische Techniken die aus der Klaviertechnik abgeleitete Konstellation, Melodie und Harmonie als die übergeordneten Details der Komposition einzusetzen; nach dem Zwischenstück der Takte 9–14 erhält die Komposition dann nur noch eine einigermaßen weit gespannte Schlußkadenz.

Auf der Basis, die mit »God is our refuge« erkennbar ist, konnte Mozart noch keine Chorfugen schreiben, wie sie etwa am Ende eines Gloria oder Credo in der Messe erforderlich sind. Zwei weitere Kompositionen, beide im Londoner Skizzenbuch stehend, konkretisieren dieses Bild. Als 25. Stück erscheint eine c-Moll-Komposition im 6/8-Takt, deren Anfangsgestaltung sogar kanonisch ist. Das Thema ist überaus schlicht: Es berührt die Tonleiterstufen I, III, II und IV, basiert also darauf, ein Zweitonmotiv einmal aufwärts zu sequenzieren. Aus ihm und einem nicht minder schlichten Kontrapunkt entwickelt Mozart eine korrekte dreistimmigen Exposition; doch schon nach dem Einsatz der dritten Stimme wird deutlich, daß Mozart das Kanonprinzip schnellstmöglich aufzugeben gedenkt. Und so ergibt sich eine Überleitung hin zur Es-Dur-Fläche dieser Komposition – sie wird in Takt 17 mit einem ›bifocal close‹ geöffnet. Kontrapunkt ist hier also nur Mittel zum Zweck: als Technik, einen von thematischen Strukturen geprägten Beginn breiter auszugestalten.

Nicht wesentlich weiter in das Reich der Fuge führt auch das fragmentarische Schlußstück des Skizzenbuches, überschrieben mit »Fuga«: Mozart arbeitet hier tatsächlich mit einem Thema, das er korrekt fugisch einführt; es ist fünf Takte lang, wird in steigender Stimmfolge präsentiert (ausgehend vom Baß), und zwar auf den Einsatzstufen c und g in tonaler Beantwortung des Themas (variabel ist stets nur die letzte Achtelgruppe vor dem Einsatz der Folgestimme). Strenggenommen wird nur diese Linie wirklich thematisch behandelt. Doch offenkundig möchte Mozart noch mehr erreichen und versucht den Eindruck zu erwecken, daß auch die Fortführung des Basses (T. 6) als konstanter Kontrapunkt behandelt werde. Anstatt diese Linie daraufhin in Takt 11 dem Tenor anzuvertrauen (der zweiten in den Satz eingetretenen Stimme), überträgt er sie aber wiederum dem Baß und zeigt damit, daß er auch hier viel eher mit melodischen Konstanten gearbeitet hat, als es auf den ersten Blick den Anschein hat: Denn sobald eine neue Stimme das Thema vorträgt, kann der Baß mit dieser Linie die – Mozart so vertrauten – Verhältnisse eines klar profilierten Außenstimmensatzes sicherstellen. Das geht gut, solange die Fuge nur dreistimmig ist. Mit dem Eintritt des Soprans gerät sie dann ernstlich in Gefahr: Der Außenstimmensatz tritt noch klarer als das herrschende Prinzip hervor, denn zum Thema erklingt eine nur auf die melodischen Grunddaten reduzierte Baßlinie, und da Alt und Tenor in den Takten 17–19 jeweils umschichtig pausieren, sind Zweifel daran angebracht, ob es sich eigentlich wirklich um Vierstimmigkeit handelt. Dann wendet Mozart mit einem einzelnen Zwischenspieltakt (T. 21) die Musik nach Es-Dur, läßt aber in diese Klangwelt hinein den Baß neuerlich auf G einsetzen, auf der Terz der neuen Tonart. Ob es möglich wäre, die Fuge aus dieser Spannung wieder herauszuführen, ist fraglich. So erscheint der fragmentarische Charakter dieser Komposition als Konsequenz aus dem neuerlichen Versuch, eine Fuge zu schreiben, deren Bedingungen in Prinzipien des pianistischen Außenstimmensatzes formuliert werden. Dieser hätte aufgelöst, die Melodiefunktion zeitweilig dem Sopran entzogen und anderen Stimmen zugeordnet werden müssen; ebenso wären die ›baßmäßige‹ Führung der tiefsten Stimme und das Fugenprinzip unabhängig voneinander zu behandeln gewesen.

An dieser Stelle erweist sich, wie schmal das Fundament war, das Mozarts frühes Komponieren ermöglichte: Die Fortentwicklung des Vier-Phasen-Modells der Salzburger Tanzsätze ließ sich nicht zufällig oder automatisch in ein orchestrales und arienhaftes Musizieren überführen; nur eine individuelle Interpretationsbereitschaft ermöglichte diesen Brückenschlag. Bestimmte Satztechniken blieben jedoch unerreichbar; nur wenn die typischen Elemente des am Klavier kennengelernten Satzprinzips, dazu etwa eine klare Modulationsrichtung, durch die Gattungskonstituenten durchschimmern konnten, konnte Mozart auch auf neuem Terrain an diesen kompositorischen Grundelementen festhalten. Er geriet also nicht deshalb an Grenzen, weil er in einem nichtfugischen Zeitalter groß wurde, sondern weil sein musikalisches Denken sich auf andere Techniken gründete; die Basis hatte sich am Klavier fast zufällig ergeben, war daraufhin ungeplant fortentwickelt worden und hatte damit eine überaus individuelle Musiksprache entstehen lassen.

Was also konnte Mozart tun, wenn er fortan Fugen zu schreiben hatte? Die Antwort ist überraschend einfach: Fortentwicklungen ergaben sich im Detail; von ihnen konnten Unzulänglichkeiten auf elegante Weise verdeckt werden – etwa so wie in dem knappen fugischen Schluß, den Mozart 1768 im Gloria der G-Dur-Messe KV 49 entwickelt. Zum Text »cum sancto Spiritu in gloria Dei Patris« läßt er als erste Stimme den Sopran einsetzen; folglich rückt mit weiteren Einsätzen das Thema in eine Unterstimmenfunktion, und mit dem Wort »Amen« führt die zuvor thematisch behandelte Stimme ihre Linie in einem feststehenden Kontrapunkt fort. Damit ist das Modell des Außenstimmensatzes gefügt; daß das Thema stets baßmäßig eintritt, ist vom Einsatz der zweiten Stimme an garantiert. Anders die Melodiefunktion des Kontrapunkts: Diese wird als nächstes vom Alt übernommen und damit in das Satzinnere gerückt. Doch hier behilft sich Mozart mit der Instrumentation: Er läßt den Altpart durchgehend in Oktavierung von der Violine I mitspielen, den Sopranpart hingegen in Originallage von der Violine II. Damit ist der Kontrapunkt auch hier in der höchsten Stimme des Satzes angesiedelt.

Dieses Prinzip wird beibehalten, bis der Baß mit dem Thema in den Satz eintritt und die Vollstimmigkeit erreicht ist; dann pendeln sich Sopran und Baß auf eine Dezimbindung ein (zwischen T. 75, 2. Hälfte, und T. 77 zu Beginn jeden halben Taktes), und der Charakter des eher Unspezifischen, Akzidentiellen haftet nun den Stimmen des Alt und der 1. Violine an, die damit wie eine frei geführte Zusatzstimme über dem Satz zu schweben scheint. Auch hier Mozart schreibt also nicht eigentlich eine Fuge, sondern läßt nur seine typischen Satzprinzipien im Rahmen einer Fugenexposition aufgehen. Daß eine Fuge wirklich eine Fuge ist, ergibt sich damit erst in der veritablen, ausgedehnten Missa solemnis – um 1768/1769, in einer weiteren Entwicklungsetappe.

Allerdings benötigte Mozart auch nicht nur Techniken der Fuge, um sich auf die kirchenmusikalischen Anforderungen des Salzburger Musiklebens vorzubereiten, sondern auch die des normalen, freier geführten Vokalsatzes. Daß dieser – ebenso wie in »God is our refuge« betrachtet – sich für ihn wesentlich aus den klavieristischen Techniken eines Außenstimmensatzes ergab, verwundert nicht, erweist sich aber auch nicht als grundsätzliches Problem, sondern erklärt die Gestaltungsformen, zu denen er gelangte. Auf diese Weise erweist sich lediglich das Fugenverständnis, das Mozart von der Westeuropareise nach Salzburg mitbrachte, als außerordentlich entwicklungsbedürftig; für weitere Teile geistlicher Vokalmusik konnte er auf das Gelernte zurückgreifen.

Auswirkungen der Westeuropareise in Mozarts Personalstil

Als die Mozarts am 29. November 1766 nach Salzburg zurückkehrten, erreichte Mozarts Ausbildung einen ersten Abschluß. Zwar werden seine kompositorischen Fähigkeiten in der Zeit, in der die Familie aufbrach, vielleicht nur ausschnitthaft von den ›Menuetten über gleichem Baß‹ gespiegelt; doch spätestens der Aufenthalt in London hatte seinen kompositorischen Vorstellungen eine neue Richtung gegeben. Ohne Zweifel hatten sie Mozart zu einem souveränen Komponisten gemacht, der jeweils nach Bedarf neue Stilelemente in seine Musiksprache integrieren konnte. Wie weit aber wurden Werke, die er in späterer Zeit schrieb, von den musikalischen Vorstellungen geprägt, die ihm im Laufe der Reise erstmals zugänglich geworden waren?

Weil Mozarts Grundlagen sich aus der Arbeit mit Tanzsätzen herleiteten, ist es nicht verwunderlich, daß ihm in seiner weiteren musikalischen Laufbahn Menuettkomposition keinerlei Schwierigkeiten bereitete – anders als es sich für Joseph Haydn feststellen läßt, der darauf auf eigene Weise (mit Entwicklungen, die zu einem Scherzo-Satz führen konnten) reagierte[55]. Dies gilt folglich nicht nur für Einzelstücke und Tanzfolgen, sondern auch für Menuette als typische Sinfoniesätze. Dennoch ist bemerkenswert, daß es zahlreiche Menuette Mozarts gibt, deren Aufbau sich von dem der ersten Salzburger Versuche unterscheidet: Die Motivik des Menuetts, das in der Tanzszene von *Don Giovanni* verarbeitet wird oder im Rahmen der *Jupiter-Sinfonie* steht, erscheint ihnen gegenüber als vereinheitlicht; Vorder- und Nachsatz sind miteinander verwandt und prägen keine voneinander abgesetzten ›Phasen‹ mehr aus. Den Weg hierhin hatte sich Mozart ebenfalls schon vor der Westeuropareise bzw. in deren Anfangsphase erschlossen: nicht zuletzt im Menuettpaar KV 1 oder in den entsprechenden Sätzen der Pariser Sonaten. ›Phasentechnik‹ und Tanzprinzip hatten demnach schon früh begonnen, sich voneinander zu entfernen.

Um zu beschreiben, wie weit das bis 1766 Gelernte außerhalb der Tanzsätze in Mozarts Schaffen fortwirkte, sind vor allem vier Teilthemen des Komponierens zu betrachten: das Verständnis für Modulationen zur Dominante, das Bewußtsein für Seitenthemen, in einer weiteren, späteren Etappe auch das für Hauptthemen, schließlich die Relation zwischen ›Durchführungstechniken‹ und den Verhältnissen der vor 1763 in Salzburg formulierten ›Phase 3‹.

Das Modulationsverständnis ist mit der Frage verknüpft, wie Mozart die Wirkung des ›bifocal close‹ einschätzte. Hier ergeben sich für ihn fortschreitend Differenzierungen, die auch zur Auflösung der ursprünglichen Mehrdeutigkeit dieses Klangs führen: Später betrachtet Mozart einen Halbschluß auf der Dominante nicht mehr als Voraussetzung für eine dominantische Fortsetzung; soll ein Dominante vorbereitet werden und ihre Klangwirkung mit einem Halbschluß eingeleitet werden, muß dieser auf der Doppeldominante gebildet werden. Zunehmend erschließt Mozart sich also das Bewußtsein dafür, daß ein ›zäsurbildender Halbschluß‹ kadenzierend aufzulösen ist. Folglich müssen Modulationsprozesse weiträumiger angelegt werden, weil dann als Vorbereitung für ein dominantisches Ziel nicht nur ein einfacher Quintschritt von der Grundtonart weg erforderlich ist, sondern ein doppelter. Eine Zeitlang standen beide Ansätze für Mozart nebeneinander, und in der 1774 vollendeten Sinfonie D-Dur KV 202 läßt sich schlaglichtartig erfassen, wie Mozart dieses Phänomen auffaßte: Im

Presto-Finale spannt er den Bogen nur einen Quintschritt weit; der Satz hat dann in ein geringeres Gewicht als der Anfangssatz, in dem er jenen weiteren Weg einschlägt.

Dieses anspruchsvollere der beiden Modulationsprinzipien findet sich auch in den Anfangssätzen der drei letzten Wiener Sinfonien (KV 543, 550, 551), die damit noch immer klar von dem Denken geprägt sind, daß erst die Schlußkadenz einer Exposition die Modulation wirklich zum Abschluß gebracht habe; wenn zuvor Kadenzen in der Zieltonart gebildet werden, sind sie als ›noch nicht schlußkräftig‹ qualifiziert, so daß sich ein großer Bogen – von der Start- zur Zieltonart – über den gesamten Formteil spannt. Ein anderes, noch differenzierteres Modulationsverfahren hat Mozart nie auf Sinfonik angewandt: eine Vorbereitung der Dominante mit einer Kadenz in dieser Tonart. Sie bewirkt, daß der folgende Abschnitt nicht nur insgesamt, sondern schon an seinem Anfang eindeutig in der Dominante steht, ebenso wie es die Sonatentheorie für die Vorbereitung eines Seitenthemas postuliert; der folgende Abschnitt dient dann nicht mehr dazu, die Dominantkadenz, Schlußpunkt der musikalischen Entwicklung, noch eigens vorzubereiten. Von den musikalischen Grundlagen Mozarts aus betrachtet, setzt er mit einer Kadenz ein klares Zeichen: Theoretisch müßte an dieser Stelle der entsprechende Abschnitt des Satzes zu Ende sein. Das Ambiente, in dem es zu diesen Phänomenen kommt, informiert aber über die Berechtigung einer musikalischen Fortsetzung.

Das Grundmodell hat Mozart in Arien entwickelt, und es ist besonders deutlich in *Lucio Silla* (1772) zu erkennen: In Arien wie Giunias »Ah se il crudel periglio« (Nr. 11) wird während des ersten großen Vokalteils tatsächlich zweimal mit identischem Text in der Dominante kadenziert, und erst beim zweiten Mal ist das Binnentutti des Vokalteils erreicht. Als das übergeordnete Gestaltungsprinzip erscheint der Textvortrag; die formale Ausgewogenheit des Arienprinzips ist nur erreicht, wenn der Text doppelt vorgetragen wird. Dieses Kriterium gibt Mozart die Freiheit, die harmonische und motivische Konstruktion dem Textvortrag unterzuordnen. In jenen Opernarien wird der Zielton der Kadenz mit dem tronco-Schluß der metastasianischen Strophe erreicht; parallel dazu kann folglich ›etwas Neues‹ einsetzen – die Dominantfläche, auf der sich ein zweiter Textdurchgang ergibt. In derselben Weise überlappen in Konzerten die Kadenz, mit der die Modulation abgeschlossen wird, und die Eröffnung des vom Solisten beherrschten Dominantabschnitts (z.B. noch in KV 537, 1. Satz, T. 164); zeitweilig läßt Mozart sogar eine Zäsur zwischen beiden Teilabschnitten entstehen (Klavierkonzert KV 238, 1. Satz, T. 67; sogar mit Pause im Violinkonzert KV 218, 1. Satz, T. 86). Außerhalb virtuoser Gattungen ist Mozart diesem ›sonatenhaften‹ Prinzip nie so nahe gekommen.

Denn auch die nächstverwandten Konstellationen in anderen Gattungen sind auf anderer Grundlage gestaltet. Im ersten Satz des *Dissonanzenquartetts* KV 465 (C-Dur) bereitet Mozart die G-Dur-Fläche, auf der die Nachwelt das Seitenthema angesiedelt sieht, mit einer Kadenz in der Doppeldominante vor. Doch auch damit entstehen keine Verhältnisse, die einzig und allein ein ›thematisches‹ Bewußtsein Mozarts belegen könnten: Ein Seitenthema wäre dann vorhanden, wenn es mit einer Kadenz in der Dominante vorbereitet würde, also mit genau der Konstruktion, die auch am Satzende einzutreten hat. Nur in diesem Fall ließe sich in jene typische Staffelung unterschiedlicher musikalischer Konstellationen auch der Gedanke einbringen, daß eine Dominantkadenz erst dann den Schluß eines Abschnitts herbeiführen könne, wenn ihr ein ›Seitenthema‹ vorausgegangen wäre. Insofern entsteht auch im *Dissonanzenquartett* keine ›thematische‹ Funktion auf der Dominantfläche: Mozart müßte sie mit einer Kadenz in der Zieltonart G-Dur vorbereiten. Wenn er die G-Dur-Fläche hingegen – wie im vorliegenden Fall – über eine Kadenz in der Doppeldominante erreicht und auf dem Weg dorthin die Dominante nur flüchtig streift, ist im Modulationsprozeß die zielhafte Position übersprungen worden; die Ausbreitung der G-Dur-Fläche ist damit auf dem Weg zur Schlußkadenz ebenso unverzichtbar wie in den Londoner Kompositionen. Auch hier ist Mozart also noch weit von der Sonatentheorie entfernt, die – gemessen an seinen Londoner Erfahrungen – nur als Pleonasmus erscheinen könnte, weil sie einer Dominantkadenz im Kontext der Exposition ihre Eindeutigkeit nähme.

Damit werden die Punkte deutlich, an denen die Bewertung des retardierenden Elements, mit dem Mozart zunächst Dominantflächen einleitet, in einen Seitenthemenbegriff umschlagen kann. Stärker als in den späten Wiener Sinfonien oder im *Dissonanzenquartett*, in denen ein ›Seitenthema‹ noch immer in einen übergeordneten Modulationsprozeß eingebaut erscheint, kann die Gestaltung eines Konzertallegros jenen ›thematischen‹ Aspekt hervortreten lassen; doch in ihr bieten die virtuosen Anforderungen, die erst am Expositionsschluß völlig entfaltet werden, eine Erklärung, die gleichfalls die Bedeutung des Thematischen in den Hintergrund treten läßt. Wer hingegen der Musik Mozarts begegnete und aus einer nur geringfügig anderen Tradition stammte, in der das Thematische höher bewertet wurde als von Mozart selbst, konnte auch dessen Werke als dieser Tradition zugehörig begreifen. Doch für ihn selbst spielte die subtile Abstim-

204

mung gestischer Elemente, mit denen die Schlußkadenz eines Abschnitts ›vorbereitet‹ (bzw. auch hinausgezögert) werden könne, die entscheidende Rolle.

Ähnliches gilt für die Hauptthemen. Die Eröffnung der *Jupiter-Sinfonie*, die sich in dieser Hinsicht als exemplarische Konstellation beschreiben läßt, wird geprägt von drei Akkordschlägen, von denen der zweite und dritte mit einem Triolenschlenker vorbereitet werden. Die Akkordfolge wird aufgefangen in einem knappen piano-Segment. Beide Elemente folgen nochmals, auf anderer Tonstufe. In der Gestaltung ist dies nichts anderes als der typische, akkordische ›Vorhang‹ mit gestisch konträrer piano-Fortführung, wie sich dies schon zu Beginn der Sinfonie KV 16 findet. Darauf folgt der ebenso typische forte-Abschnitt in der Tonika (hier als Orgelpunkt ausgebreitet), aus dem sich erst allmählich der Übergang zum Halbschluß ergibt; er wird auf vielfältige Weise bestätigt (T. 19–23). Diese strenggenommen unthematische, dennoch aber unbestritten einprägsame Eröffnung ist, weil sich Mozarts Modulationsverständnis verändert hat, nun aber nicht schon selbst Grundlage für eine Dominantfläche, sondern diese muß in einem weiteren Abschnitt, der neuerlich von der Tonika ausgeht, noch eigens vorbereitet werden. Selbstverständlich wirkt sich hierbei nicht die ursprüngliche Technik des gestischen Komponierens aus, wie sie in der Sinfonie KV 16 festzustellen ist; da Mozart damals noch keine Notwendigkeit sah, an der Ambivalenz eines Halbschlusses (als ›bifocal close‹) zu zweifeln, gibt es für den Abschnitt, der sich in der *Jupiter-Sinfonie* anschließt, kein frühes Äquivalent. Ziel ist ein Halbschluß auf der ›Dominante der Dominante‹: Nur sie gilt nunmehr als Grundlage für die Dominantfläche, und da diese nicht mit einer Dominantkadenz vorbereitet worden ist, bleibt diese Wirkung – als typisches, schließendes Element – noch ausgespart. Nicht einmal die periodische Gestaltung des nun folgenden G-Dur-Abschnitts rechtfertigt es also, einen thematischen Charakter als das übergeordnete Ziel anzunehmen, denn auf die Kadenzen, die Mozart in dieser neuen (und so zielhaften) Tonart formuliert, wirkt sich vorrangig wieder das gestische Element aus: Die Kadenzen werden nur im Piano formuliert[56]. Auf diese Weise läßt sich im Schaffen Mozarts eine periodisch gebaute, thematisch wirkende Konstellation, die lediglich mit einem Halbschluß endet, wohl nie als Thema qualifizieren, weil sie weniger aus der im Inneren abgerundet erscheinenden Bauweise heraus zu beurteilen ist, sondern stets nur aus den Wirkungen im Satzganzen; die Offenheit des Halbschlusses hat ein stärkeres Gewicht als jede periodische Gliederung der Motivik.

Die gleiche Gestaltung wie in Sinfonie-Einleitungssätzen war auch in den Kopfsätzen von Klaviersonaten denkbar, besonders deutlich etwa, wie erwähnt, in der D-Dur-Sonate KV 284. Vor allem aber erfaßt diese Gestaltung die Instrumentalkonzerte, die damit allerdings noch in weiteren Details auf die frühen Kompositionen Mozarts zurückverweisen. Um dessen erste Sinfonie-Allegros zu analysieren, liegt, wie beschrieben, ein Betrachtungsansatz nahe, die in der Mozart-Forschung zunächst für Ritornelle in den Anfangssätzen der Instrumentalkonzerte diskutiert worden sind. Kehrt man diese Aussage um und fragt nicht nach der Forschungsgeschichte, sondern nach der Schaffensentwicklung Mozarts, ergibt sich also, daß die Techniken einer Abstufung gestischer Elemente, wie sie erstmals in der Exposition des 1. Satzes der Sinfonie KV 16 erkennbar ist, für Mozart Grundlage seiner eigenständigen Konzerteinleitungen wurde[57] und zeitlebens blieb.

Diese Affinität der Konzert-Einleitungssätze zu den Techniken, die Mozart sich im Zuge der Westeuropareise zulegte, erstreckt sich auch auf deren Soloteile; hier haben die Arien als Bezugspunkt zu gelten. Da diese in ihren eröffnenden Tuttiabschnitten en miniature von den orchestralen Techniken, Gesten abzustufen, geprägt sind, scheint die Gestaltung in manchen frühen Arien Mozarts direkt auf seine Konzertsätze vorauszuweisen[58]. Daß dieser sich in der Arienkomposition von jenen Techniken löste, als er Konzerte zu schreiben begann, ist ein bemerkenswertes Phänomen im Hinblick auf seine Ansprüche als Opernkomponist; denn damit wird erkennbar, daß er sich in der Mitte der 1770er Jahre neue Standards der Arienkomposition erschloß, mit denen er flexibler auf charakteristische Handlungssituationen reagieren konnte.

Auf diese Weise erscheint die Technik, nach der Mozart in London Sinfonieeinleitungen zu schreiben begonnen hatte, als Kernprinzip für seinen lebenslangen Umgang mit der Gattung, darüber hinaus aber auch als Prinzip, mit dem er in Klaviersonaten und in den orchestralen Eröffnungsabschnitten von Solokonzerten arbeiten konnte; Soloteile der Konzertallegros werden hingegen von dem Prinzip geprägt, das sich Mozart seit dem Aufenthalt in London für die Komposition von Arien erschlossen hatte – von dem er sich aber in der Arienkomposition mit der Zeit distanzierte. Hat Mozart also mit dem Modell der vier ›Phasen‹, das ihn in Salzburg begleitete, gebrochen?

Dies läßt sich klar verneinen. Selbst wenn ein Satz im Sinne der Sonatenhauptsatzform als Folge aus Exposition, Durchführung und Reprise angelegt wäre, könnten in ihm auch noch die Elemente durchschimmern, die für Mozart in den frühesten Salzburger Kompositionen elementar waren. Denn eine Exposition wie die der *Jupiter-Sinfonie* gliedert sich in eine Startfläche, die – nach Mozarts aktuellem Verständnis – die Grundtonart nicht verlassen hat (endend mit einem Halbschluß), eine Fortführung, mit der die Dominantfläche möglich wird, und einen dritten Teilabschnitt, in dem diese dann ausgebreitet wird; dies entspricht der Dreigliedrigkeit, die sich in Mozarts Londoner Sinfonien zeigt (vgl. oben, Tabelle 3) – mit der Relativierung des Modulationsprinzips im zweiten Teilabschnitt. Folglich gilt auch für diese Anlage das, was im Hinblick auf diese Grundgestaltung selbst ausgeführt worden ist: Zwischen einer klaren Start- und einer Zielfläche wird ein ambivalent erscheinender Abschnitt gebildet. Daß sogar eine Durchführung als Nachfahre einer lediglich rückmodulierenden ›Phase 3‹ erscheinen kann, dürfte unmittelbar einleuchten; und wenn eine Reprise die gleiche Dreigliedrigkeit aufweist wie die Exposition, wird damit zumindest die Annahme nicht widerlegt, hier seien die Konstituenten einer ›Phase 4‹ nur weitestmöglich ausgedehnt: Als Grundprinzip für diese ›Phase‹ kann gelten, daß Mozart aus der Exposition all das neuerlich einsetzt, was nicht über eine gegebene Tonart hinausweist, und seine Techniken, den Rahmen hierfür so weit wie möglich zu öffnen, konnte er in späteren Phasen seines Lebens wesentlich weiter definieren als zu Beginn. Auch eine ›Phase‹ ist in dieser Hinsicht etwas Gestisches, nichts allein durch Form Definiertes.

Am klarsten lebt hingegen auch die Konstitution der alten ›Phase 1‹ in der Kammermusik fort. Sätze wie das einleitende Allegro des Divertimento D-Dur KV 136 zeigen dabei den denkbaren Wandel zwischen bloßen, harmonisch definierten Teilabschnitten und einer tatsächlich thematischen Auffassung auch im Bereich des Hauptsatzes. Mozart beginnt mit einem weitgespannten, periodisch gebauten Gebilde, das am Ende in der Grundtonart kadenziert (T. 13); prinzipiell füllt es, so themenartig es wirkt, lediglich eine auf die Tonika bezogene erste Phase aus. Mit einer Verarbeitung dieser Motivik (Diminution; Imitation der beiden Violinen) wird der Übergang zur Dominante eingeleitet; diese ist in Takt 21 erreicht. Die folgenden 16 Takte, in denen die Dominante ausgebreitet erscheint, haben kaum thematische, sondern eher kadenzierende Wirkung; in ihnen entfaltet sich folglich die Staffelung von Schlußformeln noch auf gleiche Art wie in den Pariser Sonatensätzen.

Doch daß zu Satzbeginn nicht nur – wie in diesen – eine Gestaltung in der Anlage »abb« oder eine mit unmißverständlich öffnender Wirkung ausgestattete abab-Konstellation eintritt, sondern eine tonartlich geschlossene, erweist sich als zukunftsweisend. Von dieser Technik hat Mozart zeitlebens in kammermusikalischen Ensemblewerken Gebrauch gemacht; Konstellationen wie die zu Beginn des G-Dur-Quartetts KV 387 sind auf diese Weise – mit der Zwischenstation jenes Divertimentos aus dem Jahr 1772 – mit den frühesten musikalischen Denkweisen Mozarts verbunden. Sie zeigen, wie weit auch das Neue reicht, das in den Pariser Sonatensätzen liegt: nicht erst in dem Hinzutreten einer Violinstimme, sondern in ihren abstrakten, zunächst auf dem Klavier entwickelten Strukturen.

Ähnlich leben die typischen Konstituenten der ›Phase 3‹ auch in Werken fort, die Mozart in den Jahren kurz vor seinem Tod komponiert hat, besonders auffällig in den Konzerten: Nach dem Tutti in der Satzmitte öffnet sich häufig zunächst noch eine Fläche, auf der die Zieltonart der Exposition beibehalten wird; charakteristisch ist ferner, daß Mozart daraufhin bis zu drei unterschiedliche Motivgestalten in Sequenzen verarbeitet. Diese sind auf prägnante Motive angewiesen, weil nur mit ihnen die Sequenz faßbar wird; mit diesen Motiven tritt für spätere Generationen der Charakter motivischer Arbeit in den Vordergrund, und er läßt den eigentlichen Zweck, die Rückmodulation, als weniger wesentlich erscheinen – nicht zuletzt deshalb, weil der verhältnismäßig knappe Weg, der in der Harmonik zurückzulegen ist, kunstvoll geweitet wird und somit das anzustrebende Ziel, die Grundtonart, für einen unvorbereiteten Hörer zeitweise in weite Ferne gerückt erscheint. Doch da das Sequenzieren an jener Stelle für Mozart einen so charakteristischen, höchst individuell formulierten Stellenwert hat, ist der Bezugspunkt eindeutig: Ähnlich wie in seinen frühesten Salzburger Klavierwerken wird hier die Modulation mit Sequenzen bestritten; der thematische Gehalt ist Mittel zu diesem Zweck.

Etwa in Sinfoniesätzen können die Verhältnisse auch anders sein, und dies wird bedingt durch den Anfangsreim, der zwischen den beiden, mit dem Doppelstrich klar voneinander abgesetzten Teilen entsteht (da im Konzertallegro kein Doppelstrich steht, sind die Verhältnisse dort anders angelegt). Auch diese Konstellation konnte Mozart variieren – wie es sich an der g-Moll-Sinfonie KV 550 zeigen läßt: Nach dem Doppelstrich bewegt Mozart die Tonart zuerst in eine möglichst ferne Region (fis-Moll), um erst dann den Anfangsreim zu bilden und danach die Motivik, mit der er den Satz begonnen hat, zu sequenzieren. Auch diese Technik war aber auf Konzertsätze übertragbar, wie die Verhältnisse im ersten Satz des B-Dur-Klavierkonzerts KV 595 zeigen. So lassen sich viele Details in avancierten Kompositionen auch aus Mozarts Wiener Zeit auf die Grundlagen beziehen, die er in den Jahren 1761–66 geschaffen hatte.

Langsame Sätze, Rondos und Variationen treten bei dieser Betrachtung in den Hintergrund, weil ihre musikalischen Grundgestalten – Allgemeingut der Zeit – nahezu unmerklich Mozarts Denken erweiterten. Langsame Sätze können hingegen auch als im Tempo zurückgenommene und daher weniger stark zu differenzierende Konstruktionen erscheinen, die aber von den gleichen Prinzipien wie die Anfangssätzen getragen sind – wie schon im Mittelsatz der Pariser Sonate KV 7 zu erkennen.

Somit hat Mozart sein Komponieren gegenüber der Anfangsphase auf zwei Gebieten noch grundsätzlich revidiert: in der Auffassung des Modulationsprozesses und in der Gestaltung von Arien, die er seit den mittleren 1770er Jahren entwickelte. Techniken des Chorsatzes, zugleich die Freiheit der Fantasie im Sinne Carl Philipp Emanuel Bachs und die Fugentechniken erarbeitete er später völlig neu; alle übrigen Veränderungen ergaben sich hingegen in dem Spektrum, das mit den Grundvoraussetzungen und den wenigen elementaren Relativierungen umrissen ist.

Unmißverständlich deutlich wird dabei aber, daß das Betrachtete nur Mozart charakterisieren kann, nicht auch die Kompositionspraxis seiner Zeit. Denn kein anderer hat auf diese Weise das musikalische Handwerk gelernt: Die Techniken des strengen Satzes und der Vokalmusik zunächst aussparend, hat sich sein Kompositionsvermögen vom typischerweise auf zwei Hände ausgerichteten Klavierspiel ausgehend entwickelt; die Gegebenheiten einer klaren Zweistimmigkeit, die einen Außenstimmensatz konstituiert, hat er daraufhin im Zuge der Westeuropareise von 1763–1766 fortentwickelt – weniger dadurch, daß sein Vater ihn geleitet hätte, der in den späteren Teilen dieses Prozesses selbst als Lernender erscheint und von seinem Sohn dabei mit Leichtigkeit überflügelt wurde. So individuell und singulär Mozarts Unterricht damit erscheint, war dieser dennoch nicht von einer einzigen Lehrergestalt abhängig; nur darin, auf welche Grundlagen sich Mozarts Musikbegriff bezog, hatte sein Vater eine bestimmende Funktion.

Anmerkungen

1 Georg Kinsky und Hans Halm, *Das Werk Beethovens: Thematisch-bibliographisches Verzeichnis seiner sämtlichen vollendeten Kompositionen*, München 1955, S. 510 (zu WoO 63), nach dem sog. Fischhofschen Manuskript.

2 Bereits die Wiedergabe der Incipits im Werkverzeichnis Strauss' läßt erkennen, daß der kindliche Komponist weitgehende Erfahrung mit Stimmführung und Harmonik ge-

macht haben muß; vgl. Erich H. Müller von Asow, *Richard Strauss. Thematisches Verzeichnis*, Band 3: Werke ohne Opuszahlen, Wien und München 1974, S. 1119.

3 Erste Seite abgebildet in: *The New Grove Dictionary of Music and Musicians*, London 1980, Bd. 12, S. 135.

4 Wolfgang Plath, Vorwort zu NMA IX/27/1, S. XXf.

5 Es lag damals bereits vor: Wolfgang Plath, *Beiträge zur Mozart-Autographie I: Die Handschrift Leopold Mozarts*, in: MJb 1960/61, S. 82–117.

6 Zu den frühen Klavierwerken: Konrad Küster, *Mozarts elementarer Kompositionsunterricht*, in: Üben & Musizieren 8 (1991), Heft 6, S. 11–18; zu den Sonaten: Wolfgang Burde, *Studien zu Mozarts Klaviersonaten: Formungsprinzipien und Formtypen*, Giebing 1969; zu den Sinfonien: Wolfgang Gersthofer, *Mozarts frühe Sinfonien (bis 1772): Aspekte frühklassischer Sinfonik*, Salzburg und Kassel etc. 1993 (Schriftenreihe der Internationalen Stiftung Mozarteum Salzburg 10); sowie Neal Zaslaw, *Mozart's Symphonies: Context, Performance Practice, Reception*, Oxford 1989.

7 Vgl. auch Alfred Mann, *Leopold Mozart als Lehrer seines Sohnes*, in: MJb 1989/90, S. 31–36, besonders S. 31.

8 Publiziert in NMA IX/27/1.

9 MBA 1/7 (S. 12).

10 Leopold Mozart, *Versuch einer gründlichen Violinschule*, Augsburg 1756, S. 252; ebenso dritte vermehrte Auflage, Augsburg 1787 (Faksimile Leipzig 1968), S. 257.

11 Georg Nikolaus Nissen, *Biographie W. A. Mozart's*, Leipzig 1828 (Faksimile Hildesheim 1972), S. 35.

12 Brief Leopold Mozarts an seinen Sohn, 12. Februar 1778, und Brief Mozarts an seinen Vater, 19. Februar 1778, in: MBA II/422 und 426 (S. 273 und 286).

13 Vgl. hierzu auch der Bericht Nannerls (MBA IV/1213, S. 201): »Von exerciren auf dem Clavier wie er einmahl über 7 Jahre hatte weis ich gar nichts, denn sein Exerciren bestand darinnen das er immer sich muste hören lassen, daß ihm immer sachen vorgelegt wurden, die er vom blat wek spielen muste, und dieses war sein exerciren.«

14 Vgl. hierzu Wolfgang Plath in NMA IX/27/1, Vorwort, S. XIX.

15 Das folgende entgegen Wolfgang Budday, *Grundlagen musikalischer Formen der Wiener Klassik: An Hand der zeitgenössischen Theorie von Joseph Riepel und Heinrich Christoph Koch dargestellt an Menuetten und Sonatensätzen (1750–1790)*, Kassel etc. 1983, S. 82f.

16 Zu diesen Beispielen (Riepel, *Grundregeln zur Tonordnung*, Frankfurt und Leipzig 1755, zit. nach: Joseph Riepel, *Sämtliche Schriften zur Musiktheorie*. Hrsg. von Thomas Emmerig, Bd. 1, Wien etc. 1996, = Wiener musikwissenschaftliche Beiträge, 20; besonders S. 42–51 der originalen Paginierung) und deren Interpretation vgl. Budday, *Grundlagen*, S. 82–88.

17 Vgl. Heinrich Christoph Koch, *Versuch einer Anleitung zur Composition*, 3 Bde., Leipzig/Rudolstadt 1782-93, Ndr. Hildesheim 1969, Bd. III, S. 130; hierzu auch Budday, *Grundlagen*, S. 89–91.

18 MBA I/34 (S. 51).

19 MBA I/32 (S. 49).

20 Ebd.

21 MBA IV/1213 (S. 201)

22 MBA IV/1210 (S. 181f.)

23 MBA I/49 (S. 71).

24 Datierung in NMA IX/27/1, S. XXf.; angesichts des spärlichen Vergleichsmaterials sind nicht restlos überzeugend.

25 Burde, *Mozarts Klaviersonaten.*

26 Im Hinblick auf den »Gebrauch der melodischen [!] Verlängerungsmittel«, vgl. Koch, *Versuch*, Bd. 3, besonders das Beispiel am Ziel seines Abschnitts (§ 72, S. 226–230).

27 Hierzu und im folgenden vgl. die zusammenfassende Darstellung in: Heinrich Christoph Koch, *Musikalisches Lexikon,* Frankfurt am Main 1802, Sp. 13–42.

28 Vgl. auch die Systematisierung bei Budday, *Grundlagen,* S. 27–37.

29 Robert S. Winter, *The Bifocal Close and the Evolution of the Viennese Classical Style,* in: Journal of the American Musicological Society 42 (1989), S. 275–337.

30 Vgl. etwa die Konzertentwicklung nach 1778, hierzu Konrad Küster, *Formale Aspekte des ersten Allegros in Mozarts Konzerten,* Kassel etc. 1991, S. 232–236.

31 Zur Datierung vgl. Manfred Hermann Schmid, *Zu den Klaviersonaten von Leopold Mozart,* in: MJb 1989/90, S. 23–30, hier S. 23.

32 Vgl. hierzu exemplarisch Schmid, *Leopold Mozart.*

33 Schmid, *Leopold Mozart,* S. 24.

34 MBA II/479 (S. 458).

35 Deutsch Dok, S. 34.

36 Joseph Heinz Eibl, *Wolfgang Amadeus Mozart: Chronik eines Lebens,* Kassel etc. und München ²1977, S. 24. Dagegen MBA I/88 (sämtliche Berichte über die Anfänge in London umfassend; hier S. 151).

37 Vgl. Wolfgang Plath in: NMA IX/27/1, Vorwort, S. XXIIIf.

38 Gersthofer, *Mozarts frühe Sinfonien,* besonders S. 37–43.

39 Daß in den entstehenden Werken Details auch auf Techniken Leopold Mozarts verweisen, kann nicht verwundern; vgl. hierzu Cliff Eisen, *The Present State of Research on Leopold Mozart's Symphonies,* in: Beiträge des Internationalen Leopold-Mozart-Kolloquiums Augsburg 1994, hg. von Josef Mančal und Wolfgang Plath, Augsburg 1997 (Beiträge zur Leopold-Mozart-Forschung 2), S. 57–67, hier S. 63.

40 Vgl. Stefan Kunze, in: NMA II/7/1, Vorwort, S. IX.

41 Charles Sanford Terry, *John Christian Bach,* London 1929, S. 101 (die Uraufführung des Hasse-Pasticcios fand am 20. Februar 1766 statt); Heinz Gärtner, *Johann Christian Bach: Mozarts Freund und Lehrmeister,* München 1989, S. 296.

42 MBA I/95 (S. 179).

43 MBA IV/1234 (S. 226); vgl. auch Wolfgang Plath, Vorwort zu NMA IX/27/1, S. X–XII.

44 Stefan Kunze, *Die Vertonungen der Arie »Non sò d'onde viene« von J. Chr. Bach und W. A. Mozart,* in: Analecta musicologica 2 (1965), S. 85–111.

45 MBA IV/1268 (S. 297).

46 Vergleichsmöglichkeiten erschließen einerseits die faksimilierten Seiten des Londoner Skizzenbuches (NMA IX/27/1, S. XXXIV–XXXVI), andererseits das komplette Faksimile des Autographs zu KV 16, das der Edition in NMA IV/11/1 beigefügt ist.

47 Daniel N. Leeson und Robert D. Levin, *On the Authenticity of K. Anh. C 14.01 (297b), a Symphonia Concertante for Four Winds and Orchestra,* in: MJb 1976/77, S. 70–96; Denis Forman, *Mozart's Concerto Form: The first movements of the piano concertos,* New York/Washington 1971; Konrad Küster, *Formale Aspekte des ersten Allegros in Mozarts Konzerten,* Kassel etc. 1991.

48 Gersthofer, *Mozarts frühe Sinfonien*, besonders S. 40.

49 Alle Angaben nach Konrad Küster, NMA II/7/1, Krit. Bericht, Druck in Vorbereitung. Entgegen den Ausführungen Stefan Kunzes im Vorwort des Notenbandes (S. Xf., im Hinblick auf die Satzgestaltung) handelt es sich bei der im Hauptteil wiedergegebenen Version (Mischfassung aus dem Pariser Autograph und der Münchner Abschrift Leopold Mozarts) um die jüngste, bei der im Anhang abgedruckten um die älteste erhaltene (Autograph Chicago).

50 Manfred Hermann Schmid, *Italienischer Vers und musikalische Syntax in Mozarts Opern*, Tutzing 1994 (Mozart-Studien 4), S. 53–143; vgl. zur Methodik die Eingangsbemerkung auf S. 53 oben.

51 Eine entsprechende Formulierung findet sich in Mozarts Arie »Cara, se le mie pene« KV deest (NMA II/7/1, Nr. 7).

52 Vgl. hierzu Küster, *Mozarts Reisen*, S. 216, 219, 222.

53 Nähere Details zu dieser Komposition bei Bernd Krause, *Talentprobe mit kleinen Fehlern. Zu Wolfgang Amadé Mozarts Chorus »God is our refuge« KV 20*, in: MJb 1999, S. 35–47.

54 Zur »durchrationalisierten Doppelmotivik« vgl. Konrad Küster, *Opus primum in Venedig: Traditionen des Vokalsatzes 1590–1650*, Laaber 1995 (Freiburger Beiträge zur Musikwissenschaft 4), besonders S. 171–174.

55 Wolfram Steinbeck, *Mozarts »Scherzi«*, in: Archiv für Musikwissenschaft (1984), S. 208–231.

56 Hierzu und zu entsprechenden Verhältnissen in »La clemenza di Tito« vgl. Konrad Küster, *An Early Form in Mozart's Late Style: The Overture to ›La clemenza di Tito‹*, in: Sadie, Stanley (Hg.), Wolfgang Amadeus Mozart: Essays on his Life and Music, Oxford 1996, S. 477–482, hier S. 481f.

57 Zu den andersartigen Formulierungen der Bearbeitungen KV 37–39 und KV 41 sowie KV 107, Nr. 1–3 vgl. Küster, *Formale Aspekte*, S. 219–224.

58 Konrad Küster, *Von »Mitridate, Re di Ponto« zu »Il re pastore«: Stationen auf Mozarts Weg zur Konzertform*, in: MJb 1991, S. 956–962, mit einer Zusammenfassung der Forschungsgeschichte; vgl. hierin besonders Hans Engel, *Hasses Ruggiero und Mozarts Festspiel Ascanio*, in: MJb 1960/61, S. 29–42, und Sieghart Döhring, *Die Arienformen in Mozarts Opern*, in: MJb 1968/70, S. 66–76.

LITURGISCHE MUSIK IN MOZARTS ZEIT

›Mozarts Kirchenmusik‹ ist kein homogenes Korpus. Den Grundstock bildet Musik für die Meßfeier – Vertonungen des Meßtexts (Ordinarium) und andere liturgische Gesänge, die ganz bestimmten Festtagen zugeordnet sind (Proprium). Daneben reicht es mit Psalmkompositionen in den Bereich des mönchischen Stundengebets (Offizium) hinein, umfaßt Prozessionsmusik (»Ave verum corpus«) und bietet schließlich auch Kompositionen, die im Rahmen von gottesdienstlichen Feiern aufgeführt wurden, aber in ihrem Detailablauf nicht durch kirchliche Vorschriften geregelt waren (Kirchensonaten, Solomotette »Exsultate, jubilate« KV 165). Ebenso wie alle übrigen Werkgruppen war aber auch die letzte – wenn auch nur in groben Zügen – durch gottesdienstliche Anforderungen definiert; diese haben das Entstehen der Werke und deren Gestalt weitgehend bestimmt.

Allerdings befand sich das gottesdienstliche Leben, für das katholische Kirchenmusiker arbeiteten, in Mozarts Zeit und Umfeld in einer besonderen Umbruchsituation. Ursache war weniger, daß sich die kompositorischen Vorstellungen im Wandel befunden hätten; angesichts dessen, wie weitgehend die kirchliche Obrigkeit eine Normenkontrolle ausüben konnte, ist die Vorstellung abwegig, daß Rücksicht auf die Musikentwicklung genommen worden wäre. Somit ergab sich der Wandel, weil die kirchlichen Autoritäten, die über die Gestaltung des Gottesdienstes zu entscheiden hatten, von diesen Möglichkeiten gerade besonders intensiv Gebrauch machten. Staatliche Eingriffe in das kirchliche Leben kamen hinzu; traditionell gab es auch eine Kirchenaufsicht durch den Staat (der Investiturstreit hatte den Vorrang der kirchlichen Macht im Gefüge des Heiligen Römischen Reiches Deutscher Nation nur temporär festgelegt). Die Folgen, die sich in dieser Situation für die Musikkultur ergaben, mögen als verwirrend erscheinen, sowohl in der musikhistorischen Rückschau als auch im zeitgenössischen Kontext; sie wird ein wenig verständlicher, wenn man auch die lange Vorgeschichte dieser Umbrüche in den Blick nimmt.

Kaum ein Gattungsfeld der Musikkultur ist so wenig autonom wie das der im engsten Sinne ›liturgischen Musik‹. Anders als in der katholischen Solomotette des 18. Jahrhunderts und der gleichzeitigen protestantischen Kirchenkantate ist für diese Musik nicht nur geregelt, an welchen Stellen des Gottesdienstes sie eintritt; sie ist vielmehr auch textlich keineswegs frei, sondern es handelt sich um Musik, deren Text im Gottesdienst obligatorisch vorgesehen ist. Wenn dieser Text nicht in Musik gefaßt wäre, müßte er gesprochen vorgetragen werden.

Die Geschichte der Vertonung dieses Textkorpus ist etwas Einzigartiges im Musikbetrieb: Die Worte des Meßordinariums (Kyrie, Gloria, Credo, Sanctus und Benedictus sowie Agnus Dei) sind mindestens einmal wöchentlich in unveränderlicher Gestalt zu musizieren. Zwar waren die musikalischen Mittel, die den Komponisten zur Verfügung standen, nicht einheitlich; doch es ist nicht zu verhindern, daß von dem konstanten Text stets exakt dieselben Herausforderungen ausgingen. ›Die ideale Messe‹ im gleichen Sinne, in dem manche Sinfonie Beethovens – für sich genommen – als Inbegriff der gesamten Gattung erscheinen kann, ist somit undenkbar. Der Werkbegriff des 18. Jahrhunderts wurde zwar insgesamt von diesem Denken bestimmt, denn im gleichen Sinne war Haydn über weite Strecken seines Lebens hinweg die Vorstellung ›der idealen Sinfonie‹ fremd, ebenso dem jungen Mozart; der Gedanke des Wiederkehrens identischer Aufgaben prägte somit das musikalische Handwerk. Dies äußert sich nirgends mit ebenso weitreichenden Folgen wie auf dem Gebiet der liturgischen Musik, weil er sich hier mit dem – ewig gleichen – Text verband. Textvertonung regulierte sich prinzipiell nach dem Grundsatz, Affekte musikalisch zu verwirklichen; da der Text unveränderlich war, mußten die denkbaren Affektebenen bei der musikalischen Realisierung also unendlich oft reproduzierbar sein.

Im Protestantismus gibt es diese strikte Form der liturgischen Musik, die ›immer gleich‹ wiederkehren kann, allenfalls auf der Basis des Gemeindeliedes; weitergehende konstante musikalische Bestandteile sind sogar regional unterschiedlich definiert. In der katholischen Kirche hingegen sind diese Anforderungen prinzipiell überall in gleicher Weise reich differenziert; allein für die Meßfeier setzt sich das Feld dieses Konstanten somit zusammen aus den Vertonungen des Meßordinariums und den auf ganz bestimmte Sonn- und Festtage bezogenen Propriumsgesängen (in ihrer Wiederkehr stärker reguliert, als es der Protestantismus mit seinem Liedgut handhabt). Ähnlich klare Vorkehrungen sind für weitere Formen des Gottesdienstes (Stundengebet, Prozession) getroffen. Die musikalischen Anteile haben sich in das jeweils vorgegebene liturgische Gesamtkonzept einzufügen, das nicht selbst auch musikalisch bestimmt ist, sondern wortbezogen. Dabei ist selbstverständlich, daß die Kirche darüber bestimmt, ob und worin die Musik ihre Rolle angemessen erfülle. Die Autonomie der Musik reicht im Rahmen der Liturgie (gleich welcher Konfession) stets nur so weit, es die Kirche toleriert.

Schon bei einer vorsichtigen Annäherung an die historische Situation liturgischer Musik zeigt sich, daß diese neben der Kirche ein eigenes, komplexes Berufsfeld konstituierte. Den Komponisten steht eine Vielzahl musikalischer Techniken zur Verfügung, die sie – selbst innerhalb eines streng funktional ausgerichteten Musikdenkens – zur Bewältigung unterschiedlichster Aufgaben befähigt; die Kirche jedoch kann auch ein gezieltes Interesse nur an bestimmten, ausschnitthaften Funktionen der Musik entwickeln. Da gottesdienstliche Musik in eine klare hierarchische Konstellation eingebettet ist, in der sich die Musik lediglich als Dienerin der Kirche artikulieren soll, ist Konfliktpotential vorgezeichnet.

Die Gründe für diese Spannungssituation sind vielschichtiger, als auf den ersten Blick zu erwarten ist. Zunächst ist selbstverständlich, daß die Kirche ihren Auftrag an die Musiker nicht ›musikalisch‹ formuliert, sondern liturgisch; sie sagt nicht, welche kompositorischen Praktiken gewählt oder ausgespart werden sollen, weil sie – in der gegebenen hierarchischen Ordnung – nicht auf die Bedürfnisse der Musik einzugehen braucht und weder auf Stilentwicklungen der Musik Rücksicht zu nehmen hat noch diese voraussehen kann. Kirchliche Obrigkeit muß sich in musikalischen Fragen nicht sachkundig machen, weil die Musik nicht als autonom, sondern rein zweckorientiert erscheint.

Doch Musik ist bis in die Zeit der Wiener Klassik im Wesentlichen ein Handwerk, das seine eigenen Regeln hat. Daher läßt sich von außen konstatieren, daß im Idealfall ein liturgisch formulierter Auftrag und ein völlig anders geartetes Regelwerk, das die Ausführung des Auftrags bestimmen konnte, nebeneinander standen. Wenn es zu Unstimmigkeiten kam, hatte dies seine Ursache darin, daß beide Systeme aus prinzipiellen Gründen nicht miteinander kompatibel waren. Der normale Vorgang war, daß von der Kirche ein Auftrag formuliert wurde (selten explizit, häufiger implizit), und die Musik versuchen mußte, ihn auszufüllen; erst jeweils aus der Reaktion der Kirche darauf, wie die Musik den übernommenen Auftrag erfüllt hatte, konnte erkennbar werden, ob dies im Sinne der Kirche geschehen war oder nicht. Protokolliert ist in der Regel nur ihr Protest; denn entsprach die Musik den offiziellen Erwartungen, fiel sie nicht weiter auf – und damit war jeder Kommentar überflüssig.

Diese komplexen Auftragsverhältnisse konstituierten die über Jahrhunderte hinweg reichenden Diskussionen darum, ob Kirchenmusik weltlichen Gefährdungen ausgesetzt sei oder nicht. Wer die Formulierungen, mit denen sie geführt wurden, wörtlich nimmt, verkennt nicht etwa einen bestehenden ›guten Willen‹ auf einer der beiden Seiten, sondern zunächst die Probleme eines Systems, das von prinzipiell unvereinbaren Vorstellungen getragen war. Wenn Musikern eine Verletzung kirchlicher Regeln vorgeworfen wurde, ergibt sich dies nicht zwingend aus Ignoranz der Kirche gegenüber der ›schönen‹ Musik oder aus dem Ungehorsam der Musiker; vielmehr konnten diese auch dann, wenn sie im Glauben handelten, ihr Bestes zu geben, nicht sicher sein, daß die Kirche ihnen Anerkennung zollte, weil nach deren Vorstellungen ›das Beste‹ nicht nach den Kunstregeln der Musik definiert war, sondern nach den inneren Normen der Liturgie.

Die Darstellung dieser breiten Konfliktzone machte eine Abhandlung über Kirchenmusik (vor allem die katholische) stets zu einem besonders heiklen Unterfangen. Denn eine Kritik an Dokumenten, die mit dem Namen eines Papstes gekennzeichnet sind, war grundsätzlich auch Kritik am unbedingten Unfehlbarkeitsanspruch der Kirche: Weder der Papst noch Konzilien können irren. Erst die Position, die Papst Johannes Paul II. im Frühjahr 2000 in seiner Enzyklika »Mea culpa« vertreten hat, läßt auch eine kritische Würdigung der kirchenmusikalischen Entwicklung zu: Die Sichtweise, daß die katholische Kirche lediglich als Institution von Irrtum frei sei, dies aber nicht automatisch auch für ihre Amtsträger gelte, beseitigt die sogar in manchen musikhistorischen Studien erkennbaren Probleme, unsinnige kirchliche Normen, die für das Musizieren erlassen wurden, nur deshalb akzeptieren zu müssen, weil sie von der päpstlichen Kurie formuliert worden waren; ein schlüssiges Bild der kirchenmusikalischen Entwicklung ist nur dann zu zeichnen, wenn das Verhalten der Kirche und das musikalische Selbstverständnis gleichermaßen kritisch bewertet werden können. Daß dabei dennoch die hierarchische Konstellation zwischen Kirche und Musik beachtet werden muß, ist selbstverständlich: Eine gleichberechtigte Darstellung von liturgischem Auftrag und musikalischer Ausfüllung ist nicht sachgerecht, weil es diese Gleichrangigkeit der Kräfte nie gab.

Daher genügt es auch nicht, die Situation isoliert darzustellen, in der Mozarts Kirchenmusik entstand. Die Geschehnisse stehen vielmehr im Kontext der jahrhundertealten Reibung zwischen den beiden ungleichen Systemen. Die päpstlichen Archive sind eines der besten Gedächtnisse des Abendlandes; in jeder neuen, grundlegenden Positionsbestimmung der Kirche wurden Überlegungen reaktiviert, die in früheren Entwicklungsphasen formuliert worden waren – teils als Beleg für die fortdauernde Unzulänglichkeit der Musik, teils als konkreter Ausgangspunkt der jeweils neuen Argumentationen. Eine bestimmende Funktion für die kirchenmusikalische Situation in Mozarts Umfeld hatte eine päpstliche Enzyklika des Jahres 1749, die in genau jener Weise formuliert ist. Um die Kritik einschätzen zu können, die in ihr geäußert wird, sind also in knapper Form auch die alten ›Probleme‹ zu betrachten, auf die sich die Kurie hier in Zitaten beruft, ebenso die Traditionen der Argumentation. Dies macht einen Blick zurück ins Mittelalter erforderlich.

Traditionen

Die Wurzeln des liturgischen Musizierens liegen in der spätantiken und mittelalterlichen Formationsphase des Gottesdienstes, in der sich die Grundbausteine des Ordinariums erst allmählich herausbildeten: darin, daß für Anrufung (Kyrie), Lobpreis (Gloria) und Glaubensbekenntnis (Credo) die nunmehr seit Jahrhunderten gewohnten Formulierungen festgeschrieben wurden, daß ferner im Satzpaar Sanctus–Benedictus ein alt- und ein neutestamentliches Bibelwort miteinander verknüpft werden und im Agnus Dei eine Anrufung zum zweiten Mal aufgegriffen wird, die ähnlich auch in der Mitte des Gloria erfolgt. Nicht nur die konkreten Texte mußten allerdings gefunden, sondern auch der Platz bestimmt werden, an dem sie im Gottesdienst vorkommen sollten; ebenso war nicht von vornherein selbstverständlich, daß gerade diese Textportionen wirklich zum Grundbestand der Meßfeier gehörten.

Daß sich in dieser Struktur des Gottesdienstes überhaupt ›liturgische Musik‹ ergeben konnte, ist noch nicht ausreichend umschrieben, wenn man auf den Gregorianischen Choral verweist, also auf die Techniken, nach denen jeder dieser vorgegebenen Texte gesungen vorgetragen werden kann. Der Grund für diese letztlich minimale Musikalisierung des Textvortrags liegt darin, daß sich im freien, spontanen Sprechen Aspekte wie Satzmelodie, Wortbetonung und Zäsurbildung von selbst regulieren; trägt man hingegen einen vorgefertigten Text vor, ist dies alles zumindest nicht automatisch garantiert – vielmehr ist bereits ein Mißverstehen des Textes durch den Sprechenden möglich, in jedem Fall aber ein ›geleierter‹ Vortrag. Die Bindung einer Satz-›Melodie‹ an musikalische Muster vermag dies aufzufangen. Dies kann auf zweierlei Art geschehen: entweder in einfachen Lektionstönen oder in den differenzierteren Gesängen des Gregorianischen Chorals, die ebenfalls zum liturgischen Grundbestand zu rechnen sind. Diese Unterscheidung führte bereits zu einer Spaltung der Klerikerschaft: Das Kunstvolle war nur speziell geschulten Personen zugänglich;

der Zelebrant hatte daran keinen Anteil, sondern er brauchte nur die Techniken des Lektionstons zu beherrschen. Schon in der mittelalterlichen Einstimmigkeit spiegelt sich also der Konflikt zwischen Liturgie und Musik; er ist in den Strukturen der Kirche selbst angelegt.

Etwas Neues, weitergehend Musikalisches ergab sich erst, als die Stelle des Sprechgesangs von Kunstmusik eingenommen werden konnte: von Musik, deren Zweck eindeutig nicht mehr nur der quasi gesprochene Vortrag des Textes ist, von Musik also, in der mehr geschieht, als den Text durch eine einzige Melodielinie (im Sinne einer ›Satzmelodie‹) zu stützen. Ein Musizieren, das die vorgegebene textliche und melodische Linie in Intervallparallelen vorträgt wie das frühe Organum, ist dabei noch in jenem älteren Sinne zu verstehen; differenziertere Techniken der Mehrstimmigkeit, wie sie auch für die Ordinariumstexte um 1100 aus unterschiedlichsten Teilen Europas überliefert sind, belegen jene grundlegende Veränderung. Doch der Wechsel vollzog sich nur auf der objektiven Ebene; es ist auszuschließen, daß die Kirche sich dieser Veränderung in der Prioritätensetzung bewußt war. Knapp formuliert, hätte sie die Sicht preisgeben müssen, daß einzig und allein der Text vorgetragen werde (gesprochen oder in weiter ausgreifender melodischer Linienführung), und zugelassen, daß Text und Musik als gleichgewichtige Partner existierten; dies hätte den Gottesdienst in seinen Grundfesten erschüttert. Folglich handelte die Kirche in dem Glauben, daß auch eine mehrstimmige Behandlung nichts anderes sei als der bloße Vortrag des Meßtexts, der damit lediglich auf eine neue, schmuckvollere Weise gefaßt sei. Demnach waren weder Mißbrauch noch Mißstand die Ursache für die Verschiebung der Gewichte; der Freiraum, in dem sich jene eigenständige Musikauffassung für die klar definierte, gottesdienstlich zweckgebundene Textdeklamation ergab, kann nur entstanden sein, weil die Kirche selbst – als Kontrollgewalt des Gottesdienstes – ihn schuf. Dieser Freiraum war, als sich die Kirche der Tragweite des Geschehenen bewußt wurde, nicht mehr zu schließen.

Eine knappe Erklärung dieser Situation kann sich darüber ergeben, wie in der katholischen Tradition das Priestertum definiert ist – und zwar im Vergleich mit der lutherischen Alternative, die sich gezielt von jenen katholischen Traditionen abgegrenzt hat: Das Luthertum kennt im engeren Sinne keine Definition des gläubigen Laien; vielmehr gibt es die Vorstellung einer Priesterschaft aller Gläubigen, die im Gottesdienst lediglich einer Leitungsfigur bedarf. Anders in den katholischen Traditionen: Die Besucher eines Gottesdienstes haben als Laien die Rolle eines aktiven

Beobachters; die Priesterschaft hingegen ›zelebriert‹ den Gottesdienst und ist nicht unmittelbar auf die Anwesenheit jener Laien angewiesen. In diesem ursprünglichen Verständnis ist es also zentral, daß die geistliche Botschaft aus dem Munde der Priester in den gottesdienstlichen Raum dringt. Der Gregorianische Choral ist nicht als Gemeindelied gefaßt; ein Bestand geistlicher Lieder, wie er sich im lutherischen Gottesdienst schon des 16. Jahrhunderts sogar für Gloria (»Allein Gott in der Höh sei Ehr«) oder Credo (»Wir glauben all an einen Gott«) herausbildete, hätte in diesen Traditionen keinen Platz gehabt.

Insofern kann keine Rede davon sein, daß die katholische Kirche irgendwann Teile des Gottesdienstes an professionelle Musiker delegiert habe. Richtiger ist, daß sich in dem Personenstab, der den Gottesdienst zelebrierte, eine zusätzliche musikalische Kompetenz herausbildete; auch diese ›Musiker‹ gehörten dem geistlichen Stand an, denn eine Musik, die im Gottesdienst unverzichtbar war, konnte aus prinzipiellen Gründen zunächst nicht von Laien übernommen werden – weder im Ordinarium noch im Proprium. ›Kirchenmusik‹, die diese Musiker komponierten, schrieben auch sie nicht als autonome Kunstwerke, sondern stets als Interpretation des durch die Gregorianischen Gesänge garantierten Textbestandes – gleichviel, ob es sich um Musiker des Notre-Dame-Zeitalters oder um Angehörige der nächstjüngeren Generationen handelte, für deren kompositorische Arbeit der Umgang mit jenen Gesängen und deren liturgischer Funktion grundlegend war. Diese Verhältnisse lassen sich weder mit einem Künstlerbild fassen, das den Komponisten – wie im Geniezeitalter – als absolute Persönlichkeit sieht, noch mit einem Werkbegriff, der sich auf die Einzigartigkeit einer – etwa konzertant aufführbaren – Komposition stützt. Vielmehr sind jene am Gottesdienst beteiligten Musiker und ihre durch die Liturgie definierten Werke nur aus ihrem Traditionsraum heraus angemessen zu verstehen; dieser liegt stets in älteren liturgischen Konzepten begründet. Folglich ist es von entscheidender Bedeutung, bei der historischen Betrachtung katholischer Kirchenmusik die Funktionen zu ergründen, in denen ihre Kunstprodukte entstanden, und diesen distanzierter entgegenzutreten, als es im Umgang mit einem gegebenen Repertoire, das für moderne Aufführungen geprüft werden soll, möglich ist.

›Mittelalterliche Musikgeschichte‹ ist somit in weiten Teilen die Geschichte einer Musikkultur des geistlichen Standes. Zwar war dieser auch der Ort für andere kulturelle Aktivitäten; anders als die antike Literatur, mit der sich die Klöster beschäftigten, wurde die Musik aber stets in den Gottesdienst hineingezogen. Folglich befand sich die Musikentwicklung unter der direkten Kontrollgewalt der Kirche; Mode, musikalischer Fortschritt und sich wandelnde Stilvorstellungen waren nichts Außerkirchliches, sondern sie kamen innerhalb des geistlichen Lebens zustande. Daß es Konflikte um die kirchenmusikalischen Vorstellungen geben könne, erscheint auf dieser Basis prinzipiell ausgeschlossen. Dennoch brachen sie im ausgehenden Hochmittelalter auf; wo also war das System gefährdet?

Problematisch konnte prinzipiell die Herausbildung einer Professionalität des Musikers sein. Doch solange sie sich im geschlossenen System einer gottesdienstlichen Körperschaft ergab, waren keine weiterreichenden Folgen zu erwarten: Der Stil, den die eigens als Musiker definierten Kleriker vertraten, war der vertraute; entsprach er nicht mehr den Vorstellungen der örtlichen Kontrollinstanzen (aus welchen Gründen auch immer), konnte jederzeit ein anderer, dessen gottesdienstliche Qualifikation als höher erschien, mit den musikalischen Aufgaben betraut werden. Das Kräfteverhältnis wurde also am Ort selbst geregelt. Wenn es gestört werden konnte, dann nur durch eine Verschiebung der Normenkontrolle: damit, daß sich über der örtlich formierten Hierarchie eine zusätzliche, überörtlich wirkende ergab. Ihr gegenüber galten Verhältnisse nun als Regelverletzung, die sich zuvor im Rahmen eines anderen Normenverständnisses organisch herausgebildet hatten.

Nur diese Vorstellung ist tragfähig; Probleme mit den Normen könnten grundsätzlich außerdem nur noch dadurch aufgeworfen worden sein, daß sich Kompositionen aufgrund einer größeren Verbreitung an mehreren Orten gleichzeitig der Normklärung stellen mußten. Doch auch dieser Transfer funktionierte nicht abstrakt; da die für das Musikleben eines einzelnen Ortes Verantwortlichen in die lokale geistliche Hierarchie eingebunden waren und eine Integration von ›importierter‹ Musik zwangsläufig nach den gleichen Gesichtspunkten beurteilten wie ihre unmittelbaren Vorgesetzten, scheidet diese Modellvorstellung aus.

Somit hat eine Neuregelung der Normenkontrolle selbst die Probleme aufgeworfen, und wann sie stattgefunden hat, ist relativ leicht zu bestimmen. Denn Debatten um die Kirchenmusik sind erst dokumentiert, seitdem das Papsttum seinen Anspruch auf Weltherrschaft zu formulieren begonnen hat. Solange hingegen die Kirchen einzelner Regionen unter der Führung des gottgegebenen Herrschers standen, gab es keine Konflikte; diese Selbständigkeit büßten die Kirchen Deutschlands, Burgunds und Siziliens mit dem Wormser Konkordat ein, das 1122 den Investiturstreit beendete. Unter Innozenz III. (1198–1216) wurden Sizilien, Portugal und England in dieses Abhängigkeitsgefüge integriert. Lediglich Frankreich blieb ausgespart; Verbindungen zum französischen König führten im frühen 14. Jahrhundert sogar zu einem Machtverlust des Papstes, doch mit dessen Übersiedlung nach Avignon (1309) wird auch in Frankreich eine Präsenz der kirchlichen Zentralgewalt zumindest eindrucksvoll unterstrichen. In diesem Prozeß ergaben sich für das gesamte kirchliche Leben – nicht nur für die Kirchenmusik – neue Rahmenbedingungen.

Dies läßt sich ebenso mit allgemeineren institutionengeschichtlichen Überlegungen bestätigen. Erst nachdem das Papsttum zu einer weltweiten Kontrollinstanz des Lebens geworden war, konnten Dokumente entstehen, die bis heute über umfassende Konflikte um liturgische Musik berichten können. Konflikte hingegen, die vor Ort gelöst wurden, dürften nur in Ausnahmefällen aktenkundig geworden sein.

Nach einzelnen Vorgefechten gab es 1324/1325 eine erste harsche Musikkritik aus päpstlicher Feder: von Papst Johannes XXII. in der Bulle »Docta sanctorum«[1]. Sie ist richtungweisend für alle späteren päpstlichen Maßnahmen gegen Kirchenmusik. Zentral ist zunächst, daß selbstverständlich der Gregorianische Choral als Normgröße der liturgischen Musik behandelt wird. Damit bestätigt die Bulle, wie weitgehend bei einer Betrachtung ›geistlicher Musik‹, die bis zum 14. Jahrhundert entstand, die kirchlichen Traditionen in den Vordergrund zu rücken sind. Innozenz' Kritik richtet sich gegen alle Techniken, den Gregorianischen Choral mehrstimmig zu verarbeiten. Tatsächlich hatte sich auf diese Weise die Kirchenmusik weit vom Gregorianischen Choral entfernt: In metrischer Hinsicht waren die traditionellen, in den Neumen gefaßten Regeln, die den einstimmigen Vortrag der Melodien bestimmt hatten, durch die neuen der Mensuralnotation ersetzt worden, um das Nebeneinander mehrerer Stimmen koordinieren zu können; und selbstverständlich erklingt nicht mehr allein die Melodie des Gregorianischen Chorals, wenn sie mit einer Begleitstimme (oder mehreren) kombiniert wird. Schließlich war auch die Mehrtextigkeit der jungen Motette entstanden, die nun von Innozenz besonders heftig kritisiert wird: das Nebeneinander aus lateinischen, liturgischen Texten (als Basis der Kompositionen) mit volkssprachigen, nicht selten weltlichen, die mit dem Oberstimmensatz hinzutreten.

Diese Techniken waren seit mindestens zwei Jahrhunderten in der gesamten katholischen Kirchenmusik entwickelt, differenziert und verbreitet worden; sie waren als organischer Teil der kirchlichen Praxis in weiten Teilen des damaligen Europa geduldet oder gar gefördert worden und standen zwangsläufig unter dem Schutz der ranghöchsten Kirchenvertreter in den betreffenden Regionen. Der Gedanke ist abwegig, die Musikerschaft habe Freiheiten (oder gar eine Schwäche der Kirche) schamlos ausgenutzt, ebenso die Vorstellung, wegen der Unzuverlässigkeit einiger Kirchenvertreter, die die Aufsicht hätten ausüben sollen, sei ein Mißstand eingetreten (hierzu hatten sich die betreffenden Satztechniken zu weit verbreiten können). Allein deshalb, weil der Papst die liturgischen Verhältnisse neu bewertete, kam es zur Kritik: beim reformierenden Blick auf die gottesdienstliche Praxis als ein unteilbares Ganzes. Den Traditionen der Kirche gegenüber war er dazu verpflichtet; sie war der ausschließliche Auftraggeber für liturgische Musik, und die Musiker, die sich mit ihr befaßten, unterstanden seinem Weisungsrecht – nur hatte die Straffung der Hierarchie gleichsam das Verfahren der Auftragsvergabe neu geregelt. Und von dieser Warte betrachtet, ist es auch konsequent, daß ein Papst Verhältnisse, die er ändern möchte, als Mißstand empfindet. Doch für eine Darstellung der historischen Konstellationen ist diese Wertung weder zulässig noch sachgerecht.

Der Text der Bulle ist mit großem musikalischem Sachverstand geschrieben; in welcher Weise sich Entwicklungen, die vom Gregorianischen Choral weggeführt hatten, in kompositorischer Hinsicht vollzogen hatten, ist den Verfassern der Bulle bekannt. Das organisch Gewachsene, bis in feinste Verästelungen der Entstehungsgeschichte Bekannte erschien also plötzlich als verwerflich. Wichtig zur Einschätzung ist auch, daß in keiner Hinsicht von einem eigenen Musikerstand in der Kirche die Rede ist; die Verfasser der Bulle behandeln die liturgische Musik als etwas, das weiterhin in der Hand der Priesterschaft liege. Deshalb wird die Strafe für Regelverletzungen auch so formuliert, daß sie die Würde des betroffenen Klerikers angreift: Wer die päpstlichen Vorschriften nicht einhält, darf eine Woche lang nicht am Stundengebet (Offizium) Anteil nehmen, mit allen Folgen, die Gottes Obrigkeit daraus ziehen kann; von diesem monastischen Gebet ausgeschlossen werden kann allerdings nur, wer an ihm üblicherweise Anteil hat, also ein Angehöriger der Geistlichkeit. Die päpstliche Kritik verpuffte; ihr Scheitern dürfte auch in der Schwäche des Papsttums im Zeitalter der Kirchenspaltung begründet sein. Doch auf die Äußerungen von 1324/1325, in den päpstlichen Archiven verwahrt, konnten jederzeit neu auf die Tagesordnung gerückt werden.

Die nächste große Kritik an kirchlicher Musik ergab sich in der Folge des Trienter Konzils. Daß die Musik in den Konzilsverhandlungen selbst eine weit untergeordnete Rolle spielte, ist angesichts des Klärungsbedarfs durchaus verständlich, der in grundlegenden geistlichen Fragen bestand; Konzilsinhalt war etwa die Zahl der Sakramente (gibt es Ablaß, und ist er ein Sakrament?) oder die lutherische Rechtfertigungslehre, nach der Christi Tod eine Erlösungstat sei, so daß eine Rechtfertigung der (christlichen) Sünder, die nach damaliger katholischer Auffassung allenfalls über Fegefeuer und Jüngstes Gericht erfolgte, bereits vorweggenommen war. Zudem ging es um Organisatorisches wie die Priesterausbildung oder die Präsenzpflichten für Pfarrer (verhindert werden sollte, daß sie aufgrund von Ämterschacher an mehreren Orten zugleich ›Dienst‹ leisten konnten). Doch in der Folge des Konzils kam es zu einem Konflikt darüber, ob Mehrstimmigkeit der liturgischen Musik nicht die Verständlichkeit des für den Gottesdienstablauf so essentiellen Textes behindere. Nach einem legendären Testsingen[2], das 1565 stattfand, wurde der Verbotsantrag gegen die mehrstimmige polyphone Kirchenmusik jedoch abgewiesen. Unsicher ist, wie weit die Entscheidung tatsächlich – wie von Angehörigen späterer Generationen berichtet – von der Musik Palestrinas abhängig war; daß er in diesem Zusammenhang irgendeine Rolle spielte, ergibt sich jedoch zwangsläufig aus seiner Funktion als päpstlicher Kapellmeister.

Der Ausgang dieses ›musikalischen Anhörungsverfahrens‹ hatte größte Bedeutung für die Musikkultur, und sie lag nicht nur darin, daß die katholische Kirche die Rolle der mehrstimmigen Musik in der Liturgie ausdrücklich bestätigte. Über die Frage hinaus, welche weitergehenden Forderungen mit dem Kriterium der Textverständlichkeit verbunden seien, lassen sich die weiteren Folgen des Testsingens in vier Kernbereichen zusammenfassen. Jeder dieser Aspekte hatte weitreichende Bedeutung, und jeder ist aus seinem spezifischen Kontext heraus zu beurteilen.

Erstens: Das Papsttum hatte mit dem Testsingen neben dem Gregorianischen Choral eine neue Musikform als taugliches Element katholischer Liturgie anerkannt; die mehrstimmige Musik, die gebilligt worden war, hatte mit Gregorianischem Choral nichts mehr zu tun. Die beiden Prinzipien, die in der Liturgie fortan Normgrößen waren, standen gleichberechtigt nebeneinander: Gregorianischer Choral und eine auf Textverständlichkeit ausgerichtete Mehrstimmigkeit teilten sich ein einziges Textrepertoire. Denn es war nicht bestimmt worden, daß die einen Texte des Gottesdienstes nur in der älteren einstimmigen, andere nur in der jüngeren mehrstimmigen Form vorgetragen werden sollten. Erst recht war kein Freiraum geschaffen worden, in dem sich die Musikerschaft mit einem ›offenen‹ Textrepertoire in den Gottesdienst hätte einbringen sollen: mit Texten, die zwar in jedem Einzelfall mit der gottesdienstlichen Obrigkeit abzusprechen, aber nicht selbst konkret in der Liturgie verankert waren (etwa analog zum protestantischen ›Kirchenstück‹ oder zur katholischen Motette des 18. Jahrhunderts). Gewissermaßen bestand die dreifache Alternative, einen ganz bestimmten Text im Gottesdienst entweder in gesprochener Form oder als Gregorianischen Choral gefaßt oder als polyphone Komposition vorzutragen – wobei die Technik des komponierten Textvortrags, die beim Probesingen die Billigung der höchstmöglichen katholischen Instanz erhalten hatte, in offenem Gegensatz zu der traditionellen Normgröße der Gregorianik entwickelt worden war.

Denn noch die Musik des 15. Jahrhunderts hatte Möglichkeiten geboten, mit den liturgischen Texten zugleich auch deren gregorianische Melodien kompositorisch zu verarbeiten; je weiter sich das Prinzip des durchimitierten Satzes durchsetzte (»die Kunst der alten Niederländer«), desto klarer wurde die alte Vorherrschaft der einen Stimme, in der die liturgische Melodie erklingt (Tenor), durch eine neue Gleichberechtigung aller Stimmen abgelöst, in der die Melodien des traditionellen Choralkorpus allenfalls noch in Umrissen zitiert werden konnten. Neben das Ideal des durchimitierten Stils trat im 16. Jahrhunderts das des polyphonen italienischen Madrigals mit seinen prägnanten Motiven, die auf Textdeklamation ausgerichtet sind, und diese neue Satzvorstellung prägte die Kompositionspraxis nachhaltig. Auch Palestrinas polyphone Musik steht unter ihrem Eindruck; sie ist nicht so weit individuell, daß sie als etwas einzigartig ›Frommes‹ in ihrer Zeit zu sehen wäre (eine Sicht, die im frühen 19. Jahrhundert die romantische Palestrina-Begeisterung prägte), sondern sie ist getragen von Prinzipien, die den Stil seiner Generation insgesamt ausmachen und etwa auch im Madrigal des mittleren 16. Jahrhunderts verwirklicht sind. Wenn in dieser stilistischen Situation ein kirchliches Gremium Musik nach dem Kriterium der bloßen Textverständlichkeit evaluierte, ohne nach der Bindung an Gregorianik zu fragen, liegt das Ergebnis auf der Hand: Ein Musikstil, der sich auf der Höhe der Zeit befand, hatte es leicht, Billigung zu finden. Gutachter und Begutachtete einte demnach das Ziel, den durchimitierten Stil zu überwinden – auch wenn diese Übereinstimmung nicht ausgesprochen wurde.

Daraus ergibt sich die zweite Feststellung: Die Bewertung erfolgte nicht mehr nach liturgischen Kategorien; zugrunde gelegt wurden ausschließlich ästhetische. Denn für eine Klärung, ob die Textworte verstanden werden könnten oder nicht, gab es keine übergeordneten liturgischen Leitsätze; geprüft wurde also nur, ob ein außerhalb der Kirche angefertigtes Kunstprodukt sich auch als kirchentauglich erweisen könne, und als Maßstab konnte nur das musikalische Stilempfinden der Gutachter gelten. Auf diese Weise wurde liturgische Musik endgültig Teil einer allgemeinen, vorwiegend außerkirchlichen Musikkultur; auch Zeittypisches, das außerhalb des Kirchenmusik entwickelt worden war, konnte beim Testsingen zu einer positiven Einschätzung der Kompositionen führen. Von den Verhältnissen der frühen Mehrstimmigkeit, in der vor allem die liturgische Musik Anlaß zur Entwicklung differenzierter Kompositionen geboten hatte, war die Kirche mittlerweile weit entfernt. Und anstatt die Wunschbilder von 1324/1325 nun durchzusetzen oder die Eigenständigkeit des Gregorianischen Chorals zu betonen, billigte sie sogar, daß die Komponisten fortan auf die Bindung an jenen völlig verzichten konnten.

Weder den Befürwortern noch den Gegnern mehrstimmiger Kirchenmusik kann bewußt gewesen sein, welche Probleme sich für Liturgie und Musik aus dieser Entscheidung ergaben. Kriterium beim Testsingen war die Textverständlichkeit, und diese war von einer Musik erfüllt worden, die sich beispielhaft mit dem von Palestrina vertretenen kontrapunktischen Satzprinzip umschreiben läßt. Damit war eine Entscheidung getroffen, die nur für den Moment Gültigkeit beanspruchen konnte: Nur im Rahmen aktueller Stilvorstellungen war festgestellt worden, daß eine bestimmte Musikrichtung in der Liturgie Verwendung finden könne. Genau genommen hatte die Kirche also nicht etwa den Palestrinastil als ›Kirchenstil‹ akzeptiert, sondern nur die in ihm realisierte Textverständlichkeit; daß diese – als abstraktes ästhetisches Merkmal – von Angehörigen der folgenden Generationen mit anderen musikalischen Sprachformen realisiert werden könne, an der die Kirche kein Interesse haben würde, wurde nicht angesprochen.

Daß musikalische Folgen des Testsingens von der Kirche nicht formuliert wurden, verwundert nicht; doch auch auf eine liturgische Festschreibung des entscheidenden Kriteriums wurde verzichtet. Dies aber führte zu einer Verunsicherung auf beiden Seiten: Weder betrachtete die Kirche ›Textverständlichkeit‹ als etwas, das sich – ebenso wie 1565 – immer wieder neu im zeittypischen Gewand realisieren lassen müsse, noch hatte sie von vornherein einen Kirchenstil definiert. Die Kirche war sich der eigendynamischen Stilentwicklung von Künsten, mit deren Hervorbringungen sie sich schmückte, nicht bewußt.

Damit ist der dritte Punkt berührt: Damit Musik wie die entstehen konnte, die 1565 offiziell als liturgietaugliche Mehrstimmigkeit anerkannt worden war, war die Arbeit professioneller Komponisten erforderlich. Folglich wurde für die Liturgie erstmals die kompositorische Kompetenz von Musikern offen akzeptiert. Zwar hatte es eine allgemeinere musikalische Kompetenz schon früher gegeben, auch auf höchster kirchlicher

Ebene; der Papst beschäftigte einen Kapellmeister. Doch erst jetzt wurde klargestellt, daß der Komponist nicht nur geduldet, sondern in seinem eigenständigen Wirken einen liturgischen Auftrag von höchster Stelle habe. Für die gesamte kirchliche Praxis waren damit Teile der Liturgie aus den Händen der Priesterschaft an Personen übergegangen, die im kirchlichen Sinne Laien sein konnten; ihre Professionalität lag auf dem Gebiet der Musik, war also auf einem außerkirchlichen Sektor entstanden und wurde nun innerhalb der Kirche offen anerkannt.

Um so notwendiger wäre es gewesen, die Ausfüllung des gottesdienstlichen Bereiches, den die Kirche an die Musiker delegiert hatte, konkret zu definieren. Die Reaktion der Musiker erscheint als Notbehelf: Wenn diese neben dem enger formulierten, knappen Kriterium der Textverständlichkeit auch das weitergehende akzeptierten und einen ›Kirchenstil‹ etablierten, handelten sie in vorauseilendem Gehorsam – in der Erwartung, daß die Kirche im Ernstfall das Kriterium der Textverständlichkeit nur in Verbindung mit dem Klangbild akzeptierte, das die 1565 geprüften Werke boten. Doch für die Kirche vorerst von einem ›Kirchenstil‹ keine Rede.

›Textverständlichkeit‹ und ›Kirchenstil‹ sind die beiden Pole, zwischen denen sich die weitere Entwicklung ergab. Zwar gilt auch hier, daß die Kirche über die Gestaltung des von ihr verantworteten Gottesdienstes bestimmen konnte; doch da die Musiker die Regelungen vielleicht sogar gründlicher befolgten, als die Veranstalter des Testsingens es für den Moment beabsichtigt hatten, ergab sich spätestens für die übernächste Generation die Spannung zwischen jenem zeitgebundenen Stil, in dessen Gewand die Kirche die Praktiken der Textbehandlung akzeptiert hatte, und den daraus organisch hervorgegangenen Fortentwicklungen, denen sie nicht ausdrücklich den Segen gegeben hatte. Allerdings bestand die Kirche nicht durchgängig auf einer stilrelevanten Auslegung der Feststellungen von 1565, so daß auch in den folgenden Jahrhunderten die Fortentwicklungen außerkirchlicher Musikpraxis in die Kirchenmusik eindringen konnten.

Daß dennoch Sprengkraft in der Gesamtsituation lag, ist leicht zu ermessen. In der Musikkultur wird das Ziel der Textverständlichkeit noch über den Stand des mittleren 16. Jahrhunderts hinaus weiterentwickelt: Auf polemische Weise betont Giulio Caccini 1602 in der Vorrede zu *Le Nuove Musiche*, die geringstimmige, nur vom Generalbaß gestützte Musik habe gegenüber der polyphonen den Vorzug, daß sich die Zerstückelung (»laceramento«) des Textes umgehen lasse; dieses Satzprinzip ist zugleich die Grundlage für die Entstehung der Oper, deren musikalische Formen der Kirche (gleich welcher Konfession) aber stets als Inbegriff des Weltlichen galten. Und Claudio Monteverdi, in dessen »seconda pratica« ein potentieller Vorrang des Textausdrucks vor den satztechnischen Regelwerken angesprochen wird, geriet damit an den Rand eines Konfliktes mit der Inquisition[3]. Beide Detailsituationen machen deutlich, daß das letztlich entscheidende kirchliche Argument von 1565, die Textverständlichkeit, gerade nicht zum universellen Maßstab dafür werden konnte, ob Musik im engsten Sinne ›kirchentauglich‹ sei oder nicht. Besonders pikant ist schließlich, daß die Urquelle für die Berichte über das Testsingen von 1565 in einem Traktat über den Generalbaß zu finden sind – 1607 bei Agostino Agazzari[4]. Er betont, daß kontrapunktische Musik nicht mehr gebräuchlich sei, und zwar wegen der »Wörtersuppe« (»zuppa delle parole«), zu denen der fugierte Stil führe; Palestrina habe jedoch zeigen können, daß dies kein prinzipieller Fehler der Musik sei, sondern ein individueller in der Kunstauffassung einzelnen Komponisten. Damit belegt Agazzari, als wie zeitgebunden sich die Entscheidung von 1565 auf musikalischer Seite interpretieren ließ; ferner konnte demzufolge angenommen werden, daß die weitere Stilentwicklung noch im Einklang mit den getroffenen Regelungen stehe.

Eine Stildefinition wurde dann von der jüngeren Kompositionslehre versucht – ein Anliegen, das dem Gutachtergremium von 1565 prinzipiell fern lag. Besonders deutlich wird diese Differenzierung von Christoph Bernhard in seinem *Tractatus compositionis augmentatus* vorgenommen (um 1660 entstanden); Bernhard, zwar Protestant, entwickelt das System nach einem Romaufenthalt und grenzt die Stile nach den Freiheiten, die sich in ihnen jeweils in der Dissonanzbehandlung ergeben, voneinander ab[5]. Darin spiegelt sich, wie weitgehend die Musikkultur die entstandenen Verhältnisse akzeptierte; anders wären die Versuche, die 1565 versäumte kirchliche Definition eines liturgisch angemessenen Stils in der Musiktheorie nachzuholen, nicht zu verstehen.

Wie bereits erwähnt, wurde in der Folgezeit von der Kirche aber auch nicht nur der – allein in der Kompositionslehre formulierte – Kirchenstil geduldet; vielfach drangen Elemente der jeweils zeitgenössischen Musikpraxis auch in die liturgische Musik ein. Dennoch ist die Trennung der kirchlich traditionellen Welt und der an Gesetzen des Theaters orientierten respektiert worden: Wenn im liturgischen Sologesang Techniken der Arie angewandt wurden, wurde das Da-capo-Prinzip ausgespart, weil durch die Tatsache eines »Da capo« der lineare Textfortgang, der die liturgischen Texte prägt, in Frage gestellt würde.

Der vierte Aspekt betrifft ausschließlich die Musikkultur: An ihrer Oberfläche ergab sich das Bild, in Palestrina den »Retter der Kirchenmusik« zu sehen – nicht den Retter vor Verfall, sondern gegen Angriffe der Kirche. Unter dieser Oberfläche setzte sich dieses Denken darin fort, den gebilligten Stil als etwas von der Kirche Normiertes anzusehen. Im Spannungsfeld, das 1565 angelegt worden war, entwickelte sich daher ein historistisches Musikbewußtsein: Erstmals war die Musik eines Komponisten – dank besonderer Wertbegriffe – als über den typischen, zeitgebundenen Verfall erhaben erklärt worden. Palestrina wurde zum ältesten Komponisten der Musikkultur, zu dessen Werk auch die Menschen des 21. Jahrhunderts noch in einer ungebrochenen Tradition stehen; lange bevor das Palestrina-Ideal der Romantik zustande kam, das die lebendige Praxis des 18. Jahrhunderts an den sich entwickelnden Konzertbetrieb weitergab, war diese Tradition durch den Umgang mit der 1565 neu gesetzten Norm ausgelöst worden. Sie zementierte jedoch nicht nur die Palestrina-Pflege in der päpstlichen Kirchenmusik, sondern verschaffte den Komponisten ein Bewußtsein dafür, zwischen dem zeittypischen Stil in dessen unterschiedlichen regionalen Ausprägungen und einem älteren zu unterscheiden; dieser Wandel findet darin seinen Ausdruck, daß nicht nur von einem »stylus gravis« oder Kirchenstil die Rede war, sondern auch von einem »stile antico« oder – unter Benutzung lateinischer Formen zur Identifizierung des vermuteten Urhebers – von einem »praenestinischen Stil«.

Im Ergebnis zeigt die Gesamtsituation also eine Entfremdung nicht nur zwischen der Kirche und der Kirchenmusik, sondern auch zwischen der Kirche und ihren liturgischen Zielen. Von den damit umrissenen Aspekten wird die Entwicklung der liturgischen Musik im 17. Jahrhundert geprägt – auch dann, wenn ein Komponist liturgische Musik nicht explizit im »Stile antico« komponierte und in allgemeinerer Hinsicht davon ausging, daß die Kirche ihm mit der Anerkennung seiner musikalischen Professionalität auch die Kompetenz gegeben habe, den richtigen Tonfall für eine Musik »zur höheren Ehre Gottes« zu finden. Doch je ›schöner‹ diese Musik wurde, desto mehr konnte die Kirche auch den liturgischen Zweck verletzt sehen: daß der Gottesdienstbesucher primär den Text höre, nicht die Musik.

Entsprechende Mißfallensäußerungen der päpstlichen Kurie, die im 17. Jahrhundert gegenüber der Musik formuliert wurden, verpufften, und beinahe wäre das gleiche auch mit der großen Attacke geschehen, die Benedikt XIV. 1749 eröffnete: mit der Enzyklika »Annus qui«, die der Vorbereitung des Heiligen Jahres 1750 galt[6]. Daß dieser Schrift mehr Bedeutung zukam als den Vorgängerdokumenten der zurückliegenden Jahrzehnte, verdankt ihr Verfasser der wohl kaum beabsichtigten Schützenhilfe durch politische Obrigkeiten, besonders durch den römisch-deutschen Kaiser.

Nur die Geschehnisse der vorausgegangenen Jahrhunderte können verständlich machen, worin die Kritik bestand und wie sie ausfiel. Im Mittelpunkt stand die Musik; ihr widmen sich 14 der 15 Paragraphen des Textes, und nur die Einleitung bezieht weitere Details des Kirchenschmucks in die Überlegungen ein. Gekennzeichnet ist das Dokument einerseits von einem undifferenzierten Unbehagen gegenüber dem Stand der Kirchenmusik, andererseits von einem nicht genügend tiefen Eindringen in das Dickicht der päpstlichen Archive, deren reiche Schätze in diesem Moment den Blick auf die Gestaltungsmöglichkeiten eher verstellten als förderten; das Vertrauen auf eine überzeitliche Gültigkeit von Dogmen verhinderte den sensiblen Umgang mit diesen Dokumenten.

Dieses Dogmatische hatte sich allerdings erst langsam herausgebildet. Noch in der Situation von 1324/1325 war Kritik geäußert worden, die in Bezug auf die Kompositionslehre als handwerklich solide gelten kann; 1565 waren die Zielvorstellungen so formuliert worden, daß sie nur in ihrem zeitgebundenen musikalischen Kontext verständlich sind. Beide Konzepte wurden nun so gelesen, als handelte es sich um Stellungnahmen zu einem gleichbleibenden, wiederkehrenden Problem. Zwar wäre es unfair, von der päpstlichen Kurie historische Forschungen zu erwarten, die den sachlichen Hintergründen der Dokumente nachgespürt hätten. Doch es ist unvermeidlich, die Probleme, die das Papsttum 1749 heraufbeschwor, auf diese Weise zu erklären: Sie gründen sich auf eine fatale Vermischung von Mittelalterlichem und Aktuellem, und sie werden noch dadurch verschärft, daß der Papst in seinen liturgischen Konzepten Anleihen bei der Musiktheorie trifft, deren Texte er aber auf seine eigene Weise lesen muß.

Zu Beginn (§ 2) fordert der Papst die Einhaltung eines gemessenen Zeitmaßes im Vortrag der Kirchenmusik[7]. Wer dies liest, kommt nicht umhin, darin ein Eintreten für den aktuellen Stand der Palestrina-Praxis in der päpstlichen Kirchenmusik zu sehen. Doch Benedikt benennt dies nicht direkt, sondern holt noch weiter aus; um zu verdeutlichen, daß es hier um fortgesetzten Ungehorsam der Musik gegenüber der Kirche gehe, beruft er sich auf eine Handreichung aus dem Jahr 1253 – die aber eindeutig dem Vortrag des Gregorianischen Chorals gegolten hat. Die beiden kirchlich offiziell akzeptierten Formen liturgischer Musik werden damit auf eine Grundlage gestellt.

Dem Papst ist diese Spannung durchaus bewußt, denn im folgenden (§ 3) benennt er sie beide ausdrücklich: Der Gregorianischen Choral als die wahre kirchliche Musik wird von einem ansonsten verbreiteten »cantus harmonicus« oder »cantus musicus« abgegrenzt, der für die Kirche eigentlich untauglich sei. Dennoch gilt auch für Benedikt dieser jüngere Stil – nolens volens – als die Grundlage, von der aus die aktuelle Lage der Kirchenmusik zu beurteilen sei; die Entscheidungen des Jahres 1565 kann er nicht aufheben. Insofern wird offenkundig, daß die dogmatische Interpretation zeitgebundener historischer Dokumente bis zu einem gewissen Grad vorsätzlich erfolgte.

Jener »cantus musicus« sei für kirchliche Zwecke so einzurichten, daß nichts Unheiliges, nichts Weltliches oder Theatralisches anklinge[8]. Was wie der Standardvorwurf geistlicher Obrigkeit gegenüber kirchlichen Musikern klingt, wird im folgenden allerdings wiederum auf überraschende Weise konkretisiert: darin, daß die kirchenmusikalische Begleitfunktion der Orgel in Frage gestellt wird. Zur Erläuterung formuliert Benedikt als Ziel, daß in der katholischen Kirche einheitliche Musizierbedingungen herrschen sollten und daß ein in dieser Weise instrumental gestütztes Musizieren nicht umfassend ausgebildet sei; als Beispiele hierfür nennt er die Musik der päpstlichen Kapelle und die Praxis des ruthenischen Ritus. Der Rekurs auf die erste ist wiederum in typischer Weise berechtigt; der Papst kann fordern, daß die Musik der Weltkirche nach den Regeln seiner Religionsausübung eingerichtet sei. Doch der ruthenische Ritus ist als Beispiel untauglich: Es handelt sich um eine Mischform katholischer und orthodoxer Elemente im polnisch-ungarisch-ukrainischen Raum des 16. und 17. Jahrhunderts; folglich werden zur Begründung der päpstlichen Wünsche Vorbilder bemüht, die eindeutig unter ostkirchlichem Einfluß standen.

Letztlich hätte die Argumentation nicht so weit ausgreifen müssen; allein schon der Hinweis auf Landkirchengemeinden Süd- und Mitteleuropas, in denen aus Kostengründen keine Orgel vorhanden war, hätte die Argumentation stützen können. Doch einerseits hätten damit Begehrlichkeiten bei jenen kleineren Gemeinden wachgerufen werden können, andererseits wäre zu begründen gewesen, weshalb das liturgische Leben einer Metropolitankirche Rücksicht auf die kleinsten nachgeordneten Kirchenverhältnisse nehmen solle. Insofern war der Hinweis auf den entlegenen ruthenischen Ritus ein willkommenes Argument. Entscheidend war, den Palestrina-Stil im Nachhinein zu einer seit 1565 gültigen Argumentationsgrundlage zu erklären; inwieweit der – von orthodoxen Vorstellungen durchdrungene – ruthenische Ritus mit ihm konvergiere, ließ sich für die normale Leserschaft der Enzyklika kaum nachprüfen.

Die Hauptkritik gilt unzweifelhaft einer Annäherung liturgischer Musik an die Oper. Doch Details, die eine distanzierte Sicht der Kirchenaufsicht verständlich machten, werden gerade nicht erwähnt: Daß in einer groß angelegten Missa solemnis Arien vorkommen können, die dem Prinzip der Da-capo-Arie nahestehen (gerade eben so weit, wie es der linear fortschreitenden Texte ermöglicht), und daß sie ausgedehnte melismatische Abschnitte enthalten können, bei denen zweifelhaft erscheinen kann, ob die Textverständlichkeit noch gewahrt ist, interessierte nicht. Benedikts Kritik geht vielmehr aufs Ganze; er stellt die Mitwirkung von Instrumenten in der gottesdienstlichen Musik in Frage. Denn sobald in liturgischer Musik keine Instrumente mehr spielen dürfen, hat sich eine Stellungnahme zur Problematik der Arie und ihrer Formen ohnehin erübrigt; im Stilideal von Musik aus dem geistigen Umfeld Palestrinas sind diese nicht definiert.

Um in der Instrumentenfrage nicht mißverstanden zu werden, holt Benedikt weit aus. Er akzeptiert, daß Orgeln zur Stützung der Musik dienlich seien, um den Sängern die Intonation zu erleichtern[9]. In weiteren Absätzen des Textes (§ 10 und 11) legt er schließlich konkret dar[10], welche Instrumente er für unerwünscht hält. Die Begriffe sind dennoch einigermaßen schwer zu verstehen – denn diese ›päpstliche Instrumentenkunde‹ ist nicht von Musikern zur Kontrolle gegengelesen worden, obgleich Benedikt sich auf die Beteiligung musikalischer Ratgeber beruft, und sie ist im Latein der Kirche verfaßt. Ergebnis ist, daß er neben Orgel und Laute (in zwei verschiedenen Größen) nur einen »größeren« und einen »kleineren Viersaiter« sowie »den einfachen geblasenen Aulos« zuläßt, aber keinerlei Instrumente, die den Familie der Blechblas-, Rohrblatt- und Flöteninstrumenten angehören, ferner keine »musikalischen Hackbretter« (wohl Cembali) und keine »Lyra« (ausgehend vom antiken Verständnis nur als Violinen interpretierbar) – und ohnehin »alle übrigen Arten, die Theatermusik hervorbringen«. Mit dieser Instrumentalbesetzung ist aber nur neuerlich umschrieben, daß allein eine Musik, in der das Ideal des Palestrina-Stils gewahrt ist, seinen Vorstellungen entspricht; mit der so beschriebenen Baßgruppe und der Stützung einer melodischen Oberstimme sind alle eigenständigen Instrumentalpartien ausgeschlossen.

Informationen über das gewünschte Klangbild gewinnt der Papst aus musiktheoretischen Schriften der zurückliegenden 150 Jahre; seine Argumentation wurde also von dem vorauseilenden Gehorsam der Musiktheoretiker, die Ziele von 1565 zu konkretisieren, noch besonders unterstützt.

Die Musik, die der Papst zu billigen bereit ist, umschreibt er korrekt mit dem Fachbegriff »stylus gravis«[11]. Wie schon 1565 akzeptierte die päpstliche Kurie damit zeitgenössische Musiknormen, anstatt die Erwartungen im Hinblick ›liturgisch‹ zu benennen; erstmals ließen sich päpstliche Wünsche damit allerdings musikalisch direkt umsetzen. Doch die Abhängigkeit von der Musiktheorie steigert sich schließlich ins Groteske: Um auf das Testsingen des Jahres 1565 zu verweisen, befragten die Verfasser der Enzyklika nicht etwa Dokumente der päpstlichen Archive, sondern stützten sich auf die Ausführungen des päpstlichen Musikers Andrea Adami (1663–1742), die ihrerseits – wie alle anderen musiktheoretischen Quellen, in denen das Testsingen erwähnt wird – auf den Bericht von Agazzari aus dem Jahr 1607 zurückgehen[12]. Doch auch Agazzari war von dem Geschehen mehr als vier Jahrzehnte entfernt.

Den Gipfel des Opernhaften sieht Benedikt jedoch in der Motette, die Johann Joachim Quantz 1752 als »lateinische geistliche Solocantate« beschrieb[13]. Tatsächlich stehen Werke wie Mozarts Motette »Exsultate, jubilate« KV 165 der Opernkultur besonders nahe (ihr Interpret in der Uraufführung, der Sopranist Venanzio Rauzzini, war der »primo uomo« in Mozarts *Lucio Silla*). Es ist kein Wunder, daß andere Gattungen der Kirchenmusik von den opernhaften Zügen weniger stark erfaßt wurden als die Motetten: Ihre Texte stammen nicht aus der liturgischen Tradition, sondern sind frei gedichtet; angesichts der immensen Bedeutung, die die Oper für die italienische Dichtung des 18. Jahrhunderts hatte, lag es für Dichter nahe, sich für die (lateinischen) Texte dieser Gattung an den Formen des Rezitativs und der Da-capo-Arie zu orientieren – Vorgaben wiederum, denen auch Komponisten zu folgen gewohnt waren. Doch vielleicht war es nicht einmal nur diese Nähe zur textlichen Formensprache der Oper, die die Kritik des Papstes heraufbeschwor, sondern zugleich die Tradition kirchlicher Kritik an gottesdienstlicher Musik. Denn schon 426 Jahre zuvor, in der Bulle »Docta sanctorum«, war Kritik an einer Gattung geübt worden, die Motette hieß. Es braucht nur wenig Phantasie, um sich die damit aufgeworfenen Probleme vorzustellen: Die Motette des 14. Jahrhunderts ist in jeder Beziehung weit von den Gestaltungsformen entfernt, die Benedikt an der italienischen Motette des 18. Jahrhunderts kritisiert. In der Enzyklika liest sich dies so[14]: »Guillelmus Durandus [...] hat den Gebrauch der cantilenae, allgemein auch Motetten genannt, der zu seiner Zeit üblich war, offen mißbilligt. Danach hat Papst Johannes XXII., einer unserer Vorgänger, sein Dekret verbreitet, das mit den Worten ›Docta Sanctorum‹ beginnt [...]; in ihm zeigt er, daß er den Gesang von volkssprachlichen Motetten verflucht. Denn er schreibt, sie würden nicht selten mit vulgären Motetten vollgestopft.«

Als Bezugspunkt erscheint also kirchliche Kritik des 14. Jahrhunderts an der frühen Doppel- und Tripelmotette, in der liturgische Texte und Melodien dadurch in mehrstimmigen Kompositionen gefaßt erscheinen konnten, daß eine frei geführte Oberstimme (Motetus) mit nichtlateinischem Text in den Satz eintrat. Selbstverständlich konnte der Papst 1749 nicht wissen, daß ein mittelalterlicher Motetus etwas anderes ist als eine zeitgenössische Motetta, und ähnlich schwankend ist auch sein Umgang mit dem Begriff »vulgaris«, bei dem nicht leicht erkennbar ist, ob er wirklich »vulgär« meint oder lediglich »volkssprachlich« (»volgare«). Doch es ist unverkennbar, wie wahllos der Quellenzugriff erfolgte, wenn es um die Stützung der eigenen Ideen ging, und wie komplex die Probleme waren, die sich die Kirche dabei einhandelte.

Folgen der Enzyklika blieben vorerst aus. Gerade in Italien hielt sich die Solomotette, so daß Mozart noch 1773 in Mailand jenen berühmten Beitrag zur Gattung leisten konnte (»Exsultate, jubilate« KV 165). Und allenthalben rekrutierte sich auch weiterhin die Begleitung mehrstimmiger liturgischer Musik aus »allen übrigen Arten [von Instrumenten], die Theatermusik hervorbringen«; lediglich der Seitenzweig des »Stile antico« wurde gestärkt, so daß ein neues Interesse an »heiliger« Tonkunst, die in gemessenem Zeitmaß gehalten ist, erkennbar wird. Die päpstliche Kontrollgewalt stieß also an ihre Grenzen; lokale Kirchenobrigkeiten entwickelten eigene Vorstellungen.

Exemplarisch läßt sich dies an den Salzburger Verhältnissen beleuchten. Die Konsequenzen, die aus der päpstlichen Enzyklika gezogen wurden, waren hier durchweg davon bestimmt, daß kirchliche und politische Macht eine Einheit bildeten: Da der Erzbischof von Salzburg zugleich Territorialfürst war, konnte die Meßfeier so lange als Teil der absolutistischen Prachtentfaltung erscheinen und gegen Denkmodelle wie die der Enzyklika »Annus qui« abgeschirmt werden, wie der Inhaber der Macht sich als Barockfürst präsentierte; Mozarts erster Landesherr, Sigismund von Schrattenbach, ignorierte daher die päpstliche Vorschrift, und so kann man in Mozarts frühen Kirchenmusikwerken (soweit sie für Salzburg geschrieben wurden) noch jenen Ausgangszustand erleben, der den päpstlich kritisierten Verhältnissen ähneln dürfte. Die Gewichte verschoben sich erst unter dem Eindruck aufklärerischen Denkens; eines seiner Zentren hatte dieses in den kaiserlichen Erblanden entwickelt, und unter Hieronymus Colloredo griff es auch auf Salzburg über. Daraufhin wird unmittelbar

233

verständlich, weshalb Vater und Sohn Mozart 1776 an Padre Martini in Bologna schreiben konnten[15], die deutsche Kirchenmusik sei von der italienischen sehr verschieden. Bologna gehörte zum Kirchenstaat; nicht einmal hier hatten die päpstlichen Ideen von 1749 Fuß gefaßt. In habsburgischen und an habsburgischer Kultur orientierten Gebieten jedoch wirkte sich die aufklärerisch umgeformte Kritik an der traditionellen Kirchenmusik aus – etwa, wie näher auszuführen sein wird, in Salzburg unter Hieronymus Colloredo.

»Ordinarium Missae« nach 1750

Fragt man nach Mozarts Kirchenmusik und ihrem Umfeld, ist die Perspektive folglich klar zu bestimmen: Es kann nicht darum gehen, die Werke als ein gleichsam konzertantes Repertoire zu würdigen. Ebenso genügt es nicht, die Werke mit weiteren zeitgenössischen Kompositionen zu vergleichen; selbst wenn es sich um Werke handelt, die mit dem gleichen Gattungsbegriff belegt sind (z. B. »Missa brevis«), können sie im Kern unterschiedlich sein – ohne daß diese Unterschiede in den kompositorischen Vorstellungen ihrer Verfasser begründet wären. Jede geistliche Komposition Mozarts und seiner Zeitgenossen ist vielmehr abhängig davon, welche örtlichen Traditionen sich in der Liturgie ergeben hatten; schon darin unterscheiden sich die Werke.

In jedem Fall ist katholische Kirchenmusik auch des 18. Jahrhunderts nur dann zu verstehen, wenn sie als Teil des Gottesdienstes aufgefaßt wird: Denn nur dann wird deutlich, daß in einer Meßfeier nicht sämtliche Sätze einer Meßvertonung aufeinander folgen. Allein Kyrie und Gloria werden ohne liturgische Unterbrechung musiziert, ebenso das ohnehin bisweilen als ein einziger Satzkomplex dargestellte Paar aus Sanctus und Benedictus. Vor diesem Hintergrund wird deutlich, daß die Geschlossenheit einer musikalischen Messe als ›eines Werkes‹ musikalisch zwar erwünscht sein kann, liturgisch aber irrelevant ist: Ob ein Credo und ein Agnus Dei als Einzelsätze komponiert sind oder mit den beiden genannten Satzpaaren zusammengehören, ist für den Gottesdienst ohne Bedeutung, ebenso ob die Satzpaare Kyrie–Gloria und Sanctus–Benedictus dem gleichen ›Werk‹ entstammen. Nur innerhalb dieser Paare ist ein Zusammenhang sicherzustellen: Im Wechselspiel von Kyrie und Gloria genügt eine tonartliche Verwandtschaft; für Sanctus und Benedictus ist die Verklammerung dadurch gegeben, daß nach zeitgenössischer Auffassung als Schluß beider Sätze der gleiche Text zu vertonen ist (»Osanna in excelsis«; den liturgischen Traditionen zufolge steht hingegen der aus dem Buch Jesaja stammende Text des Sanctus allein, und das Benedictus wird vom Osanna eingerahmt, ebenso wie es in der Vorlage dieses Textes im Matthäus-Evangelium der Fall ist: beim Bericht von Jesu Einzug in Jerusalem).

Für die Musikpraxis fügen sich die genannten Messensätze zu einem »Ordinarium missae« zusammen; in liturgischer Hinsicht ist diese Einschätzung jedoch unvollständig. Denn nicht nur diese Textportionen gehören zum »Gewöhnlichen« der Meßfeier, sondern zudem das Vaterunser und der Segen, die aber die Kirche nicht an die Musiker delegiert hat (sogar das anfänglich rein subjektive Glaubensbekenntnis kam dafür in Frage!). Bereits damit ist die Perspektive klargestellt, die zur Begriffsbildung »Ordinarium missae« geführt hat: Dessen Abgrenzung vom Proprium bezieht sich allein darauf, daß Musiker die Meßteile, für deren Vortrag sie zuständig waren, in unterschiedlichen Corpora aufgezeichnet hatten, die sich jeweils nebeneinander benutzen konnten: als Sammlung einerseits der universell verwendbaren und andererseits der nur speziellen Festtagen zugeordneten Musik.

Ein Zyklus von Meßsätzen war demnach noch für Mozarts Zeit kein ›Werk‹ im Sinne des 19. Jahrhunderts. Dies erklärt die Aufführung von Teilen der c-Moll-Messe 1783 in Salzburg: Die Meßteile Kyrie und Gloria, die im liturgischen Ablauf unmittelbar nacheinander erklingen, waren fertig komponiert; der Begriff ›Fragment‹ läßt sich strenggenommen nicht auf das Gesamtwerk beziehen, sondern nur auf die Meßteile, die zum Zeitpunkt der Aufführung von Kyrie und Gloria nicht fertiggestellt waren. Der Zusammenhang von Messensätzen ergibt sich daher auf derselben Grundlage, auf der Gregorianische Gesänge unterschiedlichen Alters zu einem Ordinariumszyklus zusammengefaßt worden sind: Nur daraus, daß im gottesdienstlichen Einzelfall das Allgemeine und das Besondere der Liturgie miteinander verflochten werden mußten, resultierte auch für jene ›allgemeinen‹ Gesänge ein zyklischer Charakter. Erst mit Konzertveranstaltungen des 19. Jahrhunderts wurde es denkbar, Meßzyklen als ein mehrsätziges musikalisches Werk aufzufassen – in Analogie zu Sinfonik und Oper. Musikalische Elemente, die einen Zusammenhang zwischen Meßteilen ausprägen, auch wenn diese im Gottesdienst weit auseinandergerückt sind, sind daher im privaten Kunstanspruch des Komponisten begründet; in der Liturgie übernehmen sie keine Funktion.

In einem besonderen Punkt allerdings war es zu Mozarts Zeit nicht mehr möglich, als Musiker ein Ordinarium tatsächlich dafür zu halten, was der Begriff umschreibt. Denn entsprechend dem Rang einzelner Festtage im Kirchenjahr wurde zwischen größeren und kleineren Ordinariumskompositionen unterschieden: Für die höchsten Feste wurden die prächtigsten, kunstvollsten und längsten, für die normalen Sonntage hingegen nur einfache, kürzere benötigt. Diese Unterscheidung, die zu den Begriffen »Missa solemnis« und »Missa brevis« führt, höhlt das Prinzip des Ordinarium Missae aus: Denn ein Stück weit werden die in allen Gottesdiensten vorkommenden Texte nun von dem Propriumsgedanken erfaßt. Eine Missa solemnis, die beispielsweise in der Meßfeier am Osterfest musiziert wurde, ließ sich nicht auch eine Woche später aufführen, ähnlich wie die Propriumsgesänge des Osterfestes sich nicht von diesem lösen ließen. Die Zuordnung der Missa solemnis zu den Hochfesten rückte folglich von dem Gedanken ab, daß musikalische Beiträge zum Gottesdienst reine Textpräsentation seien; spezifische musikalische Kategorien, nach denen die Unterscheidung von »brevis« und »solemnis« möglich wurde, hinterließen erste Spuren in den liturgischen Konzepten.

Josephinische Reformen in der Kirchenmusik

Wie erwähnt, fiel die Kritik des Papstes an zu üppiger musikalischer Prachtentfaltung dort auf fruchtbaren Boden, wo sie sich mit Gedankengut der Aufklärung traf. Dieses konnte selbstverständlich nur in katholischen Gebieten eine Kritik an den überkommenen Formen des Gottesdienstes nach sich ziehen; die Bedingungen waren in Österreich unter Maria Theresia und besonders unter ihrem Sohn Joseph II. in idealer Form gegeben.

Beide Herrscher führten in den habsburgischen Erblanden umfangreiche Reformen im Sinne der Aufklärung durch, die – zwar unter dem Schlagwort »Josephinismus« geführt, aber ebenso schon die Regierungszeit Maria Theresias umfassend[16] – von der Entmachtung des landsässigen Adels über die Aufhebung von Klöstern bis hin zu Detailregelungen wie der »josephinischen Begräbnisordnung« reichten (sie galt noch für die Beisetzung Mozarts; die Sicht, es habe sich um ein Armenbegräbnis gehandelt, ließe sich für jede Beerdigung, die zur Geltungszeit jener Regelungen stattfand, formulieren[17]). Angesichts der Vorbildfunktion, die Joseph als Kaiser für zahlreiche katholische Fürsten des Reiches hatte, konnten diese sich unter Druck gesetzt fühlen, sich den kaiserlichen Maßnahmen anzupassen, und nur in Bayern, dessen Herrscherhaus sich vor allem in der ersten Hälfte des 18. Jahrhunderts klar von Habsburg abzugrenzen versucht hatte, wurde dieser ›Bedarf‹ kaum gesehen. Im Erzbistum Salzburg hingegen, das seit 1772 unter der Regierung des Fürsterzbischofs Hieronymus Colloredo stand, blieben Folgen wohl auch deshalb nicht aus, weil die Familie Colloredo in engsten Verbindungen zum Kaiserhaus stand; diesem diente der Vater des Salzburger Landesherrn als Reichsvizekanzler.

Da die Reformtätigkeit auch die Musik erfaßte, liegt die Vermutung einer historischen Beziehung zur Enzyklika des Jahres 1749 nahe; dennoch zielte das Kaiserhaus unverkennbar auf andere Aspekte ab als der Papst[18]. Denn was für diesen eine Maßnahme zur Stabilisierung einer ›frommen‹ Musik war, diente jenem nur als Abschaffung unnötigen barocken Prunks oder – allgemeiner – älterer Traditionen; wenn im Rahmen der »josephinischen« Reformen vermutlich 700–800 Klöster aufgehoben[19], die Zahl kirchlicher Feiertage um ein Drittel reduziert, das Glockenläuten am Samstagabend untersagt und 1773 der Jesuitenorden verboten wurden, lag dies selbstverständlich außerhalb der Intentionen, von denen die Enzyklika des Jahres 1749 getragen war, und zeigt, daß auch die kirchenmusikalischen Maßnahmen in Österreich eher in den Kontext der generellen Reformtätigkeit als in den der spezifischen päpstlichen Ziele gehörte. Und anders als den päpstlichen Konzepten war den kaiserlichen großer Erfolg beschieden.

Trotz dieser Unterschiede in den Intentionen holte das Kaiserhaus die Genehmigung Benedikts XIV. ein, als es 1754 vor allem für Wien, aber ebenso auch für alle habsburgischen Erblande die kirchenmusikalische Verwendung von Trompeten und Pauken verbot. Hier fand sich demnach noch ein gemeinsamer Nenner für die letztlich unterschiedlichen Denkmodelle. 1767 wurde das Verbot gelockert; die Beteiligung von Trompeten und Pauken war fortan für herausgehobene festliche Anlässe wieder gestattet. Doch nach Josephs vollständiger Regierungsübernahme 1780 wurde die Kirchenmusik neuerlich von den Reformen intensiv erfaßt.

Für Schilderungen der Situation, die sich für die Kirchenmusik im habsburgischen Einflußgebiet damals ergab, wird der Blickwinkel in der Regel davon bestimmt, ob die Betrachtung vom Werk Joseph Haydns oder von demjenigen Mozarts ausgehen soll. Beide Ansätze lassen sich zusammenführen. Für Haydn ist offenkundig, dass er zwischen der *Mariazeller Messe* von 1782 und der *Heiligmesse* von 1796 keine Vertonungen des Meßordinariums schrieb; dies umschließt die Zeit der Alleinregierung Josephs II. und einige Folgejahre, in denen die »josephischen« Maßnahmen noch fortwirkten. Das Messenschaffen Haydns erscheint auch darin als

Spiegel der kirchenmusikalischen Entwicklung Österreichs, daß in jenen früheren Messen die Mitwirkung von Trompeten und Pauken nur für die beiden Kompositionen belegt ist, die mit der – stets in Sonderstellung geführten – Wallfahrt nach Mariazell in Verbindung stehen (vor der *Mariazeller* auch die *Cäcilienmesse*; die entsprechenden Satzanteile an der *Großen Orgelsolomesse* sind in ihrer Authentizität zweifelhaft, und die Messe kann zumindest ohne jene Instrumente aufgeführt werden). Dagegen wird in keiner der nach 1796 entstandenen späten Messen auf Trompeten und Pauken verzichtet.

Eine Schilderung der Situation Mozarts dagegen kann von dem Brief an Padre Martini (1776) ausgehen, in dem Leopold Mozart über Reformen der Kirchenmusik im Fürsterzbistum Salzburg berichtet (der Text trägt aber die Unterschrift seines Sohnes). Die örtlichen Veränderungen haben demnach schon vor dem Tod Maria Theresias eingesetzt; sie beziehen sich also nicht auf dieselben Maßnahmen, die für Haydn zum Abbrechen der Messenproduktion führten. Daß Mozart jedoch zwischen seiner Übersiedlung nach Wien 1781 und dem 1791 begonnenen Requiem lediglich die c-Moll-Messe schrieb (für Salzburg), spielt in den Überlegungen zur allgemeinen Situation der Kirchenmusik kaum eine Rolle, obgleich sich für ihn das gleiche zeigt wie für Haydn: Beide kehrten nach dem Tod Josephs II. zur Komposition von Kirchenmusik zurück.

Die Veränderungen, die sich in Österreich auf dem kirchenmusikalischen Sektor ergaben, sind deshalb nicht leicht zu erfassen, weil Joseph II. nie spezielle kirchenmusikalische Verordnungen erlassen hat[20]; sie ergaben sich vielmehr im Rahmen anderer, weiter reichender Reformen. Dies ist nicht verwunderlich; im Gegensatz zur päpstlichen Sicht von 1749 war die Kirchenmusik kein isoliertes Ärgernis, sondern Teil eines religiösen Kultus, der insgesamt als antiquiert galt. Im Kern der Regulierungen steht 1783 eine neue Gottesdienstordnung für Niederösterreich, im Jahr darauf entsprechend eine für Oberösterreich; auch in Böhmen wurden die Neuregelungen wirksam – und wurden dort von Kritikern gar als Ursache eines Niedergangs der gesamten musikalischen Kultur gesehen. Die Texte selbst, mit denen die Änderungen formuliert wurden, erscheinen als moderat; als Problem wirkte sich jedoch aus, daß mehrere Regulierungen des gesamten Reformwerks einander ergänzten, ohne daß dies in ihnen eigens erwähnt wurde. Manche der Freiheiten, die von den Reformen der Jahre 1783/1784 noch unberührt gelassen wurden, wurden damit durch die Hintertür aufgehoben. Somit sind auf der einen Seite die Vorschriften nicht leicht aufzuspüren, die das Geschehen einengten; auf der anderen

Seite liegen die unmißverständlich richtigen Erfahrungen der Nachwelt mit dem Schaffen Haydns und Mozarts, die jene Einengungen unmißverständlich belegen. Sie spiegeln sich zudem auch im Schaffen weiterer österreichischer Musiker der Zeit[21].

Es kann demnach keine Rede davon sein, daß die ›musizierte Messe‹, also das Aufführen von Ordinariumssätzen für Singstimmen und Orchester, verboten worden wäre. Die Gottesdienstordnung für Niederösterreich von 1783 erlaubte die Messe mit Instrumentalbeteiligung sogar ausdrücklich, und zwar in jedem Sonn- und Feiertagsgottesdienst nicht nur der großen Stadtpfarren, sondern auch in größeren Dorfpfarren mit zwei Seelsorgerstellen. Dennoch wurde diese Praxis faktisch unterbunden, auf der einen Seite durch Umbewertung der bisherigen Normen: Die noch junge Tendenz, auch im katholischen Gottesdienst Gemeindelieder vorzusehen, wurde zum kirchenmusikalischen Konzept fortentwickelt; diesem verdankt etwa der Text zu »Großer Gott, wir loben dich« sein Entstehen. Andererseits war durch die Reformen die finanzielle Autonomie der Kirchen so weit eingeschränkt worden, daß ihre Mittel nicht mehr für Schmuckformen wie die Kirchenmusik ausreichte. Schon vor Inkrafttreten der Gottesdienstordnungen waren Gelder, die traditionell den Kirchenmusikern zuflossen, benötigt worden, um die in anderen Bereichen entstandenen Finanzlöcher zu füllen. Da ferner mit den Neuregelungen die Anzahl der Gottesdienste reduziert wurde, bestand weniger Bedarf nach musikalischer Mitwirkung; daher wiederum reduzierten sich die Einkünfte, die den Musikern für ihre Leistungen zustanden, um nahezu 50 %, doch nicht einmal diese Gehaltsansprüche konnte die Kirche befriedigen[22]. Die instrumental begleitete Kirchenmusik war also nicht verboten, sondern im Wechselspiel der Reformen vereitelt worden.

Dieses Ineinandergreifen der Maßnahmen wird besonders deutlich an den Versuchen des Wiener Erzbischofs Christoph Kardinal Migazzi, für sich Ausnahmeregelungen zu erwirken. Joseph II. stellte ihn vor eine klare Alternative. Finanziert werden durfte Kirchenmusik nur noch aus den Mitteln, die für karitative Zwecke zur Verfügung standen. Migazzi konnte also entweder eine für ›nicht mehr zeitgemäß‹ erklärte Prachtentfaltung aufgeben oder die Nächstenliebe in den Wind schreiben. Daß die finanziellen Begleitregelungen Ursache für die Veränderungen der kirchenmusikalischen Situation waren, wird nochmals deutlich, als Migazzi sich unmittelbar nach dem Tod Josephs II. für eine Lockerung der Regelungen einsetzte. Fortan schien es zwar wieder möglich, »die Hochämter und Litaneyen […] auch mit Instrumentalmusik« abzuhalten; doch mit der Einschränkung »wenn das Kirchenvermögen zu deren Bestreitung hinreicht« wird wiederum der enge Rahmen erkennbar, in dem sich Änderungen ergeben konnten. Zudem hatte die Kirche keine eigentliche Finanzhoheit mehr, so daß die scheinbare Lockerung bedeutungslos blieb. Erst 1799, unter Franz II., wurden die Vorschriften grundlegend überarbeitet. Insofern wird verständlich, weshalb die kirchenmusikalischen Reformvorgänge von Zeitgenossen vielfach mit »Aufhebung der alten Kirchenmusik« umschrieben wurden, obgleich dies nicht direkt aktenkundig wurde.

Zur äußeren Position Mozarts in den kirchenmusikalischen Reformen

Noch im Sinne der aktuellen Reformsituation steht es also, daß Mozart 1768 in Wien eine ›alte‹ Messe schreiben konnte, die in Gegenwart der Kaiserin bei der Einweihung der Kirche des Waisenhauses am Rennweg aufgeführt wurde. Der Terminus »Solenne Mess«, den Leopold Mozart gegenüber Lorenz Hagenauer in einem Brief gebraucht[23], zeigt, daß ihm gegenüber der Salzburger Situation (noch zu Lebzeiten Schrattenbachs) keinerlei Restriktionen auffielen; mit dem Begriff umschrieb er also etwas, das sowohl ihm im aktuellen Wiener Kontext als auch Hagenauer vertraut war, und Leopold hätte es erwähnt, wenn das Werk (aus welchen Gründen auch immer) nicht den gewohnten Standards entsprochen hätte. Wenngleich nicht restlos zu klären ist, ob sich das aufgeführte Werk tatsächlich erhalten hat, läßt sich eindeutig erkennen, daß bei jener Einweihungsfeier auch eine Trompete gespielt wurde: zumindest in dem (verschollenen) Trompetenkonzert KV 47c, das im Rahmen des Gottesdienstes musiziert wurde. Gerade in den letzten Lebensjahren Maria Theresias konnte es für herausgehobene, offizielle Anlässe solche Ausnahmen geben. Insofern entsteht die (nur vordergründig paradox wirkende) Situation, daß Mozart eine seiner wenigen Missae solemnes für einen Aufführungsanlaß in Wien geschrieben hat.

Als Mozart 1781 nach Wien zog, hatten sich die Verhältnisse demgegenüber noch nicht grundlegend verändert. Am 29. November 1780 war Maria Theresia gestorben; die Reformtätigkeit Josephs II. bewirkte die einschneidenden Neuerungen erst allmählich, doch ist zweifellos auch schon der Beginn seiner Regierungstätigkeit nicht mehr als Blütezeit der Kirchenmusik zu umschreiben – wie es die Eingaben der Kirchenmusiker belegen, die sich nach dem Erlaß der Gottesdienstordnung sogar auch über die vorherige Situation beschwerten. Für Mozart aber bestanden

240

praktisch keine Möglichkeiten, größer besetzte Kirchenmusik zu schreiben; daß damals sein kirchenmusikalisches Schaffen fast völlig zum Erliegen kam, ist also bereits in äußerlicher Hinsicht verständlich. Wie erwähnt, wurden nach dem Tod Josephs II. 1790 die als zu weitgehend empfundenen Bestimmungen seiner Reformen zwar gelockert, und dies erfaßte einen so peripheren Lebensbereich wie die Kirchenmusik erst spät (1799). Daß Mozart sich jedoch schon im Mai 1791 die Nachfolge des greisen Johann Leopold Hofmann, Kapellmeister am Wiener Stephansdom, zusichern ließ, erscheint als eine zweifellos realistische Spekulation auf eine Änderung der Lage.

Die Verhältnisse, von denen hingegen Mozarts kirchenmusikalisches Schaffen unter Colloredo geprägt war, erscheinen zunächst nur deshalb als moderater, weil Mozart Salzburg eben verließ, als Joseph II. im benachbarten Österreich die alleinige Regierung übernahm; darüber, wie weit Colloredos Maßnahmen denen des Kaisers entsprachen, informiert Mozarts Kirchenmusik nicht. Doch die Idee, einen volkssprachigen Gemeindegesang in der Kirche einzuführen, erfaßte auch Salzburg – nach der Zeit, die Mozart hier zubrachte. Daß Colloredo hingegen in den Jahren, die Mozart miterlebte (1772–1781), die Kirchenmusik anders regulierte als der Kaiser, liegt zweifellos im unterschiedlichen Repräsentationsbedürfnis beider Herrscher begründet: Joseph II. stand – als absolute weltliche Instanz – weit über dem gottesdienstlichen Leben seiner Territorien; Colloredo jedoch vereinigte in seiner Person eine hohe Position in der kirchlichen Hierarchie mit den Funktion eines Landesherrn, und zelebrierte er eine Messe, dann präsentierte sich die gesamte obrigkeitliche Gewalt vor dem Altar. Daher waren Neuerungen, die er vor den josephinischen Reformen formulierte, allein auf seine besondere Stellung als Kirchenfürst abgestimmt; wenn der Gottesdienst Teil der Machtausübung ist, stehen dessen Veränderungen unter anderen Prämissen.

Wie weitgehend Colloredo seine Vorstellungen formulierte, ist nicht völlig klar; angesichts der kirchlichen Traditionen ist eher zu erwarten, daß er sie aus Sicht der Liturgie faßte, als daß er seinen Musikern auf deren eigenem Feld Vorschriften gemacht hätte. Wie die Mozarts an Padre Martini berichten, waren Colloredos Absichten darauf ausgerichtet, diejenigen Zeitanteile der Meßfeier zu verkürzen, die von der Musik in Anspruch genommen würden. Er gab demnach einen 45minütigen Teilabschnitt des Gottesdienstes an die Musiker frei, in dem von ihnen alle liturgisch klar umrissenen Aufgaben zu erfüllen waren; diese ergaben sich nicht nur in textlicher Hinsicht (definiert durch die Anforderungen des musikalischen

»Ordinariums« und des dem Proprium zugehörigen Offertoriums), sondern schlossen – wie in jener Zeit üblich[24] – mit der Epistelsonate ein Stück Instrumentalmusik ein. Darüber hinaus bezeichnen die Mozarts genauer, wie daraufhin die Ordinariumsteile zu gestalten seien; demzufolge mußten diese vorgetragen werden, ohne daß sie – im Sinne der alten Missa solemnis – in Einzelsätze untergliedert wurden, umfaßten aber die volle »solenne« Besetzung, und zwar ausdrücklich mit der (in den jüngeren habsburgischen Traditionen in Frage gestellten) Trompetenmitwirkung. Dies macht deutlich, daß Colloredo auch zu Einzelheiten der Gestaltung Stellung bezogen haben muß, nicht also nur allgemeine Vorschriften über den Zeitablauf des Gottesdienstes erlassen hatte. Dennoch ist nicht anzunehmen, daß er den Musikern den damit gewählten Gattungstyp bezeichnete: ein Konzept, das sich etwa mit dem Terminus »Missa brevis et solemnis« umschreiben läßt, das es schon länger gab und das nur bislang anderen, im zweiten Rang stehenden Gottesdiensten zugeordnet war[25].

Mozarts klarste Repräsentanten des Messentyps, der daraufhin favorisiert wurde, sind zweifellos die beiden Messen, die er in seiner Zeit als fürsterzbischöflicher Organist (1779–1781) komponiert hat, die *Krönungsmesse* KV 317 und die *Missa solemnis* KV 337. Die Namen dieser Werke bezeichnen auf unterschiedliche Weise gerade nicht die Zwecke, die für Mozart im Vordergrund standen; während der Name *Krönungsmesse* offenkundig von einer entsprechenden, späteren Verwendung der Habsburgermonarchie geprägt ist, spiegelt sich in der ebenfalls erst aus späterer Zeit belegten Benennung der *Missa solemnis* das Entwicklungsziel, zu dem um 1800 die Kirchenmusikreformen im österreichischen Raum führten. Im Sinne Mozarts kann es sich um 1780 kaum um ein Werk dieser Kategorie gehandelt haben, weil in ihm die Meßteile nicht in Einzelsätze untergliedert werden – so, wie es in dieser Gattung üblich war, ehe die politischen Reformen an der Kirchenmusik ansetzten, und so, wie es Mozart noch 1783 in der c-Moll-Messe handhabe: Um 1800 galt demnach etwas anderes als »solemnis« als noch um 1750.

Mit dieser Bemerkung ist klargestellt, daß Colloredo mit den Details seiner Reformen nicht allein stand, denn musikalische Folgen dieses Ausmaßes konnte es nur geben, wenn ähnliche Ziele auch an anderen Orten verfolgt wurden: Für weitere Teile der Kirchenmusik insbesondere im österreichischen Raum muß im frühen 19. Jahrhundert also aufgrund der liturgischen Veränderungen der Eindruck entstanden sein, daß Messen, die äußerlich der alten »Missa brevis et solemnis« entsprachen, die Nachfolge der alten »Missa solemnis« angetreten und damit zugleich die Gattungsbezeichnung übernommen hätten. Diese Entwicklung prägt letztlich die Geschichte von Mozarts *Missa solemnis*: Als Ordinariumszyklus, der 1779 in Salzburg entstand und dessen Aufführung selbstverständlich weniger als eine halbe Stunde in Anspruch nimmt, erhielt dieses Werk in späterer Zeit denselben Titel wie Beethovens *Missa solemnis*, die mit einer Ausdehnung von weitaus mehr als einer Stunde wieder an die Ausmaße der alten Missa solemnis heranreicht, aber in sich nicht reicher gegliedert oder prinzipiell anders angelegt ist als das Werk Mozarts, das mit dem gleichen Begriff belegt worden ist.

Ein Schlüssel zum Verständnis dieser so divergent erscheinenden, aber zeitgleichen terminologischen Vorstellungen ergibt sich daraus, wie die Musiker auf Reformvorstellungen reagierten, die denen Colloredos entsprachen. Der Brief der Mozarts an Padre Martini bietet hierzu einen exemplarischen Zugang, denn es wird dort betont, man brauche »für diese Art Composition ein besonderes Studium«. Diese Bemerkung bleibt so lange rätselhaft, wie sich die Argumentation nur in den engen Grenzen musikalischer Formvorstellungen bewegt; ihnen zufolge wäre es nicht der Rede wert gewesen, daß der Salzburger Erzbischof statt des Messentyps, der seinem Stand einst angemessen war, nun einen anderen, ebenfalls schon länger bestehenden wählte. Doch für das Bewußtsein der Komponisten lagen die Dinge offenkundig anders. Wenn ihnen die Arbeit mit Gestaltungsmustern verwehrt war, die sich traditionell mit den Messen für die höchsten Kirchenfeste verbunden hatten, stellte sich die Frage nach einer angemessenen Alternative.

Ursache für diese Überlegungen waren die jahrhundertealten Kommunikationsprobleme zwischen der Kirchenaufsicht und der Musikerschaft: Im besten Fall wurde von jener ein liturgisches Modell formuliert; diese suchte daraufhin auf ihrem eigenen Arbeitsgebiet nach Konzepten, mit denen sich die Forderungen erfüllen ließen. In diesem Sinne wäre es wohl für Klerus und Musiker unvorstellbar gewesen, davon zu sprechen, die Missa brevis et solemnis sei zu der Kerngestalt erzbischöflich zelebrierter Messen geworden; vielmehr blieb das, was der Kirchenfürst für sich beanspruchte, in liturgischer Hinsicht eine Missa solemnis, und die Komponisten waren nicht in der Lage, den bezeichneten liturgischen Platz mit einer traditionellen Missa brevis et solemnis auszufüllen, weil dies die Gestaltung war, die für Kirchenfeste zweiten Ranges vorgesehen war. Selbst wenn das von Colloredo Geforderte in der Ausdehnung einer Missa brevis et solemnis entsprach (und er Kompositionen dieses Typus akzeptiert hätte), konnte es für Musiker also Differenzierungsprobleme geben: Da der Propriumsgedanke, Feste entsprechend ihrer liturgischen Stellung unterschiedlich auszustatten, auch die Darbietung der »gewöhnlichen« Teile (das Ordinarium) erfaßt hatte, standen sie vor der Frage, wie sie zwischen der Musik für die neuen erzbischöflichen Festgottesdienste und den Feiern, die ohnehin mit einer Missa brevis et solemnis zu versehen waren, unterscheiden könnten. Deshalb waren neue Konzepte zu suchen. Da die Komponisten längst nicht mehr nur als Musiker arbeiteten, die allein eine liturgisch definierte Funktion erfüllten, sondern für die der kirchliche Dienst ein Betätigungsfeld unter mehreren war, konnten sie auch auf Nachbargebieten der Kirchenmusik nach Lösungen suchen.

Die Frage nach der inneren Funktionen der geforderten Musik blieb also letztlich wiederum allein den Komponisten überlassen; daß es solche Funktionen gebe (oder sogar geben müsse), um den Textvortrag in der gewünschten Form zu garantieren, brauchte die Kirche nicht zu interessieren. Tatsächlich entstanden nun neue Techniken der Meßvertonung, und sie waren tragfähiger, als es die Kirchenaufsicht beabsichtigt hatte. Sie hatte lediglich mit der zeitlichen Limitierung der musizierten Messe die Gestaltung der alten Missa solemnis ausgeschlossen: die Gliederung der Meßteile in Einzelsätze, in denen sich die Musik auf sprachlich-formalen Grundlagen ausbreiten konnte, wie sie ähnlich auch die Opernkultur bestimmten. Doch auf der Basis des Geforderten entstand nicht einfach nur eine traditionelle Missa brevis et solemnis; vielmehr wurden in Abgrenzung von ihr neue Techniken entwickelt, und diese ermöglichten es langfristig, auch ohne die traditionelle Gliederung der Meßteile Werke zu schreiben, deren Ausdehnung derjenigen der alten Missa solemnis nahekommt. An Mozarts sogenannter *Missa solemnis*, die der Frühzeit der Entwicklungen entstammt, in den Dimensionen der alten Missa brevis et solemnis gehalten ist, aber jene neuen Gedanken umsetzt, läßt sich also die Basis erkennen, auf der später auch großdimensionierte Werke wie die gleichnamige Messe Beethovens oder die späten Messen Haydns entstehen konnten. Wie die nachträgliche Benennung zeigt, war für Betrachter des 19. Jahrhunderts zwischen beiden Werkkonstellationen kein prinzipieller Unterschied mehr zu erkennen, obgleich Mozarts relativ alte Komposition lediglich etwa die Hälfte oder gar nur ein Drittel der Aufführungszeit jüngerer Werke beansprucht: Weder die Ausdehnung noch die liturgischen Grundbestimmungen noch die musikalische Anlage im Detail konnten in jener Zeit als hilfreiches Kriterium dienen, um die Werke zu klassifizieren. Sie alle unterscheiden sich jedoch in ihrer Anlage fundamental von der alten Missa solemnis, die in der Zeit der josephinischen Reformen aus dem

Bewußtsein sogar der Musiker gelöscht wurde, die sich, als die Reformbestimmungen in Österreich gelockert wurden, noch an den älteren Zustand hätten erinnern können.

Um die Entwicklungen konkreter zu beschreiben, lassen sich einzelne charakteristische Maßnahmen Mozarts beleuchten. Die nachfolgenden Ausführungen sind daher nicht darauf ausgerichtet, Mozarts Kirchenmusikstil umfassend zu porträtieren; vielmehr ist das Ziel, musikalische Folgen zu benennen, zu denen der Wandel der liturgischen Vorstellungen führte. Zunächst ist daher auf einige Charakteristika der alten Meßkomposition hinzuweisen, ehe ihr jüngeres Gegenstück herausgearbeitet wird.

Meßkomposition Mozarts in der Zeit vor den Reformen

Die kompositorischen Grundprinzipien der alten Missa solemnis sind ohne Zweifel vokal gedacht; wer die Teilsätze, die besonders in den textreichen Meßteilen Gloria und Credo gebildet wurden, als Derivate von opernnahen Arien charakterisiert, hat diese vokale Orientierung bereits bestätigt. Wie erwähnt, war eine allzu weitgehende Umsetzung der Operntechniken in arienhaften Meßsätzen nicht denkbar; die Textgestalt ermöglichte keine Anwendung des Da-capo-Prinzips. Dennoch laden manche Portionen des Ordinariumstextes dazu ein, die musikalische Umsetzung eng an diese Technik anzunähern.

»Da capo« in der Messe hätte bedeutet, daß ein Teilgedanke A zunächst so, wie es die Liturgie vorschreibt, in die Fortsetzung B mündete, daß ihr aber nicht gleich die nächste Textportion C folgte, sondern zuvor eine Wiederholung von A, so daß eine textliche Nachbarschaft aus A und C entstünde, die liturgisch nicht intendiert ist. Die Verhältnisse kommen in der Oper dadurch zustande, daß auf diese Weise zwei strophenähnliche Gebilde angeordnet und in ihrem Sinngehalt auf dieses Wechselspiel ausbalanciert worden sind. In der Oper wird der musikalische Verlauf im Detail jedoch nicht davon bestimmt, ob es jenen kontrastierenden Mittelteil gibt oder nicht; einfache zweiteilige Arien werden nach den gleichen Gesetzen konstruiert wie die Rahmenteile jener größeren Sätze. Entsprechend kann ein solistischer Messensatz den Techniken angenähert werden, die auch den Verlauf einer Opernarie prägen – und diese Affinität kann sich auch auf andere Weise zeigen als nur in der Zweiteiligkeit. Generell wird der Text dann zeilenweise mehrfach wiederholt; solange der Komponist noch nicht zum jeweils folgenden Gedanken eines Meßteils überwechselt, kann er argumentieren, das lineare Prinzip des Vortrags – wie in der Liturgie vorgesehen – gewahrt zu haben.

In Mozarts *Dominicus-Messe* KV 66, die anläßlich der Primiz von P. Dominicus (einst Kajetan Rupert) Hagenauer am 15. Oktober 1769 uraufgeführt wurde, läßt sich diese Ausgangsgestalt der Messenentwicklung an einem Ausschnitt des Credo verdeutlichen. Die Vertonung des dritten Glaubensartikels wird mit einem Sopransolosatz eingeleitet; die entstehende Arie ist zweiteilig, und nur durch Ähnlichkeiten im musikalischen Duktus sind die beiden Teile aufeinander bezogen. Die erste Hälfte führt, wie in einer Dur-Arie nicht anders zu erwarten, aus der Grundtonart in ihre Dominante; diesen Weg bestreitet Mozart mit dem ersten Satz des Glaubensartikels (»Et in Spiritum Sanctum Dominum, et vivificantem: qui es Patre Filioque procedit«). Der Interpunktion folgend wird er in Segmente aufgespalten; nachdem die ersten beiden einmal im Zusammenhang vorgetragen worden sind, wird der Schluß (von »qui« an) mehrfach wiederholt. Nach einem instrumentalen Zwischenspiel schlägt die Stimmung um (weil der modulatorische Rückweg eingeschlagen wird); hierfür wechselt Mozart zum nächsten Textglied des Credo über (»Qui cum Patre et Filio simul adoratur, et conglorificatur: qui locutus est per Prophetas«). Die Rückmodulation ist mit dem Wort »conglorificatur« vollzogen; so bleibt ein Teilabschnitt übrig, mit dem – in mehrfachen Wiederholungen – sich die Arie ihrem Ende nähern kann. Dieses wird mit einer transponierten Wiederaufnahme des Zwischenspiels aus der Satzmitte formuliert.

Erkennbar wird also das Anliegen, nie Textportionen, die bereits weiter zurückliegen, neuerlich ansprechen zu müssen; weder rundet Mozart den Satz ab, indem er gleichsam als Coda den Gesamttext wiederholte, noch bildet er nach dem Vorbild der Opernarie einen zweiten Textdurchgang innerhalb einer der beiden Arienhälften – sogar hier sind Teiletappen des Textes bereits nach einer ersten Erwähnung abgeschlossen. In dieser Hinsicht führt eine schematische Analyse musikalischer Formen, mit der diese Konstellation lediglich als zweiteilige Arie klassifiziert wird[26], auf ein Terrain, auf dem keine sinnvolle Betrachtung liturgischer Musik mehr möglich ist; der Bezug zur liturgisch determinierten Textgestalt darf nicht aus dem Gesichtskreis geraten.

Dieses Kompositionsverfahren zeigt, daß Arienelemente in der Messe anders aussehen als in einer Oper; außerdem erweisen sie sich als intensiv vom Text abhängig. Als ein solcher Textbezug gilt in der Musikpraxis vorrangig die Bildlichkeit einer kompositorischen Formulierung (wie etwa die standardisierte Abwärtsbewegung zu den Worten »descendit de coelis«

oder eine Moll-Einfärbung für »passus et sepultus est«); Textbezug bedeutet aber ebenso sehr, daß die musikalischen Details nach den formalen Standards des Textes eingerichtet sind. Auch dies ist hier unzweifelhaft gegeben.

Folglich konnte nur für solche Textanteile des Meßordinariums der Opernbezug noch intensiviert werden, an denen die formalen Grundlagen hierzu gleichsam herausforderten. Ein eindrucksvolles Beispiel bietet der Abschnitt »Domine Deus …« der C-Dur-Messe KV 139 (1768/1769). Mozart faßt den Text als Duett für Tenor und Baß und legt der Gestaltung das typische »dialektische« Duettprinzip der Oper zugrunde: Rolle A singt die erste Strophe (als These), Rolle B die zweite (Antithese), und daraufhin treten beide mit einem weiteren Textabschnitt (Synthese) zusammen; dies kann als Prozeß angelegt sein, so daß sich zunächst ein Wechsel von Vers zu Vers ergibt, ehe die gemeinsame Schlußstrophe erreicht ist, oder die beiden Stimmen können dieses Ziel nach ihren solistischen Anteilen unmittelbar ansteuern. Der Text lädt deshalb zu dieser Gestaltung ein, weil er dreimal mit der Anrufung »Domine« beginnt; auf diese Weise lautet der Tenoranteil »Domine Deus, Rex coelestis, Deus Pater omnipotens«, der des Basses »Domine Fili unigenite Jesu Christe«, und zu den Worten »Domine Deus, Agnus Dei, Filius Patris« werden die beiden Stimmen vereinigt. Auch hier ist also ein intensiv vokales und textbezogenes Gestaltungsprinzip angewandt worden.

Ein drittes Beispiel erläutert die interpretatorischen Freiräume, die in einer Meßkomposition auch bei dieser »liturgischen« Auffassung des Textes blieben. In keinem der beiden genannten Werke sah Mozart die Notwendigkeit, die Abfolge der Textglieder »Quoniam tu solus sanctus, tu solus Dominus, tu solus Altissimus, Jesu Christe« ähnlich strikt zu handhaben wie in den beiden anderen betrachteten Satzausschnitten; vielmehr bezog er offenkundig die Position, daß dieser Text, so vielfältig er ist, in sich ein geschlossenes Ganzes bilde, das durch Wiederholungen in kleinere Zellen zerlegt werden könne, ohne daß dabei mehrere gedankliche Etappen entstünden.

Der opernhaften Auffassung, es handele sich um eine aus vier Versen gebildete Strophe, kommt Mozart in seiner Vertonung damit überaus nahe: Die beiden Teile seiner Arie enthalten je zweimal den Gesamttext, und auf der ersten Silbe des Wortes »sanctus« entsteht ein ideales Melisma – ideal nicht nur darin, daß diese Annäherung an die Opernarie möglich ist, sondern auch darin, daß es ihn nicht zur Komposition einer virtuosen Schlußformel zwingt, denn die Wirkung des Melismas kann im folgenden noch durch viele weitere Textelemente wieder abgefangen werden, ehe der musikalische Bogen sein Ziel findet.

Diese Formen der Texterschließung ließen sich – im Hinblick auf Chorsätze – ohne Mühe auch in einem akkordischen Satz fassen, der von seinen Außenstimmen in ähnlicher Weise definiert ist wie Mozarts frühe Klaviermusik, und nur in den chorischen Schlußfugen hatte Mozart prinzipiell andere Techniken der Chorbehandlung anzuwenden. Als Alternative zu diesen beiden breit angelegten Konzepten konnte er den Chor Textabschnitte in vergleichsweise knappen Akkordfolgen deklamieren lassen. Diese Technik wendet Mozart vor allem im Inneren von Meßteilen an; auf diese Weise entstehen etwa in den Messe KV 139 für die Worte »Crucifixus etiam pro nobis sub Pontio Pilato passus, et sepultus est« nur sieben Chortakte (mit einer fünftaktigen instrumentalen Einleitung). Dieses gezielt deklamatorische Anliegen prägt aber auch weitergespannte Eröffnungssätze, etwa in der *Dominicus-Messe* die gesamte Credo-Eröffnung bis vor Einsatz der Worte »Et incarnatus est«. Anders als für jene kleinen Zellen stellt sich hier jedoch auch die Frage, wie in ihnen ein nachvollziehbarer musikalischer Zusammenhang geschaffen wird: Mozart steuert zwar jeweils zu den Satzenden ein klares harmonisches Ziel an; doch die damit berührten Tonartstationen lassen sich nicht als Repräsentanten eines primär ›musikalisch‹ gedachten Bogens auffassen, sondern das Konstruktionsprinzip ergibt sich direkt aus der Abfolge der Textanteile und ist damit auch in diesen großen Dimensionen von einem deklamatorischen Anliegen getragen, von dem die Satzgestaltung einer Missa brevis durchweg geprägt sein kann.

Fragt man daraufhin nach eigenständigeren Konzepten, die in der Musik verwirklicht worden sind, so sind die einzelnen Meßteile (jeweils für sich genommen) zugrunde zu legen. Relativ leicht läßt sich die Gestaltungsform für die drei Sätze mit vergleichsweise knappem Textprogramm bestimmen: Muster zur Dreiteiligkeit, wie sie in den Anrufungen »Kyrie eleison, Christe eleison, Kyrie eleison« gefordert sind, stehen in der Musikwelt des ausgehenden 18. Jahrhunderts ebenso vielfältig zur Verfügung wie die einer ABCB-Konstellation, die im liturgischen Satzverbund Sanctus–Benedictus gegeben ist. Und die dreimalige Anrufung »Agnus Dei …« gewinnt ihr Gestaltungsprinzip daraus, daß die letzte in das »Dona nobis pacem« mündet und somit in allen vorausgehenden Teilen dank dieses Erwartungspotentials vielfältige kompositorische Lösungen zuläßt. Nur in den textreichen Sätzen Gloria und Credo ist die musikalische Konstruktion schwieriger zu lösen.

Für die Gestaltung dieser beiden Teile läßt sich die Ausgangssituation, die den habsburgischen Kirchenmusikreformen vorausgegangen ist, zwischen den Polen der Missa solemnis und der Missa brevis umschreiben. In der knapper angelegten Form liegt kompositorisch eine dreiteilige Konstruktion nahe, die sich als Satzfolge schnell–langsam–schnell darstellen läßt. Im Gloria wird ein in Tempo oder Tonart (oder in beidem) kontrastierendes Mittelglied aus den Textanteilen konstituiert, die in ihrem Gehalt auf das Agnus Dei vorausweisen (»Domine Deus …«), so daß mit »Quoniam tu solus sanctus …« die Schlußvorbereitung erreicht ist, die in ihrem Duktus auch auf die Gloria-Eröffnung zurückweisen kann. Noch klarer wird die Dreiteiligkeit im Credo gebildet, indem die Textteile zwischen »Et incarnatus est« und »passus et sepultus est« wie ein langsamer Einschub zwischen zwei schnellen Rahmenteilen erscheinen.

Im Gloria ist diese Konstellation auch in den textlichen Traditionen sinnvoll, im Credo aber – streng liturgisch genommen – zumindest fragwürdig: Eine Dreiteiligkeit im Glaubensbekenntnis wäre eher in der Hinsicht zu erwarten, daß dessen drei Artikel voneinander abgesetzt dargeboten werden. Doch dies führte im musikalischen Erscheinungsbild zu einem massiven Ungleichgewicht: Nach einem extrem knappen ersten Artikel folgt der demgegenüber sehr lange zweite und mit eher durchschnittlicher Ausdehnung der dritte. Dies spiegelt das ursprüngliche Anliegen des Textes: In ihnen waren zunächst die Formulierungen besonders wichtig, mit denen die Wesensgleichheit zwischen Gottvater und Christus umschrieben ist; die abweichende Sicht der spätantiken arianischen Christen sollte mit diesem nizänischen Glaubensbekenntnis abgewehrt werden, und daher ist verständlich, daß über Gottvater vergleichsweise wenig ausgesagt wird. Insofern aber ist die Dreigliedrigkeit, die im 18. Jahrhundert in knapperen Meßvertonungen üblich war, nicht im liturgischen Sinne textbezogen, sondern nur im emotionalen: Das Wunder der unbefleckten Empfängnis und der irdische Weg Christi werden auf diese Weise hervorgehoben. Die Mittel, dies zu tun, sind so musikalisch wie der Ansatz selbst – so sehr die Musik vom Text abhängig ist. Hier wird exemplarisch faßbar, daß es in Fragen des Textbezugs einen Unterschied zwischen liturgischer und musikalischer Sicht gibt; während für die erste die Verständlichkeit des Textvortrags im Vordergrund stand, betonte diese den Affektgehalt – in einem Sinne, dessen Abhängigkeit von weltlichen Musikgattungen (Madrigal, Oper) die Kirche stets argwöhnisch betrachtete.

In der größeren Missa solemnis wird hingegen für Gloria und Credo die Einheit durch das textliche Programm selbst garantiert, daneben allenfalls durch eine gemeinsame tonartliche Ausrichtung der Teile; eine ›musikalische Formbildung‹, wie sie in den entsprechenden Anteilen der Missae breves erkennbar wird, braucht es nicht zu geben. Chorische Abschnitte, in denen der Text in einer zügigen Reihung von Einzelzellen vorgetragen wird, vermitteln den Eindruck einer Geschlossenheit – der in textlicher Hinsicht eigentlich nicht vorliegt, weil zu viele Worte in linearer Folge vorgetragen werden; tatsächlich wird in ihnen kaum mehr erreicht, als daß der Text ›musikalisch gefaßt‹ würde. Diese lockere Gestaltung erhält ein Gegengewicht in den solistischen Anteilen, in denen der Textfortgang mit arienhaften Mitteln (vor allem denen der textlichen Wiederholung) gebremst erscheint; alle auf diese Weise in sich geschlossen wirkenden Teilglieder beziehen sich untereinander wiederum nur in tonartlicher Hinsicht auf ein gemeinsames Zentrum.

Für den Fortgang der Überlegungen ist nun wichtig, daß in dieser Abstimmung der Einzelsätze kaum je Analogien zu instrumentalen Gattungen entstehen. Die Ordnung der Tonartfolge, der Taktarten und der Tempi orientiert sich nicht an den Gesetzen einer sinfonischen Mehrsätzigkeit, sondern einerseits an dem textlich Geforderten und andererseits an allgemeinsten Konzepten musikalischer ›varietas‹, mit denen lediglich eine direkte Folge zweier in sich geschlossener Sätze in gleicher Tonart und Taktart sowie gleichem Tempo vermieden wurde. Der Eindruck hingegen, daß im Gloria oder Credo einer Missa brevis das Mittelglied einen sinfonischen langsamen Satz vertrete, ist irreführend, weil diese Dreiteiligkeit eher als reduzierte Form der viel reicheren Satzreihung in der Missa solemnis erscheint.

Typisch für die Meßkompositionen noch des jungen Mozart – der damit im Rahmen des Zeitüblichen steht – ist also die strikte Orientierung an den liturgischen Zusammenhängen der Textabschnitte; sie findet ihre logische Umsetzung in zeittypischen Elementen der Vokalmusik. Die Sorge, Elemente der Oper könnten in Konkurrenz zu diesem Textbezug treten, wirkt demgegenüber rein dogmatisch begründet: verwurzelt in den fortdauernden, prinzipiellen Berührungsängsten der Kirche mit dieser Gattung – sie hatten sich verselbständigt. Ebenso aber war die Beziehung zum Ausdruckspotential der Musik Palestrinas und seiner Zeitgenossen verloren gegangen; deren Klangbild wurde einfach nur als fromm begriffen und konnte – anders als die keineswegs kirchenfremden stilistischen Intentionen der Meßvertonung – der Kirche als allein liturgietauglich erscheinen.

Die neue »Missa solemnis« als kompositorische Herausforderung

Mit den Einschränkungen, die in Colloredos Reformen greifbar werden, stellte sich die Frage, welches alternative musikalische Gestaltungsprinzip die zahlreichen verschiedenartigen Textelemente der Messe verbinden solle. Eine weitgehende, aber exemplarische Antwort gibt die Konstellation, die Mozart im Gloria der *Krönungsmesse* entwickelt hat[27].

Mozart gliedert den Text in fünf größere Abschnitte, in denen sich im Hinblick auf den harmonischen Verlauf insgesamt 23 Teilzellen unterscheiden lassen. Die Grenzen zwischen den fünf großen Abschnitten entsprechen weitgehend den liturgischen Traditionen; einzig zwischen »voluntatis« und »Laudamus« (dort, wo der Text das Lukas-Zitat aus der Weihnachtsgeschichte verläßt und zur Reihe der Anrufungen wechselt) wäre eine weitere Abgrenzung denkbar. Nur die letzten beiden der fünf Teile sind tonartlich geschlossen, am ehesten daneben noch der zweite; doch indem Mozart an dessen Ende überraschend von Dur nach Moll wechselt, ist auch hier das Ziel erkennbar, das die übrigen Konstellationen prägt: eine Verbindung über die Grenzen der Einzelteile hinweg zu schaffen.

Äußerlich betrachtet, mag der Aufbau des Satzes sonatenhaft erscheinen. Von der Grundtonart C-Dur ausgehend, in der Mozart mit den Zellen 3 und 6 nochmals kadenziert, erreicht das Gloria am Ende des ersten Abschnitts die Doppeldominante von C-Dur – mit einem Halbschluß, der zu einer Art dominantischem Seitensatz aufgelöst werden kann. Mozart legt die Fortführung sogar im Sinne dessen an, was in späteren Zeiten mit dem Begriff ›lyrisches‹ Seitenthema umschrieben wurde: Der gesamte folgende Abschnitt liegt in den Händen der Solisten. Insofern kann die Moll-Ebene, zu der Mozart mit der überraschenden Wendung am Ende der 9. Zelle übergeht, wie eine Durchführung erscheinen, der von Zelle 16 an eine Anspielung auf Reprisentechniken zu folgen scheint; diese ergeben sich aus der neuerlichen Verwendung von Musik der Zellen 1–4. Den Schluß bildet ein frei gestaltetes »Amen«.

Selbstverständlich handelt es sich jedoch nicht um einen Sonatensatz; dies erweist sich schon bei einem ersten Blick auf das Gloria. Seine Musik umfaßt weder ein Haupt- noch ein Seitenthema, die Durchführung ist – dem Text entsprechend – ein Abschnitt eigenen Charakters (ohne daß auf ein Thema rekurriert würde), und die Reprise spart das aus, was als Seitensatz figurieren müßte. Dennoch ist der Eindruck, der zu der Beschreibung eines sonatenhaften Prozesses führt, nicht falsch; er sagt gleichsam zwi-

Tabelle 4: *Krönungsmesse* KV 317, Gloria

Zelle	Text	Harmonik	Bemerkungen
I.			
1	Gloria,	C	*Chor*
2	gloria in excelsis Deo. Et in terra pax hominibus	C–G (C^V)	
3	bonae voluntatis.	–C	
4	Laudamus te,	C	
5	benedicimus te, adoramus te,	C–G	*Solo*
6	glorificamus te.	C	*Chor*, wie 4 (ohne Einleitung)
7	Gratias agimus tibi propter magnam gloriam tuam.	C–G^V	eingeleitet wie 4, Ende ähnlich 2
II.			
8	Domine Deus, Rex coelestis, Deus Pater omnipotens,	G	*Solo;* Polytextur ST Begleitung ähnlich 5
9	Domine Fili unigenite Jesu Christe, Domine Deus, Agnus Dei, Filius Patris.	G–G (g)	Polytextur SATB
III.			
10	Qui tollis peccata mundi,	g–g^V	*Chor*
11	miserere nobis.	g	*Solo*
12	Qui tollis peccata mundi,	g–C^7	*Chor;* eingeleitet wie 10
13	suscipe deprecationem nostram.	–f	*Solo;* ähnlich 11
14	Qui sedes ad dexteram Patris,	–c^V	*Chor*
15	miserere nobis.	c–C^V	*Solo;* ähnlich 11
IV.			
16	Quoniam tu solus sanctus, tu solus …	C	*Chor;* wie 1
17	… Dominus, quoniam tu solus sanctus, tu solus Dominus, tu solus Altissimus,	C–G (C^V)	wie 2
18	Jesu Christe.	–C	wie 3
19	Cum Sancto Spiritu	C	wie 4
20	in gloria Dei Patris	C	wie 4
V.			
21	Amen (I.: Chor)	C–C^V	
22	Amen (II.: Solo)	C	wie Beginn von 8
23	Amen (III.: Chor)	C	

schen den Zeilen viel darüber aus, auf welche Weise Mozart die innere Geschlossenheit des Satzes herbeiführte. Manche der Techniken, die hier festzustellen sind, finden sich tatsächlich auch in anderen, ausgesprochen instrumentalen Konzepten seiner Kunst.

Im ersten Abschnitt ist bemerkenswert, in welcher Weise Mozart sich zum harmonischen Ziel vortastet. Nach den einleitenden »Gloria«-Anrufungen, die in eine orchestrale Entwicklung eingebettet werden, erreicht er die Zieltonart G-Dur bereits in der 2. Zelle, allerdings mit einer schwachen Kadenz (im Baß steht die Tenor- statt der Baßklausel), so daß dieser Konstellation genau der halbschlüssige Charakter anhaftet, den Mozart ihr im Rückblick gibt: indem er sie in Zelle 3 zurück zur Tonika auflöst. Mit dem solistischen »adoramus te« wird hingegen unzweifelhaft in der Dominante kadenziert; dennoch nimmt Mozart auch dies mit Hilfe des Textes zurück und kann damit auch den engeren Kreis der vier Anrufungen noch so abrunden, daß das »Gratias« als eigenständige Zelle erscheint: nochmals von der Grundtonart ausgehend, nun aber nach den vorausgegangenen Zellen zügig zur Dominante modulierend. Somit handelt es sich in harmonischer Hinsicht um einen zwar breit angelegten, aber durchaus zielgerichteten Modulationsprozeß; in textlicher Hinsicht entstehen drei Abschnitte (zwei kadenzierende, ein harmonisch offener), und in den frühen Etappen dieses ersten Teils erscheint die Modulation jeweils wieder ›textlich zurückgenommen‹.

Sogar in diesem Werk mit seiner »solennen« Definition kommt es daraufhin zum Verfahren der Polytextur, das eigentlich eher in Missae breves seinen Platz hat. Die zweite Textzeile dieses Abschnitts wird mit einer Wortwiederholung als »Deus Pater, Pater omnipotens« eingerichtet; mit ihr textiert Mozart den Tenor und läßt ihn im Oktavkanon mit dem Sopran singen, der die gleiche Musik jeweils zwei Takte früher zum Text »Domine Deus, Rex coelestis« vorträgt. Viel weiter als in den beschriebenen Solosätzen der frühen Messen gleicht Mozart also die Unterschiede zwischen den Textanteilen musikalisch aus, und er nutzt zudem eine Technik, die sich in vergleichbarer harmonischer Situation auch in Instrumentalmusik findet: Für die Eröffnung der neuen Tonartfläche setzt er das typische motivische Pendeln ein, das er schon in seinen Pariser Sonatensätzen verwendet hat. Daneben wirkt der orchestrale Anteil des ›Pendelns‹ einheitstiftend, denn die Motivik ist aus der Begleitung des »Benedicimus te« (Zelle 5) abgeleitet.

Auch für den Nachsatz dieses Pendelns – oder liturgisch korrekter: für die beiden Zeilen, die den begonnenen Text zu Ende führen – arbeitet Mozart mit Polytextur, und zwar so intensiv wie in kaum einem anderen

Werk. Er läßt den Sopran den zweiten Satz eröffnen (»Domine fili unigenite«) und gleichzeitig den Alt, in Terzparallelen dem Sopran folgend, den
dritten beginnen (»Domine Deus, Agnus Dei«). Diesen Satz setzen daraufhin Alt und Baß fort (»Filius Patris«), während sich Sopran und Tenor dem
Schluß des anderen widmen (»Jesu Christe«). In der Regel überlappen in
Mozarts Polytexturabschnitten die Textanteile nur geringfügig; daß sie
wirklich parallel ablaufen, ist exzeptionell – und im hier gebotenen Rahmen nicht zwingend nötig. Daher ist auch eine weitergehende Interpretation möglich: Mozart beschränkt die Ausdehnung dieser Zelle; mehr als
einen Vorder- und einen Nachsatz (jenen mit der Pendeltechnik, diesen
kadenzierend) hat er für diesen Abschnitt nicht vorgesehen. Ein solches
Konzept ist aber weder liturgisch fundiert noch aus der Vokalmusik abgeleitet; es wirkt abstrakt prädeterminiert.

Ebenfalls originär musikalisch konzipiert, aber stärker dem Text folgend ist der dritte Abschnitt angelegt; die drei Teilsätze werden jeweils
vom Chor eröffnet und von den Solisten geschlossen, und die Anteile sind
jeweils variabel gehalten, so daß nach den Zellen 10 und 11, mit denen ein
g-Moll-Bogen geschlossen wird, die beiden folgenden Paare sich von dieser Ausgangsebene entfernen und zum vierten Abschnitt (»Quoniam«)
überleiten können. Auch hier zeigt sich ein Konzept, das dem liturgischen
Anliegen übergeordnet und vokalmusikalischen Formen zumindest nicht
direkt verpflichtet ist.

In diesem vierten Teil ist nicht nur bemerkenswert, daß Mozart die
Musik der Eröffnung neuerlich aufgreift; charakteristisch für sein Vorgehen ist auch, wie flexibel er mit dieser Musik umgeht. Für die 16. Zelle
greift er nicht nur die Akkorde der Singstimmen (anfangs »Gloria«) und
deren orchestrale Verknüpfung auf, sondern er läßt nun die Chorober-
stimmen den Violinen folgen. Damit rückt das Wort »Dominus«, eigentlich Ziel eines Satzes, in musikalischer Hinsicht in eine Situation, die am
Satzbeginn jeweils als Phrasenanfang erscheint: Das Wort »gloria«, mit
dem die zweite Zelle eröffnet wird, steht im 9. Takt des Satzes, eröffnet
also die dritte Viertaktperiode. Doch Mozart hat allem Anschein nach in
dieser Schlußphase des Satzes nicht aus Not gehandelt; eher erscheint
sogar die Eröffnung aus dem Schluß abgeleitet als umgekehrt: Bis zur
Übernahme der Musik aus Zelle 4 (nun: Zelle 19) folgt diese ›Reprise‹ dem
Anfang; wenn daraufhin zu den Worten »in gloria Dei Patris« eine Wiederholung des zuletzt gehörten Teilgliedes zustande kommt, ist dies kompositorisch als eine sehr viel einfachere Konstellation zu bezeichnen als das
komplexe Auseinanderlegen des zweiten Durchgangs von Zelle 4 zur Mu-

sik von Zelle 6/7. In jedem Fall jedoch ist das Wiederaufgreifen des musikalischen Gloria-Beginns zu diesem Text liturgisch nicht intendiert. Ebenso ist das dreifache »Amen« nur musikalisch motiviert; doch so sehr die Differenzierung als solche auf die Gattungstraditionen verweist, zeigt Mozart, indem er für den Soloanteil auf die Musik der Zelle 8 zurückgreift, daß auch hier eine Binnenverstrebung aus abstrakt musikalischen Gründen geschaffen werden soll; denn mit den Textstrukturen hat dies nichts zu tun, sondern sogar viel eher mit dem Denken der Sonatentheorie, demzufolge ein dominantisches Seitenthema im Rahmen der Reprise in der Grundtonart erklingen solle.

Ohne Zweifel wendet Mozart also andere Techniken an als die, mit denen er in einer einfachen Missa brevis hätte arbeiten können; ihr gegenüber bildet er auch nicht nur den Unterschied, der sich demgegenüber für die »Missa brevis et solemnis« hinsichtlich der Besetzung ergibt. Deutlich wird vielmehr, woher Mozart für diese neue »feierliche Messe«, die keine Untergliederung in Einzelsätze mehr ermöglichte, eine Bindewirkung bezog: aus Techniken, mit denen er in der Instrumentalmusik arbeitete. Es liegt nicht an der bloßen Mitwirkung eines Orchesters, daß er diese Beziehung entstehen ließ, und auch dies läßt sich im Rückblick auf typische Elemente der Missae breves verdeutlichen: In ihnen wird kein eigener musikalischer Zusammenhalt gesucht, sondern dieser entsteht allein aus dem Text. Folglich hat Mozart eigens einen neuen ›roten Faden‹ entwickelt, mit dem er der Forderung nach einer ›neuen Missa solemnis‹ gerecht werden könne, und er stützte die Textentwicklung in wesentlichen Aspekten mit Prinzipien der Instrumentalmusik.

Dies setzt sich in der thematischen Vereinheitlichung fort, die für das Credo der *Krönungsmesse* von der Motivik des Orchestervorspiels ausgeht. Noch stärker ist dieser Grundansatz im Gloria der *Missa solemnis* erkennbar, in dem Mozart eine doppelte motivische Grundlage entwickelt und mit ihm die – weithin identische[28] – Formkonzeption des entsprechenden Satzes der *Krönungsmesse* noch klarer hervortreten läßt. Diese instrumentalen Grundthemen werden in der Eröffnung des Gesamtsatzes und in der Überleitung zu den Worten »Domine Deus« erstmals präsentiert. Erhellend ist, zu welchen Textworten diese beiden Elemente eintreten: Das erste kehrt nach der Eröffnung (»Gloria …«) auf der Dominante zu den Worten »benedicimus te« und schließlich zu »Cum Sancto Spiritu« wieder; der Kontrast zur musikalischen Gestaltung des »Laudamus te« wird also gegenüber der *Krönungsmesse* noch erhöht. Das zweite Begleitelement wird im Umfeld von »Domine Deus Rex coelestis« auf der Dominante wie ein

Pendelmotiv eingeführt (T. 18/19 und 22/23 – insofern ähnlich wie ein Seitenthema der Sonatenform) und tritt dann mehrfach auf unterschiedlichsten Tonstufen ein, ehe mit den Worten »Quoniam tu solus sanctus« eine eigenthematische Rückleitung eröffnet wird; nachdem das Wort »Amen« bereits in den Satz eingeführt ist (zur Musik der Satzeröffnung), ergibt sich dann zum gleichen Text noch einmal ein Soloabschnitt, an dessen Beginn jenes zweite motivische Element in der Grundtonart nochmals aufgegriffen wird. Dies entspricht der identischen Gestaltung in der *Krönungsmesse*, kehrt aber die Freiheiten, die sich Mozart gegenüber den liturgischen Konzepten wählt, noch stärker hervor. Im ähnlich dicht gestalteten Credo der *Missa solemnis* wird in entsprechender Weise der Übergang nach dem langsamen Mittelteil (»Et incarnatus est«) frei gestaltet: Aus ihm führt Mozart die Musik zunächst mit zwei überleitenden Takten des Orchesters heraus – doch nicht schon mit dem Choreinsatz »Et resurrexit …« greift er auf die Konstellationen des Satzanfangs zurück, sondern erst mit dem Schluß der Phrase: »[tertia] die« (T. 85).

Doch in der Regel ist die Gestaltung, die Mozart wählt, nicht gegen den Text entwickelt; dieser darf – bei allem Interesse an instrumentalen Formungen – ohnehin nicht aus dem Blick geraten. Wie weit dies für Mozart Gültigkeit hatte, stellt er vor allem an den Stellen klar, an denen er – wie im Gloria der *Krönungsmesse* – den harmonischen Prozeß aus textlichen Gründen relativiert oder – wie im Gloria der *Missa solemnis* mit der Wiederkehr des zweiten Begleitelements – den Ablauf des Meßtexts lediglich gliedert. Doch im Satzganzen liegt die Priorität eindeutig bei außerliturgischen Elementen: bei solchen, die primär in instrumentaler Musik angewandt werden. Mit ihnen ergibt sich die große Linie der Komposition; die Rolle des Textes wird darauf beschränkt, das Profil dieser abstrakt musikalischen Details zu schärfen, so daß beide Elemente eine Einheit bilden[29]. Mit dieser Orientierung an instrumentalen Praktiken geht die Konzeption dieses Werkes und seiner unmittelbaren Verwandten in Mozarts Œuvre über eine Beschreibung hinaus, es habe lediglich eine Missa brevis in der Form, aber eine Missa solemnis in der Besetzung entstehen sollen; diese neue Konzeption stand am Ziel des besonderen »Studiums«, das – wie die Mozarts an Padre Martini schrieben – nötig sei, um den neuen kirchenmusikalischen Richtlinien genügen zu können.

Weder Benedikt XIV. noch Hieronymus Colloredo können gewollt haben, daß in Messensätzen der instrumentale Untergrund zum gattungsbestimmenden Kontinuum aufgewertet wurde. Doch die Kirche hatte ein weiteres Mal liturgische Vorschriften formuliert, ohne Verständnis dafür entwickelt zu haben, daß sie Musikern mittlerweile Teile des Gottesdienstes delegiert hatte – etwa auch so ausdrücklich, wie es mit der zeitlichen Limitierung in Colloredos Messen zum Ausdruck kommen konnte: Seine Musiker hatten im Rahmen dieser Vorschrift und der liturgischen Traditionen Gestaltungsfreiraum. Mit ihrer eigenständigen Professionalität bahnten sie sich einen Weg aus dem entstandenen Dilemma, und spricht man davon, daß in den späten Messen Haydns, die seit 1796 entstanden, das Sinfonische einen bestimmenden Einfluß ausübe, dann liegt die Wurzel dafür ebenso in diesem Detail: in der Suche der Musiker, nach Aufhebung der Gliederung von Meßteilen in vokale Einzelsätze ein neues Prinzip zu etablieren, das die »feierliche« Messe tragen kann. Damit haben die Kirchenreformen im Umfeld des Josephinismus letztlich auch einen Beitrag dazu geleistet, daß Instrumentales zu einem universellen musikalischen Gestaltungsprinzip werden konnte.

Bemerkungen zur liturgiegeschichtlichen Stellung des Requiem KV 626

Mozart hat während seiner Wiener Zeit ein Werk begonnen, das in den Standards alter Missae solemnes gehalten ist: die c-Moll-Messe, deren fertiggestellte Meßteile am 26. Oktober 1783 im Gottesdienst der Stiftskirche St. Peter in Salzburg aufgeführt wurden. Die Andersartigkeit ihrer formalen Konzeption, die nochmals das Vokale hervorkehrt, war möglich, weil das Erzstift St. Peter exemt war und somit nicht der Hoheit Colloredos unterstand; sogar diese direkt der päpstlichen Autorität zugeordnete Institution war bis dahin also von den Kirchenmusikreformen unberührt geblieben, deren besondere Strenge die österreichische Situation kennzeichnet.

Das dichte Satzprinzip, das Mozart dagegen 1791 im Requiem entfaltet (seinem nächsten liturgischen Werk, das zu betrachten ist), ist gegenüber der weitausgreifenden Anlage der c-Moll-Messe als klassizistisch bezeichnet worden[30]. Noch sinnvoller wäre ein anderer, wiederum liturgischer Ansatz: Während es sich bei der älteren Vertonung um eine normale, im traditionellen Sinne gehaltene Missa solemnis handelt, ist das Requiem als ein ganz frühes nachjosephinisches Werk zu betrachten – als Komposition, deren historische Stellung allenfalls mit dem traditionellen Konzept »brevis et solemnis« zu fassen ist, die aber für die neu angebrochene Zeit ebenso auf dem einzig »solennen« Fundament steht wie die späten Messen Haydns oder Beethovens *Missa solemnis*. Auch das Requiem ist ein streng liturgisches Werk; die Sätze, die es konstituieren, waren nicht für eine bruchlose Aufführung konzipiert, sondern sollten die Plätze in einem Totengedenkgottesdienst einnehmen, die der Musik typischerweise zugewiesen waren.

Der Auftraggeber war eine Privatperson: Franz Graf Wallsegg-Stuppach. Er war zwar nicht so hochgestellt wie Fürst Nikolaus II. Esterházy, der die Entstehung der wohl meisten späten Messen Haydns veranlaßte, doch beide waren als landsässige Adlige von den josephinischen Reformen in ihrer Stellung eingeengt worden – und beide verbanden mit den Kompositionsaufträgen private Anliegen. Während Nikolaus mit den Messen alljährlich einen Festgottesdienst zu Ehren seiner Frau Maria Josepha ausgestalten ließ, und zwar an dem Sonntag, der ihrem Namenstag folgte (Mariä Geburt, 8. September), benötigte Wallsegg-Stuppach eine komponierte Totenmesse für Gottesdienste, die an seine am 4. Februar 1791 jung verstorbene Frau erinnern sollten. Nikolaus erkannte diese private Möglichkeit der Kirchenmusikaufführungen erst später (immerhin noch ein paar Jahre vor der offiziellen Liberalisierung der kirchenmusikalischen Vorschriften); Wallsegg-Stuppach formulierte sein Ziel bereits, als der Tod Joseph II. (der eine Kirchenmusik wie diese – mit Trompeten und Pauken! – zu unterbinden getrachtet hatte) eben erst als ein Jahr zurücklag. Folglich wurden bereits hier die kaiserlichen aus josephinischer Zeit stammenden Gebote unterlaufen, und zwar nicht ausgehend von den Komponisten, sondern von den Adligen.

Beide, sowohl Wallsegg-Stuppach als auch Esterházy, favorisierten offenkundig eine moderne Kirchenmusik, nicht mehr die alten Formen aus der Zeit der Jahrhundertmitte; Grundlage war ein Stil wie der, der sich im Werk Mozarts für die großen Meßkompositionen der Zeit Colloredos zeigt. Auch im Requiem gibt Mozart der Musik einen Zuschnitt, der sich mit dem Prinzip »brevis et solemnis« umschreiben läßt, aber entsprechend den veränderten Bedingungen auch über einem instrumental definierten Kontinuum zustande kommt. Im Requiem sind diese Verhältnisse weniger auffällig, weil die textreichen Meßsätze (Gloria und Credo) in der Liturgie nicht vorkommen; die umfangreiche Sequenz »Dies irae, dies illa« kann – als Strophendichtung – ohnehin in kleinere Einheiten gegliedert werden. Dennoch läßt sich das neue instrumentale Prinzip in der von ausgeprägt thematischem Bewußtsein getragenen Satzentwicklung des »Recordare« erkennen. Daß Mozart seine Komposition auch im Detail streng nach den textlichen Traditionen einrichtet (etwa darin, daß die Zäsuren, die in den Gregorianischen Gesängen für die Totenfeier vorgeschrieben sind, auch den Verlauf seines Werkes gliedern), zeigt dennoch die starke liturgische Ausrichtung seines Komponierens.

Die Feier, für die Wallsegg-Stuppach das Werk bestellte, war, wie erwähnt, keine Totenmesse, die im Zusammenhang einer Beisetzung aufgeführt werden sollte, sondern der Auftrag entsprang einem privaten Anliegen; die Aufführung kam zustande am 14. Dezember 1793 in Wiener Neustadt. Es ist entschieden zu bezweifeln, ob diese Aufführung auch schon wenige Jahre zuvor hätte zustande kommen können – noch zu Josephs II. Lebzeiten. Für Mozart muß der Auftrag gerade deshalb faszinierend gewesen sein, weil die Wünsche des Grafen noch so revolutionär waren; daß dieser sie äußerte, steht folglich auf einem ähnlichen Fundament wie im Mai 1791 Mozarts weitblickende, erfolgreiche Bewerbung darum, die Nachfolge im Amt des Kapellmeisters am Stephansdom bereits vor dem Tod des Amtsinhabers Johann Leopold Hofmann zugesichert zu bekommen.

Das Bewußtsein für die josephinischen Reformen ging den Menschen der Zeit schnell abhanden; die Reformen waren zu Lebzeiten des Kaisers keineswegs unumstritten, und man war nun froh, sie vergessen zu können. Ein Musterbeispiel für die Distanz, die die Nachwelt gegenüber den Reformen einnahm, ergibt sich – wie erwähnt – aus der Bewertung der Beerdigung Mozarts in einem anonymen Massengrab außerhalb der Stadt, ohne Anwesenheit von Hinterbliebenen; wenn aus diesen Details schon im frühen 19. Jahrhundert geschlossen wurde, es habe sich um ein Armenbegräbnis gehandelt, und diese Sicht über weit mehr als ein Jahrhundert Bestand haben konnte, spiegelt dies die Probleme, die die Nachwelt Kaiser Josephs II. mit dessen Reformen hatte[31].

Möglicherweise ist aber auch die frühe Entstehungsgeschichte des Requiem KV 626 eine Begebenheit, die im Lichte der josephinischen Reformen gesehen werden sollte. Angeblich erhielt Mozart den Auftrag zur Komposition durch einen unbekannten Boten überbracht[32]; die Anonymität, in der Wallsegg-Stuppach mit Mozart verhandelt haben soll (obgleich Mozart ihn gekannt haben muß[33]), würde jedoch verständlich, wenn man sich klarmachte, daß es sich um einen eigentlich noch verbotenen Auftrag eines Adligen an den kaiserlichen Hofkompositeur handelte. Doch die Geheimnisse drangen in auffälligerer Weise an die Öffentlichkeit, als es zunächst intendiert worden war. Denn am 10. Dezember 1791 wurden anläßlich der Exequien für Mozart in der Wiener Michaelerkirche Teile des Requiem aufgeführt[34]; dies kann nur der zusammenhängend zu musizierende Satzkomplex aus Introitus und Kyrie gewesen sein, weil andere Teile, die sich als liturgische Einheiten verstehen lassen, von Mozart noch nicht weit genug ausgeformt waren. Die Verwendung von Pauken und Trompeten im Requiem war nun nicht mehr nur die Privatsache des Grafen Wallsegg-Stuppach, sondern sie galt bereits für diese besondere musikalische Trauerfeier.

Für die Geschichte der österreichischen Kirchenmusik ist diese Aufführung der fertigen Teile des Requiem also als ein besonderes Ereignis anzusehen. Doch auch dies war eine kirchliche Veranstaltung, und wenn man dies so feststellt, ist eine Konsequenz klar: Hier müssen auch die weiteren liturgisch erforderlichen Teile des Meßformulars musiziert worden sein, zumindest also Sequenz, Offertorium, Sanctus mit Benedictus, Agnus Dei und Communio – selbstverständlich jedoch nicht in der bekannten Gestalt. Damit ist Mozarts Musik zum Requiem bei dieser ersten Aufführung mit ›fremden‹ Teilen ergänzt worden, die aber nie zu Bestandteilen des ›Werks‹ wurden; es muß auch ein nicht mehr rekonstruierbares Spektrum von weiteren, liturgisch unverzichtbaren Sätzen erklungen sein, für die Mozart keine Musik hinterlassen hatte, die sich so rasch komplettieren ließ wie die Kyrie-Fuge. Wenn das von Mozart angelegte musikalische Material anschließend ausgefüllt wurde, handelte es sich um eine Wiederholung der Prozesse, die zur Vorbereitung der Exequien erforderlich waren: um die Ergänzung der Instrumentation und um den Zusatz weiterer Sätze. Da die Teile des Requiem an unterschiedlichen, voneinander abgesetzten Stellen der Liturgie ergeben, stellte sich eine Frage noch nicht, die der jüngere Konzertbetrieb aufgeworfen hat: ob die Ergänzung zu einem stilistisch geschlossenen Ganzen führe oder nicht. Jeder, der aus dem Requiem Sätze, die nicht von Mozart stammen, ausschließt, verkennt somit die liturgische Zweckbindung des Werkes: Diese Sätze waren in der Liturgie unverzichtbar; jeder, der sie ergänzte, hatte die gleiche Freiheit, in ihnen seinen persönlichen Stilvorstellungen nachzugehen, besonders im Satzpaar Sanctus–Benedictus, das in der Liturgie von den übrigen musikalischen Teilen abgerückt ist.

Franz Xaver Süßmayr, der das Requiem daraufhin 1792 ›vollendete‹, berichtet von Skrupeln seiner Kollegen; diese hätten die Übernahme dieser Aufgabe abgelehnt, weil sie ihren Stil nicht »mit dem Talente Mozarts compromittiren« wollten[35]. Doch abgesehen davon, daß streckenweise die Instrumentation ausgefüllt werden mußte, konnte dieses Nebeneinander zweier Stilsphären praktisch an keiner Stelle des Werkes deutlich werden. In unmittelbarer Folge sind Agnus Dei und Communio zu musizieren; Süßmayr konnte problemlos für den zweiten der Sätze auf Musik Mozarts zurückgreifen, weil zwischen beiden in jedem Fall ein Kontrast denkbar ist. Probleme, die sich die an der Vollendung des Requiem arbeitenden Musiker einhandeln konnten, lagen daher strenggenommen nur in der Sequenz, in deren Vertonung Mozart die Schlußstrophe noch ausgespart hatte (»huic ergo parce, Deus ...«) – gleichviel, ob das Fragment des »Lacrimosa« durch einen neuen Satz ersetzt oder in der von Mozart angelegten Substanz fertig komponiert wurde. Nur hier mußte ein Komponist also in einem liturgisch geschlossenen Ganzen mit eigenen Stilvorstellungen neben die Musik Mozarts treten. Daß es Süßmayr gelungen ist, tatsächlich den von seinem Lehrer gelegten Faden eigenständig fortzuspinnen[36], macht seine Leistung auch für die Nachwelt bemerkenswert – letztlich aber auch darin, daß er es riskierte, auf dem Gebiet der liturgischen Musik einen eigenständigen Beitrag zu leisten.

Süßmayr kann sich nicht nur der privaten Bedeutung, die der Auftrag für die mittellose Witwe seines Lehrers hatte, bewußt gewesen sein. Ebenso müssen ihm, 1766 geboren, die historischen Probleme des gesamten kirchenmusikalischen Feldes vor Augen gestanden haben. Sein Vater, Lehrer und Chorregent in Schwanenstadt (Oberösterreich), wird ihm im ersten Unterricht zwar die kompositorischen Grundlagen sakraler Vokalmusik vermittelt haben; doch ebenso wie jeder andere Zeitgenosse in Österreich hatte der junge Süßmayr zu Lebzeiten Josephs II. kaum Gelegenheit finden können, sich mit dem Stil so großer geistlicher Vokalmusik zu befassen, wie Mozart ihn in seinem unvollendeten Requiem angelegt hatte. Insofern reichten die Konsequenzen der Arbeit, die Süßmayr übernahm, bis in die nationale Politik Österreichs hinein. Nicht seine allgemeine Unerfahrenheit, sondern die Zugehörigkeit zu einer im säkularen, josephinischen Österreich groß gewordenen Musikergeneration trennten ihn von der Erfahrung seines nur wenig älteren Lehrers. In diesem Sinne ist Mozarts Requiem in der von Süßmayr vollendeten Gestalt ein überragendes historisches und musikalisches Dokument.

Anmerkungen

1 Abdruck in: Karl Gustav Fellerer, *Kirchenmusikalische Vorschriften im Mittelalter*, in: Kirchenmusikalisches Jahrbuch 40 (1956), S. 5, Anm. 46.

2 Hierzu im Überblick Knud Jeppesen, Art. *Palestrina*, in: Die Musik in Geschichte und Gegenwart, Bd. 10, Kassel 1962, Sp. 658–706, hier Sp. 684–686; Franz Körndle, *Was wusste Hoffmann? Neues zur altbekannten Geschichte von der Rettung der Kirchenmusik auf dem Konzil zu Trient*, in: Kirchenmusikalisches Jahrbuch 83 (1999), S. 65–89.

3 Hierzu vgl. Ulrich Siegele, *Cruda Amarilli, oder: Wie ist Monteverdis »seconda pratica« satztechnisch zu verstehen?*, in: Claudio Monteverdi: Vom Madrigal zur Monodie, Musik-Konzepte 83/84, München 1994, S. 31–102.

4 Agostino Agazzari, *Del sonare sopra'l basso con tvtti li stromenti*, Siena 1607, Faksimile Bologna 1969, S. 11.

5 Gedruckt als: *Die Kompositionslehre Heinrich Schützens in der Fassung seines Schülers Christoph Bernhard*, hrsg. von Joseph Müller-Blattau, Kassel 1926.

6 Zitiert nach: Fiorenzo Romita, *Jus musicae liturgicae: dissertatio historico-iuridica*, Rom 1947, S. 253–270.

7 Ebd., S. 255.

8 Ebd., S. 256; ähnlich nochmals in § 6 (S. 260f.).

9 Ebd., S. 259.

10 Ebd., S. 265f.

11 Ebd., S. 256 (§ 3).

12 Ebd., S. 259 (§ 5).

13 Johann Joachim Quantz, *Versuch einer Anweisung die Flöte traversiere zu spielen*, Berlin 1752, S. 288.

14 Romita, *Jus musicae liturgicae*, S. 261f. (§ 8).

15 MBA I/323 (S. 532f.); Zitate in deutscher Übersetzung stets nach Nissen, *Biographie W. A. Mozart's*, S. 290–292.

16 Vgl. im Überblick: Karl Vocelka, *Der »Josephinismus« in der Maria-Theresianischen Epoche*, in: Österreich zur Zeit Kaiser Josephs II. – Mitregent Kaiserin Maria Theresias, Kaiser und Landesfürst: Niederösterreichische Landesausstellung Melk 1980, Wien 1980, hg. von Karl Gutkas u.a. (Kataloge des Niederösterreichischen Landesmuseums, Neue Folge, 95), S. 148–152.

17 Volkmar Braunbehrens, *Mozart in Wien*, München/Zürich 1986, S. 436–448.

18 Angaben zum musikhistorischen Umfeld, soweit nicht anders nachgewiesen, nach: Carl Maria Brand, *Die Messen von Joseph Haydn*, Würzburg 1941 (Musik und Geistesgeschichte: Berliner Studien zur Musikwissenschaft 2), S. 187–197.

19 Diese Zahl nach Elisabeth Kovács, *Josephinische Klosteraufhebungen 1782–1789*, in: Österreich zur Zeit Kaiser Josephs II. …, hg. von Karl Gutkas u.a., S. 169–173, hier S. 171f.

20 Vgl. hierzu Otto Biba, *Die Wiener Kirchenmusik um 1783*, in: Jahrbuch für österreichische Kulturkunde I/2, Eisenstadt 1971, S. 7–79, hier S. 7. Weitere Details zu der Gottesdienstordnung auf den folgenden Seiten.

21 Vgl. Hermine Prohászka, *Leopold Hofmann und seine Messen*, in: Studien zur Musikwissenschaft 26 (1964), S. 79–139, hier S. 81.

22 Biba, *Die Wiener Kirchenmusik um 1783*, S. 12, 14, 51.

23 MBA I/142 (S. 285).

24 Bruce C. MacIntyre, *The Viennese concerted mass of the early classic period*, 2 Bde., Ann Arbor, Mich. 1984 (Studies in musicology 89), Bd. 1, S. 18f.

25 Vgl. Walter Senn, NMA I/1/1, Band 2, Vorwort, besonders S. IX; ausführlich Walter Senn, *Beiträge zur Mozart-Forschung*, in: Acta musicologica 48 (1976), S. 205–227.

26 Gemäß MacIntyre sei dies »the most commonly used form for closed solo numbers« in den von ihm betrachteten Werken (*The Viennese concerted mass*, S. 127).

27 Zu den Neuerungen in den Gloria-Sätzen der Messen KV 317 und 337 vgl. auch: August Gerstmeier, *Die Gloria-Sätze der beiden C-Dur-Messen KV 317 und 337*, in: Mozart-Studien 2 (1993), S. 135–146. Gerstmeier betont gegenüber den Reihungsprinzipien älterer Missae breves den »Wandel zur Selbstorganisation des kompositorischen Gefüges« (Zitat: S. 146).

28 Gerstmeier (*Die Gloria-Sätze*, besonders S. 141) betont stärker die Unterschiede beider Sätze, die aber wesentlich in Deklamation und Phrasenbildung liegen, weniger also in jenen Formkonzepten.

29 Im Gegensatz etwa zu Strukturen mit Ritornellen, die auf unterschiedlichen harmonischen Stufen eintreten können; diese trugen bereits Vokalsätze, ehe sie instrumental definiert waren (hierzu Küster, *Opus primum in Venedig*, S. 236–241); zu Mozarts Arbeit mit jenen vgl. Jochen Reutter, *Ritornell- und Ostinatostrukturen in Mozarts Credo-Vertonungen*, in: Mozart-Studien 2 (1993), S. 147–180.

30 Christoph Wolff, *Mozarts Requiem: Geschichte, Musik, Dokumente, Partitur des Fragments*, Kassel etc. und München 1991, S. 39–41.

31 Braunbehrens, *Mozart in Wien*, besonders S. 444–446.

32 So Niemetschek, *Mozart*, S. 33.

33 Michael Puchberg wohnte in einem Gebäudekomplex, der Wallsegg-Stuppach gehörte, vgl. Deutsch Dok., S. 275; Briefe Mozarts von der Berlinreise an seine Frau (MBA IV/1094, IV/1102; vgl. auch den Kommentar zu IV/1067) sind an diese Adresse gerichtet.

34 Walter Brauneis, *Unveröffentlichte Nachrichten zum Dezember 1791 aus einer Wiener Lokalzeitung*, in: MittISM 39 (1991), S. 165–168, besonders S. 166; ebenso Wolff, *Mozarts Requiem*, S. 174.

35 Joseph Heinz Eibl, *Mozart: Die Dokumente seines Lebens. Addenda und Corrigenda*, Kassel etc. 1978 (NMA X/31/1), S. 89.

36 Vgl. Manfred Hermann Schmid, *Das »Lacrimosa« in Mozarts Requiem*, in: Mozart-Studien 7 (1997), S. 115–141, besonders S. 122–136.

263

MOZART IM SPANNUNGSFELD VON OPERA SERIA UND OPERA BUFFA

Einleitung

Würdigt man Mozarts Schaffen, betrachtet man es aus unterschiedlichen Blickwinkeln: Die Werke, die den Gesamteindruck prägen, stammen aus unterschiedlichen Lebensperioden, die wiederum von verschiedenen Rahmenbedingungen bestimmt wurden. Die Violinkonzerte entstanden sämtlich in seiner Salzburger Zeit, ebenso der weitaus überwiegende Teil seiner geistlichen Musik und der Divertimenti. Letztlich handelt es sich um Sonderfälle im Bild Mozarts, denn seine zeitgleichen Beiträge zu den Gattungen Sinfonie, Klavierkonzert und Oper sowie auf allen Sektoren der Kammermusik spielen gegenüber den späteren, Wiener Werken eine untergeordnete Rolle. Das Bild, das man sich von Mozart als Künstler macht, wird also von Werken des 25- bis 35jährigen beherrscht und dennoch in klar umgrenzten Teilbereichen auch von musikalischen Gattungen geprägt, die er als unter 20jähriger pflegte.

Dagegen läßt sich das Persönlichkeitsbild Mozarts viel klarer für die Salzburger Zeit zeichnen als für die Wiener. Rückgrat der Biographik ist das Briefmaterial, das untrennbar mit der Reisetätigkeit der Mozarts verknüpft ist; Georg Nikolaus Nissen, Constanze Mozarts zweiter Ehemann, gliederte nach diesen Reisen daher die erste umfassende Mozart-Biographie (erschienen 1828). Die zehn Wiener Jahre figurieren dabei als zehnte Reise Mozarts; letztlich auch weil die Begebenheiten jener Jahre nicht in »Reisebriefen« berichtet werden, verschiebt sich der Charakter der Darstellung massiv, und so gilt dem letzten Drittel der Schaffenszeit Mozarts lediglich ein Fünftel des Textes.

Der Zugang zu Mozart erfolgt also für die frühere Zeit eher über Briefe, für die spätere eher über die Musik, und der werkästhetische Zugang läßt dabei (nicht in jedem Detail korrekt) den Eindruck entstehen, daß Mozarts Stil etwas in sich Abgeschlossenes, in seinen Grundlagen Stabiles sei – wobei die Ursache dieses Bildes darin liegt, daß Kompositionen aus unterschiedlichen Schaffensperioden als Kunstäußerungen eines einheitlichen Persönlichkeitsstils aufgefaßt werden. Dies jedoch ist zweifellos eine der Ursachen dafür, daß Mozart - im Hinblick auf seine gesamte Schaffenszeit – als Genie gesehen wird: Nach seinen frühen Reisen als Wunderkind und seinen Salzburger Kunsterfolgen entstand ein Œuvre, über dessen Zustandekommen man weitaus weniger erfährt als über die frühe Zeit; dieses wirkt damit nicht weniger ›wunderbar‹ als die Begabung, die Mozart schon als Kind zeigte. Doch Mozarts ›große‹ Wiener Klavierkonzerte und seine aus der Salzburger Zeit stammenden Violinkonzerte sind streng genommen auf unterschiedliche musikalische Stilvorstellungen zurückzuführen[1]; daran, daß seinen acht Sinfonien aus den zehn Wiener Jahren etwa vierzig weitaus weniger bekannte Sinfonien aus den vorausgegangenen 15 Jahren gegenüberstehen, wird noch klarer erkennbar, daß Werke dieser beiden Lebensabschnitte nicht mit identischen künstlerischen Zielen und Konzepten entstanden sein können.

Ähnlich ist die Situation auf dem Sektor der Opern zu bewerten, und tatsächlich wird Mozarts Entwicklung als Opernkomponist von zwei divergenten Vorstellungen geprägt. Auf der einen Seite steht seine Ausbildung in den Stilkonzepten der Opera seria. Von seinen Londoner Anfängen in der Arienkomposition bis hin zu seinen italienischen Opern der 1770er Jahre wird seine Entwicklung von einer Formensprache geprägt, die untrennbar mit den Texten Pietro Metastasios verknüpft ist; dieser wirkte seit 1730 als kaiserlicher Dichter in Wien und garantierte dem Hof der Habsburger jahrzehntelang die Rolle, ein Zentrum italienischer Theaterkultur zu sein. Auf der anderen Seite wird Mozarts Opernschaffen von Reformideen geprägt, die in Wien – als Ergebnisse der örtlichen Kunstentwicklungen – aufkamen, als Metastasio älter wurde: Die Etablierung eines deutschen Singspiels und die Emanzipation der Opera buffa zu Beginn der zweiten Jahrhunderthälfte fanden im designierten Kaiser Joseph II. einen entschiedenen Fürsprecher[2]; daß Antonio Salieri 1766 aus Venedig, der Stadt Carlo Goldonis und Baldassare Galuppis, nach Wien, in die Stadt Pietro Metastasios und Christoph Willibald Glucks, berufen wurde, kann als Markstein dieser Entwicklung gesehen werden[3].

Den neuen Wiener Verhältnissen begegnete Mozart schon früh: auf der Reise nach Wien 1767–69, die der mehrjährigen Westeuropatournee unmittelbar folgte. Daß Mozart hier jeweils ein Werk in den Gattungen komponierte, die erst seit kurzem in Wien favorisiert wurden, mag ein Zeichen dafür sein, wie sehr Leopold Mozart bemüht war, die Aktivitäten seines Sohnes auf die jeweiligen lokalen Bedingungen auszurichten. Dennoch schlug Mozart daraufhin zunächst einen völlig anderen Weg ein; seine Gattungsbeiträge in den 1770er Jahren beziehen sich nicht auf das Wiener Fundament, sondern auf Mozarts in London begründete eigene Tradition, und als er 1781 nach Wien zog, bereitete ihm die Rückkehr in die lokale

Musiksprache unübersehbare Schwierigkeiten. Auch auf dem Sektor der Opernkunst Mozarts gab es folglich stilistische Brüche, und erst die Werke ›der‹ Wiener Zeit (seit 1781) gelten als die eigentlichen Leistungen in Mozarts Schaffen: im Kern die drei Opern auf Texte von Lorenzo Da Ponte (*Le nozze di Figaro; Don Giovanni; Così fan tutte*, 1786–90), um die sich ein doppelter Rahmen aus den beiden deutschen Singspielen (*Die Entführung aus dem Serail; Die Zauberflöte*, 1782/1791) und zwei Werken aus der Themenwelt der Opera seria fügt (*Idomeneo; La clemenza di Tito*, 1780/1791). Dieses Werkspektrum, die »sieben großen Opern«, hat lange Zeit das Bild des Opernkomponisten Mozart bestimmt; daß die älteren Werke nicht nur als noch unausgereifte Vorbereitungen künstlerischer Größe gelten können, ist Leistungen zu verdanken, die sich in der zweiten Hälfte des 20. Jahrhunderts ergaben, nachdem diese ›früheren‹ Werke im Rahmen der Neuen Mozart-Ausgabe publiziert worden waren.

In deren Folge ist immer deutlicher hervorgetreten, daß Mozart als Opernkomponist nicht etwa in Wien zur lange ersehnten Erfüllung seiner kompositorischen Vorstellungen gelangte (wie es das Bild der »sieben großen Opern« suggeriert), sondern daß sein Opernschaffen jene zwei unterschiedlichen Facetten hat, die sich, mit den Ortsnamen Salzburg und Wien etikettiert, zu schnell als ›früh‹ und als ›reif‹ interpretieren ließen; vielmehr hatte Mozart keine andere Wahl, als bei der Übersiedlung nach Wien seine bisherigen und zweifellos erfolgreichen Techniken neu zu fassen, so daß sie auch den Wiener Stilvorstellungen entsprechen konnten. Nur diese Überlegung lassen die künstlerischen Schwierigkeiten verständlich werden, die er hatte, als er in der Wiener Opernkultur Fuß zu fassen versuchte. Dies macht es erforderlich, sich mit dem musikdramatischen Schaffen Mozarts, das seinen Konzeptionen der Wiener Zeit vorausgegangen ist, eingehend zu befassen.

Annäherungen bis 1769

Schon deutlich vor seinen ersten Versuchen auf dem musikdramatischen Terrain hatte Mozart erste Erfahrungen mit dem Theater gesammelt. Im September 1761 wirkte er als Tänzer (einem nur anekdotischen und äußerst unzuverlässig überlieferten Bericht zufolge als Page[4]) in dem lateinischen Schuldrama *Sigismundus Hungariae Rex* mit, das an der Salzburger Universität als »commoedia finalis« des Studienjahres 1760/1761 aufgeführt wurde. 1762 besuchte die gesamte Familie in Wien das Theater; am

23. und 24. November war sie Gast in Theaterlogen von Gönnern, und sie sahen beim ersten Mal ein ausdrücklich als Oper bezeichnetes Werk, beim zweiten eine »Commedie«[5]. Auf dieser Grundlage entstanden Mozarts erste Arien, wie beschrieben in London und Den Haag; erst daraufhin ist erkennbar, daß er sich als Komponist für die Gattung Oper interessierte – so sehr, daß sie fortan jahrelang im Zentrum seines Arbeitens stand, und folglich ist damit das Profil Mozarts umschrieben, mit dem er im Kreise seiner Familie am 29. November 1766 wieder nach Salzburg zurückkehrte.

Leopold Mozart hatte eingesehen, daß er nach dreieinhalb Jahren Reisen zumindest zeitweilig auf seinen Salzburger Posten zurückzukehren habe und daß er deshalb die Chance, weitere Konzerte in Bordeaux, Marseille, Turin und Venedig zu geben, wohl ungenutzt verstreichen lassen müsse; nach den Monaten in den Niederlanden, einem weiteren Aufenthalt in Paris und einem Abstecher in Richtung Süden (Lyon) hatte Italien in greifbarer Nähe gelegen. Eine ›italienische‹ Reiseetappe hätte allerdings nicht allein den Zweck haben können, daß Mozart an Fürstenhöfen als Solist konzertierte; um in Italien Aufsehen zu erregen, hätte er sich mit musikdramatischen Formen präsentieren müssen.

Insofern wirkt Leopolds Reiseplanung ein wenig unentschlossen; das Ziel Italien vor Augen, scheint er zu zögern, ob das, was sein Sohn gelernt hat, ausreiche, um die Reise auch in Italien erfolgreich fortführen zu können. Er entschloß sich im letzten Moment zu einer vorsichtigeren Variante, die sich in der Rückschau etwa folgendermaßen darstellen läßt: Von Lyon aus steuert er nicht Italien, sondern zunächst Wien an; dies versetzt ihn in den Stand, sich zunächst der fortdauernden Gunst seines Salzburger Dienstherrn zu versichern und dann beim Kaiser zu prüfen, ob dieser ihm neue Unterstützung für eine Fortsetzung der Reisetätigkeit in Italien geben könne. Dies erklärte zunächst die Rückreise nach Salzburg und den dortigen mehrmonatigen Aufenthalt (Dezember 1766 bis September 1767), und zwar auch in den Konturen, die für Wolfgangs Wirken erkennbar sind; die anschließende Wienreise führte zwar nicht geradlinig zum Ziel, doch als die Familie im Dezember 1768 wieder nach Salzburg zurückkehrte, hatte Leopold Mozart vom Kaiser »allen Vorschub nach Florenz, in alle Kays: Staaten und nach Neapel« erhalten[6]. Daß Vater und Sohn Mozart (diesmal ohne den Rest der Familie) dann nach weniger als einem weiteren Salzburger Jahr am 13. Dezember 1769 nach Italien aufbrachen, erscheint als die direkte Konsequenz aus dem Vorausgegangenen.

Zwar sind auf diese Weise drei Jahre zwischen dem Entschluß, nicht von Frankreich nach Italien weiterzureisen, und dem Antritt der ersten

Italienreise verstrichen, so daß es zweifelhaft erscheinen mag, ob die Langzeitperspektive tatsächlich so geplant war. Da Leopold aber auf der Westeuropareise dauernd abwog, ob der Aufwand des Reisens in Relation zum denkbaren finanziellen Ertrag gesehen werden könne, mag er durchaus auf eine Entwicklung spekuliert haben wie die, die sich daraufhin ergab. Unbestreitbar ist auch, wie viel ihm an dem »Vorschub« des Kaisers nach Italien gelegen sein mußte; die Territorien Mailands und der Toskana standen unter habsburgischer Herrschaft. Sowohl in Salzburg als auch in Wien mußte Leopold also die veränderten künstlerischen Fähigkeiten seines Sohnes in geeigneter Weise erfolgreich demonstrieren. Dies rückt zunächst das Salzburger Geschehen in den Brennpunkt des Interesses.

Die Gelegenheiten, Wolfgang in Salzburg als Opernkomponisten zu präsentieren, waren prinzipiell ungünstig. Gelegenheiten zum Musizieren einer Oper gab es kaum, weil Salzburg kein stehendes Theater hatte. Allerdings lag die Stadt auf den Tourneewegen reisender Operntruppen; außerdem bot die Tradition des geistlichen Schauspiels, das in der Hauptstadt eines katholischen Territoriums gepflegt wurde, begrenzte Möglichkeiten, musikdramatische Formen anzuwenden. Wenn Leopold bei der Rückkehr seinen Sohn im besten, aktuellen Licht präsentieren wollte, mußte er prüfen, wie sich dieses Anliegen mit den Gegebenheiten vereinbaren ließ.

Er konnte jedoch kaum erwarten, daß sich eine reisende Operntruppe darauf einlassen werde, die Oper eines Zehn- oder Elfjährigen aufzuführen. Fraglich ist auch, ob er die Fähigkeiten seines Sohnes bereits für ausgereift hielt, denn wenn er davon überzeugt gewesen wäre, daß dieser der Aufgabe, eine Oper zu schreiben, bereits gewachsen war, hätte nichts dagegen gesprochen, doch schon 1766 von Lyon aus in Richtung Italien weiterzureisen. Die Mozarts wären dort zu Beginn der Opernsaison eingetroffen; diese war zwar ohne Zweifel bereits überall umfassend geplant, doch in ihrem Verlauf hätte der junge Opernkomponist hervortreten und sich einen Kompositionsauftrag für die Saison 1767/1768 sichern können. Insofern zeigt der Entschluß einer vorsichtigeren Reiseplanung, daß 1766 für Vater und Sohn Mozart die ›ganze Oper‹ noch außer Reichweite lag. Letztlich mußten die weiteren Aktivitäten auch auf dieses künstlerische Ziel ausgerichtet werden, nicht also nur auf den diplomatischen Ertrag.

Zweifellos wäre es unklug gewesen, nach der Rückkehr in die Heimatstadt Wolfgangs neu errungene Möglichkeiten wochenlang verborgen zu halten und erst später zu präsentieren, wenn sich eine Gelegenheit dazu auftat (dies hätte etwa bei der Vorbereitung einer vollen Opernproduktion in Kauf genommen werden müssen). Wirkungsvoller war es, neue Kenntnisse gleich nach der Rückkehr zu vorzustellen – in einer Zeit, in der noch vom ›eben Zurückgekehrten‹ die Rede sein konnte. Vor diesem Hintergrund läßt sich die Salzburger Situation, die Leopold mit der Rückreise im Herbst 1766 ansteuerte, in jeder Hinsicht nur als so günstig wie möglich bezeichnen.

Leopold benötigte keine Privataudienz bei seinem Landes- und Dienstherrn, sondern er richtete seine Aktivitäten auf Bereiche aus, die ihm über den Berufsalltag der Hofkapelle zugänglich waren. An Mariä Empfängnis (8.12.) wurde – vermutlich in der Position der Epistelsonate – eine »Symphonie« Mozarts im Dom aufgeführt[7]; wer auch immer den Gottesdienst besuchte, wurde mit dem Neuen konfrontiert – einschließlich der Geistlichkeit. Vor allem aber stand in Salzburg eines der Feste bevor, bei denen üblicherweise eine reisende Theatertruppe verfügbar war; da diese Anlässe sich aus dem zeittypischen absolutistischen Personenkult ergaben, der auch das Leben geistlicher Territorien prägte, war dies für Leopold durchaus berechenbar: 22 Tage nach der Ankunft der Familie fanden die Feiern zum Jahrestag der Konsekration Sigismund von Schrattenbachs statt. Diesen Termin scheint Leopold Mozart fest in den Blick genommen zu haben.

Aufgeführt wurde die Komödie *Il cavaliere di Spirito* von Carlo Goldoni, ferner Intermezzi und am Ende eine Arie mit der Funktion einer Licenza, mit der – im Sinne der gattungstypischen Traditionen – ohne jede Orientierung an höfischer Etikette der Landesherr direkt und von der Bühne herab angesprochen wird. Diese Licenza hat Mozart komponiert (Rezitativ und Arie »Tali e cotani sono« KV 36). Folglich wurde nicht nur einfach eine Arie Mozarts aufgeführt, sondern diese konnte die herausgehobene Funktion der Licenza annehmen und somit an einem hohen Landesfeiertag sich so direkt wie nur möglich an den Landesherrn richten. Dies sicherte dem eben zurückgekehrten Mozart in Salzburg die erwünschte Wirkung – auf dem Sektor dramatischer Musik.

Leopolds Rechnung ging auf. In den Salzburger Hofdiarien wird Wolfgangs Anteil an den Festlichkeiten folgendermaßen erwähnt[8]: »… letztlichn ware die Licenza in einem Rezitatif und eine Arie, welche Musique darüber der junge Mozard Wolfgang, Sohn des hiesigen vice Capelmeisters und bewundrungswürdiger Knab von 10 Jahr[,] in dem Instrument ein vollkommener Meister, auch erst von England hier ankommen, zu jedermans Bewunderung componirt hat; alles dauerte bis halber 9 Uhr.« Für ein paar Minuten muß das eigentliche Interesse, die Feier des Erzbischofs an seinem geistlichen Festtag, ein wenig in den Hintergrund getreten, die

Bewunderung des noch Zehnjährigen in den Vordergrund gerückt worden sein.

In den folgenden Monaten durchquerte Mozart alle in Salzburg gegebenen Felder musikdramatischer Aktivitäten – in den Bereichen, in denen die Erzbischofsstadt nicht auf die Anwesenheit von Operntruppen angewiesen war. Die erste Etappe bot sich in der Fastenzeit, in der die Hofmusik Geistliche Singspiele musizierte. 1767 handelte es sich um ein dreiteiliges Werk; am 12. März 1767, acht Tage nach Aschermittwoch, wurde als erster Teil – mit Musik Mozarts – *Die Schuldigkeit des ersten Gebots* KV 35 aufgeführt (die beiden weiteren Teile, in den folgenden Wochen aufgeführt, stammten von Michael Haydn und Anton Cajetan Adlgasser). Auf einer ähnlichen Grundlage steht das nächste dramatische Werk Mozarts, der *Grabmusik* KV 42 für Ostern; mit der lateinischen Komödie *Apollo et Hyacinthus* KV 38 drang Mozart dann auch in das akademische Theaterleben Salzburgs ein und schrieb erstmals eine mehraktige Komposition. Auch sie läßt noch Vorsicht erkennen: Aufgeführt wurde sie am 13. Mai 1767 zwischen den Akten der Tragödie *Clementia Croesi*, einem Schuldrama, das vom Salzburger Gymnasium aufgeführt wurde; damit war diese das übergeordnete Element der Gesamtproduktion. Nach nur 286 Tagen in der Heimatstadt, die auf die Familie ähnlich gewirkt haben müssen wie ein typischer Reiseaufenthalt der vorausgegangenen Jahre (302 Tage zwischen September 1764 und Juli 1765 zusammenhängend in London, etwa 200 Tage in Den Haag bzw. von dort aus in den Niederlanden), brachen die Mozarts nach Wien auf. Alle erdenklichen Ziele waren erreicht: Die Familie hatte sich nicht nur der fortgesetzten Unterstützung durch Sigismund von Schrattenbach versichern können, sondern die Salzburger Monate hatten Mozart die bestmöglichen Chancen geboten, vor einem relativ unkomplizierten, keineswegs feindlich gesonnenen Publikum die entscheidenden Schritte von einem Musiker, der einzelne Arien komponierte, hin zum Komponisten vollausgebildeter musikdramatischer Konzeptionen zu tun. Von Monaten »ruhigen Lebens in der Heimat«[9] kann folglich keine Rede sein.

Daraufhin kam es in Wien zur Komposition einer ersten italienischen Oper Mozarts (von Januar 1768 an). Dies scheint sich in diese Entwicklungen bruchlos einzufügen. Doch die Formensprache, die Mozart in seinen Arien aus London und Den Haag sowie in seinen Salzburger Werken von 1766/1767 zeigt, ist ausschließlich auf die Opera seria bezogen; in Wien jedoch mußte Mozart sich auf die Anforderungen der musikalischen Komödie einlassen. Auf deren Komposition, die Vertonung des Goldoni-

Librettos *La finta semplice* (KV 51), hatten ihn seine vorausgegangenen Erfahrungen jedoch gerade nicht vorbereitet.

Das Risiko, das sich damit für Mozarts Laufbahn ergab, läßt sich anhand eines Briefes abschätzen, in dem sein Vater – etwa in der Anfangszeit der Kompositionsarbeit an jener Oper – seinem Salzburger Vertrauten Lorenz Hagenauer das Herz ausschüttete. Unter der Überschrift »Etwas für sie allein!« läßt er am 30. Januar/3. Februar 1768[10] deutlich werden, daß gerade auf dem Opernsektor die Probleme größer waren, als er es erwartet hatte. Zwar wird er in der von ihm selbst beschriebenen Weise gewußt haben, daß »die Wiener in genere zu reden nicht begierig sind ernsthafte und vernünftige sachen zu sehen, auch wenig oder gar keinen Begriff davon haben, und nichts als närrisches zeug, tanzen, teufel, gespenster, Zaubereyen, Hanswurst, Lipperl, Bernardon, Hexen, und Erscheinungen sehen wollen« (»Ihre theater beweisen es täglich«). Doch nachdem Joseph II. Mozart gefragt hatte, »ob er nicht lust hätte eine opera zu componieren, und selbe zu dirigieren«, müssen die Probleme sich von einem bloßen Ärgernis zu einer Frage mit existentieller Bedeutung gewandelt haben. Zwar spricht Leopold von der Hoffnung, daß das Unternehmen gelinge, daß die in Wien grassierenden Neidgerüchte zum Verstummen gebracht würden und daß zugleich der Ruhm dieses Ereignisses nach Italien vorauseilen könne. Doch im Hinblick auf das entstehende Werk muß er dies weiter einschränken (und da er dies gegenüber einem Salzburger formuliert, der die dortigen Erfolge des Jahres 1767 aktiv miterlebt haben muß, ist dies besonders bemerkenswert): »Es ist aber keine opera seria, den es wird keine opera seria mehr Itzt [zu ergänzen wohl: »gespielt«]; und man liebt sie auch nicht, sondern eine opera buffa. nicht aber eine kleine opera buffa, sondern zu 2 ½ Stund bis 3 Stunden lang. zu Seriosen opern sind keine Sänger hier, selbst eine trauerige opera die Alceste vom gluck ist von lauter opera Buffa sängern aufgeführt worden.« Sein Sohn erhält also in keiner Hinsicht die Chance, auf vertrautem Terrain zu brillieren, im Hinblick weder auf die erlernte Formensprache noch auf die typische, mit dieser verbundene Gesangskunst; und die Aufführung würde im Fall ihres Zustandekommens rücksichtslos Auskunft über die Fähigkeiten Mozarts geben, weil von diesem ein Werk in keineswegs beschränkten Dimensionen gefordert wurde.

So sehr Leopold Mozart die Situation, die sich im Hinblick auf das Sängerpotential stellte, übertrieb[11], spiegelt sich in seinen Formulierungen die Unsicherheit, die er – stellvertretend für seinen Sohn – gegenüber den Anforderungen empfand, in denen sich das vor Ort Gegebene und das von Mozart Gelernte voneinander unterschieden. Das Opernleben Wiens hatte sich mit der Berufung Antonio Salieris 1766 verändert: Dieser hatte in Venedig Goldoni-Stoffe vertont und war – wohl gerade ihretwegen – nach Wien verpflichtet worden. Dies führte zu einem weiteren Ausbau der Wiener Buffa-Ziele, deren Ausmaß Leopold Mozart aus der Ferne offenkundig bei weitem unterschätzt hatte.

Seinen Ausführungen zufolge kam der Vorschlag, daß Mozart diese Oper komponieren solle, von Joseph II. Allerdings war dieser, wie John A. Rice gezeigt hat, mit solchen Äußerungen kaum je zuverlässig: Weil er die Zuständigkeit für das Theater an einen Impresario abgetreten hatte, konnte er nach außen vorgeben, daß sein Einfluß über bloße Empfehlungen nicht mehr hinausgehe; damit relativierte er die überall geübte Praxis, daß eine Aufführung in einem Hoftheater »auf allerhöchsten Befehl« angesetzt wurde. Von dieser Möglichkeit konnte jedoch auch er durchaus Gebrauch machen[12]; insofern stand es in seiner Macht, nicht nur den Auftrag zur Komposition einer Oper zu erteilen, sondern auch durchzusetzen, daß diese nach ihrer Fertigstellung aufgeführt werde. Doch nach jenem ersten Schritt blieb der zweite aus. Folglich entsteht der Eindruck, daß Joseph, indem er die Scheinspannung zwischen sich und seinem Theater aufbaute, Aufträge wie den an Mozart erteilen konnte, um entsprechende Bittsteller, die er als lästig empfand, abschütteln zu können, ohne ihnen die Wahrheit sagen zu müssen. Doch die Intriganz des Kaisers ist damit noch kaum ausreichend umschrieben; er muß vielmehr gewußt haben, daß ein junger Musiker, der sich allgemein in das Gebiet der Oper einarbeitete, in der Stilrichtung gerade nicht firm sein konnte, die eben als etwas Neues in Wien eingeführt worden war. Insofern entsteht der Eindruck, daß der Kompositionsauftrag nicht nur eine Farce war, sondern zudem eine Falle.

Es kann keine Rede davon sein, daß Mozart die Situation ohne Probleme gemeistert hätte; diese treten bereits darin deutlich zutage, daß er im Zuge der Aufführungsvorbereitungen Umarbeitungen einzelner Sätze vornehmen mußte, ohne daß die Unterschiede zwischen Grund- und Endfassung eindeutig klassifizierbar wären. Zwar fällt auf, daß er mehrfach Schlüsse änderte, doch vor allem die Austauschvorgänge ganzer Arien liefern kein eindeutiges Bild. Dies läßt vermuten, daß die Probleme weniger bei Mozarts musikalischem Gestaltungsvermögen lagen als bei einer prinzipiellen Ablehnung, auf die sein Arbeiten im Umkreis des Hoftheaters stieß. Viel klarer erkennbar ist hingegen, welche Ziele Mozart im Detail verfolgte; sie lassen eine überschaubare Zahl kompositorischer Vorentscheidungen erkennen, die daher auch schematisch formuliert werden können – wohl in ähnlichem Sinne, wie Mozart selbst sie gefaßt hatte, um sicher sein zu können, daß trotz eines andersartigen Erfahrungsspektrums, das ihm die Grundlage des Arbeitens bot, am Ende tatsächlich eine Opera buffa entstanden war. Damit belegen sie zwar einen Mangel an Souveränität, weil sie ihm noch nicht leicht genug von der Hand gingen. Doch sowohl die Wahl der Mittel als auch ihre Realisierung zeigen, daß Mozart an der heiklen Aufgabe nicht scheiterte. Die kompositorischen Techniken lassen sich auf zweifache Weise resümieren: nicht nur in jenem prinzipiellen Sinne, sondern auch in einer Differenzierung der Sätze danach, für welche Rollen sie entstanden.

Den Charakteristika der Opera buffa entsprechend, ist die Diktion in den Arien überwiegend syllabisch. Diese Grundvorgabe scheint Mozart als einen Aspekt interpretiert zu haben, der seiner Kompositionsweise in Arien, wie seit seinen Londoner Anfängen praktiziert, diametral entgegengesetzt sei; virtuose melismatische Aspekte des Ariengesangs qualifizierte er damit als typische Elemente der Opera seria. Auch dies ist prinzipiell zweifellos korrekt, doch die Radikalität, mit der er diesen Unterschied betont, wäre nicht notwendig gewesen; weil er nur in zwei der 21 Arien jene virtuosen Elemente vorsieht und beide Sätze derselben Figur zugeordnet sind, ist dieser Umstand im Zusammenhang der Differenzierung nach Einzelrollen nochmals aufzugreifen. Eine Feststellung, dies sei ein Mittel zur Charakteristik einzelner Bühnenfiguren gewesen, wäre jedoch übertrieben – nicht nur angesichts der in jeder Beziehung nebensächlichen Funktion, die dieses Element sowohl in *La finta semplice* insgesamt als auch in den beiden Arien hat. Weil Rollencharakteristik prinzipiell sogar über die Intensität und Detailausformung der Melismatik möglich ist, wird erkennbar, daß Mozart diesen Aspekt hier eher äußerst vorsichtig handhabte, als daß er mit ihm die Oper gestaltete.

Die Realisierung des kompositorischen Ziels, des parlando-Stils, wird bereits in einer sehr frühen Phase des Kompositionsprozesses sichergestellt, und zwar durch die Wahl der Taktarten: Von den 21 Arien des Werks werden sechs im 2/4-Takt eröffnet, zwei weitere im 3/8-Takt. In der damit vorbestimmten Kombination aus Tempo und Metrum ist – in knapp der Hälfte der Arien – bereits kaum etwas anderes mehr denkbar als jener syllabische Textvortrag. Charakteristisch sind etwa die Verhältnisse in einer der beiden Arien, die dennoch Melismen enthalten (Nr. 6, Rosina: »Colla bocca, e non col core«): Im Rahmen eines relativ schlichten Andante-Satztyps, der auch in einer Opera seria nicht undenkbar wäre (allerdings kaum für eine der Schlüsselfiguren eines Dramas), zwingt der mit der

Taktart vorbestimmte Satzcharakter zu jener syllabischen Diktion; diese wird mit Erreichen des Melismas schlagartig außer Kraft gesetzt, und ebenso unvermittelt wird der Ausgangszustand wieder erreicht. Zwischenstufen gibt es nicht.

Mit der Wahl allgemein gehaltener Steuerungsmittel wie Taktart und Metrum ist indirekt verbunden, daß auch ein gewisses, in der Seria-Arie unerwünschtes Quantum an Handlungsbezug in die Musik eindringen kann. Dies, ebenso die Verbindung mit dem Parlando, läßt sich exemplarisch an der Arie Nr. 17 verdeutlichen, in der das Sprechen besonders weit im Vordergrund steht: Die handelnde Figur (Polidoro) wendet sich im mehrmaligen, raschen Wechsel an zwei auf der Bühne anwesende Zuhörer. Damit fordert der Text von der Musik unterschiedliche Sprechrichtungen. Mozart setzt die geforderte Differenzierung darin um, daß er beide mit jeweils spezifischer Musik und spezifischem Tempo ausstattet – und es ist vielleicht kein Zufall, daß diese Arie gerade nicht in einer jener schematisch auf das Sprechen ausgerichteten Taktarten steht, da das erforderliche Ergebnis sich hier auf andere Weise von selbst einstellt.

Vergleichbare musikalische Konstellationen finden sich auch in anderen Arien (Nr. 2, Simone; Nr. 23, Ninetta); auch in ihnen ist dieser Wechsel der musikalischen Sprachformen daher als Handlungsbezug zu qualifizieren, obgleich sich in ihnen mit dem raschen Wechsel zwischen unterschiedlich profilierten musikalischen Abschnitten nicht ebenso konkret ein Anliegen, Bühnenaktionen zu lenken oder zu stützen, spiegelt. Weil Mozart dies nicht aus den dramatischen Strukturen des Textes ableitete, sondern diesen im üblichen Maße frei gestaltend umsetzte, läßt sich hierin – neben dem Parlando – ein zweites grundsätzliches Element sehen, mit dem er ein Einstimmen in Seria-Sprachformen vermied und seinem Werk den Buffo-Charakter zu garantieren versuchte. Und damit ist zugleich die Grundlage formuliert, auf der die Gestaltung der als Reihung unterschiedlicher Handlungszellen angelegten Finali möglich wird, die lediglich in ihrer Ausdehnung noch nicht an die Ausmaße späterer Mozart-Opern heranreichen.

Eine dritte prinzipielle Entscheidung läßt sich wiederum zunächst ex negativo, von den Möglichkeiten der Opera seria aus, formulieren. Ebenso wie in einer Buffa-Arie weder die Schlußzeile einer Strophe in der Vertonung melismatisch erweitert wird noch an deren Ende in eine große virtuose Kadenz stehen kann, muß bereits in den Arienvorspielen die Andersartigkeit der Gattungsebene deutlich werden. Abweichend von seinen vorausgegangenen, auf das Fach der Opera seria bezogenen Ritornellen sieht Mozart in deren Mitte keinen Halbschluß vor, sondern entwickelt in ihnen – in Analogie zum Parlando der Arien – eher liedhaft wirkende Instrumentaleinheiten oder beschränkt diese gar nur auf eine knappe Eröffnungsformel. Diese liedhafte Gestaltung insgesamt mußte Mozart etwa gleichzeitig in dem Singspiel *Bastien und Bastienne* KV 50 als gattungstypisches Moment einsetzen – das Lied galt als typisch deutsche Musikform, als das Singspiel kreiert wurde. In gleichem Sinne enthalten die Arien in *La finta semplice* auch kein Da capo. Dennoch schimmert dieses Konzept durch Mozarts Gestaltung hindurch, wenn er etwa zwei Paare kontrastierender Textabschnitte (»ab–ab«) vortragen läßt; wie in der Arie Nr. 2 (Giacinta) gleichsam für das Gesamtwerk exponiert, entsteht anstelle der Paarbildung viel eher der Eindruck, die ersten drei Teilglieder bildeten einen – in der Welt der Opera seria nicht abwegigen – Zusammenhang aus zwei Hauptteilen (der erste die Grundtonart verlassend, der zweite in diese zurückführend) mit eingelagertem Kontrastteil, so daß nach der Reetablierung der Grundtonart das zweite b-Glied in musikalischer Hinsicht eher als Anhängsel wirkt, weniger also als ein in der Formgestaltung organisch notwendiger Schlußpunkt (»aba–b«).

Im übrigen vertraute Mozart auf Techniken, die auch seine frühesten Arienkompositionen kennzeichnen. Nicht selten formuliert er eine Vokaleröffnung, in der ein zweiter Textgedanke wiederholt und daraufhin die Musik zu einem Abschluß gebracht wird, und für die Fortsetzung stimmt er den Modulationsverlauf exakt auf die Textgestalt ab: Zu den Versen 3 und 4 schwingt der Satz sich in zwei klar voneinander abgesetzten Schritten zur Doppeldominante auf, dem Ausgangspunkt sowohl für die Formulierung der vorläufigen Zieltonart als auch für einen zweiten, kompletten Textdurchgang.

Diese allgemein gehaltenen Beobachtungen lassen sich konkretisieren, wenn als Zugang nicht die Oper als ganze gewählt wird, sondern die Partien der Rollen voneinander unterschieden werden; sie lassen sich zudem auf die offenkundig vorgesehenen Darstellerinnen und Darsteller beziehen[13]. Doch da in Wien – entgegen Leopold Mozarts Feststellungen – auch einige im Serio-Fach erfahrene Sänger verfügbar waren und für das Ensemble in Betracht gezogen wurden, das in einer Aufführung hätte mitwirken sollen, müssen die Betrachtungen differenzierter sein.

Wie angedeutet, enthalten nur Arien für die weibliche Hauptrolle, die ungarische Gräfin Rosina, Melismen, die aus einer Orientierung an Seria-Sprachformen erklärt werden können (Nr. 6 und 9 im ersten Akt; nicht Nr. 15 und 18 im zweiten). Als Darstellerin dieses Parts war eine der beiden ausgesprochenen Seria-Sängerinnen des Ensembles vorgesehen, Clementina Poggi. Zu fragen ist folglich, weshalb nicht auch die andere, Andrea Bernasconi, vergleichbare Aufgaben übertragen bekam. Die Antwort liegt unzweifelhaft darin, daß sie eine ausgeprägte Dienerinnenfigur spielen sollte und für diese der melismatische Stil kaum angemessen erscheinen konnte. Damit spiegelt sich hier im Detail das, was in Leopold Mozarts Brief an Hagenauer – als Pauschaläußerung formuliert – nur als fragwürdig erscheinen kann: Problem ist nicht, daß es in Wien keine Sänger für die Opera seria mehr gebe, sondern daß die Zuordnung der vorhandenen zu den einzelnen Rollen als willkürlich erscheine und damit im Gesamtgefüge der Oper die musikalische Interaktion der Parts nicht in gewohnter Weise gewährleistet werden könne.

Für Antonia Bernasconi, die Darstellerin der Ninetta, schrieb Mozart hingegen zwei Arien, die im »Tempo di Minuetto« gehalten sind (Nr. 10 und 23); diese Ausrichtung auf einfache Tanzrhythmen stellt sich der Gestaltung einer ›großen Arie‹ auf ähnlich prinzipielle Weise in den Weg wie die Wahl des 2/4-Takts als Garant eines parlando-Stils – womit der Stil der dritten Ninetta-Arie (Nr. 12) umschrieben ist. Und der Darsteller von Rosinas Bruder Fracasso, Filippo Laschi, erhielt als ausgeprägter Tenorbuffo Arien, die in der Diktion den Satztypen einer Opera seria besonders nahestehen; in seinem Beitrag zum 2. Akt (»In voi, belle, è leggiadria«, Nr. 20) ›fehlen‹ nur noch die virtuosen Elemente, mit denen die Satzanlage auch für die Nachbargattung tauglich gemacht worden wäre. Offenkundig hatte sich Mozart sogar zunächst falsche Vorstellungen von Laschis Vorlieben gemacht: Eine erste Fassung der Arie Nr. 5 ist anstelle jener in der Endversion feststellbaren ›Seria‹-Ausrichtung noch in kleinen Zellen (mit rasch wechselnden Tempi) gestaltet und damit einer anderen Stilebene des Werkes zugeordnet; in ähnlicher Weise erhielt die Arie Nr. 25 einen Mittelteil, der wie zwei der Ninetta-Arien zwar »Tempo di Minuetto« überschrieben, aber breiter angelegt ist als seine Urfassung und sogar in eine Solokadenz mündet – alles andere als ein typisches Element von Buffo-Arien.

Auf diese Weise entstand ein zweifellos aufführbares Werk. Doch insgesamt ist festzustellen, daß Mozart mit *La finta semplice* keinen entscheidenden Schritt vorwärts tun konnte: weder im Hinblick darauf, endlich eine Oper schreiben zu können (die eine Opera seria hätte sein müssen, damit Mozart in ihr seine Erfahrungen hätte organisch fortführen können), noch darauf, daß er fortan gewußt hätte, wie er eigenständig eine Opera buffa konzipieren solle. Insofern kehrte er, als er mit seinem Vater

1769 nach Italien reiste und dort einen Durchbruch auf dem Gebiet der Opera seria erreichte, auf gesicherten Boden zurück; dies war das höchste Ziel, auf das seine Ausbildung gerichtet gewesen sein kann.

Zugleich steuert Mozart in seiner Laufbahn damit in eine Richtung, die dem Bewußtsein der Nachwelt fremd ist: So sehr *La finta semplice* auf die Gattungswelt der ›großen‹ Opern Mozarts vorauszuweisen scheint, ist sie von diesen doch in ihrer Entstehung durch eine Phase getrennt, in der Mozart Ruhm als Opernkomponist in einem anderen Genre suchte; mit diesem konnte sich aber schon kurz nach seinem Tod kaum jemand mehr identifizieren. Die Gründe hierfür liegen jedoch nicht in den musikalischen Konzepten, sondern primär im Bereich der Sujets: Mit dem Zusammenbruch eines gesellschaftlichen Wertesystems, das auf einen zwar absoluten, aber religiös legitimierten und in der Gegenseitigkeit des Lehenswesens stehenden Herrscher ausgerichtet war, schwand schlagartig auch das Interesse an den Stoffen, mit denen jene älteren Gesellschaftsstrukturen gefeiert wurden. Im gleichen Ausmaß, in dem die Herrschergewalt verweltlicht wurde und sich aus dem zuvor noch gewahrten System von Verantwortlichkeiten zwischen Oben und Unten löste, blieb für den Herrscher nur noch die Funktion des Tyrannen als Verkörperung des Bösen übrig, dem das Gute in Gestalt des ›kleinen Mannes‹ gegenüberstand. Daraufhin waren Opern kaum mehr aufführbar, in denen die Milde des Herrschers, die aus der Antike hergeleitete und als Wunschbild formulierte Kardinaltugend der Habsburger (»clementia Austriaca«), thematisiert wurde.

Diese Tendenzen bahnten sich bereits im aufgeklärten Absolutismus an, und sie zeigen sich sogar in der offiziellen Neudefinition der Wiener Opernstrukturen – weg von einer Opera seria, mit der die Habsburgerherrschaft gefeiert worden war, hin zur Opera buffa, die gleichsam neben den Herrschaftsstrukturen angesiedelt ist. Daß in Preußen, nach dem Siebenjährigen Krieg gleichrangiger Rivale Österreichs, die ›habsburgisch besetzte‹ Opera seria immer weniger Zuspruch fand, ist ebenso verständlich. Dies erklärt den Umbruch der Operntraditionen im gesamten deutschsprachigen Raum allein aus der grundsätzlichen Politisierung der Opernstoffe, und er vollzog sich gerade in der Zeit, in der Mozart seine Laufbahn antrat.

In Italien war jenes aufgeklärt absolustistische Denken weitaus weniger verbreitet; zwar standen wesentliche Teile unter dem Einfluß oder der direkten Kontrolle Habsburgs, doch vor allem in Venedig und in Neapel war vorerst kein Wechsel erkennbar, der von der auf die Antike bezogenen, ursprünglichen politischen Ausrichtung weg führte. Wenn Mozart zuerst in Italien als Opernkomponist erfolgreich war (und sei es am Rande der habsburgischen Kultur), mußte dies für ihn also Probleme nach sich ziehen, sobald er im deutschen Sprachraum an die Erfolge anzuknüpfen versuchte.

Mozart hat sich damit zunächst für eine Operngattung qualifiziert, die, im Nachhinein betrachtet, gerade in eine tiefgreifende Krise geriet. Die Grundlagen, die er seit dem Aufenthalt in London gelegt hatte, waren eher der Tradition als der Zukunft verpflichtet, zudem eher den italienischen als den deutschen Strömungen im Umgang mit der (überall in gleicher Weise italienischen) Oper. Als er 1770–1772 Opern in Italien schrieb, lernte er, den Anschluß an die modernen italienischen Tendenzen herzustellen; insofern erscheinen die drei Werke (*Mitridate*, *Ascanio in Alba*, *Lucio Silla*) zweifellos als die logischen Konsequenzen aus seinen allerersten Anfängen und sind damit auf ihrem Feld ›reife Werke‹. Doch für die zeitgenössischen Opernzentren des deutschen Sprachraums hätte Mozart andere Stildetails beherrschen müssen.

Als seine Kontakte, die zu Opernproduktionen in Italien führten, nach der Einsetzung Hieronymus Colloredos als neuem Salzburger Erzbischof durchkreuzt wurden, mußte er seine künstlerische Basis also neu definieren. Fraglich ist, wie weit er sich der Forderungen seines Umfelds bewußt war, da er auf Erfolge im Mutterland der Oper verweisen konnte. Dennoch ist ein Prozeß der Umorientierung zu erkennen. Er beginnt nicht erst nach der Übersiedlung nach Wien 1781, reicht aber noch tief in seine Wiener Zeit hinein. In seinen Opern für Salzburg (*Il Re pastore*) und München (*La finta giardiniera*, *Idomeneo*), zwei Spielstätten mit stärker traditionellen Elementen, sind Änderungen bereits zu erkennen, doch bestand der neue Definitionsbedarf noch nicht im gleichen Maße wie später in Wien: Dort wurde für ihn unumgänglich, sich dem herrschenden Klima anzupassen, das sich von der Seria entfernt hatte. Ausweichend wie 1768 konnte er nicht mehr reagieren, sondern mußte eigenständig einen Operntypus kreieren, in dem er die örtlichen Anforderungen mit seinen mittlerweile reichen individuellen Erfahrungen verbinden konnte. In diesem Sinne ist *La finta semplice* im Hinblick auf Mozarts Schaffensentwicklung nicht einfach Vorstufe zu den späteren, im Buffo-Genre stehenden Werken, sondern eine sonderbare Zwischenstufe auf dem Weg, der ausgehend von den Londoner Anfängen als organischer Prozeß viel eher zu den Mailänder Opern Mozarts führte. Daß, nachdem diese 1772 komponiert waren, eine Einarbeitung in das Buffo-Genre anders aussah als 1768, ist also selbstverständlich.

Dies bestimmt den Fortgang der Überlegungen. Zunächst ist Mozarts Eindringen in die italienische Opernkultur eingehend zu untersuchen, daraufhin die eigenständigen Konzepte der Opern zu bewerten, die der Komposition von *Idomeneo* vorausgingen. Zwei weitere Teilkapitel widmen sich Mozart in Wien: ein erstes seinen Versuchen, eine tragfähige Basis für seine Opernkomposition zu finden, ein zweites seiner Zusammenarbeit mit Lorenzo Da Ponte – weil an der Krisensituation der Opera seria erkennbar ist, wie weitgehend der Erfolg einer Oper vor der Nachwelt auch von den Libretti abhängig war und diese (auch auf dem Sektor der Opera buffa) Mozarts Nachruhm wesentlich befördert haben. Wie sich das Wiener Opernschaffen in das Künstlerbild einfügt, das sich die Nachwelt von Mozart macht, gehört daraufhin in den Schlußteil dieses Buches.

Mozart in Mailand: Grundlagen

Im Lichte der historischen Geographie betrachtet, ist die Feststellung, Mozart habe eine Oper in Italien aufgeführt, ein Stück weit Fiktion: Sie ist nur auf den geographischen Raum gerichtet, der aus Apennin und dem Einzugsgebiet des Po gebildet wird, berücksichtigt aber nicht seine historische Konstitution. Tatsächlich haben Vater und Sohn Mozart diesen Raum auf ihrer Reise 1769–1771 in der territorialen Vielfalt, in der er ihnen entgegentrat, durchstreift. Doch die Oper, die im Rahmen dieser Reise entstand, wurde in Mailand aufgeführt, einem der beiden habsburgischen Vorposten in jenem geographischen Italien. Für Mailand entstanden auch die beiden weiteren ›italienischen‹ Opern Mozarts, eine davon (*Ascanio in Alba*) sogar ausdrücklich für ein Fest des Hauses Habsburg. Unzweifelhaft ist Mozart also in Italien gewesen, doch als Opernkomponist hat er den habsburgisch kontrollierten Raum nie verlassen. Und als er 1772 die Chance hatte, die Grenzen dieses Raumes zu überspringen und mit einer Produktion in Venedig tatsächlich als Opernkomponist in Italien angekommen zu sein, wurde sie ihm durch seinen Dienstherrn versperrt; darauf wird zurückzukommen sein.

Tatsächlich war in Mailand die Hilfe des Kaiserhauses eine Art Eintrittskarte für die Mozarts, denn der Weg zum Erfolg führte in erster Linie über Personen, die mit dem Wiener Hof aufs engste verbunden waren. Auf den ersten Etappen der Reise halfen ferner – in nun schon traditioneller Weise – auch die Beziehungen, die sich auf das Salzburger Leben der Mozarts gründeten: In Innsbruck gastierten Vater und Sohn beim Landeshauptmann Spaur, in Rovereto trafen sie Graf Domenico Antonio Lodron; zu den jeweiligen Salzburger Verwandten hatten die Mozarts beste Beziehungen. Lodron empfahl sie weiter nach Bologna zu Gian Luca Pallavicini, gewissermaßen einen ersten ›echten Italiener‹, zu dem die Mozarts sich fortan vortasten konnten[14]; doch anstatt direkt zu ihm zu reisen, steuerten sie zunächst das habsburgische Mailand an, das sie im Januar 1770 erreichten. Der dortige Generalgouverneur Karl Joseph Firmian entstammte einer alten Tiroler Familie und war ein Neffe von Leopolds erstem Salzburger Erzbischof. Dieses allein hätte aber die folgenden Ereignisse noch kaum nach sich ziehen können; zweifellos war Firmian aber – kraft Amtes – für kaiserliche Empfehlungsschreiben empfänglich. Und so zeigt sich erstmals, wie die Mozarts vorgingen: Möglichst lange wollten sie in habsburgischen Landen bleiben; andere Territorien wie der Kirchenstaat (zu dem Bologna gehörte) lagen vorerst noch in weiter Ferne.

Zwei Wochen nach der Ankunft der Mozarts empfing Firmian die beiden Reisenden; gleich bei diesem ersten Besuch überreichte er Mozart eine Ausgabe der Werke von Metastasio – offenbar als Textgrundlage, damit jener im Operngenre Testkompositionen schreiben könne. Fünf Wochen später, Mitte März 1770, erklangen in einem Konzert bei Firmian drei Mozart-Arien, eine davon mit einleitendem Rezitativ: die nächste Etappe im Test, denn nun wurden offenkundig nicht nur die kompositorischen Kenntnisse geprüft, sondern die Wirkung nach außen. Auch dieser Test fiel positiv aus; schon am nächsten Tag wurde der Vertrag über die Opernkomposition abgeschlossen. In den Monaten, die daraufhin der Vertragserfüllung noch vorausgingen, reisten die Mozarts weiter durch Italien, und zunächst wurde der Reiseverlauf von den Firmians Empfehlungsschreiben abgesteckt, die nach Bologna, Parma, Florenz, Rom und Neapel adressiert waren: in den Kirchenstaat, in die habsburgisch beherrschte Toskana und ins Königreich Sizilien. In Bologna fiel der Aufenthalt mit dem des kaiserlichen Kämmerers Graf Kaunitz zusammen (zweifellos ein glücklicher Zufall), und die Empfehlung aus Rovereto an Pallavicini ermöglichte weitere Kontakte; in Florenz waren Begegnungen mit dem habsburgischen Großherzog Leopold, dem späteren Kaiser Leopold II., unvermeidlich. Den päpstlichen Orden des »Ritters vom Goldenen Sporn« erhielt Mozart im Juli dann aus den Händen des Kardinalstaatssekretärs Pallavicini, eines Verwandten des Bologneser Adligen. Dieser selbst mag schließlich ebenso wie Padre Giambattista Martini darauf hingewirkt haben, daß Mozart im Spätsommer in die Bologneser »Accademia filarmonica« aufgenommen wurde – mit einer Komposition in historischem Stil, die sich aber bestenfalls als Versuch, diesen zu treffen, beschreiben läßt (»Quaerite primum regnum Dei« KV 86).

Wie weitgehend sich die Mozarts an die habsburgischen Verbindungen hielten, zeigt auch die genaue Reiseroute. Vom Brenner kommend, gelangten sie, als sie Tirol und das habsburgisch kontrollierte Bistum Trient hinter sich ließen, zunächst in das Territorium der Republik Venedig; das war unvermeidlich. Sie machten Station in Verona und hielten sich dort zwei Wochen lang auf. Anstatt von dort auf dem kürzesten Weg westwärts nach Mailand zu reisen, zogen sie erst weiter südwärts nach Mantua, denn dort hatten sie wieder habsburgischen Boden unter den Füßen: das Herzogtum Mailand, in dessen Territorium sie sich daraufhin zweieinhalb Monate lang aufhielten, ehe sie über Modena nach Bologna in den Kirchenstaat weiterzogen. Ganz anders auf dem Rückweg nach Mailand im Herbst: Sie reisten über Venedig, Padua und Brescia. Im Frühjahr hatten sie das ›Ausland‹ noch fast ängstlich umgangen. Auch diese Beobachtung wirft also Licht darauf, wie die Mozarts ›nach Italien‹ gelangten.

Offenkundig handelte es sich um ein Experiment, das vorsichtig angegangen werden mußte. Für die Opernproduktion, die im Hause des habsburgischen Generalgouverneurs vereinbart wurde, heißt dies damit unzweifelhaft: In Mailand konnte Mozart eine Oper ›in Italien‹ schreiben, ohne in politischer und kultureller Hinsicht völlig dort zu sein. Die habsburgische Herrschaft bot den Schutz für dieses Experiment; Mailand war jedoch auch ausstrahlungsreich genug, damit das Experiment auch eine weitere Wirkung haben konnte, falls es gelang. So trug Mailand als Schnittstelle zwischen Italien und dem Heiligen Römischen Reich Deutscher Nation letztlich Mozarts gesamte italienischen Opernaktivitäten.

Hat dies aber auch Auswirkungen darauf, wie weit sich die Werke als ›italienisch‹ bezeichnen lassen? Oder mußte seine Umwelt mit ihm Kompromisse eingehen – ähnlich wie es auch die wohlwollende Aufnahme in die Bologneser Akademie zeigt? Tatsächlich hatte Mozart in Mailand einige Hürden zu überwinden – ähnliche wie in Wien, doch sie waren in weniger feindseligem Geist aufgerichtet. Probleme hatte er auch mit seinen eigenen Kenntnissen, und es wird deutlich, daß sowohl ihm als auch seinem Vater in Wien noch die Abgebrühtheit gefehlt hatte, die ihnen nun half, vergleichbare Schwierigkeiten zu meistern. Folglich war die Wienreise noch in dem euphorischen Vertrauen auf das ›Prinzip Wunderkind‹ angetreten worden; in Mailand mußte der professionelle Aspekt stärker betont werden.

Der Umgang mit der italienischen Sprache

Die erste Frage in diesem Zusammenhang lautet: Wie gut konnte Mozart italienisch? Sicher, er hatte seit 1764 Arien komponiert, und hierfür mußte er die Gesamtstimmung eines Textes treffen, also grob den Sinn verstehen; außerdem hatte er die Grundlagen der Metrik zu beherrschen. Angesichts des regelmäßigen Baus von Arienstrophen war das Risiko, in der Vertonung etwas grundlegend falsch zu machen, aber gering. Doch das genügte nicht, um Rezitative zu schreiben. Daher verwundert es nicht, daß gerade im Rezitativ Probleme Mozarts mit dem Italienischen (als Sprache und als Literatur) erkennbar werden – zunächst sehr viel stärker als in den Vorbereitungen für *Mitridate*, in denen sie aber ebenfalls noch nicht völlig abgebaut sind[15]. Dies wirft Licht auch auf die Probleme, die Mozart in Italien mit Opernsängern hatte: Allgemein kannte er sich in deren Alltagsarbeit noch nicht genügend aus.

Wohl 1765, noch im Zuge der Westeuropareise, entstand die eine Arie aus Metastasios *Artaserse*, für die ein Rezitativ Mozarts (als Accompagnato) erhalten ist; »O temerario Arbace!« bildet mit der Arie »Per quel paterno amplesso« somit ein einzigartig frühes Arien-Satzpaar in Mozarts Schaffen (KV 70). Der Text beginnt:

O temerario Arbace!	*Verwegener Arbace,*
Dove trascorri? Ah, genitor perdona:	*wie weit gehst du? Ach, Vater, verzeih:*
Eccomi a' piedi tuoi; ...	*hier liege ich dir zu Füßen.*

Mozart schreibt ein deutsches »ach genitor«; daß er anschließend statt des Imperativs »perdona« ein »perdono« einsetzt, läßt sich hingegen akzeptieren (»Verzeihung!«). Doch damit, daß der Schlußvokal von »eccomi« mit dem folgenden »a'« verschmolzen werden muß (nach dem Prinzip der Sinalefe), hat er Schwierigkeiten, und er produziert falsche Betonungsverhältnisse, indem er die erste Silbe von »piedi« kurz, die zweite lang faßt (Sechzehntel plus Achtel). Dies beides muß im Manuskript erst noch korrigiert werden, ehe das Rezitativ eine korrekte Form annimmt. Ähnlich die Fortsetzung:

... scusa i trasporti	*... verzeih die Ausbrüche*
D'un insano dolor.	*eines schrecklichen Schmerzes.*

Auch hier sind Korrekturen erforderlich, um klarzustellen, daß »scusa« abtaktig einzutreten hat (nicht auftaktig als »scusà«); der Begriff »i trasporti« wird von Mozart zunächst als ein Wort geschrieben (hier griff Leopold Mozart ein). Noch größere Schwierigkeiten bereitete hingegen »D'un insano dolor«. Der Konsonant am Ende des unbestimmten Artikels (»un«) fehlt; von dem Adjektiv »insano« wird die Negation (»in-«) weit abgerückt, wirkt also wie eine Präposition (»in sano«).

Daß Mozart im folgenden immer wieder Wörter falsch schreibt (»tirrana« statt »tiranna«; »quela« statt »quella«), könnte auch aus bloßer Nachlässigkeit geschehen sein, und daß er im Schlußvers des gesamten Rezitativs die letzten beiden Wörter unvertont läßt und damit aus einem Elf- einen Neunsilbler macht, ist zwar metrisch inkorrekt, widerspricht dem Sinn aber nicht massiv (weggelassen ist die Formulierung »e parti«, »und geh«). Doch insgesamt ist zu fragen, ob Mozart wirklich alles verstanden hat, was er komponierte.

Diese Schwierigkeiten überwand er nur langsam. 1767 schreibt er im Manuskript zum vierten Takt der Arie KV 70 (»A Berenice – Sol nascente«) ein deutsches »creschendo«, und die Probleme mit der Zusammenziehung der Vokale bestehen fort: Im Vers »Deboli troppo i sensi miei trovai« (»als zu schwach befand ich meine Sinne«), in dem »miei« auf eine Silbe fallen muß, ließe sich dieses Wort allenfalls dann als zweisilbig darstellen, wenn es inhaltlich in herausgehobene Position gerückt werden sollte (im Sinne von: »Du zwar hattest dich im Griff, aber meine Sinne ließen mich im Stich«). Nie aber wäre die zweite Silbe dieses Wortes betont (das »i« am Wortende) wie in Mozarts Konzeption, sondern stets der vorausgegangene Wortkomplex. Und diese Konstellation ließ sich in den Noten nicht korrigieren, weil Mozart den gesamten Melodieverlauf auf sie eingerichtet hatte, und so gelangte sie wohl ohne größere Probleme auch zur Aufführung – in Salzburg.

Mozarts Alternativversionen in Mitridate *als kompositorische Quellen*

In dem Rezitativ Mozarts schließlich, das im März 1770 in Mailand als Probestück musiziert wurde, zeigen sich noch immer spezielle Probleme mit der Betonung: Daß Ödipus im Italienischen nicht auf der drittletzten Silbe betont wird, sondern »Edìpo« heißt, hat Mozart erst geändert, als bereits die Aufführungsmaterialien ausgeschrieben waren. Außerdem schreibt er statt des normalen Genitivs »del genitor« (»des Vaters«) ein im

Textsinn unpassendes »dal genitor«; doch das mag nicht weiter aufgefallen sein.

Dennoch legte er die erste Etappe der Kompositionsarbeit an *Mitridate* anscheinend ohne größere Probleme zurück: die Komposition der Rezitative, die bis Oktober abzuschließen war. Der tägliche Umgang mit dem Italienischen mag die letzten verbliebenen Schwierigkeiten beseitigt haben. Als aber ab November die Arien komponiert werden mußten, traten neue Probleme auf. Zu neun der 24 Arien benötigte Mozart mindestens zwei Anläufe – dokumentiert durch verworfene Frühfassungen. Damit entsteht eine ähnliche Quellensituation wie für *La finta semplice*. Doch hier, in der Opera seria als dem traditionellen Feld Mozartscher Vokalkomposition, lassen sich die Hintergründe der Probleme deutlicher formulieren.

Nur eine denkbare Ursache erfährt man aus Briefen Leopold Mozarts: Das gleiche Libretto war bereits drei Jahre zuvor für Turin vertont worden, komponiert von dem örtlichen Komponisten Quirinio Gasparini; aus den Briefäußerungen läßt sich schließen, daß die Sänger so viele Arien wie möglich aus dieser (seinerzeit erfolgreichen) Oper in die neue übernehmen wollten, deren Erfolg – als Werk eines blutigen Anfängers – nicht von vornherein sicher schien. Wiederum könnte es ferner auch sprachliche Probleme gegeben haben. Doch bei genauer Betrachtung zeigt sich, daß die Schwierigkeiten viel tiefer lagen; auch die Umsetzung des Affektgehalts und die Fragen der Arientypologie waren noch diffiziler, als Mozart es zuvor erfahren hatte.

Mozart hatte sich für die Vertonung von Arien aus der Welt der Opera seria auf der Basis des in London Gelernten einen Typus entwickelt, der im Grunde genommen dem Prinzip abstrakter ›Form‹, wie es rund ein Jahrhundert später diskutiert wurde, nicht fern stand: eine Gestaltungsweise, die für jedes Tempo und für jeden Inhalt prinzipiell gleich sein konnte. Sie war davon unabhängig, ob eine Arie ein volles Da capo, eine Variante dieses Prinzips oder keine derartige Rahmenbildung enthalten sollte. Im Kern stand die Gestaltung des Teils, der in einer Da-capo-Arie die Funktion des Haupt- oder Rahmenteils einnimmt.

Die Eröffnung des Vokalteils in der Grundtonart (in wirklich ›großen‹ Arien mit einem doppelt vorgetragenen Textschluß und anschließender Zäsur), der klar gegliederte Modulationsgang, der zweite Textdurchgang in der Dominante mit virtuosen Elementen in seinem weiteren Verlauf, die Rückleitung mit zwei weiteren Textdurchgängen, die dem ersten Paar möglichst nahe stehen: Dies alles ließ sich realisieren, gleichviel ob die Arie von Haß oder Liebe, von Wut oder Freude handelte, und es ließ sich um einen knappen Abschnitt erweitern, wenn ein textliches Kontrastglied zu vertonen war, das als Mittelteil eines Da-capo-Konzepts figurieren sollte. Die notwendigen Differenzierungen ergaben sich auf einem eigenen Sektor: in der Motivbildung (einschließlich der Funktionen des Orchesters), in der Wahl der virtuosen Figuren sowie in Grundparametern wie Tempo, Tonart und Tonfall. Doch das genügte nicht; Mozart mußte auch komplexere Wechselbeziehungen von Affekt und Musik beherrschen. Es geht wohl zu weit, diese Anforderung konkret mit dem Geist der etwa gleichzeitigen Opernreformen Christoph Willibald Glucks in Verbindung zu bringen (*Orfeo ed Euridice* war 1762 uraufgeführt worden, *Alceste* 1767). Aussagekräftiger ist die Feststellung, daß es einen typischen Generationenkonflikt gab: Jüngere Musiker distanzierten sich allmählich von dem Denken des mittlerweile über 70jährigen Metastasio. Wie sehr Mozart sich nach dem ersten Mailänder Anpassungsprozeß in die neuen Modelle eingearbeitet hatte, zeigt sich 1771, als er anläßlich der Mailänder Hochzeitsfeier des Hauses Habsburg mit seinem *Ascanio in Alba* der parallel aufgeführten, als Hauptwerk gedachten Oper *Ruggiero* von Johann Adolf Hasse die Schau stahl. Musik von Hasse, der ein Jahr jünger als Metastasio und 57 Jahre älter als Mozart war, mag für diesen noch in London einer der Bezugspunkte gewesen sein, als er seinen Einstieg in die Metastasio-Techniken bei *Artaserse* suchte.

Der Lernprozeß in *Mitridate* spiegelt sich besonders in den Problemen, denen Mozart in der Zusammenarbeit mit dem Darsteller der Titelrolle, Guglielmo D'Ettore, begegnete[16]. D'Ettore hatte die Rolle auch in Gasparinis Oper gesungen, war selbst Komponist und blieb für die Mozarts auf Jahre hinaus ein Schreckbild[17]. Für dessen Auftrittsarie »Se di lauri il crine adorno« brauchte Mozart fünf Anläufe, in denen sich die kompositorischen Zielsetzungen voneinander abgrenzen und bis zu einem gewissen Grad als Etappen aufeinander beziehen lassen; zur Orientierung kann außerdem die Arie Gasparinis herangezogen werden. Also läßt sich an insgesamt sechs Konzeptionen ergründen, was D'Ettore vorschwebte und was ihm an Mozarts Kompositionen mißfiel. Lediglich eines ist allen Fassungen gemeinsam: Jede von ihnen ist geprägt von D'Ettores stimmlich-interpretatorischen Vorlieben für große Intervallsprünge und weitgespannte Melodielinien sowie seiner Abneigung gegen allzu schnelle Koloraturen[18].

Die Entwürfe sind tatsächlich nur das, was dieser Begriff umschreibt: Sie können nur dazu gedient haben, den Sänger grob über die Planungen des Komponisten zu unterrichten und seine Zustimmung oder Ablehnung abzufragen. Es handelt sich also nicht um Entwurfspartituren – Gerüstnotationen, in die Mozart fürs erste nur die Singstimme und Einfälle für die Begleitung eingetragen hätte und die daraufhin zur vollen Partitur hätten ausgebaut werden können. Insofern läßt sich davon ausgehen, daß die Entwürfe nicht als Versionen anzusehen sind, die Mozart aus künstlerischen Gründen verwarf (sie müßten von ihm als Partituren angelegt worden sein), sondern tatsächlich D'Ettore zur Billigung vorgelegt wurden. Die vier Entwürfe (für die Neue Mozart-Ausgabe mit den Buchstaben a–d bezeichnet) stehen auf drei Blättern – die Entwürfe a und b jeweils auf einem einzelnen, c und d hingegen auf Vorder- und Rückseite eines einzigen Blattes[19]. In dieser Gestalt also muß Mozart die Arien D'Ettore angeboten haben; wenn dieser sie zurückwies, wird er ihm kaum einen kollegialen Rat gegeben, sondern ihn eher mit pauschaler Ablehnung konfrontiert haben, so daß Mozart erraten mußte, was er anders machen solle.

Die Oper spielt zu Beginn des ersten vorchristlichen Jahrhunderts im Reich des Königs Mitridate (Mithridates), der das im nördlichen Kleinasien gelegene Reich Pontus beherrscht, aber in Bedrängnis mit der römischen Expansionspolitik gerät. Zudem bereiten ihm seine beiden Söhne Schwierigkeiten: Erstens sympathisieren sie mit Mitridates Feinden (Sifare mit den Griechen, Farnace mit den Römern), zweitens streiten sie sich um Aspasia, die eigentlich der – schon alternde – König für sich selbst ausgesucht hat; Mitridate hat seinem Sohn Farnace hingegen die parthische Königstochter Ismene zugedacht, doch Farnace geht auf diese Pläne nicht ein. Während des Dramas geraten beide Söhne in Lebensgefahr (Sifare steht kurz vor dem Todesurteil, Farnace wird an einen Felsblock gekettet), und Aspasia als Kristallisationspunkt allzu vieler Interessen plant, sich selbst umzubringen (der Giftbecher wird ihr bereits überbracht). Am Ende wird hingegen der König tödlich verletzt, Sifare und Aspasia, Farnace und Ismene werden als Paare zusammengeführt und können eben noch den Segen des sterbenden Vaters erhalten, nachdem sie klargestellt haben, daß sie ihre außenpolitischen Sonderwege aufgeben.

»Se di lauri il crine adorno«, die ›kritische‹ Arie, ist die erste Äußerung eines Königs, des Titelhelden; er kehrt als geschlagener Feldherr in die Heimat zurück. Das konstituiert eine komplexe Affektsituation, und in diese dachte sich Mozart zunächst wohl nicht weit genug hinein. Für ihn ergab sich der Tonfall der Arie allein aus der Tatsache, daß es der Herrscher ist, der hier auftritt; um dessen innere Verfassung kümmerte er sich nicht. Diese inhaltliche Situation[20] erscheint in Mozarts endgültiger Version als bestmöglich umgesetzt – neben den gesangstechnischen Vorlieben D'Ettores, die er ohnehin berücksichtigen mußte.

Der Entwicklungsgang der Arie ist nicht völlig geklärt. Alternativ zu der in der Neuen Mozart-Ausgabe vorgeschlagenen Abfolge der vier Entwürfe (a–b–c–d) hat Harrison James Wignall die Vermutung geäußert, daß die Entstehungsgeschichte der Arie mit dem Entwurf c begonnen habe (die Abfolge der übrigen hat auch er akzeptiert); um seine Überlegung zu stützen, verweist er auf die Tonart der Entwürfe, auf eine Fülle von Gestaltungsdetails und auf den Schriftduktus, der in einigen Dokumenten ein ruhigeres, in anderen ein eiligeres Arbeiten spiegelt[21]. Doch keiner dieser Parameter kann erklären, weshalb die Entwürfe c und d auf demselben Blatt stehen. Dieses Detail der Quellenentstehung müßte an vorderster Stelle in die Untersuchung einbezogen werden; es ist allen werkästhetischen Annäherungen übergeordnet und deutet auf einen außerordentlich engen Zusammenhang der Versionen c und d hin. Ebenso gehört in den Bereich des Äußerlichen, daß Mozart nur in den Entwürfen a und b die Orchestermitwirkung skizziert hat, nicht auch in den Entwürfen c und d; auch dies läßt die beiden Versionen im Entstehungsprozeß benachbart erscheinen. Alle weiteren, stilgeschichtlichen Beobachtungen sind in ihrer zeitlichen Abfolge ungesichert; denn ohnehin ist in keinem Fall zu erkennen, daß der Prozeß, den die Quellen spiegeln, derjenige einer fortschreitenden Perfektionierung war. Stets kann Mozart, nachdem ein Entwurf zurückgewiesen worden war, auch auf Details einer noch älteren Version zurückgegriffen haben, um eine neue zu gewinnen – auch in der Tonartfrage. Und unter welchen Bedingungen der Werkentstehung Mozart eher Ruhe hatte oder eher unter Zeitdruck stand, ist ebenfalls nicht so weit zu klären, daß sich daraus Ordnungskriterien ableiten ließen.

Die Betrachtung kann einstweilen davon ausgehen, daß die Abfolge der Entwürfe a, b und d unumstritten ist; allerdings spricht vorerst alles dafür, daß auch die Version c an der Stelle in der Entstehungsgeschichte stand, die mit der Alphabetisierung umschrieben ist, so daß die Entwürfe hier in dieser Reihenfolge dargestellt werden. Insgesamt ist die Abfolge der Entstehung allerdings nicht entscheidend; wichtiger ist es, die Vielfalt der Entwürfe zu beschreiben, weil sich daraus wesentliche Informationen für die weitere Entwicklung von Mozarts Arienstil gewinnen lassen.

Die ›szenischen‹ Probleme charakterisieren den Entwurf a (vgl. Notenbeispiel 18, S. 455f.). Das Tempo ist vermutlich als Moderato gedacht; die Achtel-Triolen lassen kein allzu schnelles Tempo zu, aber es kann auch nicht allzu langsam sein – dagegen spricht der Duktus der Violine 1: Es handelt sich um den gleichen Thementypus, mit dem Mozart auch die Violinkonzerte KV 207 und 216 sowie das Flöten- bzw. Oboenkonzert KV 314 eröffnet, und in all diesen Fällen hat er eine Achtelbegleitung hinzugesetzt. Somit ergibt sich der Eindruck, daß er hier die Auftrittsarie eines Herrschers komponiert habe, nicht die (knapper formulierte) Cavata eines geschlagenen Feldherrn.

Probleme mit Sprache und Poetik lassen sich allenfalls erahnen. Zwar ist alles richtig betont, und der Text der ersten beiden Verse ist nach einem gängigen Muster aufbereitet: Der achtsilbige Vers wird in der Mitte geteilt und setzt abtaktig ein. Fraglich ist aber, ob für den ersten Vers nicht eine andere Gestaltung näher läge; das einsilbige erste Wort kann strenggenommen keine Betonung tragen, und daher müßten die beiden ersten Wörter als Anapäst aufgefaßt, also als Doppelauftakt komponiert werden[22]. Doch diese Frage stellte sich Mozart zunächst offenkundig nicht. Und da die beiden weiteren Verse der Strophe zusammenhängend vertont und anschließend alle vier Verse in einem zweiten Textdurchgang wiederholt werden, entsteht ein außerordentlich regelmäßiges Gebilde. Dies gilt auch in musikalischer Hinsicht: Nach den ersten acht Singstimmen-Takten kadenziert Mozart in der Grundtonart (T. 12), benutzt dann die Verse 3 und 4, um mit ihnen in der harmonischen Konstruktion schnellstmöglich fortzuschreiten, und erreicht so in Takt 16 die Doppeldominante. Daraufhin sieht er vor, daß die beiden ersten Verse wieder einsetzen – mit zweimal fast gleicher Musik, so daß eine Pendelbewegung in einer Situation entsteht, in der nach späterer Auffassung ein sonatenhaftes Seitenthema erwartet würde. Nach einer Überleitungs-Zeile (T. 23–25) nutzt Mozart die o-Vokale des Schlußverses für eine Melismenbildung; es dürfte vom Tempo abhängig gewesen sein, ob D'Ettore sie akzeptierte. Dann schließt der erste Vokalteil; nach zwei Orchestertakten folgen (wie in allen übrigen Versionen) die Vertonung der zweiten Strophe und ein variiertes Da capo – Teile, die hier außer acht gelassen werden können, weil sie der Betrachtung keine neuen Details hinzufügen. Festzuhalten ist, daß dieser Entwurf (abgesehen von den dramatischen Problemen) den metrisch fragwürdigen, abtaktigen Vokaleinsatz enthält und daraufhin in Textbehandlung und musikalischer Form einem klaren Prinzip folgt – einem aus D'Ettores Sicht wohl allzu schematischen.

In Entwurf b (vgl. Notenbeispiel 19, S. 456) bezieht Mozart in möglichst vielen Punkten, die als konstitutiv für Entwurf a angesehen werden, eine gegensätzliche Position; zunächst verweist nur die Violin-Synkope in der Einleitung darauf, daß beiden Versionen ein ähnlicher Gestaltungsansatz zugrunde liege, doch die Sechzehnteltriolen in der Begleitung deuten dem kritischen Auge des Uraufführungssängers an, daß das Tempo nur noch halb so schnell sein soll wie zuvor. Der Vokalpart tritt nun auftaktig in das Geschehen ein, und der Vers wird nicht untergliedert; damit orientiert sich Mozart an der gängigen Alternative, die zur Vertonung von Ottonari zur Verfügung stand[23]. Wiederum ist die Gestaltung also schematisch, und dies gilt auch für alle anderen neu hinzukommenden Elemente.

Gleich zu Beginn wird der zweite Vers zweimal vorgetragen; damit wird – ebenso wie es aus Mozarts frühesten Arien vertraut ist – eine Eröffnungszone mit kadenzierendem Abschluß (T. 13) gebildet. Noch klarer als im Entwurf a folgt die Modulation daraufhin der Textgestalt: Mit Vers 3 (T. 14–17) erreicht Mozart die Dominante F-Dur, mit Vers 4 (Takt 18 und 19) die Doppeldominante C-Dur (und zwar als Halbschluß). Daraufhin entfällt das charakteristische ›Pendeln‹ des Entwurfs a; vielmehr bereitet Mozart nun auf unschematische Weise den Schlußvers der Strophe vor. Melismatisch gefaßt werden diesmal nicht allein die o-Vokale (hier nur in »vergogna«), sondern auch die Präposition »di«.

Der Entwurf c (vgl. Notenbeispiel 20, S. 457) beginnt abtaktig wie Entwurf a. Dennoch ist die Gestaltung völlig anders als in Entwurf a (und b), in denen die Anfangsverse stets so eingerichtet sind, daß pro Takt eine betonte und eine unbetonte Silbe vorkommen können. Hier wählt Mozart eine andere Textaufbereitung – die er aber nicht minder schematisch durchführt, denn von dem zugrunde gelegten Vier-Silben-Prinzip weichen nur die Takte 13 und 20 ab. Damit kann er den Text im Detail flexibler gestalten, als es die Versionen a und b erkennen lassen; dies zeigt sich allein schon die variable Taktposition der Sechzehntel. Vorausgesetzt, Entwurf c war tatsächlich der dritte in der Entstehungsfolge: Dann ließe sich davon sprechen, daß Mozart in anderer Hinsicht von Elementen abgerückt sei, die in Entwurf b festzustellen sind – mit dem sicheren, aber fatalen Ziel, sich wieder an Entwurf a anzunähern. Wie in diesem wird, ohne daß der zweite Vers wiederholt würde, in der Grundtonart kadenziert, und nach einer typisch luziden harmonische Disposition für die Verse 3 und 4 begegnet man in Takt 9 und 10 der Pendelbewegung. Dem andersartigen textlichen Prinzip folgend, greift sie aber nur die beiden Hälften des ersten Verses auf, bezieht also nicht auch den zweiten Vers ein; dieser bleibt übrig, um die Schlußvorbereitung anzulegen. Auch hier stehen alle Melismen auf »o«, sind aber (wie in Entwurf b) nur aus »vergogna« entwickelt.

Es ist folglich zu vermuten, daß Mozart in den poetischen Ansätzen auf einen neuen Weg gelenkt worden war: Das Tempo der Arie wird dadurch langsamer, daß die Textdeklamation innerhalb jedes Taktes mehr Raum einnimmt. Dies bot ihm offenkundig die Basis für die Weiterarbeit; weil dies sich in der Arbeit nunmehr festsetzt und lediglich weiter differenziert wird, ist anzunehmen, daß alle Aspekte, mit denen die Version c der Version a ähnelt, tatsächlich als eine Reaktivierung älterer Elemente anzusehen sind. Daß es zu einem solchen Rückgriff auf Elemente einer bereits verworfenen Fassung kam, belegte die Ratlosigkeit, in die D'Ettore Mozart führte; kaum etwas davon, was sich in den Entwürfen änderte, kann er konkret formuliert haben – vielleicht nur die Frage der Silbenzahl und die Ablehnung des Vokals »i« in Melismen.

Für Fassung d (vgl. Notenbeispiel 21, S. 457) reaktiviert Mozart aus Entwurf b den auftaktigen Beginn und den Zusammenhang des Ottonario; dies kombiniert er mit dem Prinzip ›vier Silben pro Takt‹ aus Entwurf c. Aber die Gestaltung ist wesentlich flexibler; so können immer wieder – wie auf schematische Weise bereits in den Entwürfen a und b – auch einmal nur zwei Silben in einem Takt stehen. Ähnlich die Musik: In Takt 10–13 wird der zweite Vers kadenzierend wiederholt (wie in Version b), doch daraufhin werden, bis die Binnen-Schlußkadenz erreicht ist, nur noch die Verse 3 und 4 musiziert (T. 11–20); es ergibt sich also kein zweiter Textdurchgang (die Musik der Takte 15ff., obwohl untextiert, läßt sich keinesfalls anders interpretieren). Zwar liegt auch in diesem Abschnitt eine Modulation (bis hin zur Doppeldominante A-Dur in Takt 14); diese kann auf diese Weise aber direkt in die Schlußmelismen münden, die wiederum auf »o« stehen, diesmal aber aus »rossor« abgeleitet sind.

Damit ist die von D'Ettore akzeptierte Fassung erreicht (vgl. Notenbeispiel 22, S. 458f.); sie mischt Komponenten der abgelehnten Entwürfe noch weiter als Version d. Der auftaktige Beginn, in Version b erstmals entwickelt, ist mit Version d zum Standard geworden; der erste Vers wird geteilt vorgetragen – wie bis dahin nur in Version c. Mit ihr ist die Viersilbigkeit der Taktgestaltung in die Arie hineingekommen; sie wird nicht schematisch behandelt, aber auch nicht so plump durchbrochen wie in Version d. Folglich betrachtete Mozart die Viersilbigkeit zwar als Grundprinzip, handhabe sie aber in der Detailaufbereitung frei. Ebenso mußte er auch im musikalischen Aufbau jeden Anschein formaler Schematismen vermeiden.

Folglich bot der unkonventionelle Aufriß der Version d hierin die Grundlage für die endgültige Version: Vers 2 wird wiederholt; gleichzeitig mit Erreichen der Doppeldominante setzen die Melismen ein, und zwar nachdem zuvor mit Vers 3 die Dominante berührt worden ist (wie in Version b). Details wie der Duodezimsprung in Vers 2 (d–a^1) wurden beibehalten. Neu ist, in welcher Breite Mozart den Schlußvers vertont: Dieser nimmt zwölf der 21 Takte ein, und statt nur eines hohen g^1 in Version d enthält das Endprodukt hier gleich viermal ein h^1.

In der anderen Arie des Titelhelden blieb Mozart nichts anderes übrig, als eine eigenständige Revision der Arie Gasparinis zu schreiben[24]; zu fragen ist hier also, wie weit er sich auch in der Auftrittsarie des geschlagenen Königs an eine gegebene Vorlage zu halten hatte. Das Ergebnis[25] wirkt erstaunlich: Gasparini bietet zwar erwartungsgemäß den Doppelauftakt des ersten Verses, doch ansonsten ist seine Arie von Mozarts Endkonzeption weit entfernt. Nach der Wiederholung des zweiten Verses (wie bei Mozart) folgt ein klar aufgebauter Modulationsabschnitt, der in einen kompletten zweiten Textdurchgang mündet; beides ähnelt Mozarts Versionen a–c. Mit der Gestaltung des ersten Vokaleinsatzes steht die Version b der Arie Gasparinis besonders nahe, und deren intervallischer Aufbau findet sich noch in der Vokaleröffnung von Mozarts Endversion[26] – in der aber die Texterschließung völlig anders geregelt ist. Erstaunlich ist auch der Schluß des Vokalteils, den Gasparini triolisch gestaltet und in nur vergleichsweise bescheidener Ausdehnung konzipiert hat, beides wie nur in den verworfenen Vorstufen Mozarts. Damit zeigt sich, daß Mozart sich mindestens in den Versionen b und c eng an das Gasparini-Vorbild hielt und daß D'Ettore eine Version akzeptierte, die sich deutlich von diesem Vorbild unterscheidet. Gegen die Version a hat er aus verständlichen dramatischen Gründen protestiert; aber er wollte wohl auch keinen zweiten Aufguß der Gasparini-Arie, der ihr Vorbild nicht erreichen konnte – und so knapp und anspruchslos wie mit Version d wollte er nicht abgespeist werden.

Auf diese Weise kann die Analyse unterschiedlicher musikalischer Parameter die Reihenfolge bestätigen, in der die Entwürfe präsentiert worden sind. Die Geschichte dieser Arie entwickelte sich also erstaunlich geradlinig: In den Entwürfen a und b, auf jeweils einzelnen Blättern notiert, ist zwar bereits angedeutet, wie die Orchesterbegleitung aussehen solle; doch dies dokumentiert nicht die allmähliche Konkretisierung der Ideen, sondern erweist sich als vorschnelle Maßnahme Mozarts – der fortan dem Sänger nur die geringste denkbare Essenz der Musik vorgelegt hat. Der Entwurf a war mit hoher Wahrscheinlichkeit der erste (nicht nur wegen der äußeren Quellengestalt, sondern weil so viele seiner Elemente später keine Rolle mehr spielen); Entwurf d ist in der Entwicklung der letzte vor der definitiven Arie (weil beide Gestalten in der gleichen Tonart stehen und einander sogar in Details der Melodik ähneln).

Die Quellen zu »Se di lauri« spiegeln also vermutlich exemplarisch den Lernprozeß, mit dem sich Mozart vom Formalismus seiner frühesten Arien löste, und zwar sowohl in der musikalischen Form als auch in der Textaufbereitung. Nachdem er den dramatisch falschen Ansatz der Fassung a abgelegt hatte, mußte er sich von einer typischen Formkonstruktion verabschieden, die er in seinen frühesten Arien verfolgt hatte. Die Technik, mit den ersten beiden Versen ein Plateau zu umreißen und mit den beiden nächsten zu einem neuen aufzubrechen, das dann – unter Wiederholung des Textes – auf die virtuose Schlußkadenz hinführte, versagte ihm den Dienst; diese Konstruktionen waren der Offenheit von Gasparinis Arie aus D'Ettores Sicht unterlegen. Und allzu lange war er der Ansicht, daß ihm nur eine Anlehnung an Gasparini weiterhelfen werde. Die Chancen, die sich ihm eröffneten, hat er demnach erst spät begriffen. Offenkundig fehlte ihm also noch der Hintergrund dafür, das schematische Arienprinzip seiner Anfänge, von dessen Unzulänglichkeit er überzeugt worden war, zu variieren; er konnte mit den Möglichkeiten noch nicht souverän genug umgehen, um zu wissen, welche Alternativen er hatte.

Dennoch hatte Mozart zuvor durchaus auch Erfahrungen mit dem Achtsilbler gemacht; in *La finta semplice* finden sich sogar Konstellationen, die der Textaufbereitung in »Se di lauri« aufs engste verwandt sind: In 13 der 24 Texten zu Arien und Ensembles (ohne Finali) ist der herrschende Vers der Ottonario – und von ihnen hat Mozart neun mit Doppelauftakt eröffnet, und zwar auch mit den charakteristischen vier Silben pro Takt. Sechsmal eröffnet er die Arie mit einem geteilten ersten Vers, dreimal mit einem ungeteilten. Hatte Mozart also Probleme, diesen Vers mit dem Serio-Theater in Verbindung zu bringen – und dort mit dem König? Sprachliche Probleme kann er hingegen kaum mehr gehabt haben. Schließlich aber wird erst in der letzten Fassung die Musik auch mit Elementen angereichert, die den stimmlichen Fähigkeiten des Sängers schmeichelten; erst in ihr erkennt Mozart, welches Potential ihm der Schlußvers in einer so knappen Arie bieten kann.

So ist bemerkenswert, wie vielfältig die neuen Gestaltungsmöglichkeiten waren, die er in der Arbeit an dieser Arie ausprobierte – und welche differenzierten Folgen dies hatte:

- Die Technik des Entwurfs a erschloß ihm einen Kompositionsansatz, der in *Ascanio in Alba* für die Arien typisch wird: Nach ruhiger Eröffnung wird das Deklamationstempo im Modulationsprozeß für die Verse 3 und 4 verdoppelt.
- Die Eröffnung, die er in Entwurf d entwickelt und in der die musikalischen Phrasen auch unabhängig von den Verszusammenhängen gebildet werden, charakterisiert manche weitere der Arien in *Mitridate* (z. B. die Farnace-Arie Nr. 6, »Venga pur«).
- Für die erste Arie der Oper, Aspasias »Al destin che la minaccia«, zog die Sängerin Antonia Bernasconi, wie der Vergleich zwischen Entwurf und Endprodukt erkennen läßt, jener Gestaltung die traditionellste vor, die Mozart zu bieten hatte, und das gleiche gilt für die Spannung zwischen anfänglicher und definitiver Version in der Arie »In faccia all'oggetto« (Ismene, Nr. 9).
- Noch freier als die Musik für D'Ettore wird die Farnace-Arie Nr. 16 (»Son reo«) gestaltet: Mozart sah zunächst eine Arie in Da-capo-Anlage vor, in ihrem Rahmenteil traditionell weit ausgedehnt; dieser wird in der Endfassung ähnlich weit zusammengedrängt wie in »Se di lauri« seit Version d, doch nach der Schlußkadenz folgt kein variierter zweiter Durchgang durch den vorgetragenen Text, sondern sofort der kontrastierende Mittelteil. Diesen Ansatz der Textaufteilung greift Mozart in der Arie Nr. 22 nochmals auf (Sifare: »Se il rigor d'ingrata sorte«); er wird ebenfalls für *Ascanio in Alba* zu einer wichtigen Gestaltungsgrundlage.

Ehe Mozart die Arbeit an *Mitridate* aufnahm, hatte er wohl keine Mühe damit, in der Vertonung italienischer Texte Standardverfahren anzuwenden; wie tolerant sein Salzburger Umkreis echten Schwächen gegenüber war, zeigt sich schlaglichtartig im Umgang mit dem falsch betonten Wort »miei« in der Licenza KV 79. Und daß Wunsch und Wirklichkeit der italienischen Opernpraxis nicht überall auf gleicher Höhe standen, wird noch deutlich, als Mozarts *Idomeneo* in München offenkundig als Provinzproduktion abgetan wird (»Verfassung, Musik und Uebersetzung – sind Geburten von Salzburg«[27]): München war zweifellos ein Zentrum italienischer Oper nördlich der Alpen. In einem solchen, in Wien, hatte Mozart auch seine ersten Erfahrungen damit machen müssen, daß Sänger seinen Standardverfahren gegenüber Kritik äußerten, noch dazu auf einem dramatischen Terrain, das er zu wenig beherrschte: als er die Opera buffa *La finta semplice* komponierte und daher gleich aus vielerlei Gründen kaum begriffen haben kann, was gegen seine Praktiken sprach. Doch in Mailand, im italienischen Sprachraum, muß ihm klargeworden sein, daß er noch unerfahren war; unter habsburgischer Protektion stehend, wurde es ihm erleichtert, sich die im Opernbetrieb geforderte Variationsbreite des Komponierens anzueignen.

Handlungsbezug in der Seria als kompositorische Erfahrung in Mailand

Der Ertrag des Mailänder *Mitridate* wird üblicherweise knapp damit umschrieben, daß Mozart den Auftrag erhielt, zwei weitere Opern für Mailand zu komponieren. Die Serenata *Ascanio in Alba* war eine der beiden Opern, die 1771 anläßlich der Hochzeit Erzherzog Ferdinands mit der Este-Prinzessin Maria Beatrice Ricciarda von Modena im Auftrag der Kaiserin Maria Theresia aufgeführt wurden, und *Lucio Silla* eröffnete den Karneval des übernächsten Jahres (Uraufführung zur Saisoneröffnung am 26. Dezember 1772). Den Auftrag für die Karnevalsoper hatte Mozart seit dem 4. März 1771 in der Tasche, den für die Hochzeitsserenata erhielt er, als er Ende März Salzburg wieder erreichte.

Doch dem Mailand Abenteuer von 1770/1771 verdankt Mozart auch in künstlerischen Details wesentliche weitere Impulse. Abgesehen davon, daß die Rezitative Mozarts nun endgültig auf der stilistisch erforderlichen Höhe standen, hatte er das Repertoire seiner Möglichkeiten in der Arienkomposition wesentlich erweitert: Er muß nunmehr gewußt haben, wie weit die dramatische Situation einer Arie auch auf die formale Gestaltung der Musik Einfluß haben kann; und er hatte gelernt, wie flexibel Texte sich in einer Komposition behandeln lassen. Der Unterschied tritt im Vergleich zu den Techniken seiner Londoner Arien offen zutage; noch deutlicher wird das Neue, wenn als Vergleichswerk *La finta semplice* gewählt wird, das als Opera buffa den Prinzipien des Handlungsbezugs und der flexiblen Textbehandlung viel weiter offen stand als *Mitridate* als Opera seria.

Ganz im Sinne der Opera seria waren auch in *La finta semplice* Mozarts Arien durchweg ›Arien‹ geblieben: primär musikalische Sätze, die in den von Rezitativen getragenen dramatischen Fortgang eingefügt erscheinen und in ihrem Stimmungspotential die Situation beleuchten, die im jeweiligen Moment in der Handlung erreicht worden ist. Mozarts frühe Erfahrungen, die es ihm ermöglicht hatten, den Tonfall der vokalen Motivik und der orchestralen Begleitung richtig zu treffen, tragen auch hier das Geschehen. Daneben müssen ihm – ebenfalls aus der Opera seria – Prinzipien vertraut gewesen sein, die Ariengestaltung zu reduzieren, etwa indem das Ausmaß virtuoser Koloraturen begrenzt wird, weil für das Profil einer nachgeordneten Seria-Rolle die gewohnten, ausgedehnten Strukturen nicht angemessen erschienen. Dies konnte analog auch auf Buffa-Situationen übertragen werden. Und nachdem ihm im Zuge der Westeuropareise liedhafte Elemente zugänglich geworden waren, konnte er auch diese nun in die Oper übertragen: Mozart bildet aus ihnen Phrasen, in denen damit der Entwicklungsgedanke der großen Seria-Arie ausgespart wird, und läßt an deren Stelle knappe, in sich abgerundete Zellen aus Vorder- und Nachsatz entstehen, deren melodisches Profil aus syllabischer Deklamation des Textes entwickelt wird. Doch mit diesem Ausdrucksrepertoire war ein Handlungsbezug in der Opera buffa noch daran gebunden, daß Mozart musikalisch unterschiedliche Zellen voneinander absetzte – so, wie es sich in *La finta semplice* exemplarisch an den Sprechrichtungen der Polidoro-Arie Nr. 17 zeigen läßt. Weiter ausgreifende Konzepte – etwa im Sinne der Arie, in der Don Giovanni die Spießgesellen Masettos in alle Richtungen ausschickt, um mit diesem allein zu sein (»Metà di voi qua vadano«) – lagen noch außer Reichweite.

Mozart konnte sich die Perspektiven des Handlungsbezugs, die ihm in der Komposition seiner ersten Opera buffa noch nicht verfügbar waren, nicht auf demselben Feld nachträglich erarbeiten. Dies hätte ihn – mit wohlwollender Anleitung – zweifellos von vornherein zu einem typischen Buffa-Komponisten seiner Zeit machen können. Für seine Weiterarbeit in Mailand und ebenso auch nach 1773 nördlich der Alpen war es vielmehr richtungweisend, daß er kompositorische Differenzierungen, die ihm neben den Grundanforderungen im großen Bereich des ›Affekts‹ Handlungsbezug ermöglichten, dagegen auf dem Boden der Opera seria kennenlernte, folglich auch in deren ureigensten Mechanismen: auf dem subtilen Feld der Textdeklamation. ›Affekt‹ sicherte lediglich ähnlich allgemeine Grunddaten der Satzgestaltung, wie es sich auch im Hinblick auf ›Form‹ umschreiben läßt; ›Bühnenaktion‹ konnte im Rahmen von Seria-Arien ohnehin als zweitrangig erscheinen (weil sie im Rezitativ angesiedelt ist). Doch als Ergebnis konnte im Sinne der aktuellen Opernentwicklungen ein Nebeneinander aus ›Konzertantem‹ (dem rein Musikalischen, Virtuosen) und ›Textvortrag‹ nicht genügen. Gefordert war nun ein dramatischer Gehalt des Musikalischen über den Affektgehalt hinaus, und wie für Mozart in Mailand erkennbar wird, hatte er ihn in einer flexiblen Aufbereitung des Textes zu suchen, mit der sich dessen emotionale Komponenten in den Vordergrund rücken ließen: aufgrund eines differenzierten Umgangs mit dessen metrischen Gegebenheiten. Die Arie behielt damit sowohl ihren Charakter als Handlungsstation als auch die hohe Bedeutung der ›rein musikalischen‹ Seite; Handlung und Musik rückten aber dichter aneinander, weil im Gesangspart die Bedeutung des Sprechens wichtiger wurde. Dieser aus der Metrik abgeleitete Handlungsbezug ist klar auf Gegebenheiten der Opera seria ausgerichtet; auf Arien der Opera buffa, in denen durchgehend ein parlando-Stil gepflegt werden sollte, ließ er sich zumindest nicht direkt übertragen – eine flexible Auslegung der metrischen Grundlagen war hier nicht intendiert.

Wohl niemand im Umkreis Mozarts um 1770/1771 wäre auf die Idee gekommen, ein Problem für die Zukunft darin zu sehen, daß ihm der Handlungsbezug der Opera buffa damit noch weiter verborgen blieb. Vorerst bot sich für Mozart genügend Gelegenheit, das neu Erfahrene auf dem Seria-Sektor umzusetzen, und im Prinzip brauchte er für die äußere musikalische Anlage der Arien nichts Grundlegendes zu verändern: Die Konzepte für das Arienritornell, für den Eintritt des Sängers, für den Modulationsgang weg von der Grundtonart und für die Relation späterer Arienteile zu dieser Eröffnung konnten im Prinzip beibehalten werden.

Arien des Ascanio-Typs und Mozarts Konzertallegros

So sehr dieser Handlungsbezug von Mozart forderte, daß er auf subtile Details des Textes reagierte, kam es gerade in den musikalischen Grundlagen zu neuen Schematisierungen: In *Ascanio in Alba* arbeitete Mozart mit einem klar definierten Arientypus; dieser hat die Blicke der Forschung deshalb auf sich gelenkt, weil Mozart nach weithin ähnlichen Gesichtspunkten wenig später Konzert-Einleitungssätze gestaltete und damit ein Formprinzip etablierte, das ihn zeitlebens beschäftigte. Neu ist diese Arienanlage nicht; in ihrer äußeren Gestaltung ist sie mit unterschiedlichen Vorzeichen für viele Komponisten des 18. Jahrhunderts diskutiert[28] und im Hinblick auf das traditionelle, groß angelegte Da-capo-Prinzip bald als Verkürzung, bald als Modifikation, bald als stärkere Angleichung an sonatenhafte Prinzipien begriffen worden.

Grundgedanke dieses Arienmodells ist nicht nur die Ausformung von motivischen Konstellationen, die in ihrer Stellung auf ein Seitenthema zu verweisen scheinen, sondern vor allem eine andere Präsentation des typischen, prinzipiell zweistrophigen Arientextes. Die Vertonung der ›Binnenstrophe‹ wird nun nicht mehr so lange hinausgeschoben, bis der Rahmenteil der Arie mit der Rückkehr in die Grundtonart abgeschlossen ist, sondern dieses textliche Kontrastglied wird in den Rahmenteil selbst eingeschoben: nach Erreichen des dominantischen Binnenritornells bzw. nach einem ersten virtuosen Kadenzprozeß im Vokalpart. Mit dieser Anlage erscheinen die Arien als dreigliedrig; einem modulierenden Startteil folgt ein kontrastierender Mittelteil und ein Schluß, der – ohne Modulation – sich an den Startteil anlehnt. Damit scheinen Ähnlichkeiten zu der Dreiteiligkeit zu bestehen, von der das Sonatenmodell geprägt ist (mit einer Entsprechung zwischen Startteil und Exposition, zwischen Mittelteil und Durchführung sowie zwischen der variierten Wiederholung des Startteils und einer Reprise).

Mozarts individueller Umgang mit diesem Arienprinzip ist nicht nur aus einer allgemeinen Kompositionspraxis heraus zu beschreiben; ebenso können auch Überlegungen wirksam geworden sein, die sich allein aus seiner kompositorischen Situation und deren Voraussetzungen erklären lassen. Ohnehin ist es nicht sachgerecht, nur Aspekte der textlichen und musikalischen Form als Standards des kompositorischen Arbeitens zu betrachten; auf dem Sektor der Arie spielen ebenso die Grundfragen der Metrik und der Virtuosität sowie die syntaktische Funktion aller dieser Parameter eine fundamental wichtige Rolle.

Schon die größte ›syntaktische‹ Einheit, der Ablauf des gesamten Werks, macht verständlich, weshalb diese Ariengestaltung gerade in *Ascanio* so weitreichende Bedeutung erhält: In ihr ist elementar, daß der Wechsel zum ›anderen‹ Farbwert der Arie, der mit der zweiten Textstrophe eingeführt wird, mitten in einem gedanklich-musikalischen Prozeß erfolgt, nicht erst nach dessen Abrundung; der Antagonismus, der zwischen den beiden Textteilen liegt, wird auf diese Weise klarer erlebbar. In jedem Fall erscheint die Arie gerafft; reduziert wird das Gewicht, das dem ›alten‹ Schema zufolge überdeutlich bei Text und Musik des Rahmenteils liegt – so sehr, daß die Binnenstrophe der Arie nur wenige Takte einzunehmen braucht, der Rahmenteil aber in voller Entfaltung virtuoser Elemente zweimal unverändert abläuft. Die Ziele, die Mozart mit diesem Arienprinzip in *Ascanio* verfolgte (und die sich von denen unterscheiden, die im nachfolgenden *Lucio Silla* erkennbar werden), lassen sich also zunächst darauf zurückführen, daß er keine ausgewachsene Opera seria zu komponieren hatte, sondern eine knappere Serenata teatrale. Indem er die musikalische Ausdehnung einer Arie begrenzte, konnte er jedoch zugleich auch den Handlungsbezug, der in der Opera seria möglich ist, gegenüber traditionellen Techniken noch weiter erhöhen: Der so frühe Eintritt des Kontrastgliedes ließ einen geschmeidigen Stimmungswechsel im Arienverlauf zustande kommen.

Wenn dieses Prinzip auf instrumentales Konzertieren übertragen wurde, wirkt dies deshalb verständlich, weil in ihm die gleiche Aufgabentrennung zwischen Solist und Orchester gegeben sein kann wie in einer Arie[29]. Doch eine genaue Prüfung sowohl jener Arien in *Ascanio* als auch der frühesten Konzertallegros kann auch die Unterschiede beider Ansätze offenbaren, und sie machen deutlich, daß Mozart in *Ascanio* weder sonatenhafte Arien schrieb noch diese Arienform direkt in das Ambiente des Konzertsatzes überführte, so ähnlich die künstlerischen Ergebnisse auf beiden Sektoren erscheinen. Man mag den Eindruck gewinnen, daß die beiden Konkretisierungen nur einen Zungenschlag voneinander entfernt seien; dieser Unterschied bleibt bei einer Betrachtung, die das Formale betont, verborgen und zeigt, wie dicht die beiden Modelle benachbart sind. Doch darin, daß sie in zwei verschiedenen Gattungsbereichen auf unterschiedliche Weise wirksam werden, ist auch erkennbar, daß Mozarts Maßnahmen im Konzertsatz auf einem individuellen Transfer beruhen.

Wie im Hinblick auf Mozarts frühe kompositorische Entwicklung beschrieben, wird in seinen Konzertallegros die ›Durchführung‹ in besonders auffälliger Weise von dem Sequenzierungsverfahren geprägt, das die dritte ›Phase‹ seiner frühesten Kompositionen charakterisiert; gleichviel, ob sich in diesen Werken (oder in den Konzertsätzen) ein sonatenhafter Durchführungscharakter ergibt oder nicht, sind sie in der Wahl der Mittel, mit denen Mozart die entsprechenden Abschnitte gestaltet, einander verwandt. Doch als er diesem Prinzip, das sich später so ideal in Konzertsätzen umsetzen ließ, begegnete und es den Arien in *Ascanio in Alba* zugrunde legte, traf er eine gestalterische Maßnahme, die dieser Verwandtschaft gerade entgegenwirkte. Denn die neue Position, die er der kontrastierenden zweiten Strophe des Textes gab, führte zum Ausschluß des traditionellen rückmodulierenden Abschnitts und bedeutete einen Verzicht auf dessen typische Elemente: Im neu entstehenden Mittelglied der Arie mußte – ebenso wie sonst in einem B-Teil – ein eigener musikalischer Charakter entwickelt werden, der sich auf die andere Textgrundlage bezieht; diese legte es Mozart aufgrund seiner vertieften Einsichten in die italienische Metrik ohnehin nahe, auch in der Motivbildung andere Wege zu beschreiten als in den übrigen Teilen der Arie. Damit war zunächst jegliche Beziehung, die als Anfangsreim zum Beginn zu qualifizieren wäre, ausgeschlossen, weil sie die Eigenständigkeit des musikalischen Profils, das in der Vertonung einer ›Binnenstrophe‹ zu entwickeln ist, gemindert hätte. Und um diese Eigenständigkeit noch weiter zu garantieren, erscheinen die entsprechenden ›neuen Mittelteile‹ in keinem Satz als ausgesprochene Rückmodulationen: Am Ende des Textvortrags ist die Zieltonart nie schon wieder erreicht; stets wird ein eigener Orchesterabschnitt notwendig, der die Rückleitung übernimmt und die Wiederaufnahme des Anfangstexts vorbereitet. Demgegenüber konnte Mozart in einer ›traditionellen‹, großen Arie zwar die Rückmodulation in ihrem Klang anders einfärben als die übrigen Teile, doch prinzipiell blieben deren Grundaffekt und Deklamationstechniken erhalten; in dieser größeren Ariengestaltung ist folglich im Rahmenteil die Einheitlichkeit ausgebildet, die das Sonatenmodell für instrumentale Sätze postuliert. Auch in der knapperen ist jene Rückmodulation als formale Tatsache und Bestandteil des harmonischen Verlaufs unverzichtbar, doch dieser Grundansatz wird in einem kontrastierenden Abschnitt so weit wie möglich verdeckt.

Schon in Mozarts frühesten Konzerten hingegen verweist in der ›Durchführung‹ nichts darauf, daß die Satzgestaltung von jenem Arienprinzip mit einem kontrastierenden Mittelteil abhängig sei; im D-Dur-Klavierkonzert KV 175 greift Mozart hier auf die Anfangsthematik des Satzes zurück (womit jeder kontrastierende Charakter beseitigt ist), im Fagottkonzert KV 191 und im Violinkonzert KV 207 finden sich Sequenzen, die auf Mozarts Gestaltungselemente in einer ›dritten Phase‹ seiner frühen Kompositionen zurückverweisen können. Damit wird deutlich, wie weitgehend Mozart den Typus der *Ascanio*-Arien relativierte, als er Konzertallegros zu komponieren begann. Zu fragen ist aber, bis zu welchem Grad sich eine Verwandtschaft überhaupt konstatieren läßt.

In Konzertsätzen geht es gerade nicht darum, zwei so unterschiedliche Charaktere auszubreiten, wie sie in jenen Arien durch die beiden unterschiedlichen Textanteile repräsentiert werden; in ihnen geht es also eher um formale Geschlossenheit. Wenn es also eine Affinität zwischen Konzertsätzen und Formen der solistischen Vokalmusik gibt, wäre der Bezugspunkt viel eher bei Arien zu suchen, die in sich ebenso geschlossen sind. Eine Gestaltung, in denen die Strukturen Mozartscher Konzertallegros bereits vorliegen, ehe diese entstanden, ist daher in Arien zu finden, in denen keine strophische Differenzierung getroffen ist: Ähnlichkeiten sind nur dann denkbar, wenn in einem virtuosen Satz (vokal oder instrumental) kein Mittelteil enthalten ist, wie er für die Ausprägung des Da-capo-Prinzips essentiell ist. Bezugspunkt in der Vokalmusik können also nur sogenannte ›zweiteilige‹ Formungen sein – gestaltet nach einem Prinzip, das sich in Mozarts früher Arie *Conservati fedele* KV 23 etwa dann ergäbe, wenn der B-Teil entfiele. Bei aller Bedeutung, die die Affinität vokaler und instrumentaler Virtuosität für Mozart hatte, ist die scheinbar so ›konzerthafte‹ Gestaltung der Arien in *Ascanio* gerade unmißverständlich textbezogen und ließ sich in ihren Charakteristika nicht auf Instrumentales übertragen. Trotz aller Schematisierung erweist sich damit auch der Arientypus des *Ascanio* als im Innersten dramatisch und setzt die Linie, die Mozart sich im Zuge der Kompositionsarbeit an *Mitridate* erschlossen hatte, bruchlos fort.

Freiheiten der Formgestaltung in Lucio Silla

In *Lucio Silla* hingegen finden sich auch deutlich aufwendigere Arienkonzepte als in allen früheren Kompositionen Mozarts: In diesen ist der Rahmenteil so breit angelegt wie nur möglich, und die Binnenstrophe wirkt lediglich wie eine Parenthese, nach der es möglich ist, die Musik des Rahmenteils nochmals in aller Ausführlichkeit aufzugreifen. Dennoch erscheint die Situation in *Lucio Silla* nicht als Rückschritt gegenüber *Ascanio*, denn in jenen großen Dimensionen beginnt Mozart, Einzelelemente seines Arienprinzips frei umzuinterpretieren[30].

Deutlich wird jener Wandel in *Lucio Silla* etwa in der Giunia-Arie »Dalla sponde tenebrosa« (Nr. 4). Ihr liegt ein sehr umfangreicher Text zugrunde: Der typische tronco-Schluß der metastasianischen Strophe findet sich im achten und zwölften Vers; damit ist metrisch-formal die typische zweistrophige Anlage vorgezeichnet, so daß die ersten acht Verse im Rahmenteil einer Da-capo-Arie, die verbleibenden vier in deren Binnenteil aufgehen müßten. Die erste dieser beiden ›Strophen‹ erhält jedoch eine schwache Gliederung nach vier Versen; diese wird nur im Textsinn angelegt, nicht auch in der Strophenform, wohl weil in den typischen Formen der Seria-Arie die intendierte musikalische Gliederung in Rahmen- und Binnenteil nicht mehr eindeutig wäre, wenn auch noch eine dritte Strophe mit einem tronco-Schluß versehen wäre. Insofern sind die Ausgangsbedingungen klar: Zwar kann die musikalische Aussage des langen ersten Teils nach dem 4. Vers umschlagen, doch die Funktion eines Rahmenteils wäre damit noch nicht außer Kraft gesetzt. Doch Mozart ›liest‹ den Text anders – obgleich nichts anderes erwartet werden kann, als daß sein Denken fest in den Prinzipien der Opera seria gegründet ist. Und dies wiederum wird prinzipiell durch die Wahl der Mittel bestätigt, mit denen er – durchaus frei – den Text verarbeitet.

Die traditionellen formalen Gestaltungselemente Mozarts prägen eine langsame Einleitung, in der die ersten 4 Verse des Textes aufgehen: Die beiden ersten bilden in der Abfolge »abb« die Eröffnung in der Grundtonart, und zwar mit ähnlich flexibler Silbenverteilung wie in D'Ettores Auftrittsarie in *Mitridate*. Mit dem Übergang vom Adagio zur schnellen Tempostufe (Allegro) betont Mozart also einen dramatischen Gegensatz; doch die Musik, die für die nächsten vier Verse entsteht, gestaltet er nach denselben Techniken, nach denen er auch in anderen Arien auf der Dominantfläche die große virtuose Schlußkadenz ansteuert – abgesehen davon, daß ihm hierzu relativ viel Text zur Verfügung steht. Prinzipiell umfaßt diese musikalische Entwicklung also das gleiche wie jede andere Seria-Arie Mozarts, nur daß die beiden Hälften dieser langen Strophe (und damit die beiden wesentlichen Teile der musikalischen Entwicklung) in zwei unterschiedlichen Tempi gefaßt sind. Zu folgen hat daraufhin der Weg von der Dominante zurück in die Grundtonart, wie im zweiten Teil jeder anderen Seria-Arie, und Mozart gestaltet ihn ebenso ›normal‹; daher aber wird das Tempo nach dem Binnentutti wieder zum Adagio zurückgenommen, und der zweite Teil wird komplett analog zum ersten gebildet. Folglich haben die ersten vier Verse eingangs keine ›langsame Einleitung‹ entstehen lassen, die mit dem Einsatz des Allegros überwunden wäre. Nach dem Allegro-Schluß wird dann der verbleibende Text, die kürzere, vierzeilige Strophe, dann nicht zum Binnen-, sondern zu einem eigenen Schlußteil der Arie.

In seiner Komposition pendelt Mozart die Textaussage also nicht mehr auf traditionelle Weise zwischen Rahmen- und Binnenteil aus, sondern er verlagert dies in das Wechselspiel der ersten beiden Textgruppen und fügt einen Schlußpunkt an. Damit ergibt sich im Hauptteil eine ähnliche Vielfalt der Stimmungsfacetten wie in den *Ascanio*-Arien, nur daß mir ihr hier sogar der ›Anfangsreim‹ beider Teile verbunden sein kann, weil diese jeweils in sich nicht homogen gestaltet sind. Noch wichtiger ist, daß die Arie mit dem Hinzutreten des Schlußteils eine finale Ausrichtung erhält: Mozarts Komposition zufolge ist die Gedankenwelt der in sich gegliederten ersten Strophe mit dem zweimaligen Vortrag überwunden, und die Arie nimmt einen dramatischen Verlauf in sich auf. Mozart geht dabei an Grenzen: Den Gegensatz, der in der ersten Strophe zwischen deren erster und zweiter Hälfte angelegt ist, schöpft er so weit aus wie nur möglich; bereits dies nutzt er als Impuls dafür, das an sich typische statische Element, das einer Arie im Handlungsverlauf anhaften kann, zu überwinden.

Mit dem Repertoire an Gestaltungsmitteln, das sich Mozart in den drei Mailänder Opern schrittweise erschlossen hatte, konnte er weiterarbeiten, als er anschließend nur noch im deutschsprachigen Raum neue musikdramatische Werke entwickelte. Bereits die Grundstufe dieser Sprachformen, die er in *Mitridate* entfaltete, fand jedoch Anerkennung – zunächst in Mailand, wo ihm sowohl das Regio Ducal Teatro als auch die Landesherren neue Aufträge zukommen ließen. Die damit entstehenden Werke bleiben der Formensprache der Opera seria verpflichtet, und genau dieses wurde von Mozart auch erwartet – bei allem Neuen, das in diesen Werken gleichfalls unverkennbar ist und etwa schon von Zeitgenossen im Hinblick auf *Ascanio* betont wurde[31]. Mozart war damit zu einem aufstrebenden Komponisten der Opera seria geworden – in der Zeit, in der sie aber in Verfall geriet.

Die Oper für Venedig

Tatsächlich hätte die Mailänder Opernpraxis Mozarts sich auch in eine echte italienische fortentwickeln können. Am 17. August 1771 wurde in Venedig ein Opernkontrakt für Mozart ausgefertigt, der ihn als Komponisten für eine Oper in der Karnevalssaison 1772/1773 verpflichtete[32] – etwa für die gleiche Zeit, für die er im Hinblick auf *Lucio Silla* in Mailand unter Vertrag stand. Folglich hätte die Basis des *Mitridate* für Mozart auch ausgereicht, um den Schritt in das ›nichthabsburgische‹ Italien zu tun. Die beiden Verpflichtungen schlossen einander nicht aus: *Lucio Silla* war in Mailand als das Startwerk der Spielzeit vorgesehen worden, die Oper für Venedig (Teatro S. Benedetto) wäre die zweite der Saison gewesen – mit einem Uraufführungsdatum etwa Ende Januar. Komposition und Aufführung beider Werke für ein und dieselbe Saison zu gewährleisten war nicht unmöglich, und da 1773 Aschermittwoch erst auf den 24. Februar fiel, war auch für die zweite Oper noch ausreichend Aufführungszeit verfügbar. Es kann kein Zweifel daran bestehen, daß Mozart den Auftrag irgendwann absagte; eine venezianische Oper Mozarts hat es nie gegeben. Doch die Hintergründe erfordern eine genauere Betrachtung.

Die erste Oper, die im Karneval 1772/1773 in Venedig aufgeführt wurde, war *Andromaca* des venezianischen Komponisten Ferdinando Bertoni. Sein Auftrag wird kaum geändert worden sein, nachdem Mozart absagt hatte. Zwei weitere Werke wurden aufgeführt: *Artaserse* von Vincenzo Manfredini und *Ezio* von Giuseppe Gazzaniga (beide mit Libretti Metastasios)[33]. Prinzipiell ist anzunehmen, daß Mozart tatsächlich einen dieser beiden Stoffe zu komponieren gehabt hätte: Bei der Stoffauswahl wurde auf Komponistenwünsche kaum je Rücksicht genommen, so daß die getroffene Bestimmung der Textgrundlage davon unabhängig war, welcher Komponist für die Vertonung engagiert wurde. Beide Musiker kommen tatsächlich auch als ›Ersatzpersonen‹ für Mozart in Frage: Manfredini war kaiserlich russischer Kapellmeister gewesen (seit 1762 als Leiter der italienischen Oper), dann aber 1769 aus seinen Diensten entlassen worden und hatte sich in Bologna niedergelassen; dort versuchte er 1770, mit einer Oper Fuß zu fassen, schrieb noch den venezianischen *Artaserse* und hat sich daraufhin in seinen letzten 28 Lebensjahren offenkundig nicht mehr als Opernkomponist engagiert. Seine große Zeit hatte er in Petersburg; für Venedig erscheint er auf diese Weise nicht unbedingt als idealer Kandidat, sondern eher als Ersatzmann. Das gleiche kann auch für Gazzaniga gelten, der als einer der wichtigsten Wegbereiter von Mozarts *Don Giovanni* in die Operngeschichte eingegangen ist: Noch keine 30 Jahre alt, trat er in Venedig erstmals im Karneval 1770/1771 als Buffa-Komponist in Erscheinung; *Ezio* war seine erste Opera seria. Es ist durchaus denkbar, daß angesichts der langen Karnevalszeit der junge Gazzaniga von vornherein die Chance erhalten sollte, eine dritte Oper zu schreiben; demnach wäre für die »seconda opera« Metastasios *Artaserse*-Libretto an Mozart gefallen – und zweifellos wäre es für ihn überaus reizvoll gewesen wäre, diesen Stoff zu vertonen, der ihn seit seinen ersten Anfängen in der Opernkomposition beschäftigt hatte.

Weshalb hat Mozart diesen Auftrag nicht erfüllt? Als Begründung kommt nur die Änderung in Betracht, die sich in den Salzburger Herrschaftsverhältnissen ereignet hatte. Den Opernkontrakt kann Mozart erst erhalten haben, nachdem er für die Vorbereitungen des *Ascanio* aus Salzburg abgereist war; in Venedig wurde er an dem Tag ausgefertigt, an dem Vater und Sohn Mozart die Alpen hinter sich ließen und in die Poebene gelangten. Als Mozart nach den Hochzeitsfeierlichkeiten wieder nach Salzburg zurückkehrte (15. Dezember), lag Sigismund von Schrattenbach im Sterben; daß Mozart, um den Kompositionsauftrag zu erfüllen, von seinem Dienstherrn beurlaubt werden mußte, war unvermeidlich. Denkbar ist, daß eine Klärung aufgeschoben wurde, bis der neue Landesherr im Dienst war (Hieronymus Colloredo, gewählt am 14. März 1772); ebenso konnte dieser eine bereits erteilte Beurlaubung widerrufen. Colloredo jedoch band Mozart enger an seinen Hof; dieser wurde im Sommer vom unbesoldeten zum besoldeten Kapellmitglied befördert, eine Entscheidung, die nicht primär gegen Mozart gerichtet war und die finanzielle Situation im engsten Sinn auch nicht völlig veränderte: Schrattenbachs Hof hatte ihm keine Besoldung bezahlt, aber Reisen unterstützt; nun gab es eine regelmäßige Besoldung, und die Konsequenz daraus war, daß die Unterstützung der Reisen wegfiel. Dennoch hatte Mozart die Möglichkeit, den Mailänder Auftrag für *Lucio Silla* zu erfüllen.

Damit wird klar, daß die fürsterzbischöfliche Bürokratie differenzierte. Denn gegen einen Auftrag aus dem habsburgischen Mailand konnte Colloredo kaum etwas einwenden, durchaus aber einen Auftrag aus dem venezianischen Ausland verhindern; und da Mozart trotz des erfolgreichen *Lucio Silla* keine weitere Chance in Mailand erhielt, wird erkennbar, daß es sich um eine letzte, einmalige Sonderregelung handelte. Das mag auch der habsburgische Großherzog Leopold von der Toskana gewußt haben, bei dem sich Leopold Mozart Anfang 1773 erfolglos um eine Anstellung seines Sohnes bemühte: Wenn Mozarts letzte Mailänder Oper zur politischen Ausnahme erklärt worden war, kann dies schnell auch von dem einen Habsburgerhof in Italien zum anderen gedrungen sein; ebenso kann es auf die Initiative des Großherzogs zurückgegangen sein, daß er keinen Konflikt mit der – auch am Kaiserhof in einflußreichen Positionen stehenden – Familie des neuen Salzburger Erzbischofs heraufbeschwören wollte.

Damit ergibt sich in der Laufbahn Mozarts eine massive Zäsur. Daß Colloredo kein Interesse daran hatte, Musiker zu beschäftigen, damit sie in anderen Orten zu Ruhm kämen, ist durchaus nachvollziehbar. Doch nachdem für Mozart in den fünf Jahren zwischen Januar 1767 und März 1773 unzweifelhaft die Komposition dramatischer Musik das bestimmende Element seiner beruflichen Tätigkeit gewesen war, wurden seine Aktivitäten nun auf die Bereiche reduziert, die in den knappen Salzburger Anteilen jener vorausgegangenen Zeit zu erkennen sind (zusammengenommen etwa zwei der über sechs Jahre): die Komposition von geistlichen Werken und instrumentaler Ensemblemusik im Feld zwischen Sinfonie und Serenade, nun erweitert um das Instrumentalkonzert. So blieben Mozarts im engeren Sinne ›italienische‹ Opernaktivitäten eine Art Strohfeuer – so ertragreich sein Wirken in Mailand für ihn selbst war.

Kontinuität und Entwicklung neuer Ideen nach 1773

In den acht Jahren, die seine letzte Mailänder und die erste von der Nachwelt als ›groß‹ anerkannte Oper (*Idomeneo*) voneinander trennen, lag Mozarts Opernkomposition nicht brach. Es ergaben sich zwei Chancen für ihn, seine Konzepte fortzuführen. Schon 1774 ließ Colloredo Mozart an

304

den Nachbarhof nach München reisen und dort die Opera buffa *La finta giardiniera* aufführen. Und als nur ein Vierteljahr nach deren Premiere in Salzburg selbst zwei Opern – aus Anlaß eines Besuchs des Erzherzogs Maximilian Franz – gegeben werden sollten, mag die Wahl der Komponisten nicht schwer zu treffen gewesen sein: Für die Hauptoper *Gli orti esperidi* war der Hofkomponist Domenico Fischietti die nächstliegende Wahl, für das eine weitere Werk, die Serenata *Il Re pastore*, Mozart.

Traditionell werden jene beide Werke den früheren Opern Mozarts zugeordnet, nicht zuletzt weil zwischen *Il Re pastore* und *Idomeneo* mehr als fünf Jahre liegen – eine außerordentlich lange Zeit zwischen Opern-Uraufführungen Mozarts. Doch das Fundament, auf dem er *Idomeneo* entwickelte, können nur seine eigenschöpferisch errungenen Erfahrungen gewesen sein; wenn neue Eindrücke auf ihn wirkten (etwa während der Parisreise 1777/1778), waren diese – als Details – in ein längst bestehendes, umfassendes Konzept einzubetten.

Eine Überlegung, die auch die Reise von 1777/1778 einbezieht, kann zeigen, wieviel jenes Fundament Mozart bedeutete. Denn zumindest in Mannheim musizierte er (mit Aloysia Weber) Sätze aus *Lucio Silla* und *Il Re pastore*; die beiden Opernpartituren führte er als exemplarische Werke mit sich und befaßte sich im Verlauf der Reise ausführlich mit ihnen (daß er auch die Partitur zu *La finta giardiniera*, seiner Opera buffa von 1774, mitgenommen hatte, ist nicht zu erkennen)[34]. Damit wird im Rückblick der künstlerische Abstand, der zwischen *Lucio Silla* und den beiden Salzburger Opern von 1774/1775 einerseits und *Idomeneo* andererseits steht, deutlich geringer, als der äußere Zeitabstand vermuten läßt.

Unmittelbar nach der Produktion von *Idomeneo* begab sich Mozart in Wien dann neuerlich in das geistige Umfeld, in dem, wie er nun selbst schrieb, »man lieber Commische stücke sieht«[35]. Da er sich dort nun nicht mehr nur besuchsweise aufhielt wie 1768, sondern dauerhaft, mußte er zu den ortstypischen Anforderungen eine individuelle Position finden: Als ein ›normaler‹ Komponist im Alter von 25 Jahren hatte er sorgsam zu prüfen, wie vieles er von seinem bisherigen Stil in das neue Umfeld übernehmen könne. So sehr hierzu Anregungen aus Kompositionen anderer bezogen werden konnten, wäre im Wiener Opernbetrieb für Mozart als einen stromlinienförmigen Komponisten, der die ortstypische Ideenwelt nur kopierte, kein Platz gewesen, denn dieses Ortstypische verband sich mit individuellen Konzepten; ein Komponist, der als Nachahmer Salieris aufgetreten wäre, wäre dessen künstlerischer Individualität weit unterlegen gewesen. Insofern müssen für Mozart wiederum die eigenen Erfahrungen grundlegend gewesen sein. Daß der Anpassungsprozeß auf Anhieb zum Durchbruch führte, ist nicht zu erwarten; Mozart mußte Gelegenheit finden, sich in dem gegebenen System zu bewähren und seine Ideen einem Praxistest zu unterwerfen.

Dies verweist den Betrachter der neuen Wiener Opernkonzepte Mozarts zurück auf die späte Salzburger Zeit – auf Konzepte, die für diesen dauernd neu lebendig wurden: als er auf der Basis von Erfahrungen, die er in *Lucio Silla* gemacht hatte, die Opern *La finta giardiniera* und *Il Re pastore* schrieb, als er sich mit den Partituren des ersten und dritten Werks in Mannheim zweifellos intensiv beschäftigte und als er – drei Jahre später – *Idomeneo* konzipierte. Deshalb hatten *Lucio Silla* und *Il Re pastore* nicht den Charakter einer schwachen Vorstufe für *Idomeneo*, sondern sie sind in Mozarts Œuvre die eigentlichen Bezugspunkte für die Gestaltung der musikalischen und dramatischen Details. Diese Kräfte wirken noch weit in die Wiener Zeit hinein; dort kann Mozart sich nicht einfach ›zum Buffo-Komponisten befreit‹ gefühlt haben, sondern mußte auch diese Aktionen aus seinem Erfahrungshorizont heraus entwickeln.

Diese Überlegung rückt nicht nur *La finta giardiniera* in den Mittelpunkt des Interesses, die einzige Buffa, die Mozart zwischen den Mailänder Erfahrungen und den Wiener Opern schrieb; für sie ist zunächst zu fragen, wodurch sie sich – im Umfeld ihrer zeitgenössischen Seria-Partnerinnen in Mozarts Schaffen jener Zeit – eindeutig als Vertreterin einer anderen Operngattung qualifiziert. Dies konstituiert auch das Spannungsverhältnis weiterer Phänomene: Ist *La finta giardiniera* deshalb, weil Mozarts musikdramatische Vorstellungen damals zwangsläufig von Prinzipien der Seria beherrscht wurden, ›mehr Seria‹ als die ›reifen‹ Wiener Opere buffe – denen letztlich vorwiegend Werke im serio-Konzept vorausgegangen sind? Wie weit wirken sich in seinen Wiener Opern, die im »commischen« Genre gehalten sind, dennoch seine Erfahrungen als Seria-Komponist aus?

Die Frage nach Entwicklungen in der Vorstellungswelt eines Komponisten ist zweifellos heikel, und für einen Musiker der Zeit, die von Geniebegriffen noch nicht so stark besetzt war wie das 19. Jahrhundert, kann nicht uneingeschränkt die Rede davon sein, daß die künstlerischen Ideen bald eine Sinfonie oder eine Klaviersonate, bald eine Oper oder ein geistliches Werk freisetzte – je nach Stimmungslage und Konstitution des genialischen Schwungs. Vielmehr reagierte ein Musiker auf äußere Erfordernisse. Und seine Vorstellungen auf bestimmten Gattungsfeldern konnten sich bald kontinuierlich fortentwickeln, bald konnte es sich ergeben, daß er, wenn von ihm nach mehrjähriger Pause eine bestimmte Technik neuerlich verlangt wurde, seine Überlegungen von Neuem im Prinzip dort ansetzen ließ, wo sie sich zuletzt entfaltet hatten, und daß er nur in kleinen Details die älteren stilistischen Parameter verschob.

Dies letztere kennzeichnet Mozarts Opernentwicklung zwischen 1772 und etwa 1786. Die Kunstformen, die den Gesamteindruck seines Wiener Opernschaffens prägen, zeigen sich erstmals deutlich an *Le nozze di Figaro*; dort stehen sie aber auch noch neben Details, die aus seinem früheren Schaffen (auf der Basis von *Lucio Silla*) herzuleiten sind. Mozarts Entwicklung als Opernkomponist, die zwischen den Mailänder Erfolgen und dem für die Nachwelt faßbaren Durchbruch in Wien steht, ist folglich nicht danach zu beurteilen, daß es ›Vorstufen‹ der Wiener Opern gegeben habe. Richtiger ist, daß Mozart um 1772 (und auch noch um 1780) nicht absehen konnte, worauf die erreichten, bereits ›reifen‹ Konzepte hinauslaufen würden. Ein Ausschluß früherer Werke, wie er mit der Formulierung »die sieben großen Opern« versucht worden ist[36], ist somit nicht sachgerecht. Denn nicht die Tatsache einer ungebrochenen Folge Wiener Experimente, sich dem »commischen« Genre anzunähern, etabliert Größe, sondern nur die Einstellung der Nachwelt gegenüber diesen Werken; sie sieht in den sieben Werken auch über Unzulänglichkeiten hinweg – über tatsächlich bestehende oder auch (wie für *Così fan tutte* evident) nur vermutete[37]. Die gleiche Nachsicht wäre gegenüber den ›mittleren‹ Werken angebracht, die die geistigen Grundlagen für die ›späteren‹ bieten und diesen aufs engste verwandt sind.

Seria-Konzepte in Mozarts Vertonung der Entführung

Als besondere Leistung Mozarts in seinen Wiener Opern gilt traditionell die musikalische Individualisierung der musikalischen Figuren, und als Schlüsselwerk hierfür gilt *Die Entführung aus dem Serail*. Jede der Figuren scheint ihr eigenes Leben zu haben[38], und in gewisser Hinsicht, so mag man glauben, werden die Rollenbezeichnungen, die in Libretti von Opere buffe zu finden sind, hier bereits greifbar. Es gibt typische »parti buffe«; die Dienerfiguren Blonde und Pedrillo sowie der Diener Osmin (vielleicht sogar als »buffo caricato«) lassen sich kaum anders verstehen. Daneben werden zwei Figuren entwickelt, die nicht dem Buffo-Genre angehören, aber nicht tatsächlich als Serio-Rollen zu bezeichnen sind: Konstanze und Belmonte. Bassa Selim wird bei dieser Betrachtung – als Sprechrolle ausgeklammert. Doch das Werk wirkt in seiner Rollenkonzeption viel eher –

und zwar durchaus in den Traditionen des Singspiels stehend – als aus den Techniken der Opera seria entwickelt: In ihm (wie in der Seria-Tradition) kommt ein Herrscher vor, der zwar ›qualitativ‹ wichtig ist, weil von seinen Entscheidungen der Handlungsfortgang abhängt, der aber in seinen quantitativen Anteilen am Werk weit hinter den anderen Figuren zurücksteht; dies umschreibt die Stellung der Figur Bassa Selim, für die dies alles sogar so weit gilt, daß er nicht einmal singt. Es gibt ferner zwei Paare: Konstanze und Belmonte gehören dem Adel an, Blonde und Pedrillo dem Dienerstand; damit ist die Hierarchie klar definiert, und in Anlehnung an die Formensprache der Seria wären demnach Konstanze und Belmonte als prima donna und primo uomo zu bezeichnen. Und schließlich gibt es als typischen »Vertrauten des Königs« – daher mit einem Baß besetzt – Osmin. Damit entspricht das Rollenschema dem einer Opera seria; in dieser Weise ist es bereits in der Vorlage von Christoph Friedrich Bretzner so angelegt worden. Zu fragen ist aber, wie Mozart daraufhin in der musikalischen Gestaltung verfuhr: Wie weit schreibt er ein Singspiel, wie weit eine Opera seria – und wie weit ist die vermutete Individualisierung sein Verdienst?

In der Ariengestaltung für die beiden ›adligen‹ Rollen hat Mozart das Formenrepertoire seiner traditionellen Seria-Arie nicht völlig ausgespart. »O wie ängstlich, o wie feurig«, Belmontes zweite Arie (Nr. 4), beginnt nach rezitativischer Vorbereitung mit einer Konstellation, die im Hinblick auf Mozarts Seria-Arien nur als musterhaft bezeichnet werden kann. Nach dem ersten Vers läßt er den zweiten doppelt eintreten (»klopft mein liebevolles Herz«), wobei der zweite Durchgang virtuos angereichert wird; der Abschluß wird in der Grundtonart A-Dur formuliert und vom folgenden Abschnitt mit einer Art ›orchestralem Komma‹ abgesetzt. Mit den beiden folgenden Versen öffnet Mozart dann den Blick auf die neue Tonartebene (»Und des Wiedersehens Zähre / lohnt der Trennung bangen Schmerz«); bereits daraus, daß der vierte Arienvers, doppelt eintretend, zunächst trugschlüssig nach F, dann mit einem Halbschluß nach E geführt wird, ist klar zu erkennen, daß Mozart damit in durchaus konventioneller Seria-Weise die neue Tonartebene vorbereitet. Indem die Fortführung nun nach Moll umschlägt und mit einem neuen Text versehen wird (»schon zittr' ich und wanke«) erschließt Mozart der Arie hingegen eine neue Perspektive: Ausgehend von dem Fundament einer typischen Seria-Arienentwicklung, bietet sich ihm – mit dem Eintreten des neuen Textes auf der e-Moll-Stufe – die Möglichkeit, die in der Seria gattungstypische Textwiederholung, die in eine virtuose Schlußkadenz münden müßte, zu vermeiden.

Belmontes Arie »Wenn der Freuden Tränen fließen« (Nr. 15), die Mozart als Rondo mit schnellem Schluß faßt, erweist sich in mancher Hinsicht gerade als Gegenstück dieser Arie. Als Refrain dient ein Komplex, der in seiner Text- und Linienführung nichts anderes ist als die typische Eröffnung seiner Seria-Arien: Der Eröffnungsvers wird einmal vorgetragen, der zweite doppelt mit einem musikalisch angereicherten zweiten Durchgang. Möglicherweise weil dieses Element eine andere Funktion hat als in einer Seria-Arie (als Refrain, nicht einfach als Startzelle), gestaltet Mozart den Bau geringfügig anders: Fast durchgehend ergibt sich eine Deklamation in Viertelwerten; dies läßt die Konstruktion liedhaft erscheinen, so daß das Kernprinzip des deutschen Singspiels (die Orientierung am Lied) sich auch hier auswirken kann. Doch das bedeutet keinen Verzicht auf die Elemente, zu denen sich Mozart in »O wie ängstlich« erfolgreich den Zugang verbaut hat: Von Couplet zu Couplet steigert er den Einsatz der virtuosen Mittel, die sich dann in der freien Coda völlig frei entfalten können – wobei der Schluß des letzten Couplets auch in einer Seria-Arie nicht deplaziert erschiene.

Zwischen diesen beiden Polen, die jedoch beide auf die musikalischen Formen der Opera seria verweisen, ist auch die musikalische Gestaltung zahlloser weiterer Sätze zu sehen. Erstaunlich ist, daß dies daneben nicht allein für die Arien der Konstanze gilt – und ebenso, daß auch nicht alle Konstanze-Arien von diesen Prinzipien nachhaltig geprägt werden. In »Ach ich liebte, war so glücklich« (Nr. 6) werden Singspielelemente zwar völlig ausgespart, doch Mozart legt die Eröffnung knapper an, als es in der Rückschau die weitgespannten Melismen (»Kummer ruht in meinem Schoß«) erwarten lassen könnten; und im Pathos von »Traurigkeit ward mir zum Lose« (Nr. 10) kommen keinerlei Seria-Elemente vor – ohne daß sich die Musik im Gegenzug dem Singspiellied annähern müßte.

In »Martern aller Arten« hingegen (Nr. 11) entwickelt Mozart nicht nur ein Konzertieren von Sopran, vier Soloinstrumenten und Orchester, das dem Prinzip des Singspielliedes diametral entgegengesetzt ist, sondern eine Ariengestaltung, in der er aus seinen älteren Seria-Erfahrungen in umfassender Form Konsequenzen zieht. Das einleitende Ritornell ist in sich so vielgestaltig wie die Satzglieder, mit denen Mozart in jener Zeit Konzert-Allegrosätze eröffnet, und es verweist darin ebenso wie diese zurück auf Konzeptionen von Arien und Sinfonie-Allegros, die Mozart in seinen Londoner Monaten formuliert hatte. In der Eröffnung des vokalen Anteils kommt es zu einer ähnlich reichen, auf die Seria-Arie bezogenen Staffelung von Elementen wie in Belmontes »O wie ängstlich«; daß hier (wie dort) am

Ende eine Moll-Farbe ins Spiel gebracht wird, führt jedoch nicht dazu, daß Mozart daraufhin von den gattungstypischen Standards abrückte, sondern gibt lediglich der Halbschlußvorbereitung (Doppeldominante, T. 92) einen anderen Charakter. Und so folgt die Arie auch im weiteren Verlauf (ausgehend von den Textworten »Laß dich bewegen« in T. 93) aufs Schönste den Traditionen der Seria-Arie Mozarts: Eine melismatisch vorbereitete Kadenz, die mit einem motivischen Pendeln vorbereitet wird und selbst kaum breiter gefaßt werden könnte, mündet in das typische dominantische Binnentutti (T. 140). Diesen auf der Dominantfläche stehenden Schlußabschnitt greift Mozart gegen Ende der Arie, in die Tonika versetzt, wieder auf (T. 197–242). Insofern werden zwei wesentliche Anteile des Satzes von den gleichen Überlegungen bestimmt, die Mozart auch schon als Kind in seinen Londoner Konzeptionen umsetzte, damals aber noch in wesentlich bescheideneren Formen: Der erste große Vokalteil (T. 61–140, gegliedert in T. 92) entspricht in seinen Funktionen den ersten beiden ›Phasen‹ seiner frühen Salzburger Klavierwerke, die transponierte Wiederaufnahme der zweiten gegen Satzende hingegen der vierten Phase, und um sie werden in üblicher Gliederung orchestrale Abschnitte gefügt.

An zwei Stellen wird der Arienverlauf hingegen variiert. Jener ›vierten Phase‹, in der die Worte »Laß dich bewegen …« mit der zugehörigen Musik (tonartlich versetzt) wieder eintreten, geht keine traditionelle ›dritte‹ voraus, in der im Rahmen der Rückmodulation eine Beziehung zu den Worten »Martern aller Arten …« entstünde. Vielmehr greift Mozart den Text »Laß dich bewegen …« nochmals auf und führt mit diesem die Musik in die Grundtonart zurück; daraufhin wechselt er zu einem völlig anderen Textglied über, das in schnellerem Tempo vertont wird (»Doch du bist entschlossen«, Allegro assai). Damit behandelt er dieses zunächst wie in den *Ascanio*-Arien die zweite Strophe eines typischen Seria-Texts: Das Kontrastglied tritt bereits mitten in dem musikalischen Prozeß ein, der vom Text eines Rahmenteils getragen ist, wird aber nach dem dominantischen Binnentutti noch unter Mitwirkung der Singstimme vorbereitet. Am Arienende wird der Allegro-assai-Teil nochmals aufgegriffen; der neuerliche Eintritt wirkt wie eine Coda; der musikalische Bogen könnte prinzipiell mit der ›Phase 4‹ und einem orchestralen Abschnitt (nach T. 241) abgeschlossen werden, doch der dramatische Gehalt des Textes verlangt nach dieser Weiterführung. Dies entspricht den Prinzipien, nach denen Mozart schon in *La finta semplice* Arienkonzepte geschaffen hat (in denen, wie beschrieben, die Textanlage »ab–ab« in musikalischer Hinsicht viel eher als »aba–b« aufgefaßt erscheint).

»Martern aller Arten« wächst auf diese Weise mit seiner 319 Takte weit über die Dimensionen aller älteren ›Vorbilder‹ hinaus. Längst war für ihn die Textorganisation in der Seria-Arie nicht mehr allein von schematischen Überlegungen bestimmt; dies zeigt schon die finale Ausrichtung der Giunia-Arie »Dalla sponde tenebrosa« in *Lucio Silla*. Ebenso waren für ihn im Grundkonzept der typischen Da-capo-Arie gewaltige Dimensionen verfügbar geworden, wie sich ebenfalls in *Lucio Silla* zeigt – besonders deutlich in einer weiteren Giunia-Arie (Nr. 11: »Ah se il crudel periglio«, 226 Takte). Und so wirkt es nur wie eine weitere Flexibilisierung, wenn Mozart in »Martern aller Arten« nach dem typischen Binnentutti weder sofort – etwa dem Muster der *Ascanio*-Arien folgend – den kontrastierenden Text einführt noch die gängige Alternative wählt und neuerlich den Gesamttext von vorn (»Martern …«) ablaufen läßt, sondern die Verse wiederholt, aus denen er zuvor die dominantische ›zweite Phase‹ der Arie gestaltet hat. In dieser Weise läßt sich »Martern aller Arten« als höchste, aufwendigste und anspruchsvollste Ausprägung dessen bezeichnen, wozu Mozart auf im Kontext der Opera seria gelangen konnte: als eine Arie, in der sich der dynamischere Textkontrast der *Ascanio*-Arien mit der Breite und Flexibilität besonders der Giunia-Arien aus *Lucio Silla* verbindet und diesen Ansatz noch ausbaut. Nichts also könnte deutlicher machen, wie weit Mozart in der *Entführung* auf Erfahrungen italienischer Opere serie zurückgriff, als diese Arie.

Wie erwähnt, wirken sich die Seria-Konzepte, die damit für die Arien Belmontes und Konstanzes beschrieben sind, auch auf die Sätze der beiden Dienerfiguren aus; zum Verständnis ist dabei hilfreich, daß sich in Belmontes »Ich baue ganz auf deine Stärke« diese Konzepte mit Elementen mischen, die dem Lied nahestehenden. Denn Blondes »Durch Zärtlichkeit und Schmeicheln« wirkt im gleichen Sinne nur vordergründig liedhaft, spart aber die virtuosen Elemente keineswegs aus, und in Pedrillos »Frisch zum Kampfe« sind zwar kaum Melismen vorhanden, doch Virtuosität ist auch hier unverkennbar eingesetzt.

Wenn Mozart in der *Entführung* individualisierte Rollen schuf, ergab sich dies also gerade nicht auf der Basis einer Buffa-Zielsetzung, sondern im Rahmen der allgemeinen Seria-Traditionen des Singspiels. Diese Sprachformen lagen für Mozart auch individuell zweifellos nahe, und sie sind um Kategorien des Liedes erweitert; diese können aber nicht nur eintreten, um eine bestimmte Figur zu charakterisieren, sondern auch um in der Gestaltung einzelner Sätze den Seria-Charakter einzuschränken. Insofern mag es scheinen, daß die beiden Dienerrollen Blonde und Pedrillo in musikalischer Hinsicht eher eine Affinität zum Singspiel zeigen als die beiden adligen Rollen. Doch dieser Eindruck, der sich an liedhafte Strukturen und syllabische Deklamation knüpft, schließt Teilbereiche der Belmonte-Musik mit ein: nicht nur den Refrain von »Ich baue ganz auf seine Stärke«, sondern vor allem auch den knappen Auftrittssatz »Hier soll ich dich denn sehen«. Und indem die Dienerrollen in musikalischer Hinsicht durchaus an der Virtuosität Anteil haben, die in Teilbereichen die Musik der beiden adligen Rollen prägt, erscheint die scheinbar so scharf konturierte Individualisierung weiter in Frage gestellt; lediglich der Vorrang des Paars Konstanze–Belmonte ist unverkennbar.

Prinzipiell ist die Betonung einer solchen Vorrangstellung auch in einer Opera seria denkbar, wenn auch nicht unter Hinzunahme liedhafter Elemente. In der gleichen Weise läßt sich auch die dramaturgische und musikalische Aufwertung Osmins kennzeichnen: Sie setzt an der typischen Figur eines »Vertrauten des Königs« an und erweitert dieses Rollenprofil um groteske Züge. Insofern zeichnet Mozart in der *Entführung* lediglich eine typische Rollendisposition der Opera seria nach; entwickelt worden war sie schon von vornherein – nicht erst in der Wiener Librettogestalt, die Gottlieb Stephanie d. J. schuf, sondern bereits in der Vorlage Christoph Friedrich Bretzners. Daß dessen Konzept Mozarts Erfahrungen und Vorstellungen entgegenkam, steht außer Zweifel.

Damit zeigen sich in Mozarts Musik ähnliche Züge wie die, die sich für *La finta semplice* feststellen lassen. Dennoch unterscheiden sich die Ergebnisse fundamental – wegen der Souveränität, die sich Mozart in den 13 Jahren zwischen 1768 und 1781 vor allem auf dem Seria-Sektor zugelegt hatte, und wegen der stärkeren Betonung des Liedhaften, die allerdings zum Typischen des Singspiels gehörte. Unverkennbar ist jedenfalls die nach wie vor fundamentale Bedeutung der Erfahrungen, die Mozart in der Opera seria gesammelt hatte; sie prägen die *Entführung* wesentlich stärker, als die Abgrenzung zwischen den »sieben großen« Opern und den vorausgegangenen erkennen läßt. Damit stellt sich die Frage, wie weit Mozart diese Techniken schon zuvor anwenden konnte – nicht im Singspiel mit dessen Möglichkeiten liedhafter Elemente, sondern im Rahmen der Opera seria selbst.

Situationsbezug oder Individualisierung in Il Re pastore

Dies lenkt den Blick zurück auf Mozarts *Il Re pastore*. 1775 entstanden, handelt es sich um die Verarbeitung eines älteren, klassischen Metastasio-Librettos, das 1751 erstmals vertont, seitdem aber mehrfach verändert worden war. Die Textversion, mit der Mozart arbeitete, ist derjenigen aufs engste verwandt, die 1774 in einer Vertonung Pietro Guglielmis (entstanden 1767 in Venedig) in München aufgeführt worden war[39]. Stoff des Werkes ist die als österreichische Kardinaltugend proklamierte Großmut (»clementia Austriaca«), die hier mit Alexander dem Großen (Königsgestalt, Tenor) verknüpft erscheint und zunächst Aminta gilt (primo uomo, Rolle für einen Soprankastraten): Er, Sohn des Königs von Sidon, ist von dem Tyrannen Strato vertrieben worden (beide treten nicht auf), lebt als Hirte und wird im Laufe der Oper von Alexander in seine rechtmäßige Rolle als König von Sidon zurückversetzt. In Aminta hat sich Elisa verliebt (prima donna, Sopran); sie entstammt dem phönizischen Königsgeschlecht, und so erscheint die Verbindung zwischen ihr und Aminta, solange dessen Identität nicht geklärt ist, als Mesalliance. Darin liegt zugleich ein handlungstiftendes Element, denn so ist von vornherein auch die Frage nach der Königin an Amintas Seite aufgeworfen. Alexander möchte sich auch in ihrer Klärung großmütig zeigen, bringt jedoch Tamiri (Sopran) ins Gespräch, die Tochter des Tyrannen Strato, also des Herrschers, dessen Grausamkeit Aminta zeitweilig in ein so erniedrigendes Leben gezwungen hatte; auch Tamiri fristet ein Dasein als Hirtin. Daß am Ende der Oper nicht sie, sondern Elisa neben Aminta steht, ist in den Gattungskonventionen reine Formsache; ein tragischer Ausgang wie der, daß die beiden nicht zueinander finden könnten, war nicht erwünscht. So wirkt ihre Verbindung zugleich wie das Ergebnis des typischen Klärungsprozesses, welche Figur einem ›ersten‹ und welche einem ›zweiten‹ Rollenpaar zugehöre, und damit erscheint Tamiri für die gesamte Oper in den Rang der »seconda donna« versetzt. Doch es trübte den Eindruck der Großmut Alexanders, wenn Tamiri nun leer ausginge; so entwickelt Metastasio eine weitere männliche Rolle, Agenore. Er ist in seiner Stellung einerseits der typische »Vertraute des Königs«, andererseits eine Art »secondo uomo«: In seiner ersten Funktion trägt er Alexander die wesentlichen Informationen zu, die dessen »großmütige« Entscheidungen steuern können; er weiß um das Schicksal Amintas, um die Liebe zwischen diesem und Elisa und um die wahre Identität der verkleideten Tamiri. In seiner zweiten Funktion ist er hingegen von vornherein Tamiris Liebhaber; dies bietet die Chance, daß

Alexander ein weiteres Paar zusammenführen kann. Die Doppelfunktion bestimmt das musikalisches Rollenprofil Agenores: Er ist weder der typische »Vertraute« (Baß) noch der typische »secondo uomo« (Soprankastrat), sondern ein weiterer Tenor und verbindet damit das typische tiefere Stimmregister des ersten Parts mit dem relativ hohen des zweiten.

Äußerlich betrachtet, handelt es sich um eine der typischen verstrickten Opernsituationen, die in einem zwar bukolisch anmutenden, aber letztlich dennoch aristokratischen Ambiente angesiedelt sind. Doch Mozart nimmt diese Ambivalenz ernst – im Hinblick auf die Charakterisierung der Rollen vielleicht sogar ernster, als es sich in der *Entführung* erkennen läßt. Zum Schlüsselphänomen machte er die Frage, ob eine Figur, die dem Publikum als Hirte entgegentritt, eine typische Seria-Arie singen könne. Prinzipiell verneinte er die Frage; damit war die Aufnahme liedhafter Elemente in die Oper stets dann erforderlich, wenn er auch in seiner Musik eine Figur in bukolischer Verkleidung auftreten lassen wollte. Das Liedhafte äußert sich dabei weniger in formalen Konzeptionen als in der Phrasenbildung und der Melodieführung; streng strophische Konzepte sind weder im Libretto enthalten noch in der Opera seria vorgesehen, doch Annäherungen ließen sich ebenso auch in schlichten Vordersatz-Nachsatz-Folgen und syllabischer Deklamation erreichen.

Die Typologie, die Mozart auf diese Weise in den zwölf Arien des Werkes entwickelt, ergibt sich in einem verhältnismäßig begrenzten Rahmen. Als Kernstück der formalen Gestaltung erscheinen Arien des Aufbaus, die sich in *Ascanio in Alba* finden: Sätze, die keine volle Da-capo-Anlage ausbilden, sondern den Text des Binnenteils bereits im Anschluß an das dominantische Ziel des ersten großen Vokalteils verarbeiten. Damit läßt sich zugleich eine Brücke von jener älteren Mailänder Serenata Mozarts zu *Il Re pastore* schlagen: Denn auch diese Oper ist eine Serenata; auch in ihr hat Mozart die musikalische Ausdehnung von Arien im Hinblick auf dieses spezielle Werkprofil limitiert. Neben jenen typisch knapperen Seria-Konzeptionen stehen zweiteilige Satzgebilde, in denen, oberflächlich betrachtet, auf einen Binnenteil ›verzichtet‹ wird; bereits diese Beschreibung macht deutlich, daß auch in den ›verbleibenden‹ Teilen die Zugehörigkeit zur Seria-Tradition klar erkennbar ist.

Bemerkenswert ist dabei, daß Mozart sich in einem Fall (Nr. 9: »Se vincendo vi rendo felici«, Alexander) über den von Metastasio angelegten Strophenbau hinwegsetzt; anstatt diesen als zweigliedrig anzusehen (3 Verse A-Teil, 2 Verse B-Teil), faßt er die Teile in eine einzelne Strophe zusammen und kann daraufhin auch diesen Text zweiteilig komponieren.

Neben diesem Formenrepertoire konnte Mozart Rondos komponieren und – soweit im Rahmen einer Opera seria möglich – Aktionsarien entstehen lassen (ähnlich wie im Hinblick auf *Lucio Silla* für die Giunia-Arie »Dalla sponde tenebrosa« ausgeführt). Doch neben jenen typischen Repräsentanten einer Opera seria werden auch völlig anders gestaltete Arien entwickelt.

Tabelle 5: Arien in *Il Re pastore* KV 208

Nr.	Figur	Textanfang	Angaben zur formalen Anlage
1	Aminta	Intendo, amico rio	liedhaft, syllabisch
2	Elisa	Alla selva, al prato, al fonte	Seria-Arie (Ascanio-Typ)
3	Aminta	Aer tranquillo e di sereni	Seria-Arie (Ascanio-Typ)
4	Alessandro	Si spande al sole in faccia	Seria-Arie (Ascanio-Typ; ¾)
5	Agenore	Per me rispondete	langsame Seria-Arie, primär syllabisch
6	Tamiri	Di tante sue procelle	Seria-Arie (Ascanio-Typ)
7	Elisa–Aminta	Vanne a regnar ben mio	Duett
8	Elisa	Barbaro! oh Dio mi vedi	Aktionsarie: zwei Tempi (ABAB)
9	Alessandro	Se vincendo vi rendo felici	zweiteilige Seria-Arie
10	Aminta	L'amerò sarò costante	Rondo ABAB'A; Sopran frei
11	Tamiri	Se tu di me fai dono	Rondo ABAB'A; Sopran mit V. 1
12	Agenore	Sol può dir come si trova	Seria-Arie (Ascanio-Typ), syllabisch
13	Alessandro	Voi che fausti ognor donate	zweiteilige Seria-Arie
14	Coro (Tutti)	Viva l'invitto duce	Ensemble

Anhand dessen, in welcher Gestalt Mozart die Arien jeweils komponiert, läßt sich die Oper auf eine zweite Weise nacherzählen. Zunächst bekommt das Publikum Aminta in seiner Ausgangsfunktion zu sehen: Die Arie »Intendo amico rio« ist in ihrer Periodik einfach gehalten, und ihr Text wird im wesentlichen syllabisch präsentiert. Dies kann in der gegebenen Situation als Hirtenmusik erscheinen (zudem ist die Arie im pastoralen 6/8-Takt angelegt); daß diese Sprachformen der wahren Stellung Amintas nicht angemessen seien, erfährt das Publikum noch nicht. Zunächst tritt eine zweite Figur auf, und sie wird (wie üblich) im rezitativischen Dialog vorgestellt; mit dessen Eröffnung »Bella Elisa? idol mio?« durch Aminta ist zugleich das Verhältnis der beiden Rollen zueinander klargestellt. Daß Elisa anschließend eine große Seria-Arie singt (»Alla selva, al prato, al fonte«), läßt zwischen den beiden Figuren eine musikalische Spannung entstehen. Doch dem Publikum muß diese Arie plausibel erscheinen: Elisa wird als Adlige eingeführt. Mozart schiebt die Frage auf, wie sich die Liebesbeziehung zwischen einer Aristokratin und einem Hirten im weiteren musikdramatischen Verlauf entwickeln werde, und erhöht die Komplexität des Problems noch: Amintas Arie Nr. 3 (»Aer tranquillo e dì sereni«) ist eine große Seria-Arie. Aminta jedoch hat seine dramatische Funktion bis dahin nicht verändert, er ist noch immer der ›kleine Hirte‹; wenn er nun eine Arie völlig anderer musikalischer Gestaltung singt als kurz zuvor, bricht gewissermaßen aus dem Unterbewußten seine wahre Natur hervor. Das Publikum steht nun nicht mehr nur vor der Frage, warum ein Soprankastrat in einer Opera seria eine liedhafte Arie singt oder warum für sein »idolo« eine große Seria-Arie angemessen ist; die Frage greift vielmehr auch auf das Innere Amintas aus.

Diese Gestaltung ist das Verdienst Mozarts; sie ist im Libretto nicht zwingend in dieser Form angelegt. Die Vorgaben, die in ihm gebildet sind, hat Mozart lediglich so weitgehend umgesetzt wie nur möglich. Durch das Libretto determiniert ist nur die Satzfolge Aminta–Elisa–Aminta, nicht aber der fundamentale Charakterunterschied zwischen Amintas Arien und die Gleichstellung, die Mozart in der Arie Nr. 3 für die Hirtenfigur gegenüber Elisa betont. Die Gestaltung hätte also auch weniger unterschiedlich ausfallen können; sowohl eine stärkere Seria-Profilierung in Nr. 1 als auch eine stärkere Betonung des Bukolischen in Nr. 3 erschiene denkbar. Diese hatte Metastasio ursprünglich intendiert, denn in seiner Originalversion[40] findet sich anstelle des Textes »Aer tranquillo«, der in seiner regelmäßigen Ottonari-Folge – bei allem Bukolischen – ein völlig normaler Arientext ist, ein knapperer (»So che pastor son io«), der in seinem Versbau zugleich sperriger ist und sich damit einer klaren, schematischen Vertonung entgegenstellt: In seinen beiden vierzeiligen Strophen laufen jeweils die beiden mittleren auf tronco-Schlüssen aus. Dem neuen Text begegnete Mozart über die Münchner Librettoversion.

1770 in Mailand hatte Mozart noch Schwierigkeiten, das dramatische Potential einer Auftrittsarie für den König Mitridate musikalisch angemessen zu fassen, weil dieser als geschlagener Feldherr in das Drama eingeführt wird; er hat sich mittlerweile völlig neue, individuelle Konzepte erschlossen, um eine Opera seria dramatisch schlüssig zu komponieren. Das Prinzip, nach dem Mozart jene Staffelung der Arientypen zu Beginn von *Il*

Re pastore angelegt hat, prägt seine gesamte übrige Oper. Es geht ihm nicht primär darum, einer Rolle ein individuelles Profil zu geben, auch nicht darum, lediglich die Eigentümlichkeiten einer Handlungssituation möglichst ideal zu treffen, sondern beides miteinander zu verbinden: Die Musik, die er einer Rolle für eine bestimmte Arie zuweist, soll im Kontext von Handlung und Personenprofil gleichermaßen plausibel erscheinen. Damit übernimmt die Musik eine im engsten Sinne dramatische Funktion: Spannungsverhältnisse und deren Lösungen, die im Drama behandelt werden, wirken sich nicht nur auf eine ›momentane‹ Musik aus; es entsteht eine dramatische Beziehung zwischen den Arien – nicht nur zwischen denen, die von einer bestimmten Person gesungen werden, sondern auch zu denen der Mitakteure.

Was dies für *Il Re pastore* bedeutet, wirkt sich nach dieser Eröffnung besonders klar für Tamiri aus, die Figur, die im ersten Akt als letzte eine Arie zu singen hat. Obgleich auch Tamiri Hirtin ist (ebenso wider Willen wie Aminta), wird sie nicht mehr mit einer bukolisch anmutenden Arie vorgestellt. Zu diesem Zeitpunkt ist dem Publikum die königliche Stellung Amintas bereits bekannt; und aus dem Munde Agenores weiß es auch, daß die Hirtinnengestalt Tamiris ebenfalls nur eine Verkleidung ist. Schließlich geht die Arie aus einem Dialog mit Agenore hervor, in dem die wechselseitige Liebe das Thema ist. Damit Tamiri als Figur, die als letzte mit einer Arie eingeführt wird, in den Kreis der übrigen Figuren eingeordnet werden kann, muß dieser Satz den gleichen aristokratischen Tonfall annehmen, den Mozart für Amintas »Aer tranquillo« gewählt hat – und ist damit zugleich in einer Tonsprache angelegt, die auch eine Paarbildung zwischen ihr und Agenore ermöglicht. Insofern fügt Mozart Tamiri auf ideale Weise in sein musikdramatisches Konzept dieser Oper ein: Mit dem Tonfall ihrer Arie wird sowohl die Frage, wer »prima donna« sein könne, als auch die Aussicht, daß sie eine Verbindung mit Agenore als Alexanders Vertrautem eingehe, faßbar.

Die Möglichkeit, Tamiri könne Partnerin Amintas werden, wird dann im zweiten Akt in einer direkten Konfrontation von Arien beider Figuren abgebaut (Nr. 10/11). Auch dies hat Metastasio nicht intendiert; er hat zwischen beiden Sätzen noch eine Elisa-Arie vorgesehen, doch auch schon in der Münchner Version war diese knappere, dichtere Folge gegeben[41]. Wiederum zwingt aber die Librettogestalt nicht zu den krassen Konsequenzen, die Mozart zieht.

Mit Hilfe ausschließlich musikalischer Parameter bewegt er die Arien der beiden Figuren auseinander. Beide Sätze legt er als fünfgliedriges Rondo an (ABAB'A), und beiden gibt er auch insofern eine einheitliche Gestaltung, als er den vierten Abschnitt nach Moll versetzt; Unterschiede im Profil der beiden Figuren werden also im direkten Vergleich der Satzkonzepte möglich. Tamiris Satz erhält ein wesentlich geringeres Gewicht als das Rondo Amintas: Fast durchweg tragen Singstimme und Violine I dieselbe Musik vor; im Aminta-Rondo kommt es dagegen sogar zu einem Konzertieren zwischen Singstimme und Solovioline, das vom Begleitapparat lediglich gestützt wird. Dieser umfaßt auch eine reiche Bläserbesetzung; demgegenüber verzichtet Mozart in Tamiris Rondo auf Bläser. Insgesamt ist diese Arie damit sogar weitaus weniger anspruchsvoll und ›konzerthaft‹ als später Blondes »Durch Zärtlichkeit und Schmeicheln«.

Zugleich hebt Mozart mit dieser zweiten Arie Tamiris deren charakterliche Verwandtschaft mit Agenore hervor, und im Hinblick auf diesen läßt sich dies durchaus als Rollencharakterisierung verstehen. Die einzige Arie, die Agenore bis dahin gesungen hat, ist gleichfalls nur von den Streichern getragen (sogar in Amintas bukolischem Auftrittssatz wirken hingegen Bläser mit). Agenore erscheint auf diese Weise auch gegenüber seinem König, Alexander, zurückgesetzt; dies mag nötig erscheinen, weil Mozart für die Arien beider Tenorparts über weite Strecken eine syllabische Textdeklamation vorsieht. Insofern öffnet Mozart im Kontrast der beiden Rondos, deren Funktion nur aus dem musikalischen Umfeld verständlich wird, den Blick auf das Handlungsziel der Oper.

Auch diese Rollencharakterisierung ist den dramatischen Entwicklungen untergeordnet. Anders erschiene es nicht als schlüssig, wenn Tamiri am Ende des ersten Akts, wie beschrieben, mit einer Arie ganz anderen Formats hervorgetreten ist und Mozart sie nun einen anderen Ton anschlagen läßt. Und ebenso reguliert Mozart auch den Fortgang nicht nur nach rollenbezogenen Gesichtspunkten: Nach Tamiris Rondo folgt als nächste Arie ein Beitrag Agenores – diesmal auch mit Bläsern. Doch damit wird weder die Rollen- noch die Handlungskonzeption gestört; störender wäre es in jedem Fall, wenn nach jenem schlichten Tamiri-Satz nun eine ähnlich schlichte Agenore-Arie einträte. Die Musik bewirkte einen Spannungsabfall. Also arbeitet Mozart einer zu eintönigen Gestaltung der Arien entgegen; er unterstützt dies noch darin, daß er nach Tamiris Dur-Rondo die Arie Agenores nach Moll versetzt.

Alle abstrakten Überlegungen zur Musiksprache von *Il Re pastore*, die nicht auch den roten Faden des Dramas berücksichtigen, zielen damit an Mozarts Überlegungen vorbei. Weder hat er jeder Rolle ihre eigene Sprache gegeben noch die Musik nur mit einem Situationsbezug ausgestattet;

beides war erforderlich, und zwar eingebettet in ein umfassendes Konzept zur Gestaltung dieser Oper. Zunächst läßt der Blick von der *Entführung* zurück auf *Il Re pastore* also erkennen, daß sogar das liedhaft Anmutende des jüngeren Werks keineswegs allein aus dem Geist des Singspiels gewonnen ist; vielmehr ist die typische Differenzierung zwischen Liedhaftem und ›gebildeter Arie‹ Mozart schon in *Il Re pastore* verfügbar gewesen, und zwar als Ausdruckselement für die Opera seria. Er hat sich also 1781 in Wien viel weniger in eine neue Formensprache eingearbeitet, als die Vorstellung seiner »sieben großen Opern« vermuten läßt, sich also viel stärker auf seine individuellen Traditionen verlassen.

Zugleich wird deutlich, daß die Prinzipien zur Charakterisierung einzelner Figuren, die sich für die Nachwelt mit der *Entführung* verbinden, für Mozart zweitrangig waren. Selbst wenn der Eindruck entsteht, daß er in seiner Komposition Osmin ein klar faßbares Persönlichkeitsprofil gegeben habe, hat die gleiche Feststellung auch für alle Rollen in *Il Re pastore* zu gelten. Auch Osmin singt bald ein Lied (»Wer ein Liebchen hat gefunden«), bald eine Aktionsarie, in deren Textorganisation die Bezüge zur virtuosen Arie der Opera seria klar erkennbar sind (»Solche hergelaufne Laffen«). So zeigt sich, daß eine umfassende, im ganzen Drama einheitliche Charakterisierung von Rollen sich nur als schädlich auswirken könnte; nur im Wechselspiel mit anderen Rollen und in der Beziehung zu bestimmten dramatischen Situationen ist jene Charakterisierung möglich.

Doch auch die Entwicklung dieser differenzierten musikalischen Erscheinungsbilder ist nicht allein Mozarts Verdienst, nicht also allein aus seinen Erfahrungen mit *Mitridate* und den folgenden Opere serie herzuleiten. Denn die Vertonung von *Il Re pastore*, die Christoph Willibald Gluck 1756 geschaffen hat, zeigt bereits eine ähnliche Abstufung der Charaktere. Als Mittel, mit dem die Hirten- und die Heldenwelt voneinander getrennt werden können, dient hier allerdings vor allem die virtuose Melismatik; sie wird folglich etwa aus Amintas erster Arie ausgespart, nicht aber aus dessen zweiter (und auch Elisa erhält eine entsprechend ›große‹ Arie). Und auch in Glucks Vertonung ist der Part Alexanders über weite Strecken syllabisch-regelmäßig gestaltet und enthält dennoch die ›heroischen‹ Melismen. Die Abstufung der musikalischen Charaktere im dramatischen Gesamtkonzept, die Mozart vornimmt, erscheint hier ein Stück weit vorweggenommen.

Glucks Vertonung entstand sechs Jahre vor seiner richtungweisenden Oper *Orfeo ed Euridice*; seine Reformkonzepte werden bereits erkennbar. Mozart kann Glucks *Il Re pastore* kaum gekannt haben; als Serenata stand das Stück zu weit im Schatten größerer Werke. Damit relativieren sich die Beobachtungen zwar nicht im Detail, wohl aber in ihrem gedanklichen Ansatz. Denn so überzeugend und schlüssig Mozart in *Il Re pastore* das Wechselspiel der Personen musikalisch herausarbeitet, war dieses Denken im dritten Viertel des 18. Jahrhunderts auch anderen Komponisten geläufig, die sich mit der Opera seria befaßten. Opera seria erscheint in diesem Ausschnitt frei von jeder Typisierung, die ihre Kritiker mit ihr in Verbindung gebracht haben. Schon in dieser Salzburger Serenata also wird eine Technik faßbar, die für die Wiener Opern Mozarts als zentral gilt – nicht aber nur im Keim, der sich in der *Entführung* erst entfaltete, sondern bereits in voller Blüte.

Seria und Buffa: La finta giardiniera

Jene Sensibilität für Situationsbezug zeichnet sich in Mozarts Opernschaffen spätestens seit der Zusammenarbeit mit Guglielmo D'Ettore in Mailand ab. Dennoch findet sich in den Mailänder Opern noch kein vergleichbar reich konturiertes Bild wie 1775 in *Il Re pastore*. Ursache dafür, daß es hier entsteht, ist unzweifelhaft der spezielle Stoff des Dramas: die schon von Metastasio selbst angelegte Spannung zwischen der Hirten- und der Herrscherwelt (die nicht automatisch an das bukolische Ambiente gebunden ist, wie etwa der Vergleich mit *Ascanio* zeigt). Mit dieser Chance, die musikalische Charakteristik von Situationen und Personen aus einer doppelbödigen Handlung zu entwickeln, hatte Mozart jedoch auch in anderem Ambiente Erfahrung gesammelt: unmittelbar zuvor in der Opera buffa *La finta giardiniera* für München.

Hauptfigur der Oper ist die Marchesa Violante Onesti, die Geliebte des Grafen Belfiore, der jene in einem Anfall von Eifersucht so schwer verletzte, daß er sie anschließend für tot hielt; er ließ sie im Stich und floh. Sie hingegen machte sich mit ihrem Diener auf, ihn zu suchen, und fand fürs erste in der Ortschaft Lagonero Unterschlupf; beide arbeiten beim Podestà als Gärtner, und zwar unter den Namen Sandrina und Nardo. Schon damit ist ein ähnliches Prinzip entstanden, wie Mozart es wenig später in *Il Re pastore* umsetzen konnte: Solange die Marchesa als »verstellte Gärtnerin« Sandrina auftritt, wirft dieses Standardprinzip der Oper (Verwechslung, Verkleidung) für Mozart die Frage auf, wie dieses sich auch in musikalischer Hinsicht umsetzen lasse. Da Nardo auch im ›wirklichen‹ Leben ein Diener ist, braucht sich für seine Rolle hingegen nur auszuwirken, daß er

320

normalerweise in einem anderen Milieu Dienste tut. Daneben ist mit der Rolle des Podestà ein Repräsentant staatlicher Autoritäten vorgesehen; für seine Musik stellt sich die Frage, ob in dieser Rolle stärker die hierarchisch herausgehobene Funktion betont werden soll oder aber die Tradition der Opera buffa, Personen seines Ranges zu karikieren.

Auch Belfiore gelangt einmal nach Lagonero, erkennt in Sandrina die Marchesa und erklärt ihr seine ungebrochene Liebe; aus begreiflichen Gründen akzeptiert sie die Beteuerungen nicht auf Anhieb, so daß sich hier weiterer Raum für die Ausbreitung der Oper ergibt – mit dem üblichen Hintergrund, daß die Paarbeziehungen erst allmählich geklärt werden können. Denn obendrein hat der Podestà ein Auge auf Sandrina geworfen; ebenso ist der Ritter Ramiro anwesend, der zeitweilig Liebhaber der Tochter des Podestà (Arminda) war – doch diese hat nun ihre Liebe für Belfiore entdeckt. Und der Podestà selbst war ursprünglich in seine Dienerin Serpetta verliebt, die sich nun Nardo zuwendet. Insofern hat die Ankunft Sandrinas und Nardos sowie Belfiores das Personengefüge des Ortes Lagonero nachhaltig gestört. Die Normalität ist auch zu Ende des Werkes nicht wiederhergestellt: Zwar finden die Marchesa und Belfiore wieder zueinander, ebenso Arminda und Ramiro, doch weil sich Serpetta und Nardo füreinander entscheiden, geht der Podestà leer aus. Wie die Königsgestalt einer Opera seria steht er neben den übrigen Personenbeziehungen.

Dieses reich differenzierte Personarium verweist allgemein auf typische Konstruktionen des Buffo-Theaters, in dem grundsätzlich Figuren unterschiedlicher Standeszugehörigkeit agieren können (die typischen Repräsentanten der Herrscherschicht ausgenommen). Doch es wäre kaum angemessen, Mozart in seiner künstlerischen Situation um 1774/1775 an den Dimensionen des normalen Buffo-Theaters messen zu wollen. Ausgangspunkt hat eher zu sein, daß für ihn die Musiksprache der Opera buffa – abgesehen von dem Sonderfall der *Finta semplice*, die sich nur in Salzburg hatte bewähren müssen – bislang außerhalb der Reichweite lag, daß er aber andererseits zu einem erfolgreichen Komponisten der Opera seria geworden war. Dem Wechsel der Gattungsebene kann kaum eine intensive Einarbeitung in das Genre vorausgegangen sein: Weder gab es eine lebendige Buffa-Tradition in Salzburg, an der er sich hätte orientieren können, noch hatte er Gelegenheit, vor der Komposition dieser für München bestimmten Oper die örtlichen Stilvorstellungen eingehend zu studieren; Zweck des Aufenthaltes in München (um den Jahreswechsel 1774/1775) kann von vornherein nur die Aufführung des fertigen Werkes gewesen sein. Für die Komposition mußte er sich folglich auf seine Erfahrungen und sein Stilempfinden verlassen. Dies rückt die Betrachtungen zur Serenata *Il Re pastore* ins Zentrum des Interesses: In ihr konnten sich praktisch gleichzeitig seine Vorstellungen auf dem Terrain der gewohnten Gattung konkretisieren. Wie aber konnten sie sich auf die Komposition einer Opera buffa auswirken?

Der Versuch, die dramatische Entwicklung von *La finta giardiniera* auf gleiche Weise nachzuzeichnen wie für *Il Re pastore*, führt anfänglich zu einem Bild, das dem der Serenata überraschend ähnlich ist. Die erste Nummer der Oper ist eine Arie des Ritters Ramiro (»Se l'augellin sen fugge«), dessen Rolle als Sopranpart gefaßt ist. Die Koppelung aus Ritter und Sopran verweist unmittelbar auf Konzepte, nach denen sich in der Opera seria der Part eines »primo uomo« gestalten läßt; diesen Gedanken betont Mozart so weit wie nur irgend möglich. Zwar begrenzt er die Ausdehnung des Satzes (indem er den Arientypus wählt, mit dem er so vielfältig in *Ascanio in Alba* gearbeitet hatte). Doch daß hier ein Satztyp der Opera seria in die Opera buffa importiert wird, noch dazu als Eröffnung der Arienfolge, läßt sich nur als vorsätzliche Irreführung des Publikum verstehen; es konnte sich in einer Oper des falschen Typs fühlen und war somit in besonderer Weise für den Fortgang sensibilisiert. Ramiro erhält noch eine weitere Arie in ähnlicher Gestaltung (2. Akt, Nr. 18: »Dolce d'amor compagna«); eine dritte Arie Ramiros, kurz vor Werkende, ist gleichfalls auf dieses Formprinzip bezogen, hat aber ein knapperes Orchestervorspiel und wird ohne Melismen gestaltet (Nr. 26: »Va pure ad altri in braccio«). Insofern setzt Mozart mit dieser Eröffnung zwar eindeutige Signale; die Entwicklung wird in ähnlicher Weise spannungsvoll angelegt wie wenig später in *Il Re pastore*. Doch da es sich bei Ramiro ohnehin um eine Rolle handelt, die der Seria nahesteht, bleibt offen, ob Mozart die jeweilige Gestaltung eher aus der dramatischen Situation gewinnt oder auf ein vorab definiertes Rollenprofil bezieht.

Die zweite Nummer der Oper fällt an den Podestà. Für ihn ist der Seria-Tonfall weniger zwingend als für Ramiro, doch Mozart läßt auch ihn eine große Arie im Stil der Opera seria singen, und dieser Anspruch wird durch das Orchestervorspiel eindrucksvoll unter Beweis gestellt; der Vokalpart enthält praktisch keine Melismen, doch erst im kontrastierenden Presto-Schlußteil werden die Seria-Elemente aufgegeben. Wieder läßt sich überprüfen, wie sich das musikalische Profil dieser Rolle weiterentwickelt: Die beiden weiteren Podestà-Arien sind von Handlungselementen geprägt und rücken darin unmißverständlich von der Seria-Typologie ab: Für die eine von ihnen (Nr. 17, 2. Akt) steht parlando-Stil im Vordergrund; in der anderen (Nr. 25, 3. Akt) wendet sich der Sänger bald an Ramiro, bald an Arminda, und damit wird das Sprechen – auf andere Weise als in der Arie Nr. 17 – zum grundlegenden Gestaltungsprinzip des Satzes. Daß der Podestà eine einheitliche ›Rollensprache‹ habe, läßt sich also nicht behaupten; ein Situationsbezug der Gestaltung liegt hingegen stets auf der Hand, wenn Aktionsarien entstehen.

Der Zweck dieser Arienkonzeptionen ist dann mit der dritten Arie des Werkes vollständig formuliert. Sie fällt an Sandrina, die hier ein scheinbar harmloses, durch und durch liedhaftes Rondo mit nur minimalen melismatischen Elementen singt; ebenso wie in Tamiris Rondo (Nr. 11 in *Il Re pastore*) sind Gesangspart und erste Violinstimme über weite Strecken aneinander gekoppelt. Damit wird verständlich, weshalb nicht nur Ramiro, sondern auch der Podestà zuvor mit Arien völlig anderen Profils in die Handlung eingeführt worden sind: Der soziale Abstand zwischen Ramiro und Podestà einerseits und der Verkleidung, in der sich die Marchesa befindet, wird in der Musiksprache so deutlich wie nur möglich herausgearbeitet, wiederum als Kontrast zwischen Mitteln der Seria und liedhaften Elementen.

Diese prägen dann auch den anderen Satz, in dem die Marchesa als Gärtnerin Sandrina agiert (Nr. 16: »Una voce sento al core«). Im Dialog, der der Arie vorausgeht, werden die Fragen der Rollentypologie direkt angesprochen: Der Podestà hebt den Standesunterschied hervor, den er zwischen sich und Sandrina sieht, und diese antwortet, ohne ihre wahre Identität preiszugeben. Am Ende des ersten Aktes singt sie jedoch eine Arie, in der sie allein auf der Bühne ist und ihre Einsamkeit beklagt (Nr. 11: »Geme la tortorella«); weil keiner sie belauscht, kann sie in ihrer ›angeborenen‹ Sprache singen, und prompt wird die Melodiegestaltung um Melismen erweitert. Noch stärker verläßt die Marchesa ihre Sandrina-Rolle, als sie verschleppt wird und die Contenance nicht wahren kann – in der großen Scena Nr. 21/22 (»Crudeli, fermate, crudeli«), in der die Formensprache entsprechend groß angelegter Szenen italienischer Opern des 19. Jahrhunderts vorweggenommen erscheint (mit dem Aufbau aus zwei unterschiedlichen rezitativischen Elementen mit einer eingelagerten und einer schließenden Arie).

Auch für die Titelfigur entsteht damit in der Musik ein klares Rollenprofil – in zwei unterschiedlichen Sphären, für die Verkleidung und die wahre Gestalt. Selbstverständlich wird durch die Handlung bestimmt, welche der beiden Seiten hervorgekehrt wird, doch Mozart achtet zugleich darauf, das Profil von dem der anderen Rollen abzugrenzen; nur die zeitweilige musikalische Zuordnung des Podestà zur ›gehobenen Sphäre‹ kann verständlich machen, wie weit von ihr abgerückt die verkleidete Marchesa lebt. Auch hier reguliert der Handlungsbezug, ob und in welchem Ausmaß in der Musik Rollencharakteristik wirksam werden kann.

Damit wird verständlich, warum die anderen Figuren ein klareres musikalisches Profil haben: Ihre jeweilige Stellung im Drama ist weniger stark von Handlungsaspekten abhängig, als es sich für die Marchesa und für den Podestà (und für die Figuren in *Il Re pastore*) beschreiben läßt. Das Verhalten von Serpetta und Nardo konkretisiert sich stets nur auf der Dienerebene; Arminda und Belfiore stehen aufgrund ihrer sozial gehobenen Stellung wiederum dem Seria-Genre nahe, ohne aber die Sprachformen der Ramiro- und der Marchesa-Musik zu erreichen. In den beiden Arien für Arminda wird ebenso auf weiter ausgreifende Melismen verzichtet wie in der Eingangsarie für ihren Vater, den Podestà; und Belfiore, als »Gräflein« qualifiziert (»contino«) und mit einem Tenor besetzt, steht nicht so klar auf dem Seria-Fundament wie der typische Kastratenpart Ramiro, so daß in seinen Arien Seria-Elemente mit anderen Details kombiniert werden können – etwa in der Arie Nr. 15 (»Care pupille, pupille belle«) mit Aktionselementen oder dadurch, daß die große Arie Nr. 19 in ihrem Hauptteil ein Tanz ist (Menuett: »Che allegrezza ancor ci sono«). Alle vier Rollen spielen im Handlungsverlauf eine untergeordnete Rolle: Sie steuern ihn nicht aktiv, sondern werden in den betreffenden Situationen lediglich benötigt, damit das Drama vorangetrieben werden kann.

Stärker als in der wenig jüngeren Serenata *Il Re pastore* tritt also eine Rollencharakteristik in Erscheinung; nur bei genauer Beobachtung ist auch hinter ihr die steuernde Kraft des Handlungsbezugs erkennbar, die in *Il Re pastore* das übergeordnete Gestaltungsprinzip ist. Zu fragen ist folglich, worin der Unterschied in der Gewichtung der Ansätze begründet liegt: Ging es Mozart in *La finta giardiniera* tatsächlich eher um die Herausbildung klarer Charaktere als in *Il Re pastore*?

Mozarts kompositorischer Ansatz kann durchaus bei der Arientypologie der Opera seria gelegen haben; zumindest läßt sich die Betrachtung problemlos von ihr aus aufrollen. Denn für die Arien, die von ›Standespersonen‹ gesungen werden, konnte er immer wieder Bezug auf Details des Serio-Theaters nehmen. Dies brauchte nicht so weit zu gehen wie in den Arien des Ramiro, in denen die gesamte formale Anlage davon bestimmt wird; nur wenig schwächer ausgebildet sind sie in der zweiteiligen Belfiore-Arie »Che beltà, che leggiadria« (Nr. 6), und Mozart fühlte sich mittlerweile künstlerisch frei genug, um auch nur Einzelelemente zu zitieren. Von den Bestrebungen in *La Finta semplice*, parlando-Stil zu garantieren und möglichst keine Melismen in Buffa-Arien einzubauen, ist Mozart unmißverständlich abgerückt. Somit hatte er lediglich für die Dienerebene eine andersartige Musiksprache zu entwickeln.

Diese fand Mozart aber ebenfalls im Rahmen der Opera seria. Selbstverständlich singt in vielen Opern ein »Vertrauter der Königs« in einem anderen Stil als der König selbst. Maßstab können die Melismen sein – die, wie erwähnt, zwanzig Jahre zuvor für Gluck ein Mittel waren, um in seiner Serenata *Il Re pastore* zwischen Hirten und Helden zu differenzieren. In die Parts für Arbate und Marzio in *Mitridate* oder für Emilio in *Il Sogno di Scipione* nimmt Mozart nur an den Strophenenden Melismen auf, und diese gelangen dort zu keiner größeren Ausdehnung; Aufidio in *Lucio Silla* erhält darüber hinaus lediglich ein Melisma am Ende seiner Arieneröffnung. Zudem steht für diese »Vertrauten« syllabische Deklamation im Vordergrund; wenn regelmäßig und über längere Strecken vier Silben in einen Takt fallen, ist ein parlando-Stil nicht mehr fern. Insofern ist eine musikalische Rollentypologie, die zwischen der ›hohen‹ Welt und der Dienerebene unterscheidet, gerade in der Opera seria vorgegeben, und damit ließ sich in dieser die Musik, die mit den beiden Schichten verbunden wird, ebenso differenzieren, wie es in der Opera buffa als charakteristisch gilt, wenn typische Buffo-Partien (»parti buffe«) von höhergestellten (»parti mezzo carattere«) abgesetzt werden. Er brauchte also, wenn er von seinen Seria-Erfahrungen ausgehend auf das Terrain der Opera buffa wechselte, seine Herkunft nicht zu verleugnen.

Um die Gattungsgrenze persönlich zu überwinden, mußte er zu drei Relativierungen bereit sein. Für ›Standespersonen‹ ließen sich zwar ohnehin Sprachformen der Seria-Arien benutzen – entweder in unveränderter Ausprägung oder in geringfügiger Reduktion einzelner ihrer konzertanten Parameter. Dies jedoch ist besonders für Arien von Figuren zu erkennen, die zwar unterhalb der adligen Ebene definiert sind, aber noch nicht dem Dienerstand angehören; für sie mußte er vorwiegend die Melismatik eindämmen – ebenso wie es ihm in der Gestaltung von Parts für die typischen »Vertrauten des Königs« intensiv vertraut war. Eine zweite Relativierung betraf die spezifische Dienersprache; für sie standen ihm liedhafte Elemente in vielfacher Schattierung zur Verfügung. Schließlich aber sind in der Buffa Ensemblesätze viel häufiger und gelangen – als Finali – zu einer weiter gespannten Ausdehnung. Um sie zu entwickeln, war das gleiche erforderlich wie in der letzten Relativierung der Arienwelt: die Abstimmung des musikalischen Verlaufs auf Aktionselemente. Damit zeigt sich, wie intensiv *La finta giardiniera* den Seria-Erfahrungen Mozarts verpflichtet sein konnte. Gerade das Prinzip, individuelle Charaktere zu schaffen, ließ sich aus ihnen gewinnen. ›Individualität‹ ergibt sich dabei nicht aus Aktion, sondern aus der musikalischen Gestaltung; die Rollencharakteristik, die die Nachwelt in den Wiener Opern Mozarts bewundert, ergibt sich in seinem Schaffen somit direkt aus den Dispositionen der Opera seria.

Der so bemerkenswerte Grundzug in Mozarts *Il Re pastore*, die musikalische Abstimmung der Rollenindividualität auf den Handlungskontext, hat also *La finta giardiniera* noch nicht umfassend geprägt. Das Neue des wenig jüngeren Serio-Werks ist in der vorausgegangenen Buffa-Oper lediglich in der Doppelgesichtigkeit der Hauptrolle vorgeprägt, und da dies zugleich Thema der Oper ist (»La finta giardiniera«), sind begrenzte Auswirkungen dieses Konzepts auch in weiteren Bereichen des Dramas zu erkennen. Die Situationen, in denen die anderen Rollen auftreten, sind zu neutral, als daß sich Abweichungen von einer Musiksprache erwarten ließen, die für sie jeweils als charakteristisch erscheint.

La finta giardiniera war in dieser Hinsicht ein ideales Buffo-Libretto für den Seria-Komponisten Mozart, aber es wäre nicht das einzige gewesen, mit dem er arbeiten konnte. Auch die Opera buffa hatte eine Affinität zu Figuren gehobener Stände, und Verkleidung und Verwechslung sind, wie erwähnt, typische Requisiten einer Opernhandlung; sobald beide Elemente zusammenkommen, konnte sich das Gestaltungsprinzip, das Mozart hier zugrunde legte, entfalten. Doch es handelt sich unzweifelhaft um eine Opera buffa aus Seria-Geist, und der Blick auf Mozarts späteren Umgang mit Verkleidung und Verwechslung zeigt dies deutlich.

Für zwei der drei Arien, die in *Don Giovanni* der Titelfigur zufallen, tritt diese in den Kleidern des Dieners Leporello auf. Für den Text des Bühnenliedes »Deh, vieni alla finestra, o mio tesoro« hat Lorenzo Da Ponte ganz gezielt eine eher volkstümliche Sprachform gewählt; doch anders als Vicente Martín y Soler, der von Da Ponte mit einer ähnlichen Konstellation ›bedient‹ wurde, hat Mozart weitgehend auf eine musikalische Verkleidung Don Giovannis verzichtet[42]. Noch weniger dürfte sich in der Aktionsarie »Metà di voi qua vadano« eine eindeutige Leporello-Sprache erkennen lassen, die Don Giovanni angenommen hätte. Umgekehrt tritt auch Leporello im Sextett »Sola, sola in buio loco«, das er an der Seite Donna Elviras in den Kleidern Don Giovannis beginnt (im Zuge des Satzes wird er enttarnt), nicht auch musikalisch als Vertreter seines Herrn auf. Das gleiche gilt für *Le nozze di Figaro*: Graf Almaviva, der seine Frau vernachlässigt und ein Auge auf deren Kammerzofe Susanna geworfen hat, wird schließlich auf frischer Tat ertappt, als sich zum Rendezvous, das er mit Susanna vereinbart hat, nun die Gräfin selbst einstellt – zwar in den Kleidern Susannas, aber keinesfalls in deren Sprachformen. Das Prinzip, das sich für *La finta giardiniera* als Schlüssel zum Verständnis der Werkkonzeption bezeichnen läßt, spielt hier also keine Rolle mehr; die Rollendefinition mit Hilfe konkreter musikalischer Sprachformen büßte somit nach der Entstehung der *Entführung aus dem Serail* ihre Aussagekraft ein, und desto stärker tritt der umfassende Situationsbezug in den Vordergrund, der in *La finta giardiniera* erst zu erahnen, in *Il Re pastore* dann aber voll ausgebildet ist.

Insofern hat die Konzeption dieser Serenata eine Schlüsselstellung in Mozarts Entwicklung als Opernkomponist. Nicht allein eine abstrakte Formenvielfalt der Arien in *Il Re pastore* ist zu bewundern[43], sondern diese ergibt sich unmittelbar aus einem subtilen und schlüssigen dramatischen Konzept; weil für dieses Werk eine Beschränkung auf die Sprachformen der Opera seria denkbar war, wirkt es in sich vielleicht sogar noch überzeugender als in der *Entführung*, in der diese Grundphänomene in die Welt des Singspiels übertragen werden.

La finta giardiniera und *Il Re pastore* gelten als Bestandteile von Mozarts Salzburger ›Jugendwerk‹; eine solche Sicht wird den Werken aber weder in musikalischer noch in dramaturgischer Hinsicht völlig gerecht. Bei beiden Werken liegt eine Schlüsselfunktion für Mozarts Wiener Opernschaffen; wer die *Entführung* als musikalisches Werk (und nicht nur als visuelles Bühnenspektakel) schätzt, wird besonders von dem jüngeren der beiden Werke nicht enttäuscht werden. Insgesamt verändert dies aber auch den Blick auf andere Bereiche: Da die 1774/1775 entwickelte musikdramatische Technik Mozarts noch die *Entführung* so nachhaltig prägt, kann sich seine Sprache erst daraufhin so fortentwickelt haben, daß das Fundament der in Kooperation mit Da Ponte entstandenen Werke erreicht wurde. *Idomeneo* erweist sich als eigentümliche Etappe zwischen jenen Salzburger Werken und der *Entführung*. Das Geschehen dieser Oper ist ausschließlich in der ›hohen‹ Sphäre angesiedelt; eine Differenzierung, wie sie in den drei flankierenden Werken ergab, wurde hier nicht einmal im Ansatz möglich. Dafür begann Mozart, der Musik weitergehende ›emotionale‹ Eigenschaften zu geben als zuvor[44]. Doch dies ist kein Vorgriff auf seine Opern der Zeit seit 1786, sondern gehört in den Rahmen dessen, daß Mozart im Lauf der Zeit die Gestaltung einzelner Seria-Rollen immer weiter differenzierte.

Noch in der *Entführung* war ihm demnach vor allem das Formenspektrum verfügbar, das in *Il Re pastore* eine ideale Ausprägung gefunden hatte; zu den traditionellen Satztypen der Opera seria konnten einerseits liedhafte, andererseits handlungsbetonte Elemente hinzutreten. Von diesem Standpunkt aus gesehen, hat sich Mozarts Formensprache der Oper in seinen ersten Wiener Jahren radikal verändert. Die Idee, für den Part Don Giovannis als eines Angehörigen höherer Gesellschaftsschichten (und zugleich als Titelfigur einer Oper) Arien zu entwickeln, die der Seria-Welt angehören, hätte für ihn um 1782 wohl prinzipiell – bei entsprechenden Vorgaben eines Librettos – noch nahegelegen; 1787 kam ihm dies nicht mehr in den Sinn. »Fin ch'han dal vino« ist musikalisch in mehreren unterschiedlichen Zellen angelegt, deren Text bei aller Komplexität weitgehend syllabisch vertont ist, »Deh vieni alla finestra« ist ein zweistrophiges Lied, »Metà di voi qua vadano« eine Aktionsarie – und auch in den zahlreicheren Ensemblesätzen, an denen Don Giovanni mitwirkt, entfalten seine Parts keine weiteren ›aristokratischen‹ Züge. Ebenso singen die anderen ständisch gehobenen Rollen, die neben Don Giovanni agieren (Donna Anna und Don Ottavio, Donna Elvira, Commendatore), keine Arien mehr, deren Bauformen der Welt der Opera seria entlehnt sind[45].

In *Don Giovanni* läßt sich dieses Neue mit knappen Hinweisen umreißen. Sogar die Arbeit mit zweiteiligen Arienkonzepten, die immer auf die zweigliedrig gestalteten Rahmenteile von Da-capo-Arien bezogen werden konnten und daher auch in der Opera seria durchaus ihren Platz hatten, spielt kaum noch eine Rolle. Ein Beispiel bietet Donna Elviras Auftrittsarie »Ah chi mi dice mai«: Sie ist zwar tatsächlich zweiteilig angelegt, doch diese Konzeption wird damit durchkreuzt, daß der Satz mit Einwürfen Don Giovannis und Leporellos in den Zwischenspielen zum Terzett erweitert wird. Entscheidend daran ist, daß diese Satzanteile die zweiteilige Arienanlage in die Bühnenhandlung einbinden und eine dramatische Rechtfertigung dieses Formprinzips bewirken, wie sie in anderen, älteren Opern nicht als notwendig erschienen wäre. Auch Don Ottavio nähert sich nur vage dieser Zweiteiligkeit an; in »Il mio tesoro intanto« läßt Mozart die beiden Textstrophen zwar zweimal ablaufen, doch er faßt den zweiten Durchgang in musikalischer Hinsicht so grundlegend anders, daß eher der Eindruck des Neuen hervortritt als der der tatsächlichen Texterschließung.

Die Freiheiten, die Mozart nutzt, lassen sich exemplarisch an Leporellos Registerarie verdeutlichen: Ihr erster Teil wirkt zweigliedrig, ist aber – gemessen am Verlauf typischer Seria-Arien – nur eine erste Arienhälfte, in der, wie es üblich ist, zwei Textdurchgänge aufgehen; der Teilabschnitt entwickelt sich von D- nach A-Dur. Im zweiten Teil wird der Text daraufhin in fast rezitativisch wirkender Reihung vorgetragen: Kaum je wird ein Begriff oder ein Vers wiederholt, nie aber Abschnitte, die sich als Strophen qualifizieren ließen. Der Handlungsbezug, der sich damit in den Arien ergibt, läßt alle Ansätze, die Mozart bis 1782 in Aktionsarien gezeigt hat, um Längen hinter sich; die damit begonnene Entwicklung reicht weiter bis zur *Zauberflöte*, in der zahlreiche, extrem knappe arienhafte Sätze in den größeren Szenenkomplexen der Finali aufgehen.

Der Prozeß, der zu diesem Erscheinungsbild führte, war allerdings auch 1786, als Mozart *Le nozze di Figaro* komponierte, noch nicht völlig zum Abschluß gelangt. Deutlich wird nur, daß die Detailabläufe der Seria-Arien nun nicht mehr als Bezugspunkt der kompositorischen Gestaltung dienen; Mozart greift nur einmal – zu karikaturistischen Zwecken – auf sie zurück, und zwar in Bartolos Arie »La vendetta, oh, la vendetta«. Sie enthält außerordentlich viel Text; jeder Versuch, ihn nach Mustern der Opera seria zu erschließen (indem ›Strophen‹ gebildet würden, die im Durchschnitt vier Verse umfassen), wäre zum Scheitern verurteilt. Dennoch schlägt Mozart zunächst eindeutig den Seria-Weg ein; dem Text folgend, suggeriert er dem Hörer, daß nun eine »vendetta«-Arie folge, die Rachearie der Opera seria. Nach der typischen Eröffnung (einmal Vers 1, zweimal Vers 2, Tonika-Kadenz des Orchesters) verläßt Mozart mit den beiden nächsten Versen die Grundtonart; anstatt dann aber den eingeschlagenen Weg weiter zu verfolgen und mit einem zweiten Textdurchgang eine große, virtuos ausgestaltete Dominantkadenz anzusteuern, löst er sich von den Seria-Vorgaben. Insofern äußert sich schon in Bartolos Abwägen »coll'astuzia – coll'arguzia« ein Ausbrechen aus den gewohnten Bahnen, das den karikaturistischen Ansatz offenlegt. Noch deutlicher wird Mozart zu den Textworten »Il fatto è serio« (»es geht um etwas Ernstes«), denn hier ist die Basis der Opera seria vollends preisgegeben: Die Ausgangstonart ist schon wieder erreicht, die Modulation also verpufft, der vorgezeichnete Ablauf ›sinnlos‹ geworden – und daß Mozart dies gerade mit Da Pontes Worten »Il fatto è serio« verbinden konnte, steigert die Komik der ›mißglückten‹ musikalischen Situation noch. Damit bleibt nach der Kadenz, mit der die Grundtonart bestätigt wird (»ma credete si farà«), genügend Freiraum, die komische Seite noch weiter hervorzukehren: mit der

Triolendeklamation »Se tutto il codice dovessi volgere ...« im parlando, schließlich ebenso mit der übergroß geratenen Schlußkadenz »Tutta Siviglia concosce Bartolo ...«. Mozart läßt den Ausgangsaffekt der Arie somit ins Leere laufen; er gibt ihn ›fahrlässig‹ auf, nachdem die Modulation ein taugliches Fundament gefunden hat.

Daß dies als Karikatur gemeint ist, ist unverkennbar. Daß Mozart aber nach dem gleichen Prinzip noch wenige Jahre zuvor Belmontes Arie »O wie ängstlich, o wie feurig« gestaltet hat (mit der Preisgabe des Ziels zu »Schon zittr' ich und wanke«), muß zu denken geben. Zwischen diesen beiden Polen liegt folglich ein erster großer Entwicklungsschritt des Opernkomponisten Mozart in dessen Wiener Zeit. Insofern schuf er, seitdem er mit Lorenzo Da Ponte zusammenarbeitete, Opern neuen Profils, und dieser leistete seinen Beitrag als Librettist darin, daß jene neuen Konzeptionen möglich wurden – nicht erst in den Textgestalten der Don-Giovanni-Arien oder in Donna Elviras »Ah, chi mi dice mai«, sondern auch im parlando-Teil von Bartolos »vendetta«-Arie.

Doch an anderen Stellen wird auch *Le nozze di Figaro* noch von Prinzipien geprägt, die sich auf Mozarts früheres Opernverständnis beziehen lassen – und die in *Don Giovanni* keinen Platz mehr hatten. In der vierten Szene des dritten Akts steht Almaviva allein auf der Bühne; er singt Rezitativ und Arie »Hai già vinta la causa! – Vedrò mentre io sospiro«. Weil Almaviva allein ist, ist Handlungspotential kaum zu erwarten; es könnte allenfalls aus seiner eigenen Gedankenwelt stammen. Doch den Keimen, die hierfür im Text vorhanden sind, geht Mozart nicht nach; vielmehr entsteht eine ›große Arie‹. Den Modulationsgang, den die Bartolo-Arie im Detail nimmt, spart Mozart aus, obwohl das Ziel (die Dominante) in beiden Sätzen natürlich das gleiche ist; er legt die Singstimmenanteile so an, daß die Verse 1 und 3 dieselbe Musik erhalten, der Nachsatz aber mit Vers 2 (Kadenz in der Dominante) anders gebildet wird als mit Vers 4 (Halbschluß auf der Dominante), und mit ähnlich regelmäßigem Textvortrag legt er den weiteren Quintschritt zu Doppeldominante zurück. Dann folgt ein kompletter zweiter Durchgang durch den bis dahin vorgetragenen Text – ohne großen kadenzierenden Abschluß, sondern vorausweisend auf einen anders gestalteten, schnelleren Teil (»Ah no, lasciarti in pace«). Auch in diesem läuft der Text doppelt ab, diesmal mit einer breit angelegten Kadenz, die wohl manchen Seria-Bassisten – der üblicherweise nur für die Nebenrolle des königlichen Vertrauten gebraucht wurde – an die Grenzen seines Leistungsvermögens geführt hätte (»e giubilar mi fa«). Die Probleme im Hinblick auf die Gestaltung von *Don Giovanni* und die noch späteren

Opern verbinden sich jedoch nicht mit dieser Kadenz; sie läßt sich bei einem entsprechenden, auf der Bühne verfügbaren Personenbestand durchaus in ein Handlungskonzept einbauen, wie die Auftrittsarie von Donna Elvira in *Don Giovanni* zeigt. Problematisch ist eher die Zweigliedrigkeit beider Teile.

Als Mozart 1764/1765 in London Arien zu komponieren begann, kam ihm entgegen, daß das formale Gerüst, in dem er zuvor seine Klaviermusik entwickelt hatte, und die zeittypische musikdramatische Formensprache in einem besonderen Punkt miteinander kompatibel waren: Ebenso wie in seinen Tanzsätzen der Weg vom Satzbeginn bis zum Doppelstrich in der Satzmitte zwei unterschiedliche ›Phasen‹ erkennen läßt, war ein entsprechender Vokalteil aus zwei Textdurchgängen zu bilden. Diesem Denken ist noch der erste Teil der Almaviva-Arie verpflichtet: In einer ersten Etappe wird der Text eingeführt, und die zugehörige Musik moduliert; in einer zweiten wird der Text wiederholt, während die bereits erreichte Dominante stabilisiert wird. Von dieser Konzeption hat sich Mozart in *Don Giovanni* gelöst, und fortan entwickelt er einen Arienteil nicht mehr aus zwei Textdurchgängen, sondern nur noch aus einem. Folglich trägt Donna Elvira in ihrer Auftrittsarie bis zur Satzmitte, in der die Musik in der Dominante kadenziert, den Gesamttext nur einmal vor; demgegenüber singt Almaviva doppelt so viel Musik, die aber im gleichen harmonischen Rahmen abläuft wie jene knappere Gestaltung – wie in den beiden ›ersten Phasen‹ einer traditionellen Seria-Arie. Dieses Neue prägt auch die übrigen Arien in *Don Giovanni*: Abgesehen von Wiederholungen einzelner Verse oder Wörter versagt Mozart es sich hier, Textstrophen mehrfach eintreten zu lassen, nur weil ihn Konventionen der Formbildung dazu zwängen; er ordnet die musikalische Anlage so weit wie möglich dem dramatischen Verlauf unter.

Wie vorsichtig das Libretto von *Don Giovanni* auf dieses Detail ausgerichtet ist, zeigt sich auch in einem äußerlichen Detail: Eine Situation wie die, in der Almaviva seine ›große Arie‹ singt, kommt nie zustande. Dies gilt zunächst für das typologisch eigenartige Arienspektrum der Titelfigur – aber nicht nur dort: Der Satzfolge und den Szenenanweisungen der Prager Urfassung von *Don Giovanni* zufolge enden Handlungsstränge nie darin, daß eine einzige Person auf der Bühne übrigbleibt, sondern stets ist mindestens ein potentieller Dialogpartner anwesend, auf den der Arienvortrag ausgerichtet ist. Da dies die kritische Situation ist, in der Mozart noch wenige Monate zuvor Almavivas Arie konzipiert hat, läßt sich dieses Detail nicht nur dramaturgisch interpretieren (dahingehend, daß die Ensemblewirkung für *Don Giovanni* eine neue Bedeutung erlangt habe), sondern auch mit jener Frage der Arienanlage in Beziehung setzen.

Nicht nur Almavivas Arie zeigt, daß Mozart in *Figaro* dieses neue Denken noch nicht völlig entfaltet hatte. Mozart legt auch manches andere zweifach an, weil ihm die musikalische Form dies nahelegt; die Stufe des dramatischen Empfindens, das seine Musik in *Don Giovanni* zeigt, hatte er noch nicht erreicht. Welchem Problem er in *Figaro* gegenüberstand, wird am Zankduett zwischen Susanna und Marcellina deutlich (Nr. 5: »Via resti servita, madama brillante«), das noch im Rahmen des älteren Denkens steht: Die Handlung steht für die Dauer des Satzes still. In Sätzen hingegen, in deren Text ein Fortschreiten der Handlung angelegt ist, wird die traditionelle Zweiteiligkeit überwunden; dies charakterisiert etwa die beiden einleitenden Duette zwischen Susanna und Figaro, von denen das erste auf den Vortrag einer gemeinsamen Strophe, das zweite auf die Mitteilung der Sorgen ausgerichtet ist, die Susanna sich im Hinblick auf das Zimmer des Dienerpaares macht (für Almaviva ideal erreichbar, wenn Figaro für auswärtige Dienste abkommandiert ist). Eine vergleichbare finale Ausrichtung ist jedoch im Duett Marcellina–Susanna nicht gegeben.

Der Gedanke dieser alten Zweiteiligkeit beherrscht auch das Finale des 2. Akts: Jede musikalische Zelle, aus der es gebildet wird, hat ein dominantisches Binnenziel und muß in die zugehörige Grundtonart zurückgeführt werden. Hier ist bereits zu erkennen, daß Mozart den formalen Zwängen entgegenarbeitet; in der Tonartplanung versuchte er sie zu überwinden. Denn jeder Weg zur Dominante läßt sich zugleich als ›Versuch‹ interpretieren, die Grundtonart der Oper wieder zu erreichen, um diese – mit der Hochzeit zwischen Susanna und Figaro – abzuschließen; mit jedem Schritt in die umgekehrte, subdominantische Richtung rückt dieses Ziel in weite Ferne, und dies garantiert den dramatischen Fortgang[46].

Parallelerscheinungen in *Don Giovanni* sehen dagegen ganz anders aus. Am Werkbeginn, im Duett zwischen Donna Anna und Don Ottavio, entsteht der Eindruck, daß Donna Anna von ihrem Verlobten einen doppelten Racheschwur verlange. Doch in Wirklichkeit sieht Mozart in musikalischer Hinsicht einen (hier sogar nur partiellen) zweiten Textdurchgang vor und variiert die Musik so stark, daß der Eindruck eines ungebrochenen Handlungsfortgangs entsteht. Ebenso läuft im Einleitungsduett des zweiten Akts (Don Giovanni–Leporello) der Text zweimal ab; doch in der Wiederholung wird er atomisiert, so daß der strophische Zusammenhang aufgelöst, in ein dramatisches Konzept überführt und somit als perfektes Durcheinander eines erhitzten Streitgesprächs erscheinen kann. Damit wird auch erkennbar, wie Mozart schließlich zu Konzepten für Handlungsarien gelangte, die nicht mehr nur als Sprechen in zwei verschiedene Richtungen oder als Begleitung eines textbedingten ›roten Fadens‹ erscheinen. Die ›Aktion‹ in Don Giovannis Arie »Metà di voi qua vadano« ergibt sich daraus, daß sich die Teilstrophen des Textes frei anordnen lassen: Nachdem die ersten drei Strophen eingeführt sind, wird zunächst die zweite wiederholt (»Se un uom e una ragazza …«), dann die erste, und den Schluß bildet eine freie vierte (»Andate, fate presto!«).

Doch damit ein Komponist Wortzellen aus Strophen herauslösen oder Strophen in dieser Weise isolieren kann, ist entsprechende Vorarbeit des Librettisten gefragt. Wie weit dies Neue tatsächlich auf der Kooperation zwischen Mozart und Da Ponte beruhte, zeigt das Terzett der Friedhofsszene: Zweimal beginnt Leporello mit der Anrede »O statua gentilissima«; doch es handelt sich nicht um ein Zweimal-Sagen, das der Komponist aus den formalen Konventionen abgeleitet und mit dramatischem Gespür aus einem im Text nur einmal angelegten Detail entwickelt hat wie in den Schwüren, die Don Ottavio abverlangt werden, sondern um zwei mit identischen Worten beginnende Strophen. Dennoch kann Mozart sie als Elemente auffassen, in denen die alte Intention des Zweimaligen aufgegangen sei: Mit der ersten Strophe gelangt er von der Grundtonart E-Dur zur Dominante H, mit der zweiten von der neuen Grundtonart H-Dur zu deren Dominante Fis und hat damit eine Linie entwickelt, die sich in Seria-Arien mit einem ersten Textdurchgang nicht klarer zeichnen ließe. Auf der neuen Tonartstufe wird daraufhin die Botschaft an die Statue vorgetragen (»Signor, il padron mio…«), die in einer neuen Textstrophe formuliert ist. Die Zweistrophigkeit zu Beginn, die die Zweizahl der Textdurchgänge ablöst, ist unzweifelhaft von Da Ponte vorbereitet worden; er muß um die Bemühungen gewußt haben, die Mozart unternahm, um in der Opera buffa von den letzten Elementen der Seria loszukommen und damit zu einem eigenen Buffa-Stil zu finden.

Nachdem dies erreicht war, hatte Mozart auch die Freiheit, in der Ariengestaltung wieder der Musik breiteren Raum zu lassen: In *Così fan tutte* erhalten Sätze wie das Terzett »Soave sia il vento«, Dorabellas Arie »Smanie implacabili« oder sogar Ferrandos kurzer Satz »Tradito, schernito« eine äußerlich traditionell wirkende Anlage aus zwei Textdurchgängen. Mozart muß gefühlt haben, daß er errungene Standards nicht preiszugeben habe, wenn er auf diese Elemente rekurrierte. Und ebenso sind in der späten Seria *La clemenza di Tito* die ›rein musikalischen‹ Elemente präsenter als in *Don Giovanni*.

Anhand von *La clemenza di Tito* lassen sich dann die Wandlungen besonders klar zeigen, die sich für Mozart seit *Figaro* ergeben hatten, weil sich jenes Werk auf sein altes Opernfundament, die Opera seria, zurückbeziehen läßt. Nur ein Satz zeigt Strukturen, mit denen er in seinen früheren Opere serie gearbeitet hat: Für die Arie »Se all'impero« der Titelfigur greift er den formalen Rahmen auf, der in *Ascanio in Alba* und *Il Re pastore* das Erscheinungsbild prägt. Bei diesen beiden älteren Werken handelt es sich um Serenate, hier aber um die Oper, die anläßlich der Krönung des römisch-deutschen Kaisers zum böhmischen König aufgeführt wurde – und nur für diesen einen Satz der königlichen Titelfigur wird die alte Formensprache reaktiviert. Damit wird bereits deutlich, wie weitgehend Mozart sich von Ansprüchen distanziert hatte, die an Opere serie traditionell gestellt wurden; und auch hier mag der Librettist, Caterino Mazzolà, diese Kritik geteilt haben, als er die Krönungsoper nicht dreiaktig anlegte, sondern nur zweiaktig wie jene »Serenate«.

In anderen Sätzen verfehlt Mozart offenkundig aus Vorsatz die traditionell typischen Formen: In Titos Arien des ersten Akts (»Del più sublime soglio« und »Ah, se fosse intorno al trono«) ›verbraucht‹ er jeweils die gesamte erste Textstrophe für die tonikale Eröffnungsphase der Arie, nicht also nur die ersten beiden Verse; damit kann die Mittelstrophe, eigentlich für den B-Teil einer Da-capo-Arie gedacht, nur zum tonartlich freien Mittelstück des Satzes werden, der dann mit einer Wiederaufnahme der Anfangsstrophe abgerundet wird. Legt man das Prinzip der *Ascanio*-Arien zugrunde, handelt es sich also nicht darum, daß die zweite Textstrophe, anstatt ›korrekt‹ als knapper Mittelteil zwischen zwei breit angelegten Eintritten des Rahmenteils aufgefaßt zu werden, bereits nach dem dominantischen Binnentutti einträte; vielmehr ist der Weg, der zu diesem führen müßte (also die Modulation zur Dominante), noch gar nicht eingeschlagen worden, wenn die Vertonung der ersten Strophe bereits für abgeschlossen erklärt wird.

Und wenn Mozart Arien mit einer langsamen Einleitung versieht (Vitellias Nr. 2, »Deh, se piacer mi vuoi«, und Sestos Nr. 9, »Parto, ma tu, ben mio«), ist der dafür vorgesehene Text beim Übergang zum schnelleren Tempo nicht ebenso überwunden wie das Ausgangstempo; doch im weiteren Verlauf der Sätze kommt es auch nicht mehr zu einer Wiederholung des Adagio-Teils (wie in der Giunia-Arie »Dalla sponde tenebrosa« aus *Lucio Silla*), sondern nur der Text wird neuerlich aufgegriffen – ohne daß dafür das Tempo reduziert würde. Dies gibt den betreffenden Sätzen auch in textlicher Hinsicht den Charakter des Durchkomponierten, der sich fast zeitgleich in den Arien der *Zauberflöte* noch freier entfaltet – so sehr, daß die formalen Grundlagen der Sätze (soweit sie nicht ausdrücklich liedhaft sind) kaum mehr wahrgenommen werden können.

Da Pontes Wiener Libretti

Wie erwähnt, muß ein wesentlicher Impuls für die neuen Konzepte, zu denen Mozart in der zweiten Hälfte der 1780er Jahre Konzepten gelangte, bei Lorenzo Da Ponte gesehen werden: Mozart war in der Entwicklung seiner freieren Kompositionsansätze auf entsprechend geeignete Textgestalten angewiesen. Hätte Da Ponte für Don Giovanni Arien konzipiert, die sich – dessen aristokratische Stellung betonend – als zweistrophige Gebilde auf die Formensprache Metastasios bezogen, wäre eine Oper anderen Charakters entstanden; zwar gelang es Mozart, auch solche Arienkonzepte umzuformen (wie in Don Ottavios »Il mio tesoro intanto«); dennoch ist die Vorarbeit Da Pontes unverkennbar. Zweifellos war es für beide Künstler eine Zusammenarbeit auf höchstem Niveau. In ihr entstand zudem auch ein Gestaltungsprinzip, nach dem sich der Librettoverlauf regulieren läßt. Es prägt alle drei Werke, die Da Ponte und Mozart entwickelten; auch andere Musiker profitierten von dem Neuen[47].

Am klarsten ist dieses Gestaltungsprinzip anhand von *Don Giovanni* zu skizzieren: Die Titelfigur hat Donna Anna zu vergewaltigen versucht und ihren Vater im Duell getötet; ihr Verlobter Don Ottavio schwört Rache. Diese versucht er im Finale des ersten Akts durchzusetzen – auf dem Ball, auf dem Don Giovanni sich Zerlina nähert. Doch Don Ottavio scheitert. Im Sextett des zweiten Akts wäre er dann ausdrücklich bereit, Don Giovanni zu töten, doch anstelle Don Giovannis steckt in dessen Kleidern sein Diener Leporello. Das gewünschte Ziel wird schließlich nicht von Don Ottavio herbeigeführt; vielmehr bewirkt der Komtur in der Funktion eines Deus ex machina den Höllensturz Don Giovannis, und den übrigen Figuren bleibt nur noch der Raum für ein moralisierendes Resümee. Damit ist die *Don-Giovanni*-Handlung aus drei ähnlich gearteten Prozessen zusammengesetzt; erst der dritte Versuch führt zu dem Erfolg, von dem der Werktitel spricht (»Il dissoluto punito«). Zuvor erscheint die Handlung als Kreisbewegung angelegt; doch sie ist in eine lineare Entwicklung aufgenommen, in der sich Don Giovanni den gegen ihn gerichteten Aktionen zur Wehr setzt. Das Handlungsprinzip, das in einer Oper zu erwarten wäre, ist die Linearität, die in einer finalen Ausrichtung liegt; sie und die

Kreisbewegung relativieren einander gegenseitig, so daß das Konzept sich geometrisch als spiralförmige Konstruktion beschreiben läßt. Damit erscheint das Drama in sich als homogener; es sind nicht »mannigfache Verwicklungen« erforderlich, um die Handlung zu formen, sondern lediglich immer wieder die gleiche. Das Prinzip erwies sich auch in der Unterhaltungskultur des 20. und 21. Jahrhunderts als unbedingt erfolgreich: Die Kriminalgeschichte, an deren Beginn eine Gewalttat steht, in deren weiterem Verlauf es zunächst nicht gelingen will, den Täter zu identifizieren oder zu fassen (ein Unschuldiger wird verdächtigt, dem eigentlichen Täter gelingt die Flucht), und an deren Ende der Täter zur Rechenschaft gezogen werden kann, wird vom Publikum immer wieder dankbar angenommen, sei es in Buch- oder Filmformat.

Die beiden anderen Da-Ponte-Opern Mozarts sind grundsätzlich von den gleichen Überlegungen geprägt. In den vier Akten von *Le nozze di Figaro* geht es um die Genehmigung Almavivas zur Hochzeit von Susanna und Figaro; zweimal kann der Graf dem Paar den Ehekonses versagen (am Ende der Akte I und II), beim dritten Mal, am Ende des dritten Aktes, ist seine Zustimmung unausweichlich, doch auch da gelingt es ihm noch, retardierend einzugreifen; im vierten Akt, in eine Falle geraten, kann er das Geschehen dann nicht mehr aufhalten. Und in *Così fan tutte* versuchen die beiden verkleideten männlichen Darsteller, Ferrando und Guilelmo, dreimal, gemäß ihrer Wette mit Don Alfonso die Geliebte des jeweils anderen für sich zu gewinnen. Im ersten Akt treten sie dem Schwesternpaar gemeinsam entgegen und glauben schon, gewonnen zu haben; im zweiten Akt treten sie jeweils einzeln auf, verlieren die Wette und stehen im Finale zunächst vor einem psychologischen Scherbenhaufen, bevor die Moral zu einem guten Ende führt. Damit ist allen drei Opern die Kombination aus dramatischer Fortentwicklung und mehrfacher Wiederholung grundsätzlicher konstruktiver Elemente gemeinsam. Unterschiede ergeben sich lediglich daraus, daß *Don Giovanni* und *Così* diesen dreimaligen Ablauf des Grundprinzips in einer zweiaktigen Oper enthalten, *Figaro* hingegen in einer vieraktigen; und während in *Figaro* und *Don Giovanni* die Schlüsselsituationen einzig und allein in Finali oder anderen groß besetzten Ensembles liegen, gibt es in *Così* zwei schicksalhafte Duette, die zur dramatischen Katastrophe führen – deutlich bevor das zweite Finale eine Lösung der Probleme ermöglicht. Wie hat sich dieses Gestaltungsprinzip entwickelt – in Da Pontes Dichtungen und seiner Zusammenarbeit mit Mozart?

Tabelle 6: Lorenzo Da Pontes Wiener Libretti

Datum	Titel	Komponist	frühere Version
06.12.1784	*Il ricco d'un giorno*	Salieri	
04.01.1786	*Il Burbero di buon cuore*	Martín	
20.02.1786	*Il Finto cieco*	Gazzaniga	
01.05.1786	*Le Nozze di Figaro*	Mozart	
12.07.1786	*Il Demogorgone*	Righini	
17.11.1786	*Una cosa rara*	Martín	
27.12.1786	*Gli equivoci*	Storace	
22.06.1787	*Il Bertoldo*	Piticchio	(?)
01.10.1787	*L'arbore di Diana*	Martín	
29.10.1787	*Don Giovanni*	Mozart	
08.01.1788	*Axur, Rè d'Ormus*	Salieri	Paris 1787
10.09.1788	*Il talismano*	Salieri	Mailand 1779
11.02.1789	*Il pastor fido*	Salieri	Rom 1779?
27.02.1789	*L'ape musicale* [I]	[Pasticcio]	
11.12.1789	*La cifra*	Salieri	Rom 1780
26.01.1790	*Così fan tutte*	Mozart	
13.08.1790	*La quacquera spiritosa*	Guglielmi	Neapel 1783
15.09.1790	*La caffetteria bizzarra*	Weigl	
23.03.1791	*L'ape musicale* [II]	[Pasticcio]	(vgl. 27.02.1789)

Da Ponte war in den acht Jahren zwischen der Gründung des Wiener italienischen Theaters 1783 und seiner Entlassung 1791 für die Texte von
17 Opern verantwortlich (Pasticci nicht mitgerechnet); fünf davon wurden
von Salieri vertont, je drei von Vincenzo Martín y Soler und Mozart, und
mit je einer Komposition sind Giuseppe Gazzaniga, Vincenzo Righini,
Stephen Storace, Francesco Piticchio, Pietro Guglielmi und Joseph Weigl
vertreten. Nicht alle dieser Opern stammen auch in ihrer musikdramatischen Konzeption von Da Ponte; ohnehin sind Libretti der Zeit vielfach
an ältere dramatische Werke gebunden, doch in manchen Fällen war seine
Aufgabe sogar darauf beschränkt, bereits vorliegendes Material, das die
Komponisten in irgendeiner Form nach Wien mitgebracht hatten, für eine
neue, auf Wiener Verhältnisse zugeschnittene Aufführung einzurichten. In
diesen Werken war die Entfaltung künstlerischer Vorstellungen naturge-
mäß eingeschränkt; läßt man sie außer acht, bleiben weiterhin alle drei
Opern Mozarts und Martíns übrig, neben den Einzelwerken von Gazzani-

ga, Righini, Storace und Weigl nur ein einziges von Salieri (*Il ricco d'un giorno*, Da Pontes erstes nachweisbares Libretto).

Ein Überblick über diese Libretti zeigt, daß Da Ponte zunächst mit dem traditionellen, ausschließlich linearen Bauplan arbeitete, und er verband sie zunächst mit einem einheitlichen Sujet: Eine junge Dame soll mit einem unsympathisch gezeichneten Mann verheiratet werden, liebt aber einen anderen. Da Ponte griff diesen Stoff auch später gelegentlich auf, offenbar immer dann, wenn er seine Arbeit inhaltlich absichern wollte, um strukturell Neues zu erproben. Dieses Vorgehen ist für seine Arbeitsweise charakteristisch: Stets erfaßte er für die Details, die er sich in der Arbeit an einem einzelnen Libretto erschlossen hatte, auch deren theoretischen Hintergrund, verallgemeinerte diesen und baute dessen Prinzipien in weiteren Libretti aus.

Beispielhaft für seine Anfangsphase ist *Il ricco d'un giorno*: Berto hat seine Tochter Emilia dem Geizhals Strettonio zugedacht, doch sie liebt Strettonios Bruder Giacinto und hat sich nur zeitweilig von diesem abgewandt, weil er – ganz im Gegensatz zu Strettonio – ein Verschwender ist. Grundsätzlich wäre denkbar, schon diesen Stoff nicht nur linear zu entwickeln, sondern mit der mehrfachen Wiederkehr eines einzigen Handlungsmoments zu koppeln; auch *Le nozze di Figaro* kreist um dieses Thema. Statt dessen aber entwickelt Da Ponte in einem ersten Akt die Verwirrung, die sich aus der bloßen Existenz zweier Liebhaber ergibt, läßt diese im zweiten Akt beide um Emilias Gunst werben und schließt mit einem kurzen dritten Akt, der lediglich das Liebesduett zwischen Emilia und Giacinto vorbereitet. Die beiden nächsten Libretti weichen weder inhaltlich noch formal von dieser Vorgabe ab; auffällig ist nur, daß Da Ponte für *Il burbero di buon core* und *Il finto cieco* den Kreis der handelnden Personen erweitert und jeweils eine weitere Figur hinzugewinnt, die den Heiratsplänen der Protagonistin Hindernisse in den Weg legen.

Damit erreichte Da Ponte in *Le nozze di Figaro* mit der ›spiralartigen‹ Handlungskonzeption tatsächlich eine neue Etappe der Librettogestaltung, und daß er dies mit dem Thema der verhinderten Heirat verband, leitet sich direkt aus allen seinen bisherigen Erfahrungen als Librettist her. Es ist zwar denkbar, daß die dramatische Vorlage, Beaumarchais' fünfaktiges Drama *Le mariage de Figaro*, den Anstoß zu dieser besonderen Gestaltung gab; doch erst in Da Pontes Bearbeitung geht es an jedem Aktende um Figaros Hochzeit mit Susanna, und erst damit ist die inhaltlich einheitliche Ausrichtung der Handlungssegmente gegeben. Da Ponte faßte zu diesem Zweck Beaumarchais' Akte III und IV zusammen; die Episode, mit der in der Vorlage der dritte Akt endet (die Gerichtsszene), wird in der Oper als Sextett in der Mitte des dritten Akts abgehandelt. Ebenso ist erst Da Ponte dafür verantwortlich, daß jeder Akt mit der Konfrontation zwischen Almaviva und Figaro schließt; Beaumarchais läßt den Grafen jeweils deutlich vor dem Aktschluß die Bühne verlassen.

Die damit gewonnenen Prinzipien übertrug er daraufhin auf zweiaktige Konzeptionen: in *Demogorgone* (Righini) mit Hilfe des Standard-Plots der zunächst verhinderten und letzlich doch glücklichen Heirat eines Paars, in Storaces *Gli equivoci* als Bearbeitung von Shakespeares *Komödie der Irrungen*. In Righinis Oper geht es darum, den Widerstand zu brechen, den der »konfuse Philosoph« Demogorgone gegenüber den Liebesgefühlen seines Schülers zu einer jungen Frau entwickelt; ein erster Versuch scheitert, ein zweiter führt zum Ziel. Weniger erfolgreich als dieses Libretto war das andere: Shakespeares Komödie handelt von einem Kaufmannsehepaar, das zwei Söhne hat, ein Zwillingspaar; ihnen ist ein weiteres Zwillingspaar als Diener zugeordnet. Die Großfamilie wird schiffbrüchig; Vater und Mutter retten je einen Sohn und einen Diener, doch die beiden Dreiergruppen verlieren sich dabei aus den Augen. Bei ihrer Zusammenführung ergeben sich Verwechslungen, weil die Brüder jeweils für ein und dieselbe Person gehalten werden – sowohl die Kaufmannssöhne als auch die Diener, und die Lösung ergibt sich im Schauspiel erst am Ende eines fünften Akts. Da Ponte aber benötigte bereits für den ersten von zwei Akten ein operntypisches Finale, in dem alle Figuren auftreten, und dennoch wollte er offenkundig das charakteristische Handlungsprinzip umsetzen. Folglich begegnen die beiden Brüder-Paare einander schon in der Werkmitte, und fortan muß jeder von der Existenz seines Doppelgänger wissen, so daß die späteren Verwirrungen kaum mehr glaubwürdig sind.

Eine weitere Etappe der Gestaltung erschloß sich Da Ponte im Text zu Martíns *Una cosa rara*, der zwischen den beiden Zweiaktern entstand: Er gelangte zu einer Konstellation, in der die Zahl der Kreisbewegungen sich klar von der Zahl der Akte löst – klarer als in der Librettogestalt des *Figaro*. Auf einer Jagd durchstreift die spanische Königin Isabella zusammen mit ihrem Sohn Giovanni und dem königlichen Jäger Corrado eine ländliche Gegend; hier spielt sich das übliche Problem vereitelter Heirat ab. Der erste Akt führt dazu, daß die Königin die ersehnte Ehe des Bauernpaares Lubino–Lilla stiftet; eigentlich könnte die Oper an dieser Stelle zu Ende sein. Eine ›unerwartete‹ Komplikation treibt die Handlung jedoch voran: Sowohl Giovanni als auch Corrado haben ein Auge auf Lilla geworfen. Giovanni versucht zunächst in einem Sextett, Lilla für sich zu gewinnen, wird aber ertappt; dann scheitert – im Rahmen eines Septetts – ein Entführungsversuch. Daraufhin läßt der Prinz das Vorhaben fallen, nicht aber der Jäger, der deshalb am Schluß der Oper von der Königin verstoßen wird. Letztlich wird damit die Heirat, das typische Handlungsziel einer Oper, nicht schon am Ende des ersten Akts formuliert[48], sondern bleibt in seiner traditionellen Position, weil erst am Werkende die Hemmnisse beseitigt sind.

Wie weit Da Ponte sich der Tragweite des Neuen bewußt war, ist zweifelhaft; klar ist nur, daß Mozart es in *Don Giovanni* erfaßte. Da Ponte bot ihm in einem zweiaktigen Libretto den gleichen Dreischritt, von dem auch *Una cosa rara* getragen ist, und ebenso wie dort ließ er den zweiten Handlungsbogens in einem Sextett des zweiten Akts auslaufen – als Text eines normal gestalteten Ensemblesatzes. In diesem Sinne hat Martín den Sextett-Text seiner Oper umgesetzt: in einem nur 88taktigen Satz, der damit dem typischen, liedhaften Stil Martíns entspricht[49]. Mozart hingegen weitet die Konzeption so aus, daß das *Don-Giovanni*-Sextett so vielgestalig wie ein Finale aufgebaut ist – ausgerichtet darauf, daß das Handlungsziel, die Bestrafung Don Giovannis, so lange in greifbare Nähe gerückt erscheint, wie Don Ottavio diesen als Träger von Mantel, Hut und Degen vermutet – also bis sich Leporello dieser Verkleidung entledigt[50]. Bei genauer Betrachtung zeigt sich auch, daß Mozart schon die Verhältnisse in *Figaro* anders sah als Da Ponte: nicht als vierfache Kreisbewegung (eine pro Akt), sondern gleichfalls als dreifache[51]. Deutlich wird also, wieviel Anteil Mozart zumindest daran hatte, das Profil dieser dramatischen Konstellation zu schärfen.

Gegenüber *Don Giovanni* wurde sie in *Così fan tutte* noch ausgebaut. Im Sextett des ersten Akts lassen Librettist und Komponist den Handlungsbogen ebenso ins Leere laufen wie den des zweiten *Don-Giovanni*-Aktes: Die beiden Schwestern begegnen erstmals den verkleideten Geliebten und können deren Angriffen mühelos standhalten. Die Wirkung, die in *Don Giovanni* die anschließende, große Entschuldigungsarie Leporellos hat, wird hier mit einem Duett reproduziert, in dem sich die (verfrühte) Freude Ferrandos und Guilelmos über die gewonnen geglaubte Wette entlädt: Nach beiden Sätzen müssen die dramatischen Fäden wieder neu geordnet werden, um eine Fortsetzung des Dramas zu ermöglichen. Weshalb der erste dieser Handlungsbögen nun schon im ersten Akt geschlossen wird (nicht also erst im Finale), so daß schon im ersten ein großer Ensemblesatz (Sextett) entsteht, erklärt sich aus der weiteren Arbeit Da Pontes mit diesem Handlungsprinzip.

Parallel zu den Arbeiten an *Don Giovanni* bot sich für ihn in *L'arbore di Diana* ein weiteres Mal die Möglichkeit, in einem Libretto für Martín neue Ideen zu entwickeln. Die Konzeption dreier Handlungsschritte in einem zweiaktigen Werk behielt er bei; doch das Handlungsziel liegt nicht mehr im Finale des zweiten Akts, sondern ist schon zuvor erreicht: in einem knapperen, geringer besetzten Satz. Wiederum wählte Da Ponte das Thema der Vereinigung zweier Liebender als thematischen Hintergrund seines Formexperiments, hier allerdings in einer mythologischen Variante, die den Bezugspunkt (Konzepte wie in *Il ricco d'un giorno*) kaum mehr erkennen läßt. Amor möchte der keuschen Diana beibringen, was Liebe ist. Ein direkter Versuch schlägt fehl; dies ist Stoff eines Quintetts im ersten Akt. Ein zweiter weist den Weg zum Ziel: Der Hirte Endimione trifft das Herz Dianas mit einem Liebespfeil. Doch sie will noch am Ende des ersten Akts die Veränderung ihrer Situation nicht wahrhaben. Im zweiten Akt nimmt sie ihr Bad und erliegt anschließend dem Anblick Endimiones, der, von Amor gelenkt, ihr entgegentritt; Diana und Endimione geben sich – in einem Duett – der wechselseitigen Liebe hin. Doch eine Oper kann weder mit einem so gering besetzten Satz noch mit jener Übertölpelung Dianas enden. So öffnet sich der Raum für ein eigenes Finale, in dem Amor als Gott einen versöhnlichen Schluß formuliert.

Damit hatte Da Ponte sich eine Technik erschlossen, die es ihm erlaubte, die knapp gefaßten Handlungsbögen nicht nur in großen Ensemblesätzen, sondern auch in kleinstmöglichen auslaufen zu lassen. Dasselbe Konzept verfolgte er daraufhin auch in *Così fan tutte*, und daß in der »Scuola degli amanti« die Zahl der Schüler gegenüber *L'arbore di Diana* verdoppelt ist, entspricht den üblichen Arbeitstechniken Da Pontes, der häufig die Personenkonzepte erweiterte, wenn er eine Librettokonstruktion in einem neuen Werk weiterentwickelte. Daß auch in *L'arbore di Diana* der erste Handlungsbogen in einem Ensemblesatz bereits des ersten Akts schließt (Quintett), erklärt sich daraus, daß in einer ähnlichen Binnenposition des zweiten das eigentliche Handlungsziel erreicht werden muß – ehe der versöhnliche Schluß vorbereitet wird. Folglich ist nun im zweiten Akt für einen vergleichbar großen Ensemblesatz kein Raum mehr.

Damit zeigt sich, wie fruchtbar für Da Ponte die Arbeit mit Martín und Mozart war. Ebenso profitierten die beiden Musiker von den Aktivitäten des Librettisten, die jeweils auch noch Arbeiten mit Dritten einschlossen. Mozarts Stellung erscheint dabei in doppelter Hinsicht herausgehoben: Er schöpfte die Vorgaben Da Pontes jeweils noch weiter aus als Martín[52] und gab damit der Arbeit dieses großen Künstlerverbundes neuen Schub; zudem konnte er in *Don Giovanni* und *Così fan tutte* die Früchte der Experimente ernten, die Da Ponte jeweils kurz zuvor für Martín unternommen hatte. Sowohl Da Pontes Libretti für Mozart als auch dessen Weiterarbeit an Da Pontes Konzepten rücken die drei gemeinsam erarbeiteten Werke gegenüber den Da-Ponte-Opern Martíns in eine herausgehobene Position.

Salieris dramatische Vorstellungen ließen sich mit diesen Überlegungen offensichtlich zunächst nicht zur Deckung bringen; die für ihn gedichteten Libretti zeigen eine einfache, durchlaufende Handlung. Doch da das Libretto für *Così fan tutte* offenkundig zunächst für ihn bestimmt war[53], läßt auch Salieri sich in den Kreis der Musiker hineinziehen, die an jenen Konzepten Anteil hatten. Diese Oper – in der Vertonung Mozarts – wurden dann das letzte Wiener Werk Da Pontes, in dem dieser seine ausgefallenen Ideen umsetzen konnte, denn das noch jüngere Libretto, zu Joseph Weigls *La caffetierra bizzarra*, bewegt sich auf einfacheren Bahnen – wohl aus verständlichen Gründen, denn die Oper wurde zum Staatsbesuch von König Ferdinand I. von Sizilien geschrieben, der schwachsinnig gewesen sein soll und für den die aufzuführende Oper nicht die geringsten dramatischen Komplikationen enthalten durfte[54]. Mozart hingegen versuchte offenkundig, die Arbeit an diesen Konzepten eigenständig fortzuführen; er muß für entsprechende Gestaltungsansätze in Schikaneders Libretto der *Zauberflöte* verantwortlich sein. Mehrmals steht eine Vereinigung zwischen Pamina und Tamino kurz bevor: Pamina wird von Papageno aufgespürt, doch Monostatos vereitelt die Flucht (Finale I), dann beugt sich Tamino den ihm auferlegten Gesetzen und stellt sich gegenüber Paminas Fragen taub; doch schließlich kann das Paar vereinigt werden und gemeinsam die letzte Prüfung durchstehen. Damit prägt das Konzept, aus einer knappen Handlungszelle eine stringente Opernkonzeption zu entwickeln, nur zwei der Wiener Opern Mozarts nicht: die erste, mit der dieser noch tastend einen Vorstoß auf das Wiener Terrain unternahm, und *La clemenza di Tito*, für die er nicht erwarten konnte, daß dieses spezielle Konzept Eingang in Metastasios Seria-Konzeption finden werde.

Anmerkungen

1 Küster, *Formale Aspekte*, S. 232–239.
2 Zu diesem thematischen Gesamtkomplex vgl. Dorothea Link, *The Da Ponte operas of Vicente Martín y Soler*, Diss., University of Toronto, 1991, S. 24.
3 Ausdrücklich so John A. Rice, *Antonio Salieri and Viennese opera*, Chicago, Ill./London 1998, S. 42.
4 Vgl. Lajos Nemesszeghy, *Wolfgang Amadeus Mozart in seinen Beziehungen zu Ungarn 1761–1791*, Dissertation Wien 1991, S. 303f.; der Eberlin zugeschriebene Bericht wurde in den 1930er-Jahren von Ede Sebestyén auf ungarisch mitgeteilt; die deutsche Originalquelle ist verschollen.
5 MBA I/42 (S. 62).
6 MBA I/132 (S. 264).
7 Herbert Klein, *Unbekannte Mozartiana von 1766/67*, in: MJb 1957, S. 168–185, hier S. 178.
8 Deutsch Dok., S. 67.
9 Alfred Orel in: NMA II/5/1, Vorwort, S. VII.
10 MBA I/125 (S. 254–258).
11 Rice, *Salieri*, besonders S. 42.
12 Rice, *Salieri*, S. 41.
13 Vgl. die Aufstellung in NMA II/5/2, Teilband 1, Vorwort, S. XIIIf.
14 Anelide Nascimbene, *Mysliveček e i Mozart a Bologna: Documenti, cronaca e critica*, in: Mozart: Gli orientamenti della critica moderna, Atti del convegno internazionale, Cremona, 24–26 ottobre 1991, hg. von Giacomo Fornari, Lucca 1994, S. 3–25, hier S. 10f.
15 Zu Einzelheiten vgl. Konrad Küster, Kritischer Bericht zu NMA II/7/1 (Druck in Vorbereitung).
16 D'Ettores Rolle in der Entstehungsgeschichte von *Mitridate* ist um 1995 auf mehrfache Weise in unabhängig voneinander entstandenen Studien thematisiert worden, vgl. hier: Harrison James Wignall, *The Genesis of ›Se di lauri‹: Mozart's Draft and Final Version of Guglielmo D'Ettore's Entrance Aria from Mitridate*, in: Mozart-Studien 5 (1995), S. 45–99; Rita Peiretti, »*Vado incontro al fato estremo«: Eine bisher Mozart fälschlich zugeschriebene Arie der Oper »Mitridate, Re di Ponto«*, in: MittISM 44 (1996), S. 40f.; Philipp Adlung, *Mozarts Opera seria »Mitridate, re die [di] Ponto«*, Eisenach 1996 (Hamburger Beiträge zur Musikwissenschaft 46), besonders S. 185f.
17 MBA II/448 (S. 353).
18 Wignall, *Se di lauri*, S. 63. Zur Biographie des Sängers vgl. Harrison James Wignall, *Mozart, Guglielmo d'Ettore and the Composition of ›Mitridate‹ (K. 87/74a)*, Diss. Brandeis University 1995, S. 238–288.
19 Ulrich Konrad, *Mozarts Schaffensweise: Studien zu den Werkautographen, Skizzen und Entwürfen*, Göttingen 1992 (Abhandlungen der Akademie der Wissenschaften in Göttingen, Philologisch-Historische Klasse, Folge 3, Nr. 201), S. 121–123.
20 Zu dieser Situation vgl. Adlung, *Mitridate*, S. 108f.
21 Wignall, *Se di lauri*, passim.
22 Vgl. Wilhelm Theodor Elwert, *Italienische Metrik*, Wiesbaden 21984, S. 49 (§ 19) und 61 (§ 29).

23 Friedrich Lippmann, *Der italienische Vers und der musikalische Rhythmus: Zum Verhältnis von Vers und Musik in der italienischen Oper des 19. Jahrhunderts, mit einem Rückblick auf die 2. Hälfte des 18. Jahrhunderts,* Teil I in: Analecta musicologica 12 (1973), S. 253–369; Teil II in: Analecta musicologica 13 (1974), S. 324–410; Teil III in: Analecta musicologica 15 (1975), S. 298–333. Hier Teil II, besonders S. 325, 371–386.

24 Peiretti, *Vado incontro al fato estremo;* Adlung, *Mitridate,* S. 180–186.

25 Vgl. die Wiedergabe des Satzes bei Wignall, *Se di lauri,* S. 66–73.

26 Wignall, *Se di lauri,* S. 74.

27 Bericht der *Münchner Stats-, gelehrten, und vermischten Nachrichten* über die Uraufführung; Deutsch Dok., S. 170.

28 Für einen Überblick vgl. Küster, *Formale Aspekte,* S. 224–228, besonders S. 225.

29 Nur zu diesen vgl. Küster, *Von »Mitridate, Re di Ponto« zu »Il re pastore«* (dort auch weitere Literaturdiskussion).

30 Ebd.

31 MBA I/250 (S. 444).

32 Deutsch Dok., S. 121.

33 Hierzu und zum folgenden vgl. Taddeo Wiel, *I Teatri Musicali Veneziani del Settecento,* Venedig 1897 (Nachdruck Leipzig 1979), S. 285–289.

34 Vgl. Konrad Küster, *Mozart: Eine musikalische Biographie,* Stuttgart 1990, S. 84.

35 MBA III/590 (S. 108).

36 Ausdrücklich im Titel von Aloys Greithers Buch: *Die sieben großen Opern Mozarts: Versuche über das Verhältnis der Texte zur Musik,* Heidelberg ³1977.

37 Klaus Hortschansky, *Gegen Unwahrscheinlichkeit und Frivolität: Die Bearbeitungen im 19. Jahrhundert,* in: Così fan tutte: Beiträge zur Wirkungsgeschichte von Mozarts Oper, hg. von Susanne Vill, Bayreuth 1978, S. 54–66 (mit Diskussion).

38 Speziell zur *Entführung* vgl. Christoph-Hellmut Mahling, *Die Gestalt des Osmin in Mozarts »Entführung«: Vom Typus zur Individualität,* in: Archiv für Musikwissenschaft 30 (1973), S. 96–108. Vgl. ferner auch den Ansatz bei Gerd Hüttenhofer, *Mozarts Münchner Oper »La finta giardiniera«: Untersuchungen zu musikalischem Satz und Theater in Mozarts frühen »Opere buffe«,* Diss. München 1988, S. 1: »In den frühen opere buffe gilt es nicht, nach individuellen Charakterisierungen zu suchen, was zwangsläufig dazu führt, daß man Menschen von Fleisch und Blut auf die Bühne vermißt.«

39 Klaus Hortschansky, *»Il Re pastore«: Zur Rezeption eines Librettos in der Mozart-Zeit,* in: MJb 1978/79, S. 61–70.

40 Vgl. Hortschansky, *Il Re pastore,* S. 68; der Originaltext zitiert nach der Ausgabe *Opere dell' Ab: Pietro Metastasio conforme l'Edizione di Lucca del 1781,* Bd. 3, Florenz 1814, S. 46.

41 Hortschansky, *Il Re pastore,* S. 65.

42 Konrad Küster, *Don Giovannis Canzonetta: Rollenporträt an den Grenzen des Theaters,* in: Musikalisches Welttheater: Festschrift Rolf Dammann zum 65. Geburtstag, hg. von Susanne Schaal (= Freiburger Beiträge zur Musikwissenschaft 3), Laaber 1995, S. 161–175.

43 Pierluigi Petrobelli und Wolfgang Rehm, NMA II/5/9, Vorwort, S. X.

44 Vgl. Küster, *Mozart: Eine musikalische Biographie,* S. 141–145.

45 Zu den Neuerungen in *Don Giovanni* vgl. auch Schmid, *Italienischer Vers und musikalische Syntax,* S. 172–181 und 190–205.

46 Details in: Küster, *Mozart: Eine musikalische Biographie,* S. 241–247.

47 Einzelheiten zum folgenden (mit Quellennachweisen) in: Konrad Küster, *Lorenzo Da Ponte's Viennese Librettos*, in: Wyn Jones, David (Hg.), Music in Eighteenth-Century Austria, Cambridge 1996, S. 221–231.

48 So in Da Pontes Vorlage, Luis Vélez de Guevaras Schauspiel *La luna de la sierra*, vgl. hierzu Link, *Martín*, S. 90f.

49 Hierzu Link, *Martín*, S. 113–153.

50 Küster, *Mozart: Eine musikalische Biographie*, S. 301–306.

51 Im Hinblick auf die Anordnung der Tonartebenen, vgl. Küster, *Mozart: Eine musikalische Biographie*, S. 241–247 und 304f.

52 Zur Integration von Buffa- und Seria-Elementen in seinen Opernstil während der Dauer des Wiener Aufenthalts vgl. Link, *Martín*, S. 132 und 176–186.

53 Vgl. hierzu das Kapitel »Mozart als freier Künstler«.

54 Zu den Entstehungsumständen vgl. Harald Goertz, *Mozarts Dichter Lorenzo Da Ponte, Genie und Abenteurer*, München und Mainz 1988, S. 119.

MOZART ALS FREIER KÜNSTLER

Freiheit und Verschuldung: Methodische Vorüberlegungen

Die Lebenssituation Mozarts in Wien wird traditionell auf zweierlei radikal unterschiedliche Weise betrachtet. Einerseits erscheint Mozart hier als ein freier Künstler; es hat den Anschein, als habe er das Muster dafür gebildet, wie beispielsweise Beethoven und Schubert lebten. Dieses Bild ist von vornherein inkorrekt, weil es im 18. Jahrhundert durchaus auch schon andere Musiker gab, die als Freiberufler wirkten: als Künstler ohne dauerhafte Anstellung (Virtuosen, Komponisten besonders auf dem Opernsektor), deren Status mit Begriffen wie »künstlerischer Autonomie«, die im Geniezeitalter entworfen wurden, nicht beschrieben werden kann. Für Mozart kommt hinzu, daß sich mit dem Wiener Wirken kein grundsätzlicher Lebensentwurf verband, mit dem er die Zeit bis zu seinem Tod auszufüllen gedachte.

Vielmehr behandelte er jenen Zustand als ein Durchgangsstadium, denn fast fortwährend suchte er nach einer Dauerposition, die der »Freiheit« ein Ende gesetzt hätte oder die ihn zumindest partiell in die typischen Hierarchien seiner Zeit einband. Seine zehn Wiener Jahre werden fast ununterbrochen von Bemühungen gekennzeichnet, in der Vielfalt des Personenkreises, die den Kaiser umgab (nicht nur unmittelbar an dessen Hof), zu einer Anstellung zu gelangen, und nur wenige Versuche waren erfolgreich; Ende 1787 wurde er als Nachfolger Christoph Willibald Glucks zum k. k. Kammerkompositeur bestellt (nicht im Sinne einer existenztragenden Tätigkeit), und 1791 erhielt er für die Stellung des Kapellmeisters am Stephansdom die Adjunktur und damit die »spes succedendi« (1793 starb der eigentliche Stelleninhaber Johann Leopold Hofmann). Insofern zielt ein biographisches Konzept, das für Mozarts Wiener Zeit von der Romantik entworfen wurde und ausschließlich die Freiheit der Schaffensbedingungen betont, an der historischen Realität vorbei.

Andererseits wird diskutiert, ob sich Mozart das Leben, das er in Wien führte, leisten konnte – sei es allgemein jene zumindest zeitweilig freie Stellung, sei es speziell sein Lebensstil. Dieser Ansatz wird gleichfalls durch das Künstlerbild des 19. Jahrhunderts geprägt; die Schulden, die Mozart machte, rücken das Bild seiner Wiener Zeit in ein Kräftefeld, das von den Begriffen »romantische Armut« und »lebensuntüchtiges Genie«

bestimmt wird. Damit wird die zweite Hälfte von Mozarts Wiener Zeit, die Jahre nach 1786, in den Vordergrund gerückt, die erste Hälfte in den Hintergrund: Die Dokumente aus jenen späteren Jahren scheinen zu belegen, daß Mozarts Lebensentwurf scheiterte. Da in der gleichen Zeit die Kompositionen entstanden, von denen das Mozart-Bild in musikalischer Hinsicht am nachhaltigsten geprägt wird, rundet sich jenes romantische Bild: Es ist die Zeit von *Don Giovanni* und *Zauberflöte*, des Requiem, der drei letzten Sinfonien sowie der späten Kammermusik; 1785/1786 hatte Mozart mit den Klavierkonzerten in d-Moll KV 466 und c-Moll KV 491 die beiden Werke komponiert, die aus dieser Gattung dem 19. Jahrhundert am ehesten vertraut waren. Eigenartigerweise ist in diesem Zusammenhang nicht auch die vorausgegangene Zeit thematisiert worden, für die es keine Hinweise auf Verschuldung Mozarts gibt, durchaus aber für finanzielle Unterstützung, die er von Gönnern erhielt. Der Blickwinkel wird also von vornherein nur von den »Schulden« geprägt, nicht insgesamt vom Geldbedarf, den Mozart durch Unterstützung Außenstehender deckte. Doch es wäre in keinem Fall ausreichend, Mozarts finanzielle Lage nur nach dem Vorhandensein von Schuldscheinen und den Berichten über Hilfszahlungen, die er selbst seinem Vater gegenüber leistet, zu beurteilen und daraufhin in den Informationen, die über seinen Lebenswandel und seine Schaffensbedingungen vorliegen, nach Erklärungen für den vermuteten Zustand zu suchen. Strenggenommen könnten einen solchen Ausgangspunkt nur Informationen über den absoluten Kassenstand Mozarts bieten. Diese Details werden aber nie zu beschaffen sein, weil von einer Privatperson im 18. ebenso wie im 21. Jahrhundert keine komplette Auflistung der Einnahmen und Ausgaben erwartet werden kann. Selbst wenn vereinzelt neue Quellen zu finden wären, ließe sich nie eine verläßliche Informationsbasis etablieren[1].

Das Problem, das sich mit der Interpretation von Mozarts finanzieller Lage verbindet, ist im Umgang mit Quellen elementar: Sie können nie als absolute Zeugnisse des historischen Geschehens genommen werden; vielmehr ist stets auch danach zu befragen, welchen Kontext sie haben. Dieser ist im vorliegenden Fall unüberschaubar, aber in dieser Eigenschaft nicht respektiert worden. Briefe, die einen klaren Zweck haben (und dies ist bei der Bitte um Geld unzweifelhaft der Fall), dürfen diesen nicht verfehlen; sie müssen zielgerichtet formuliert sein. Daher stellt sich zunächst gerade nicht die Frage, was die Formulierungen eines Briefes über die Lebensverhältnisse des Schreibers aussagen (im dem Sinn, in dem ein vertraulicher Brief an Familienangehörige zu lesen wäre), sondern es ist zu untersuchen, ob der Schreiber die erforderlichen Strategien des »Bettelbriefes« beherrschte bzw. in welcher Weise er sie anwandte.

Die Antwort ist gerade für Mozart schwer zu geben, und sie zwingt zu weiteren Überlegungen. Die hauptsächlichen Informationen über Mozarts Schulden verbinden sich mit den Briefen, in denen er einen Logenbruder, den Textilkaufmann Michael Puchberg, um Geld bat. Mozart und Puchberg kannten einander ausgesprochen gut. In den meisten Briefen umschreibt Mozart die Gründe, die ihn zu seinen Bitten veranlassen, nur in allgemeinster Form; er erwähnt, daß er Geld brauche, und nennt Details, die für die Rückzahlung von Belang sein können. Nur während einer Krankheit seiner Frau im Sommer 1789 berichtet er weiteres – über deren aktuellen Gesundheitszustand. Wo genau die Grenze zwischen der Mitteilung über tatsächliche Lebensverhältnisse und den Strategien des Bettelbriefes liegt, ist schwer zu durchschauen; es ist nicht zu klären, ob die Krankheit der eigentliche Grund für den Geldbedarf war oder ob ihre Erwähnung lediglich als zusätzliches Argument dient, um den Adressaten zur Gewährung eines Darlehens zu bewegen. Ursache für diese Unsicherheit in der Bewertung ist, daß es keine Dokumente gibt, die über den sonstigen, persönlichen Verkehr zwischen den Logenbrüdern Mozart und Puchberg berichten können – die etwa zeigen könnten, wie intensiv dieser über Einzelheiten des Privatlebens (z.B. über Zustandsveränderungen im Krankheitsverlauf) informiert war, wenn nicht auch von Geld die Rede war, ebenso über künstlerische Fernziele Mozarts (in den Briefen werden jeweils nur nahe bevorstehende Ereignisse erwähnt). Ähnliches gilt auch für weitere Personen, bei denen Mozart sich verschuldete; immer wieder ist davon die Rede, daß er von Freunden Geld bekam. Für jeden von diesen stellen sich die umrissenen Fragen also neu: Ohne daß man wüßte, wie weitgehend der Adressat die Briefstrategien aus eigener Anschauung einschätzen konnte, läßt sich der Mitteilungsgehalt der Briefe nicht bestimmen.

Die nächste Frage gilt dem Erfolg der Briefe. Ist der Adressat des Bettelbriefes auf die Anfrage eingegangen? Und, wenn ja: Wie hat er reagiert? Prinzipiell scheint dieser Vorgang über die Kreditwürdigkeit des Bittenden zu berichten, daneben – weil es sich im gegebenen Fall um Kontakt zwischen Privatpersonen handelt – über die Zahlungsfähigkeit des Gebetenen. Doch auch dieses Problem ist differenzierter. Puchberg lieh Mozart zwischen 1788 und 1791 in sechzehn nachweisbaren Teilbeträgen insgesamt 1.451 Gulden – ungefähr so viel, wie Mozart in eindreiviertel Jahren für den (schlecht bezahlten) Titel des k. k. Kammerkompositeurs oder für die

Wiener Produktionen von *Figaro, Don Giovanni* und *Così fan tutte* zusammengenommen als Fixum verdiente, also eine ziemlich große Summe. Doch nicht nur nach ihr ist zu fragen, sondern ebenso der Rhythmus der Anfragen Mozarts zu untersuchen: Denn wenn dieser eine Bitte nach kurzer Zeit wiederholte, hat dies eine andere Bedeutung, als wenn die Zeitabstände größer waren; längere können zwar darauf hindeuten, daß sich neue Finanzlücken aufgetan hatten, doch kürzere können auch einfach nur aussagen, daß der Bittende mit den Gaben nicht einverstanden war – und dies erschließt wiederum den Umgang, den die beiden Seiten miteinander pflegten.

Zwischen Dezember 1789 und Mitte August 1790 kam es zu zehn der sechzehn nachgewiesenen Finanztransaktionen Puchbergs (insgesamt 910 Gulden, also fast zwei Drittel des dokumentierten Gesamtbetrags). Auf ein erstes Schreiben (12. Dezember 1789), mit dem Mozart 400 Gulden erbittet, reagiert er mit der Zahlung von nur 300, doch ein paar Zeilen vom 20. Januar 1790 vermögen den Adressaten dazu zu bewegen, Mozart auch »die [!] 100 fl. noch an[zu]vertrauen«. Das heißt: Mozart hatte die Zahlungsfähigkeit Puchbergs richtig eingeschätzt, und Puchberg hatte keine prinzipiellen Bedenken dagegen, Mozart Geld zu leihen – dieser galt als uneingeschränkt kreditwürdig. Mit einem vertraulich herausfordernden Schreiben erbittet Mozart einen Monat später »etliche Dukaten« (1 Dukat = 4,5 fl.) und erhält weitere 25 Gulden; daraufhin zahlte Puchberg im März oder April 150 Gulden, ohne daß Mozart seine Wünsche überhaupt hätte beziffern müssen, und auf die gleiche Weise folgen am 8. April nochmals 25 Gulden. Im Mai erbittet Mozart dann zweierlei: 100 Gulden zur Begleichung einer Schuld »bei dem Galanterie=Händler« und 600 weitere Gulden, damit er »ziemlich ruhig schreiben« könne, also in Form eines Stipendiums. Puchberg tritt nur für die Schulden ein. Am 17. Mai erfolgt die nächste Zahlung; Mozart schreibt, er sei »gezwungen, bey Wucherern Geld aufzunehmen«. Wie aber Puchberg dazu kommt, den erneut nicht spezifizierten Finanzbedarf auf 150 Gulden einzuschätzen, ist rätselhaft; bedacht werden müßte auch, daß er mit einem Betrag in gleicher Höhe kurz zuvor eine andere, ebenfalls nicht näher bezifferte Bitte Mozarts beantwortet hatte (März/April). Ebenso wie dort faßt Mozart auch hier nochmals nach und erhält mit einer zweiten, unspezifizierten Anfrage (12. Juni) wiederum 25 Gulden – wie am 8. April. Die Bitte um eine »kleinigkeit« am 14. August schließlich beantwortet Puchberg mit einer Zahlung von 10 Gulden. Wie weit Mozart also aus einer drückenden Notlage heraus handelte, ist schwer abzuschätzen; Krankheitskosten aus dem

Sommer 1789 mögen zwar den Etat besonders strapaziert haben, doch Puchberg hatte Mozart auch in anderer Hinsicht unter seine Fittiche genommen. Er engagierte sich für den Vertrieb der Streichquintette, war Adressat einer Komposition für Streichtrio und konnte nach Mozarts Meinung Kontakte zu potentiellen Schüler knüpfen. Gehörte es also zu stillschweigenden Übereinkünften Mozarts mit Puchberg, daß dieser ihn finanziell absicherte und ihm damit Freiraum für seine Arbeit gab? Daß Mozart Geld offen als Unterstützung für Investitionstätigkeit erbat (wie mit dem 600 fl. im Mai 1790 – und ebenso schon mit der Bitte um 1000 fl. im Sommer 1788[2]), deutet an, daß auch dies zwischen beiden zu dem Möglichen gehörte – selbst wenn sich Puchberg in diesen Fällen stets zurückhielt.

Es ist verständlich, daß die Mozart-Biographik den Briefen an Puchberg besondere Beachtung schenkt, denn für genau jene Zeit ist der Ertrag anderer biographischer Quellen alles andere als üppig. Doch weil sich die Mitteilungen, die Mozart gegenüber Puchberg macht, nicht anderweitig überprüfen lassen, ist äußerste Zurückhaltung darin geboten, ihren Wortlaut unmittelbar in Konzepte der Biographik zu überführen.

Zu fragen ist ferner (bei jeder Art von Dokumenten), weshalb sie erhalten blieben, denn sogar Privatbriefe werden normalerweise vernichtet, wenn sie ihren Mitteilungszweck erfüllt haben; nur dann, wenn sich etwas Besonderes mit ihnen verbindet (sei es die Sammelleidenschaft des Empfängers, sei es dessen Bewußtsein für die Bedeutung des Schreibers oder für die Tragweite der Mitteilungen), ist die Vernichtung vorerst abgewendet. Die Biographie Mozarts erschließt sich deshalb so detailreich, weil die Reisebriefe seiner Familie aufbewahrt wurden; wie erwähnt, ermöglichten sie es Georg Nikolaus Nissen, die erste umfassende Biographie Mozarts nach den Reisen zu gliedern, die dieser unternommen hatte. Doch Puchberg bewahrte die Briefe offenkundig aus einem anderen Grund auf: Er vermerkte auf ihnen die Beträge, die er Mozart gezahlt hatte; damit wurden sie für ihn zu Abrechnungsbelegen in seinem kaufmännischen Wirken. Zunächst läßt sich dies auch daran erkennen, daß ein Brief, den Mozart an Puchberg geschrieben hat (ohne Geld zu erhalten), gerade nicht überliefert ist; bevor Puchberg am 8. April 1790 Mozart 25 Gulden schickte, hatte dieser geschrieben: »Sie haben recht, liebster freund, wenn Sie mich keiner antwort würdigen! – meine zudringlichkeit ist zu gros«. Der vorausgegangene Brief war demnach nicht wie die anderen zu den entsprechenden Akten gelegt worden. Daß Puchberg in seinem Geschäftsbetrieb so vorging, darf nicht verallgemeinert werden; andere mögen Schulden, die Mozart bei ihnen machte, direkt in Geschäftsbüchern vermerkt haben. Insofern öffnet Puchberg nicht etwa mit den Zahlungen, sondern primär mit deren Abwicklung den Blick auf Mozarts finanzielle Situation – in einem schmalen Segment. Warum Mozart ihn um Unterstützung bat und in welchem weiter gespannten Rahmen sich dies ereignete, ist aus dem Korpus der Puchberg-Briefe damit nicht abzuleiten.

Wie erwähnt, lieh sich Mozart auch bei anderen Bekannten Geld. Mit Franz Hofdemel stand er ebenfalls über die Freimaurerei in Kontakt, die Beziehungen zu dem Musikverleger Franz Anton Hoffmeister waren nicht nur rein geschäftlich[3]; Wilhelmine Gräfin Thun war eine der Personen, die Mozart in seiner frühen Wiener Zeit unterstützten[4]. Welche Bedeutung hat es, daß Mozart sich bei Bekannten Geld lieh?

Die Antwort liegt in den Strukturen des zeitgenössischen Kreditwesens: Es gab noch keine genossenschaftlichen Banken und kaum öffentliche Sparkassen, sondern lediglich private Bankhäuser. Wer Geld besaß, konnte es etwa auch zu Hause aufbewahren oder an Freunde und Bekannte verleihen. Auf diese Weise ist sogar für Mozart selbst dokumentiert, daß er Geld verlieh: am 23. August 1786 an Franz Gilowsky (300 fl.), zu einem unbekannten Termin etwa 500 fl. an Anton Stadler, und am 21. Oktober 1786 zahlte Mozart eine nicht bezifferte Kaution, um seinem arretierten Freund Franz Joseph Freystädtler Haftverschonung zu ermöglichen[5]. Ebenso lieh er 1789 auf der Reise nach Sachsen und Preußen Karl von Lichnowsky, dem er sich angeschlossen hatte, 100 Gulden von den Erträgen seines Konzerts im Leipziger Gewandhaus (zwar hatte Mozart mit höheren Einkünften gerechnet; dennoch war er daraufhin entsprechend liquide).

Daneben gab es durchaus auch Bankguthaben; Leopold Mozart erwähnt am 19. März 1785 in einem Brief an Nannerl, ihr Bruder könne möglicherweise »izt 2000 fl. in die Bank legen«. Jener private Geldumlauf verringerte hingegen die Risiken der bloßen Aufbewahrung, und er war nicht an gewerbliche Zinssätze gebunden. Wenn Mozart also am 17. Mai 1790 an Puchberg schreibt, er sehe sich »gezwungen, bey Wucherern Geld aufzunehmen«, dann formuliert er exakt die Alternative, die zu der privat organisierten Darlehenstechnik bestand; und wenn er im November 1785 den befreundeten Verleger Franz Anton Hoffmeister bat, ihm »mit etwas gelde beyzustehen, da ich es in diesem augenblick sehr nothwendig brauche«, bezieht sich dies weder direkt auf irgendwelche Geschäftsprojekte der beiden (es ist vielmehr auch jener Normalfall des privaten Kreditwesens denkbar), noch bedeutet es, daß Mozart etwa über keinerlei Bankguthaben verfügt hätte (das an Kündigungstermine gebunden und daher nicht kurzfristig abrufbar war)[6].

Leopold Mozart konnte das offizielle Kreditgewerbe sogar auf der Westeuropareise von 1763–66 umgehen. Das Verfahren wird erkennbar, als er am 4. November 1763 aus Brüssel seine Probleme mit der Finanzierung der Reise offenlegt. Er bittet seinen Hausherrn Lorenz Hagenauer (selbst Kaufmann) um die Vermittlung eines Kreditbriefes nach Paris und schreibt zu seiner momentanen Lage: »Ich habe zwar noch einen Credit Brief von H: Bürgermeister Paul Kahr et fils aus Aachen an Madame veuve Matt Nettinè in Brüssel für 100 fl:, allein hiemit ist es auch alles … Ich hatte noch einen Credit und recomendations Brief vom H: provino, er ist aber in aachen ausgeloschen; denn H: Eschweiler, an den ich ihn in Cölln hatte, gab mir ihn an H. pastor und Sohn nach Achen. Dieser H: pastor ist ein Tuch fabricant, und hat folglich weder nach Frankreich noch brüssel einige Correspondenz.« Getragen wurde die Kreditwürdigkeit Leopold Mozarts also davon, daß sich Kaufleute untereinander absicherten und dies im voraus für die angesteuerten Reiseziele eingerichtet wurde; die Bezugspunkte konnten aber auch so ungünstig gewählt werden, daß diese Korrespondenz in einer Sackgasse endete. Die Rückforderung dieser Gelder wurde über die normalen Handelsbeziehungen der Betroffenen abgewickelt, so daß schließlich Salzburger Geldgeber die Reise finanzierten. Auch diese Kredite erfolgten somit nicht über »Wucherer«, von denen Mozart im Mai 1790 spricht.

Auf diese Weise läßt sich die Frage, wie es um Mozarts finanzielle Lage bestellt war, als er Schulden bei Puchberg machte, letztlich nicht beantworten. Mindestens partiell hängt eine Interpretation der Quellen, derzufolge Mozart in Armut lebte, mit einer besonderen Bereitschaft seiner Nachwelt zusammen, dies so zu sehen. Für lange Zeit gab es einen Aspekt, der das Bild des verarmten Mozart besonders unterstützte, doch er ist mittlerweile restlos entkräftet worden: Die Vorstellung, Mozart sei in einem Armengrab beigesetzt worden, beruht einzig und allein auf der unhistorischen, romantischen, nachjosephinischen Sicht der in jener Zeit gültigen Rechtsordnungen[7]. Armut im Wirken und Armut im Tod schienen so lange zusammenzupassen, wie die historischen Bedingungen der Beisetzung nicht erfaßt waren; ob aber im Rahmen des zeittypischen Umgangs mit Guthaben und Kredit das, was für Mozart dokumentiert ist, mit Armut zu umschreiben ist oder lediglich mit temporärem Mangel, der sich in einem normalen Auf und Ab zwischen Guthaben und Verschuldung ergeben konnte, ist angesichts des Dokumentierten nicht zu erkennen.

Deutlich wird hingegen, daß Mozart in den gegebenen Bedingungen ohne größere Probleme von seinen Einkünften leben konnte. Angesichts dessen, wie viele Menschen seiner Zeit an der Armutsgrenze lebten, ist es objektiv unangebracht, Armut als Perspektive der Mozart-Biographik einzusetzen. Das gesamte 18. Jahrhundert war geprägt von einer galoppierenden Geldentwertung; verursacht wurde sie nicht nur durch Verschwendung in der Hofhaltung absolutistischer Fürsten, sondern ebenso durch unterschiedlichste Spielarten protektionistischer Wirtschaft und vor allem durch die Militärpolitik: Für die Kriege, die in Europa unausgesetzt wüteten und die stets zu einer Polarisierung zwischen Großmächten führten (besonders Frankreich, Deutschland mit dem Konflikt zwischen Österreich und Preußen, Rußland, Türkei), waren Truppenverbände nicht nur zu unterhalten, sondern zunächst auch stets noch zu beschaffen; diese wurden von ihren Landesherrn auf immer zweifelhaftere Finanzzusagen der Großmächte hin verschachert. Parallel zu dieser Inflation stagnierten die Nominalgehälter; ob sie zur Auszahlung freigegeben wurden, war noch eine eigene Frage.

Für die Bewertung von Mozarts finanzieller Situation ist also entscheidend, daß er sich zehn Jahre lang im Wechselspiel seiner Einkünfte und Ausgaben einen beachtlichen Lebensstil leisten konnte; zu den Einkünften sind durchaus auch Unterstützungsleistungen zu rechnen, die er von Freunden oder Gönnern erhielt. Daß er im Herbst 1790 sein Mobiliar als Pfand für ein Darlehen einsetzte, dieses aber offenkundig bis zu seinem Tod wieder abgelöst hatte[8], bestätigt die Solidität seines Finanzgebarens noch weiter. Und daß Gerichte – deren Akten an staatliche Archive abgeliefert wurden, um dort die Zeiten zu überdauern – sich mit Mozarts Finanzen befaßten, ist bislang nur in einem einzigen Fall bekannt geworden: wenige Wochen vor Mozarts Tod, als Karl von Lichnowsky auf der Rückzahlung eines Darlehens in Höhe von 1435 fl. bestand[9]. Gerade in dieser Zeit können aber die Finanzverhältnisse Mozarts dank den Einnahmen aus *Zauberflöte* und *La clemenza di Tito* nicht schlecht gewesen sein. Daß das Dasein als freier Künstler für Mozart zehn Jahre lang funktionierte, ist somit eine unverrückbare Tatsache; fragt man danach, wie ihm dies gelang, ist der Blick nicht (oder: nicht nur) auf den Kassenstand zu lenken, sondern vorrangig darauf, in welcher Form ihm dies künstlerisch gelang: mit seinem Wirken als Lehrer, Interpret und Komponist.

Mozarts Wiener Zeit wird traditionell in drei größere Abschnitte gegliedert. Eine erste Zäsur ergibt sich 1783 mit der Reise nach Salzburg, die seine Tätigkeit in Wien für vier Monate unterbrach; er hatte sich bis dahin etwa zweieinhalb Jahre, seit März 1781, ununterbrochen in Wien aufgehalten. Eine noch längere Zeit in Wien reicht von der Rückkehr aus Salzburg Ende November 1783 bis zur ersten Reise nach Prag, die Mozart am 8. Januar 1787 nach dem Erfolg der dortigen *Figaro*-Produktion antrat; mehr als drei weitere Jahre in Wien waren verstrichen. In diese Zeit fällt die Periode, in der sich Mozarts Konzerttätigkeit offenkundig auf einem besonderen Gipfel befunden hat[10], wenn auch in mehrfacher Hinsicht unscharf bleibt, wie dieser ›Gipfel‹ definiert ist. Zwar ist für die Frühjahrsmonate der Jahre 1784 und 1785 jeweils eine umfangreiche Konzerttätigkeit Mozarts belegt, die – soweit erkennbar – im Folgejahr nicht auf gleicher Höhe fortgesetzt wurde. Im Vergleichszeitraum des Jahres 1786 war Mozart hingegen zweifellos mit Vorbereitungen für die Premiere von *Le nozze di Figaro* beschäftigt, des Werkes, mit dem die Reihe der Da-Ponte-Opern eröffnet wird.

Zur Definition einer dritten, nicht mehr ganz so glanzvoll wirkenden Phase bleiben – abgesehen von den herausragenden Kunstwerken, die in dieser Zeit entstanden – üblicherweise nur einige vage Grunddaten: Die österreichische Wirtschaft befand sich in einer besonderen Rezessionsphase[11]; die meisten Briefe Mozarts an Puchberg wurden in den Jahren 1789 und 1790 geschrieben, und ebenfalls 1789 und 1790 unternahm Mozart Reisen an den preußischen Hof nach Berlin und zur Kaiserkrönung nach Frankfurt am Main, die viel Geld kosteten und nicht den gewünschten finanziellen Ertrag erbrachten. Eine Ursache dafür, daß die Verhältnisse unklar erscheinen, liegt aber wiederum im Quellenfundus begründet. Am 28. Mai 1787 starb Leopold Mozart; Berichte Mozarts über aktuelle Lebenssituationen, wie sie für die Zeit zuvor entweder direkt aus Briefen an seinen Vater oder indirekt aus dessen Korrespondenz mit Nannerl (die mit ihrer Familie in St. Gilgen lebte) vorliegen, gibt es für die Folgezeit kaum noch – allenfalls dann, wenn Mozart auf Reisen war und an seine Frau schrieb, oder wenn diese sich für einen Kuraufenthalt aus Wien entfernt und ihren Mann dort zurückgelassen hatte. Damit sind Einblicke in die Lebensentwicklungen Mozarts für jene Zeit viel schwerer zu gewinnen als für frühere Perioden; von einer regelmäßigen Korrespondenz kann keine Rede sein, und in Briefen an seine Frau hat Mozart ganz andere, privatere

Dinge angesprochen als gegenüber seinem Vater, den er fortgesetzt von seinen ›Leistungen‹ in Kenntnis setzte. Auch der Informationsgehalt der Mitteilungen änderte sich gegenüber den früheren Zeiten. Briefe, die Mozart aus Berlin schrieb, mußten die Grenze der verfeindeten Staaten Preußen und Österreich überschreiten (also vor der Zensur bestehen können); allzu detaillierte Äußerungen waren also nicht möglich. Und der betont heitere Tonfall Mozartscher Briefe an seine zur Kur verreiste Frau kann auch darauf hinzudeuten, daß er ihr das Leben nicht schwer machen wollte. Die sachlichen Informationen fließen also dürftiger; der Gedanke ›wo nichts dokumentiert ist, kann auch nichts gewesen sein‹ ist gerade in dem gegebenen Kontext mehr als gefährlich.

Was Mozart sich erhoffte, als er sich 1781 in Wien niederließ, hat er schon 1777/1778 in Mannheim formuliert: Unterrichtstätigkeit, Subskriptionsvertrieb von Kompositionen, gelegentlich eine Opernkomposition, Konzertauftritte. Genau auf diesen Sektoren sah Mozart im Frühjahr 1781, noch in Salzburger Diensten stehend, eine Basis für künstlerisches Wirken, und am 19. Mai 1781 konnte er dann seinem Vater erste Erfolge melden: Sonatensubskription, Opernkomposition und Schülergewinnung sind auf guten Wegen; da die winterliche Konzertsaison bereits abgeschlossen war, setzte Mozart auf Konzerteinnahmen in der nächsten Adventszeit. Doch die Basis änderte sich, ehe mit dem Jahr 1784 die anerkanntermaßen erfolgreiche Wiener Zeit Mozarts anbrach. Die Opernkomposition stockte, nicht zuletzt weil Joseph II. anstelle der Singspieltruppe 1783 auf dem Gebiet der Opera buffa neue Theaterstrukturen etablierte; zu ihr verfügte Mozart zunächst über keine ausreichenden Kontakte. Daß er auf Subskription komponierte, blieb insgesamt eine Ausnahme; Schüler hatte er wohl dauernd (in einer nur selten klar spezifizierbaren Anzahl), und so gilt die Konzerttätigkeit als die eigentliche Quelle des Erfolgs, den Mozart seit 1784 hatte. Insofern hatten sich bis dahin die Bedingungen seines Arbeitens gründlich gegenüber den Planungen verschoben.

Das kompositorische Wirken der anschließenden Zeit wird in seinen wesentlichen Zügen von dem Werkverzeichnis gespiegelt, das Mozart mit einer Eintragung zum 9. Februar 1784 eröffnete (für das Klavierkonzert Es-Dur KV 449): das *Verzeichnüß aller meiner Werke vom Monath Febrario 1784 bis Monath* [Lücke für eine spätere Monatsangabe] *1* [freigehalten für eine Jahreszahl, für die Mozart auch eine Angabe nach 1800 für möglich hielt]. Auf 28 Doppelseiten hat Mozart bis zum November 1791 sein Schaffen dokumentiert; 14 weitere waren für Eintragungen vorbereitet und blieben leer. Zum Verständnis ist wichtig, daß er nur Vollendungsdaten eintrug; in manchen Fällen hat sich die Werkentstehung jedoch – mit Unterbrechungen – über Jahre hinweg erstreckt, und einige Daten sind auch nur als ungefähre Werte zu verstehen[12]. Grundsätzlich ist aber danach zu fragen, weshalb Mozart das *Verzeichnüß* überhaupt anlegte[13]. Eine Antwort wird möglich, wenn man die Wiener Schaffensentwicklung Mozarts nachzeichnet.

Eine solche Darstellung kann auf unterschiedliche Weise erfolgen: Sie kann von Mitteilungen ausgehen, die Mozart in seinen Briefen geleistet hat; gerade für die Zeit nach Leopold Mozarts Tod 1787 ergäbe sich dabei eine schmerzliche Informationslücke. Ausgangspunkt können ebenso die Manuskripte sein: Schriftformen, Tintenzusammensetzung und Wasserzeichen der verwendeten Papiere ergeben Informationen, aus denen sich für einzelne Werke und für Manuskriptgruppen detaillierte Informationen über Entstehungsschritte ermitteln lassen[14] – die aber mit gesicherten Datierungen verknüpft werden müssen (Fertigstellungsdaten auf Manuskripten und im *Verzeichnüß*), um über die Grenzen bloßer relativer Chronologie in absolute Zeitdaten überführt werden zu können. Mit beiden Ansätzen wird das Schaffen Mozarts als etwas kontinuierlich Fortschreitendes betrachtet. Doch dieses Denken ist um eine Facette zu ergänzen: Mozarts Stellung als ›freier Künstler‹ ist vom Wiener Kulturleben bestimmt worden (in den Jahren 1781–91 hat er weit unter 10 % der Zeit außerhalb des Wiener Raumes zugebracht[15]); insofern war er in seinem Schaffen von den jährlich wiederkehrenden Rhythmen, die gerade die Musikkultur nachhaltig prägten, direkt abhängig – nicht nur in seiner Konzerttätigkeit, sondern auch in seinem Komponieren, wenn er mit beidem wesentliche Teile seines Lebensunterhaltes bestreiten wollte.

Wenn in diesen Jahresrhythmen wieder einmal eine Phase bevorstand, in der sich besonders gut Konzerte veranstalten ließen, konnte jeder, der aus ihnen den bestmöglichen Ertrag ziehen wollte, sich lange zuvor darauf einstellen. Wenn also an Palmsonntag die Konzertsaison vorbei war, war damit – abgesehen von einzelnen Sommerkonzerten – schon wieder die bevorstehende Adventszeit in den Blick gerückt. Die Vermutung ist unbegründet, Mozart habe dies außer acht gelassen, unbeschwert in den Tag hinein gelebt und kompositorische Arbeiten gerade in der Zeit erledigt, in der auch die Konzerttätigkeit am intensivsten war; nur die durch nichts abgesicherte Hypothese, jedes Werk sei erst kurz vor dem dokumentierten Vollendungsdatum entstanden, könnte dieses Bild stützen. Da aber mittlerweile für eine größere Zahl von Werken gerade der Wiener Zeit nachgewiesen werden konnte, daß sich ihre Entstehung über eine längere Zeit hinweg erstreckte[16], ist die Modellvorstellung obsolet geworden. Auch für Entwürfe, die eine Zeitlang liegen blieben und erst später vollendet wurden, trifft jenes Modell nicht zu: in dem Sinne, daß Mozart sie in früherer Zeit lediglich deshalb nicht zu Ende geführt habe, weil die Zeit bis zu einem nahen Konzerttermin nicht mehr ausreichte. Zu trennen ist vielmehr strikt zwischen relativer und absoluter Chronologie: Wie groß das Zeitintervall zwischen Arbeitsbeginn und -ende an einer Partitur war, ob es Tage, Wochen oder Monate betrug, ist nicht zu rekonstruieren. Auch die Papiervergleiche führen nur in Ausnahmefällen zu konkreteren Anhaltspunkten: Wenn das Wasserzeichen im Papier einer bestimmten Quelle eindeutig aus der Zeit herausweist, in der das Vollendungsdatum des Werks liegt, eröffnet dies zwar die Möglichkeit, eine Entstehungsgeschichte in zwei voneinander abgesetzten Etappen anzunehmen; doch da die Zeiträume, in denen Quellen mit identischen Wasserzeichen entstanden, in der Regel nicht scharf eingrenzbar sind, führt auch jene Feststellung wiederum nur zu ungefähren Ergebnissen.

Eine genauere Untersuchung, die die Daten im *Verzeichnüß* auf die Rhythmen des Wiener Kulturlebens bezieht, erschließt daher Mozarts ›Schaffensentwicklung‹ auf neue Weise. Sie geht aus von der Beobachtung, daß Mozart sich der im Jahresrhythmus gegebenen Bedingungen bewußt war; anders wäre schon anhand der abstrakten Vollendungsdaten nicht zu erklären, warum er in der Regel zwischen 1. Advent und dem Ende der Fastenzeit weitaus mehr Werke vollendete als in den übrigen Zeiten des Jahres. In einem weiteren Schritt ist die Situation zu bewerten, daß Mozart in der Fertigstellung von Werken jeweils während der vier Wintermonate eine höhere Aktivität zeigt als in den verbleibenden acht Monaten: Zwar ist durchaus denkbar, daß er nicht dauernd mit gleicher Intensität komponiert hat, daß es also für ihn Zeiten gab, in der das schöpferische Leben ruhiger war; doch mit einer Entwurfspraxis ist im gesamten Jahr zu rechnen – gerade auch in den acht ›Sommermonaten‹, in denen Werke jedoch noch nicht vollendet zu werden brauchten. Entwurfspartituren, die sich mit den Jahresrhythmen des Wiener Musiklebens in Beziehung setzen lassen, können also durchaus im Sommer angelegt und jeweils kurz vor den Konzertterminen fertiggestellt worden sein; dies gilt vorrangig für die Partituren der Klavierkonzerte, weil Mozarts Werke dieser Gattung einen wesentlichen Bestandteil seiner Konzerttätigkeit bildeten. In diesem Schaffensansatz liegt demnach wohl auch der Grund dafür, daß manche von ihnen über einen längeren Zeitraum hinweg ungenutzt blieben – dies ist im folgenden detaillierter zu beschreiben.

Daß Mozart sein Schaffen so gezielt auf die ›Wiener Rhythmen‹ abstimmte, wird erstmals im Winter 1783/1784 erkennbar, im Anschluß an die Reise nach Salzburg; daher geht die Darstellung von den Verhältnissen aus, die sich in den darauffolgenden Monaten ergaben. Es ist nicht auszuschließen, daß Mozart mit dem *Verzeichnüß*, das er im Februar 1784 begann, diesen neuen Arbeitsansatz dokumentieren wollte. Ihm läßt sich somit nicht nur die bloße Kompositionsfolge entnehmen; Mozart mag es angelegt haben, um sich zu vergegenwärtigen, wie er fortan den Jahreslauf künstlerisch optimal ausgestalten könne. Das, was sich bereits für das Jahr 1784 im *Verzeichnüß* zeigt, kann damit ähnlich zur Strukturierung von Mozarts Wiener Wirken dienen wie das, was 1781 als seine Zielvorstellungen für den Einstieg ins Musikleben der Kaiserstadt erkennbar ist.

In den folgenden Abschnitten des Kapitels wird Mozarts Wiener Schaffen daher nach Zeitabschnitten gegliedert dargestellt. Im Zentrum der Betrachtungen stehen die Mitteilungen über fertiggestellte Kompositionen, denn nur Werke, deren musikalische Substanz bis hin zur Aufführbarkeit ausgereift war, standen für Mozarts Wiener Musikpraxis zur Verfügung. Das Datenmaterial entstammt dem *Verzeichnüß*; hinzugenommen werden außerdem die weiteren Kompositionen Mozarts, deren Eintragung er offenkundig versäumt hat, für die aber ein gleichwertiges Datum (das der Vollendung) auf den Kompositionsmanuskripten verzeichnet ist. Undatierte Manuskripte werden in der Regel nicht berücksichtigt, ebenso Fragmente, da auf die Aussagekraft der Vollendungsdaten nicht verzichtet werden kann; ebenso bleibt zunächst unberücksichtigt, daß Mozart sich Einzelwerken in voneinander deutlich getrennten Arbeitsphasen widmete. All diese Zusatzinformationen können jedoch in den Text einfließen.

Das Datenspektrum wird in Tabellen erfaßt und in ihnen um wenige rein biographische Mitteilungen ergänzt, die für die Ausführungen wichtig erscheinen; in diesem Sinne sind auch die Angaben für den Termin dreier beweglicher Festtage zu verstehen – für den 1. Advent, weil sich von hier bis Weihnachten eine erste Konzertsaison erstreckte, für Fastnacht, weil hier, am Ende der Faschingszeit, der Schluß der Wiener Opernsaison im Theaterbetrieb mit dem Beginn einer neuen Konzertsaison zusammentrifft, die ihrerseits, ebenso wie die Theatersaison insgesamt[17], am Samstag vor der Karwoche endet (daher ist Palmsonntag angegeben). In Mozarts Wiener Aktivitäten hat eine geringere Bedeutung, daß jeweils an Ostermontag die nächste Theatersaison einsetzte; dieses Datum läßt sich jedoch ohne Mühe aus der Angabe für Palmsonntag ableiten.

Mozarts Komponieren zwischen Februar 1784 und April 1786

Wie bereits erwähnt, ist beim Überblick über die Jahre 1784 bis 1786 auf Anhieb zu erkennen, daß Mozart jeweils in den winterlichen Perioden deutlich mehr Werke abschloß als in den sommerlichen. Bei genauerer Betrachtung ist der Tabelle außerdem zu entnehmen, daß die Kompositionen, die jeweils in den ›Sommermonaten‹ vollendet wurden, vielfach Werke für kleinere Besetzungen sind als die des ›Winters‹. Selbstverständlich spiegelt sich in diesen Beobachtungen, daß die Hauptsaisons des Wiener Konzertlebens im Advent und in der Fastenzeit lagen; dies ist für alle weiteren Betrachtungen eine grundlegende Information.

Im ersten Werk, das Mozart in das *Verzeichnüß* eintrug, führte er einen Entwurf aus, den er ungefähr ein Jahr zuvor geschaffen hatte (im Umfeld der Konzerte KV 413–415), und vollendete ihn für die bevorstehende Konzertsaison der Fastenzeit. In dieser läßt sich eine überaus rege Konzerttätigkeit Mozarts nachweisen, und in ihr sind zweifellos auch die Konzerte KV 450 und 451 aufgeführt worden, ferner das Klavierquintett KV 452, mit dem sich Mozart neben dem Klavierkonzert einen alternativen Zugang zum Zusammenspiel von Klavier und Ensemble erschloß. Nachdem die Konzertsaison mit der Karwoche beendet worden war, ergaben sich trotzdem noch weitere Anlässe, zu denen er ein Klavierkonzert abzuschließen hatte: Der erste verbindet sich mit einem Auftritt seiner Schülerin Barbara Ployer (das G-Dur-Konzert KV 453), das andere (KV 456) schrieb er für ein Konzert der blinden Pianistin Maria Theresia von Paradies. Für das Musizieren einer weiteren Virtuosin entstand die Violinsonate KV 454; Mozart spielte sie gemeinsam mit der Geigerin Regina Strinasacchi.

Was Mozart hingegen zwischen Ende April und Ende August tat, erschließen die Daten im *Verzeichnüß* nur dann, wenn man sich von dem Gedanken löst, alle Werke seien erst »kurz vor« dem Vollendungsdatum geschrieben worden. Keinesfalls ist anzunehmen, daß Mozarts Zeit mit der Komposition der Variationen über »Unser dummer Pöbel meint« KV 455 und der c-Moll-Sonate KV 457 hingegangen sei. Gearbeitet hat er hingegen wohl an der Fertigstellung der Streichquartette KV 458, 464 und 465, den letzten drei in der Sechsergruppe, deren Druckausgabe er Joseph Haydn widmete. Wenn er die Kompositionsarbeit im Vorwort des Drucks als »lunga e laboriosa fatica« bezeichnet, wirft dies folglich in erster Linie Licht auf die sieben Monate seit Ende April, die der Widmung vorausgegangen sind.

Tabelle 7:
Mozarts vollendete Kompositionen, Februar 1784 bis Herbst 1785

Jahr	bewegliche Feste	Daten	Kompositionen mit KV-Nummer
Frühjahr 1784			
1784		2. Februar	449 Klavierkonzert Es
	23. Februar: Fastnacht		
		15. März	450 Klavierkonzert B
		22. März	451 Klavierkonzert D
		30. März	452 Quintett für Bläser und Klavier Es
	4. April: Palmsonntag		
		12. April	453 Klavierkonzert G
		21. April	454 Violinsonate B
Sommer/Herbst 1784			
1784		25. August	455 Variationen über ein Thema von Gluck
		30. September	456 Klavierkonzert B
		14. Oktober	457 Klaviersonate c
		9. November	458 Streichquartett B
Winter 1784/Frühjahr 1785			
1784	28. Nov.: 1. Advent		
		11. Dezember	459 Klavierkonzert F
1785		10. Januar	464 Streichquartett A
		14. Januar	465 Streichquartett C
	8. Februar: Fastnacht		
		10. Februar	466 Klavierkonzert d
		6./11. März	469 *Davide penitente* (= 2 neue Sätze)
		9. März	467 Klavierkonzert C
		26. März	468 *Gesellenreise*
	20. März: Palmsonntag		
		1. April	470 Andante für ein Violinkonzert (verschollen)
Sommer/Herbst 1785			
1785		20. April	471 Kantate *Die Maurerfreude*
		7. Mai	472–474 3 Lieder
		20. Mai	475 Fantasie c
		8. Juni	476 Lied (*Das Veilchen*)
		»Juli« (Nov.?)	477 *Maurerische Trauermusik*
		»Juli« (Okt.)	478 Klavierquartett g
		5./21. Nov.	479/480 Ensembles zu Bianchi, *La villanella rapita*

Jahr	bewegliche Feste	Daten	Kompositionen mit KV-Nummer
	27. Nov.: 1. Advent		
Winter 1785/1786			
1785		12. Dezember	481 Violinsonate Es
		16. Dezember	482 Klavierkonzert Es
1786		10. Januar	485 Rondo D
			(nicht im *Verzeichnüß*)
		3. Februar	486 *Der Schauspieldirektor*
	28. Febr.: Fastnacht		
		2. März	488 Klavierkonzert A
		10. März	489/490 2 Sätze zu *Idomeneo*
		24. März	491 Klavierkonzert c
	9. April: Palmsonntag		
		29. April	492 *Le nozze di Figaro*

In den ersten Monaten des folgenden Winters unterbrach Mozart diese Arbeit nur, um das Klavierkonzert KV 459 abzuschließen, dessen Uraufführung wenig später, noch im Rahmen der Adventszeit, anzunehmen ist; auch dieses Werk wird er schon in den zurückliegenden Monaten begonnen haben – mindestens der Schluß des Finales war noch völlig neu zu komponieren, möglicherweise aber auch Partituranteile der vorausgegangenen Sätze. Und nachdem im Januar 1785 das letzte der *Haydn-Quartette* fertiggestellt war, mag Mozart in den unmittelbar folgenden Wochen tatsächlich das d-Moll-Konzert KV 466 in einem Zug entwickelt haben, in weiteren vier Wochen das als nächstes im *Verzeichnüß* eingetragene C-Dur-Konzert; da für *Davide penitente* Material aus der c-Moll-Messe übernommen und um lediglich zwei Sätze erweitert wurde (vermutlich ohne daß eine eigene Partitur für das neue Werk ausgeschrieben wurde), ließen sich wohl auch die hierfür erforderlichen Arbeiten in dem gebotenen Zeitrahmen durchführen.

An Karsamstag entstand mit dem *Maurerlied* die erste datierbare Freimaurerkomposition Mozarts. Er selbst war im Dezember des Vorjahres in eine Wiener Loge aufgenommen worden, und nun stand der Beitritt seines Vaters, zu Besuch in Wien, bevor; mit dessen Beförderung zum Gesellen am 16. April wird diese Komposition traditionell in Verbindung gebracht. Nähere Details zu dem Konzertsatz, den Mozart in der Osterwoche vollendete, fehlen hingegen; weder ist sein Notentext überliefert noch ein Hinweis darauf, für welches Werk er entstand – und ob ein (immerhin denkbarer) Zusammenhang mit dem Besuch des Vaters besteht.

Daraufhin zeigt sich ein ähnliches Bild wie im Vorjahr. Nachdem Mozart am 20. April »eine kleine kantate« als weiteres freimaurerisches Werk abgeschlossen hatte, werden dem *Verzeichnüß* zufolge in den folgenden zwei Monaten lediglich vier Liedkompositionen und die c-Moll-Fantasie abgeschlossen. Doch da Mozart die Komposition der als nächstes verzeichneten *Maurerischen Trauermusik* konkret auf zwei Trauerfälle bezieht, die erst am 5. und 6. November 1785 eintraten, ist kaum denkbar, daß die Überschrift »im Monath Jully« mit der Eintragung jenes Werks zusammengehört[18]; die Trauerfeier, für die es bestimmt war, fand am 17. November statt. Zwischen der Eintragung der Überschrift und der Werknennung müssen also mehrere Monate gelegen haben. Ähnlich problematisch ist der Juli-Hinweis für das g-Moll-Klavierquartett KV 478: Dessen Vollendung erfolgte laut Mozarts Partiturautograph erst am 16. Oktober. Mit den beiden nächsten Daten, den Eintragungen zweier Einlagesätze zu Bianchis *La villanella rapita* (Premiere am 25.11.1785), betritt man dann wieder gesicherten Boden, weil die Daten im *Verzeichnüß* mit denen auf Mozarts Noten und dem historischen Kontext in Einklang stehen.

Was also hat Mozart in der fraglichen Zeit getan? Nimmt man Mozarts Mitteilungen im *Verzeichnüß* wörtlich, entsteht der Eindruck, er habe sich ebenso wie im entsprechenden Zeitraum des Vorjahres mit Klavier- und Kammermusik befaßt. Doch die Arbeitsintensität, die zur Erfüllung dieses äußerst begrenzten Schaffenspensums erforderlich gewesen wäre, ließe sich nicht mit der Mitteilung in Einklang bringen, die Mozart am 21. Mai gegenüber dem Mannheimer Dichter Anton Klein tat. Dieser, Librettist der Oper *Günther von Schwarzburg* von Ignaz Holzbauer, hatte ihm das Libretto des Dramas *Kaiser Rudolf von Habsburg* zur Komposition angeboten; nun schrieb Mozart zurück[19]: »… ich habe die hände so voll zu thun, daß ich fast keine Minute finde, die ich für mich anwenden könnte.« Tags zuvor war die c-Moll-Fantasie fertiggeworden; was also tat Mozart?

Als Erklärung sowohl für die Briefäußerung gegenüber Klein als auch für die Datensituation im *Verzeichnüß* bietet sich nur an, daß Mozart an einem Projekt arbeitete, das ihn auf Monate hinaus in Anspruch nahm. Tatsächlich entsteht dieser Eindruck auch in anderer Hinsicht; am 16. September bringt Leopold Mozart in einem Brief an seine Tochter seine Verwunderung darüber zum Ausdruck, wochenlang keine Nachricht von ihrem Bruder erhalten zu haben, und erst am 2. November äußert dieser sich über sein Arbeiten; er schreibt, er müsse nun »über Hals und Kopf die opera, le Nozze di Figaro fertig machen«. Deren Komposition war folglich unter keinen Umständen erst Ende Oktober begonnen worden[20]; vielmehr ist davon auszugehen, daß die Vorbereitungen der Oper, die sich zweifellos über eine längere Zeit erstreckten, schon eingesetzt hatten, kurz nachdem Leopold Mozart am 25. April seinen Wien-Besuch beendet hatte. Gegen die Annahme eines so frühen Dispositionsbeginns spräche allenfalls die Arbeitsbelastung, unter der Da Ponte in jener Zeit zweifellos stand: Nach der Premiere der ersten Oper, für die er das Libretto verfaßt hatte (*Il ricco d'un giorno* mit Musik von Salieri, uraufgeführt am 6.12.1784), muß er ziemlich umgehend mit den Konzeptionen für seine sechs nächsten Werke begonnen haben, die allesamt im Laufe des Jahres 1786 uraufgeführt wurden; dies ist im nächsten Abschnitt noch eingehender zu beleuchten. Doch da die Uraufführung von *Figaro* relativ früh lag (es war das dritte der sechs Stücke), stellten sich jene Zeitprobleme ohnehin. Die neuen musikdramaturgischen Konzepte, die sich für Mozart im Hinblick auf die Da-Ponte-Opern schildern lassen, haben beiden Künstlern zweifellos ein intensives Arbeiten abverlangt.

Erst am 29. April 1786 trug Mozart *Le nozze di Figaro* in das *Verzeichnüß* ein, zwei Tage vor der Uraufführung; daß er im Spätherbst des Vorjahrs die Oper »fertig machen« müsse, bezeichnet also nicht den restlosen Abschluß der Komposition, sondern nur die Fertigstellung einer Werkgestalt, die das Einstudieren ermöglichte. Und trotz des Zeitdrucks, den er am 2. November 1785 erwähnte, hatte er Gelegenheit gefunden, das Klavierquartett fertigzustellen; die Arbeiten mögen eine Zeitlang parallel abgelaufen sein.

Die Satzidee, von der das Klavierquartett getragen ist, hat ihn schon über eine längere Zeit beschäftigt. Das Konzept der kammermusikalischen Koppelung von Klavier und Streichern scheint aus dem Quintett KV 452 (für Klavier und Bläser) übernommen zu sein, von dem Mozart am 10. April 1784 an seinen Vater geschrieben hatte, er halte es »für das beste was ich noch in meinem leben geschrieben habe«; doch Impulse mögen auch bei den drei Klavierkonzerten des Jahres 1782/1783 und dem Es-Dur-Konzert KV 449 gelegen haben, die auch »a quattro ohne blasinstrumenten«[21] aufgeführt werden können, ebenso bei den Klavierquintetten op. 2 des jungen englischen Komponisten Stephen Storace, der sich seit dem Winter 1784/1785 in Wien aufhielt. Mozart verfolgte dieses kammermusikalische Konzept zunächst auf unterschiedliche Weise; auch die Entstehung des ersten Satzes zum fragmentarischen Klaviertrio KV 442, dessen Papier auf die engere *Figaro*-Umgebung verweist, läßt sich in jener Zeit ansiedeln. Dies alles zeigt, wie hoch Mozart die Bedeutung dieser kammermusikalischen Arbeit – neben der Komposition des *Figaro* – einge-schätzt haben muß. Doch auch daß dieses Werk trotz des Zeitdrucks noch im Oktober fertig wurde, läßt sich erklären: entweder mit einem bevorste-henden Konzerttermin (Mozart wirkte am 20. Oktober an einem Logen-konzert mit) oder mit schon seit längerem bestehenden Vereinbarungen für die Drucklegung bei Hoffmeister (erschienen im Dezember 1785). Somit hatte ihm sein Arbeitspensum nur noch Anfang Juni größere Frei-heiten gelassen, als er Goethes Gedicht *Das Veilchen* vertonte.

Wie weit der Zeitdruck, unter den sich Mozart Anfang November so direkt gesetzt sah, von der Direktion des Burgtheaters ausging, ist schwer zu entscheiden; klarer ist aber, daß Mozart sich sputen mußte, um auch in der Adventszeit mit einem ausreichenden Bestand neuer Werke präsent sein zu können – darunter das Es-Dur-Klavierkonzert. Die Komposition des keineswegs knapp gehaltenen Rondos KV 485 (167 Takte) jedoch lag daraufhin durchaus im Rahmen des Möglichen; es entstand in der konzert-freien Faschingszeit.

Ostern lag 1786 relativ spät (am 16. April); folglich war die Faschings-zeit besonders lang, und wenn Mozarts Vorbereitungen des *Figaro* Ende 1785 im wesentlichen abgeschlossen waren, hätte ihm während des Fa-schings prinzipiell viel Zeit zur Verfügung gestanden, um die Konzerttä-tigkeit der Fastenzeit vorzubereiten. Doch da er für den Fasching auch noch *Der Schauspieldirektor* zu komponieren hatte (uraufgeführt am 3. Februar 1786 gemeinsam mit Salieris *Prima la musica e poi le parole*), blieb ihm keineswegs reichlich Zeit. Dennoch schloß er – wie im Vorjahr – zwei neue Klavierkonzerte ab (A-Dur KV 488 und c-Moll KV 491) und führte ein umfangreiches älteres Werk, um zwei neue Sätze erweitert, auf: *Idomeneo* im Palais Auersperg. Daß er nun, unter dem Eindruck der Vorbereitungen von *Figaro* und *Schauspieldirektor*, die gleichen kompositorischen Aktivitäten entfaltete wie 1785, läßt sich nur als Steigerung von Zeitdruck und Pro-duktivität zugleich verstehen; daß er weniger intensiv am Konzertleben teilnahm, ist hingegen nicht zu erkennen. Dennoch ist möglich, daß Mo-zarts Kräfte anderweitig konzentriert waren – und daß ihm Einnahmen entgingen, die ihm in den Vergleichszeiträumen der beiden Vorjahre beim Konzertieren zugefallen waren.

Dieses Detail hat weitreichende Bedeutung. Mit dem zweiten Halbjahr 1785 wird Mozarts Schaffen von einem neuen Aspekt bestimmt: der Oper. Wenn Mozarts finanzielle Situation sich fortan verschlechterte, dann hätte sich dies nur daraus ergeben können, daß er den Versuchungen des Opernbetriebs erlag, die – obgleich kompositorisch aufwendiger – kaum ebenso einträglich sein konnten wie das Konzertieren in der Advents- und Fastenzeit (Mozarts Pauschalhonorar für *Figaro* betrug 450 Gulden, ein Betrag, der von einer einzigen Akademie Mozarts im Vorjahr, am 10. März 1785, weit übertroffen wurde: 559 Gulden). Somit ist die Situation, in der es zu Mozarts neuer Zusammenarbeit mit Hofoper kam, näher zu beleuchten.

Mozart und die Hofoper: Zur Situation 1785/1786

Mozarts Kontakt zu der Buffa-Abteilung am Hoftheater, die seit 1783 die Singspieltruppe ersetzte, fällt in eine eigenartige Zeit: Strenggenommen bestand kein Bedarf an einem neuen Opernkomponisten. Nicht nur Salieri war in dieser Zeit in Wien, sondern auch andere, die unter weitaus besserer Protektion standen als Mozart.

Salieri wirkte in den 1780er Jahren nicht nur am Wiener Hof; herausragend waren die Aktivitäten, die ihn seit Anfang 1783 mit der Pariser Opéra verbanden. In der Nachfolge von Glucks Pariser Wirken erlebte er dort mit *Les Danaïdes* am 26. April 1784 einen ersten gewaltigen Erfolg, dem mit *Les Horaces* (7. Dezember 1786) zwar zunächst ein Fehlschlag folgte, doch dieser konnte gleich anschließend mit *Tarare* (8. Juni 1787) wieder ausgeglichen werden. Nach dem ersten so bedeutsamen Schritt in Paris war er im Sommer 1784 nach Wien zurückgekehrt; mit *Il ricco d'un giorno* wurde er in die neue Buffa-Ausrichtung des Hoftheaters eingebunden. Zugleich wurde in diesem Werk erprobt, wie weit Salieri und Da Ponte fortan ein Team bilden könnten; beide genossen das Vertrauen des Kaisers. Doch die Oper fiel durch; zu einer weiteren Kooperation zwischen Salieri und Da Ponte kam es erst Jahre später. Statt dessen stand nun für Salieri Giambattista Casti bereit, der nach Metastasios Tod (1782) den Titel des »kaiserlichen Poeten« erhalten hatte; für ihn sprach, daß eine Oper, zu der er das Libretto gedichtet hatte, zuvor sehr erfolgreich gewesen war: *Il Re Teodoro a Venezia* (Musik von Giovanni Paisiello). Castis Fürsprecher war der Generalspektakeldirektor, Franz Xaver Wolfgang Graf Orsini-Rosenberg, der ihn bereits seit zwei Jahrzehnten kannte[22].

Mit dieser Librettistenkonstellation wird eine Polarisierung des Wiener Opernlebens jener Jahre erkennbar. Da Ponte, einst von seinem Dresdner Mentor Caterino Mazzolà an Salieri nach Wien empfohlen, nun aber von diesem im Stich gelassen, hätte dort keine Chance mehr gehabt, wenn sich für ihn als italienischer Theaterdichter nicht fortan der Kaiser stark gemacht hätte. Weniger als ein Konflikt zwischen Salieri und Mozart, der traditionell hervorgehoben wird, ist also ein Konflikt zwischen Joseph II. und Orsini-Rosenberg erkennbar, und er konkretisiert sich nicht auf musikalischem Sektor, sondern an den Diskussionen um den Textdichter für den seit langem kaiserlich protegierten Salieri – für den der ebenfalls vom Kaiser gestützte Da Ponte nun nicht mehr in Frage kam. Casti verfaßte die Libretti der Salieri-Opern *La grotta di Trofonio* (12.10.1785) und – gemeinsam mit Mozarts *Schauspieldirektor* am 7. Februar 1786 uraufgeführt – *Prima la musica e poi le parole*.

Wenn folglich Da Ponte weiterhin eine Funktion in Wien haben sollte, mußte der Kaiser ihn anderweitig in den Theaterbetrieb einbinden. Dies bereitete unübersehbare Schwierigkeiten, die sich schon allein anhand der Produktivität Da Pontes[23] ablesen lassen: Erst über ein Jahr nach seinem Fehlstart wurde in Wien wieder eine Oper aufgeführt, für die er das Libretto verfaßt hatte; dann aber folgten zahlreiche Premieren dicht aufeinander. Dies mutet wie ein zweiter Startversuch an, der einem mißglückten ersten folgte und eigens vorbereitet werden mußte. Die Probleme betrafen aber nicht nur Da Ponte in seiner individuellen beruflichen Stellung, sondern ebenso sehr den Kaiser, dessen Personalpolitik hier in eine Sackgasse geraten war – auch damit, daß (zweifellos mit seinem Zutun) andere Komponisten am Hoftheater wirken konnten, ohne mit Da Ponte zusammenzuarbeiten: Vincenzo Righini und Stephen Storace.

Deren Aktivitäten lassen erkennen, wie weit die Folgen reichten, die mit jenem Fehlstart Da Pontes zusammenhingen. Die Datenlage deutet darauf hin, daß beide bereits an ihren Kompositionen arbeiteten, ehe *Il ricco d'un giorno* im Dezember 1784 scheiterte. Righinis *L'incontro inaspettato* wurde am 27. April 1785 uraufgeführt, fünf Wochen später Storaces *Gli sposi malcontenti* (1. Juni 1785)[24]; daß das Libretto zu Righinis Werk erst vier Monate vor dessen Uraufführung geplant worden wäre, ist allein aus Zeitgründen nicht wahrscheinlich, und Ähnliches gilt für Storaces Werk. Offenkundig hatten beide also ihre Aufträge in der Zeit erhalten, in der der Kaiser noch auf eine fruchtbare Kooperation zwischen Da Ponte und Salieri hoffte.

Eine frühzeitige Einbeziehung Righinis in die 1783 neu geregelten Theateraktivitäten lag unmittelbar auf der Hand: Seit 1780 am Kaiserhof beschäftigt, war er von Joseph II. einst als Direktor der italienischen Oper installiert worden. Storace, dessen Schwester Nancy (Ann) als Sängerin am Hoftheater wirkte, kam offenkundig nach der Publikation seiner beiden Klavierquintette op. 2 (1784) nach Wien und erhielt daraufhin – im Alter von erst 22 Jahren – den Kompositionsauftrag für seine Oper. Daß das Libretto gerade zu dieser Auftragskomposition nicht von Da Ponte verfaßt wurde, kann nur bedeuten, daß dieser damals nicht disponibel war[25]; dies läßt sich nur aus den weiteren Planungen für eine Teamarbeit zwischen Salieri und Da Ponte erklären.

Insofern befand sich der Kaiser nach dem Da-Ponte-Fehlschlag in seiner Opernpolitik auf einem denkbar schlechten Stand, und da durch die Opern Righinis und Storaces sowie durch das nächste Projekt Salieris die Bühnenkräfte gebunden waren, war vorerst keine Besserung der Lage absehbar. Daß prinzipiell einer Zusammenarbeit zwischen Da Ponte einerseits und Righini bzw. Storace andererseits nichts im Wege stand, zeigt die weitere Entwicklung (vgl. Tabelle 6, S. 337): 1786 kooperierten sie in je einem Werk mit dem Dichter, Righini in *Demogorgone* (12. Juli), Storace mit *Gli equivoci* (27. Dezember). Damit war das Wiener Opernwirken der beiden Musiker beendet; Storace verließ Wien im Februar 1787 und besuchte auf der Rückreise nach London noch Mozarts Vater, Righini wurde zum 1. Juli 1787 erzbischöflicher Kapellmeister in Mainz.

Ebenfalls schon im Frühjahr 1785 war Giuseppe Gazzaniga nach Wien gekommen; am 13. März berichtet Karl Graf Zinzendorf, einer der aufmerksamsten Beobachter des Wiener Theaterlebens, von einer Begegnung mit ihm anläßlich eines Essens beim französischen Gesandten. Gazzaniga hatte in den Vorjahren vorwiegend für Bühnen in Neapel und Rom gearbeitet und setzte sein Wirken in Venedig fort, so daß sein *Il finto cieco*, der in Zusammenarbeit mit Da Ponte entstand, nur als Intermezzo in seinem Schaffen erscheint[26]. Und noch ein weiterer Komponist gelangte in dieser Situation nach Wien, Vicente Martín y Soler. Im Karneval 1785 hatte er noch in Parma eine Oper auf die Bühne gebracht (*La vedova spiritosa*), dann ließ er sich in Wien nieder und genoß dort die mächtige Protektion der spanischen Botschafterin Isabel Marquesa de Llano[27]. Er wurde von vornherein auf die Zusammenarbeit Da Pontes eingeschworen: Am 4. Januar 1786 wurde *Il burbero di buon core* als erste Frucht der Kooperation beider Künstler uraufgeführt; diese erwies sich als erfolgreich und konnte mit *Una cosa rara* fortgesetzt werden (17.11.1786). Ein auch nur kurzzeitiger Kontakt zu Gazzaniga mußte zweifellos von langer Hand geplant werden – möglicherweise schon bald nach dem Fehlschlag in der Zusammenarbeit zwischen Salieri und Da Ponte. Doch mit den Aktivitäten, die Righini, Storace und Martín in Wien entfalten konnten, waren die Probleme, die um die Beschäftigung Da Pontes kreisten, mittelfristig gelöst; für alle drei lag der Zeitpunkt, zu dem sie Wien verließen, noch in weiter Ferne.

Wesentliche Planungen für die Da-Ponte-Opern Gazzanigas und Martíns, die im Frühjahr 1786 uraufgeführt werden sollten, hatten also bis etwa April 1785 zweifellos bereits stattgefunden. Ähnlich stellt sich die Situation für Righini und Storace dar. Am 27. April wurde Righinis *L'incontro inaspettato* mit seiner »detestable musique« erstmals gegeben und am 9. Mai nach nur vier Aufführungen vom Spielplan abgesetzt[28]; dennoch kam es nach nur wenig mehr als einem Jahr zu der nächsten Righini-Premiere in Wien, die kaum erst in großem zeitlichem Abstand zu der vorausgegangenen vereinbart worden sein kann. Storaces Oper *Gli sposi malcontenti* schließlich, am 1. Juni 1785 uraufgeführt, wurde drei Jahre lang immer wieder auf dem Spielplan gesetzt; der Erfolg des Werkes – und damit die Erteilung eines weiteren Auftrags an ihn – mag absehbar gewesen sein. Dies aber ist die Situation, in der Mozart der Eintritt in die Hoftheaterstrukturen möglich wurde: in einer Zeit also, in der das Theater über Salieri, Gazzaniga, Martín, Righini und Storace verfügen konnte.

Mozart stand in der Folge der Komponisten, die für eine Zusammenarbeit mit Da Ponte gewonnen wurden, also auf einem weit nachgeordneten Platz. In den Briefen, die Leopold Mozart, vom 11. Februar bis zum 25. April zu Besuch in Wien, an seine Tochter in St. Gilgen richtete, finden sich vielfältige Informationen zu den Aktivitäten ihres Bruders; wenn dieser bereits mit der Direktion des Hoftheaters Kontakt gehabt hätte, wäre auch dies – zumindest in Umrissen – erwähnt worden. Doch weder konnte sich Leopold, wie beschrieben, in den folgenden Monaten die Schweigsamkeit seines Sohnes erklären, noch läßt sich erkennen, daß er von dessen Arbeit am *Figaro*-Sujet etwas wußte, ehe er seiner Tochter am 11. November 1785 in einem Brief aus Salzburg schrieb: »Ich kenne die piece, es ist ein sehr mühesammes Stück, und die Übersetzung aus dem franz: hat sicher zu einer opera frey müssen umgeändert werden, wenns für eine opera wirkung thun soll.« Folglich kann die Intendanz des Hoftheaters den Kontakt zu Mozart aber erst zwischen dem 25. April (der Abreise des Vaters aus Wien) und dem 21. Mai (dem Brief an Anton Klein) hergestellt haben, also etwa in der Zeit, in der Righinis *L'incontro improvviso* scheiterte.

Bemerkenswert ist jedoch, in welchen vorausgegangenen Situationen Mozart noch keine Chance zur Mitwirkung an dem Wiener Buffa-Theater erhalten hatte. Schon vor dessen Etablierung hatte es erste Anzeichen für eine Kooperation gegeben; mit Blick auf eine Veranstaltung am 4. Dezember 1782 berichtet Mozart seinem Vater: »Graf Rosenberg hat mich … selbst angeredet, ich möchte doch eine Welsche opera schreiben.«

Dies gehörte demnach zu den Sondierungen, die jener Neudefinition des Wiener Opernbetriebs[29] vorausgingen. Als dann ein halbes Jahr später die Aufführung von Pasquale Anfossis Oper *Il curioso indiscreto* vorbereitet wurde und Mozart für die Sänger Aloysia Lange und Valentin Adamberger insgesamt drei Einlagearien komponierte (KV 418–420), war er für die Verantwortlichen des Theaters schon aus dem Gesichtskreis gerückt. Nur gegen deren heftigen Widerstand konnten die Sopranarien aufgeführt werden; die für Adamberger bestimmte Arie wurde aus der Produktion ausgeschlossen. Mozart stellte die Situation gegenüber seinem Vater so dar, als ob Salieri für die Intrigen verantwortlich gewesen sei. Doch Mozart erhielt auch in den folgenden Monaten keine Chance: weder als sich Salieri für *Les Danaïdes* in Paris aufhielt noch als die Zusammenarbeit zwischen Salieri und Da Ponte gescheitert war. Also lag die Ursache dafür, daß Mozart nicht zum Zuge kam, kaum bei Salieri; folglich gab es andere Personen, die an der Beteiligung Mozarts an der Hofoper nicht interessiert waren. Die Formulierungen, die dieser gegenüber seinem Vater findet, zeigen aber deutlich, daß es ihm nicht in den Sinn gekommen wäre, etwa mit einer Beteiligung des Grafen Orsini-Rosenberg an den Intrigen zu rechnen[30].

Daß es – wohl im Frühsommer 1785 – zu einer Veränderung kam, erfordert also eine Erklärung: Trotz des prinzipiell reichen Personenangebots, das für eine Kooperation mit Da Ponte zur Verfügung stand, wurde in den um diesen gefügten Komponistenkreis nun auch Mozart aufgenommen. An seiner Mitwirkung kann nur Joseph II. Interesse gehabt haben. Denn daß sich für Martín nicht nur er einsetzte, sondern auch die spanische Seite, schmälerte letztlich seine Stellung gegenüber dem Theater erneut. Insofern hat Joseph die Möglichkeit, mit Martín einen Komponisten an die Seite Da Pontes stellen zu können, zwar wohl begrüßt, Martíns Stellung aber durch den Aufbau einer weiteren ›Größe‹ von vornherein begrenzt. Dieses Anliegen zeigt sich zunächst in der trotzigen Reaktion auf den Fehlschlag der Oper Righinis, der bereits für das Folgejahr neuerlich für eine Opernkomposition verpflichtet wurde; auch Righini wurde vom Kaiser in dessen Hofopernpolitik benötigt. Letztlich erschiene es auch als plausibel, wenn der Kontakt zu Mozart ein weiteres direktes Ergebnis aus dem Mißerfolg von *L'incontro improvviso* war: Nicht nur mit dem Komponisten dieses Werks (der sich in Diensten des Hofes befand) wurde die Weiterarbeit geplant, sondern zur Sicherheit auch mit einem weiteren, außenstehenden.

Mit Hinweis auf den Stoff, den Mozart und Da Ponte bearbeiteten, läßt sich der offensive Charakter der kaiserlichen Personalpolitik noch unterstreichen. Wie Volkmar Braunbehrens klargestellt hat, konnte *Le nozze di Figaro*, ein auf dem Wiener Sprechtheater verbotenes Stück, im Hoftheater als Teil josephinischer Reformen erscheinen: insofern, als die Kritik adliger Willkür hier den Adligen selbst vorgeführt wurde (andere konnten die Eintrittsgelder der Oper in der Regel nicht bezahlen) und Joseph so demonstrieren konnte, wie groß mittlerweile der Abstand zwischen ihm und den sukzessive entmachteten landsässigen österreichischen Adligen geworden war[31]. Daß Joseph Opernsujets mit Anspielungen auf Tagesereignisse seiner Politik schätzte, hat schon Da Ponte in seinen *Memorie* berichtet: Dieser sah es als glücklichen Umstand an, daß er in der Zeit, in der im Zuge der josephinischen Reformen österreichische Klöster säkularisiert wurden, das Libretto *L'arbore di Diana* schreiben konnte, in dem die Keuschheit einer Göttin gebrochen wird – als Analogie zur Beseitigung des Zölibats[32].

Wichtig im Zusammenhang des *Figaro* ist aber, daß Orsini-Rosenberg, der Generalspektakeldirektor, als österreichischer Graf ebenfalls dieser Personengruppe angehörte. Dieser intrigierte, wie Da Ponte in seinen Memoiren mitteilt, gegen *Figaro*; er empfahl etwa, das Stück wegen der – in Wien unüblichen – Ballettszenen am Ende des dritten Akts abzusetzen, konnte sich aber nicht gegen den Kaiser, der für das Stück Partei ergriff, durchsetzen[33]. Dies läßt sich aber nur als Teil des Konflikts verstehen, der zwischen ihm und dem Kaiser schwelte; die Protektion, die Mozart in diesem Punkt genoß, ist also Teil dieser Auseinandersetzungen zwischen dem Kaiser und dem von Amts wegen für die Oper Beauftragten.

Die Situation der Opernkomponisten um Da Ponte 1785/1786 läßt sich also nur verstehen, wenn man in Erwägung zieht, daß Joseph II. seine zeitweilige Niederlage im Theaterbetrieb mit einer Portion Intriganz zu überwinden trachtete: Ohne diese wäre der Einstieg Mozarts in die Wiener Theaterkultur um 1785 kaum zu erklären. Mozart geriet dabei von vornherein in eine starke Position: Im November 1785 wurde er mit dem Auftrag, zwei Zusatzsätze für Bianchis *La villanella rapita* zu komponieren, in den Tagesbetrieb des Hoftheaters hineingezogen und im Februar 1786 mit *Der Schauspieldirektor* sogar in eine exponierte Situation gerückt. Gerichtet war dies aber nicht gegen Salieri, sondern eher gegen Orsini-Rosenberg.

Als Da Ponte für Martín das dritte Libretto schrieb (*L'arbore di Diana*), entstand erst das zweite für Mozart (*Don Giovanni*); beide Werke galten dem gleichen Anlaß, nämlich der Vermählung der Erzherzogin Maria Theresia mit Anton Clemens von Sachsen. Martíns Werk wurde in Wien aufgeführt, Mozarts in Prag (als das Hochzeitspaar durch Prag reiste, war *Don*

Giovanni allerdings noch nicht fertig, so daß *Le nozze di Figaro* gegeben wurde). Sowohl die Abfolge der Libretti als auch die Positionierung der beiden Werke deutet Mozarts Stellung im kaiserlichen Opernbetrieb an: In diesem war er für Joseph nicht in vorderer Reihe wichtig, sondern diente nur zur Abrundung des Geschehens – insbesondere seitdem Casti 1786 Wien verlassen hatte und sich zwischen Salieri und Da Ponte eine neue Zusammenarbeit anbahnte. Ohnehin aber ist eine Beteiligung des Kaisers am Prager *Don-Giovanni*-Auftrag nicht zu erkennen; Mozart hatte die erforderlichen Absprachen Anfang 1787 anläßlich seiner Pragreise direkt mit dem Theaterunternehmer Pasquale Bondini getroffen.

Ob sich Mozart dieser Situation bewußt war, ist zweifelhaft; in seinen Äußerungen – die allerdings nur Briefen zu entnehmen sind, die vor der Zensur bestehen mußten – gibt er sich gegenüber dem Kaiser loyal; Joseph erschien ihm demnach als unbestechliche Persönlichkeit. Intriganz, die vom Kaiser ausging, hat er anderen angelastet: Orsini-Rosenberg oder Salieri. Wie weit dies berechtigt war, ist nicht eindeutig zu bestimmen. Keineswegs ist auszuschließen, daß Salieri selbst in die allgemeinen Spannungen eingriff; doch vor allem solange Casti in Wien war, bestand zwischen Salieri und Mozart keine konkrete Konfliktzone (außer dem prinzipiell denkbaren Kollegenneid); wenn Salieri um 1785 Maßnahmen gegen Opernprojekte Mozarts ergriff, müßten sie sich viel eher gegen Da Ponte[34] gerichtet haben – nur hier bestand für ihn ein Gefahrenpotential, an dessen Begrenzung er Interesse haben mußte. Denn nach den Eindrücken um *Il ricco d'un giorno* mag er darauf gehofft haben, daß Joseph irgendwann die schützende Hand von dem Theaterdichter wegzöge. Salieri konnte sich jedenfalls der Gunst, in der er bei Joseph und Orsini-Rosenberg stand, sicher sein; und Mozart mag vielfach die Verhältnisse, die zu Angriffen auf die von ihm verfolgten Projekte führten, nicht richtig durchschaut haben, weil er zu kaisertreu war. In seiner Situation um 1785/1786 stand er somit vor der Alternative, entweder weiterhin als ›freier‹ Künstler sein Glück zu machen oder über die Bindung an den (intriganten) Kaiser auf weitere berufliche Perspektiven zu hoffen. Diese ergaben sich nur schleppend, und die Ernennung Mozarts zum Hofkompositeur (zum 1. Dezember 1787) erscheint als halbherzig, weil diese Hoffunktion nun finanziell weitaus weniger einträglich definiert wurde, als es für den Vorgänger Gluck der Fall gewesen war. Daß Mozart die zweite Variante wählte und versuchte, sich an den Kaiser zu halten, ist aber zweifellos nachvollziehbar.

Wie auch immer sich Mozarts materielle Situation im Frühjahr 1786 mit *Figaro* gestaltete, er ging mit einem Höchstmaß an schöpferischer Motivation in den bevorstehenden Sommer. Wie in den Jahren zuvor standen im Zentrum seines Schaffens Kammermusikwerke – in einer Streuung und Vielfalt, die sich mit den Ansätzen der Vorjahre kaum vergleichen läßt. In ihnen hatte Mozart am Abschluß der *Haydn-Quartette* gearbeitet und parallel dazu Versuche unternommen, ein kleines Ensembles mit dem Klavier zu koppeln; nun intensivierte er die kammermusikalischen Experimente auf vielfältige Weise. Neben einem Streichquartett (KV 499)[35] und einem weiteren Klavierquartett (KV 493) vollendete er ein erstes Klaviertrio (KV 496), dem wenig später ein weiteres folgte (KV 502), außerdem eine völlig unkonventionelle Triokomposition mit Klavier (das sogenannte *Kegelstatt-Trio* KV 498, mit Klarinette und Viola). Die beiden erstgenannten erschienen noch 1786 im Druck. Daneben entstanden lediglich wenige andere Werke, die aber die Bahnen des Gewohnten nicht verlassen: Neben einer Konzertkomposition für einen befreundeten Künstler (Hornkonzert KV 495 für Joseph Leutgeb) handelt es sich um Klaviermusik, die aber darin, daß es sich auch um Musik für vierhändiges Spiel handelt, gleichfalls die experimentelle Grundlinie bestätigt, die sich in den Werken dieses Sommers zeigt. Ihre Vollendungsdaten erscheinen so gleichmäßig über den Sommer verstreut, daß Mozart kaum etwas anderes als die Erkundung dieser Techniken im Sinn gehabt haben kann.

Tabelle 8:   Mozarts vollendete Kompositionen,
               Sommer 1786 bis Herbst 1787

Jahr	bewegliche Feste *äußere Daten*	Daten	Kompositionen mit KV-Nummer
Sommer/Herbst 1786			
1786		3. Juni	493 Klavierquartett Es
		13. Juni	494 Rondo für Klavier F
		26. Juni	495 Hornkonzert Es
		8. Juli	496 Klaviertrio Es
		27. Juli	487 Duos für Hörner (nicht im *Verzeichnüß*)
		1. August	497 Klaviersonate F vierhändig
		5. August	498 *Kegelstatt-Trio* (Klavier, Klarinette, Viola)

Jahr	bewegliche Feste *äußere Daten*	Daten	Kompositionen mit KV-Nummer
		19. August	499 Streichquartett D
		12. September	500 Klaviervariationen B
		4. November	501 Variationen für Klavier G vierhändig
		18. November	502 Klaviertrio B
	3. Dez.: 1. Advent		

Winter 1786/1787

Jahr	bewegliche Feste *äußere Daten*	Daten	Kompositionen mit KV-Nummer
1786		4. Dezember	503 Klavierkonzert C
		6. Dezember	504 Sinfonie D (*Prager*)
		27. Dezember	505 Arie »Ch'io mi scordi di te« (Klavier oblig.)
1787	*8. Jan.: Reise nach Prag*		
		6. Februar	509 Deutsche Tänze
	Mitte Febr.: Rückkehr		
	20. Febr.: Fastnacht		
		11. März	511 Rondo a für Klavier
		18. März	512 Arie »Alcandro, io confesso«
		23. März	513 Arie »Mentre ti lascio, o figlia«
	1. Apr.: Palmsonntag		

Sommer/Herbst 1787

Jahr	bewegliche Feste *äußere Daten*	Daten	Kompositionen mit KV-Nummer
1787		19. April	515 Streichquintett C
		16. Mai	516 Streichquintett g
		18./26. Mai	517–520 4 Lieder (u.a. *Die Alte/Verschweigung*)
		29. Mai	521 Klaviersonate C vierhändig
		14. Juni	522 *Ein musikalischer Spaß*
		24. Juni	523–524 Lieder (*Abendempfindung/An Chloe*)
		10. August	525 *Eine kleine Nachtmusik*
		24. August	526 Violinsonate A
	1. Okt.: Reise nach Prag		
		28. Oktober	527 *Don Giovanni*
		3. November	528 Arie »Bella mia fiamma«
		6. Nov./11. Dez.	529–531 3 Lieder
	Mitte Nov.: Rückkehr		

Dennoch mag sich Mozart sicher gewesen zu sein, nach dieser Zeit im Rahmen des Bisherigen fortfahren zu können. In der Adventszeit vollendet er ebenso wie in den Vorjahren ein Klavierkonzert (KV 503); dessen 1. Satz war jedoch gleichzeitig mit Kompositionen entstanden, die er zwischen Dezember 1784 und März 1785 abgeschlossen hatte[36]. Außerdem schloß er ein Werk ab, in dem er als Pianist gemeinsam mit einem Orchester musizieren konnte, in dem aber daneben eine solistische Singstimme besetzt ist (komponiert für Nancy Storace); auch diese Arie, »Ch'io mi scordi di te – Nun temer, amato bene« KV 505, unterstreicht also den Charakter des Experimentellen, der die von Mozart seit *Figaro* vollendeten Kompositionen prägt. Und noch in einem weiteren Punkt schlug er – fast beiläufig – neue Wege ein: darin, daß er zu Beginn der Adventszeit auch eine Sinfonie fertigstellte, die sogenannte *Prager* KV 504. Mit Beginn des neuen Jahres reiste Mozart dann nach Prag, um dort den Erfolg seines *Figaro* persönlich zu unterstützen.

Daß der Beiname dieser Sinfonie auf die Pragreise verweist, hängt nicht damit zusammen, daß Mozart sie für diese geschrieben hätte, sondern damit, daß sie in deren Verlauf erfolgreich aufgeführt wurde – offenkundig gemeinsam mit der in gleicher Tonart (D-Dur) stehenden *Pariser Sinfonie* KV 297. Denn als Mozart die Sinfonie am 6. Dezember 1787 abschloß, kann er von dem überwältigenden Erfolg des Prager *Figaro* noch nicht gewußt haben. Trotzdem war der Prager Erfolg der Sinfonie ein Stück weit vorhersehbar, denn Mozart verarbeitete als Finale einen Satz, den er in der Zeit der letzten *Figaro*-Vorbereitungen komponiert haben muß und der mit der Motivik des Duetts »Aprite, presto aprite« (2. Akt, Susanna–Cherubino) in seiner Anfangsthematik verwandt ist.

All diese Aspekte können aber das Außergewöhnliche, das sich mit diesem Werk in Mozarts Wiener Schaffen verbindet, nicht umschreiben. Das sinfonische Genre war weit aus Mozarts Gesichtskreis gerückt; nach 1774 waren – neben der *Pariser* und drei Werken der Salzburger Jahre 1779/1780 – lediglich 1782 die *Haffner-Sinfonie* KV 385 und 1783 die *Linzer* KV 425 entstanden, die erste nochmals mit Bezug zu einer Salzburger Familie, die andere auf der Rückreise von Salzburg nach Wien, als Mozart und seine Frau sich eine Zeitlang in der Linzer Residenz des Grafen Johann Joseph Anton Thun-Hohenstein aufhielten und von Mozart eine Sinfoniekomposition gewünscht wurde. Nach dreijähriger Pause kehrte er nun zur Sinfoniekomposition zurück. Ein Impuls mag gewesen sein, daß die *Haffner-Sinfonie* gemeinsam mit der Sinfonie KV 319 im Jahr 1785 im Druck erschienen war; wenn sich dies auf die Entstehung der *Prager* auswirkte, bedeutet dies aber, daß Mozart fortan auch Sinfonien als neue Kompositionen in seine typischen winterlichen Konzertaktivitäten einbeziehen wollte. Er plante also, seinem Publikum nicht mehr nur als »der famose Fliglist« entgegenzutreten, als den der Prager Maler Johann Tho-

374

mas Kleinhardt ihn im Frühjahr 1786 in einem Brief bezeichnet hatte[37], sondern seine Aktivitäten zu erweitern. Wie weit sich sein musikalisches Profil damit verschieben würde, bleibt zu diesem Zeitpunkt noch unklar.

Bemerkenswert ist die *Prager Sinfonie* aber auch in anderer Hinsicht: Da ihr Finale zum Zeitpunkt der Vollendung des Werkes schon monatelang skizziert gewesen sein dürfte[38], handelt es sich um eines der Stücke, mit denen sich Arbeitstechniken Mozarts am klarsten belegen lassen: dahingehend, daß er manche Kompositionen in einer grob skizzierten Form entwickelte, über längere Zeit liegenließ und erst bei Bedarf zu Ende führte. Erkennbar wird dieses Vorgehen nur dann, wenn die Teile eines Werkes auf Papieren mit unterschiedlichen Wasserzeichen, die sich weithin eindeutig mit einzelnen Schaffensperioden eines Künstlers in Verbindung bringen lassen, notiert sind.

Mozarts Reise nach Prag erstreckte sich über etwa sechs Wochen; als er zurückkehrte, stand das Ende des Faschings unmittelbar bevor, zugleich also der Beginn der Fastenzeit, die für ihn in den Vorjahren stets von intensiver Konzerttätigkeit gekennzeichnet war. Abgesehen von einer solistischen Klavierkomposition und zwei Arien (anders als das Experimentalwerk KV 505 ohne Klavieranteile) konnte Mozart in dieser Zeit jedoch für kein weiteres Werk die Vollendung protokollieren. Ohne Zweifel waren die wesentlichen Planungen der Fastenkonzerte bereits getroffen worden, ehe er aus Prag zurückkehrte: Die Übersicht, mit der er seinem Vater drei Jahre zuvor sein so imposantes Konzertpensum bis zum Samstag vor der Karwoche mitgeteilt hatte, findet sich in einem Brief vom 3. März 1784, damals der Donnerstag in der Woche nach Aschermittwoch. Hat Mozart nicht gewußt, daß eine so späte Rückkehr aus Prag ihn von den Einnahmen der Fastenkonzerte ausschlösse – oder hat er dies leichtfertig verdrängt? Die Ursache für eine ›Panne‹ in der Planung seiner Aktivitäten müßte gewesen sein, daß er die Pragreise antrat, ohne zuvor noch die notwendigen Konzerttermine verabredet zu haben, oder daß er sie fahrlässig zu weit ausdehnte. Das erste anzunehmen, nachdem Mozart in den beiden vorausgegangenen Jahren sein Schaffen auf diese Auftrittsmöglichkeiten ausgerichtet hatte, wäre naiv; für das zweite ist hingegen zu prüfen, inwieweit er die Risiken, die sich mit seiner Aufenthaltsdauer verbanden, nicht auch sorgsam kalkuliert haben kann. Denn der Ertrag, den seine Anwesenheit in Prag hatte, ist vielleicht nur in Ansätzen abschätzbar. Am 18. Januar, eine Woche nach seiner Ankunft, bewilligte die Böhmische Statthalterei eine Akademie Mozarts, die tags darauf stattfand; über den Erlös sind keine Angaben überliefert. Am 6. Februar trug Mozart den

Abschluß der sechs Deutschen Tänze KV 509 in sein *Verzeichnüß* ein; sie müßten für eine Prager Faschingsveranstaltung bestimmt gewesen sein, aber ob er die Tänze auf einen Auftrag hin komponierte, ist nicht zu klären.

Schließlich ist zu fragen, ob er von den *Figaro*-Aufführungen nicht doch auch weitere Erträge hatte. Am 17. Januar war er in einer Aufführung des Werkes anwesend, die des 22. Januar leitete er selbst; es ist eine kaum sachgerechte Vorstellung, dies beides sei einer Laune Mozarts entsprungen. Schließlich kann es nicht nur touristische Gründe dafür gegeben haben, daß sich Mozarts Reise, am 8. Januar angetreten, über mehr als einen Monat ausdehnte; nicht auszuschließen ist sogar, daß Mozart Konzertverpflichtungen, die er in Wien eingegangen war, aus der Ferne absagte. Insofern mag er, finanziell gut versorgt, aus Prag zurückgekehrt sein, zudem mit der Gewißheit, noch vor dem nächsten Winter zusätzliche Einnahmen aus der Uraufführung einer weiteren Oper ziehen zu können; Mozart hatte mit dem Theaterdirektor Pasquale Bondini den Vertrag abgeschlossen, der zur Entstehung von *Don Giovanni* führte.

Mit der Komposition der Oper kann Mozart nicht gleich bei seiner Rückkehr begonnen haben – immerhin mußte zunächst das Libretto vorliegen, und der Arbeitsaufwand Da Pontes im Jahr 1787 war nach dessen eigenen Äußerungen (im Dreieck Salieri–Martín–Mozart) gewaltig[39]. Damit blieb Mozart zunächst noch Zeit für anderes – in dem Ausmaß, wie es die kontinuierliche Datenfolge, die sich aus der Vollendung neuer Werke ergibt, spiegelt (auch der – möglicherweise mehrere Jahre überspannende – Entstehungsprozeß des Hornkonzerts KV 447 kann in diesem Umfeld zum Abschluß gekommen sein[40]). Lediglich zwischen Mitte Juni und Mitte August scheint Mozart für die Fertigstellung von Werken keinerlei Zeit gehabt zu haben.

Erstaunlich wirken zunächst jedoch die Daten aus den Monaten nach der Pragreise. Am 11. März vollendete Mozart das a-Moll-Rondo KV 511, die erste Komposition für Klavier allein, die er unter einem winterlichen Datum in sein *Verzeichnüß* eintrug; vergleichbare Werke hatte er sonst stets in der Zeit zwischen Ostern und dem 1. Advent abgeschlossen. Und nur elf Tage nach Ostern (8. April) war das C-Dur-Streichquintett KV 515 vollendet, nach einem weiteren Monat das Partnerwerk in g-Moll (KV 516). Zum Vergleich: Im Vorjahr vollendete Mozart die erste seiner sommerlichen Kammermusiken erst am 3. Juni (sieben Wochen nach Ostern, fast fünf Wochen nach der *Figaro*-Premiere). Erklären lassen sich die Daten nur so, daß die Arbeiten an mindestens dem ersten der Quintette noch tief in der – an sich konzertreichen – Fastenzeit begonnen wurde. Diese Beobachtungen zeigen zunächst die hohe Bedeutung, die Mozart den – in den Vorjahren typisch sommerlichen – kammermusikalischen Aktivitäten zumaß (außerdem muß noch das Flötenquartett KV 298 in dieser Zeit entstanden sein[41]); weil er wußte, daß wesentliche Anteile der sommerlichen Arbeitszeit für die Prager Oper genutzt werden müsse, befaßte er sich mit diesen Kompositionen bereits intensiv in der konzertintensiven Fastenzeit.

Mozart muß also seinen jährlichen Schaffensrhythmus nach der ersten Pragreise umgestellt haben: konkret im Hinblick auf die zweite. Gleichviel, ob er an Fastenkonzerten mitwirkte oder nicht: Die Daten, die für die Vollendung der beiden Quintette vorliegen, können nur als Anzeichen dafür gewertet werden, daß er seine Arbeiten auf das *Don-Giovanni*-Projekt ausgerichtet hatte. Doch wenn von Umdisposition die Rede ist, kann diese nur als das direkte Ergebnis der Perspektiven gesehen werden, die Mozart in Prag gewonnen hatte; erst nachdem der Opernkontrakt abgeschlossen worden war, kann er sich dafür entschieden haben, die kammermusikalische Arbeit nicht weiter aufzuschieben. Der Kausalzusammenhang, der zwischen dem Opernkontrakt und der Kompositionsarbeit des Frühjahrs 1787 entsteht, macht also deutlich, daß Mozart in jener Zeit keineswegs leichtsinnig auf Konzerteinnahmen verzichtet haben kann; die Konturen, die sein Arbeiten im Jahr 1787 annehmen würde, wurden im Zuge der winterlichen Pragreise bestimmt.

Advent 1787 bis Ostern 1789

Die Uraufführung von *Don Giovanni* am 29. Oktober 1787 führte somit zu einer Veränderung sämtlicher bisheriger Arbeitskonzepte Mozarts – nicht nur im Hinblick auf das Frühjahr. Vielmehr wirkte sich dieses Ereignis auch auf die Adventszeit 1787 aus. Mozart verließ Prag um den 12. November; um den 16. November traf er wieder in Wien ein. Ein weiteres Mal mögen die wesentlichen Konzertplanungen schon abgeschlossen gewesen sein; der 1. Advent fiel auf den 2. Dezember. Daß Mozart am 7. Dezember (rückwirkend zum Monatsbeginn) von Joseph II. in den Stand des Kammerkompositeurs erhoben wurde, ändert an dieser Situation nichts. Auswirkungen dieser Ernennung läßt das *Verzeichnüß* jedoch von Januar 1788 an erkennen: Zu der Komposition der Tanzserien,

Tabelle 9: Mozarts vollendete Kompositionen, Advent 1787 bis Ostern 1789

Jahr	bewegliche Feste	Daten	Kompositionen mit KV-Nummer
Winter 1787/1788			
1788		3. Januar	533 Klaviersonatensätze (vgl. 494)
		14.–27. Januar	534–536 Tänze
	4. Febr.: Fastnacht		
		24. Februar	537 Klavierkonzert D
		4. März	538 Arie »Ah se in ciel, benigne stelle«
		5. März	539 Arie »Ich möchte wohl der Kaiser sein«
	16. März Palmsonntag		
		19. März	540 Adagio h für Klavier
		24./30. April	527 Varianten zu *Don Giovanni* (für Wien)
		Mai	541 Arie zu Anfossi, *Le gelosie fortunate*
Sommer/Herbst 1788			
1788		22. Juni	542 Klaviertrio E
		26. Juni	543 Sinfonie Es
		– –	544 Marsch D für 5 Instrumente (verschollen)
		– –	545 *Sonata facile* C für Klavier
		– –	546 Adagio (und Fuge) c für Streicher
		10. Juli	547 »Leichte Sonate« für Violine und Klavier
		14. Juli	548 Klaviertrio C
		16. Juli	549 Canzonetta für 2 Soprane und Baß
		25. Juli	550 Sinfonie g
		10. August	551 Sinfonie C (*Jupiter*)
		11. August	552 Lied (*Beim Auszug in das Feld*)
		2. September	553–562 8 Kanons à 4, 3 Kanons à 3
		27. September	563 Divertimento Es für Klaviertrio
		27. Oktober	564 Klaviertrio G
		30. Oktober	565 12 Kontretänze (verschollen)
Winter 1788/1789			
1788		November	566 Bearbeitung von Händel, *Acis und Galathea*
		6. Dezember	567 Deutsche Tänze
		24. Dezember	568 Menuette
1789		Januar	569 Arie »Ohne Zwang« (verschollen)
		Februar	570 Klaviersonate B
		21. Februar	571 Deutsche Tänze
	24. Febr.: Fastnacht		
		März	572 Bearbeitung von Händel, *Messias*
	5. Apr.: Palmsonntag		

deren Vollendung Mozart von nun an regelmäßig in den Wintermonaten protokollierte, war er aufgrund dieses Titels verpflichtet; sie wurden auf den Redouten in der Wiener Hofburg aufgeführt.

Damit entstehen erst im Hinblick auf die Fastenzeit wieder normale Verhältnisse, ähnlich denen des Frühjahrs 1786: Mozart konnte von vornherein an der Termingestaltung des Frühjahrs mitwirken und hatte auch keine Kompositionspflichten, die mit dem Konzertieren konkurrierten. In der Datensituation erscheinen jedoch Details, die aus dem Jahr 1786 vertraut sind, mit denen des Folgejahres vermischt: 1787 hatte Mozart – zweifellos im Hinblick auf die Fastenkonzerte – zwei Arien komponiert; dies wiederholt sich hier. 1786 waren zwei Klavierkonzerte vollendet worden, 1787 keines; für 1788 protokolliert Mozart die Fertigstellung des D-Dur-Konzerts KV 537, das traditionell mit Mozarts Reise nach Frankfurt am Main 1790 in Verbindung gebracht wird und daher als »Krönungskonzert« bekannt geworden ist. Daß Mozart die Vollendung dieses Werks am 24. Februar 1788 (knapp drei Wochen nach Fastnacht) in sein *Verzeichnüß* eintrug, ist aber als Hinweis darauf, daß das Werk in der unmittelbar folgenden Zeit aufgeführt wurde, vollkommen ausreichend; denn strenggenommen hat Mozart dieses Werk gar nicht vollendet – in der Partitur sind markante Teile der Klavierstimme unausgeführt geblieben. Wenn das Werk nicht für eine Aufführung im Frühjahr 1788 vorgesehen worden wäre, hätte Mozart also noch weniger als bei anderen Kompositionen einen Anlaß gehabt, es als ›vollendetes‹ Werk in sein *Verzeichnüß* aufzunehmen. Aus dem Verhältnis von Werkgestalt und Eintragung läßt sich somit schließen, daß Mozart in seinem Wiener Konzertwirken – nach einer durchaus verständlichen Pause im gesamten Jahr 1787 – nun dort fortfahren wollte und konnte, wo er es im Advent 1786 unterbrochen hatte.

Daneben spielte ebenso wie im Vorjahr die Klaviermusik so weit in die kompositorische Tätigkeit Mozarts hinein, daß er in jenen Wintermonaten Werke zum Abschluß brachte, allerdings – wie schon 1786 – in den konzertfreien Zeiten. Am 3. Januar vollendete er Sätze, die das Klavierrondo KV 494 zu einer dreisätzigen Sonate erweitern (KV 533, für die Drucklegung des Werks), in der Karwoche das Adagio KV 540. Ansonsten war Mozart mit den Aufführungsvorbereitungen für den Wiener *Don Giovanni* (7. Mai) befaßt; seine Verbindungen zum Hoftheater zeigen sich ferner in der kompositorischen Beteiligung an der Anfossi-Produktion (2. Juni).

Das Bild, das daraufhin von Mozarts Tätigkeit im Sommer 1788 entsteht, ist einerseits das erwartete, andererseits zeigt es völlig andere Konturen als in den Vorjahren. Die Liste der vollendeten Werke wird eingerahmt und gegliedert von vier Kompositionen für Klaviertrio; Kompositionen für Klavier bzw. für Klavier und Violine runden dieses Bild ab. Völlig neu ist jedoch, daß Mozart drei Sinfonien schreibt. Es ist denkbar, daß der Impuls zu diesen Werken bei seinen Erfahrungen mit der *Prager* lag; doch außergewöhnlich ist auch, daß – soweit dies die Dokumente erkennen lassen[42] – eine Aufführungsmöglichkeit für die Werke nicht absehbar war. Ihm war jedoch offenkundig sehr daran gelegen, die drei Sinfonien in konzentrierter, kohärenter Arbeit fertigzustellen.

Noch klarer als in den Vorjahren trat dies jedoch in Konkurrenz zu den Zielen, die Mozart traditionell im Jahreslauf zu erfüllen hatte: die Vorbereitung der klassischen winterlichen Konzertsaisons. Wenn Mozart also am 16.(?) Juni 1788 Michael Puchberg um eine Unterstützung in beträchtlicher Höhe bat (»1 oder 2 tausend gulden«) und dies damit umschrieb, er möge ihm »auf acker und Pflug helfen«[43], dann wird deutlich, wie sehr dieser Betrag für Mozart den Charakter einer Investitionshilfe hätte haben sollen. Er kann diese Werke (als Gruppe) nur für eine weitere Verbreitung geplant haben, und die Beziehung, die zu den im Vorjahr im Druck erschienen *Pariser Sinfonien* Haydns entsteht, läßt sich wohl kaum eng genug annehmen (da die drei nun entstehenden Sinfonien Mozarts in denselben Tonarten stehen wie die drei Werke der ersten Abteilung jenes Drucks; Nr. 82–84)[44].

Puchberg hatte auf dem Finanzsektor seit längerem eine zentrale Funktion in Mozarts Leben inne; im Herbst 1787 wurde die Überweisung des Erbes, das an Mozart nach dem Tod seines Vaters gefallen war (1.000 fl.), über ihn abgewickelt, weil sich Mozart zu jener Zeit in Prag aufhielt; am 2. April 1788 annoncierte dieser seine drei Streichquintette (KV 406, 515 und 516) in der Wiener Zeitung, und für die kaufmännische Seite war wiederum Puchberg verantwortlich[45]. Er war auch weiter in die kammermusikalischen Tätigkeiten Mozarts eingeweiht, denn dieser schrieb ihm in einem Postskript zum zitierten Brief: »Wenn werden wir denn wieder bey ihnen eine kleine Musique machen? – – Ich habe ein Neues Trio geschrieben!« Nun packte Mozart offenkundig ein Experiment anderer Qualität an und versuchte, sich wiederum durch Puchberg abzusichern. Bemerkenswert ist jedoch, daß er diesen zumindest nicht schriftlich davon informierte, welchem konkreten Zweck die Hilfe »auf acker und Pflug« dienen sollte (etwa daß es sich um ein größeres sinfonisches Projekt handeln solle). Zwar mögen sie manches auch persönlich besprochen haben, doch dann wäre erstaunlich, daß Puchberg erst die schriftliche Anfrage abschlägig beschied und Bedenken nicht schon zuvor mündlich geäußert hatte. Insofern ist eher fraglich, ob Puchberg in diesem Punkt über die

Ziele Mozarts im Bilde war. Doch in jedem Fall ist in dessen Briefverkehr mit Puchberg scharf zwischen zwei Ansätzen zu trennen: Es ist nicht dasselbe, ob Mozart bei Puchberg Schulden zur Begleichung anderer Schulden machte oder sich bei ihm verschuldete, um sich Handlungsfreiraum zu verschaffen. Das zweite deutet jedenfalls keineswegs auf materiellen Mangel hin.

Die Annahme, daß Mozart Sinfonien komponierte, um deren Noten in Abschriften oder im Druck zu verbreiten, erfordert eine Gegenrechnung: Wann hätte er es sich in seinem jährlichen Schaffensrhythmus leisten können, eine solche Aufgabe anzugehen? Vor dem Hintergrund des bislang Betrachteten ist klar, daß er seine Zeit zwischen 1. Advent und Palmsonntag im wesentlichen der Fertigstellung von Werken für den aktuellen Konzertbedarf zu widmen hatte. Kammermusikalische Projekte, die viel stärker auf den Vertrieb der Noten ausgerichtet waren als die Komposition von Klavierkonzerten, fielen somit in die verbleibenden Monate des Jahres – in denen Mozart aber zweifellos auch die Grundlagen für die Werke zu legen hatte, die er in den Konzertsaisons des kommenden Winters zu vollenden hatte. Von den kammermusikalischen Projekten hat Mozart auch im Sommer 1788 nicht Abstand nehmen wollen. Dies ist eine erste wichtige Information über seine aktuellen künstlerischen Planungen; sie hatten demnach – wie im Vorjahr – für ihn einen so hohen Stellenwert, daß er auf entsprechende Arbeiten auch nicht verzichten wollte, wenn er sich nun mit der Komposition von Sinfonien befaßte. Deren Erarbeitung (zum Zweck des Vertriebs ihrer Noten) nahm folglich – wie im Hinblick auf den Investitionsgedanken angesprochen – viel von der Zeit in Anspruch, die ihm neben der Komposition der Kammermusik blieb. Daß Mozart weder im Advent 1788 noch in der Fastenzeit 1789 mit einem neuen Klavierkonzert an die Öffentlichkeit treten konnte (und möglicherweise im Wissen darum auch seine Akademie-Mitwirkungen von vornherein einschränkte), wirkt nach den Leistungen, die er im Sommer 1788 vollbracht hatte, mehr als plausibel. Finanzielle Engpässe, in die Mozart im Winter 1788/1789 geriet, haben ihre Wurzel somit am ehesten bei der Komposition der drei letzten Sinfonien.

Mozart war sich der Unterstützung durch Puchberg wohl zu sicher. Zehn Tage nachdem Puchberg statt des Maximalbetrags von 2.000 fl. Mozart nur 10 % dieser Summe zugebilligt hatte, ist die Es-Dur-Sinfonie fertig. Am Tag nach deren Vollendung – und diese Datenfolge erscheint keineswegs zufällig – faßte er bei Puchberg nach; denn die Worte »meine Laage ist so, daß ich unumgänglich genöthiget bin Geld aufzunehmen«[46]

ist keineswegs zwingend als »meine [schlechte] Laage« zu lesen. Vielmehr lautete der Brief nicht anders, wenn man seinen Zweck folgendermaßen formulierte: ›Ich sitze an einem Projekt, das ich gerade jetzt, nach der erfolgreichen Vollendung einer ersten Etappe, ungern aufgäbe, mit dem ich aber das wichtigste Stück meiner jährlichen Einkünfte preisgebe.‹ Insofern ist verständlich, daß Mozart als (in jedem Fall langfristige) Sorge erwähnt: »Wenn Sie werthester Br: [Logenbruder] mir in dieser meiner Laage nicht helfen, so verliere ich meine Ehre und Credit.« Wiederum: Ob diese Gefahr bestand, weil Mozart zahlungsunfähig war oder weil er schlimme Folgen befürchtet, wenn er weiter an den Sinfonien komponierte, ohne an die Konzertsaisons zu denken, ist nicht auf Anhieb zu entscheiden – nur die nochmalige Bitte »um eine etwas ansehnliche Summe auf einen etwas längeren Termin« deutet klar darauf hin, daß es sich nicht um aktuelle Mangelwirtschaft handelte. Ein kurzes, aber undatiertes Schreiben wohl aus wenig späterer Zeit umschreibt nochmals, daß es um etwas Geplantes, um eine zielgerichtete Investition, gehen sollte[47]: »Ach! hätten sie doch das gethan um was ich sie bat! – thuen sie es noch – so gieng alles nach Wunsch.«

Doch auch diese Anfrage verfehlte ihren Zweck. Trotzdem waren wenige Wochen später auch die Sinfonien in g-Moll und C-Dur (*Jupiter*) fertiggestellt. Mozart hatte sich nach dem Scheitern des Versuchs, Puchberg für eine Unterstützung seines sinfonischen Experiments zu gewinnen, für das Risiko entschieden: dafür, das Projekt auf eigene Verantwortung zu Ende zu führen, selbst wenn damit Arbeiten unterblieben, die für Aktivitäten des Winters 1788/1789 notwendig waren. Und so wirkt die Eintragung von zwölf Kanons in das *Verzeichnüß* (2. September) und die unbeirrte Vollendung weiterer Kammermusikwerke durchaus ein wenig trotzig. Da jedoch im November 1788 neben dem Klaviertrio KV 502 auch dessen beide erste Schwesterkompositionen, die im Laufe des Sommers entstanden waren (KV 542, 548), im Druck erschienen, zeigt sich, daß Mozart keinesfalls den Boden unter den Füßen verloren hatte. Und wenn sich aufgrund papierkundlicher Untersuchungen davon sprechen läßt, daß Mozart den ersten Satz des B-Dur-Klavierkonzerts KV 595 zwischen Dezember 1787 und Februar 1789 entworfen haben müsse[48], zeigt sich, daß er auch im Umfeld des Sinfoniensommers 1788 die Gattung, die traditionell seine winterlichen Konzertaktivitäten trug, nicht völlig aus dem Auge verloren hatte – auch wenn unklar bleibt, weshalb eine Vollendung des Werkes im Laufe des Winters 1788/1789 oder Frühjahrs 1789 nicht möglich war.

Erträge aus den Arbeiten für Gottfried van Swietens Oratoriengesell-schaft (November 1788, März 1789) mögen Mozarts sinfonisches Hazard-spiel ein wenig aufgefangen haben, allerdings keinesfalls genügend – wie die nun einsetzende Folge von Briefen an Puchberg zeigt, in denen es aber jeweils um relativ kleine Beträge geht. Anfang 1789 jedoch erscheint Mo-zarts Tätigkeit gegenüber den Vorjahren radikal verändert: Vollendet wer-den lediglich eine Arie (»Ohne Zwang, aus eignem Triebe«, KV 569) und eine Klaviersonate (KV 570), dazu die regulären Tanzserien für den Hof. Übriggeblieben sind also nur Arbeiten in den Bereichen, die nach deren Erfahrungen der Vorjahre allenfalls Randprodukte waren. Dennoch ist sogar diese Annahme trügerisch. Denn Karl von Lichnowsky und Mozart brachen kaum ohne Grund erst am 8. April 1789 zu ihrer Reise nach Böhmen, Sachsen und Preußen auf; es war Mittwoch nach Palmsonntag, die Konzertsaison also eben erst vorüber, ihr Ende möglicherweise abge-wartet worden. Mozart kann kaum nur als Zuhörer an ihr beteiligt gewesen sein.

Die Dokumente, nach denen hier Mozarts Schaffensentwicklung ge-schildert wird, sind folglich strikt auf ihre Aussagekraft zu befragen: Sie berichten nur darüber, daß im Sommer 1788 mit den ›drei letzten Sinfoni-en‹ ein Arbeitsprojekt zweifellos beachtlichen Umfangs neben dem nor-malen Pensum kammermusikalischer Kompositionen stand. Etwaige Frei-räume, die in den Vorjahren bei vergleichbaren Aktivitäten auf kammer-musikalischem Sektor geblieben waren, müssen von den Arbeiten an den drei großen Sinfonien weithin ausgefüllt gewesen sein. Dieser Eindruck bestätigt sich in den beiden Konzertsaisons des folgenden Winters (in denen Mozart auffallend wenige Kompositionen vollendete, mit denen ein eindrucksvolles Konzertieren vorstellbar wäre) und belegt zugleich, wie intensiv die Sommermonate mancher zurückliegender Jahre den Vorbe-reitungen der Werke gegolten haben müssen, die in den Wintermonaten vollendet wurden. Daß Mozart in jenen Konzerten des Winters 1788/89 aber gar nicht aufgetreten wäre, daß er sich nicht auch mit den (wenigen) nun vollendeten Werken hervorgetan oder nicht auch andere, ältere Kom-positionen aufgeführt haben könne, wäre reine Spekulation (also nicht einmal eine Hypothese, für die es immerhin Indizien geben müßte, die die Annahme des Gegenteils ausschlössen).

Das Bild eines untätigen Mozart ergibt sich vielmehr aus der Vermi-schung der Informationen, die aus den Puchberg-Briefen gewonnen wer-den, mit der Erfassung belegbarer Konzertauftritte Mozarts – die für das Frühjahr 1789 ohne Ergebnis bleibt. Doch hier ist nach den Gründen zu fragen: Die Dichte des Mozartschen Konzertierens im Frühjahr 1784 ist dank einer Aufstellung bekannt, die Mozart an seinen Vater sandte; dieser war 1787 gestorben. Mitteilungen, die die Nachwelt aus der Salzburger Familienkorrespondenz bezieht, gibt es für die verbleibenden Lebensjahre Mozarts nicht mehr. Nur für die wenigsten der Veranstaltungen, von denen Mozart in jener Liste berichtet, liegen jedoch zusätzlich auch gedruckte Ankündigungen vor; wenn er 1789 in den einschlägigen Pressenotizen nicht als Mitwirkender von Konzerten genannt wird, hat dies also kaum Beweiskraft.

Sommer 1789–Herbst 1790

Am 4. Juni 1789 kehrte Mozart von einer zweifellos kostenintensiven und wenig ertragreichen Berlinreise – an den Hof, mit dessen Herrscher sich der Kaiser in einer Art kaltem Krieg befand – nach Wien zurück. Mozart hatte einige Konzerte veranstalten können, und am Hof hatte er den Auftrag erhalten, je sechs Streichquartette und Klaviersonaten zu schreiben: die Quartette für König Friedrich Wilhelm II. selbst, die Sonaten für dessen Tochter Friederike Charlotte. Dieser Auftrag kam Mozarts Schaffenskonzeptionen zweifellos entgegen; vor ihm lag der Sommer, traditionell die Zeit, in der er Klavier- und Kammermusik schreiben konnte, und die geforderte Leistung (so groß sie war) muß ihm deshalb erfüllbar erschienen sein. Noch im Juni war, schon auf der Rückreise begonnen, das erste der *Preußischen Quartette* fertig (KV 575), im Juli die erste Klaviersonate (KV 576); ihr folgten allerdings keine weiteren mehr, und die beiden nächsten Quartette wurden erst im Folgejahr abgeschlossen. Die Verve, mit der Mozart die Arbeiten angepackt hatte (und zwar im Rahmen seines jährlichen Arbeitsrhythmus), war schlagartig erloschen.

Am 12. Juli berichtet Mozart Puchberg, daß Constanze krank sei, und er verweist auf die »unglückseelige, höchst traurige Laage«, in der er sich befinde; Puchberg als gutem Bekannten gegenüber brauchte er sie nicht detaillierter darzustellen. Wichtig ist, daß er sie später als etwas Eigenes umschreibt, das sich noch neben den Berichten über Constanzes Krankheit ergibt (»stehen Sie mir mit Rat und That bey in bewußter Sache«)[49]. Spätestens Ende Juli trat eine Veränderung ein; Constanze reiste zur Kur nach Baden, und obgleich dies weitere Kosten verursacht haben muß, wird die Reihe der Puchberg-Briefe unterbrochen (ein nächster stammt erst aus dem Dezember).

Tabelle 10: Mozarts vollendete Kompositionen, Sommer 1789 bis Herbst 1790

Jahr	bewegliche Feste Daten *äußere Daten*		Kompositionen mit KV-Nummer
Sommer 1789–Frühjahr 1790			
	8. Apr.: Abreise nach Berlin		
		29. April	573 Variationen für Klavier (Thema: Duport)
		17. Mai	574 Gigue G für Klavier
	4. Juni: Rückkehr		
		Juni	575 Quartett D
		Juli	576 Klaviersonate D
		Juli	577/579 Varianten zu *Figaro* (2. Wiener Auff.)
		August	578 Arie zu Cimarosa, *I due baroni*
		17. September	580 Arie zu Paisiello, *Barbier* (deutsch)
		29. September	581 Klarinettenquintett A
		Oktober	582–583 Arien zu Martín, *Burbero*
		Dezember	584 Arie »Rivolgete a lui lo sguardo«
		Dezember	585–587 Menuette, Deutsche Tänze, Kontretanz
1790		Januar	588 *Così fan tutte*
	16. Febr.: Fastnacht		
	20. Febr.: Tod Josephs II.		
	28. März: Palmsonntag		
Sommer 1790			
1790		Mai	589 Quartett B
		Juni	590 Quartett F
		Juli	591 Bearbeitung von Händel, *Alexanderfest*
		Juli	592 Bearbeitung von Händel, *Cäcilienode*
	23 Sept.: Reise nach Frankfurt *Anfang Nov.: Rückkehr*		

Gleichzeitig entwickelte Mozart neue Aktivitäten. Unvermittelt ergab sich ein so intensiver Kontakt zum Hoftheater, wie er ihn nie zuvor gehabt hatte. Daß er angesprochen wurde, als für die bevorstehende zweite Wiener Produktion des *Figaro* Adaptionen gewünscht wurde (zwei Arien für Adriana Ferrarese le Bene, die neue Darstellerin der Susanna), ist noch ebenso verständlich wie naheliegend; doch daß er daraufhin auch in jeder weiteren Neueinstudierung des Jahres die erforderlichen Umstrukturierungen kompositorisch stützte, wirkt verwunderlich (hiervon ist – als Uraufführung – nur Salieris *La cifra* ausgenommen). Warum erinnerte sich die Hoftheaterintendanz plötzlich wieder an Mozart? Warum führte nicht Salieri jene kompositorischen Arbeiten aus, ebenso wie es für die vorausgegangene Neueinstudierung der Fall gewesen war (15. Juli: *Il falegname* von Domenico Cimarosa)[50]? Die Kompositionsarbeiten an *La cifra* können ihn jedenfalls nicht bis in den November hinein in Anspruch genommen haben; die Premiere war am 11. Dezember. Mit den entsprechenden Arbeiten Mozarts wurde in jedem Fall Salieris normaler Aktionsradius direkt eingeengt.

Auch der Kompositionsauftrag für *Così fan tutte* muß im Laufe des Sommer erteilt worden sein; die Oper wurde am 26. Januar 1790 uraufgeführt – es handelte sich um die letzte Neueinstudierung des Hoftheaters zu Lebzeiten Josephs II. Für Mozart war es zweifellos reizvoll, in den Beiträgen zu *Figaro* sowie zu den Opern Cimarosas und Martíns mit den beiden Sängerinnen zusammenzuarbeiten, die in *Così fan tutte* die weiblichen Hauptrollen übernehmen sollten (neben Adriana Ferrarese le Bene auch Luise Villeneuve)[51]; diese Chance zur Einarbeitung in einen Interpretenstab war im Opernbetrieb der Zeit aber nahezu einzigartig. Demnach reicht es nicht aus, die beiden Felder aufeinander zu beziehen; eher wird der Erklärungsbedarf dafür, wie es zu den erneuten Aktivitäten Mozarts kommen konnte, durch diese Koppelung noch größer: Weshalb gab es überhaupt einen neuen Opernauftrag an ihn? Mozart war zwar mit den Wiener Produktionen von *Figaro* und *Don Giovanni* erfolgreich gewesen, aber nur die erste war für das Hoftheater entstanden, und die eigentlichen Erfolge hatte er mit den Prager Produktionen der beiden Da-Ponte-Opern gefeiert. Und Ende 1787 war ihm zwar ein Hofposten zuerkannt worden, doch auch daraufhin hatte sich über mehr als ein Jahr hinweg keine Zusammenarbeit mit dem Hoftheater – über die Wiener *Don-Giovanni*-Übernahme hinausgehend – ergeben. Jeder Schritt des Hoftheaters, der neu auf Mozart hinführte, bedarf somit einer Erklärung, vor allem dann, wenn es sich um eine so enge Kooperation handelte wie jetzt.

Wie erwähnt, trat er mit ihr in direkte Konkurrenz zu Salieri, dessen kompositorische Aktivitäten für das Hoftheater allerdings nicht nur im Bereich bloßer dramaturgischer Arbeiten (der Komposition von Austauscharien) eingeengt wurden, sondern dem obendrein kurzfristig der Kompositionsauftrag für *Così fan tutte* entzogen wurde[52]: Die Musik, die

Salieri für die beiden ersten Vokalsätze der Oper (damals zweifellos noch unter dem Titel *La scuola degli amanti* geführt) konzipiert hatte, ist überliefert: die beiden Terzette »La mia Dorabella capace non è« und »È la fede delle femmine«. Weshalb Mozart den Auftrag zur Vertonung erhielt, ist ungeklärt.

Die Informationen, die von Zeitzeugen gegeben worden sind, erweisen sich entweder als nur zur Hälfte wahr, oder sie sind gerade in ihrem Schweigen informativ. Am 15. Juli 1829 notierten Vincent und Mary Novello auf ihrer »Wallfahrt zu Mozart«[53]: »Salieris Feindschaft begann mit der Komposition von *Così fan tutte*. Er hatte die Oper selbst begonnen, aber aufgegeben, da er sie für unwürdig hielt, in Musik gesetzt zu werden.« Da Mozart schon früher seinem Vater gegenüber von Rivalität mit Salieri gesprochen hatte und weil Salieri in keinem anderen Fall ein Opernprojekt unvollendet ließ, ist von den Informationen wohl nur so viel glaubwürdig, daß sich das Klima zwischen Mozart und Salieri im Umfeld der geschilderten Ereignisse verschlechtert haben muß und daß Salieri das Opernprojekt fallen ließ – eher auf äußeren Druck als aus eigener Initiative. Ähnliches wird aber auch für Mozart geschildert. Sein Biograph Franz Xaver Niemetschek schreibt 1798[54]: »In dem Jahre 1789 im Monat December schrieb Mozart das italienische komische Singspiel, *Così fan tutte*, oder die Schule der Liebenden; man wundert sich allgemein, wie der Mann sich herablassen konnte, an ein so elendes Machwerk von Text seine göttlichen Melodien zu verschwenden. Es stand nicht in seiner Gewalt, den Auftrag abzulehnen, und der Text ward ihm ausdrücklich aufgetragen.« Daß Mozart nicht aus freien Stücken eine Oper für das Hoftheater schreiben konnte, ist verständlich, und die Aufgabe, Libretti zu wählen, konnte durchaus auch außerhalb der Kompetenz von Komponisten liegen; doch der letzte zitierte Satz läßt unmißverständlich erkennen, daß Niemetschek mehr wußte, als er schrieb: Er konnte offenbar beurteilen, daß Mozart nicht aus freier Entscheidung handelte (wohl weniger im Hinblick auf die Qualität des nach Mozarts Tod schon bald umstrittenen Textes, sondern eher in der Sache selbst: in der Frage, den Auftrag zu übernehmen); ebenso muß Niemetschek noch mehr um den Auftrag gewußt haben. Das Zusammenspiel der Informationen macht nicht nur die Vorgeschichte von *Così fan tutte* noch rätselhafter, sondern auch Mozarts Situation im Sommer und Herbst 1789.

Mozarts Komponieren wurde von der neuen Zusammenarbeit mit dem Hoftheater auf Wochen hinaus bestimmt – wenn nicht von den Aufträgen der Dramaturgie, dann zweifellos durch *Così fan tutte*. Damit entstand zunächst die gleiche Situation wie für den Winter 1788/89: Mozart war darin gehindert, auch Werke für die Konzerte der Advents- und Fastenzeit zu schreiben, diesmal allerdings – anders als mit dem Sinfonienprojekt des Vorjahres – mit der Aussicht auf finanziellen Ertrag. Nur ein einziges Werk, das er in jener Zeit vollendete, steht auf einer anderen Basis (abgesehen von der pflichtgemäßen Komposition von Tänzen): das Klarinettenquintett KV 581, das als Kammermusikwerk auf Mozarts typische Sommeraktivitäten in den Vorjahren zurückverweist und zugleich als Komposition für einen Freund (Anton Stadler) die Reihe fortsetzt, in der Mozart – gleichfalls während der Sommermonate – immer wieder Werke für ihm nahestehende Künstler vollendete.

Wenn Mozart aber keine Werke für die winterlichen Konzertsaisons konzipieren konnte, hatte er ebenso keine Gelegenheit, die Kompositionsaufträge Friedrich Wilhelms II. zu erfüllen. Noch im Dezember 1789 äußert Mozart gegenüber Puchberg die Hoffnung, dieser – anscheinend auf ein Jahr befristeten[55] – Bestellung nachkommen zu können; dies hätte geheißen, daß er nun während des Frühjahrs je fünf Klaviersonaten und Quartette hätte schreiben müssen, von denen zwei Quartette in umfangreichen Teilen konzipiert und ein weiteres skizziert war (KV 589, 590; KV 417d). Zweifel daran, ob dies noch zu schaffen gewesen wäre, sind wohl nicht unberechtigt. Doch da die Vorbereitungen von *Così fan tutte* Mozarts Aktivitäten so wesentlich bestimmt hatten, konnte er sein Komponieren im Anschluß an die Uraufführung ohnehin auf kaum etwas anderes ausrichten. Denn in den zurückliegenden Monaten hatte er wohl nur wenig Zeit gehabt, um Grundlagen für Werke zu schaffen, die im Hinblick auf geplante Konzertmitwirkungen nun zu vollenden gewesen wären. Über den Arbeiten, die ihm im Sommer 1789 zufielen, hatte er den königlichen Auftrag also keinesfalls vergessen.

Daß Mozarts Dispositionen des Frühsommers 1789, in die die Kompositionen für den preußischen Hof zweifellos gut hineingepaßt hätte, durchkreuzt wurden, ergab sich also direkt aus den unerwarteten Aktivitäten für das Hoftheater – einschließlich des *Così*-Auftrags, der kaum schon vor der Abreise Mozarts im April 1789 ergangen sein dürfte, sondern erst danach. Damit stellt sich eine zweifellos pikante Frage: Gab es den Zusammenhang beider Felder nur individuell für Mozart, so daß eine Überfülle von Verpflichtungen für das Hoftheater es ihm unmöglich machte, den preußischen Auftrag in dem ursprünglich geplanten Zeitrahmen zu erfüllen? Oder wurde dieser Zusammenhang auch von den für das Hoftheater Verantwortlichen gesehen: Hat also der österreichische Hof den Auftrag, den der preußische König Mozart erteilt hatte, vorsätzlich durchkreuzt?

Daß Mozart an den Hof des Kriegsgegners von 1756–63 gereist war, mit dem es erst wieder im Sommer 1791 zu einer Verständigung kam, muß in Wien weiten Kreisen bekannt gewesen sein; am 17. Juni 1789, zwei Wochen nach Mozarts Rückkehr, stand ein Hinweis darauf sogar in der Speyerischen *Musikalischen Real-Zeitung*[56] – zwei Tage nach der von Salieri vorbereiteten Cimarosa-Neueinstudierung. Doch die Polizeibehörden dürften schon Mozarts Reise selbst sehr aufmerksam verfolgt haben; die Zahl seiner Briefe an Constanze, die die Adressatin nicht erreichten, ist auffällig hoch. Vier Briefe Mozarts aus der Zeit zwischen 22. April und 9. Mai (darin die wohl entscheidenden Berichte über Begegnungen mit dem preußischen König) sind nicht überliefert. Schon ein einziger verlorener Brief führte dazu, daß Mozart seiner Frau am 23. Mai eine Liste mit den Daten der wechselseitigen Korrespondenz schickte, offensichtlich nachdem Constanze ihm wegen seiner Schweigsamkeit Vorhaltungen gemacht hatte; weil die Postlaufzeiten sehr lang waren, konnten die anderen Briefe Mozarts noch nicht nach Wien gelangt sein, als Constanze ihre Besorgnis äußerte[57]. Daß jedoch nicht nur jener erste Brief Mozarts, sondern alle vier fehlenden zwar in Wien ankamen, aber bei der Zensur verblieben, ist nicht auszuschließen: Immerhin handelte es sich bei dem nach Berlin Gereisten aus Sicht des Wiener Hofes keinesfalls um einen freien Künstler, sondern um den Hofkompositeur Seiner Kaiserlichen Majestät. Daraufhin wäre es mehr als naheliegend gewesen, daß der Kaiser (oder sein Hof) den Kompositionsauftrag aus Berlin vereitelte – dadurch, daß Mozarts Arbeitskräfte gebunden wurden. Die einzige Hofinstitution, an der dies möglich war, war das Hoftheater. Wenn gezielt Sorge getragen wurde, daß Mozart zu anderweitigen Aktivitäten nicht mehr in der Lage war, wäre es auch verständlich, wenn er nichts davon erfahren hätte; die Loyalität des Untertanen wäre empfindlich getroffen gewesen, wenn ihm die Hintergründe dieser Beschäftigung in vollem Umfang klargeworden wären. Dennoch läßt Niemetschek erkennen, daß im Umkreis Mozarts weitere Details der Situation bekannt waren; und wenn Vincent und Mary Novello als Grund dafür, daß Salieri seine Arbeiten an dem Drama einstellte, nur die Qualität des Librettos nennen, wirkt auch dies vorgeschoben – jedem, dem um 1830 diese Argumentation vorgetragen wurde, mußte sie angesichts der zeitgenössischen Kritik an *Così* [58] für ausreichend halten, auch dann, wenn sie mit Salieri in Verbindung gebracht wurde. So bleibt nur die Frage, wer Salieri in gleich mehreren musikdramatischen Arbeitsbereichen einengen und dafür Mozart Aufträge geben konnte, die dieser nicht ablehnen durfte. Eine andere Person als der Kaiser kommt kaum in Frage.

Überblickt man die Zusammenarbeit Mozarts mit dem Wiener Hoftheater, sind vier Phasen zu erkennen. In einer ersten kommt es 1768 zu einer Anregung des Kaisers an den jungen Mozart, eine Oper zu komponieren; sie ist nur vordergründig freundlich formuliert, im Hintergrund aber mindestens abwartend – und daß die Aufführung des Werkes, das der Zwölfjährige daraufhin schreibt (*La finta semplice*), hintertrieben wird, entspricht diesen ungünstigen Startbedingungen. 1781 gelingt es Mozart, mit der Hilfe des Theaterdichters Gottlieb Stephanie ein Werk gewissermaßen durch die Hintertür im Spielplan der Hofoper zu plazieren (*Die Entführung aus dem Serail*); ähnlich sind die Vorgänge um Mozarts Einlagearien in Pasquale Anfossis *Il curioso indiscreto* 1783 zu bewerten. Eine dritte Phase ermöglicht die Entstehung des *Figaro* unter den geschilderten besonderen Bedingungen, eine vierte nun die Aktivitäten zwischen der Berlinreise und der Uraufführung von *Così fan tutte*. Deutlich wird, daß Mozart nur unter besonderen, in der Regel außermusikalischen Bedingungen für die Hofoper Josephs II. als Komponist von Interesse war. Anders als im Geniezeitalter resultiert aus dieser Feststellung aber nicht der Vorwurf, der Kaiser habe Mozarts Begabung nicht angemessen gewürdigt, sondern eher die nüchterne Einsicht, daß die Funktion eines neben den Hofhierarchien stehenden und dennoch nahezu ortsfest agierenden freien Künstlers jener Zeit nicht anders aussehen konnte.

Daß Mozart von politischen Hintergründen, die jene Bindung an das Hoftheater veranlaßt haben mögen, nichts (oder nur wenig) erfahren hat, bestätigt sich darin, daß er noch im Dezember 1789 hofft, die Kompositionen entwickeln zu können. Entsprechend niedergeschlagen war er, als er nach einem Jahr nicht mehr als drei der Quartette (und jene eine Klaviersonate) fertiggestellt hatte; am 12. Juni 1790 schrieb er an Michael Puchberg: »Nun bin ich gezwungen meine Quartetten /: diese mühsame Arbeit :/ um ein Spottgeld herzugeben, nur um in meinen Umständen Geld in die Hände zu bekommen.« Offenbar bestand keine Möglichkeit mehr, sie dem König zuzueignen. Doch eine Sicht, derzufolge Mozart hier als ein schuldbewußter, pflichtvergessener Komponist erscheint, ist nicht sachgerecht; eher mußte er sich eingestehen, daß ein Plan gescheitert war, und zwar weil ihn Arbeit davon abgehalten hatte. Diese aber war abhängig vom Kaiser, um dessen Gunst sich Mozart fortgesetzt bemühte.

Belegbar ist ein Zusammenhang zwischen dem Scheitern des preußischen Auftrags und den Arbeiten für das Hoftheater allein für Mozart:

Unabhängig von der Frage, ob die letzteren einen politischen Hintergrund hatten oder nicht, prägen sie sein Schaffen in der Zeit, die der Rückkehr aus Berlin folgte. Diese Störung ist sogar in der musikalischen Substanz der Quartetten festzustellen, denn durch das zweite und dritte der *Preußischen Quartette* geht ein Riß: Die im ersten weit ausgebreitete, exponierte Cellofunktion, die auf die Celloleidenschaft des preußischen Königs bezogen erscheint, wird durch eine normale abgelöst[59]. So zeigt sich, daß Mozart, schon ehe er das zweite und dritte der Werke vollendete, absehen konnte, daß sich das einst Beabsichtigte nicht werde realisieren lassen. Insofern ist der Eindruck nicht von der Hand zu weisen, daß der Charakter eines Politikums, das seine Berlinreise in jedem Fall war, viel tiefer sitzt, als bislang vermutet wurde.

Zu klären bleibt, warum Mozart nicht die allgemeine Trauerzeit, die nach dem Tod Josephs II. (20. Februar) ausgerufen wurde, dazu nutzen konnte, in einer großen Arbeitsanstrengung noch mehr als die bereits angefangenen Quartette Nr. 2 und 3 zu vollenden. Doch vielleicht hatte er in der Zeit zwischen der Premiere von *Così fan tutte* (26. Januar) und dem Tod des Kaisers versucht, zunächst noch Werke zu entwickeln, die er in der Fastenzeit hätte aufführen können, um seine finanzielle Lage zu verbessern. Obgleich sich diese Idee nicht anhand konkreter Werkmanuskripte belegen läßt, sollte sie auch nicht gänzlich von der Hand gewiesen werden; die Arbeiten müßte er mit der Ausrufung der Trauerzeit eingestellt haben, so daß entsprechende, unvollendete Werke nicht im *Verzeichnüß* erwähnt werden konnten – und es könnte sich auch um ein einziges Werk, über dessen weiteres Schicksal nichts bekannt ist, gehandelt haben (nicht alle Kompositionen, die Mozart in das *Verzeichnüß* eintrug, sind überliefert). Ohne Zweifel jedoch hat die Trauerzeit nach dem Tod des Kaisers die materielle Situation Mozarts, der auf die Erträge der Konzertsaisons angewiesen war, noch weiter angespannt.

Bei alledem bleibt nur zu fragen, weshalb Mozart die Berlinreise überhaupt unternommen hat. Die Beziehungen zwischen Wien und Berlin waren im Winter 1788/89 aufs Schwerste belastet: Preußen hatte die Bemühungen Österreichs hintertrieben, in dem kostenintensiven, an den Kräften zehrenden und verlustreichen Krieg auf dem Balkan zu einem Frieden mit den Türken zu kommen[60]. Das Risiko, das Mozart einging, muß auch für ihn im voraus berechenbar gewesen sein. Er wußte seit langem um die Briefzensur: Seit Hieronymus Colloredos Amtsantritt in Salzburg benutzten Vater und Sohn Mozart in Briefen ein Chiffrensystem, mit dem sie Informationen, die sie für brisant hielten, zu verstecken versuchten; daß Mozart in »Bettelbriefen« manches nur vage umschreibt, gehört in die gleiche Rubrik (am 20. November 1785 bittet er Franz Anton Hoffmeister, »sich mühe zu geben mir so bald als möglich das bewusste zu verschaffen«, ohne dieses weiter zu benennen). Er muß auch über die politische Lage im Bilde gewesen sein – nicht zuletzt deshalb, weil die Familie Karl von Lichnowskys, den er auf der Reise begleitete, ihren Stammsitz in dem Teil Schlesiens hatte, der nach dem Siebenjährigen Krieg bei Österreich geblieben war, also in der unmittelbaren Grenzregion zu preußischem Gebiet. Daß Lichnowsky – im Gegensatz zu Mozart – am preußischen Hof zumindest dem Namen nach kein Unbekannter war, belegt der Kabinettsvortrag für Friedrich Wilhelm II., mit dem Mozart vorgestellt wird[61]: »Der Nahmens Motzart alhier (hatt sich beym Einpaßieren für einen Capell-Meister aus Wien angegeben) meldet, daß ihn der Fürst Lichnowsky zur Gesellschaft mit sich genommen…« Die Hintergründe der Berlin-Reise sind somit noch weniger klar als deren Folgen.

Sommer 1790 – Advent 1791

Im Sommer 1790 arbeitete Mozart daraufhin an zwei weiteren Händel-Bearbeitungen für Gottfried van Swieten – und begab sich am 23. September erneut auf eine kostenintensive, fruchtlose Reise, zur Kaiserkrönung Leopolds II. in Frankfurt am Main. Zwar gibt es verstreute Einzeldaten, die über Ereignisse in seinem Leben jener Monate berichten, außerdem die Briefe, die er an seine Frau nach Baden richtete; die Informationen runden sich aber nicht zu einem Gesamtbild. Möglicherweise hat er in jener Zeit an Emanuel Schikaneders Opernprojekt *Der Stein der Weisen* mitgewirkt (Uraufführung 11. September); die Unsicherheit darin, das Ausmaß seiner Beteiligung zu bestimmen[62], rührt letztlich wieder einmal daher, daß es für die privaten Quellen, aus denen über frühere Zeiten seines Lebens so vieles zu erfahren ist, aus jener Zeit keinen Ersatz gibt. Die Situation, in der er sich befand, kann weder nach seinem Schuldenstand noch nach den Werken beurteilt werden, die er im Sommer 1790 abschloß; wieder ist auch danach zu fragen, welche Perspektiven er in jener Zeit angelegt haben mag, um sie in den Konzertsaisons des Winters auszufüllen.

Tabelle 11:
Mozarts vollendete Kompositionen, Sommer 1790–Advent 1791

Jahr	bewegliche Feste	Daten	Kompositionen mit KV-Nummer
Winter 1790/91			
1790		Dezember	593 Streichquintett D
		Dezember	594 Adagio und Allegro f/F für Orgel
1791		5. Januar	595 Klavierkonzert B
		14. Januar	596–598 3 Lieder
			(u.a. »Komm, lieber Mai«)
		Jan.–28. Febr.	599–607 Tänze
		3. März	608 Fantasie f für Orgel
		6. März	610/611 Kontretanz/Deutscher Tanz
	8. März: Fastnacht		
		8. März	612 Arie »Per questa bella mano«
		– –	613 Variationen für Klavier
		12. April	614 Streichquintett Es
		20. April	615 Schlußchor zu Sarti,
			Gelosie (verschollen)
	17. Apr.: Palmsonntag		
Sommer/Herbst 1791			
1791		4. Mai	616 Andante F für Orgel
		23. Mai	617 Adagio und Rondo
			für Glasharmonika etc.
		18. Juni	618 »Ave verum corpus«
		Juli	619 Kantate mit Klavier
		Juli	620 *Die Zauberflöte*
		5. September	621 *La clemenza di Tito*
		Oktober	622 Klarinettenkonzert A
		15. November	623 *Eine kleine Freimaurerkantate*
	27. Nov.: 1. Advent		

Die Ausbeute wirkt zunächst dürftig, denn es entstanden Werke, die für die Schaffenskonzeption Mozarts keine herausragende Bedeutung zu haben scheinen: die regulären Tanzserien, die Kompositionen für die mechanischen Orgeln des Müllerschen Kunstkabinetts. Doch da sechs der Tänze im Frühjahr im Druck erschienen, stellt sich deren Komposition (soweit es sich nicht um schon ältere Werke handelt[63]) in anderem Licht dar als die der Tänze in den Vorjahren. Im engeren zeitlichen Rahmen der Konzertsaisons sind vier größere Werke vollendet worden: die beiden Streichquintette KV 593 und 614, die Arie KV 612 und das Klavierkonzert

KV 595. Die beiden letztgenannten Werke bestätigen eine Rückkehr zu den Schaffenskonzeptionen des Jahres 1788: Auch damals hatte Mozart in der Fastenzeit ein Klavierkonzert ›vollendet‹ (KV 537 – mit seinem strekkenweise nur skizzierten Obligatpart) und in seine Konzertpräsentationen Arien einbezogen; und wie in der Arie KV 505 (Winter 1786/87) ließ er hier zu Singstimme und Orchester noch ein Soloinstrument hinzutreten (Kontrabaß). Offenkundig versuchte Mozart, zur Normalität seines jährlichen Arbeitsrhythmus zurückzukehren, nachdem dieser 1787 mit *Don Giovanni*, 1788 mit den Sinfonien und 1789 mit den Hoftheaterarbeiten so gründlich aus dem Lot geraten war; daß er für das Konzert auf den Entwurf eines Anfangssatzes zurückgriff, den er vermutlich zwischen Dezember 1787 und Februar 1789 angelegt hatte[64], belegt diesen Brückenschlag besonders deutlich. Weniger klar ist, in welchem aktuellen Schaffenskonzept die Vollendung der beiden Quintette steht.

Aus dem weiteren Jahreslauf sind zunächst wiederum kleinere Werke zu erwähnen – Angehörige von Gattungen, die nie die großen Linien des Mozartschen Schaffensablaufs bestimmt haben: Der Schlußchor zu Sartis *Le gelosie villane* komponierte Mozart nicht im Auftrag des Hoftheaters, sondern, wie er im *Verzeichnüß* berichtet, »für dilettanti« (welche es waren, ist unbekannt). Die Komposition steht damit auf einem ähnlichen Fundament wie weitere Werke aus jenen Monaten, die er für Freunde oder für andere Musiker schrieb – Werke für Glasharmonika (gespielt von der blinden Interpretin Mariane Kirchgeßner) oder für mechanische Orgel (wie die Vorgängerwerke für das Müllersche Kunstkabinett), schließlich auch das *Ave verum corpus* für den Badener Chordirektor Anton Stoll. Der Rahmen dieser typisch sommerlichen Gefälligkeitskompositionen reicht noch weiter: bis zu dem Werk für den Klarinettisten Anton Stadler (Klarinettenkonzert) und der *Freimaurer-Kantate*. Beherrscht wurde Mozarts Arbeitsalltag zweifellos von drei anderen Projekten, über deren Anfänge jeweils nur umrißhaft Informationen vorliegen.

Die Zauberflöte wurde wohl seit dem Frühjahr konzipiert. Genauere Angaben sind erst Anfang Juli zu erhalten, als Mozart an Constanze nach Baden schreibt, Süßmayr solle ihm die Partitur des ersten Akts zum Instrumentieren schicken[65]. Angesichts seiner Kompositionsweise ging es dabei nicht um die Entwicklung einer neuen Partitur anhand eines vorliegenden Particells, sondern um die Eintragung von Füllstimmen in die bereits skizzierte Partitur; daraus ist zu schließen, daß die Arbeit schon einige Zeit gewährt hatte, daß sie schon über den ersten Akt hinaus gelangt war und insgesamt nach wie vor in Mozarts Schaffen höchste Priorität hatte. Ungefähr Ende Juni wurde Mozart dann für die Komposition der Prager Krönungsoper *La clemenza di Tito* engagiert, nachdem Salieri diesen Auftrag ausgeschlagen hatte[66]. Und irgendwann, im späten Frühjahr oder im Frühsommer, kam der Kompositionsauftrag für das Requiem auf Mozart zu; dank des ungebrochenen, letztlich aber dem Geniekult des 19. Jahrhunderts verhafteten Interesses an der Frage, wie vieles an dem Werk ›originaler Mozart‹ sein könne, sind Einblicke in dessen Kompositionsprozeß in kaum zu überbietender Fülle möglich. Demnach kann Mozart kaum schon vor der Premiere der *Zauberflöte* mit den Arbeiten am Requiem begonnen haben, und da er anschließend zunächst noch das Klarinettenkonzert fertigstellte, lag der Kompositionsbeginn wohl erst Mitte Oktober[67]. Bis ihn die Krankheit ans Bett fesselte (so daß die Schreibarbeiten an der Partitur unterbrochen wurden), hatte er dann vier Wochen lang intensiv gearbeitet – und die Komposition war damit nicht abgeschlossen.

Zweifellos hatte Mozart in jenem Sommer überdurchschnittlich hohe Einnahmen. Doch ein anderer Aspekt ist wiederum unverkennbar: Die Konzertsaisons im Advent 1791 und im Frühjahr 1792 standen bevor, und Mozart hatte einen weiteren Sommer mit Projekten zugebracht, die ihm ein Konzertieren in den Maßstäben etwa der Jahre 1784/85 nicht ermöglicht hätten. Die Kompositionen des Frühjahrs zeigen unmißverständlich, wie weitgehend Mozart sich nach wie vor an diesen Perspektiven orientierte; für ein weiteres Jahr war diese Form der Normalität aber außer Reichweite gerückt. Die Geschwindigkeit, in der Mozart offenkundig am Requiem arbeitete und die als Wettlauf mit dem Tod verklärt worden ist[68], sollte also eher im Hinblick darauf verstanden werden, daß er versuchte, die Komposition weitestgehend außerhalb der Konzertsaisons fertigzustellen. Daß bei ihm eine größere Zahl skizzierter Kompositionen aus jüngerer Zeit bereitlagen, ist somit praktisch ausgeschlossen – und neben dem angefangenen Hornkonzert KV 412, das Süßmayr im Frühjahr 1792 vollendete, ist dies allenfalls für die kirchenmusikalischen Entwürfe belegbar, die zweifellos erst in der Zeit nach dem Tod Josephs II. entstanden sind[69], also am ehesten in der Zeit zwischen Sommer 1790 und Frühjahr 1791.

Auf diese Weise läßt sich aus dem *Verzeichnüß* Mozarts der Arbeitsrhythmus ableiten, nach dem er seit 1784 vorging und den er – bald mit glänzenden, bald mit schmerzhaften Folgen – zeitweilig preisgab. Als Normalität erscheint, daß Mozart jeweils in den Sommermonaten Werke vollendete, die als Abschriften oder Drucke in den Handel gehen sollten, also in der Regel Kammermusikwerke. Bis 1786 zeigt sich in ihnen ein fortschreitend experimenteller Ansatz; auf dieser Grundlage konnten prinzipiell auch Werke wie die Auftragskompositionen für den preußischen König entstehen, wie die Situation im Juni/Juli 1789 und im Mai/Juni 1790 zeigt. In den Wintermonaten der Jahre 1784–86 vollendete Mozart in jeweils rascher Folge vorwiegend Werke, mit denen er auf die Herausforderungen der jeweiligen Konzertsaison reagieren konnte. Im Zentrum stehen Kompositionen, in denen das Klavier gemeinsam mit einem Ensemble auftritt – in der Regel Klavierkonzerte, aber auch Werke wie das Bläserquintett KV 452 oder die Arie KV 505. Ihre Vollendungsdaten sind über die Periode zwischen 1. Advent und der Karwoche nicht frei verstreut, sondern sparen die Opernzeit zwischen Weihnachten und Fasching fast vollständig aus – nämlich so, daß nach der Adventszeit erst wieder ganz am Ende der Faschingszeit entsprechende Werke ins *Verzeichnüß* eingetragen werden. Damit zeigt sich, wie bedarfsgebunden Mozart diese Kompositionen fertigstellte. Da sich hierin bisweilen eine äußerst dichte Datenfolge ergibt (1784 wurden zwischen dem 15. und 30. März zwei Klavierkonzerte und das Quintett fertig) und Mozart daneben nicht nur in einer Vielzahl von Veranstaltungen mitwirkte, sondern auch noch als Lehrer tätig war, ist unverkennbar, daß die Kompositionen in diesen wenigen Tagen nicht alle erst entstehen konnten; vielmehr ist mit einem Vorlauf aus der Zeit zu rechnen, die den winterlichen Konzertsaisons jeweils vorausging, insbesondere also jeweils aus dem Sommer zuvor.

Die Vorstellung drängt sich folglich auf, daß Mozart in jenen Jahren stets einige angefangene Klavierkonzerte bei sich liegen hatte – mindestens bis 1788. Damit läßt sich eine Beobachtung Alan Tysons, derzufolge vor allem Klavierkonzerte auch über längere Zeit hinweg »have remained a ›fragment«[70], konkretisieren. So muß fast der gesamte erste Satz des B-Dur-Konzerts KV 595 ein paar Jahre älter sein als die übrigen Werkanteile; ebenso hatte Mozart die Konzerte KV 449, 488 und 503 partiell schon einige Zeit vor deren Vollendung konzipiert. Dieses Bild wird mit dem Hinweis auf die Urfassung des späteren Klarinettenkonzerts, die deutlich vor dessen Vollendung 1791 entstand, und auf das Finale der *Prager Sinfonie*, das älter ist als die beiden vorausgehenden Sätze, noch weiter gefestigt.

Im Kleinen findet sich Ähnliches jedoch auch bei unzähligen anderen Werken. Die Gestalt, den diese ›temporären Fragmente‹ hatten, läßt sich mit dem Begriff ›Entwurfspartitur‹ belegen[71]; in ihnen ist der grobe Werkablauf durch Elemente der Melodiestimmen, des Instrumentalbasses und weiterer markanter Begleitanteile bereits in der kompletten vorgesehenen Partituranordnung festgehalten worden, so daß zur Vollendung lediglich die freigebliebenen Partituranteile ausgefüllt werden mußten. Erkennbar ist diese in unterschiedlichen Arbeitsgängen angelegte Partiturgestalt daran, daß die Tintenfärbung und die Breite der Federstriche – je nach Tintenrezeptur und nach dem Zustand der von Hand zugeschnittenen Schreibfeder – im Erscheinungsbild der jeweiligen Manuskriptseite unterschiedlich ist; konkret postulieren läßt sich ein größerer Zeitabstand zwischen jenen Grundlagen und dem Abschluß der Partitur nur dann, wenn deren Teile nicht sämtlich auf Papier mit demselben Wasserzeichen stehen, sondern in einem Manuskript zwei Papiere nachweisbar sind, für die davon auszugehen ist, daß sie Mozart zu unterschiedlichen Zeiten seines Lebens zur Verfügung standen[72].

Selbstverständlich besagen Unterschiede in jenen äußeren Aspekten des Schriftbildes nur, daß die grobe Werkgestalt und die Feinausfüllung der Konzeption in zwei zeitlich versetzten Abschnitten stattfanden, ohne daß die Zeitdifferenz genauer spezifiziert werden könnte. Tatsächlich kann sie auch nur wenige Augenblicke betragen haben (bereits ein einfaches Umrühren genügte, um die inhomogene Tintenflüssigkeit eine andere Farbe annehmen zu lassen)[73]; dennoch handelt es sich um den typischen Fall, daß zwei Hypothesen nebeneinanderstehen, ohne daß die Indizien zum Ausschluß von einer der beiden ausreichten: In manchen Werken können die Arbeitsgänge auch durch einen längeren Zeitraum voneinander getrennt gewesen sein, ohne daß dies durch weitere Quellenmerkmale belegt wäre (dies bliebe vor allem dann verborgen, wenn Mozart in zwei um wenige Monate voneinander getrennten Arbeitsphasen Papier desselben Typs benutzte). Doch derartige Entwurfspartituren kann Mozart prinzipiell jederzeit angelegt haben; wollte er sich jedoch sicher sein, in den Konzertsaisons (Advent, Fastenzeit) über entsprechendes Material zu verfügen, mußte er vor allem während der Sommersaison Vorsorge treffen. Wiederum läßt sich dies aber nicht pauschal formulieren; manche Werke mögen tatsächlich erst kurz vor der Aufführung entstanden sein. Doch angesichts des extremen Ungleichgewichts zwischen den Fertigstellungsdaten, das das

Verzeichnüß zufolge für die acht ›Sommer-‹ und die vier ›Wintermonate‹ in manchen Jahren zeigt, ist jene Alternative zu erwägen – über das hinaus, was quellenkundlich abgesichert werden kann.

Nur in den Zeiten, in denen er wirklich als ›freier‹ Künstler agieren konnte, geriet Mozarts Kompositionsrhythmus demnach nicht in Gefahr. Insofern wird das hier versuchsweise nachgezeichnete Schaffenskonzept gerade in den Fällen bestätigt, in denen er es nicht aufrechterhalten konnte, weil sich die Folgen jeweils nicht nur in seinem – allenfalls umrißhaft zu erahnenden – Schuldenstand spiegeln, sondern ebenso in seinem *Verzeichnüß*: darin, welche Werke während einer Konzertsaison vollendet werden konnten, wenn Mozarts Kompositionskräfte im vorausgegangenen Sommer und Herbst absorbiert waren. Neben *Figaro* hatte er im Sommer 1785 kaum weitere Ambitionen; daher hatte die Opernkomposition Platz in seinen jährlichen Konzepten. *Don Giovanni* nahm hingegen – mit offenkundig kürzerer Vorbereitungszeit – wesentliche Teile des Jahres 1787 in Anspruch; dies wirkt sich allerdings nur auf die Adventszeit 1787 aus. Die Kompositionsarbeit an den drei Sinfonien des Sommers 1788 erscheint hingegen als Griff nach den Sternen; die Folgen konnten auch 1789 nicht aufgefangen werden, weil das Hoftheater die normalen Planungen Mozarts durchkreuzte. Mit dem Winter 1790/91 ergeben sich Anzeichen einer wiederhergestellten Normalität; doch mit den Projekten des Sommers und Herbsts 1791 war diese zweifellos erneut in weite Ferne gerückt. ›Normalität‹ ist diesem Punkt auch nichts Zementiertes; deutlich erkennbar wird, daß Mozart etwa zunehmend auch Konzertarien als Werke betrachtete, mit denen sein Wirken in den Konzertsaisons angemessen gestützt würde, und die Frage, in welcher Form er die Kammermusik – deren Komposition ursprünglich so eng mit den Bedürfnissen des Notenhandels verknüpft erscheint – ebenfalls zunehmend in diese Konzerttätigkeit einbezog, ist nicht näher zu beantworten.

1781–1783

Einblicke in Mozarts Schaffenskonzeptionen vor 1784 sind – da das *Verzeichnüß* noch nicht angelegt war und Mozart seine Manuskripte nicht durchweg datierte – schwieriger zu gewinnen. Dennoch läßt sich anhand der Daten, die er auf den Manuskripten der (in jener Zeit relativ wenigen) fertiggestellten Kompositionen vermerkte, für die Wiener Anfangszeit Mozarts ein Bild zeichnen, das Vergleiche mit den späteren Phasen ermöglicht.

Tabelle 12: Mozarts Kompositionen 1781–1783 (soweit Daten bestimmbar)

Jahr	bewegliche Feste *äußere Daten*	Daten	Kompositionen mit KV-Nummer
1781			
	27. Febr.: Fastnacht		
	16. März: Ankunft in Wien		
		21. März	371 Rondo Es für Horn und Orchester
		24. März	372 Allegro B für Violine und Klavier
	8. Apr.: Palmsonntag		
		April	374 Arie »Ah questo seno deh vieni«
	Mai/Juni: Bruch mit Salzburg		
		Oktober	375 Bläserserenade Es
		November	Druck von 6 Sonaten für Violine und Klavier
1782			
	12. Febr.: Fastnacht		
		März	382 Rondo zum Klavierkonzert D KV 175
	24. März: Palmsonntag		
		10. April	383 Arie »Nehmt meinen Dank«
		29. Mai	384 *Die Entführung aus dem Serail*
		Juli	385 Sinfonie D (*Haffner*)
		Juli?	388 Serenade c (*Nacht Musique*)
		Herbst?	414 Klavierkonzert A
		19. Oktober	386 Konzertrondo A
		31. Dezember	387 Streichquartett G
1783			
		Winter	413 Klavierkonzert F
		Winter	415 Klavierkonzert C
		8. Januar	416 Rezitativ und Arie »Mia speranza adorata«
		Februar	446 Musik zu einer Pantomime
	4. März: Fastnacht		
	13. April: Palmsonntag		
		27. Mai	417 Hornkonzert Es
		Juni	418–420 3 Sätze für Anfossi, *Il curioso indiscreto*
		bis Sommer	427 c-Moll-Messe (soweit vollendet)
	Juli: Reise nach Salzburg		
		Sommer	423–424 Duos für Violine und Viola
		Anf. Nov.	425 Sinfonie C (*Linzer*)
	Ende Nov.: Rückkehr		
		29. Dezember	426 Fuge für 2 Klaviere c

Zwischen Herbst 1782 und Palmsonntag 1783 schloß Mozart die Arbeiten an den drei Klavierkonzerten KV 413–415 (von denen das mittlere wohl als erstes fertig war) sowie am Rondo KV 386 ab; in den Kontext dieser Werke gehören ferner die Planungen für das 1784 vollendete Es-Dur-Konzert KV 449. Anlaß ihrer Entstehung war Mozarts Absicht, Klavierkonzerte für den Vertrieb bereitzustellen; die Subskription auf Abschriften der drei Werke (die dann 1785 im Druck erschienen) setzte Anfang Januar 1783 ein. Die Idee jedoch, diese Werke zum Mittelpunkt von Konzertaktivitäten in der Fastenzeit zu machen, hat Mozart offensichtlich nicht verfolgt; nachweisbar ist, daß er bei den Veranstaltungen, zu denen er ein Klavierkonzert beisteuerte, stets das C-Dur-Konzert KV 415 spielte (dazu das Konzert KV 175 mit dem neuen Rondofinale KV 382) und die beiden anderen überging[74]. Somit hat er zwischen Frühjahr 1783 und Frühjahr 1784 seine Wiener Aktivitäten neu geregelt: Der Gedanke, ›composer-performer‹ sein zu können, erhielt erst damit eine bestimmende Funktion in seinem Lebensentwurf; die Rhythmen, die das Schaffen Mozarts von 1784 erkennen läßt (entweder direkt oder als bloße Orientierungsgröße), sind noch im Vorjahr nur umrißhaft zu erahnen. Wo, wann und weshalb er diese Ideen entwickelte, ist schwer zu bestimmen, weil die Möglichkeiten hierzu vielfältig waren: Mozart mag auf die Erlebnisse des Frühjahrs reagiert, ebenso aber seine Lebensbedingungen mit seinem Vater in Salzburg oder aber auch mit Graf Thun in Linz durchgesprochen haben. Das Ergebnis ist jedoch offensichtlich: eine Neudefinition des künstlerischen Selbstverständnisses. Und daß er das *Verzeichnüß* anlegte, das schon äußerlich wie eine Art Haushaltsbuch erscheinen kann, dokumentiert diese Neukonzeption des Arbeitens ganz konkret: zunächst für Mozart selbst, dann vor der Nachwelt.

Sein Wirken war zuvor von den Überlegungen bestimmt worden, die er schon 1777/1778 in Mannheim entwickelt hatte. Die Vorstellung, als Künstler auch ohne Anstellung überleben zu können, gründete er, wie erwähnt, auf Unterrichtstätigkeit, Vertrieb eigener Werke auf Subskription und gelegentliche Opernaufträge. Öffentliches Konzertieren spielte noch nicht die Rolle, die seit 1784 erkennbar wird, selbst wenn Mozart 1781 schon in den ersten Wiener Wochen, noch in Salzburger Diensten stehend, die verlockenden Perspektiven erwähnte: Den entscheidenden Anstoß dazu, sich in Wien niederzulassen, hat er aus den Erlebnissen gewonnen, die er in der Fastenzeit 1781 sammelte. Am 28. April 1781 schrieb er, sich seiner Anbindung an Salzburg noch bewußt, er wolle »künftige faste zu Ende Carneval nach Wienn« reisen. Bis Mitte/Ende Mai jedoch hat er dann die Mannheimer Überlegungen reaktiviert[75]. Er warb Schüler an, griff auf die für ihn seit Kindertagen altbewährt erscheinende Technik zurück, nach der Ankunft in einem Ort Violinsonaten in Druck zu geben (KV 296, 376, 377, 378, 379, 380), und arbeitete seit Ende Juli mit Gottlieb Stephanie d. J. an *Die Entführung aus dem Serail*. Die Arbeiten an der Oper kamen nur zögernd voran; die sechs Violinsonaten befanden sich im November 1781 im Druck.

Andere Kompositionen erscheinen daneben wie Gelegenheitswerke, die Mozart, ohne mit ihnen ein größeres Konzept zu verbinden, für einzelne herausgehobene Ereignisse schrieb: für gelegentliche eigene Konzertauftritte oder solche von Musikerkollegen, ebenso für Feste herausragender Wiener Persönlichkeiten. Dies gilt schon für die Bläserserenade KV 375 (1781), im Folgejahr dann für das Rondo, das dem Klavierkonzert KV 175 als neuer Schlußsatz diente (KV 382), ebenso für die Serenade c-Moll KV 388 und die Arie KV 383 (für Aloysia Lange). Ähnlich sind die Entstehungsbedingungen der – nach Salzburg gerichteten – *Haffner-Sinfonie* zu charakterisieren. Noch bis in den Herbst 1782 wirken also die Schaffensbedingungen fort, die Mozart seinem Wiener Start zugrunde gelegt hatte. Mit den Subskriptionsplänen für die drei Klavierkonzerte KV 413–415 baute er daraufhin das Konzept aus, das im Vorjahr zu den sechs Violinsonaten geführt hatte, und wenn er am letzten Tag des Jahres das erste der sechs Streichquartette (G-Dur KV 387) vollendete, die er später Haydn widmete, dann gehört auch dieses Projekt, das 1785 abgeschlossen wurde, noch in den Rahmen dessen, daß Mozart bei seinem Eintritt in das Wiener Musikleben ›Komposition für den Vertrieb‹ als wichtiges Standbein seiner Existenz definiert hatte.

Zweifellos handelte es sich bei den *Haydn-Quartetten* um ein ehrgeiziges Projekt – auch deshalb, weil Mozart auf die 1782 erschienenen Quartette op. 33 von Haydn reagierte und die Widmung zumindest prinzipiell von vornherein erwogen haben muß. Doch anders als bei den beiden vorausgegangenen Kompositonsarbeiten ›für den Vertrieb‹, die jeweils in dichter zeitlicher Folge abgeschlossen wurden, wirkte sich Mozarts neue Zeitplanung nun auch auf die *Haydn-Quartetten* aus. 1783 entstanden nur zwei weitere Werke der Sechsergruppe (KV 421 und 428), ohne daß sich genauer bestimmen ließe, wann Mozart sie vollendete; die noch folgenden drei wurden ebenfalls 1783 konzipiert (und zwar ausdrücklich im Sommer), in den eher ›konzertfreien‹ Abschnitten des Jahres 1784 weiterkomponiert (wie für KV 458 klar erkennbar) bzw. zwischen Weihnachten 1784 und Fastnacht 1785 abgeschlossen[76]. Das Modell, Kammermusikwerke im

Sommer zu komponieren, entstand also schrittweise, während Mozart das Projekt der *Haydn-Quartetten* realisierte.

In allen anderen Punkten rücken die Kompositionen des Jahres 1783 nicht von den Modellen der vorausgegangenen Zeit ab. Mozart schuf Werke für befreundete Kollegen: Das Hornkonzert KV 417 entstand für den Joseph Leutgeb, die Einlagesätze in Pasquale Anfossis *Il curioso indiscreto* galten Opernauftritten von Aloysia Lange und Valentin Adamberger. Die Opernprojekte des Herbstes erscheinen als hilflose Versuche, den Kontakt zum Wiener Opernleben auszubauen; diese führten dann erst mit den Entwicklungen der Jahreswende 1784/85 zum Erfolg. Mit all dem entsteht der Eindruck, daß Mozart auch mit einer vergleichsweise begrenzten Kompositionstätigkeit in Wien verhältnismäßig gut überleben konnte. Kompositorische Kräfte hat er zweifellos auch in die Arbeit mit Fugen investiert, die seit dem Frühjahr 1782, angeregt von Gottfried van Swieten, entstanden.

Resümee

Jeder Versuch, Schulden, die Mozart in den Jahren um 1789 machte, aus einem so begrenzten Schaffen abzuleiten, wie es die Zeit bis 1783 charakterisiert, erschiene durchaus als erfolgversprechend. Doch über Mozarts finanzielle Situation in jener Zeit ist kaum etwas bekannt (außer daß es Gönner und Förderer gab); da er zweifellos Geld zum Überleben brauchte, hilft nur das Erklärungsmodell weiter, daß der Arbeitszweig, in dem er nicht auf Komposition angewiesen war, in ausreichendem Maß Erträge abwarf: der Unterricht. Art und Ausmaß dieser Tätigkeit sind nur punktuell, aber nicht umfassend darstellbar; verstreute Nennungen von Namen und die Überlieferung von Lehrwerken (Barbara Ployer, Thomas Attwood) lassen kein repräsentatives Bild entstehen. Die Unterrichtstätigkeit mag Mozart eingeschränkt haben, als er sein Wiener Wirken 1783/84 neu definierte. In der Konzerttätigkeit reagierte er auf Erfahrungen, die er in den Jahren seit 1781 gemacht hatte, und ordnete die kammermusikalischen Aktivitäten nun vorrangig den Sommermonaten zu – als Kompositionen, in denen er den Gedanken fortführen konnte, als freier Künstler Musik für den Vertrieb zu schreiben. Dieses Modell war so lange tragfähig, wie Mozart nur mit diesen Schaffenskonstituenten rechnen mußte; jede Erweiterung seines Pensums – durch Opernaufträge oder durch die ›freie‹ Komposition der ›letzten drei‹ Sinfonien – brachte das gefundene Konzept aus dem Gleichgewicht und machte erforderlich, daß Mozart daraufhin seine Aktivitäten wieder neu ordnete: Er mußte versuchen, die vorherige Normalität jeweils wieder herzustellen.

Neben der Schaffenszäsur um 1783/84 gibt es – genau betrachtet – in Mozarts Wiener Zeit keine zweite mehr. Traditionell galt hingegen für seine mittlere Wiener Zeit die Vorstellung, daß die Zeit der Klavierkonzerte direkt von der Zeit der Da-Ponte-Opern abgelöst worden sei[77]. Verursacht wurde dieses Bildes durch die Nummernfolge des Köchel-Verzeichnisses: weil mit der Nummer 491 das c-Moll-Konzert als letztes Werk einer Werkfolge erscheint, die von Klavierkonzerten beherrscht wird, und mit der Nummer 492 *Le nozze di Figaro* zwei Schlüsselwerke dieses Bildes direkt nebeneinander gesehen werden können. Doch daß der Auftrag zu *Figaro* schon erging, ehe Mozart die ›letzten‹ Werke dieser Konzertfolge schrieb (KV 482, 488, 491), ist seit langem bekannt; die Nummernfolge allein ist also Ursache für ein verzerrtes Bild – das aber mit dem Hinweis auf eine durchaus weiterhin auf Kontinuität ausgerichtete weitere Konzertkomposition im Advent 1786 (KV 503) noch weiter zu relativieren ist.

Tatsächlich erschloß sich Mozart mit den Arbeiten an *Figaro* neue Perspektiven. Sie waren strenggenommen nur auf das Künstlerische beschränkt: In den Opern Mozarts, die im folgenden entstanden, läßt sich eine bruchlose stilistische Entwicklung feststellen. Davon, daß eine ähnliche Kontinuität auch im Hinblick auf das Hoftheater entstand, kann jedoch keine Rede sein. Weder hatte der Prager *Don-Giovanni*-Auftrag etwas mit Bindungen Mozarts an das Hoftheater zu tun, noch kam der Wiener *Così*-Auftrag als direkte Reaktion auf erfolgreiche andere Produktionen zustande. Nur wenn Mozarts Schaffen absolut gesetzt wird, kann also im Hinblick auf *Figaro* von dem Beginn einer neuen Kontinuität gesprochen werden.

Geht man in der Nummernfolge des Köchel-Verzeichnisses nochmals einen Schritt weiter, so erreicht man nach dem c-Moll-Klavierkonzert (491) und *Figaro* (492) das Klaviertrio KV 493, mit dem der neue Experimentalcharakter der Kammermusik berührt wird. Doch dieses Arbeitsfeld leitet sich zugleich aus den Überlegungen her, aus denen Mozart ein Jahr zuvor das g-Moll-Klavierquartett KV 478 entwickelte – ein Satzkonzept, dessen Wurzeln bis zu den drei Klavierkonzerten von 1782/83 zurückreichen. Allenfalls könnte also davon die Rede sein, daß für Mozart vom Sommer 1786 an einige Tendenzen seines Komponierens, die längst bestehen, noch klarer erkennbar werden; dies aber rechtfertigt nicht, vom

Beginn einer neuen Schaffensphase zu sprechen. Vielmehr hat Mozart noch 1791 seine Arbeiten auf eine den Jahreslauf überspannende Konzeption bezogen, die erstmals im Jahr 1784 hervortritt und trotz aller ›Störungen‹ in den Folgejahren stets erkennbar bleibt.

Anmerkungen

1 Vgl. hierzu Julia Moore, *Mozart in the Market-Place*, in: Journal of the Royal Musical Association 114/1 (1989), S. 18–42, besonders S. 22 und 25.

2 Küster, *Mozart: Eine musikalische Biographie*, S. 312–317.

3 Dies belegt bereits die Anrede »liebster Hofmeister!«, die Mozart in seinem Brief vom 20.11.1785 verwendet.

4 Vgl. Alfred Orel, *Gräfin Wilhelmine Thun (Mäzenatentum in Wiens klassischer Zeit)*, in: MJb 1954, S. 89–101.

5 Deutsch Dok., S. 494; zu Freystädtler vgl. Michael Lorenz, *Mozarts Haftungserklärung für Freystädtler: Eine Chronologie*, in: MJb 1998, S. 1–19, besonders S. 7f.

6 MBA III/902 (S. 454); zur Interpretation vgl. die abweichenden Äußerungen im Kommentar (MBA VI, S. 257).

7 Zu diesen Braunbehrens, *Mozart in Wien*, S. 436–441.

8 Deutsch Dok., S. 327.

9 Walter Brauneis, »... *wegen schuldigen 1435 f 32 xr.«: Neuer Archivfund zur Finanzmisere Mozarts im November 1791*, in: MittISM 39 (1991), S. 159–163.

10 Carl Bär, »*Er war ... – kein guter Wirth«: Eine Studie über Mozarts Verhältnis zum Geld*, in: Acta Mozartiana 25 (1978), S. 30–53, hier S. 34–37.

11 Hans Wagner, *Das Josephinische Wien und Mozart*, in: MJb 1978/79, S. 1–13, hier S. 9f.

12 Vgl. im Überblick Alan Tyson, *Proposed New Dates for Many Vienna Works and Fragments Written by Mozart from March 1781 to December 1791*, in: Eisen, Cliff (Hg.), Mozart Studies [1], Oxford 1991, S. 213–226, hier S. 217–226 (besonders im Hinblick auf die Werke, die mit KV-Nummern ohne Buchstabenzusatz genannt sind).

13 Zur Diskussion der von Ulrich Konrad (*Mozarts Schaffensweise*, S. 355) aufgeworfenen Frage, ob die Eintragungen aus den ersten zwei Jahren im nachhinein erfolgt sein könnten, vgl. die Ausführungen zu den Daten für die *Maurerische Trauermusik* KV 477 und das g-Moll-Klavierquartett KV 478 (1785); vgl. auch Anmerkung 18.

14 Vgl. für Detaildarstellungen Alan Tyson, *Mozart: Studies of the Autograph Scores*, Cambridge, MA, und London 1987, sowie das im Wasserzeichenkatalog der NMA (X/33/2) präsentierte Material; alle weiteren Ausführungen zur Papierchronologie beziehen sich auf diese Studien. Ferner Konrad, *Mozarts Schaffensweise*, und prinzipiell – allerdings nur für Mozarts Salzburger Zeit – Wolfgang Plath, *Beiträge zur Mozart-Autographie II: Schriftchronologie 1770–1780*, in: MJb 1976/77, S. 131–173.

15 Nach den Aufstellungen Joseph Heinz Eibls (*Wolfgang Amadeus Mozart. Chronik eines Lebens*, S. 118f.) stehen 327 Tage auf Kunstreisen 3.589 Tagen in Wien gegenüber; der Gesamtzeitraum umfaßt 3.916 Tage.

16 Vgl. etwa, besonders detailliert, die Ausführungen John Irvings zur Entstehungsgeschichte der *Haydn-Quartette* (*Mozart: The ›Haydn‹ quartets*, Cambridge 1998 [Cambridge music handbooks], S. 14–18).

17 Für Detailübersichten vgl. Dorothea Link, *The National Court Theatre in Mozart's Vienna: Sources and Documents, 1783–1792*, Oxford 1998.

18 Aus diesem Grund ist fraglich, ob allein aufgrund der Tintenfarbe angenommen werden kann, das *Verzeichnüß* sei erst 1786 begonnen und für die vorausgehenden Daten im Nachhinein zusammengestellt worden (hierzu Konrad, *Mozarts Schaffensweise*, S. 355).

19 MBA IV/867 (S. 392).

20 Diese Angabe in KV[6].

21 MBA III/790 (S. 314), zu KV 449; eine entsprechende Formulierung 1783 zur Subskription der Konzerte KV 413–415 (Deutsch Dok., S. 187).

22 Rice, *Salieri*, S. 332–335, 345–348.

23 Hauptquelle für Informationen, die den Entstehungsprozeß der unter seiner Mitwirkung entstandenen Opern betreffen, sind seine Erinnerungen; vgl. die weiteren Textnachweise.

24 Vgl. Otto Michtner, *Das alte Burgtheater als Opernbühne: Von der Einführung des deutschen Singspiels (1778) bis zum Tod Kaiser Leopolds II. (1792)*, Wien etc. 1970 (Theatergeschichte Österreichs 3/1), S. 187–190, 481f.; Libretti: von Nunziato Porta (für Righini) und Gaetano Brunetti (für Storace).

25 Da Ponte hingegen erklärt die Zusammenarbeit Storaces mit Brunati mit Intrigen, die gegen ihn gerichtet waren; Righini erwähnt er in diesem Zusammenhang nicht. Vgl. Lorenzo Da Ponte, *Memorie – Libretti mozartiani*, Mailand 1988, S. 98f.; Lorenzo Da Ponte, *Mein abenteuerliches Leben, Die Memoiren des Mozart-Librettisten*, Deutsche Neufassung von Walter Klefisch, Reinbek 1960, S. 81.

26 Rudolph Angermüller, Art. *Gazzaniga, Giuseppe*, in: The New Grove Dictionary of Music and Musicians, London 1980, Bd. 7, S. 206; Link, *The National Court Theatre*, S. 241.

27 Link, *Martín*, S. 9f.; vgl. hierzu Da Ponte, *Memorie*, S. 98; Da Ponte, Mein *abenteuerliches Leben*, S. 81.

28 Link, *The National Court Theatre*, S. 244 (nach Zinzendorf); Michtner, *Das alte Burgtheater als Opernbühne*, S. 187, 482.

29 Zu ihnen Rice, *Salieri*, S. 308.

30 MBA III/754 (S. 276f.). John A. Rice (*Salieri*, S. 463f.) weist darauf hin, daß im Hoftheater der Eindruck entstanden sein müsse, Mozart richte sich – als Deutscher – mit den Arienkompositionen gegen italienische Opernkunst. Dies mag die Situation mitbestimmt haben; dennoch richtete sich eher das Gesamtklima des Hoftheaters gegen Mozart, als daß von gezielten Einzelaktionen Salieris gesprochen werden könnte.

31 Braunbehrens, *Mozart in Wien*, S. 230–232.

32 Da Ponte, *Memorie*, S. 127; Da Ponte, *Mein abenteuerliches Leben*, S. 105.

33 Da Ponte, *Memorie*, S. 113–115; Da Ponte, *Mein abenteuerliches Leben*, S. 94f.

34 Obgleich Da Ponte für die Zeit zwischen 1783 und 1789 betont, Salieri »era stato, più che amico, fratello mio« (*Memorie*, S. 134).

35 Zu den Entwürfen KV 417c und 587a, die im Umfeld von KV 499 entstanden sein könnten, vgl. Tyson, *Proposed New Dates*, S. 214, 219, 224.

36 Tyson, *Mozart: Studies of the Autograph Scores*, S. 151f.

37 Deutsch Dok., S. 237.

405

38 Tyson, *Mozart: Studies of the Autograph Scores*, S. 21f.

39 Da Ponte, *Memorie*, S. 125; Da Ponte, *Mein abenteuerliches Leben*, S. 103.

40 Vgl. Tyson, *Proposed New Dates*, S. 220, und NMA X/33/2 (Wasserzeichen-Katalog). Angesichts der Wasserzeichen der Papiere, auf denen der erste (Nr. 10) bzw. der Satzkomplex des zweiten und dritten Satzes (Nr. 71) begonnen wurde, könnte die Entstehungsgeschichte durchaus in die Jahre um 1782/1784 zurückreichen.

41 Vgl. Tyson, *Proposed New Dates*, S. 215.

42 Zu den Problemen mit den undatierten Puchberg-Dokumenten vgl. Küster, *Mozart: Eine musikalische Biographie*, S. 316f.

43 MBA IV/1077 (S. 65–67).

44 Hierzu gleichzeitig: David Wyn Jones, *Why did Mozart compose his last three Symphonies? Some new Hypotheses*, in: The Music Review 51 (1990), S. 280–289, und Küster, *Mozart: Eine musikalische Biographie*, S. 317–319.

45 MBA IV/1067 (S. 54); Deutsch Dok., S. 274.

46 MBA IV/1079 (S. 69).

47 MBA IV/1080 (S. 70).

48 Tyson, *Mozart: Studies of the Autograph Scores*, S. 156.

49 MBA IV/1105 (S. 92f.), IV/1007 (S. 95).

50 Michtner, *Das alte Burgtheater als Opernbühne*, S. 500.

51 Vgl. hierzu im Detail John A. Rice, *Rondò vocali di Salieri e Mozart per Adriana Ferrarese*, in: Bryant, David, und Muraro, Maria Teresa (Hg.), I vicini di Mozart, Firenze 1989, Bd. I, S. 185–209; Reinhard Wiesend, *Opernhandwerk und Originalität. Mozarts Arien KV 582 und 583 als Einlagen in Martín y Solers »Il burbero di buon core«*, in: Mozart-Studien 6 (1996), S. 129–177; Dorothea Link, *A newly discovered accompanied recitative to Mozart's ›Vado, ma dove‹, K. 583*, in: Cambridge Opera Journal 12 (2000), S. 29–50.

52 Zum folgenden vgl. Bruce Alan Brown, *W. A. Mozart: Così fan tutte*, Cambridge 1995 (Cambridge opera handbooks), S. 8–11; Bruce Alan Brown und John A. Rice, *Salieri's Così fan tutte*, in: Cambridge Opera Journal 8 (1996), S. 17–43; Rice, *Salieri*, S. 474–479 (auch für die Hinweise auf die folgenden Zitate aus den Schriften von Novello und Niemetschek).

53 *Eine Wallfahrt zu Mozart: Die Reisetagebücher von Vincent und Mary Novello aus dem Jahre 1829*, hg. von Nerina Medici di Marignano und Rosemary Hughes, deutsche Übersetzung von Ernst Roth. Bonn 1959, S. 79.

54 Niemetschek, *Mozart*, S. 29.

55 Küster, *Mozart: Eine musikalische Biographie*, S. 342f.

56 Deutsch Dok., S. 304.

57 Vgl. MBA IV/1101 und 1102 (S. 88f.).

58 Zur weiteren Rezeption im Überblick vgl. Brown, *Così fan tutte*, S. 163–166; Von den Beiträgen einer Tagung, die sich mit dem weiteren Schicksal des Werkes befaßte, sei hier verwiesen auf den von Margret Dietrich (*Dokumentation zur Uraufführung*, in: Così fan tutte: Beiträge zur Wirkungsgeschichte von Mozarts Oper, hg. von Susanne Vill, Bayreuth 1978, S. 24–53, besonders auf die frühen ablehnenden Reaktionen aus Frankfurt (1791) und Berlin (1792) auf S. 37.

59 Tyson, *Mozart: Studies of the Autograph Scores*, S. 43f.

60 Karl Gutkas, *Kaiser Josephs Türkenkrieg*, in: Österreich zur Zeit Kaiser Josephs II. …, hg. von Karl Gutkas u.a., S. 271–273, hier S. 272.

61 Deutsch Dok., S. 298.
62 Vgl. die gegensätzlichen Argumentationen von David J. Buch (›*Der Stein der Weisen*‹, *Mozart, and Collaborative Singspiels at Emanuel Schikaneder's Theater auf der Wieden*) und Faye Ferguson (*Interpreting the Source Tradition of* ›*Stein der Weisen*‹), beide in: MJb 2000 (im Druck).
63 Tyson, *Proposed New Dates*, S. 225: zu KV 609 und 610.
64 Tyson, *Mozart: Studies of the Autograph Scores*, S. 156.
65 MBA IV/1173 (S. 144).
66 Zur Bewertung vgl. Konrad Küster, *Mozart: A Musical Biography*, Oxford 1996, S. 349.
67 Küster, *Mozart: Eine musikalische Biographie*, S. 403f.
68 Schon Niemetschek (*Mozart*, S. 34f.) betont die Intensität, mit der Mozart arbeitete.
69 Dies gilt primär für die Werke, für die Tyson (*Proposed New Dates*, S. 216) mitteilt, daß sie nicht vor 1787 entstanden sein könnten; denn letztlich können sie dann erst von 1790 an geschrieben worden sein.
70 Tyson, *Mozart: Studies of the Autograph Scores*, S. 150–157 (Zitat S. 151f.).
71 Zur begrifflichen Diskussion vgl. die Differenzierung von Konrad, *Mozarts Schaffensweise*, S. 396.
72 Dies ist die Grundüberlegung, die den Forschungsergebnissen Alan Tysons (vgl. *Mozart: Studies of the Autograph Scores*, besonders S. 17–22) zugrunde liegt.
73 Vgl. Konrad, *Mozarts Schaffensweise*, S. 352–355 (besonders den Schlußabschnitt).
74 Als aus den Briefen exzerpierte Übersicht vgl. Deutsch Dok., S. 149.
75 Vgl. die Briefe vom 28.4., 19.5. und 26.5.1781.
76 Irving, *The* ›*Haydn*‹ *quartets*, S. 14–18.
77 Dies findet sich auch noch bei Christoph Wolff (*Mozart 1784: Biographische und stilgeschichtliche Überlegungen*, in: MJb 1986, S. 1–10) in der Abgrenzung einer von 1783 bis 1785 reichenden Zwischenperiode von Mozarts Wiener Schaffen.

Leopold Mozart. Anonymes Ölbild (vielleicht von Pietro Antonio Lorenzoni), entstanden vermutlich kurz vor oder kurz nach der Westeuropareise von 1763/1766.

Mozarts Mutter Anna Maria Mozart geb. Pertl. Anonymes Ölbild (vielleicht von Pietro Antonio Lorenzoni), entstanden um 1775.

Beginn von Mozarts Sinfonie B-Dur KV 22, komponiert im Dezember 1765 in Den Haag. Das Manuskript ist ein typisches Beispiel für die Reinschriften, die Leopold Mozart in jener Zeit von den (nicht überlieferten) Kompositionsmanuskripten seines Sohnes angelegt hat. Staatsbibliothek zu Berlin – Preußischer Kulturbesitz, Musikabteilung.

Sigismund von Schrattenbach, Fürsterzbischof von Salzburg
in den Jahren 1753 bis 1771. Anonymer, zeitgenössischer Stich.
Durch Protektion und Erschließung diplomatischer Kontakte
hatte er eine fundamentale Bedeutung für Mozarts frühe Ausbildung. Mozart-Gedenkstätte Augsburg.

Beginn von Mozarts ältester erhaltener Vertonung des Meßordinariums, der *Missa brevis* KV 49. Autograph mit Korrekturen sowie mit vereinzelten Eintragungen Leopold Mozarts. Staatsbibliothek zu Berlin – Preußischer Kulturbesitz, Musikabteilung.

Ascanio in Alba KV 111, Titelseite des Textbuches (Mailand 1771). Staatsbibliothek zu Berlin – Preußischer Kulturbesitz, Musikabteilung.

Hieronymus Graf Colloredo, Fürsterzbischof von Salzburg in den Jahren 1772 bis 1812 als Nachfolger Sigismund von Schrattenbachs. Ölbild von Franz Xaver König, 1772.

Beginn von Mozarts Manuskript der *Pariser Sinfonie* KV 297. Mit ihrer reichen Instrumentation steht das Werk am Übergang zwischen den zahlreichen sinfonischen Werken der Salzburger und den wenigen, aber herausgehobenen Sinfonien der Wiener Zeit. Es handelt sich im übrigen um eine der wenigen Kompositionen, die nachweislich während dieses späteren Parisaufenthaltes (1778) entstanden; Mozart, damals aus Salzburger Diensten entlassen, reiste in Begleitung seiner Mutter (die in Paris starb), aber ohne seinen Vater. Staatsbibliothek zu Berlin – Preußischer Kulturbesitz, Musikabteilung.

Zaide (Das Serail) KV 344, Beginn des ersten Akts. Der unvollendete Entwurf dieses Singspiels entstand 1779/1780 nach der zweiten Parisreise und belegt, wie konkret Mozart auch in seiner Zeit als erzbischöflicher Organist an die Opernkomposition dachte; erfüllt wurden diese Wünsche 1780/1781 in *Idomeneo*. Die Verwandtschaft mit der *Entführung aus dem Serail* ergibt sich lediglich auf allgemeiner Ebene; in beiden Werken wird der gleiche Topos damaliger »Türkenopern« verarbeitet. Staatsbibliothek zu Berlin – Preußischer Kulturbesitz, Musikabteilung.

Mozart mit Vater und Schwester. Ölbild von Johann Nepomuk della Croce, entstanden um die Jahreswende 1780/1781, also in den letzten Salzburger Monaten Mozarts, etwa gleichzeitig zur Komposition von *Idomeneo*. An der Wand das Bildnis der 1778 verstorbenen Mutter (vgl. Abbildung S. 410). Internationale Stiftung Mozarteum, Salzburg.

Konzertankündigung der Wiener Tonkünstlersozietät für den 3. April 1781. Das Konzert steht für Mozart – noch in Salzburger Diensten stehend – unmittelbar am Übergang von der »Salzburger« zur »Wiener« Zeit: Ohne Bindung an die Salzburger Hofkapelle tritt er hier mit der Sinfonie KV 338 und als Pianist auf.

HERR UND MADAME LANGE
Mitglieder des K.K. National
Hoftheaters in Wien.

Lange del.   D. Berger Sculp. 1785.

Der Hofschauspieler Joseph Lange und die Sängerin Aloysia Lange geb. Weber, Mozarts Mannheimer Jugendliebe und spätere Schwägerin. Stich von Daniel Berger nach Joseph Lange, 1785. Mozart-Gedenkstätte Augsburg.

Joseph II., römisch-deutscher Kaiser. Stich von Friedrich John nach Friedrich Heinrich Füger (undatiert). Mozart-Gedenkstätte Augsburg.

Constanze Mozart geb. Weber. Ölgemälde ihres Schwagers Joseph Lange, 1782.

Bläserserenade c-Moll KV 388, erste Seite des im Juli 1782 abgeschlossenen Autographs. Es handelt sich um eine der ersten Kammermusikkompositionen Mozarts, wie dieser sie in den Folgejahren typischerweise in den Sommermonaten vollendete; später hat er das Werk zum Streichquintett umgearbeitet (KV 406). Staatsbibliothek zu Berlin – Preußischer Kulturbesitz, Musikabteilung.

Messe c-Moll KV 427, Beginn des »Gratias« im Gloria (fol. 19v). Im Sinne der traditionellen Missa solemnis handelt es sich um einen eigenständigen (wenngleich knappen) Satz innerhalb des Meßteils. Staatsbibliothek zu Berlin – Preußischer Kulturbesitz, Musikabteilung.

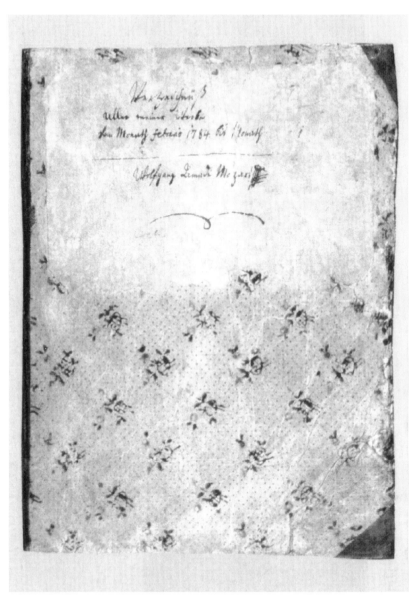

Mozarts *Verzeichnüß aller meiner Werke vom Monath Febrario 1784 bis Monath* [Monatsangabe noch ausgespart] *1* [Jahreszahl ebenfalls ausgespart], Umschlag des in der British Library verwahrten Bandes.

Klavierkonzert F-Dur KV 459, Beginn des 3. Satzes in der autographen Partitur
(fol. 29v). Das Werk wurde am 11. Dezember 1784 vollendet (wohl auf der Grundlage einer Entwurfspartitur aus den vorausgegangenen Monaten) und vermutlich
noch während der Adventszeit uraufgeführt; später spielte Mozart es am Rande der
Krönungsfeierlichkeiten Leopolds II. zum römisch-deutschen Kaiser in Frankfurt
(1790). Staatsbibliothek zu Berlin – Preußischer Kulturbesitz, Musikabteilung.

Mozarts Schwester Maria Anna (»Nannerl«) nach ihrer Heirat mit
Johann Baptist von Berchtold zu Sonnenburg (1784). Anonymes Ölbild, um 1785.

Fragment eines Allegros für Klaviertrio d-Moll, von Maximilian Stadler nach Mozarts Tod vollendet und mit anderen Sätzen zu einem mehrsätzigen Werk (KV 442) zusammengefügt. Mozarts Entwurf entstand vermutlich 1785 parallel zur Komposition des *Figaro* und belegt neben dem etwa gleichzeitigen g-Moll-Klavierquartett KV 478 Mozarts kammermusikalische Experimente jener Zeit, die im Folgejahr eine besondere Dynamik annahmen – ohne daß dabei dieser Entwurf weiter ausgeführt worden wäre. Staatsbibliothek zu Berlin – Preußischer Kulturbesitz, Musikabteilung.

Der Gasthof »Zur Mehlgrube« am Neuen Markt in Wien. Stich von Johann Adam Delsenbach nach Johann Bernhard Fischer von Erlach. Der Saal dieses Hauses stand für Lotterieziehungen, Bälle und Konzerte zur Verfügung. Mozart konzertierte hier mehrfach; unter anderem führte er hier im Frühjahr 1785 – im Rahmen einer Serie von sechs Konzerten – das d-Moll-Klavierkonzert KV 466 erstmals auf. Mozart-Gedenkstätte Augsburg.

Le nozze di Figaro KV 492, Beginn der Arie Nr. 4 (Bartolo: »La vendetta, oh la vendetta«), in deren Verzerrung charakteristischer Aspekte der Opera seria (»Rachearie«) sich eine neue Seite in Mozarts Arienstil manifestiert; S. 65 im Partiturautograph. Staatsbibliothek zu Berlin – Preußischer Kulturbesitz, Musikabteilung.

Beginn des Klavierkonzerts C-Dur KV 503 in Mozarts Partiturautograph. Das Werk, dessen erster Satz wohl schon im Winter 1784/1785 entworfen (oder bereits fertig komponiert) worden war, wurde am 4. Dezember 1786 vollendet und ist ein wichtiger Beleg dafür, daß Mozart auch nach Frühjahr 1786 am Komponieren von Klavierkonzerten für eigene Konzertauftritte in den Wiener Konzertsaisons festhielt – sofern seine Arbeitskräfte nicht anderweitig gebunden waren. Staatsbibliothek zu Berlin – Preußischer Kulturbesitz, Musikabteilung.

Sechs Deutsche Tänze KV 509, erste Seite des Partiturautographs. Komponiert in Prag im Frühjahr 1787, sind sie ein Beispiel auch für den Typus der Tanzkompositionen, die Mozart vom Ende jenes Jahres an als k. k. Kammerkompositeur zu schreiben hatte. Staatsbibliothek zu Berlin – Preußischer Kulturbesitz, Musikabteilung.

Mozart. Silberstiftzeichnung von Doris (Johanna Dorothea) Stock. Das Porträt entstand während Mozarts Berlinreise des Jahres 1789 in Dresden (16./17. April); die Zeichnerin war die Tante Theodor Körners und eine gute Bekannte Friedrich Schillers.

Alle Notenbeispiele entstammen der Neuen Mozart-Ausgabe; für die Abdruckgenehmigung sei dem Bärenreiter-Verlag Kassel herzlich gedankt.

Notenbeispiel 1: Andante KV 1a

Notenbeispiel 2: Anonym, Menuett Nr. 1 aus dem Nannerl-Notenbuch

Notenbeispiel 3: Allegro KV 1b

Notenbeispiel 3 (Fortsetzung)

Notenbeispiel 4: Allegro KV 1c

Notenbeispiel 5: Menuett KV 1d

Notenbeispiel 6: Menuett KV 2

Notenbeispiel 7: Allegro KV 3

Notenbeispiel 7 (Fortsetzung)

Notenbeispiel 8: Menuett KV 5

Notenbeispiel 8 (Fortsetzung)

Notenbeispiel 9: Menuett I aus KV 1

Notenbeispiel 10: Menuett II aus KV 1

Notenbeispiel 10 (Fortsetzung)

Notenbeispiel 11: Sonate KV 7, 2. Satz (Adagio), Version ohne Violine ad libitum

438

Notenbeispiel 11 (Fortsetzung)

Notenbeispiel 12: Sonate KV 8, 1. Satz, Takt 1–29 (ohne Violine ad libitum)

Notenbeispiel 12 (Fortsetzung)

Notenbeispiel 13: Sonate KV 9, Menuett II (ohne Violine ad libitum)

Notenbeispiel 14: Sinfonie KV 16, 1. Satz, Exposition und Durchführung (T. 1–96)

444

Notenbeispiel 14 (Fortsetzung)

Notenbeispiel 14 (Fortsetzung)

446

Notenbeispiel 14 (Fortsetzung)

448

Notenbeispiel 15: Arie KV 23 (älteste überlieferte Version)

451

Notenbeispiel 15 (Fortsetzung)

Notenbeispiel 16: KV⁶ 15g (Nr. 7 aus dem Londoner Skizzenbuch)

Notenbeispiel 17: . God is our refuge, KV 20

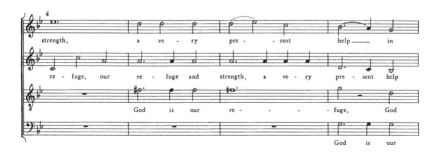

Notenbeispiel 17 (Fortsetzung)

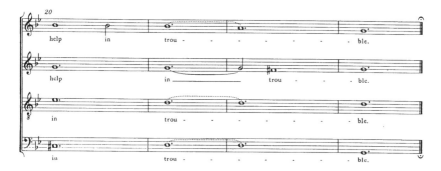

Notenbeispiel 18: *Mitridate* KV 87, Arie Nr. 7, Entwurf a, T. 1–33

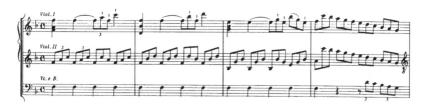

Notenbeispiel 18 (Fortsetzung)

Notenbeispiel 19: *Mitridate* KV 87, Arie Nr. 7, Entwurf b, T. 1–42

Notenbeispiel 20: *Mitridate* KV 87, Arie Nr. 7, Entwurf c, T. 1–22

Notenbeispiel 21: *Mitridate* KV 87, Arie Nr. 7, Entwurf d, T. 1–21

Notenbeispiel 22: *Mitridate* KV 87, Arie Nr. 7, endgültige Version, T. 1–34

Notenbeispiel 22 (Fortsetzung)

WERKVERZEICHNIS

1864 veröffentlichte Ludwig Ritter von Köchel ein erstes umfassendes, wissenschaftlich taugliches Verzeichnis, in dem das Werk eines Musikers erfaßt wurde. Er legte es – auch auf der Grundlage anderer Verzeichnisse – chronologisch an, wie er im Titel ausführte; dies war im Hinblick auf Mozart naheliegend, weil es Vorarbeiten gab: insbesondere eine Übersicht Leopold Mozarts über das Frühwerk seines Sohnes, später das *Verzeichnüß*, in das Mozart selbst seit Anfang 1784 nahezu alle neu komponierten Werke eintrug. Von den Werken, die in keiner der Übersichten erfaßt sind, ließen sich zahlreiche aufgrund einer Datenangabe auf den Manuskripten selbst in die chronologische Folge einordnen. Das Köchel-Verzeichnis setzte Maßstäbe für spätere Werkverzeichnisse; der Wunsch, ein vergleichbares, in der Zeitfolge des Entstehens der Werke geordnetes Verzeichnis etwa für Johann Sebastian Bach zu erstellen, scheiterte – daher folgt die Anlage des Bach-Werke-Verzeichnisses einer systematischen Gliederung.

So unangreifbar diese Datenbasis zu sein schien, brachen Probleme auf – nicht nur bei den undatierten Werken. Während sie sich in der ersten Hälfte des 20. Jahrhunderts vor allem um die Einordnung der Manuskripte unvollendeter Werke (die also aus prinzipiellen Gründen kein ›Fertigstellungsdatum‹ tragen können) ergaben, führten Forschungen, die seit der Jahrhundertmitte im Umfeld der *Neuen Mozart-Ausgabe* durchgeführt wurden, zu differenzierten Einblicken in Mozarts Schaffensprozeß. Wie im Hauptteil punktuell erwähnt, scheint sich die Entstehung mancher Werke über einen längeren Zeitraum erstreckt zu haben; für andere Manuskripte Mozarts scheint das Papier, das er bei der Arbeit verwendete, darauf hinzudeuten, daß das betreffende Werk zu einer anderen Zeit entstand als der, der es traditionell zugeordnet wird – doch prinzipiell kann ein Schreiber auch zu einer späteren Lebenszeit Papierbestände aufgebraucht haben, mit denen er in einer früheren gearbeitet hatte. Damit hat die Chronologiediskussion, die sich um das Werk vieler Künstler ergibt, auf das Werk Mozarts übergegriffen. Ihr trägt die nachstehende Werkübersicht darin Rechnung, daß sie die Kompositionen in der Regel mit Köchels ursprünglichen

Nummern angibt, aber keine konkrete Auskunft zu Datierungen zu geben versucht. In der Regel ergibt sich eine Möglichkeit zur ungefähren Einordnung durch einen Vergleich mit Werknennungen in der Zeittafel, die dem Buch vorangestellt ist; Detailinformationen kann nur die aktuelle Fachliteratur bieten. Abweichend von gängigen Übersichten, mit denen Mozarts Werk möglichst präzise in Einzelgattungen aufgeteilt wird, ist der nachfolgende Auswahl-Werküberblick so angelegt, daß auch Vernetzungen zwischen unmittelbar benachbarten Gattungen erkennbar werden. Trotz der ungeklärten Details in Fragen der Chronologie lassen sich auf diese Weise Mozarts Aktivitäten strukturieren. Die Gattungsfelder werden in ungefähr der Folge abgehandelt, die in der Systematisierung des Mozartschen Werkes traditionell üblich ist; zur groben Orientierung werden die üblichen Numerierungen der Werkgruppen hinzugesetzt.

Geistliche Vokalmusik (Werkgruppe 1–3)

20	Sacred Madrigal »God is our refuge«
33	Kyrie F-Dur
34	Offertorium »Scande coeli limina«
44	Introius »Cibavit eos«
47	Offertorium »Veni Sancte Spiritus«
49	Missa brevis G-Dur
65	Missa brevis d-Moll
66	Messe C-Dur (*Dominicus-Messe*)
72	Offertorium »Inter natos mulierum«
85	Miserere a-Moll
86	Antiphon »Quaerite primum regnum Dei«
89	Kyrie G-Dur
90	Kyrie d-Moll
93	Psalm »De profundis clamavi«
108a	Regina Coeli C-Dur
109	*Litaniae Lauretanae* B-Dur
117	Offertorium »Benedictus sit Deus«
125	*Litaniae de venerabili altaris sacramento* B-Dur
126	Regina Coeli B-Dur
127	Regina Coeli B-Dur
139	Missa solemnis c-Moll
141	Te Deum C-Dur

Dramatische Vokalmusik (Werkgruppe 4–7; Opern, Arien und Oratorien)

Lieder, Kanons, vokale Notturni
(ohne Freimaurergesänge; Werkgruppe 8–10)

531	*Die kleine Spinnerin* (Was spinnst du, fragte Nachbars Fritz)
549	Più non si trovano (Canzonetta)
552	*Beym Auszug in das Feld* (Dem hohen Kaiserworte treu)
553	Alleluja, amen (Kanon)
554	Ave Maria (Kanon)
555	Lacrimoso son io (Kanon)
556	Grechtelt's enk (Kanon)
557	Nascoso è il mio sol (Kanon)
558	Gehn wir im Prater (Kanon)
559	Difficile lectu mihi mars (Kanon)
560	O du eselhafter Martin (Kanon)
561	Bona nox (Kanon)
562	Caro bell' idol mio (Kanon)
596	*Sehnsucht nach dem Frühling* (Komm, lieber Mai, und mache)
597	*Im Frühlingsanfang* (Erwacht zum neuen Leben)
598	*Das Kinderspiel* (Wir Kinder, wir schmecken)

Sinfonien sowie Serenaden, Divertimenti und Kassationen (Werkgruppe 11–12)

Ohne Gattungsbezeichnung = Sinfonie

16	Es-Dur
19	D-Dur
19a	F-Dur
22	B-Dur
43	F-Dur
45	D-Dur
45a	G-Dur
45b	B-Dur
48	D-Dur
63	Kassation G-Dur
73	C-Dur
74	G-Dur
75	F-Dur
76	F-Dur
81	D-Dur
84	D-Dur
95	D-Dur
96	C-Dur
97	D-Dur
99	Kassation B-Dur

525	*Eine kleine Nachtmusik* G-Dur
543	Es-Dur
550	g-Moll
551	C-Dur (*Jupiter-Sinfonie*)

Märsche und Tänze: Werkgruppe 13

Zahlreiche Einzeltänze und Tanzzyklen (Menuette, Deutsche, Kontretänze, Ländler) und Märsche in vielfältiger Besetzung

Konzerte für Klavier(e) oder Melodieinstrument(e) und Orchester (Werkgruppe 14–15)

37	F-Dur (Bearbeitung fremder Sonatensätze) für Klavier
39	B-Dur (Bearbeitung fremder Sonatensätze) für Klavier
40	D-Dur (Bearbeitung fremder Sonatensätze) für Klavier
41	G-Dur (Bearbeitung fremder Sonatensätze) für Klavier
47c	für Trompete (verschollen)
107	3 Konzerte nach Sonatensätzen von Joh. Chr. Bach für Klavier
175	D-Dur für Klavier
190	Concertone C-Dur
191	B-Dur für Fagott
207	B-Dur für Violine
211	D-Dur für Violine
216	G-Dur für Violine
218	D-Dur für Violine
219	A-Dur für Violine
238	B-Dur für Klavier
242	Konzert für drei Klaviere F-Dur
246	C-Dur für Klavier (*Lützow*)
261	Adagio für Violine E-Dur
269	Rondo für Violine und Orchester B-Dur
271	Es-Dur für Klavier (*Jeunehomme*)
293	F-Dur für Oboe (Fragment)
297B	Sinfonia concertante für Flöte, Oboe, Horn und Fagott (verschollen)
299	Konzert für Flöte und Harfe C-Dur
313	G-Dur für Flöte
314	C-Dur für Oboe
314	D-Dur für Flöte (nach dem Oboenkonzert)

315	Andante für Flöte C-Dur
364	Sinfonia concertante für Violine und Viola Es-Dur
365	Konzert für zwei Klaviere Es-Dur
370b/371	Es-Dur für Horn (Fragment)
373	Rondo für Violine C-Dur
382	Rondo für Klavier D-Dur
412	D-Dur für Horn
413	F-Dur für Klavier
414	A-Dur für Klavier
415	C-Dur für Klavier
417	Es-Dur für Horn
447	Es-Dur für Horn
449	Es-Dur für Klavier
450	B-Dur für Klavier
451	D-Dur für Klavier
453	G-Dur für Klavier
456	B-Dur für Klavier
459	F-Dur für Klavier
466	d-Moll für Klavier
467	C-Dur für Klavier
482	Es-Dur für Klavier
488	A-Dur für Klavier
491	c-Moll für Klavier
495	Es-Dur für Horn
503	C-Dur für Klavier
537	D-Dur für Klavier (*Krönungskonzert*)
595	B-Dur für Klavier
622	A-Dur für Klarinette

Kirchensonaten (Werkgruppe 16)

67	Es-Dur
68	B-Dur
69	D-Dur
144	D-Dur
145	F-Dur
212	B-Dur
224	F-Dur
225	A-Dur
241	G-Dur
244	F-Dur
245	D-Dur

263	C-Dur
274	G-Dur
278	C-Dur
328	C-Dur
329	C-Dur
336	C-Dur

Kammermusik mit Bläsern, Bläserserenaden
(ohne Klavier; aus Werkgruppe 17, 19–22)

166	Divertimento Es-Dur
186	Divertimento B-Dur
188	Divertimento G-Dur
213	Divertimento F-Dur
240	Divertimento B-Dur
252	Divertimento Es-Dur
253	Divertimento F-Dur
270	Divertimento B-Dur
285	Flötenquartett D-Dur
285a	Flötenquartett G-Dur
285b	Flötenquartett C-Dur
289	Divertimento Es-Dur
298	Flötenquartett A-Dur
361	Serenade B-Dur (*Gran Partita*)
370	Oboenquartett F-Dur
388	Serenade c-Moll (*Nacht Musique*)
407	Hornquintett Es-Dur
487	Duos für zwei Hörner
581	Klarinettenquintett A-Dur

Kammermusik für 2–5 Streicher
(aus Werkgruppe 19–21)

80	Quartett G-Dur
155–160	Quartette D, G, C, F, B, Es
168–173	Quartette F, A, C, Es, B, d
174	Quintett B-Dur
387	Quartett G-Dur; »Haydn-Quartett Nr. 1«
404a	Sechs Adagio und Fugen für Streichquartett
405	Sechs Adagio und Fugen für Streichtrio

Kammermusik mit Klavier (Werkgruppe 22–23)

Werke für Klavier allein
(aus Werkgruppe 26–27)

Freimaurerkompositionen

468	*Die Gesellenreise*
471	*Die Maurerfreude*
477	*Maurerische Trauermusik*
483	Zerfließet heut, geliebte Brüder
484	Ihr unsre neuen Leiter
623	*Kleine Freimaurer-Kantate* (Laut verkünde unsre Freude)

Weitere Werke

546	Adagio und Fuge für Streicher c-Moll
566	Bearbeitung von Händel, *Acis und Galathea*
572	Bearbeitung von Händel, *Messias*
591	Bearbeitung von Händel, *Alexandersfest*
592	Bearbeitung von Händel, *Cäcilienode*
594	Adagio und Allegro f-Moll/F-Dur für Orgel
608	Fantasie f-Moll für Orgel
616	Andante F-Dur für Orgel
616a, 617, 617a	Werke für Glasharmonika

LITERATURVERZEICHNIS

Die Mozart-Literatur wird in der Mozart-Biographie, die im Fünfjah-
resrhythmus von der Internationalen Stiftung Mozarteum vorgelegt wird,
erfaßt; daher kann dieses Literaturverzeichnis stärker, als es für andere
Bände der Reihe möglich ist, sich darauf beschränken, einen Hintergrund
für die Ausführungen im Textteil zu bieten.

1. Quelleneditionen, Nachschlagewerke, philologische Studien

Wilhelm A. Bauer und Otto Erich Deutsch (Hg.), *Mozart: Briefe und Aufzeichnungen, Gesamtausgabe* (erläutert von Joseph Heinz Eibl), Kassel etc.
1962–1975.

Otto Erich Deutsch (Hg.), *Mozart: Die Dokumente seines Lebens*, Kassel etc.
1961 (NMA X/34).

Joseph Heinz Eibl (Hg.), *Mozart: Die Dokumente seines Lebens. Addenda und
Corrigenda*, Kassel etc. 1978 (NMA X/31/1).

Joseph Heinz Eibl, *Wolfgang Amadeus Mozart: Chronik eines Lebens*, Kassel
etc. und München ²1977.

Cliff Eisen (Hg.), *Mozart: Die Dokumente seines Lebens. Addenda, neue Folge.*
Kassel etc. 1997 (NMA X/31/2).

Gertraut Haberkamp, *Die Erstdrucke der Werke von Wolfgang Amadeus Mozart*,
2 Bände, Tutzing 1986.

Ludwig Ritter von Köchel, *Chronologisch-thematisches Verzeichnis sämtlicher
Tonwerke Wolfgang Amadé Mozarts*, Leipzig 1864, Wiesbaden ⁶1964.

Ulrich Konrad, *Mozarts Schaffensweise: Studien zu den Werkautographen, Skizzen
und Entwürfen*, Göttingen 1992 (Abhandlungen der Akademie der Wissenschaften in Göttingen, Philologisch-Historische Klasse, Folge 3,
Nr. 201).

Hildigund Kröplin, *Wolfgang Amadeus Mozart, 1756-1765: Eine Chronik*,
Wiesbaden und Leipzig 1990.

Wolfgang Plath, *Beiträge zur Mozart-Autographie I: Die Handschrift Leopold
Mozarts,* in: MJb 1960/61, S. 82–117.

Wolfgang Plath, *Beiträge zur Mozart-Autographie II: Schriftchronologie 1770–
1780*, in: MJb 1976/77, S. 131–173.

Albi Rosenthal und Alan Tyson (Hg.), *Mozart's Thematic Catalogue: A facsimile. British Library Stefan Zweig MS 63*, London 1990 (ebenso: NMA X/33/1, Kassel etc. 1991).

Alan Tyson, *Mozart: Studies of the Autograph Scores*, Cambridge, MA, und London 1987.

Alan Tyson, »Proposed New Dates for Many Vienna Works and Fragments Written by Mozart from March 1781 to December 1791«, in: Eisen, Cliff (Hg.), *Mozart Studies [1]*, Oxford 1991, S. 213–226.

2. Biographische Studien

Hermann Abert, *W. A. Mozart: Neubearbeitete und erweiterte Ausgabe von Otto Jahns Mozart*, 3 Bde., Leipzig ⁷1956 (3. Bd.: 1966).

Rudolph Angermüller, *W. A. Mozarts musikalische Umwelt in Paris (1778): Eine Dokumentation*, München/Salzburg 1982.

Carl Bär, *»Er war … – kein guter Wirth«: Eine Studie über Mozarts Verhältnis zum Geld*, in: Acta Mozartiana 25 (1978), S. 30–53.

Volkmar Braunbehrens, *Mozart in Wien*, München/Zürich 1986.

Walter Brauneis, »… wegen schuldigen 1435 f 32 xr.‹ Neuer Archivfund zur Finanzmisere Mozarts im November 1791«, in: MittISM 39(1991), S. 159–163.

Otto Erich Deutsch, »Aus Schiedenhofens Tagebuch«, in: MJb 1957, S. 15–24.

Alfred Einstein, *Mozart: Sein Charakter, sein Werk*, Stockholm 1947.

Dexter Edge, »Mozart's reception in Vienna, 1787–1791«, in: Stanley Sadie (Hg.), *Wolfgang Amadeus Mozart: Essays on his Life and Music*, Oxford 1996, S. 66–117.

Konrad Küster, *Mozart: Eine musikalische Biographie*, Stuttgart 1990 (erweiterte englische Ausgabe: *Mozart: A Musical Biography*, Oxford 1996.

Konrad Küster, »Ich … kann alle 2 Jahre eine Reise machen – was will ich mehr?‹ Mozarts Reisen im musikhistorischen Kontext«, in: *Neue Impulse der Reiseforschung (Symposium Essen 1993)*, hg. von Michael Maurer, Berlin 1999, S. 211–226.

H. Ch. Robbins Landon, *1791: Mozarts letztes Jahr*, Düsseldorf 1988.

H. Ch. Robbins Landon, *Mozart: The Golden Years, 1781–1791*, London 1989.

Michael Lorenz, »Mozarts Haftungserklärung für Freystädtler: Eine Chronologie«, in: MJb 1998, S. 1–19.

Julia Moore, »Mozart in the Market-Place«, in: Journal of the Royal Musical Association 114/1 (1989), S. 18–42.

Franz Niemetschek, *W. A. Mozart's Leben nach Originalquellen beschrieben, Facsimiledruck der ersten Ausgabe [Prag 1798] mit den Lesarten und Zusätzen der zweiten vom Jahre 1808 und Einleitung von Dr. Ernst Rychnowsky*, Prag 1905.

Georg Nikolaus Nissen, *Biographie W. A. Mozart's*, Leipzig 1828, Faksimile-Nachdruck Hildesheim 1972.

Alfred Orel, »Gräfin Wilhelmine Thun (Mäzenatentum in Wiens klassischer Zeit)«, in: MJb 1954, S. 89–101.

Christoph Wolff, »Mozart 1784: Biographische und stilgeschichtliche Überlegungen«, in: MJb 1986, S. 1–10.

Théodore de Wyzewa und Georges de Saint-Foix, *Wolfgang Amédée Mozart: Sa vie musicale et son œuvre*, 5 Bände, I/II: Paris ²1936; III-V: 1936-46.

3. Studien zu einzelnen Werkgruppen und Werken Mozarts

Philipp Adlung, *Mozarts Opera seria »Mitridate, re di Ponto«*, Eisenach 1996 (Hamburger Beiträge zur Musikwissenschaft 46).

Gerhard Allroggen, »Mozarts erste Sinfonien«, in: *Festschrift Heinz Becker zum 60. Geburtstag*, hg. von Jürgen Schläder und Reinhold Quandt, Laaber 1982, S. 392–404.

Eva Badura-Skoda, *Wolfgang Amadeus Mozart, Klavierkonzert c-moll KV 491*, München 1972 (Meisterwerke der Musik 10).

Rudolf Bockholdt, *Wolfgang Amadeus Mozart, Klavierkonzert D-Dur KV 451*, München 1991 (Meisterwerke der Musik 59).

Peter Branscombe, *W. A. Mozart: Die Zauberflöte*, Cambridge 1991 (Cambridge opera handbooks).

Bruce Alan Brown, *W. A. Mozart: Così fan tutte*, Cambridge 1995 (Cambridge opera handbooks).

Bruce Alan Brown und John A. Rice, »Salieri's Così fan tutte«, in: Cambridge Opera Journal 8 (1996), S. 17–43.

David J. Buch, »Der Stein der Weisen‹, Mozart, and Collaborative Singspiels at Emanuel Schikaneder's Theater auf der Wieden«, in: MJb 2000 (im Druck).

Wolfgang Burde, *Studien zu Mozarts Klaviersonaten: Formungsprinzipien und Formtypen*, Giebing 1969.

Edward J. Dent und Erich Valentin, *Der früheste Mozart*, München 1956.

Sieghart Döhring, *Die Arienformen in Mozarts Opern*, in: MJb 1968/70, S. 66–76.

Cliff Eisen, »New Light on Mozart's ›Linz‹ Symphony, K. 425«, in: Journal of the Royal Musical Association 113 (1988), S. 81–96.

Cliff Eisen, »Mozart and the Viennese String Quintet«, in: Cliff Eisen und Wolf-Dieter Seiffert (Hg.), *Mozarts Streichquintette: Beiträge zum musikalischen Satz, zum Gattungskontext und zu Quellenfragen*, Stuttgart 1994, S. 127–151.

Cliff Eisen, »The Salzburg Symphonies: a Biographical Interpretation«, in: Stanley Sadie (Hg.), *Wolfgang Amadeus Mozart: Essays on his Life and Music*, Oxford 1996, S. 178–212.

Hans Engel, »Hasses Ruggiero und Mozarts Festspiel Ascanio«, in: MJb 1960/61, S. 29–42.

Karl Gustav Fellerer, *Die Kirchenmusik W. A. Mozarts*, Laaber 1985.

Faye Ferguson, »Interpreting the Source Tradition of ›Stein der Weisen‹«, in: MJb 2000 (im Druck).

Denis Forman, *Mozart's Concerto Form: The first movements of the piano concertos*, New York/Washington 1971.

Wolfgang Gersthofer, *Mozarts frühe Sinfonien (bis 1772): Aspekte frühklassischer Sinfonik*, Salzburg und Kassel etc. 1993 (Schriftenreihe der Internationalen Stiftung Mozarteum Salzburg 10).

August Gerstmeier, »Die Gloria-Sätze der beiden C-Dur-Messen KV 317 und 337«, in: Mozart-Studien 2 (1993), S. 135–146.

Aloys Greither, *Die sieben großen Opern Mozarts: Versuche über das Verhältnis der Texte zur Musik*, Heidelberg ³1977.

Daniel Heartz, *Mozart's Operas: Edited, with contributing essays by Thomas Bauman*, Berkeley und Oxford 1990.

Klaus Hortschansky, »Gegen Unwahrscheinlichkeit und Frivolität: Die Bearbeitungen im 19. Jahrhundert«, in: *Così fan tutte: Beiträge zur Wirkungsgeschichte von Mozarts Oper*, hg. von Susanne Vill, Bayreuth 1978, S. 54–66.

Klaus Hortschansky, »›Il Re pastore‹: Zur Rezeption eines Librettos in der Mozart-Zeit«, in: MJb 1978/79, S. 61–70.

Eberhard Hüppe, *W. A. Mozart: Innovation und Praxis. Zum Quintett Es-Dur KV 452*, München 1998 (Musik-Konzepte 99).

Gerd Hüttenhofer, *Mozarts Münchner Oper »La finta giardiniera«: Untersuchungen zu musikalischem Satz und Theater in Mozarts frühen »Opere buffe«*, Diss. München 1988.

John Irving, *Mozart: The ›Haydn‹ quartets*, Cambridge 1998 (Cambridge music handbooks).

John Irving, *Mozart's piano sonatas: contexts, sources, style*, Cambridge 1997.

Bernd Krause, »Talentprobe mit kleinen Fehlern. Zu Wolfgang Amadé Mozarts Chorus »God is our refuge« KV 20«, in: MJb 1999, S. 35–47.

Konrad Küster, *Formale Aspekte des ersten Allegros in Mozarts Konzerten*, Kassel etc. 1991.

Konrad Küster, »Mozarts elementarer Kompositionsunterricht«, in: Üben & Musizieren 8 (1991), Heft 6, S. 11–18.

Konrad Küster, »Von ›Mitridate, Re di Ponto‹ zu ›Il re pastore‹: Stationen auf Mozarts Weg zur Konzertform«, in: MJb 1991, S. 956–962.

Konrad Küster, »›Voglio far il gentiluomo‹: Zu den dramatischen Strukturen in Mozarts Don Giovanni«, in: Mozart-Studien 1 (1992), S. 91–109.

Konrad Küster, »Don Giovannis Canzonetta: Rollenporträt an den Grenzen des Theaters«, in: *Musikalisches Welttheater: Festschrift Rolf Dammann zum 65. Geburtstag*, hg. von Susanne Schaal (= Freiburger Beiträge zur Musikwissenschaft 3), Laaber 1995, S. 161–175.

Konrad Küster, »An Early Form in Mozart's Late Style: The Overture to ›La clemenza di Tito‹«, in: Stanley Sadie (Hg.), *Wolfgang Amadeus Mozart: Essays on his Life and Music*, Oxford 1996, S. 477–482.

Stefan Kunze, »Die Vertonungen der Arie ›Non sò d'onde viene‹ von J. Chr. Bach und W. A. Mozart«, in: Analecta musicologica 2 (1965), S. 85–111.

Stefan Kunze, *Wolfgang Amadeus Mozart, Sinfonie g-moll, KV 550*, München 1968 (Meisterwerke der Musik, 6).

Stefan Kunze, *Mozarts Opern*, Stuttgart 1984.

Daniel N. Leeson und Robert D. Levin, »On the Authenticity of K. Anh. C 14.01 (297b), a Symphonia Concertante for Four Winds and Orchestra«, in: MJb 1976/77, S. 70–96.

Dorothea Link, »A newly discovered accompanied recitative to Mozart's ›Vado, ma dove‹, K.583«, in: Cambridge Opera Journal 12 (2000), S. 29–50.

Helga Lühning, *Zur Entstehungsgeschichte von Mozarts »Titus«*, in: Die Musikforschung 27 (1974), S. 300–318.

Helga Lühning, *Titus-Vertonungen im 18. Jahrhundert: Untersuchungen zur Tradition der Opera seria von Hasse bis Mozart*, Laaber 1983 (Analecta musicologica 20).

Karl Pfannhauser, *Mozarts »Krönungsmesse«*, in: MittISM 11 (1963), Heft 3/4, S. 3–11.

Christoph-Hellmut Mahling, »Die Gestalt des Osmin in Mozarts ›Entführung‹: Vom Typus zur Individualität«, in: Archiv für Musikwissenschaft 30 (1973), S. 96–108.

Alfred Mann, »Leopold Mozart als Lehrer seines Sohnes«, in: MJb 1989/90, S. 31–36.

Volker Mattern, *Das Dramma giocoso »La finta giardiniera«: Ein Vergleich der Vertonungen von Pasquale Anfossi und Wolfgang Amadeus Mozart*, Laaber 1989 (Neue Heidelberger Studien zur Musikwissenschaft 13).

Robert Münster (Hg.), *Wolfgang Amadeus Mozart: Idomeneo, 1781–1981*, München 1981.

Anelide Nascimbene, »Mysliveček e i Mozart a Bologna: Documenti, cronaca e critica«, in: *Mozart: Gli orientamenti della critica moderna, Atti del convegno internazionale, Cremona, 24–26 ottobre 1991*, hg. von Giacomo Fornari, Lucca 1994.

Leopold Nowak, »Wer hat die Instrumentalstimmen in der Kyrie-Fuge des Requiems von W. A. Mozart geschrieben? Ein vorläufiger Bericht«, in: MJb 1973/74, S. 191–201.

John A. Rice, »Rondò vocali di Salieri e Mozart per Adriana Ferrarese«, in: David Bryant und Maria Teresa Muraro (Hg.), *I vicini di Mozart*, Firenze 1989, Bd. I, S. 185–209.

John A. Rice, *W. A. Mozart: La clemenza di Tito*, Cambridge 1991 (Cambridge opera handbooks).

Jochen Reutter, »Ritornell- und Ostinatostrukturen in Mozarts Credo-Vertonungen«, in: Mozart-Studien 2 (1993), S. 147–180.

Julian Rushton, *W. A. Mozart: Don Giovanni*, Cambridge 1981 (Cambridge opera handbooks).

Julian Rushton, *W. A. Mozart: Idomeneo*, Cambridge 1993 (Cambridge opera handbooks).

Manfred Hermann Schmid, *Mozart und die Salzburger Tradition*, Tutzing 1976.

Manfred Hermann Schmid, *Italienischer Vers und musikalische Syntax in Mozarts Opern*, Tutzing 1994 (Mozart-Studien 4).

Manfred Hermann Schmid, »Das ›Lacrimosa‹ in Mozarts Requiem, in: Mozart-Studien 7 (1997), S. 115–141.

Walter Senn, »Beiträge zur Mozart-Forschung«, in: Acta musicologica 48 (1976), S. 205–227.

Elaine Rochelle Sisman, *Mozart: the »Jupiter« symphony No. 41 in C major, K. 551*, Cambridge 1993 (Cambridge music handbooks).

Wolfram Steinbeck, »Mozarts ›Scherzi‹«, in: Archiv für Musikwissenschaft (1984), S. 208–231.

Andrew Steptoe, *The Mozart–Da Ponte Operas: the Cultural and Musical Background to Le nozze di Figaro, Don Giovanni, and Così fan tutte*, Oxford 1988.

Susanne Vill (Hg.), *Così fan tutte: Beiträge zur Wirkungsgeschichte von Mozarts Oper*, Bayreuth 1978.

James Webster, »The Analysis of Mozart's Arias«, in: Cliff Eisen (Hg.), *Mozart Studies [1]*, Oxford 1991, S. 101–199.

Reinhard Wiesend, »Opernhandwerk und Originalität. Mozarts Arien KV 582 und 583 als Einlagen in Martín y Solers ›Il burbero di buon core‹, in: Mozart-Studien 6 (1996), S. 129–177.

Harrison James Wignall, *Mozart, Guglielmo d'Ettore and the Composition of ›Mitridate‹ (K. 87/74a)*, Diss. Brandeis University 1995.

Harrison James Wignall, »The Genesis of ›Se di lauri‹: Mozart's Draft and Final Version of Guglielmo D'Ettore's Entrance Aria from Mitridate«, in: Mozart-Studien 5 (1995), S. 45–99.

Christoph Wolff, *Mozarts Requiem: Geschichte, Musik, Dokumente, Partitur des Fragments*, Kassel etc. und München 1991.

Christoph Wolff, »Mozart 1784: Biographische und stilgeschichtliche Überlegungen«, in: MJb 1986, S. 1–10.

Neal Zaslaw, *Mozart's Symphonies: Context, Performance Practice, Reception*, Oxford 1989.

4. Mozarts Umgebung

Otto Biba, »Die Wiener Kirchenmusik um 1783«, in: Jahrbuch für österreichische Geschichte und Kulturkunde I/2, Eisenstadt 1971, S. 7–79.

Carl Maria Brand, *Die Messen von Joseph Haydn*, Würzburg 1941 (Musik und Geistesgeschichte: Berliner Studien zur Musikwissenschaft 2).

Wolfgang Budday, *Grundlagen musikalischer Formen der Wiener Klassik: An Hand der zeitgenössischen Theorie von Joseph Riepel und Heinrich Christoph Koch dargestellt an Menuetten und Sonatensätzen (1750–1790)*, Kassel etc. 1983.

Lorenzo Da Ponte, *Mein abenteuerliches Leben, Die Memoiren des Mozart-Librettisten*, Deutsche Neufassung von Walter Klefisch, Reinbek 1960.

Lorenzo Da Ponte, *Memorie – Libretti mozartiani*, Mailand 1988.

Cliff Eisen, »The Present State of Research on Leopold Mozart's Symphonies«, in: *Beiträge des Internationalen Leopold-Mozart-Kolloquiums Augsburg 1994*, hg. von Josef Mančal und Wolfgang Plath, Augsburg 1997 (Beiträge zur Leopold-Mozart-Forschung 2), S. 57–67.

Ludwig Finscher, *Joseph Haydn und seine Zeit*, Laaber 2000 (Große Komponisten und ihre Zeit).

Heinz Gärtner, *Johann Christian Bach: Mozarts Freund und Lehrmeister*, München 1989.

Harald Goertz, *Mozarts Dichter Lorenzo Da Ponte, Genie und Abenteurer*, München und Mainz 1988.

Karl Gutkas u.a. (Hg.), *Österreich zur Zeit Kaiser Josephs II. – Mitregent Kaiserin Maria Theresias, Kaiser und Landesfürst: Niederösterreichische Landesausstellung Melk 1980*, Wien 1980 (Kataloge des Niederösterreichischen Landesmuseums, Neue Folge, 95).

Rainer Kleinertz, »Zwischen Neapel und Madrid: Vicente Martín y Soler und das spanische Königshaus«, in: Anuario musical 51 (1996), S. 165–175.

Konrad Küster, »Lorenzo Da Ponte's Viennese Librettos«, in: David Wyn Jones (Hg.), *Music in Eighteenth-Century Austria*, Cambridge 1996, S. 221–231.

Dorothea Link, *The Da Ponte operas of Vicente Martín y Soler*, Diss., University of Toronto, 1991.

Dorothea Link, *The National Court Theatre in Mozart's Vienna: Sources and Documents, 1783–1792*, Oxford 1998.

Friedrich Lippmann, »Der italienische Vers und der musikalische Rhythmus: Zum Verhältnis von Vers und Musik in der italienischen Oper des 19. Jahrhunderts, mit einem Rückblick auf die 2. Hälfte des 18. Jahrhunderts«, Teil I in: Analecta musicologica 12 (1973), S. 253–369; Teil II in: Analecta musicologica 13 (1974), S. 324–410; Teil III in: Analecta musicologica 15 (1975), S. 298–333.

Susanne Litzel, *Die Messen Haydns, Mozarts und Beethovens: Ein Beitrag zur Gattungsgeschichte der Messe*, Diss. Berlin 1990.

Bruce C. MacIntyre, *The Viennese concerted mass of the early classic period*, 2 Bde., Ann Arbor, Mich. 1984 (Studies in musicology 89).

Otto Michtner, *Das alte Burgtheater als Opernbühne: Von der Einführung des deutschen Singspiels (1778) bis zum Tod Kaiser Leopolds II. (1792)*, Wien etc. 1970 (Theatergeschichte Österreichs 3/1).

Wolfgang Osthoff, »Die Opera buffa«, in: *Gattungen der Musik in Einzeldarstellungen I: Gedenkschrift Leo Schrade*, hg. von Wulf Arlt, Bern/München 1973, S. 678–743.

Reinhard G. Pauly, »The Reforms of Church Music under Joseph II«, in: The Musical Quarterly 43 (1957), S. 372–382.

Hermine Prohászka, »Leopold Hofmann und seine Messen«, in: Studien zur Musikwissenschaft 26 (1964), S. 79–139.

John A. Rice, *Antonio Salieri and Viennese opera*, Chicago, Ill./London 1998.

Charles Rosen, *Sonata Forms*, New York 1980.

Charles Rosen, *Der klassische Stil: Haydn, Mozart, Beethoven*, Kassel etc. und München 1983.

Manfred Hermann Schmid, »Zu den Klaviersonaten von Leopold Mozart«, in: MJb 1989/90, S. 23–30.

Horst Walter, »Haydn gewidmete Streichquartette«, in: *Joseph Haydn: Tradition und Rezeption (Kongreß Köln 1982)*, hg. von Georg Feder u.a., Regensburg 1985, S. 17–53.

Hans Wagner, »Das Josephinische Wien und Mozart«, in: MJb 1978/79, S. 1–13.

James Webster, *Haydn's »Farewell« symphony and the idea of classical style: through-composition and cyclic integration in his instrumental music*, Cambridge 1991 (Cambridge studies in music theory and analysis 1).

Robert S. Winter, *The Bifocal Close and the Evolution of the Viennese Classical Style*, in: Journal of the American Musicological Society 42 (1989), S. 275–337.

PERSONENREGISTER

Nicht nachgewiesen werden Nennungen des Namens Leopold Mozart sowie Namensnennungen in den Anmerkungen.